Südhalbinsel
Seiten 122–137

Sabah
Seiten 180–201

Sarawak
Seiten 156–179

Singapur
Seiten 202–273

VIS-À-VIS

MALAYSIA & SINGAPUR

VIS-À-VIS

MALAYSIA & SINGAPUR

Hauptautoren **David Bowden, Ron Emmons Andrew Forbes, Naiya Sivaraj, Richard Watkins**

DK

London • New York • München
Melbourne • Delhi

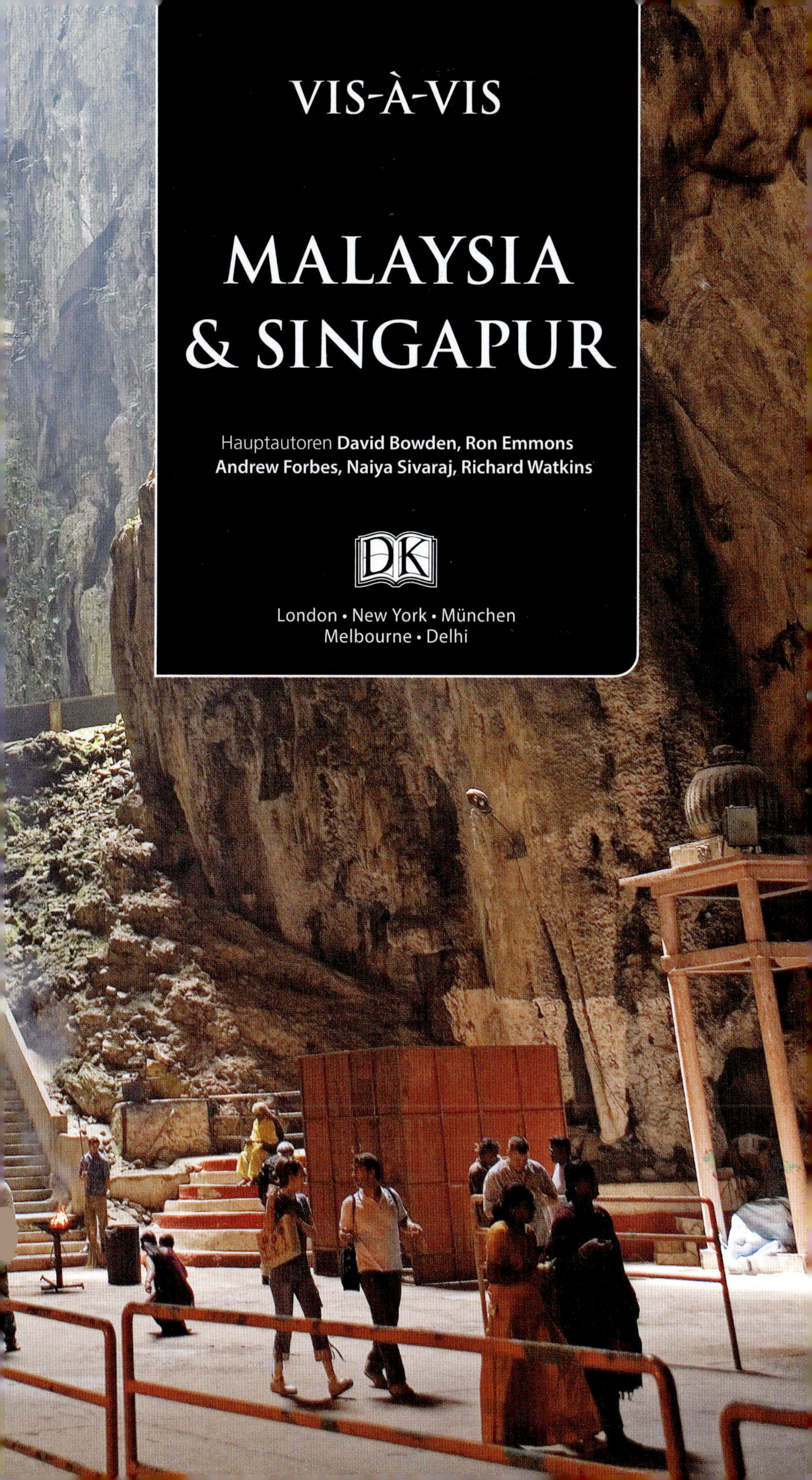

DK | Penguin Random House

www.dorlingkindersley.de

Produktion Dorling Kindersley India, Delhi

Managing Editor Aruna Ghose

Texte David Bowden, Ron Emmons, Andrew Forbes, Naiya Sivaraj, Richard Watkins

Fotografien Demetrio Carrasco, Nigel Hicks, Linda Whitwam

Illustrationen Chapel Design and Marketing Ltd, Arun Pottirayil, T. Gautam Trivedi

Kartografie Uma Bhattacharya, Alok Pathak, Casper Morris

Redaktion und Gestaltung
Dorling Kindersley Delhi: Ankita Awasthi, Priyanka Thakur, Sandhya Iyer, Shonali Yadav, Neha Beniwal, Shipra Gupta, Jayashree Menon, Ipshita Nandi, Pramod Bjarti, Anchal Kaushal, Vinod Harish
Dorling Kindersley London: Douglas Amrine, Lucinda Smith, Jane Ewart, Kathryn Lane, Ros Walford, Paul Jackson, Sonal Bhatt, Tessa Bindloss, Jenn Hadley, Natasha Lu

Titel der englischen Originalausgabe:
Eyewitness Travel Guide *Malaysia & Singapore*
Zuerst erschienen 2008 in Großbritannien
bei Dorling Kindersley Ltd.
A Penguin Random House Company

Für die deutsche Ausgabe:

Ein Unternehmen der Penguin Random House Group

Aktualisierte Neuauflage 2019/2020

Programmleitung Dr. Jörg Theilacker, DK Verlag
Projektleitung Stefanie Franz, DK Verlag
Projektassistenz Antonia Wiesmeier, DK Verlag
Übersetzung Annika Schroeter, München
Redaktion Dr. Gabriele Rupp, München
Schlussredaktion Susanne Traub-Schweiger, Garmisch
Umschlaggestaltung Ute Berretz, München
Satz und Produktion DK Verlag
Druck RR Donnelley Asia Printing Solutions Ltd., China

ISBN 978-3-7342-0227-8
7 8 9 10 11 21 20 19 18

Dieser Reiseführer wird regelmäßig aktualisiert. Angaben wie Telefonnummern, Öffnungszeiten, Adressen, Preise und Fahrpläne können sich jedoch ändern. Der Verlag kann für fehlerhafte oder veraltete Angaben nicht haftbar gemacht werden. Für Hinweise, Verbesserungsvorschläge und Korrekturen ist der Verlag dankbar. Bitte richten Sie Ihr Schreiben an:

Dorling Kindersley Verlag GmbH
Redaktion Reiseführer
Arnulfstraße 124 • 80636 München
travel@dk-germany.de

Inhalt

Tempelwächter, Tua Pek Kong Temple, Sibu, Sarawak ***(siehe S. 170f)***

Benutzerhinweise **6**

Malaysia und Singapur stellen sich vor

Themen- und Tagestouren **10**

Malaysia und Singapur auf der Karte **18**

Ein Porträt Malaysias und Singapurs **22**

Die Geschichte Malaysias und Singapurs **38**

Kuppel des Inverted Dome Pavilion, Islamic Arts Museum ***(siehe S. 74f)***

◀ **Eingang zu den Batu Caves, dem größten Höhlentempel Malaysias** ***(siehe S. 96)***
◀◀ **Umschlag: Das beeindruckende Resort Marina Bay Sands in Singapur** ***(siehe S. 217)***

Malaysia

Malaysia stellt sich vor **54**

Kuala Lumpur **62**

Nordwest-Halbinsel **92**

Südhalbinsel **122**

Ost- und Zentral-Halbinsel **138**

Sarawak **156**

Sabah **180**

Chinesische Vase, National Museum, Kuala Lumpur *(siehe S. 72)*

Singapur

Singapur stellt sich vor **204**

Colonial Core und Chinatown **212**

Little India und Orchard Road **230**

Abstecher **242**

Shopping **252**

Unterhaltung **258**

Boote und Jetskis am Strand von Batu Ferringhi *(siehe S. 114)*

Sport und Aktivurlaub **262**

Stadtplan **264**

Zu Gast in Malaysia und Singapur

Hotels **276**

Restaurants **284**

Shopping **302**

Unterhaltung **308**

Sport und Aktivurlaub **312**

Grundinformationen

Praktische Hinweise **320**

Reiseinformationen **330**

Textregister **340**

Danksagung und Bildnachweis **351**

Sprachführer **354**

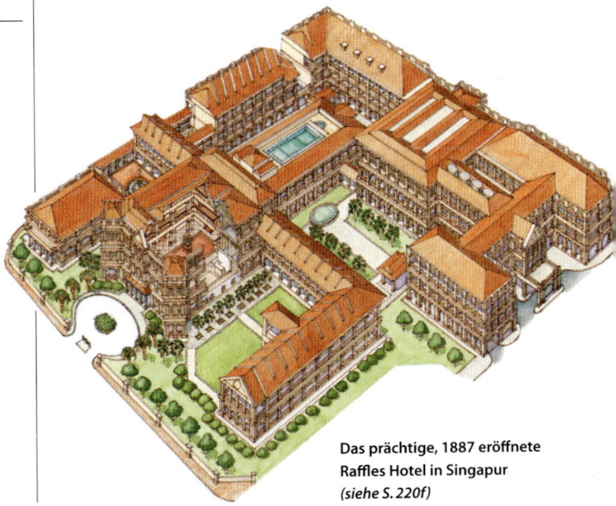

Das prächtige, 1887 eröffnete Raffles Hotel in Singapur *(siehe S. 220f)*

Benutzerhinweise

Dieser Reiseführer soll Ihnen bei Ihrem Besuch in Malaysia und Singapur ein nützlicher Begleiter sein, damit Sie die beiden Länder von ihrer schönsten und interessantesten Seite kennenlernen. Einleitend werden Geografie, Geschichte und Kultur sowie wichtige Feste jedes Landes vorgestellt. Jede Region hat ein eigenes Kapitel, die Sehenswürdigkeiten und Attraktionen werden mittels Texten, Karten, Fotos und Illustrationen beschrieben. Informationen zu Restaurants und Hotels sowie zu Shopping, Unterhaltung und Sport und Aktivurlaub bietet das Kapitel *Zu Gast in Malaysia und Singapur*. Die *Grundinformationen* liefern nützliche Hinweise für die Planung Ihres Urlaubs und den Aufenthalt.

Malaysia und Singapur auf der Karte

Die Karte zeigt die Malaiische Halbinsel, Borneo und Singapur in Relation zu den Nachbarländern. Malaysia ist in diesem Reiseführer in sechs Hauptregionen unterteilt, die alle in einem eigenen Kapitel vorgestellt werden. Singapur hat ein eigenes Kapitel, das wiederum in Stadtbereiche unterteilt ist.

Eine **Orientierungskarte** zeigt die Lage des Landes innerhalb Südostasiens.

Die Regionen Malaysias

Die interessantesten Orte sind auf der *Regionalkarte* am Beginn jedes Kapitels nummeriert eingetragen. Die Legende zu den Symbolen befindet sich auf der hinteren Umschlaginnenseite.

1 Einführung
Landschaft, Geschichte und Charakter jeder Region sowie ihre Hauptattraktionen werden jeweils in einem kurzen Abriss dargelegt.

Sehenswürdigkeiten auf einen Blick verweist auf Städte und Dörfer, Inseln und Strände sowie Nationalparks und Naturreservate.

2 Regionalkarte
Neben einem Überblick über das Hauptstraßennetz und die Topografie der Region werden Informationen zu öffentlichen Verkehrsmitteln und Tipps zur Erkundung der Region präsentiert.

3 Detailkarte
Besonders interessante Stadtviertel von Kuala Lumpur und Singapur werden aus der Vogelperspektive gezeigt.

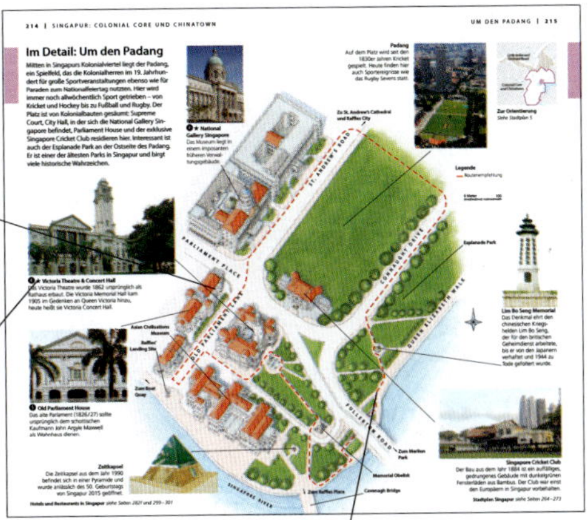

Sterne verweisen auf herausragende Sehenswürdigkeiten.

Ziffern erleichtern das Auffinden der Sehenswürdigkeiten in den Karten.

Die Routenempfehlung (rot gepunktet) führt Sie durch die interessantesten Straßen.

4 Detaillierte Informationen
Alle wichtigen Orte und Sehenswürdigkeiten sind einzeln beschrieben. Die Reihenfolge entspricht der Nummerierung auf der *Regionalkarte*. Zu jedem Ort gibt es detaillierte Informationen.

Themenkästen liefern interessante Hintergrundinformationen.

Die Infobox enthält alle praktischen Informationen, die man für einen Besuch benötigt.

Praktische Informationen bieten Ihnen alles Wissenswerte über eine Sehenswürdigkeit. Bei den Sehenswürdigkeiten von Kuala Lumpur und Singapur sind darüber hinaus Verweise auf den jeweiligen *Stadtplan* enthalten.

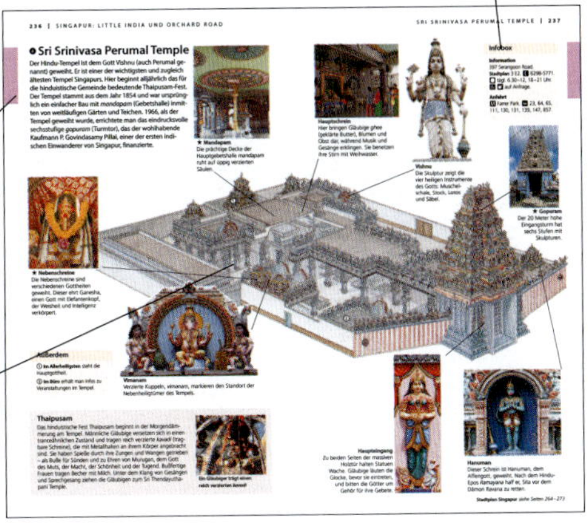

Die Farbcodierung erleichtert das Auffinden der einzelnen Regionen *(siehe vordere Umschlaginnenseiten)*.

5 Hauptsehenswürdigkeiten
Die Highlights werden auf Doppelseiten präsentiert – mit Grundrissen, Schnittzeichnungen und Detailfotos.

MALAYSIA UND SINGAPUR STELLEN SICH VOR

Themen- und Tagestouren 10–17

Malaysia und Singapur auf der Karte 18–21

Ein Porträt Malaysias und Singapurs 22–37

Die Geschichte Malaysias und Singapurs 38–51

Themen- und Tagestouren

Die auf den folgenden Seiten vorgestellten Touren verbinden historische Sehenswürdigkeiten mit modernen Attraktionen und Plätzen landschaftlicher Schönheit wie Nationalparks und Inseln. Obwohl die Touren so zusammengestellt sind, dass man nicht allzu weite Strecken überwinden muss, liegen die Naturparks und Wildschutzgebiete in Malaysia doch so abgelegen, dass man für ihren Besuch eine Halbtagesfahrt oder einen kurzen Flug einplanen muss, um sie zu erreichen. Für Borneo bieten sich vorab arrangierte Touren an, die Übernachtungen in Langhäusern und Besuche eines Dschungelreservats beinhalten. Vier Touren haben Malaysia und Singapur zum Thema, drei Borneo; die längste dauert knapp drei Wochen. Mit Inlandsflügen kann man viele Vorschläge auch kombinieren, Brunei kann man etwa an die Tour durch Nord-Sarawak anhängen.

Malaiische Kultur und Strände

- Erkunden Sie die Märkte und Kunsthandwerksläden in **Kuala Terengganu** und sehen Sie sich an, wie die traditionellen Holzboote gebaut werden.
- Fahren Sie zu den weißen Sandstränden und Korallenriffe der **Perhentian-Inseln**, die bekannt sind für die guten Tauchgründe.
- Tauchen Sie in **Kota Bharu** ein in malaiisches Leben, Drachenherstellung und Schattenpuppentheater.

Penang und Langkawi

- Erkunden Sie Penangs historische Stadt **George Town** mit alten Tempeln, schönen Museen und alten kolonialen Gebäuden.
- Besuchen Sie den riesigen buddhistischen Tempelkomplex von **Kek Lok Si**.
- Kaufen Sie Kunsthandwerk, genießen Sie Seafood und besuchen Sie die Schmetterlingsfarm in **Teluk Bahang**.
- Entspannen Sie am Strand oder gehen Sie einer Wassersportart nach auf der Ferieninsel **Langkawi**.
- Nutzen Sie den Duty-free-Status von Langkawi und kaufen Sie Souvenirs.

◀ **Detail des Wat Syam Nikrodharam in Alor Star, Nordwest-Halbinsel, Malaysia** ***(siehe S. 117)***

Eine Woche in Sabah

- Tauchen Sie ein in die freundliche Atmosphäre von **Kota Kinabalu** mit lebendigen Märkten an der Uferpromenade.
- Machen Sie eine Bootsfahrt in die **Klias Wetlands**, um scheue Nasenaffen und Glühwürmchen zu sehen.
- Machen Sie eine Raftingfahrt auf dem **Sungai Padas** oder lernen Sie im **Mari Mari Cultural Village** mehr über das Leben der Völker von Sabah.
- Wandern Sie im **Kinabalu National Park** im Schatten von Malaysias höchstem Berg und bewundern Sie die Pflanzen. Entspannen Sie danach in den **Poring Hot Springs**.
- Besuchen Sie **Sandakans** Tempel und die Uferpromenade.
- Unterstützen Sie Tierschutzprojekte für Orang-Utans und Malaiienbären in **Sepilok**.
- Sehen Sie beim »Abbau« von essbaren Vogelnestern zu.

Gunung Kinabalu, der höchste Berg Malaysias, liegt im Kinabalu National Park ***(siehe S. 192f)***

Eine Woche in Kuching und Umgebung

- Machen Sie sich mit Borneos Stammeskultur in Museen in **Kuching** und im **Sarawak Cultural Village** vertraut.
- Stärken Sie sich mit Reiswein, bevor Sie ein **Schädelhaus** aus der Kopfjägerzeit besuchen.
- Sehen Sie in einer Tierrettungsstation bei der Fütterung von **Orang-Utans** zu und machen Sie eine Bootsfahrt, um seltene **Flussdelfine** zu sehen.
- Verbringen Sie ein paar Tage im **Bako National Park** mit seinen Nasenbären und schönen Stränden.
- Übernachten Sie in einem **Iban-Langhaus** und erfahren Sie mehr über den traditionellen Lebensstil.

Die Nationalparks von Nord-Sarawak

- Sehen Sie zu, wie im **Mulu National Park** bei Dämmerung Millionen von Fledermäusen die Höhlen verlassen.
- Sehen Sie sich in den Höhlen alte Wandmalereien, spektakuläre Felsformationen und bootsähnliche Schreine an.
- Baden Sie nach einem Trek durch den Dschungel im Fluss.
- Bewundern Sie exotisches Kunsthandwerk der Ureinwohner auf den **Märkten von Miri**.
- Verlängern Sie Ihren Aufenthalt um zwei Tage im faszinierenden **Brunei**.

Kuala Lumpur, Taman Negara und Malakka

- **Dauer** Fünf Tage mit zwei Übernachtungen im Taman Negara National Park.
- **Flughafen** Kuala Lumpur (KL).
- **Weiterreise** Taman Negara erreicht man mit dem Auto oder mit dem öffentlichen Bus ab Jerantut. Am besten bucht man jedoch in Kuala Lumpur eine Busfahrt nach Kuala Tembeling und dann eine Bootsfahrt nach Kuala Tahan. Während des Monsuns (Nov–März) sollte man sich vorher über die Straßenlage erkundigen.

Erster Tag: Kuala Lumpur
Entdecken Sie rund um den **Merdeka Square** *(S. 66f)* die Altstadt von Kuala Lumpur mit ihrer kolonialen und maurisch angehauchten Architektur und die **Masjid Jamek** *(S. 68)*. Besuchen Sie zum Mittagessen die lebendige **Chinatown** *(S. 70)*, gehen Sie über den **Central Market** *(S. 69)*, an dem es viele Kunsthandwerksläden gibt. Sehen Sie sich am Nachmittag das **National Museum** *(S. 72)* und die **Perdana Botanical Gardens** *(S. 72f)* an und entdecken Sie den Butterfly Park. Fahren Sie am späten Nachmittag den Fernsehturm des **Menara KL** *(S. 80)* hoch und genießen Sie den Blick. Essen Sie in einem der Lokale im **Golden Triangle** *(S. 80)* zu Abend.

Statue von Muragan am Eingang der Batu Caves ***(siehe S. 96)***

Zweiter Tag: Kuala Lumpur und Batu Caves
Buchen Sie vorab einen Besuch der Skybridge zwischen Kuala Lumpurs **Petronas Towers** *(S. 78)* und besuchen Sie danach das **Aquaria KLCC** *(S. 79)*. Fahren Sie am Nachmittag zu den **Batu Caves** *(S. 96)*. Spazieren Sie am Abend durch **Little India** *(S. 76)*.

Dritter Tag: Taman Negara
Fahren Sie zu Malaysias größtem Nationalpark **Taman Negara** *(S. 144f)*. Wenn Sie nachmittags in Kuala Tahan ankommen, können Sie entweder noch auf dem Canopy Walkway gehen und sich einen Überblick über die Natur verschaffen oder später an einer Nachtführung teilnehmen und nachtaktive Tiere kennenlernen.

Traditionelles Tor nach Chinatown in Kuala Lumpur ***(siehe S. 70)***

Vierter Tag: Taman Negara
Parkangestellte helfen Ihnen bei der Auswahl sportlicher Betätigungsmöglichkeiten: eine Tour durch den Dschungel auf einem der kürzeren Wege, Klettern, Höhlenerkundung, eine Bootstour oder eine Führung durch den Dschungel.

Fünfter Tag: Zurück nach Kuala Lumpur
Zurück in Kuala Lumpur, tauchen Sie ein in das Nachtleben rund um die **Jalan Alor** *(S. 76)* oder besuchen Sie die glitzernde **Suria KLCC Mall** *(S. 79)* in den Petronas Towers.

Tipp zur Verlängerung
Tierfreunde bleiben lieber länger im Taman Negara. Oder man verbringt anstatt in Penang zwei Tage in **Malakka** *(S. 128–133)* mit einer ähnlichen Mischung aus Tempeln, Kolonialgebäuden und Shophouses.

Drei Tage in Singapur

- **Anreise** Mit der MRT-Metro kommt man vom Flughafen in 30 Minuten ins Zentrum.
- **Weiterreise** Changi Airport hat exzellente Verbindungen zu vielen malaysischen Städten, etwa mit Express-Bussen (nach Kuala Lumpur mindestens fünf Stunden). Malaysische Züge sind sehr langsam und bis auf Nachtzüge deshalb nicht zu empfehlen.
- **Vorab buchen** Universal-Studios-Themenpark.

Erster Tag
Vormittags Erkunden Sie die historischen Viertel Singapurs, zuerst **Colonial Core** entlang des Singapore River, dann rund um den **Padang** *(S. 214f)* und **Fort Canning Park** *(S. 223)*. Besuchen Sie ein Museum, etwa das **Peranakan Museum** *(S. 222)*, das **Asian Civilisations Museum** *(S. 216)* oder die **National Gallery** *(S. 217)*.

Weitere Informationen zu den Verkehrsmitteln in Malaysia und Singapur ***siehe S. 330–339***

Pantai Cenang – einer der schönen Sandstrände auf Langkawi *(siehe S. 118f)*

Nachmittags Besuchen Sie Little India und sehen Sie sich im üppig geschmückten **Sri Veeramakaliamman Temple** *(S. 235)* um. In der Nähe liegt **Kampong Glam** *(S. 232f)*, das Herz muslimischen Lebens in der Stadt und Heimstatt der **Masjid Sultan** *(S. 234)*. Verbringen Sie den Abend in den **Gardens by the Bay** *(S. 217)*.

Zweiter Tag

Vormittags Besuchen Sie die **Singapore Botanic Gardens** *(S. 246f)* und den spektakulären National Orchid Garden.

Nachmittags Besuchen Sie Chinatown und sehen Sie sich den **Buddha Tooth Relic Temple** *(S. 225)* und den **Thian Hock Keng Temple** *(S. 228f)* an. Nehmen Sie am Abend im **Singapore Zoo** an der Nachtsafari *(S. 244)* teil.

Dritter Tag

Abenteuerlustige verbringen gut einen ganzen Tag auf **Sentosa** *(S. 250f)*, Singapurs Themenpark- und Resort-Insel, wo die Universal Studios einen Ehrenplatz einnehmen. Sie können aber auch den **Jurong Bird Park** *(S. 245)* besuchen. Von dort kommt man nach einer kurzen Zugfahrt zum chinesischen Folklorepark **Haw Par Villa** *(S. 248)*. Fahren Sie dann am späten Nachmittag nach Sentosa und besuchen Sie das **S.E.A. Aquarium** und **Fort Siloso** *(S. 250)*. Gehen Sie am Abend in der **Orchard Road** *(S. 238–241)* noch shoppen.

Penang und Langkawi

- **Dauer** Sechs Tage.
- **Flughäfen** Anreise: Penang, Abreise: Langkawi.
- **Weiterreise** Fähren fahren zwischen George Town und Langkawi. Mit dem Flugzeug geht es schneller.
- **Vorab buchen** Fährtickets kauft man am besten einen Tag im Voraus.

Erster Tag: George Town

Entdecken Sie das Zentrum von **George Town** *(S. 106–111)* mit **St. George's Church** und **Fort Cornwallis**. Besuchen Sie **100 Cintra Street** in Chinatown *(S. 110)* mit dem Peranakan-Museum und danach das Wasserdorf der **Weld Quay Clan Piers** *(S. 106)*. Abendessen in **Little India** *(S. 108f)*.

Zweiter Tag: George Town und Umgebung

Besuchen Sie den schönsten von Penangs Clantempeln, den **Khoo Kongsi** *(S. 107)*, und andere Gotteshäuser wie die **Majid Kapitan Keling** *(S. 108)*. Fahren Sie zur **Cheong Fatt Tze Mansion** *(S. 111)* und sehen Sie sich danach im **E&O Hotel** *(S. 111)* um. Besuchen Sie am Nachmittag den **Kek Lok Si Temple** *(S. 113)* und verbringen Sie den Abend auf dem **Penang Hill** *(S. 113)*.

Dritter Tag: George Town und Umgebung

Fahren Sie zum **Penang National Park** *(S. 115)* und machen Sie eine Dschungeltour oder verbringen Sie den Morgen im **Wat Chayamangkalaram** *(S. 112)* in Pulau Tikus. Fahren Sie dann nach **Teluk Bahang** *(S. 114)* zur **Penang Butterfly Farm** und zum **Forest Recreation Park**. Entspannen Sie am späten Nachmittag am Strand von **Batu Ferringhi** *(S. 114)*.

Vierter Tag: Langkawi

Fahren oder fliegen Sie am Morgen nach **Pulau Langkawi** *(S. 118f)* und verbringen Sie den Tag am Cenang-Strand, vielleicht unterbrochen von Wassersportaktivitäten. Übernachten Sie auf Langkawi.

Fünfter Tag: Langkawi

Fahren Sie mit der **Langkawi Cable Car** *(S. 121)* auf den Gunung Machinchang und genießen Sie den Blick. Besuchen Sie später Pantai Cenangs **Underwater World** *(S. 121)*. Fahren Sie am Nachmittag nach **Pulau Dayang Bunting** *(S. 121)*.

Sechster Tag: Langkawi

Verbringen Sie den Vormittag am Strand, bevor Sie zurückfliegen.

Die elegante Masjid Kapitan Keling in George Town *(siehe S. 108)*

Malaiische Kultur und Strände

- **Dauer** Fünf Tage. Tierfreunde sollten eine Nacht länger im Taman Negara verbringen. Alternativ kann man an die Tour noch eine Woche in Malakka anhängen. Die Ostküste sollte man nicht während des stürmischen Nordost-Monsuns (Nov–März) besuchen.
- **Flughäfen** Anreise: Kuala Terengganu, Abflug: Kota Bharu.
- **Weiterreise** Hotels und Agenturen in Kota Bharu und Kuala Terengganu arrangieren den Transfer nach und von Kuala Besut, wo Fähren zu den Perhentian-Inseln ablegen. Mit Wassertaxis kommt man von Insel zu Insel. Die Kunsthandwerksläden von Kota Bharu besucht man am besten mit einem Taxi.
- **Vorab buchen** Buchen Sie mindestens zehn Tage im Voraus Ihre Unterkunft auf den Perhentian-Inseln.

Istana Jahar aus dem 19. Jahrhundert in Kota Bharu ***(siehe S. 152)***

Erster Tag: Kuala Terengganu

Besuchen Sie im Zentrum von **Kuala Terengganu** *(S. 147)* den Markt **Pasar Payang** und die kleinen Tempel und Läden in Chinatown. Etwas außerhalb liegt eines der architektonisch beeindruckendsten Museen Malaysias: der **Terengganu State Museum Complex**, der wie eine Ansammlung von monumentalen malaysischen Häusern aussieht. Besuchen Sie am Nachmittag die wenigen bestehenden Werften bei **Pulau Duyung** *(S. 149)*, wo noch Holzboote gebaut werden.

Zweiter und dritter Tag: Perhentian-Inseln

Nehmen Sie in Kuala Besut ein Boot zu den **Perhentian-Inseln** *(S. 148)*, einem der bodenständigsten und angenehmsten Ferienorte auf den Inseln Malaysias. Hier gibt es eine große Auswahl an Unterkünften, die größere Insel Perhentian Besar eignet sich besser für ältere Reisende und Familien. Nehmen Sie an Tauchexkursionen teil oder gehen Sie zum Schnorcheln. Man sollte zwischen den Inseln hin- und herfahren, um in unterschiedlichen Restaurants zu essen.

Vierter Tag: Kota Bharu

Kehren Sie am Morgen auf das Festland zurück und fahren Sie nach **Kota Bharu** *(S. 152f)*, einer konservativen, aber liebenswürdigen Stadt mit starkem malaiischem Einschlag. Besuchen Sie im Zentrum den **Pasar Besar**, einen Markt mit frischen Früchten und Gemüse, und das schöne **Istana Jahar** *(S. 152)*, eineb im traditionellen Holzstil gebauten Palast, in dem ein Museum für königliche Traditionen und Gebräuche untergebracht ist. Besuchen Sie auch das Kulturzentrum **Gelanggang Seni** *(S. 153)* und erkundigen Sie sich nach einer abendlichen Vorstellung des Schattenpuppentheaters.

Fünfter Tag: Kota Bharu

Sehen Sie sich die Kunsthandwerksdörfer der Stadt an. Bei Touristinformationen erfahren Sie, welche gerade am interessantesten sind, darunter Silberschmiede und Drachenhersteller. Brechen Sie am Nachmittag auf oder besuchen Sie mehr Museen, etwa das **Istana Batu** *(S. 152)*, einen früheren Palast, in dem heute königliche Utensilien ausgestellt sind, und das kleine **World War II Memorial Museum** *(S. 153)*.

Landungssteg am Coral Bay Beach auf den Perhentian-Inseln ***(siehe S. 148)***

Weitere Informationen zu den Verkehrsmitteln in Malaysia und Singapur ***siehe S. 330–339***

Eine Woche in Kuching und Umgebung

- **Dauer** Sieben Tage.
- **Flughafen** An- und Abreise über den Flughafen Kuching.
- **Weiterreise** Viele der Highlights liegen abseits, deshalb bucht man am besten in Kuching eine geführte Tour. Einige Sehenswürdigkeiten erreicht man mit öffentlichen Verkehrsmitteln, darunter den Bako National Park (Bus und Boote). Shuttlebusse fahren von Kuching zum Sarawak Cultural Village.
- **Vorab buchen** Übernachtungen in Iban-Langhäusern und im Bako National Park (über Sarawak Forestry in Kuching).

Orang-Ulu-Langhäuser *(siehe S. 165)*

Erster Tag: Kuching und Sarawak Cultural Village

Spazieren Sie durch den schönen Uferbereich im Zentrum von **Kuching** *(S. 160–163)* mit vielen Gebäuden aus der Kolonialzeit und besuchen Sie danach das **Sarawak Museum** *(S. 160)*, in dem Sie mehr über die Stammeskultur Borneos erfahren, und das **Textile Museum** *(S. 160)*. Sehen Sie sich am Nachmittag die wunderschönen Beispiele authentischer Langhäuser an und beobachten Sie Kunsthandwerker im **Sarawak Cultural Village** *(S. 165)*, einem Volkskundemuseum etwas außerhalb der Stadt, bei der Arbeit.

Zweiter Tag: Semenggoh, Anna Rais und Sungai Santubong

Sehen Sie am Morgen im **Semenggoh Wildlife Centre** *(S. 167)* südlich von Kuching zu, wie Orang-Utans gefüttert werden. Von hier fahren Busse nach **Anna Rais** zu den Bidayuh *(S. 167)*. Mit etwas Glück wird man Sie in ein Langhaus einladen und Ihnen ein Haus voller Schädel aus der Kopfjägerzeit zeigen. Zurück in Kuching, können Sie am Nachmittag eine **Flussfahrt auf dem Santubong** *(S. 315)* machen.

Dritter Tag: Bako National Park

Fahren Sie zum **Bako National Park** *(S. 168f)*, in dem die gefährdeten Nasenaffen leben. Hier gibt es viele Wege, die entweder zu Stränden oder über ein Plateau mit Buschwald führen. Abends kann man an einer Nachtsafari durch den Dschungel teilnehmen.

Vierter Tag: Bako und Kuching

Verbringen Sie den Vormittag in Bako. Zurück in Kuching, gehen Sie zur **Uferpromenade** *(S. 162)*, sehen Sie sich die Läden an und besuchen Sie das **Chinese History Museum**. Genießen Sie am Abend den Sonnenuntergang.

Fünfter und sechster Tag: Iban-Langhäuser

Buchen Sie eine geführte Tour zu einem **Iban-Langhaus**

Frauen beim Weben im Nanga-Sumpa-Langhaus, Sarawak *(siehe S. 165)*

(S. 173) östlich von Kuching. Wenn man zwei Nächte bleibt, lernt man die Bewohner kennen, die traditionelles Kunsthandwerk verkaufen. Zu so einer Tour gehören normalerweise auch ein Trek durch den Dschungel und Bootsfahrten, vielleicht zu Wasserfällen oder Badeplätzen.

Siebter Tag: Kuching

Kehren Sie in die Stadt zurück. Wenn Sie vor der Abreise noch Zeit haben, besuchen Sie den **Tua Pek Kong Temple** *(S. 162)* oder das kitschige **Cat Museum** *(S. 163)*.

Tipp zur Verlängerung
Fliegen Sie von Kuching zum Mulu National Park und verbringen Sie dort einige Tage *(S. 16)*.

Steg durch den Mangrovenwald im Bako National Park *(siehe S. 168f)*

Im Mulu National Park vertäute Langboote *(siehe S. 176f)*

Die Nationalparks von Nord-Sarawak

- **Dauer** Vier Tage mit der Option, um drei Tage in Brunei zu verlängern.
- **Flughäfen** Anreise: Mulu National Park, Abflug: Miri. Mit der Verlängerung Brunei Abflug von Bandar Seri Begawan.
- **Weiterreise** Dieser Trip kann großteils selbstständig mit Flügen und Taxis bewältigt werden. Für den Niah Caves National Park bucht man am besten von seinem Hotel aus einen Taxiservice zur Anfahrt und Abholung.
- **Vorab buchen** Flüge zum Mulu National Park. Buchen Sie bei Ankunft in Bandar Seri Begawan (Brunei) einen Trip zum Ulu Temburong National Park.

Erster Tag: Mulu National Park

Fliegen Sie am Morgen zum **Mulu National Park** *(S. 176f)*. Registrieren Sie sich bei der Parkleitung und buchen Sie Touren rund um die Höhlen. Sehen Sie sich die **Deer Cave** *(S. 176)* mit beeindruckenden Felsformationen und in der Dämmerung die Fledermausschwärme an, die aus dem Höhleneingang kommen.

Zweiter Tag: Mulu National Park

Machen Sie morgens eine Bootsfahrt und sehen Sie sich weitere Höhlen an: die **Wind Cave** ist voller Stalaktiten und Stalagmiten, die **Clearwater Cave** *(S. 176)*, die längste Höhle in Südostasien, beeindruckt durch ihre Weite und einen unterirdischen Fluss. Nehmen Sie Badezeug mit und schwimmen Sie am Ende der Tour im Fluss. Wandern Sie den Rest des Tages auf einem der Wege, besuchen Sie den **Canopy Skywalk** *(S. 177)* oder weitere Höhlen.

Dritter Tag: Miri

Fliegen Sie morgens nach **Miri** *(S. 174)*. Sehen Sie sich das Zentrum an, besuchen Sie Tamu Muhibbah, einen der Märkte mit vielen exotischen Produkten, und fahren Sie danach auf den Hügel hinter der Stadt zum **Petroleum Museum** *(S. 174)*, das über den Ölboom in Miri informiert.

Vierter Tag: Niah Caves National Park

Verlassen Sie Miri um 8.30 Uhr für einen Tagestrip zum **Niah Caves National Park** *(S. 174)* mit Dschungeltrails und archäologisch interessanten Höhlen. Hier kann man auch beim Abbau von essbaren Salangan-Nestern und Fledermaus-Guano zusehen. Denken Sie unbedingt an die Mitnahme von Taschenlampen, vor allem für die dunklen Passagen in der Great Cave. Die am weitesten entfernte Höhle ist die Painted Cave mit schönen Wandmalereien.

Tipp zur Verlängerung

Verbringen Sie drei Tage in **Brunei** *(S. 178f)*, eine vierstündige Busfahrt von Miri entfernt. Highlights der Hauptstadt Bandar Seri Begawan sind die **Masjid Omar Ali Saifuddien** und das Stelzendorf **Kampung Ayer**. Buchen Sie nach einer Nacht in Brunei eine Übernachtexkursion zum **Ulu Temburong National Park** mit einigen Dschungeltrails und einem beeindruckenden Canopy Walkway in den Baumwipfeln.

Blick vom Eingang der Great Cave, Niah Caves National Park *(siehe S. 174)*

Weitere Informationen zu den Verkehrsmitteln in Malaysia und Singapur *siehe S. 330–339*

Eine Woche in Sabah

- **Flughäfen** Anreise: Kota Kinabalu, Abflug: Sandakan.
- **Weiterreise** Sabah verfügt über ein gutes Busnetz, aber viele Highlights liegen abseits, deshalb ist es am besten, man bucht vor Ort eine geführte Tour. Für den Kinabalu National Park mietet man am besten für einen Tag ein Taxi.
- **Vorab buchen** Buchen Sie vor Ankunft in Sandakan die Sepilok- und Kinabatangan-Touren.
- **Achtung** Informieren Sie sich vor Anreise auf der Seite des Auswärtigen Amts über die Lage in Sabah *(S. 183)*.

Sabah Museum in Kota Kinabalu ***(siehe S. 184)***

Erster Tag: Kota Kinabalu und Klias Wetlands

Kota Kinabalu *(S. 184f)* kann man gut zu Fuß entdecken. Hauptattraktionen sind das **Sabah Museum** *(S. 184)* mit ethnografischen Exponaten und die Märkte am Flussufer, die frische Lebensmittel und Kunsthandwerk verkaufen. Fahren Sie am Nachmittag zu den **Klias Wetlands** *(S. 186)* und machen Sie einen geführten Bootstrip durch den Mangrovenwald. Hier stehen die Chancen sehr gut, dass Sie Nasenaffen zu Gesicht bekommen. Die meisten Bootsführer lassen sich Zeit bis zum Abend, um Glühwürmchen aufzuspüren, die um die Wette leuchten.

Hochgebirgslandschaft am Gunung Kinabula ***(siehe S. 190f)***

Zweiter Tag: Kota Kinabalu und Umgebung

Buchen Sie entweder eine Raftingtour auf dem **Sungai Padas** *(S. 187)* oder informieren Sie sich über die Stammeskultur in Sabah im **Mari Mari Cultural Village** *(S. 188)*, wo man durch verschiedene Langhäuser geführt wird. Zurück in Kota Kinabalu, besteigen Sie am späten Nachmittag den **Signal Hill** *(S. 184)* für einen schönen Blick über die Stadt.

Dritter Tag: Kinabalu National Park

Fahren Sie zum **Kinabalu National Park** *(S. 190f)* und verbringen Sie den Tag auf Wanderwegen am Fuß des Bergs. Vom Bukit Tupai Trail hat man einen fantastischen Blick auf den Mount Kinabalu. Besuchen Sie am späten Nachmittag die nahen **Poring Hot Springs** *(S. 191)* für ein Bad.

Vierter Tag: Sandakan und Sepilok

Fliegen Sie morgens nach **Sandakan** *(S. 196)* und besuchen Sie die Uferpromenade mit Booten, Märkten und chinesischen Tempeln. Nehmen Sie an einer geführten Tour zum **Sepilok Orangutan Rehabilitation Centre** *(S. 196)* teil und sehen Sie bei der Fütterung der Orang-Utans zu. Das benachbarte **Sun Bear Conservation Centre** *(S. 196)* kümmert sich um verwaiste Bären, das Rainforest Discovery Centre bietet Dschungeltrails und eine Hängebrücke.

Fünfter Tag: Sandakan und Kinabatangan

Besuchen Sie das **Agnes Keith's House** *(S. 196)*, in dem die US-Schriftstellerin in den 1930ern lebte, und den **Sandakan Memorial Park** *(S. 196)*, der der Alliierten gedenkt, die 1944 auf einem Gewaltmarsch starben. Nehmen Sie am Nachmittag an einem Trip zum **Kinabatangan Wildlife Sanctuary** *(S. 197)* teil mit exzellenten Lodges im Dschungel.

Sechster Tag: Sungai Kinabatangan

Verbringen Sie den Tag auf dem Fluss, mit etwas Glück sehen Sie Nasenaffen und viele Vögel. Viele gebuchte Touren umfassen auch einen Besuch der **Gomantong Caves** *(S. 197)*, die von Salanganen und Fledermäusen bewohnt sind.

Siebter Tag: Sandakan

Kehren Sie nach Sandakan zurück.

Eisvogel am Sungai Kinabatangan ***(siehe S. 197)***

Westmalaysia auf der Karte

Der westliche Teil Malaysias liegt auf der Malaiischen Halbinsel zwischen dem ersten und siebten nördlichen Breitengrad. Im Norden grenzt Westmalaysia an Thailand und im Süden an Singapur, mit dem es über einen Damm und eine Brücke verbunden ist. Vor der Westküste verläuft die Straße von Malakka, die Ostküste liegt am Südchinesischen Meer. Die Mehrheit der 31 Millionen Einwohner Malaysias lebt im westlichen Teil der Halbinsel, wo sich auch die Hauptstadt Kuala Lumpur befindet. Eine Bergkette durchzieht das Zentrum Westmalaysias und trennt die dünn besiedelte, waldreiche Ostküste vom Westen.

Weitere Zeichenerklärungen *siehe hintere Umschlagklappe*

CHINA
MYANMAR
LAOS
INDIEN
THAILAND
VIETNAM
KAMBODSCHA
PHILIPPINEN
SRI LANKA
BRUNEI
MALAYSIA
SINGAPUR
INDONESIEN
OST-TIMOR
AUSTRALIEN
Sai Buri
Südchinesisches Meer
Narathiwat
AND
ARATHIWAT
Tumpat
Kota Bharu
Pasir Mas
Ketareh
Pasir Puteh
Perhentian-Inseln
Kuala Besut
Pulau Redang
Jeli
Macang
3
Kuala Kerai
engor
Merang
Kuala Terengganu
Kemubu
Marang
8
Bertam
Berang
KELANTAN
Tasik Kenyir
Rantau Abang
Gua Musang
TERENGGANU
Dungun
Pulau Tenggol
Merapoh
Kerteh
MALAYSIA
chang
Kijal
Jelai
Tekai
Kuala Lipis
Cukai
14
Kuala Tembeling
Cherating
Jerantut
PAHANG
Beserah
Raub
Kuantan
55
Bentong
Maran
2
Pekan
Pahang
Karak
Temerloh
ANGOR
Kuala Lumpur
Muadzam Shah
Petaling Jaya
Kota Bahagia
NEGERI SEMBILAN
Bahau
Pulau Tioman
12
Kuala Rompin
Rompin
Kuala Pilah
Seremban
1
Tampin
Gemas
Segamat
Seribuat-Archipel
Port Dickson
Labis
Mersing
Alor Gajah
Jasin
Tangkak
Jemaluang
Pulau Tinggi
MELAKA
Semberong
Kahang
Pulau Sibu
Melaka (Malakka)
5
JOHOR
Straße von Malakka
Muar
Keluang
Lenik
Teluklecan
Air Hitam
Layang-Layang
Mawai
Batu Pahat
NORTH-SOUTH HWY
Kota Tinggi
umai
Kulai
Pulau Bengkalis
Pontian Kecil
Johor Bahru
Kukup
Pulau Kukup
Singapore (Singapur)
SINGAPUR

Ostmalaysia auf der Karte

Das im Malaiischen als Malaysia Timur bezeichnete Ostmalaysia umfasst die beiden größten malaysischen Bundesstaaten Sabah und Sarawak. Zusammen nehmen sie mehr als die Hälfte der insgesamt 330 000 Quadratkilometer großen Landesfläche ein. Die Bundesstaaten liegen zusammen mit dem Sultanat Brunei und dem indonesischen Kalimantan im Norden Borneos, der drittgrößten Insel der Welt. Borneo liegt etwa 800 Kilometer östlich der Malaiischen Halbinsel, dazwischen befindet sich das Südchinesische Meer. Die Region verfügt über reiche Bodenschätze, vor allem Öl und Erdgas. Ein Großteil des dünn besiedelten Landesteils ist von Regenwald bedeckt. Die meisten der sechs Millionen Einwohner leben in den Provinzhauptstädten Kuching in Sarawak und Kota Kinabalu in Sabah. Darüber hinaus bewohnen indigene Völker abgelegene Gebiete im Landesinneren.

Weitere Zeichenerklärungen *siehe hintere Umschlagklappe*

Legende
Hauptstraße
Nebenstraße
Eisenbahn
Staatsgrenze
Bundesstaatsgrenze
0 Kilometer 25
Pulau Banggi
Sulusee
Kudat
Telaga
Pulau Jambongan
Kanibongan
Sumangat
Golong
Kota Belud
Terusan
Pulau Langkayan
Sugut
Tungud
Klagan
Beluran
Sandakan
Kota Kinabalu
Papar
MALAYSIA
Abai
Telupid
Sukau
Lamag
Pulau Labuan
Keningau
Tomanggong
Lanas
Kinabatangan
Kuamut
Beaufort
Padas
Tenom
Segama
Nabawan
siehe links
Pendawang
SABAH
Lahad Datu
Bandar Seri Begawan
Trusan
Sapulut
Kunak
Luasong
Sapang
Long Tengoa
Kalabakan
Nanga Medamit
Sigattal
Semporna
Trusan
Tawau
Pulau Sipadan
Mulu
Long Seridan
Ulu Ulu
Bario
Sembakung
Benuang
Siduman
Malinau
Long San
Tarakan
Lio Matoh
Baram
Long Tikan
Tanjung Selor
Longkihan
Tanjung Redeb
Longisun
Longboh

Flora und Fauna

Obwohl sie durch das Südchinesische Meer voneinander getrennt sind, liegen West- und Ostmalaysia auf dem Sunda-Schelf. Die tektonische Platte verband einst die beiden Landesteile zu einem großen Festland, weshalb sich ihre geologischen und klimatischen Gegebenheiten sehr ähneln. Neben einsamen Kosteninseln finden sich hier einige der ältesten Regenwälder der Welt mit einer vielfältigen Flora und Fauna. Über 15 000 Blütenpflanzen und fast 200 000 Tierarten wurden hier gezählt, darunter Arten wie Orang-Utan, Nasenaffe und die riesige Rafflesia. Im Norden Singapurs gibt es noch Reste von Regenwald, drei Viertel von Brunei sind bis heute Waldgebiet.

Ein majestätischer Riese: der Tualang-Baum ***(Koompassia excelsa)***

Regenwälder

Malaysias Regenwälder sind 130 Millionen Jahre alt und beherbergen eine unfassbare Vegetationsvielfalt. Diese reicht vom 80 Meter hohen Tualang-Baum bis zu Farnen, Moosarten, Pilzen und Orchideen. Hier leben Orang-Utans, Nasenaffen, Tapire, Binturongs (Marderbären), Malaiische Zibetkatzen und Malaienbären sowie Hunderte Vogel- und Schmetterlingsarten.

Den Schabrackentapir erkennt man an seiner schwarz-weißen Färbung und der rüsselartigen Schnauze. Die Vegetarier sind nachtaktiv.

Der Orang-Utan ist der einzige Großaffe außerhalb Afrikas. Die rothaarigen Primaten sind nahezu ausgestorben und daher in freier Wildbahn selten zu sehen.

Kalksteinfelsen

Viele Berge Malaysias bestehen aus Kalkstein und ragen oft dramatisch aus der Ebene empor. In vielen gibt es weitläufige Höhlensysteme, die durch Erosion entstanden sind. Spektakuläre Formationen findet man in den Sarawaks Niah Caves *(siehe S. 174)* und im Mulu National Park *(siehe S. 176f)*.

Fledermäuse wie die Faltenlippen-Fledermaus bevölkern Kalksteinhöhlen. Abends flattern sie zu Millionen heraus und verdunkeln den Himmel.

Höhlensalanganen finden sich per körpereigenem Echolot in den stockfinsteren Höhlen zurecht. Die Nester von Weißnestsalanganen gelten in Malaysia als teure Delikatesse.

Malaysias bedrohte Tierarten

Seit den 1970er Jahren hat sich die Bevölkerung Malaysias verdoppelt. Der wachsende Bedarf an Lebensraum führt zur allmählichen Zerstörung der Habitate vieler bedrohter Arten. Am stärksten in Gefahr ist das Sumatra-Nashorn, von dem es kaum noch 250 Exemplare gibt. Mehrere andere Arten, darunter der Nebelparder, der Indische Elefant und das Nationaltier, der Tiger, sind dramatisch bedroht. Die Lederschildkröte und der Dugong erleiden ein ähnlich trauriges Schicksal.

Nebelparder werden wegen ihres Fells, der Zähne und der Klauen gejagt. Letztere finden in der traditionellen asiatischen Medizin Verwendung.

Das Sumatra-Nashorn, die kleinste Nashornart, ist fast ausgestorben. Nur in Sabah und im Endau-Rompin National Park *(siehe S. 143)* lebt es noch.

Küstenebenen

Die breite Ebene an der Westküste der Malaiischen Halbinsel ist ein für den Menschen idealer Lebensraum. Hier entstanden die ersten Siedlungen der Briten. Auch die meisten wichtigen Orte und Städte, darunter die Hauptstadt Kuala Lumpur, wurden in dieser Gegend gegründet.

Mangroven sind Bäume und Büsche, die im salzigen Küstenwasser sumpfige Wälder bilden. Sie bieten Lebensraum für zahlreiche Tierarten, etwa den Nasenaffen.

Winkerkrabben sind für Sumpfgebiete wichtig, denn bei der Nahrungssuche belüften sie gleichzeitig den Boden. Die Männchen haben asymmetrische, oft farbenfrohe Zangen.

Inseln

Rund um die Malaiische Halbinsel und vor Ostmalaysia reihen sich zahlreiche malerische Inseln. Viele sind von Korallenriffen umgeben, in denen sich eine unglaubliche Artenvielfalt tummelt. Taucher zieht es wegen der Unterwasserwelt zu Inseln wie Tioman und Sipadan.

Dugongs, Gabelschwanz-Seekühe, sind nach dem malaiischen Wort *duyung* (Meerjungfrau) benannt. Durch intensive Jagd hat der Mensch diese großen Meeressäuger nahezu ausgerottet.

Korallenriffe entstehen aus winzigen Polypen und anderen Organismen und sind wunderbare lebende Gebilde. Sie bieten vielen Arten einen idealen Lebensraum.

Meerestiere und -pflanzen

Die Gewässer rund um die Malaiische Halbinsel und Borneo enthalten eine ungeheure maritime Artenvielfalt. Taucher und Schnorchler aus aller Welt zieht es hierher, um die Papageifische, Rotfeuerfische und Clownfische in den Korallenriffen zu bestaunen. Die meiste Zeit im Jahr ist das Wasser so klar, dass man selbst die kleinsten Fische problemlos sehen kann. Die Regierung Malaysias hat 38 Koralleninseln unter Naturschutz gestellt, um diese einzigartigen und höchst sensiblen Ökosysteme zu erhalten.

Schnorchler über einem Küstenriff

Die Seeanemone ist nach einer Gartenblume benannt. Das wie eine Pflanze wirkende, farbige Wesen ist aber ein Raubtier, das Fische, Muscheln und Plankton frisst.

Korallen

Über 350 Korallenarten wurden in malaysischen Gewässern gefunden. Die Riffe zählen zu den vielfältigsten der Welt. Leider sind sie wegen der zunehmenden Sedimentablagerungen in Gefahr.

Fächerkorallen werden im warmen Tropenwasser bis zu fünf Meter hoch. Sie leben von Plankton und Zooxanthellen, die sie aus dem Wasser filtern.

Hirnkorallen bilden meist Kolonien. Sie sehen dem menschlichen Gehirn verblüffend ähnlich.

Sternkorallen haben ein hartes Skelett und sternförmige Polypen.

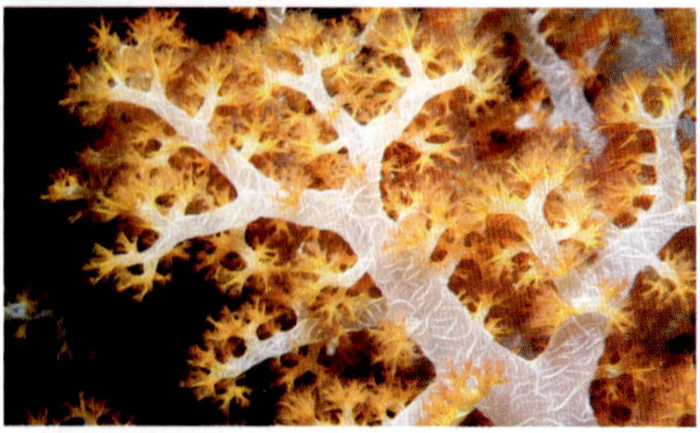

Gelbe Weichkorallen haben kein hartes Außenskelett, besitzen Polypen mit acht Tentakeln und sind in den erstaunlichsten Farbschattierungen zu finden.

Gelborange Kelchkorallen haben lange Polypen mit Stechtentakeln, die Plankton aufnehmen.

Die Coleman-Garnele findet man praktisch immer nur paarweise. Sie lebt auf dem giftigen Feuerseeigel und schützt sich inmitten der Giftstacheln so vor Raubfischen.

Mandarinfische leben in Korallenbruchstücken und ernähren sich von kleinen Ruderfußkrebsen. Das Männchen ist größer als das Weibchen und verfügt über eine stachelige Rückenflosse.

Meerfarne sind eigentlich Fächerkorallen in verschiedenen Formen und Farben.

Die Salatkoralle heißt wegen ihrer grünen Farbe und der wie Salatpflanzen aussehenden Platten so.

Clownfische leben in Symbiose mit Seeanemonen, die sie vor Raubfischen schützen.

Der Rotfeuerfisch ist der auffälligste Riffbewohner. Die Strahlen seiner Rückenflosse enthalten ein starkes Gift, das er allerdings nur zur Verteidigung einsetzt.

Bei den Seepferdchen bringen die Männchen die Jungen zur Welt. Viele Arten sind durchsichtig und fast unsichtbar. Wegen ihrer Bedeutung für die chinesische Medizin sind sie fast ausgestorben.

Großaugen-Stachelmakrelen im Südchinesischen Meer

Bedrohung der Schildkröten

Bis vor Kurzem zählten Schildkröten zu den auffälligsten Meeresbewohnern von Malaysia. Von den vier in diesen Gewässern verbreiteten Arten – Suppenschildkröte, Echte Karettschildkröte, Oliven-Bastardschildkröte und Lederschildkröte – sieht man heute jedoch nur noch die Suppenschildkröte. Die Lederschildkröte – die größte lebende Schildkröte – ist vom Aussterben bedroht. Schuld daran ist der Einfluss des Menschen. Seine Fischernetze sind eine ebenso tödliche Gefahr für die Schildkröten wie der stetige Ausbau der Strände. Die Zahl der Weibchen, die ihre Eier an den Stränden ablegen, sinkt bedrohlich und damit auch die Zahl der ausschlüpfenden Jungen.

Suppenschildkröte im warmen Meer um Malaysia

Ethnien

Die indigenen Völker Malaysias siedelten sich vor etwa 4000 Jahren in der Region an. Der Handel entlang der Straße von Malakka zog in den vergangenen 2500 Jahren zahllose Einwanderer an. Heute sind 50 Prozent der etwa 31 Millionen Einwohner des Landes Malaien, ein knappes Viertel der Bevölkerung sind Chinesen und etwa sieben Prozent Inder. Indigene Völker stellen den Rest der Bevölkerung. In Singapur ist die Mehrheit chinesischer Abstammung. Malaien und Inder sind dort eine Minderheit.

Eine Gruppe von Orang Asli, den Ureinwohnern Malaysias

Malaien

Die größte ethnische Gruppe ist muslimisch. Die Malaien kamen wahrscheinlich aus Sumatra und konvertierten im 15. Jahrhundert mit dem Aufstieg der malaiischen Sultanate zum Islam. Heute beherrschen sie die Ostküste von Westmalaysia, während sie in Singapur gerade einmal 14 Prozent der Bevölkerung (gegenüber 75 Prozent Chinesen) ausmachen.

Traditionelle malaiische Kultur spielt sich auf dem Dorfplatz *(kampung)* ab. Dort gehen die Bewohner diversen Handwerksberufen nach. Heute leben viele Malaien in urbanen Zentren.

Malaien feiern Hari Raya Puasa, auch Hari Raya Aidilfitri *(siehe S. 58)* genannt, das muslimische Neujahr. Zu Neujahr empfängt Premierminister Najib Razak andere Würdenträger in malaiischer Festtracht.

Chinesen

Die meisten chinesischen Einwanderer stammen aus Südchina und kamen während des 19. Jahrhunderts nach Malaysia, um sich als Arbeiter in der wachsenden Minenindustrie zu verdingen. Inzwischen dominieren sie alle Geschäftsbereiche. Es gibt in Malaysia mehrere Chinatowns mit chinesischen Unternehmen. Zwei Drittel der Einwohner Singapurs sind Chinesen.

Die Peranakan, auch Straits-Chinesen oder Baba-Nyonya, sind die Nachkommen aus Mischehen von Chinesen und Malaien seit dem 16. Jahrhundert.

Ein chinesischer Händler mit Kunsthandwerk in Kuala Lumpur: Chinesen haben in der malaysischen Wirtschaft immer eine führende Rolle gespielt.

Südasiaten

Bereits seit mehr als 2000 Jahren betreiben Inder Handel mit Malaysia. Dennoch haben sich die meisten indischen Einwanderer wie die Chinesen erst im 19. Jahrhundert in Malaysia niedergelassen. Die Mehrheit kam aus Südindien, es gibt aber auch Nordinder, etwa die Sikhs, in Malaysia.

Asiatinnen indischer Abstammung verkaufen Seidenstoffe an Marktständen in Kuala Lumpur. Die Enklaven Little India *(siehe S. 76)* und Brickfields sind voller solcher Stände.

Ein südindischer Plantagenarbeiter gewinnt Latex aus einem Gummibaum. Auch auf Teeplantagen arbeiten überwiegend Inder.

Indigene Volksgruppen Malaysias

Die Orang Asli, die Ureinwohner der Malaiischen Halbinsel, sind eine ethnische Minderheit. Sie leben in abgelegenen Regionen. Anders sieht die Verteilung in Sarawak und Sabah aus, wo der Bevölkerungsanteil der indigenen Gruppen bei 50 bzw. 66 Prozent liegt. Viele davon, darunter die Iban und die Bidayuh aus Sarawak, leben in Langhäusern und sind Anhänger animistischer Religionen. Gruppen wie die Kelabit und die Bajau sind dagegen zu Christentum oder Islam konvertiert. Die größte ethnische Gruppe in Sabah, die Kadazan Dusun, sind Bauern, die meisten anderen Gruppen halbnomadische Jäger und Sammler, die sesshaft gemacht werden sollen.

Die Bajau sind vorwiegend Muslime. Sie sind die zweitgrößte Ethnie in Sabah. Alljährlich zum Tamu Besar in Kota Belud *(siehe S. 59)* legen die geschickten Reiter prächtige Trachten an.

Die Penan leben teils nomadisch, teils sesshaft in Langhäusern. Sie sind erfahrene Jäger und Sammler. Zu dieser Gruppe zählen etwa 10 000 Menschen. Sie leben in den höheren Lagen Sarawaks in Rajang und Limbang.

Die Rungus leben in Nord-Sabah. Sie sind für Perlenstickerei, Weberei und die Gong-Herstellung bekannt. Die Rungus wohnen gemeinschaftlich in Langhäusern bei Kudat *(siehe S. 189)*.

Die Kadazan Dusun bilden die größte Gruppe in Sabah. Mit zahlreichen Untergruppen stellen sie etwa 25 Prozent der Bevölkerung von Sabah. Zu Feiertagen wie dem Herbsttanz tragen sie traditionsgemäß schwarze Seidenkleidung.

Die Bidayuh oder »Land-Dayak« errichten ihre Langhäuser lieber auf Hügeln als – wie die anderen Gruppen in Sarawak – am Wasser. Die drittgrößte Volksgruppe von Sarawak lebt vorwiegend in der Region um Kuching *(siehe S. 167)*.

Orang Ulu, »Bewohner des Oberlaufs«, ist eine inoffizielle Bezeichnung für etwa 27 kleine, unterschiedliche Volksgruppen wie die Kayan und Kenyah. Sie leben im Hinterland von Sarawak.

Bumiputra

Die malaysische Regierung unterscheidet zwischen den eingewanderten Völkern und den *bumiputra*, den »Söhnen der Erde«. Zu Letzteren zählen die Malaien und indigenen Völker. Diese Unterscheidung führte man als Teil der New Economic Policy nach den Unruhen von 1969 ein, um die *bumiputra* ökonomisch zu stärken. Trotz der Kritik seitens der dominierenden chinesischen und indischen Einwanderer brachte diese Politik mehr Stabilität. Es entstand eine wohlhabende malaysische Schicht, deren Interesse dem Erhalt der ökonomischen und politischen Harmonie gilt.

Die Iban oder »Meer-Dayak« sind die größte indigene Gruppe in Sarawak. Die einstigen Kopfjäger gelten noch heute als tapfere Krieger und versierte Blasrohrjäger. Häufig sind die Männer stark tätowiert.

Islam

In Malaysia werden viele verschiedene Religionen praktiziert, Staatsreligion ist jedoch der Islam. Die Identität der Malaien ist so eng mit dem Islam verknüpft, dass »zum Islam übertreten« auf Bahasa Malaysia *masok melayu*, also »zum Malai werden«, heißt. Ab dem 11. Jahrhundert begannen arabische und indische Muslime mit der Islamisierung der einheimischen Bevölkerung. Die meisten Malaien sind Sunniten der Shafi'i-Schule. Es gibt aber auch einige Schiiten und Sufis. Über 60 Prozent der Bevölkerung sind Muslime. Im chinesisch dominierten Singapur sind es hingegen nur etwa 14 Prozent.

Kuppeln sind ein typisches Merkmal von Moscheen. Die meist zwiebelförmigen Bauten werden häufig von einem Halbmond, dem universellen Symbol des Islam, gekrönt.

Der Innenhof einer Moschee bietet Platz für zahlreiche Gläubige. Der Hof der Sultan-Abu-Bakar-Moschee in Johor Bahru fasst 2000 Menschen.

Minarette sind schlanke Türme an einer der Ecken der Moschee. Von dort ruft der Muezzin die Gläubigen fünfmal täglich zum Gebet.

Islamische Architektur

Trotz der oft üppigen Fassadenarchitektur liegt die wahre Schönheit in den Räumen und Innenhöfen. Aus diesem Grund spricht man von einer »Architektur der Verschleierung«. Die Ubudiah-Moschee (rechts) *in Kuala Kangsar gehört zu den schönsten Malaysias.*

Der Zackenbogen der Masjid Kapitan Keling *(siehe S. 108)* in George Town, Penang, ist maurisch. Er entspricht der islamischen Architekturtradition Spaniens und des nordafrikanischen Maghreb.

Bunte islamische Fliesenelemente zeichnen sich durch komplexe geometrische Muster und anmutige florale Motive aus. Traditionelle malaiische Häuser und Moscheen sind damit verziert.

Muslimischer Glaube

Der Islam (»sich Gottes Willen unterwerfen«) geht auf den Propheten Mohammed zurück. Ihm wurden 610 in Mekka die Verse des Korans offenbart. Der Islam lehrt den unerschütterlichen Glauben an den einen Gott, Allah, und an dessen Wort, das Mohammed im Koran festhielt. Die fünf Säulen des Islam sind shahadah, *das Bekenntnis zu einem einzigen Gott;* salat, *das fünfmalige tägliche Gebet;* sawm, *Fasten während des Ramadan;* zakat, *Almosen für die Armen; und* hajj, *die Pilgerreise nach Mekka. Letztere sollte jeder Gläubige einmal im Leben absolvieren.*

Der Koran gilt als das unveränderliche Wort Gottes. Er ist in 114 Abschnitte (Suren) unterteilt und in arabischer Schrift abgefasst. Strenggläubige lernen ihn Wort für Wort auswendig.

Salat heißt das obligatorische Gebet, das fünfmal täglich verrichtet werden muss. Der Gläubige wendet sich dabei gen Mekka. Salat soll eine direkte Verbindung zwischen Betendem und Angebetetem herstellen.

Wudhu, die rituelle Waschung, geht dem *salat* voraus. Sie ist als Akt der physischen und geistigen Reinigung vor dem Gebet unerlässlich.

Islamische Kunst

Architektur und Kalligrafie sind die beiden charakteristischen Kunstformen des Islam. Aufgrund des Bilderverbots konnten sich beide zur Höchstform entwickeln. Die hadith, *die Überlieferungen über Mohammed, besagen, dass »Engel kein Haus mit Bildern betreten«. Daher überwiegen in der Ornamentik geometrische Formen.*

Die Jawi-Schrift ist eine malaiische Variante der arabischen Schrift und eine von zwei offiziellen Schriften in Brunei. In Malaysia und Singapur erscheint sie vor allem in religiöser Kalligrafie.

Zapin ist ein traditioneller malaiischer Volkstanz. Die Tänzer treten dabei paarweise auf und werden von Gesängen begleitet. Angeblich brachten muslimische Missionare ihn im 14. Jahrhundert aus dem Nahen Osten mit. In Johor Bahru *(siehe S. 134f)* ist er sehr populär.

Beim Batiken entstehen die Muster durch temporäre Wachsbemalungen. Sie zieren bunte *sarongs*. Am beliebtesten sind bei der Batiktechnik Blumenmuster *(siehe S. 36)*.

Hinduismus und Buddhismus

Hinduismus und Buddhismus sind die Hauptreligionen der südasiatischen bzw. chinesischen Gemeinden Malaysias und Singapurs. Obwohl der Hinduismus in beiden Staaten bereits seit über 1500 Jahren existiert, konnte er erst mit der Ankunft der indischen Arbeiter Fuß fassen, die man im späten 19. und 20. Jahrhundert für die Gummi- und Kaffeeplantagen Malaysias rekrutierte. Der Buddhismus verbreitete sich mit den chinesischen Einwanderern, die im 19. Jahrhundert nach Malaysia und Singapur kamen.

Mönch beim Gebet am Schrein der Göttin Kuan Yin

Hinduismus

Rituale und Götter des Hinduismus entstammen den indischen Hindu-Traditionen, vor allem denen Südindiens, woher die meisten Einwanderer kamen.

Götterstatuen thronen auf dem zentralen Altar.

Blumengirlanden dienen der Götterverehrung.

Gläubige kommen allein oder in Gruppen zur *puja*, der täglichen Ehrerweisung, sowie zu anderen rituellen Anlässen in den Tempel.

Opfergaben wie Blumen, Räucherstäbchen und Obst werden während des Gebets mit Weihwasser besprenkelt.

Zum Gebetsritual gehören Weihrauch, Myrrhe und anderes aromatisches Räucherwerk.

Hindu-Priester sind Brahmanen, Angehörige der obersten Kaste. Sie halten Zeremonien ab und kümmern sich um den Tempel.

Der *gopuram*, das Eingangstor zum Hindu-Tempel, hat häufig mehrere Dächer und ist mit bunten Skulpturen der vielen Hindu-Gottheiten verziert.

Shivaismus

Der Shivaismus ist eine Form des Hinduismus, der Shiva als Manifestation des göttlichen Erhabenen betrachtet. Seine Gefährtin Parvati und ihre beiden Söhne Ganesha und Murugan werden von den Gläubigen ebenfalls verehrt. Der Shivaismus kam im 19. Jahrhundert mit den Einwanderern aus Südindien, wo Shiva sehr beliebt ist, in Malaysia und Singapur auf. Die Sri-Shivan-Tempel in Singapur und Malaysia werden von den Anhängern des Shivaismus in besonderem Maß verehrt.

Farbenfrohes Porträt von Shiva

Buddhismus

Hier verschmelzen verschiedene Schulen. In Malaysia und Singapur hängen die chinesischen Gemeinden dem Mahayana-Buddhismus an, wie er in China, Japan, Korea und Vietnam praktiziert wird. Die Thais favorisieren den Theravada-Buddhismus, der in Thailand, Laos, Kambodscha, Myanmar und Sri Lanka verbreitet ist. In Singapur kommen konfuzianische und taoistische Elemente sowie Ahnenverehrung hinzu. Der ostasiatische Buddhismus kreist um Kuan Yin, die Göttin der Gnade.

Buddhistische Mönche rasieren ihre Schädel, tragen Safrankutten und gehen als Zeichen der Sparsamkeit barfuß.

Buddhas Heiligenschein oder Nimbus symbolisiert Erleuchtung und Spiritualität.

Die *urna*, eine kleine Erhebung zwischen Buddhas Augen, stellt das »dritte Auge« dar, das nur Heilige haben.

Buddha wird meist mit einem zarten Lächeln und abgeklärtem Gesichtsausdruck dargestellt.

Die Handhaltung steht für das Rad des Gesetzes oder *dhammachakra*. Buddhas erste Lehrrede im indischen Sarnath setzte es in Gang.

Die Meditationshaltung ist barfuß mit nach oben gedrehten Fußsohlen, die auf den Schenkeln des anderen Beins ruhen.

Buddhas Haar wird meist in Spirallocken und in einem *ushnisa*, einem Haarknoten, dargestellt.

Die verlängerten Ohrläppchen stammen angeblich von den schweren Ohrringen, die Buddha als Prinz trug.

Eine schlichte Mönchskutte steht für Buddhas Leben in Entsagung.

Die gekreuzten Beine sind die Stellung, in der Buddha meist dargestellt wird.

Gläubige Buddhisten in ganz Malaysia und Singapur zünden Räucherstäbchen an und bringen Opfergaben. Auf diese Weise ehren sie Buddha, die *sangha*, den Mönchsorden, und *dhamma*, die Lehren des Buddha. Geopfert werden Obst und Blumen. Meist beten die Gläubigen dabei für Gesundheit und Wohlstand.

Prinzipien des Buddhismus

Im Buddhismus existieren zwei Hauptrichtungen sowie zahlreiche Schulen, doch ihre Grundprinzipien sind fast gleich. Sie bestehen aus den Vier Edlen Wahrheiten, dem Achtfachen Weg, *karma* (dem moralischen Gesetz von Ursache und Wirkung, das durch das Rad des Gesetzes dargestellt wird) und *nirvana* (Erleuchtung). Der Mahayana-Buddhismus betont dabei die Rolle des *bodhisattva*, des Erleuchteten, der *nirvana* erreicht hat, aber darauf verzichtet, um anderen zur Erleuchtung zu verhelfen. Die Theravada-Schule sieht im *arhat*, dem Würdigen, der *nirvana* erreicht hat, das erstrebenswerte Ende des Wegs.

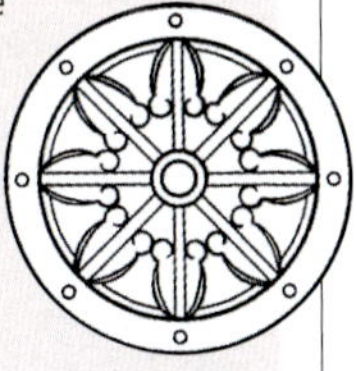

Buddhistisches Rad des Gesetzes

Architektur

Die traditionelle Architektur in Malaysia und Singapur ist hauptsächlich malaiisch und Straits-chinesisch. Starker kolonialer Einfluss offenbart sich in den Bauten aus der Zeit der britischen, portugiesischen und niederländischen Herrschaft. Darüber hinaus gibt es beeindruckende moderne Architektur, die vor allem aus teils spektakulären Hochhäusern besteht. Besonders viele stehen in Kuala Lumpur und Singapur.

Die Skyline von Singapur wird dominiert von spektakulären Wolkenkratzern

Straits-chinesischer Stil

Kernstück der Straits-chinesischen Architektur (Peranakan-Architektur) ist das Shophouse (Ladenhaus), das man überall in Malaysia und Singapur vorfindet. Einwanderer aus der südchinesischen Provinz Guangdong bauten in diesem Stil.

Das Blumenmotiv findet sich auf einer Shophouse-Fliese.

Klassische Shophouses bestehen aus einer Geschäftsetage im Erdgeschoss und Obergeschossen, die als Wohnquartiere dienten.

Traditionelle malaiische Häuser

Das traditionelle malaiische Haus steht auf Stelzen und wird nach Bedarf erweitert. Den Mittelpunkt des Baus bildet das *rumah ibu*, das zentrale Wohnzimmer.

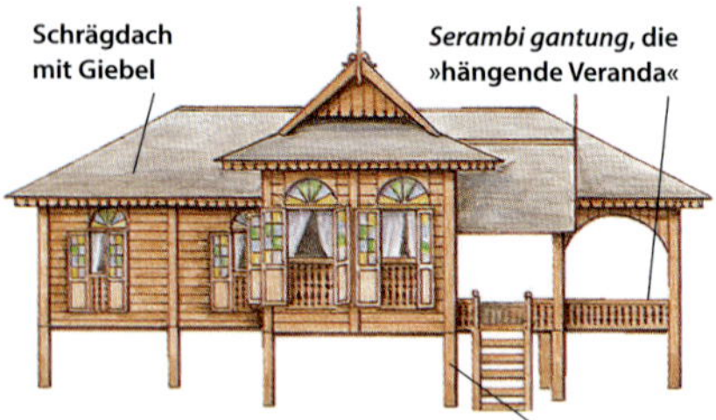

Die Innenräume werden durch viele Öffnungen wie Veranden und Fenster belüftet. Die Häuser bestehen aus Holz, die Dächer sind mit Stroh gedeckt.

Langhäuser

Die indigenen Völker von Sabah und Sarawak leben traditionell in Langhausgemeinden *(siehe S. 173)*. Jede Familie belegt dort einen abgeteilten Wohnbereich unter einem gemeinsamen Dach. Der ganze Bau steht auf einer Stelzenkonstruktion.

Langhäuser haben eine überdachte Veranda, *ruai* genannt, die sich über die Länge des Hauses erstreckt. Dahinter liegen Wohnbereiche, die *bileks* und der *tanju*, eine offene Veranda.

Minangkabau-Häuser

Die außergewöhnliche Architektur der Minangkabau im Bundesstaat Negeri Sembilan zeichnet sich durch aufgebogene Dächer aus, die spitz zulaufen. Sie symbolisieren die Hörner des siegreichen Büffels, des *minangkabau* *(siehe S. 127)*. Ursprünglich wurden die Häuser mit den Wedeln der *Nipa*-Palme gedeckt, heute sind sie meist mit Schindeln gedeckt oder haben ein galvanisiertes Blechdach.

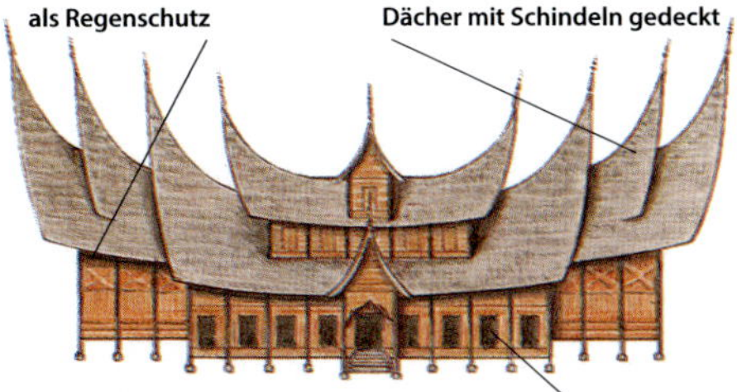

Minangkabau-Häuser oder *rumah minangkabau* erkennt man an ihrer charakteristischen Dachform.

Kolonialbauten

Kolonialbauten in Malaysia und Singapur verbinden britisch-indische, holländisch-ostindische und portugiesische Baustile. Häufig weisen sie malaiische Elemente, islamische Motive und klassisch europäische Schnörkel und Holzverzierungen auf.

Bungalows im Pseudo-Tudorstil sind auf den Hügeln der Malaiischen Halbinsel weitverbreitet. Sie wurden von britischen Plantagenbesitzern erbaut.

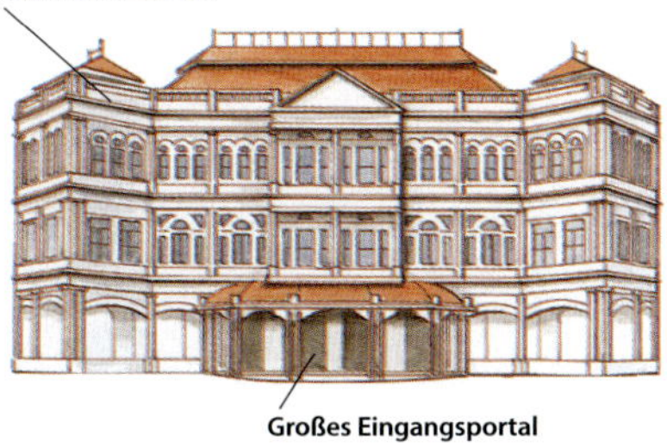

Das Raffles Hotel in Singapur stammt von 1887. Es wurde nach Sir Stamford Raffles benannt, dem Gründervater Singapurs. Es gilt als Inbegriff kolonialer Eleganz *(siehe S. 220f)*.

Moderne Architektur

Malaysia und Singapur werden von Wolkenkratzern aus Stahl und Beton dominiert. Ihre Fassaden sind häufig mit licht- und hitzereflektierendem Spiegelglas verkleidet. Moderne Bauten in Malaysia enthalten Elemente traditioneller islamischer Baustile, die in der hochmodernen Architektur Singapurs völlig fehlen.

Das futuristische Esplanade – Theatres on the Bay mit seiner Doppelkuppel *(siehe S. 216)* prägt Singapurs ultramoderne Stadtlandschaft und steht in Kontrast zur indischen, chinesischen und kolonialen Architektur.

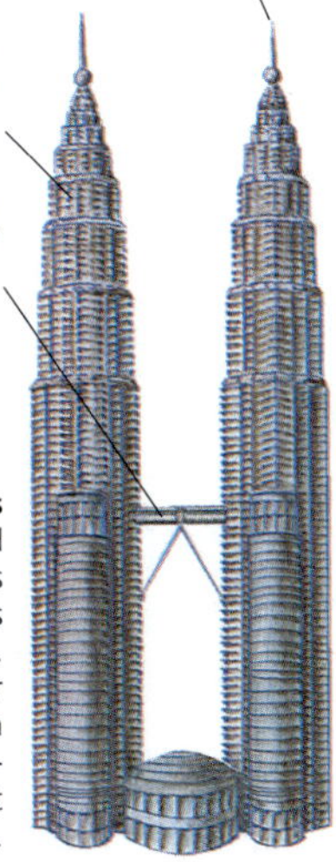

Die Petronas Towers sind Malaysias berühmtes Wahrzeichen. Sie zählen zur Gruppe der zehn höchsten Bauwerke der Welt *(siehe S. 78)*.

Feste und Feiertage

Die Vielvölkerstaaten Malaysia und Singapur haben einen üppig mit Festen und Feiertagen gefüllten Kalender. Einige Feiertagstermine richten sich nach dem internationalen Kalender, doch die malaiisch-muslimischen, hinduistischen und chinesischen Traditionen orientieren sich am Mondkalender *(siehe S. 321)*, sind also bewegliche Feiertage. Die Fremdenverkehrsämter informieren in Broschüren über die regional und landesweit begangenen Feiertage.

Mit zahlreichen großen Fahnen wird das chinesische Neujahr begrüßt

Das traditionelle Abendessen im Kreis der Familie ist der wichtigste Teil der Neujahrsfeierlichkeiten. Das Neujahr ist auch eine Zeit des Neuanfangs.

Der Drache als mythisches Wesen symbolisiert Gerechtigkeit, Wohlstand und Glück.

Die Farben Rot und Gold stehen für Wohlstand und ein langes Leben.

Mit sieben Stangen wird der Drache getragen. Längere Drachen haben mehr Stangen.

Gruppenleiter kann nur der begabteste und erfahrenste Tänzer sein, da er die anderen anführen muss.

Chinesisches Neujahrsfest

Neujahr ist der wichtigste Feiertag der Chinesen. In Singapur und Teilen Malaysias wie Kuala Lumpur, Ipoh, Taiping und Johor Bahru findet im Rahmen der 15-tägigen Feierlichkeiten das chingay *statt, eine ausgelassene Straßenparade mit Löwentänzern, Stelzenläufern, Musik und bunten Festwagen. Fast alle Rituale dienen dem Streben nach Glück und Wohlstand.*

Das Feuerwerk am Nachthimmel über den Petronas Towers ist das spektakuläre Highlight der extravaganten Silvesterfeierlichkeiten in Kuala Lumpur.

Der Löwentanz ist eine traditionelle Tanzform mit einer mehr als 1000-jährigen Geschichte. Ein in Kampfkunst versiertes Tanzpaar imitiert dabei die Bewegungen von Vorder- und Hinterlauf des Löwen.

Hari Raya Puasa

Für die malaiischen Muslime ist Hari Raya Puasa (Aidilfitri) das wichtigste Fest. Gefeiert wird das Ende des Fastenmonats Ramadan. Während des gesamten neunten Monats des muslimischen Kalenders dürfen Gläubige zwischen Sonnenaufgang und -untergang weder essen noch trinken. Zu Neumond am 30. Tag des neunten Monats endet der Ramadan. Zur Feier des Tages isst man ketupat *(Reiskuchen) und* lemang *(Klebreis).*

Muslime beginnen den Tag mit dem Morgengebet in der Moschee. Sie tragen ihre feinsten Kleider. Vor den Feierlichkeiten werden Zwiste begraben und Gräber gepflegt.

Der lange schmale Körper des Drachen kann sich schlangenartig bewegen.

Drachentänzer müssen fit sein und regelmäßig trainieren.

Muslimische Kinder zünden zu Hari Raya Puasa Feuerwerkskörper und bekommen *raya* (Geld) in grünen Umschlägen. Drei Tage lang besuchen sich Familie, Freunde und Nachbarn.

Thaipusam

Die südindischen Ethnien feiern Thaipusam zu Ehren des Hindu-Gottes Murugan, des jüngsten Sohns von Shiva und Parvati. Das Fest fällt in den Tamilmonat Thai (Januar oder Februar). Das größte Thaipusam-Fest findet an den Batu Caves mit über einer Million Gläubigen und 10 000 Schaulustigen statt. Die Gläubigen rasieren sich den Schädel und absolvieren eine Pilgerreise mit verschiedenen religiösen Akten.

Kavadi-Träger schultern einen reich verzierten Metallrahmen namens *kavadi*. Die mit Pfauenfedern geschmückten tragbaren Altäre sind mit Spießen in der Haut der Gläubigen befestigt.

Die Batu Caves *(siehe S. 96)* sind dem Gott Murugan geweiht und zählen für Malaysias Hindus zu den wichtigsten Pilgerorten. Während des Thaipusam-Fests erklimmt etwa eine Million Pilger die 272 Stufen zum Tempel.

Kunst und Kunsthandwerk

Malaysia besitzt eine reiche, teilweise jahrhundertealte kunsthandwerkliche Tradition. Gleichzeitig sind die kulturellen Einflüsse von Chinesen, Indern und anderen Völkern unübersehbar. Die Kunst der Metallarbeiten wird in Westmalaysia gepflegt, während Borneo für hervorragende Schnitzereien berühmt ist. Neben Töpferei, Keramik, Messing- und Silberarbeiten gibt es eine breite Palette regionaler Künste wie die Drachenfertigung in Kota Bharu. Die blühende Kunstszene weist Einflüsse asiatischer Kulturen und neuerdings auch des Westens auf.

***Labu sayong*, Wasserkrüge aus Sayong bei Kuala Kangsar**

Malaiische Textilien

Batik, wörtlich »mit Wachs schreiben«, ist in Malaysia extrem beliebt und Bestandteil der malaysischen Nationaltracht. Die schönsten Batikstoffe bekommt man in Kuching, Sarawak. Edel sind die feinen Seiden- und Baumwollstoffe wie kain lemar *mit* ikat, kain sutera, kain songket *und* kain mastuli, *die für den Hof produziert wurden.*

Batikmotive sind floral oder geometrisch.

Flüssiges Wachs wird aufgetragen, um eine Durchfärbung zu verhindern.

Ikat wird mit Fäden, die erst mit einer Knoten-Färbetechnik behandelt wurden, in aufwendigen Mustern gewebt. Heute bekommt man den schönsten *ikat*, wie etwa diese wunderbare Iban-Decke, in Sarawak.

Pua-kumbu-Stoffe der Iban werden für Zeremonien und zur Dekoration benutzt. Das Weben übernehmen die Frauen, wobei die verwendeten Muster ihren Status repräsentieren. Heute werden Tier- und Pflanzenmotive ebenso wie abstraktere Muster hergestellt.

Songket-Seide

Der Begriff songket *entstand aus dem malaiischen* menyongket, *was Silber- und Goldstickerei bedeutet. Der in die Seide eingewebte Metallfaden liegt auf der Rückseite des Gewebes auf und bewirkt Glanzeffekte.*

Kain sutera ist eine Art *songket*, die für feine Sarongs benutzt wird. Man trägt sie zu Zeremonien und Festen.

Kain mastuli ist eine schwere Variante des *Songket*-Seidenfadens. Er wird zur Herstellung von Trachten und dekorativen Stoffen verwendet.

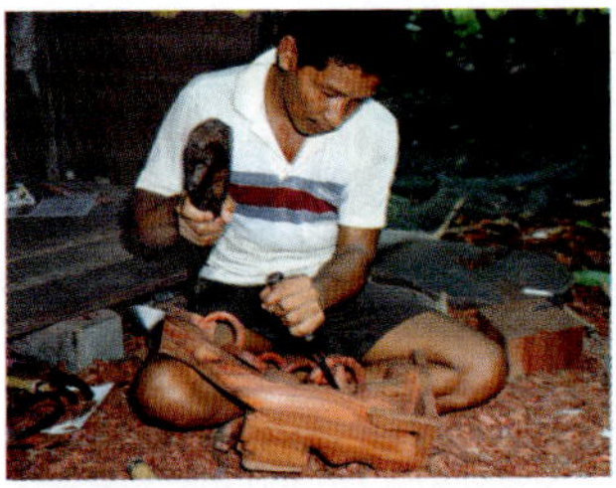

Malaiische Schnitzer sind behände und routiniert. Die besten findet man in Kuching und Kota Bharu.

Schnitzerei

In Ostmalaysia findet man die schönsten und variationsreichsten Schnitzereien des Landes. Indigene Völker der Region sind bekannt für ihre geschnitzten Totemfiguren, Masken und Glücksbringer.

Verzierte Holzmasken wie diese stammen von den Eingeborenen auf Borneo und sollen das Böse abwenden.

Die vergoldete Fledermaus im Fensterrahmen eines Malakka-Hauses ist das Peranakan-Symbol für Glück.

Diese Grabstele mit Totemfigur steht in Kuchings Sarawak Museum.

Aufwendig geschnitzte Schilde wurden von den Iban-Kriegern im Kampf getragen. Grimmige Gesichter auf den Schilden sollten den Feind demoralisieren.

Metallarbeiten

Traditionelle malaysische Schmuck- und Silberwaren sind von den Peranakan geprägt. Metallarbeiten auf den Märkten in Penang, Malakka und Kuching weisen häufig indische Merkmale auf. Es gibt Gongs aus Sumangkap (siehe S. 188f), *Messingartikel und* keris.

Messing wird für Haushalts-, Dekorations- und Kultgegenstände verwendet. Dieses filigrane Messinggitter in Kuala Lumpurs Sri-Kanthaswamy-Hindu-Tempel ist eine typisch malaiische Handwerksarbeit.

Die *keris* (Dolche) sind einzigartig in der malaiischen Kultur. Mit Zauberkraft sollen sie ihre Besitzer beschützen und den Feinden den Tod bringen können.

Silberwaren bester Qualität werden in Kelantan und in Terengganu produziert. Sie sind für ihre filigrane Verarbeitung bekannt.

Die Geschichte Malaysias und Singapurs

Nur wenig ist über die Frühgeschichte der Malaiischen Halbinsel bekannt. Erst in späteren Jahrhunderten tritt sie als große Handelsregion hervor. Aufgrund ihrer strategisch herausragenden Lage zwischen den wichtigsten Seehandelszentren Indien und China sowie wegen der überaus reichen Bodenschätze wurde sie immer wieder von Invasoren heimgesucht. Nach Erlangung der Unabhängigkeit vollzog sich in Malaysia und Singapur ein schneller wirtschaftlicher Aufstieg.

Im Jahr 1958 entdeckte man einen Schädel sowie Steinwerkzeug an den Niah Caves in Sarawak. Die Funde lassen vermuten, dass die Region bereits um 40000 v. Chr. besiedelt war. Tongefäße und Steinwerkzeuge, die man sowohl auf der Malaiischen Halbinsel als auch auf Borneo fand, beweisen die Existenz einer neolithischen Kultur in dieser Region zwischen 2800 und 500 v. Chr.

Obwohl man in Malaysia nur wenige Bronze- und Eisenobjekte fand, so beweisen doch riesige bronzezeitliche Dong-Son-Trommeln, dass es um 500–300 v. Chr. eine Verbindung zwischen der Malaiischen Halbinsel und Nordvietnam gegeben haben muss. Die Trommeln und ebenso alte Perlen sowie Keramik aus Indien und China legen nahe, dass es damals bereits gute internationale Handelsverbindungen gab. Ausländische Waren wurden gegen einheimische Schätze wie Zinn, Gold, Dufthölzer und Gewürze getauscht. Offenbar war das Angebot so reichhaltig, dass die Inder die Halbinsel bereits um 200 v. Chr. als *suvarnabhumi*, als Goldenes Land, bezeichneten.

Wachsende Handelsbeziehungen zu Indien brachten die Küstenvölker an der Straße von Malakka mit Buddhismus und Hinduismus sowie mit indischen Vorstellungen von Königtum in Berührung. So stammt das malaiische Wort für Herrscher, *rajah*, aus dem Sanskrit. Wichtige archäologische Funde wie Sanskrit-Inschriften sowie hinduistische und buddhistische Statuen (vor allem in Kedah in Nordwest-Malaysia) weisen darauf hin, dass der indische Einfluss in einigen Siedlungen an der Westküste der Malaiischen Halbinsel im 5. Jahrhundert besonders stark war.

Auch der Handel mit China war ab dem 2. Jahrhundert sehr bedeutend. Er verlief über das kambodschanische Königreich Funan, dessen Einfluss bis in die nördliche Halbinsel reichte. Die zunehmende Bedeutung der Seefahrt für den Warentransport aus Westasien nach China leistete der Gründung von Hafen-Königreichen in Malaysia ebenfalls Vorschub.

Steinzeitwerkzeug, Lenggong Museum

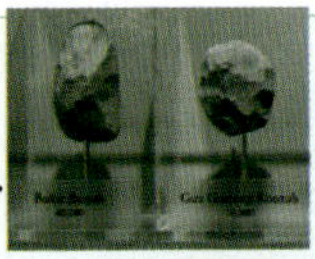

40000–2800 v. Chr. Prähistorische Zeit

2800–500 v. Chr. Neolithikum

500–300 v. Chr. Bronzezeit, Dong-Son-Kultur in Nordvietnam

200 v. Chr. Seehandelsverbindungen zwischen Indien und Südostasien; Hinduismus breitet sich in der Region aus

1–99 Errichtung des Königreichs Funan im unteren Mekong-Delta

400–500 Südostasiatischer Handel mit China nimmt zu

2000 v. Chr. | 1000 v. Chr. | 0 | 200 | 400

Dong-Son-Trommel

◀ **Panoramaskizze der Prince-of-Wales-Insel von William Daniell, 1821**

Srivijaya

Das erste Hafen-Königreich, das rasch zu einer panmalaiischen Föderation heranwachsen sollte, war das buddhistisch-hinduistische Reich Srivijaya. Es entstand im 7. Jahrhundert und errichtete als Seehandelsmacht seine Hauptstadt im heutigen Palembang in Südost-Sumatra.

Srivijaya wurde zu einem wohlhabenden und mächtigen Malaien-Königreich. Es beherrschte die Meerespassagen um die Straße von Malakka und die Sundastraße (zwischen Java und Sumatra) sowie die Überlandrouten auf der Malaiischen Halbinsel bis hinauf nach Nakhon Si Thammarat im heutigen Thailand. Wegen seiner strategischen Lage konnte Srivijaya den Seehandel zwischen Indien und China fördern und kontrollieren. Es fungierte als Umschlagplatz für südostasiatische Handelsschiffe sowie als Quelle seltener und wertvoller Güter wie Dufthölzer und Gold.

Die Herrscher von Srivijaya entwickelten Regierungsmethoden, die auch in nachfolgenden Königreichen wie Malakka Bestand hatten. Herausragendes Merkmal der Herrschaftsform war die absolute Loyalität gegenüber dem Herrscher, der mit göttlichen Kräften in Verbindung stand – Illoyalität wurde hart bestraft. In Srivijaya gab es Hinduismus, Buddhismus und Urreligionen, es wurde aber vor allem zu einem der großen Zentren der buddhistischen Lehre.

Srivijaya prosperierte bis ins 11. Jahrhundert, danach begann der Niedergang. Kriege gegen Java und das südindische Chola-Königreich hatten es geschwächt. Zudem unterwanderte der Islam die Macht der hindu-buddhistischen *rajahs*. Gleichzeitig führte die Präsenz chinesischer Schiffe zur vermehrten Flucht von Srivijayas Vasallen aus Palembangs Fängen. Ende des 13. Jahrhunderts hatten die Thai-Königreiche Sukhothai und Ayutthaya merklichen Einfluss über die Malaiische Halbinsel erlangt, ebenso das hinduistische Majapahit-Reich Java über Südost-Sumatra.

Ankunft arabischer Kaufleute in Südostasien

Verbreitung des Islam

Der Islam gelangte als Religion der Händler nach Südostasien, nicht als die der Eroberer. Arabische Kaufleute und Missionare brachten die Religion im 11. Jahrhundert mit, die indisch-muslimischen Händler verbreiteten sie rasch auf der Malaiischen Halbinsel. Der 1899 im Nordosten der Halbinsel entdeckte Terengganu-Stein trägt eine malaiisch-arabische Inschrift. Sie besagt, dass in dieser Region bereits 1303 islamisches Recht eingeführt wurde. Weiteren Aufschwung erfuhr der Islam, als er im 15. Jahrhundert zur Staatsreligion des Sultanats Malakka wurde. Er breitete sich überall im Malakka-Reich aus und wurde Teil der nationalen Identität der Malaien.

7. Jahrhundert Goldenes Zeitalter von Srivijaya

700

Bodhisattva im Thai-Srivijaya-Stil

Mittelalterliche arabische Kaufleute

850

10. Jahrhundert Mit der Ankunft arabischer Händler breitet sich der Islam in der Region aus

1000

992–1016 Kriege zwischen Srivijaya und Java

1025 Raubzüge der Chola-Könige

Aufstieg Malakkas

Um 1400 versuchte Parameswara, der Prinz von Palembang, die javanische Herrschaft über sein Königreich zu untergraben. Er floh nach Tumasik im heutigen Singapur und errichtete schließlich in Malakka ein neues Königreich. Da der neue Staat ideal an der Straße von Malakka und nicht weit von den Gewürzinseln Indonesiens entfernt lag, lockte er Händler aus ganz Asien an. 1405 dehnte Zheng He, der große Admiral der chinesischen Ming-Dynastie, seine Entdeckungsfahrten bis Südostasien und in den Indischen Ozean aus und machte Malakka zum wichtigsten Außenposten seiner Flotte. Das begünstigte ein Handelsabkommen mit China sowie Protektion durch dessen Kaiser gegen die permanente Gefahr siamesischer Angriffe. Die Stadt Malakka wurde kosmopolitisch: Je nach Winden ankerten Schiffe aus China, Japan, Indien und Persien mindestens ein Jahr lang im Hafen.

Wahrscheinlich wurde der Islam zwischen 1425 und 1445 in Malakka verbreitet. Damals machten Parameswaras Nachfolger den Islam zur Staatsreligion und ernannten sich zu Sultanen. Die Islamisierung Malakkas führte zu einer Anbindung an die riesige muslimische Handelswelt. Ende des

Zheng-He-Relief, Chinesen-Tempel in Semarang, Java

Stadtplan Malakkas von Pedro Baretti de Resende, 1511

15. Jahrhunderts war es der Hauptumschlagplatz der Region, der einen Großteil der malaiischen Welt dominierte. Allianzen mit dem Kaiserreich China dienten dem Schutz des Sultanats. Es entwickelte sich gleichwohl zu einem unabhängigen zentralistischen Land mit dem Sultan als absolutem Herrscher. Diesem unterstand ein komplexer Rechts- und Regierungsapparat: Zu den hochrangigen Staatsbeamten zählten der *bendahara*, der Premierminister, die *laksamanas*, die Admirale, die Armee und Marine befehligten, die *temenggung*, die Verteidigungs- und Justizminister, sowie der *syahbandar*, der Hafenmeister. Die Regierungsform war im *Undang-Undang Melaka*, den Gesetzen von Malakka, festgelegt, die mit jedem Sultan weiterentwickelt wurden. Das malakkische Recht basierte auf drei Säulen: auf hindu-buddhistischer Tradition, islamischer Tradition und *adapt*, der Tradition der indigenen Völker. Von Malakka aus breitete sich der Islam im heutigen Malaysia, Indonesien und Brunei aus. Das Malaiische wurde zur anerkannten Handelssprache in der Region.

Sukhothai-Vase mit Deckel

1400 Parameswara gründet das Königreich Malakka

1425–1445 Malakka-Herrscher konvertiert zum Islam und wird Sultan

1150 | 1300 | 1450

1238 Gründung des Thai-Königreichs Sukhothai

1303 Terengganu-Stein datiert Einführung islamischen Rechts

Malakka-Zinnmünze, früheste bekannte Münze der malaiischen Staaten

Portugiesische Herrschaft

Ab dem 15. Jahrhundert versuchten die Portugiesen, Venedigs Rolle als europäischer Gewürzlieferant zu übernehmen und das arabisch-muslimische Monopol des lukrativen Gewürzhandels zu brechen. Eine erste portugiesische Expedition unter Admiral Lopez de Sequeira erreichte 1509 Malakka (Melaka), wurde aber von der Armee des Sultans vertrieben. 1511 gelang es einer größeren und besser gerüsteten Flotte unter Admiral Afonso de Albuquerque, Malakka nach 40-tägiger Belagerung zu erobern. Damit begann die Ära der europäischen Kolonialmächte. Sultan Mahmud Shah floh ins Hinterland, wo sein älterer Sohn Muzaffar Shah das Sultanat von Perak im Norden errichtete und sein jüngerer Sohn Alauddin Riyat Shah das Johor-Sultanat im Süden. Gleichzeitig stieg Aceh auf Sumatra zur Regionalmacht auf.

Afonso de Albuquerque

Malakka blieb zwar mehr als ein Jahrhundert portugiesische Kolonie, doch Portugal, Aceh und die Sultanate Johor und Perak kämpften das ganze 16. Jahrhundert hindurch um die Vormacht in Malakka.

Niederländische Ära

Das neue Königreich Johor sah sich Angriffen sowohl durch die Portugiesen als auch durch Aceh ausgesetzt. Erst mit Ankunft der Niederländer Ende des 16. Jahrhunderts konnte es seine Position festigen.

Zum Schutz gegen die Feinde verbündete sich der Sultan mit den Niederländern. 1602 schlossen sich alle niederländischen Handelsunternehmen in Asien zur Vereinigten Ostindien-Kompanie (VOC) zusammen, um die Kontrolle über Malakka zu erlangen und so das Monopol über den Gewürzhandel zu erhalten. 1640 griffen die Niederländer mit dem Sultan von Johor Malakka an. Nach einjähriger Belagerung nahmen sie den Platz der Portugiesen ein. Für die Unterstützung wurden Johor Handelsprivilegien gewährt, durch die es bis Ende des 17. Jahrhunderts zum mächtigen Königreich aufstieg. Auf dem Zenit seiner Macht kontrollierte es den Süden der Malaiischen Halbinsel und Teile Ostsumatras.

Als die Niederländer Malakka übernahmen, lag es wegen der Belagerung von 1640/41 großteils in Trümmern. Sie bauten die Stadt wieder auf. Bis heute sind viele dieser Gebäude erhalten. Am bekanntesten ist das Stadthuys *(siehe S. 128)*, das älteste niederländische Gebäude in Südostasien. In den folgenden 180 Jahren schwand Malakkas Wohlstand jedoch, da die Kolonialherren ihr Hauptquartier in Batavia (Jakarta) in Indonesien errichteten.

Niederländer greifen Portugiesen auf dem Meer an

1511 Der portugiesische Admiral Afonso de Albuquerque erobert Malakka

1550er Jahre Aufstieg Acehs in Nordsumatra

1602 Gründung der Vereinigten Ostindien-Kompanie (VOC)

1641 Niederländer erobern Malakka von Portugal

1500 | **1560** | **1620**

1528–1535 Gründung der Sultanate Johor und Perak

Wappen der VOC über einem der Tore des Galle Fort, Ceylon (Sri Lanka)

Niederländische Händler und VOC-Schiffe in Jakarta

Borneo

Bis zur Ankunft der Briten hatten die Gebiete des heutigen Sarawak, Sabah und des winzigen Ölstaats Brunei wenig mit der Malaiischen Halbinsel zu tun. Borneo und Teile des benachbarten Sulu-Archipels (heute Philippinen) wurden vom mächtigen Sultanat Brunei beherrscht. Im Jahr 1704 trat Brunei Teile von Sabah an den Sultan von Sulu ab, weil dieser ihm während innerer Unruhen militärische Unterstützung geboten hatte. Später ging das Gebiet durch die Briten an Malaysia, doch die Philippinen versuchten nach der Gründung Malaysias 1963, Sabah für sich zu beanspruchen.

Ankunft der Briten

Mit der Ankunft der Briten im 18. Jahrhundert änderte sich die Lage in Malaysia dramatisch. Die britische East India Company (EIC) benötigte eine Zwischenstation für ihren Seehandel mit Indien und China. 1786 unterzeichnete Sir Francis Light *(siehe S. 109)* einen Vertrag und erwarb Penang im Auftrag der Gesellschaft vom Sultan von Kedah, um dort ein Handels- und Seefahrtszentrum zu errichten. Er erklärte Penang zum freien Handelshafen, wodurch die Stadt wirtschaftlich aufblühte. Aus der Epoche der Napoleonischen Kriege in Europa (1803–1815) gingen die Briten als führende Macht auch in Asien hervor. 1819 wiederholte Sir Stamford Raffles *(siehe S. 44)* Lights geschicktes Vorgehen in Penang erfolgreich in Singapur, das ebenfalls ein boomender Handelshafen wurde. 1824 unterzeichneten Großbritannien und die Niederlande den englisch-niederländischen Vertrag. Er teilte die malaiische Welt in die britisch dominierte Malaiische Halbinsel und den von den Niederlanden beherrschten indonesischen Archipel auf. Malakka ging an die Briten, die dafür aber Bengkulu auf Sumatra abtreten mussten.

Zunächst war das Motto der britischen Politik in Malaysia »Handel statt Territorium«. Ebenso wie den Holländern und ganz anders als den Portugiesen ging es den Briten nicht um die Verbreitung des Christentums, sondern um ungehinderten Handel und Profit. Sie übten direkte Kontrolle über die 1826 gegründeten Straits Settlements *(siehe S. 44f)* aus. Die restliche Malaiische Halbinsel genoss unter den Briten weitgehende Selbstverwaltung und Unabhängigkeit.

Britische Schiffe landen 1824 in Malakka

Sir Stamford Raffles

1704 Brunei tritt Teile Borneos an Sulu ab

1819 Sir Stamford Raffles gründet Singapur

1826 Gründung der Straits Settlements

1680 **1740** **1800**

Detail der Borneo-Karte von Peter Plancius, 1595

1786 Sir Francis Light erwirbt Penang für die British East India Company

1824 Malakka geht mit dem britisch-niederländischen Vertrag an die Briten

Straits Settlements

Zwischen 1826 und 1946 besaß die britische Krone einige geografisch getrennte Territorien, nämlich Penang, Malakka, Singapur, die Provinz Wellesley und die umliegenden Inseln. Sie wurden unter der Bezeichnung Straits Settlements geführt. Der koloniale Einfluss in der Gegend begann aber bereits 1786. Damals trat der Sultan von Kedah Penang an die British East India Company ab und erhielt im Gegenzug Schutz vor Siam und Birma. Weitere Gegenden wurden kolonialisiert und zu Handelszentren ausgebaut. Der daraus resultierende enge Zusammenhang zwischen den Regionen ist bis heute ethnisch, kulturell und vor allem auch in Architektur und Baudenkmälern sichtbar.

Schiff der British East India Company vor Malakka (frühes 19. Jh.)

In Penang stellten die Briten chinesische und indische Einwanderer und manchmal auch eingeborene Malaien als Arbeiter im Straßenbau auf der ganzen Insel ein.

Chinesische Dschunken dienten dem Handel zwischen den Settlements.

Kolonisation

Die Briten waren in den Straits Settlements zahlenmäßig nicht sehr präsent, etablierten sich dort aber als Elite. Sie stellten Migranten aus Indien, China und anderen Teilen des British Empire ein. Die Arbeiter halfen als Soldaten, Arbeiter und Händler beim Aufbau der neuen Kolonien.

Sir Stamford Raffles

Sir Stamford Raffles

Der gefeierte britische Staatsmann Sir Thomas Stamford Raffles (1781–1826) begann seine Karriere mit 14 Jahren als Angestellter der British East India Company in London. Bis 1811 stieg er zum Vizegouverneur von Java auf. 1817 wurde er zum Ritter geschlagen. 1819 schloss Raffles einen Vertrag mit einem einheimischen Sultan und legte damit den Grundstein für das moderne Singapur. Er war Mitgründer und erster Präsident der Zoologischen Gesellschaft Londons. Die größte Blume der Welt heißt nach ihm Rafflesia.

Sultan Abdul Hamid Halim Shah von Kedah, hier mit seiner Entourage 1900, hatte wie alle Sultane nach 1786 im britisch kontrollierten Penang keine wirkliche Macht in der Regierung.

Handel

Die Straits Settlements dienten den Briten als Freihandelshäfen. Mit diesen Häfen versuchten sie, die Handelsrouten zwischen Europa und Asien unter ihre Kontrolle zu bringen.

Penangs erste Münze mit dem Wappen der British East India Company wurde 1787 in Kalkutta geprägt. Sir Francis Light feuerte angeblich Münzen in den Dschungel, um die Arbeiter zu motivieren.

Gewürzplantagen in Penang lieferten die im Europa des 18. Jahrhunderts seltenen und wertvollen Gewürze Muskatblüte, Muskatnuss, Zimt und Pfeffer.

1/4-Cent-Münzen mit dem Profil von Queen Victoria wurden 1826 geprägt, als die Straits Settlements in den Besitz der britischen Krone übergingen.

Gaslaternen waren eine der vielen Innovationen der Briten in den Settlements.

Der neue Freihandelshafen in Singapur sollte nach Raffles an den Routen zwischen Europa und dem Fernen Osten entstehen. Heute zählt er zu den größten der Welt.

Kultur

Die Straits Settlements wurden zu faszinierenden Schmelztiegeln der Kulturen. Immigranten aus Asien lebten mit Portugiesen, Holländern und Briten sowie eingeborenen Malaien zusammen.

Die frühen chinesischen Siedler und die Peranakan-Männer flochten ihr Haar bis Ende des 19. Jahrhunderts zu langen Pferdeschwänzen oder *queues*. Damit zeigten sie ihre Treue zum Qing-Reich.

Die Peranakan-Kultur entstand gleichzeitig mit den Settlements. Aus den Mischehen zwischen Chinesen und Malaien wuchsen neue Traditionen, die auf beiden Kulturen aufbauten. Zu Peranakan-Hochzeiten, die 14 Tage dauerten, trugen die Paare traditionell chinesische Kleider.

Kling ist der überholte Name für die frühen Siedler aus Südindien. Sie bildeten die Mehrheit der Siedler in den Straits Settlements.

Lithografie mit der Darstellung einer Kampfszene mit Piraten während der Herrschaft von James Brooke

Aufstieg der Weißen Rajahs

Die Briten ließen Borneo im britisch-niederländischen Vertrag außen vor, weil sich ihre Interessen auf die Halbinsel konzentrierten. Ende des 18. Jahrhunderts begann der Verfall Bruneis, das sich zunehmend Unruhen unter den indigenen Völkern sowie territorialen Ansprüchen des Sulu-Sultanats ausgesetzt sah. 1838 beschloss James Brooke, ein Entdecker und früherer Beamter der East India Company, sein Glück in Ostasien zu versuchen. Er besuchte Singapur, wo ihn der britische Gouverneur bat, eine Nachricht an Rajah Muda Hashim von Kuching in Sarawak zu überbringen. Als Brooke 1839 Sarawak erreichte, tobte dort bereits eine Revolte. Die indigenen Dayak erhoben sich gegen den Sultan von Brunei. Brooke half diesem, die Rebellion binnen Jahresfrist zu beenden.

James Brooke, der erste Weiße Rajah von Sarawak

Zur Belohnung ernannte der Sultan 1841 Brooke zum Rajah von Sarawak. Er war der erste von drei Weißen Rajahs *(siehe S. 163)*. Brooke nutzte seine Position und die Unterstützung der britischen Seemacht, um seine Herrschaft über die Eingeborenen zu festigen. Gleichzeitig hielt er malaiische Piraten auf Abstand, die an der Küste verheerende Schäden anrichteten. Brookes Führungsstil war erstaunlich progressiv. Neben Gesetz und Ordnung war ihm auch am Wohlergehen der Einheimischen gelegen. So gewann er allmählich das Vertrauen der Einwohner, musste 1857 aber einen Aufstand der chinesischen Einwanderer niederschlagen. Als James Brooke 1868 starb, folgte sein Neffe Charles Brooke (1829–1917) als Rajah. Er dehnte Sarawaks Territorium auf Kosten des schrumpfenden Sultanats Brunei aus. 1888 wurde Sarawak britisches Protektorat, dessen innere Angelegenheiten die Familie Brooke regelte.

Britische Herrschaft

Mitte des 19. Jahrhunderts stand Sabah unter der losen Kontrolle Bruneis (wobei Sulu-Chefs auf regionaler Ebene die Autorität innehatten). Das durch innere Unruhen geschwächte Brunei verpachtete das

Vertragsunterzeichnung für den Abtritt Labuans, Borneo, 1847

1847 Vertrag von Labuan

1865 Brunei verpachtet Sabah an den amerikanischen Konsul Claude Lee Moses

1874 Vertrag von Pangkor; erster britischer Statthalter wird in Perak eingesetzt

1840 | **1850** | **1860** | **1870**

1841 James Brooke wird erster Weißer Rajah

1857 Brooke schlägt Chinesenrebellion nieder

Charles Brooke, zweiter Weißer Rajah von Sarawak

1868 Tod James Brookes; Nachfolger ist Charles Brooke

Gebiet 1865 erst an Claude Lee Moses, den amerikanischen Konsul in Brunei, 1875 an Baron von Overbeck, den österreichischen Konsul in Hongkong, und schließlich an den Engländer Alfred Dent, der 1881 die British North Borneo Company (BNBC) gründete. 1888 kamen Sabah und Sarawak unter britisches Protektorat. Ähnlich den Weißen Rajahs behielt die Gesellschaft die Kontrolle über die innere Verwaltung. Erst 1905 konnte die 1895 von Mat Salleh gegründete Widerstandsbewegung gegen die Herrschaft der Gesellschaft niedergeschlagen werden (fünf Jahre nach Mat Sallehs Tod). Sabah wurde zur stabilen Kolonialprovinz.

Britische Beamte mit den Sultanen der Föderierten Staaten

Damals kamen die Briten von ihrer bis dato praktizierten Politik der Nichteinmischung in den Staaten der Malaiischen Halbinsel ab. Die boomende Zinnindustrie hatte zahlreiche Chinesen nach Perak und Selangor gelockt, was zu Auseinandersetzungen mit den Malaien sowie zu von chinesischen Banden verursachtem zivilem Ungehorsam führte. Auch in vielen malaiischen Sultanaten kam es zu Auseinandersetzungen. Die Briten fürchteten, dass eine europäische Großmacht, etwa Deutschland, diese Schwäche dazu nutzen könnte, auf dem malaysischen Festland Fuß zu fassen. 1874 wurde mit dem Vertrag von Pangkor der erste britische »Resident« in Perak ernannt, den der Sultan in allen außer den Islam und malaiische Sitten betreffenden Fragen zu konsultieren hatte. Die wachsende britische Kontrolle über rechtliche und finanzielle Angelegenheiten stiftete Unfrieden unter den Malaien in Perak. 1875 wurde J. W. W. Birch ermordet. Die Revolte wurde im Keim erstickt, man ernannte weitere Residents. 1896 wurden Perak, Pahang, Selangor und Negeri Sembilan von den Briten als Föderierte Malaiische Staaten zusammengefasst. Sie wurden vom Sultan Abdul Samad Building in Kuala Lumpur verwaltet. Im Rahmen des anglo-siamesischen Vertrags (1909) wurden die ehemals thailändischen Tributstaaten Kelantan, Terengganu, Kedah und Perlis, 1914 auch Johor, unter britische Kontrolle gestellt und zu den Nichtföderierten Malaiischen Staaten. Mit den Straits Settlements sowie Sabah, Sarawak und Brunei hatte sich die Macht der Briten in dieser Region endgültig etabliert.

Sultan Abdul Samad Building, Kuala Lumpur

1877 Brunei erneuert Overbecks Pachtvertrag für Sabah

Briefmarke der BNBC

1888 Britischer Statthalter in Pahang

1895 Mat-Salleh-Widerstandsbewegung in Sabah

1896 Bildung der Föderierten Malaiischen Staaten

1909 Gründung der Nichtföderierten Malaiischen Staaten

1880 | 1890 | 1900 | 1910

1881 Alfred Dent gründet die BNBC

1888 Sarawak und Sabah werden britische Protektorate

1914 Johor tritt den Nichtföderierten Staaten bei

1877 Einführung des Gummibaums über Brasilien, Kew Gardens und Ceylon in die Botanic Gardens in Singapur

Sir Frank Swettenham, erster Resident-General der Föderierten Staaten

Britischer Plantagenbesitzer mit indischen Arbeitern

Kolonialleben

Nachdem die Briten die Halbinsel unter ihre Kontrolle gebracht hatten, begannen sie mit dem Aufbau einer Wirtschaft. Im 20. Jahrhundert wurde die Malaiische Halbinsel zum weltweit größten Exporteur von Gummi und Zinn. Auf Borneo hatte sich Sarawak zu einem wohlhabenden Gebiet entwickelt, als Charles Vyner Brooke 1917 dritter Weißer Rajah wurde. Sabah profitierte von der Holz-, Gummi- und Tabakindustrie. Einwanderer aus Indien und China stellten einen Großteil der Arbeitskräfte. Die Malaien wurden als indigenes Volk anerkannt, sollten aber in ihren Dörfern bleiben. Ende der 1930er Jahre ging es ihnen nicht nur weniger gut als den urbanen Chinesen, sie liefen zudem Gefahr, Minderheit im eigenen Land zu werden. Hinzu kamen eine Politisierung der Massen und das Streben nach Unabhängigkeit. Der herannahende Zweite Weltkrieg tat sein Übriges, das Kolonialleben für immer zu verändern.

Japanische Truppen marschieren im Dezember 1941 durch die Innenstadt Singapurs

Zweiter Weltkrieg

Im Dezember 1941 landeten Truppen der japanischen Armee an der Ostküste der Halbinsel. Sie eroberten sie innerhalb von zwei Monaten, ebenso Singapur und Borneo. Die folgenden drei Jahre waren von besonders grausamer Schreckensherrschaft geprägt. Den später als *sook ching* (Säuberung durch Vernichtung) bezeichneten Massakern in den ersten Monaten der japanischen Herrschaft fielen allein in Singapur 40000 bis 70000 Chinesen zum Opfer. Etwa 75000 Malaysier, die meisten davon indische Tamilen, wurden zur Zwangsarbeit an der sogenannten »Todes«-Eisenbahn von Birma nach Thailand beordert. Hunger, entsetzliche Arbeitsbedingungen und die Brutalität der Aufseher führten dort zu einer Todesrate von 40 Prozent.

Einige Malaysier leisteten Widerstand, vor allem die durch britische Agenten der Force 136 bewaffneten und trainierten Guerillaeinheiten der Malayan Communist Party (MCP). Gleichzeitig ermutigten die Japaner malaysische Nationalisten zur Bildung paramilitärischer Organisationen. Die japanische Herrschaft in Asien sowie im Pazifikraum stürzte die Malaiische Halbinsel und Borneo in ein vollkommenes wirtschaftliches Chaos. Aber erst der Abwurf der Atombomben auf Hiroshima und Nagasaki im August 1945 zwang Japan zur Kapitulation.

Charles Vyner Brooke

1917 Charles Vyner Brooke wird dritter und letzter Weißer Rajah von Sarawak (1917–1946)

1918 | **1923** | **1928** | **1933** | **1938**

1926 Gründung der Singapore Malay Union

ab 1930 Chinesen treten der Malaiischen Kommunistischen Partei bei

Die Prince of Wales *wird 1941 vor der Küste von Terengganu von den Japanern versenkt*

1941 Japanische Invasion in Britisch-Malaya und Singapur

Unabhängigkeitserklärung Tunku Abdul Rahmans von der britischen Herrschaft im August 1957

Notstand

Nach der Wiederbesetzung richteten die Briten 1946 die Malayan Union ein. Sie einte alle Staaten der Halbinsel unter britischer Herrschaft und gewährte allen ethnischen Gruppen dieselben Bürgerrechte. Singapur, Sabah und Sarawak wurden Kronkolonien. Die Union wurde von einem Großteil der malaiischen Bevölkerung abgelehnt, was zur Gründung der ersten politischen Partei der Malaien führte, der United Malays National Organisation (UMNO). Die Malayan Union wurde von der Federation of Malaya abgelöst, die Singapur ausschloss und den Malaien Sonderrechte einräumte. Damit waren jedoch die Chinesen unzufrieden. Im Juni 1948 zog sich die Malayan Races Liberation Army (MRLA), der bewaffnete Flügel der MCP, in den Dschungel zurück, um unter Führung von Chin Peng einen Aufstand gegen die Briten zu starten. Der bis 1960 dauernde Ausnahmezustand setzte ein.

Chin Pengs Kampf war zum Scheitern verurteilt. Nur wenige Malaien und Inder unterstützten die MCP, die Umsiedlung von 400 000 Chinesen kappte die Versorgungskanäle. Die MCP-Führer flohen Ende der 1950er Jahre nach Thailand. 1960 hob die Föderation Malaya den Notstand auf.

Merdeka (Unabhängigkeit)

Parallel zu ihrer Kampagne gegen die MRLA führten die Briten Gespräche mit malaiischen Nationalisten und versprachen ihnen die Unabhängigkeit. 1955 wurden Wahlen abgehalten, aus denen die Allianz aus UMNO, der Malayan Chinese Association und dem Malayan Indian Congress als Sieger hervorging. Am 31. August 1957 wurde die Föderation ein unabhängiger Staat innerhalb des Commonwealth, Tunku Abdul Rahman erster Premierminister. Sarawak, Sabah und Singapur blieben Kronkolonien, Singapur stand ab 1959 unter Selbstverwaltung. 1961 wurde eine neue Föderation vorgeschlagen, die die Staaten der Halbinsel sowie Singapur, Sarawak, Sabah und Brunei umfasste. Gegen den Widerstand Indonesiens und der Philippinen wurde am 16. September 1963 Malaysia gegründet – allerdings ohne Brunei.

Tunku Abdul Rahman unterzeichnet das Unabhängigkeitsabkommen, 1957

1943 · **1948** · **1953** · **1958** · **1963**

- **1945** Kapitulation Japans; Briten besetzen Borneo, die Halbinsel und Singapur
- **1946** Gründung der Malayan Union und der UMNO
- **1948** Der Notstand wird ausgerufen und besteht bis 1960; die Federation of Malaya ersetzt die Malayan Union
- **1953** Gründung der Alliance Party
- **1957** Föderation Malaya wird unabhängig; Tunku Abdul Rahman wird erster Premierminister
- **1959** Singapur unter Selbstverwaltung; Lee Kuan Yew wird erster Premierminister
- **1961** Tunku Abdul Rahman schlägt eine neue Malaysische Föderation vor
- **1963** Malaysia wird gegründet; Brunei verzichtet auf Beitritt

Patrouillen des Malay Royal Regiment in Kuala Lumpur nach den Aufständen des 13. Mai 1969

Konfrontasi

Indonesien und die Philippinen kappten alle diplomatischen Beziehungen zum neuen Staat Malaysia. Indonesiens Präsident Sukarno betrieb eine Politik der »Konfrontasi«, der Konfrontation, die mit Infiltration und Sabotage operierte. Indonesische Truppen marschierten nach Sabah und Sarawak und landeten sogar auf der Malaiischen Halbinsel und in Singapur. Vier Jahre lang bekämpfte die malaysische Armee mit Unterstützung der Briten, Neuseeländer und Australier die wiederholten Versuche Indonesiens, die Föderation zu untergraben. Malaysia ging daraus als gefestigter, international anerkannter Staat hervor. Dennoch verließ Singapur wegen politischer Zerwürfnisse 1965 die Malaysische Föderation und wurde ein unabhängiger Staat. Bis heute sind die Nachbarn eng miteinander verknüpft. 1967 traten Malaysia und Singapur als zwei von fünf Gründungsmitgliedern der Association of Southeast Asian Nations (ASEAN) bei.

Gründungstreffen der ASEAN-Mitglieder 1967

Ethnische und ökonomische Spannungen

Noch Ende der 1960er Jahre waren Malaysia und Singapur infolge der Kriege verarmt und von ethnischen Spannungen gebeutelt. Mit dem Ausscheiden Singapurs aus der Föderation wurden die malaiischen Muslime zwar zur Mehrheit in Malaysia, dennoch bereitete die Wirtschaftskraft der chinesischen Bevölkerung den malaiischen Politikern weiterhin Kopfzerbrechen. 1967 wurde das Gesetz zur Amtssprache erlassen, das der malaiischen Sprache den Vorzug gab. Die Chinesen fühlten sich dadurch düpiert. Die ethnischen Spannungen

1963 Sukarno beginnt die Politik der Konfrontasi

1967 Malaysia und Singapur treten ASEAN bei

1969 Rassenunruhen in Kuala Lumpur

1981 Mahathir bin Mohamad wird Malaysias vierter Premierminister

1964 **1974** **1984**

1965 Singapur verlässt die Föderation und wird ein unabhängiger Staat

1970 Tun Abdul Razak wird Malaysias Premierminister; NEP bevorteilt die *bumiputra*

Ölbohrinsel vor Sarawak

brachen zuerst in Singapur aus, wo es 1964 zu Kämpfen zwischen Malaien und Chinesen kam. Bei den Wahlen 1969 konnte die Alliance Party mit weniger als 50 Prozent der Stimmen ihre Mehrheit im Parlament behaupten. Ein Marsch der Opposition führte im Mai 1969 zum Ausbruch von Rassenunruhen in Kuala Lumpur. Damals wurden Hunderte Chinesen ermordet.

Auf Tunku Abdul Rahman folgte 1970 Tun Abdul Razak als Premierminister. Die malaysische Regierung war zu dieser Zeit stark angeschlagen. Sie reagierte mit der Einführung der New Economic Policy, die die *bumiputra* *(siehe S. 27)* bevorzugte und deren wirtschaftliche Stellung verbessern sollte. Zugleich signalisierte die Regierung, dass sie Angriffe auf Chinesen nicht tolerieren würde. Die Alliance Party erweiterte die Koalition um Oppositionsmitglieder zum Bündnis Barisan Nasional (Nationale Front).

Kuala Lumpurs aufragende Skyline wird von den berühmten Petronas Towers dominiert

Malaysia und Singapur heute

Die folgenden 20 Jahre blieben dank einer Mischung aus finanziellen Anreizen und strikter Bevormundung friedlich, während die Wirtschaft boomte. Wegen der hohen Nachfrage nach Malaysias traditionellen Produkten – Gummi, Palmöl, Tee, Zinn – prosperierte das Land. In den 1970ern sorgten die Entwicklung von Leichtindustrie und die Entdeckung von Öl und Erdgas für Aufschwung. Die 1980er und 1990er unter Premierminister Mahathir bin Mohamad waren geprägt von sozialen und wirtschaftlichen Entwicklungen.

Als Singapur 1965 unabhängig wurde, hatte es eine düstere Wirtschaftsprognose. Doch unter Lee Kuan Yew, Premierminister von 1959 bis 1990, wurde es zu einem Hightech-Zentrum und zu einem der größten Seehäfen der Welt.

2003 löste Abdullah Ahmad Badawi Mahathir als Premierminister von Malaysia ab, ihm folgte 2009 Najib Razak. In Singapur wurde Lee Kuan Yews Nachfolger Goh Chok Tong 2004 von Yews Sohn Lee Hsien Loong abgelöst. Beide Länder erleben derzeit eine weniger autoritäre Phase, wenngleich Presse- und Meinungsfreiheit eingeschränkt bleiben. 2013 errang die Koalition Barisan Nasional unter Najib Razak den 13. Wahlsieg in Folge. Das Bündnis Pakatan Harapan um den Ex-Premier Mahathir löste 2018 die seit 60 Jahren andauernde Regierung der Barisan Nasional ab. Beide Länder verweisen stolz auf wachsende Ökonomien, hohe Lebensstandards, intakte Bildungs-, Gesundheits- und Sozialsysteme.

Ex-Premierminister Abdullah Ahmad Badawi

1994 – 2004 – 2014 – 2024

2003 Abdullah Badawi wird Malaysias fünfter Premierminister

2004 Lee Hsien Loong wird Singapurs dritter Premierminister

2006 Malaysia und Singapur scheitern bei den Verhandlungen über eine Verbindungsbrücke

2009 Najib Razak wird Malaysias sechster Premierminister

2011 Tan Keng Yam Tony wird Singapurs siebter Premierminister

2015 Tod von Lee Kuan Yew

2017 Halimah binti Yacob wird Singapurs Premierministerin

2018 US-Präsidenten Donald Trump und Kim Jong-un (Nordkorea) treffen sich in Singapur

2018 Pakatan Harapan löst bei den Wahlen die Barisan Nasional als Regierungspartei ab

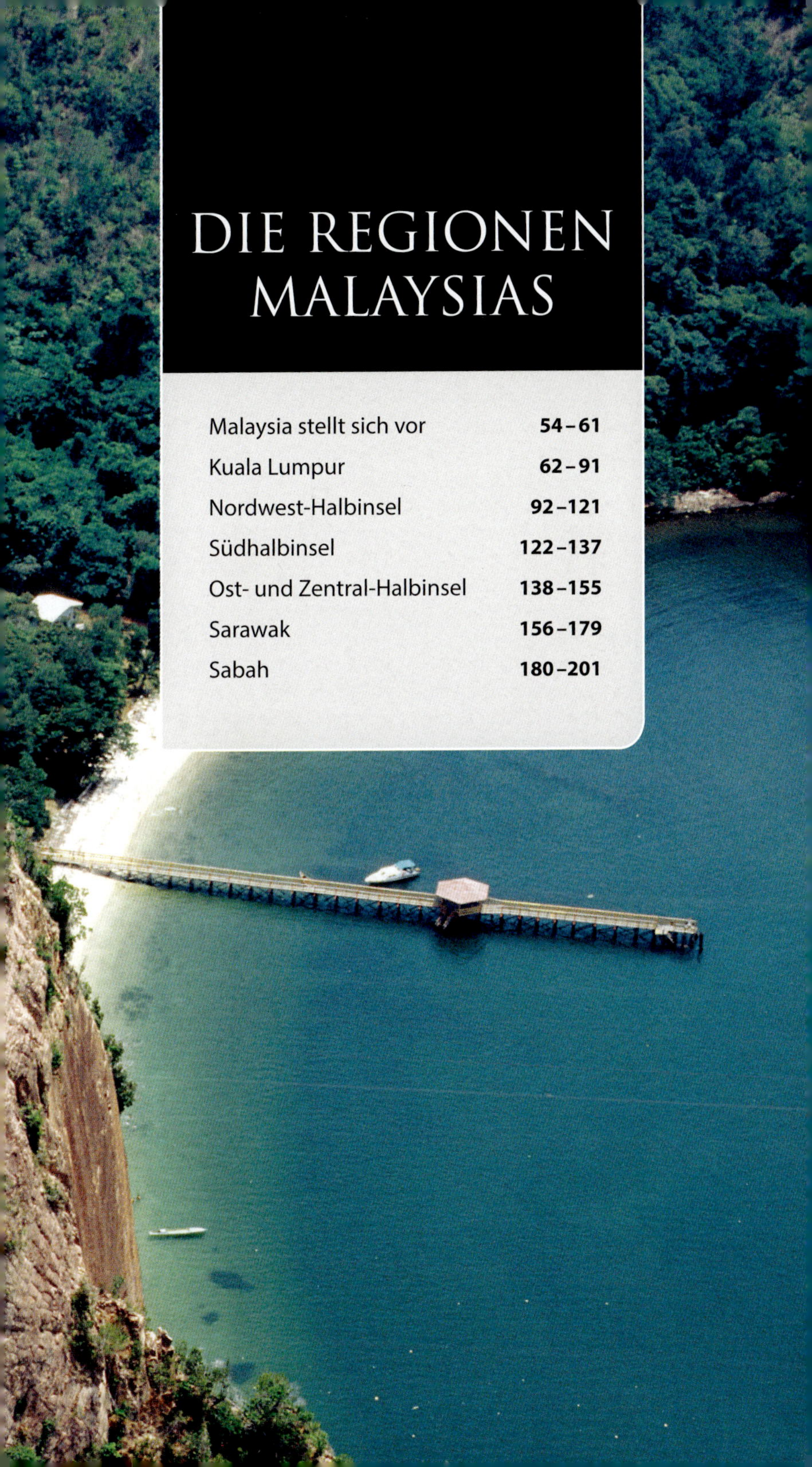

DIE REGIONEN MALAYSIAS

Malaysia stellt sich vor	**54–61**
Kuala Lumpur	**62–91**
Nordwest-Halbinsel	**92–121**
Südhalbinsel	**122–137**
Ost- und Zentral-Halbinsel	**138–155**
Sarawak	**156–179**
Sabah	**180–201**

Ein Porträt Malaysias

Malaysia ist mit seinen herrlichen Naturlandschaften und dem einzigartigen kulturellen Erbe ein faszinierendes Reiseziel in Südostasien. Der junge Staat – er feierte 2007 seinen 50. Unabhängigkeitstag – hat sich in kurzer Zeit erstaunlich entwickelt und zählt zu den erfolgreichsten Volkswirtschaften Asiens.

Aufgrund ihrer Lage an alten Seehandelsrouten war die Region des heutigen Malaysia schon vor Jahrhunderten multiethnisch gefärbt. Die Bevölkerung lebt heute mehrheitlich auf der Malaiischen Halbinsel. Etwa 50 Prozent der 31 Millionen Einwohner sind Malaien, gefolgt von Chinesen sowie Angehörigen der indigenen Völker und Indern. Die ethnische Vielfalt zeigt sich in Bräuchen und Feiertagen ebenso wie kulinarisch und sprachlich.

Gesellschaft und Politik

Malaysia ist eine konstitutionelle Monarchie, deren politisches System sich an der ehemaligen Kolonialmacht Großbritannien orientiert. Tatsächlich ist aber die Exekutive der Regierung mit mehr Macht ausgestattet als die Judikative. Ein oberster Herrscher führt das Land nominell an. Das Amt wird für jeweils fünf Jahre von einem der Sultane der neun malaiischen Sultanate bekleidet. Die Regierung wird von einem gewählten Premierminister angeführt, seit Mai 2018 ist das Mahathir bin Mohamad. Ihm steht ein Kabinett zur Seite. Das Zweikammerparlament besteht aus einem Abgeordnetenhaus mit 222 gewählten Mitgliedern und einer Länderversammlung mit 70 Mitgliedern. Gewählt wird alle fünf Jahre. Von der Unabhängigkeit bis 2018 wurde das Land von dem Parteienbündnis Barisan Nasional (Nationale Front) regiert. Bei den Wahlen 2018 wurde es von dem Bündnis Pakatan Harapan abgelöst.

Wirtschaft

Von Anfang der 1970er bis Ende der 1990er Jahre verwandelte sich Malaysia von einem Bergbau- und Agrarstaat zu einer produzierenden Exportnation, die vor allem mit Elektronikkomponenten Erfolg hat. Auch Palmöl ist ein Exportschlager. Weitere Wirtschaftsfaktoren sind Erdöl- und Gasförderung, Holzexport und Tourismus. In den vergangenen Jahrzehnten wies das Land ein stetiges Wirtschaftswachstum auf, das in den Städten zu einer rasanten Modernisierung führte. Für Wachstum sorgen nicht zuletzt die vielen

Der Hafen und die Masjid Negeri in Kuantan, Pahang

◀ **Die Bucht von Semporna in Sabah** *(siehe S. 198f)*

Das Wappentier Sarawaks, der Nashornvogel, im malaysischen Regenwald

kleinen und mittleren Unternehmen, die 90 Prozent der Produktionsstätten des Landes unterhalten. Malaysias Wirtschaft wuchs 2017 um sechs Prozent – eine der höchsten Wachstumsraten Südostasiens.

Umwelt

Wie viele andere Entwicklungsländer sieht Malaysia sich mit neuen Problemen wie Luft- und Wasserverschmutzung, Rodung und der Ausrottung von Tierarten konfrontiert. Man hat zwar einige Streifen des Regenwalds zu Nationalparks erklärt, dennoch führt die Holzwirtschaft zu einer massiven Veränderung der Landschaft – aus Dschungel werden kahle Mondlandschaften. Zum Glück sind internationale Organisationen wie der WWF in Malaysia sehr aktiv. Dank ihrer Beharrlichkeit hat Malaysia das Tempo der Zerstörung gedrosselt – möglicherweise zu spät: Das Sumatra-Nashorn und die Lederschildkröte stehen kurz vor dem Aussterben.

Kunst und Kultur

Malaysias Völkergemisch beschert dem Land eine unglaublich vielseitige Kultur, in der sich malaiische, chinesische und indische Sitten und Religionen mit den Bräuchen der indigenen Völker verbinden. Die ethnische Vielfalt schlägt sich in der Vielzahl der im Land praktizierten Religionen nieder. Zwar ist der Islam Staatsreligion, doch auch Buddhismus, Hinduismus, Christentum und andere Religionen dürfen ausgeübt werden. Traditionelles malaiisches Schauspiel wie das faszinierende *wayang kulit* (Schattenspiel) wird bis heute aufgeführt und kann an Feiertagen und bei Kulturveranstaltungen bewundert werden. Freizeitbeschäftigungen wie Drachensteigen und Kreiseldrehen werden vor allem an der Ostküste praktiziert. Das Land besitzt eine lange Handwerkstradition, die von Textilien bis zu Korbflechterei und Schnitzerei reicht. Malaysia erfreut sich einer wachsenden Kunstszene, deren wichtigste Vertreter in Galerien präsent sind. Künstler wie Yee I-Lann stellen auch international aus.

Puppenspieler beim Schattenspiel

Das Jahr in Malaysia

Mit seiner einzigartigen Mischung von Ethnien und Kulturen bietet Malaysia das ganze Jahr über eine Vielzahl von Festivitäten und Events. Zu den religiösen Feiertagen zählen das islamische Hari Raya Puasa und das hinduistische Deepavali. An Sport interessierte Besucher können Golfturniere verfolgen, aber auch traditionellen Zeitvertreib wie Vorführungen von traditionellen Tänzen oder Wettkämpfe in diversen Kampfsportarten beobachten. Neben den nationalen Festen gibt es auch noch eine Reihe regionaler Feiertage. Da viele Menschen während der Feiertage ihre Familien besuchen, sind in dieser Zeit alle Verkehrsmittel überfüllt. Viele religiöse Feiertage folgen dem Mondkalender, sodass die Termine variieren können. Muslimische Feiertage verschieben sich zum Beispiel im Vergleich zum gregorianischen Kalender jedes Jahr um zehn Tage. Die genauen Daten können Sie bei Tourism Malaysia erfragen.

Januar bis März

Die Jahreszeiten in Malaysia gleichen sich. Nur zu Jahresbeginn gibt es an der Küste der Malaiischen Halbinsel starke Regenfälle. Niemand lässt sich davon die Laune verderben, Feste wie das chinesische Neujahr werden begeistert begangen.

Chinesisches Neujahr *(Jan/Feb)*, landesweit. Zur Begrüßung des neuen Jahrs gibt es Drachentänze und chinesische Opern, Schulden werden beglichen, Kinder bekommen Geld. Mandarinen – ein Symbol für Glück – werden gegessen. Viele Läden schließen eine Woche lang.

Pongal *(Jan/Feb)*, landesweit. Tamilisches (südindisches) Erntedankfest, bei dem Reis, Zucker und Milch gekocht werden, bis der Topf überläuft. Die Opfergabe für Hindu-Götter soll künftigen Wohlstand schaffen.

Thaipusam *(Jan/Feb)*, landesweites Hindu-Fest zu Ehren des Gottes Murugan. Tausende Gläubige tragen *kavadis* (Stahlbogen), die mit Haken in ihrer Haut hängen, und gehen in einer Prozession vom Sri-Maha-Mariamman-Tempel *(siehe S. 70)* zu den Batu Caves *(siehe S. 96)*, die zu den größten Tempelhöhlen des Landes zählen.

Federal Territory Day *(1. Feb)*, Kuala Lumpur, Labuan und Putrajaya. Malaysias drei Bundesterritorien veranstalten zum Hari Wilayah Persekutuan Paraden, Feuerwerke und Aufführungen.

World Kite Festival *(Feb)*, Pasir Gudang, Johor. Jährlich stattfindendes, überaus buntes Event, das seit 1995 Freunde des Drachensteigens aus aller Welt anzieht.

Hari Raya Haji *(variabel)*, landesweit. Der islamische Feiertag mit Gebeten und Tieropfern findet zu Ehren der Rückkehr der Pilger von der Haddsch nach Mekka statt. In Kedah, Kelantan, Perlis und Terengganu ein gesetzlicher Feiertag.

Von 1999 bis 2017 fanden in Malaysia Formel-1-Rennen statt

Gläubige Christen zünden zu Ostern Kerzen in einer Kirche an

Chap Goh Mei *(meist Feb)*, landesweit. Der 15. Tag des chinesischen Neujahrs wird mit Gebeten und Feierlichkeiten begangen.

Malaysian Open Golf Championship *(Feb)*, landesweit. Internationales Golfturnier, das auf den besten Golfplätzen des Landes stattfindet, darunter der Royal Selangor Golf and Country Club und der Kuala Lumpur Golf and Country Club.

Le Tour de Langkawi *(Feb)*, von Langkawi zum Merdeka Square in Kuala Lumpur. Die besten Radfahrer der Welt treten bei Asiens »Tour de France« gegeneinander an.

Ostern *(März/Apr)*, landesweit. Die größten Feierlichkeiten zu Ostern finden in Malakka mit Kerzenprozessionen am Karfreitag statt. Gesetzlicher Feiertag in Sabah und Sarawak.

April bis Juni

Vor allem für die Dayak von Sarawak, die das Gawai-Fest begehen, sind diese Monate die Hochzeit des Jahres. Ein weiteres Highlight ist das buddhistische Vesak.

Pesta Kaul *(Apr)*, Mukah. Feiertag der Melanau zu Ehren des Beginns der Fischereisaison. Auf *tibaus*, riesigen Rattanschaukeln, werden waghalsige Kunststücke gezeigt.

Labuan International Sea Challenge *(Apr)*, Pulau Labuan. Wettbewerb mit diversen Fischerei-, Schwimm- und Kajakveranstaltungen.

Penang World Music Festival *(Apr)*, George Town. An zwei Abenden finden Konzerte unterschiedlichster Musikrichtungen statt. In den vergangenen Jahren traten Künstler aus Spanien, Deutschland, Südafrika und Indien auf.

Geburtstag des Propheten Mohammed *(variabel)*, landesweit. Prozessionen und Koranrezitationen zum Gedenken an die Geburt des Propheten Mohammed.

World Harvest Festival *(2. Maiwochenende)*, Sarawak Cultural Village, bei Kuching. Das Event in Erwartung des Gawai-Fests bietet Tanz, Musik und Schönheitswettbewerbe.

Sabah Fest *(Mai)*, Sabah. Kulturfest mit Tanz, Musik, Mode und kulinarischen Genüssen.

Orang-Ulu-Tänzer in Tracht beim Harvest Festival *(Mai)*

Colors of Malaysia *(Mai)*, landesweit. Einmonatiges Kulturfestival. Es findet in mehreren großen Städten mit Paraden, Musik, Tanz und Kulinarik-Events statt.

Miri International Jazz Festival *(Mai)*, Miri. Internationale Musiker spielen Jazz, Fusion, Latin und Blues.

Tadau Kaamatan *(Ende Mai)*, Penampang (Sabah). Wichtiger Feiertag der Kadazan Dusun und Murut. Sie danken mit Gesang und Tanz für eine erfolgreiche Reisernte.

Vesak *(Mai/Juni)*, landesweit. Wichtigster Feiertag für Buddhisten zu Ehren von Buddhas Geburt, Erleuchtung und Tod.

Geburtstag des Königs *(1. Sa im Juni)*. Landesweit finden Prozessionen zur Geburtstagsfeier des Königs statt.

Gawai *(Anfang Juni)*, Sarawak. Dieser Feiertag zum Ende der Reisernte ist für Sarawaks Dayak der Höhepunkt im Jahr und eine Gelegenheit zu feiern. Es gibt viele Varianten des Gawai wie Gawai Padi, das die Bidayuh, eine Untergruppe der Dayak, feiern. Für Urlauber der ideale Zeitpunkt, ein Langhaus zu besuchen.

Fiesta San Pedro *(Juni)*, Malakka. Die eurasische Gemeinde, die während der portugiesischen Besatzungszeit entstand, schmückt Boote zu Ehren des hl. Peter.

Penang International Dragon Boat Festival *(Juni/Juli)*, Penang. Lange traditionelle Ruderboote mit Drachenköpfen und Drachenschwänzen nehmen an Rennen zu Ehren des chinesischen Dichters Qu Yuan teil. Dieser ertränkte sich im Jahr 278 v. Chr. aus Protest gegen korrupte Politiker und gilt als chinesischer Volksheld.

KL International Arts Festival *(Juni/Juli)*, Kuala Lumpur. Ausstellungen zeitgenössischer malaysischer Kunst.

Farbenfrohe Parade beim Festival Colors of Malaysia *(Mai)*

Durchschnittliche Niederschläge (Kuala Lumpur)

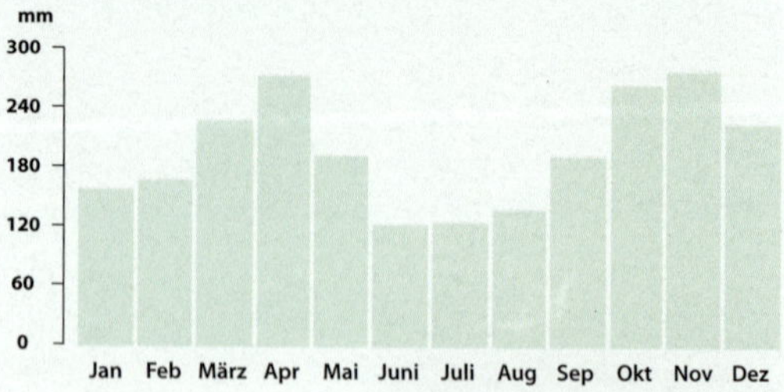

Niederschläge
Da im ganzen Land sehr unterschiedliche Regenmengen fallen, ist es schwierig, einen Durchschnittswert zu nennen. Die feuchteste Zeit an der Ostküste der Malaiischen Halbinsel und auf Borneo ist von November bis März. An der Westküste regnet es von April bis Oktober.

Juli bis September

Die wichtigsten Feiertage in diesem Zeitraum sind Merdeka Eve, der Nationalfeiertag Ende August, und der Malaysia Day im September. Weitere farbenfrohe und einzigartige Events sind das Rainforest World Music Festival in Sarawak, die Sarawak Regatta und der Mount Kinabalu Climbathon.

Sabah International Folklore Festival *(Juli)*, Kota Kinabalu. Im Sabah Cultural Centre findet dieses einwöchige Folklorefestival statt, das ethnische Gruppen aus der ganzen Welt anzieht. Vorführungen von traditionellen Tänzen und Workshops.
Borneo Cultural Festival *(Juli)*, Sibu. Einwöchiges Festival mit Musik und Tanz. Die Teilnehmer sind einheimische ethnische Gruppen sowie geladene Gruppen aus China und Indonesien. Das Festival zieht Besucher aus Thailand, Brunei und anderen Nachbarländern an.
Malaysia Mega Sale Carnival *(Juli–Sep)*, landesweit. Preisnachlässe in Kaufhäusern und Läden auf alles.

Feuerwerk anlässlich des Nationalfeiertags *(Aug)*

Kuching Festival *(Aug)*, Kuching. Dieses Kulturfest in Sarawak bietet einen Monat lang Konzerte, Ausstellungen, Theateraufführungen und Kulinarisches.
Rainforest World Music Festival *(Juni)*, Sarawak Cultural Village, bei Kuching. Weltmusikevent mit Workshops und Konzerten renommierter Musiker. Sie kommen aus Staaten wie Madagaskar, Albanien und der Mongolei ebenso wie aus Gemeinden der indigenen Völker des Landes *(siehe S. 165)*.

Schlussverkauf im Soga Department Store in Kuala Lumpur

Merdeka Eve *(30. Aug)*, landesweit. Feuerwerke und Kulturveranstaltungen zum Nationalfeiertag.
National Day *(31. Aug)*, landesweit. Zum Unabhängigkeitstag des Landes werden Paraden, Popkonzerte und Wettbewerbe veranstaltet.
Festival of the Hungry Ghosts *(Aug/Sep)*, landesweit. Der chinesische Feiertag im siebten Mondmonat dient der Besänftigung der aus der Hölle entlassenen Totengeister. Kerzen, Räucherstäbchen und Papiergeld werden vor den Häusern verbrannt. Außerdem werden chinesische Opern aufgeführt.
Ramadan *(variabel)*, landesweit. Im heiligen Fastenmonat dürfen Muslime erst nach Sonnenuntergang essen, trinken und rauchen. Abends werden vor den Moscheen Delikatessenstände aufgebaut.
Hari Raya Puasa *(variabel)*, landesweit. Der auch als Aidilfitri bekannte muslimische Feiertag zelebriert das Ende des Ramadan mit besonderen Speisen. Man trifft sich im Kreis der Familie, erweist den Älteren die Ehre und gibt Kindern Geldgeschenke.
Sarawak Regatta *(Sep)*, Kuching. Regatta mit Ruder- und Motorbooten sowie Kanus auf dem Fluss Sungai Sarawak. Verschiedene ethnische Gruppen treten in Wettkämpfen gegeneinander an.
Malaysia Day *(16. Sep)*. Der landesweite Nationalfeiertag feiert den Beitritt Sarawaks

Durchschnittliche Temperaturen (Kuala Lumpur)

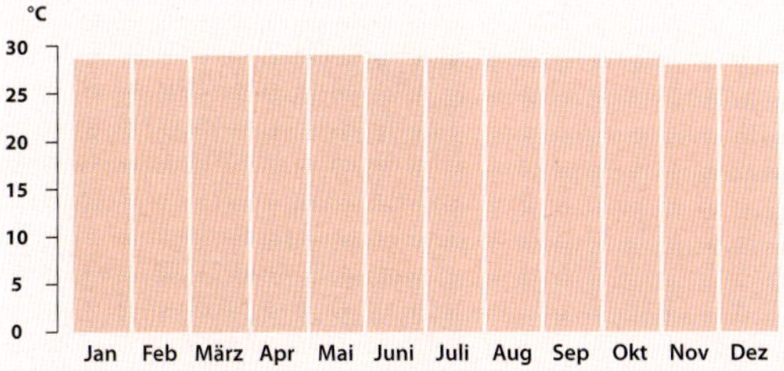

Temperaturen
Die Temperaturen in Malaysia sind fast immer gleich. Es ist das ganze Jahr über heiß und feucht, wobei die Temperatur tagsüber bei etwa 30 °C liegt und gegen Abend ein wenig abnimmt. In den Lagen der Hill Stations sinkt die Temperatur auf bis zu 15 °C.

und Sabahs zur Föderation Malaya im Jahr 1963. Die meisten Regierungsbehörden sind dann geschlossen, Shoppingmalls und Restaurants sind oft überfüllt. Reservieren Sie also vorab.

Oktober bis Dezember

Wegen der starken Regenfälle und der rauen See ist die Überfahrt zu den kleinen Inseln vor der Ostküste kein Vergnügen. Einige Nationalparks sind geschlossen. Die beiden bedeutendsten Feiertage in dieser Jahreszeit sind das Mooncake Festival und Deepavali. Obwohl es in Malaysia nur wenige Christen gibt, wird Weihnachten auch groß gefeiert.

Malaysia International Gourmet Festival *(Okt)*, landesweit. Den ganzen Oktober über werden landesweit in den Gourmet-Restaurants regionale Spezialitäten angeboten.
Mooncake Festival *(variabel)*, landesweit. Der auch als Mittherbstfest bekannte Feiertag der Chinesen dreht sich rund um den Mondkuchen aus Lotos- und Sesamkernen. Man gedenkt damit des Falls der Mongolendynastie in China im 12. Jahrhundert. Abends werden Laternen angezündet und Umzüge veranstaltet.

KL International Buskers Festival ***(Dez)*** **– leider eingestellt**

Mount Kinabalu Climbathon *(Okt)*, Sabah. Die meisten Normalsterblichen brauchen rund zwei Tage, um diesen Berg zu erklimmen. Die versierten Kletterer des Climbathon schaffen Auf- und Abstieg in weniger als drei Stunden.
Deepavali *(Okt/Nov)*, landesweit. Das Lichterfest erinnert an Krishnas Sieg über Narakasura, den Triumph des Guten über das Böse. Hindu-Häuser und Tempel im ganzen Land werden mit Öllampen verziert, die die Göttin des Wohlstands willkommen heißen sollen. Die Hindus beten außerdem für Glück und Stabilität.
Tamu Besar *(Nov)*, Kota Belud. Das jährlich auf einem der größten Märkte von Sabah stattfindende Tamu Besar bietet Kulturveranstaltungen und Handwerksschauen. Höhepunkt sind die Bajau-Reiter in ihren bunten Trachten. Sie reiten auf geschmückten Pferden durch die Stadt *(siehe S. 188)*.
Penang Chingay *(Dez)*, Penang. Bei der beeindruckenden Chingay-Parade werden riesige Flaggen, die bis zu zwölf Meter messen können, balanciert.
Weihnachten *(25. Dez)*, landesweit. In muslimischen Gegenden wird Weihnachten zwar nicht gefeiert, doch in den Großstädten ist es ein

Riesiger Weihnachtsbaum in einem Shopping-Center in Kuala Lumpur

kommerzielles Top-Ereignis. Dort sind Hotels und Shoppingmalls nach westlicher Art prächtig dekoriert. In den Kirchen finden Mitternachtsmessen statt.

Feiertage

Neujahrstag *(1. Jan)*
Chinesisches Neujahr *(Jan/Feb)*
Thaipusam *(Jan/Feb)*
Karfreitag *(März/Apr)*
Geburtstag des Propheten Mohammed *(variabel)*
Tag der Arbeit *(1. Mai)*
Vesak *(Mai/Juni)*
Königsgeburtstag *(Juni)*
Hari Raya Puasa *(variabel)*
Nationalfeiertag *(31. Aug)*
Malaysia Day *(16. Sep)*
Deepavali *(Okt/Nov)*
Weihnachten *(25. Dez)*

Malaysia im Überblick

Malaysia ist zweigeteilt: in Westmalaysia auf der Malaiischen Halbinsel und Ostmalaysia auf Borneo. Dazwischen befindet sich das Südchinesische Meer. Die Halbinsel ist von einer Bergkette durchzogen, die die stärker entwickelte Ebene im Westen und die ländliche Ostküste voneinander trennt. Ostmalaysia mit Sarawak und Sabah besteht aus Regenwäldern und Flüssen. Zwischen den beiden Bundesstaaten liegt Brunei.

Die Perhentian-Inseln *(siehe S. 148)* vor der Küste von Terengganu bieten unberührte Strände und exzellente Bedingungen zum Schwimmen und Tauchen.

Die Cameron Highlands *(siehe S. 98f)* sind die größte und beliebteste »Hill Station« des Landes. Sie bieten ein durchgehend angenehmes Klima inmitten grüner Hügel und vieler Teeplantagen.

Taman Negara *(siehe S. 144f)*, Malaysias größter Nationalpark, bietet den höchsten Gipfel der Halbinsel und eine unglaubliche Artenvielfalt.

Das Sultan Abdul Samad Building *(siehe S. 68)* ist einer der prachtvollsten Kolonialbauten Kuala Lumpurs. Die Stadt bietet darüber hinaus viele interessante Museen, schöne Parks und Gärten sowie bunte Märkte.

Seremban *(siehe S. 126)*, die Hauptstadt des Bundesstaats Negeri Sembilan, ist das Zentrum der Minangkabau-Kultur in Malaysia. Die charakteristischen Dachformen (hier das State Museum) sind häufig zu sehen.

Die Masjid Sultan Omar Ali Saifuddien, das Wahrzeichen des winzigen Sultanats Brunei *(siehe S. 178f)*, steht auf einer Insel in einer künstlichen Lagune in der Hauptstadt Bandar Seri Begawan.

Pulau Sipadan *(siehe S. 200f)* liegt östlich von Sabah und ist von einem herrlichen Korallenriff umgeben. Das Gebiet zählt zu den schönsten Tauchrevieren der Welt.

Der Turtle Island National Park *(siehe S. 196f)* ist der Ort, an dem man Riesenschildkröten und Echte Karettschildkröten sehen kann. Sie kommen zur Eiablage hierher.

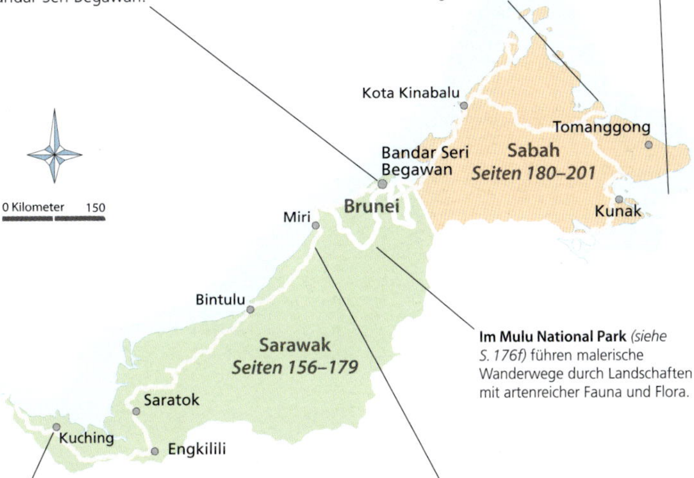

Im Mulu National Park *(siehe S. 176f)* führen malerische Wanderwege durch Landschaften mit artenreicher Fauna und Flora.

Kuching *(siehe S. 160–163)*, die historische Hauptstadt von Sarawak, liegt an den Ufern des Sungai Sarawak.

Der Lambir Hills National Park *(siehe S. 175)* schützt die Waldgebiete um Lambir Hills. Der vor allem wegen seiner Wasserfälle beliebte Park zeigt die Tier- und Pflanzenwelt Sarawaks. Der Bundesstaat verdankt seine weltweite Bedeutung vor allem den einzigartigen Wäldern.

Kuala Lumpur

Kuala Lumpur ist die Hauptstadt und mit 1,5 Millionen Einwohnern größte Stadt Malaysias. Die recht junge Stadt hat sich seit den 1850er Jahren zum kommerziellen Zentrum des Landes entwickelt. Mit den imposanten Wolkenkratzern und den besten Restaurants und Clubs Malaysias ist Kuala Lumpur Vorreiter des Landes. Hinzu kommt das reiche kulturelle Erbe mit seiner Kolonialarchitektur, den Tempeln und Moscheen.

Kuala Lumpur liegt im Klang Valley. Der Name bedeutet auf Malaiisch »schlammige Flussmündung« und wurde wegen der Lage des Orts am Zusammenfluss von Klang und Gombak gewählt. Die 1857 gegründete Stadt war zunächst ein schäbiger Posten der wachsenden Zinnindustrie und wurde von Überschwemmungen, Feuersbrünsten und Bürgerkriegen heimgesucht. Die Einwohner waren großteils chinesische Minenarbeiter und Händler, die einem »Kapitan China« (Oberhaupt) unterstanden. Am berühmtesten wurde Yap Ah Loy *(siehe S. 71)*, der den ersten Aufschwung herbeiführte.

Als die Briten in den 1880er Jahren die Kontrolle übernahmen, setzte ein Bauboom ein. Im Jahr 1896 wurde Kuala Lumpur zur Hauptstadt der neu gegründeten Föderierten Malaiischen Staaten. Viele ethnische Gruppen siedelten sich an und bildeten Enklaven, die bis heute bestehen. 1999 wurde Putrajaya neuer Regierungssitz, doch das wirtschaftliche Zentrum des Landes heißt weiterhin Kuala Lumpur.

Spuren der bewegten Geschichte des Landes sieht man im alten Kolonialdistrikt und im benachbarten Chinatown mit seinen Tempeln und *kedai kopi* (Kaffeehäusern). In Little India, Kampung Baru und Chow Kit gibt es die beste indische, malaiische und chinesische Küche. Die Stadt verbindet Alt und Neu. Im von protzigen Läden und angesagten Bars flankierten Golden Triangle spielt sich das Nachtleben ab. Die Petronas Towers dominieren das Geschäftsviertel KLCC. Die perfekte Zufluchtsstätte vor dem hektischen Treiben sind die Perdana Botanical Gardens.

Eingang zum Tempel Chan See Shu Yuen in Kuala Lumpur

◀ **Die beeindruckenden Petronas Towers und – darunter – die exklusive KLCC Mall** ***(siehe S. 78)***

Überblick: Kuala Lumpur

Kuala Lumpurs altes Kolonialzentrum liegt um den von Kolonialbauten flankierten Merdeka Square. Südwestlich davon befinden sich die Perdana Botanical Gardens. Die im Osten gelegenen Stadtteile Chinatown, Little India, Chow Kit und Kampung Baru haben fantastische Märkte. Im Westen steht das Putra World Trade Centre (PWTC), eines der Messe- und Kongresszentren der Stadt. Weiter nordöstlich ragt das von den Petronas Towers dominierte Kuala Lumpur City Centre (KLCC) auf. Golden Triangle ist das Geschäfts- und Unterhaltungszentrum. Zu Füßen des imposanten Menara KL findet man im Bukit Nanas Forest Reserve ein Stück Regenwald mitten im Stadtzentrum.

Sehenswürdigkeiten auf einen Blick

Historische Straßen, Gebäude und Stadtviertel

1 Sultan Abdul Samad Building
3 Royal Selangor Club
8 Chinatown
12 Kuala Lumpur Railway Station
17 Carcosa Seri Negara
21 Little India
22 Jalan Tuanku Abdul Rahman
27 Petronas Towers
30 Malaysian Tourism Information Complex
31 Golden Triangle
32 Menara KL und Bukit Nanas Forest Reserve
33 Badan Warisan

Museen und Sammlungen

4 National Music Museum
5 Kuala Lumpur City Gallery
14 *Islamic Arts Museum S. 74f*
15 National Museum
24 National Art Gallery

Moscheen und Tempel

2 Masjid Jamek
7 Sze Ya Temple
10 Sri Maha Mariamman Temple
11 Chan See Shu Yuen Temple
13 Masjid Negara
18 Thean Hou Temple
20 Masjid India

Läden und Märkte

6 Central Market
9 Jalan Petaling Market
19 Jalan Alor
23 Chow Kit Market
26 Kampung Baru und Pasar Minggu Market
28 Suria KLCC und KLCC Park

Insel

38 Pulau Ketam

Gärten und Themenparks

16 Perdana Botanical Gardens
25 Titiwangsa Lake Gardens
29 Aquaria KLCC
34 Kompleks Budaya Kraf
35 FRIM

Orte und Städte

36 Shah Alam
37 Klang
39 Putrajaya

Weitere Zeichenerklärungen *siehe hintere Umschlagklappe*

In Kuala Lumpur unterwegs

Die Hitze, der dichte Verkehr, die Luftverschmutzung und fehlende Gehwege erschweren die Erkundung der Stadt zu Fuß. Am besten benutzt man Kuala Lumpurs öffentliches Verkehrsnetz. Stesen Sentral (KL Sentral Station) ist die Schnittstelle des Stadtbahnnetzes, das aus dem nationalen Bahnnetz KTM, dem Light Rail Transport (LRT), der Monorail und den KLIA-Bahnen zum internationalen Flughafen besteht. Die KTM Komuter-Züge sind für außerstädtische Ziele wie Shah Alam, Klang und Seremban im Süden geeignet. Der KLIA Ekspres fährt direkt zum Flughafen KLIA und zum KLIA2. LRT und Monorail verkehren innerhalb der Stadt, ebenso die Rapid KL-Busse, für die es Tageskarten gibt. Pudu Sentral und Terminal Bersepadu Selatan sind die zwei größten Busbahnhöfe der Stadt.

Der prachtvoll erleuchtete Thean Hou Temple

Im Detail: Merdeka Square

Der Dataran Merdeka (Independence Square) liegt mitten in Kuala Lumpurs altem Kolonialviertel. Auf der großen, rechteckigen Rasenfläche wurden früher Kricketspiele und Paraden veranstaltet. Der Platz wird vom Royal Selangor Club, dem National Music Museum, der St. Mary's Cathedral und dem Sultan Abdul Samad Building flankiert. Hier fanden viele historisch bedeutsame Ereignisse statt, u. a. wurde die britische Union Flag am 31. August 1957 für immer eingeholt – es war die Geburtsstunde des unabhängigen Malaysia. Seither weht hier die malaysische Flagge.

Pitcher Plant Fountain
In einem kleinen Park nördlich des Platzes steht dieser schöne Springbrunnen mit verspielten Fontänen.

St. Mary's Cathedral
Die von A. C. Norman im neogotischen Stil erbaute weiße Kathedrale besitzt eine bemerkenswerte englische Pfeifenorgel von 1895.

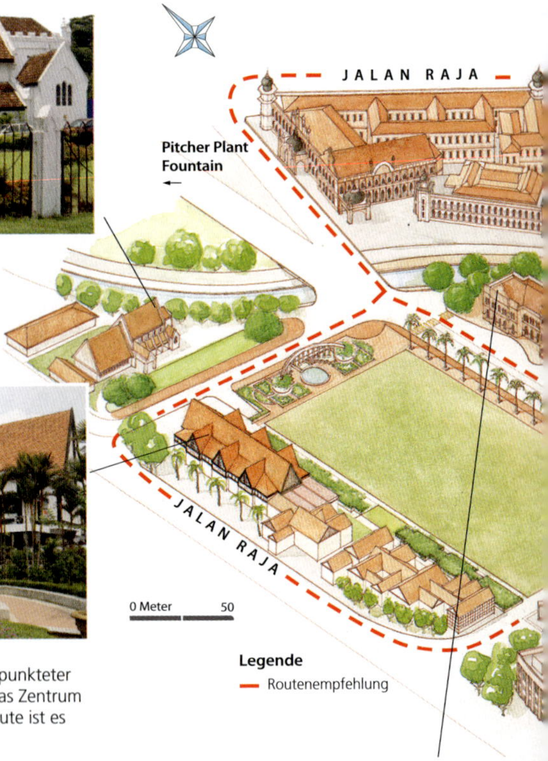

❸ ★ Royal Selangor Club
Das liebevoll auch The Spotted Dog (gepunkteter Hund) genannte Gebäude war früher das Zentrum des Koloniallebens in Kuala Lumpur. Heute ist es der exklusivste Privatclub der Stadt.

❶ ★ Sultan Abdul Samad Building
Der extravagante Bau im maurischen Stil stammt von 1897. Er steht an der Ostseite des Merdeka Square und beherbergt eine Abteilung des Malaysischen Gerichtshofs.

Hotels und Restaurants in Kuala Lumpur *siehe Seiten 278 und 290–292*

❷ Masjid Jamek
Die 1909 im Mogul-Stil erbaute Masjid Jamek, die Freitagsmoschee, ist die älteste erhaltene Moschee der Hauptstadt. Sie steht am Zusammenfluss von Klang und Gombak. Hier siedelten in den 1850er Jahren die ersten Pioniere.

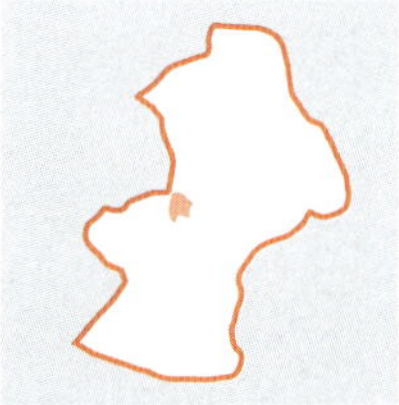

Zur Orientierung
Siehe Stadtplan 4

❻ Central Market
Der Art-déco-Bau aus den 1930er Jahren, einst der wichtigste Markt der Stadt, ist heute eine Shoppingmall mit Kunsthandwerk von Indern, Straits-Chinesen und Malaien.

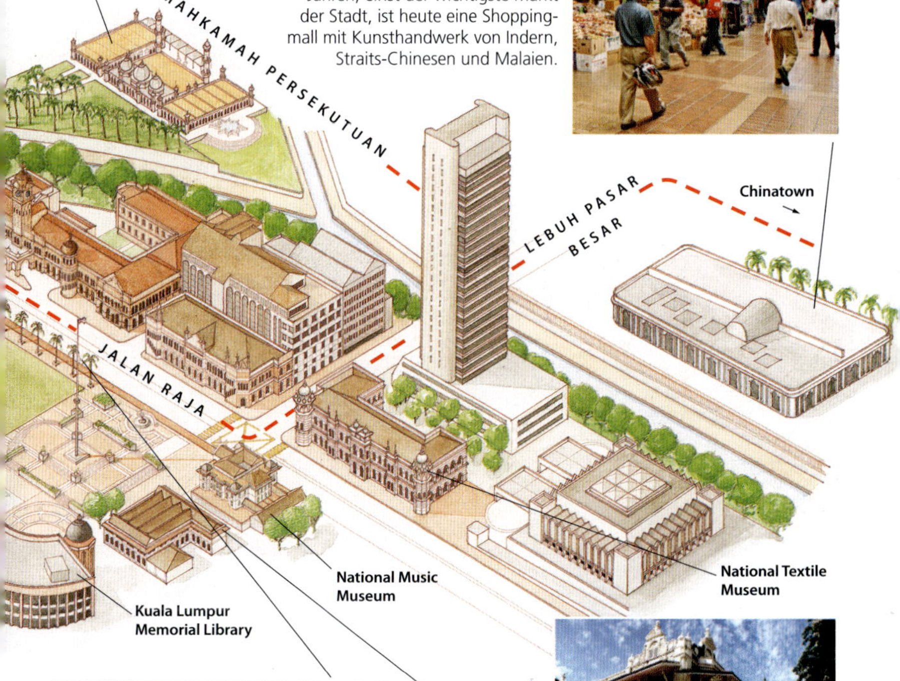

The Flagpole
Der 100 Meter hohe, frei stehende Fahnenmast gilt als höchster der Welt. Am 31. August 1957 wehte hier erstmals die malaysische Flagge.

❺ ★ Kuala Lumpur City Gallery
Die Galerie in einem denkmalgeschützten Gebäude aus dem Jahr 1899 zeigt Kuala Lumpurs Vergangenheit, Gegenwart und Zukunft u. a. mittels eines riesigen Stadtmodells und einer Licht- und Ton-Show.

Stadtplan Kuala Lumpur *siehe Seiten 84–91*

Der Royal Selangor Club, gesellschaftliches Zentrum der Stadt während der Kolonialzeit

❶ Sultan Abdul Samad Building

Jalan Raja. **Stadtplan** 4 E2.
Ⓛ Masjid Jamek. 🚌 B101, B109.

Das prächtige, maurisch inspirierte Sultan Abdul Samad Building an der Ostseite des Merdeka Square wurde 1897 als Hauptquartier der Kolonialverwaltung errichtet und nach dem damaligen Herrscher von Selangor benannt. Das Gebäude stammt vom britischen Architekten A. C. Norman. Er entwarf auch die nahe gelegene St. Mary's Cathedral. Der Bau aus rotem Backstein und weißem Stein ist vom Mogul-Stil beeinflusst und zeigt ägyptische und traditionell islamische Züge. Er besitzt elegante Bogenfenster, Kuppeln, ein imposantes Portal und einen Uhrenturm (41 m), der von zwei kleineren Türmen mit Kupferkuppeln flankiert wird. Heute beherbergt das Gebäude die Wirtschaftsabteilung des Gerichtshofs. Obwohl es nicht öffentlich zugänglich ist (bis auf ein kleines Museum, das für Besucher aber nicht von großem Interesse ist), zählt es zu den meistfotografierten Attraktionen der Stadt.

Das Sultan Abdul Samad Building mit dem großen Uhrenturm

❷ Masjid Jamek

Nahe Jalan Tun Perak. **Stadtplan** 4 E2. Ⓛ Masjid Jamek. 🚌 B111. ◯ tägl. 8.30–12.30, 14.30–16.30 Uhr. ● Fr 11–14.30 Uhr. ♿

Dort, wo die Flüsse Klang und Gombak zusammenfließen und Kuala Lumpur gegründet wurde, steht die älteste Moschee der Stadt. Die wunderschöne Masjid Jamek, die Freitagsmoschee, wurde 1909 von A. B. Hubbock gebaut, der mit seinen Entwürfen viele Kolonialstädte im Land nachhaltig prägte. Das Backstein-Marmor-Gebäude mit den drei Zwiebelkuppeln, zwei Minaretten und Säulengängen ist von der Mogul-Architektur inspiriert. Es steht in einem Palmenhain und bietet eine einmalige Aussicht auf den Fluss – eine Insel der Ruhe inmitten der hektischen Stadt. Die Hauptgebetshalle dürfen nur Muslime betreten. Besucher müssen sich dezent kleiden, d. h. Arme und Beine bedecken, Frauen müssen auch ihr Haar unter einem Tuch verbergen. Umhänge bekommt man notfalls am Eingang, wo man auch seine Schuhe stehen lässt.

❸ Royal Selangor Club

Merdeka Square. **Stadtplan** 4 E2.
☎ (03) 2692-7166.
Ⓛ Masjid Jamek. 🚌 B101, B109.
W **rscweb.org.my**

Der 1884 gegründete Royal Selangor Club war das Zentrum der kolonialen Gesellschaft in Kuala Lumpur. Ausländer und Beamte trafen sich hier, um zu entspannen, Billard zu spielen und Kricketspiele auf dem Padang anzusehen. Hier traten auch Theaterensembles und Musicalgruppen auf. Der Club ist heute Teil des Merdeka Square *(siehe S. 66f)*. 1970 brannte er völlig aus. Das heutige schwarz-weiße Gebäude ist ein originalgetreuer Nachbau von 1980.

Bis heute ist der »Spotted Dog« (gepunkteter Hund) genannte Club Treffpunkt der oberen Zehntausend der Stadt und nur Mitgliedern zugänglich. Um den Spitznamen ranken sich diverse kuriose Geschichten.

Hotels und Restaurants in Kuala Lumpur *siehe Seiten 278 und 290–292*

Die imposante Fassade des National Music Museum

❹ National Music Museum

29 Jalan Raja. **Stadtplan** 4 E2.
Masjid Jamek. B101, B109.
Di–Sa 10–16 Uhr.

In dem großen Gebäude am südlichen Ende des Merdeka Square, das 1891 für die erste Bank der Stadt gebaut wurde, befand sich viele Jahre das National History Museum, dessen Sammlung nun mit der des National Museum *(siehe S. 72)* zusammengelegt wurde.

Seit 2015 zeigt das National Music Museum hier seine Exponate, darunter traditionelle Instrumente, etwa riesige *Rebana*-Trommeln, *kompangs*, die Tamburinen ähneln, und flötenähnliche *sape*, die die Orang Ulu spielen.

❺ Kuala Lumpur City Gallery

27 Jalan Raja. **Stadtplan** 4 E2.
(03) 2698-3333. Masjid Jamek. B101, B109.
tägl. 9–18.30 Uhr.
klcitygallery.com.my

Neben dem Music Museum steht ein weiteres schönes Gebäude. Früher waren hier das Government Printing Office und dann die National Library untergebracht, heute wird eine Ausstellung zur Geschichte Kuala Lumpurs gezeigt. Das Highlight ist ein großes Modell der Stadt, das auch die neuen Hochhaustürme zeigt, die noch im Bau sind, in Zukunft aber die Skyline bestimmen werden. An dem Gebäude ist eine Haltestelle der Touristen-Tram, die Sehenswürdigkeiten anfährt. Man kann auch mit Pferdekutschen rund um den Platz fahren.

❻ Central Market

Jalan Hang Kasturi. **Stadtplan** 4 E2.
1300-22-8688. Pasar Seni.
B101, B110, B112.
tägl. 10–22 Uhr.
centralmarket.com.my

Der in einem Art-déco-Bau aus den 1930er Jahren untergebrachte Markt war früher der wichtigste Frischwarenmarkt der Stadt. Man bewahrte ihn vor dem Abriss und baute ihn zu einem modernen Einkaufszentrum um.

Der auch als Cultural Bazaar bekannte Bau beherbergt Kunsthandwerksläden, die Schnitzereien, Batiken, Keramik, Gemälde und Drachen verkaufen. Die Preise sind hoch. Man muss handeln, um vernünftige Angebote zu bekommen.

Die Stände im Obergeschoss bieten Speisen aus den verschiedenen Teilen Malaysias. Auf beiden Etagen findet man auch einige Restaurants. Der Central Market veranstaltet regelmäßig diverse kostenlose Kulturprogramme.

❼ Sze Ya Temple

Lebuh Pudu. **Stadtplan** 4 F3.
(03) 2078-9052. Pasar Seni.
B110, B111. tägl. 7–17 Uhr.

Mitten in einer kleinen Gasse nahe Lebuh Pudu steht der kleine Tempel in einem ungewöhnlichen Winkel zur Straße. Angeblich ist die merkwürdige Anordnung den Prinzipien des Feng Shui geschuldet. Der älteste taoistische Tempel der Stadt wurde 1864 von Yap Ah Loy, dem dritten Kapitan China *(siehe S. 71)*, gegründet, der den Bau auch finanzierte. Links vom Hauptaltar steht eine Statue von Loy, hinter dem Altar sind Bilder der Schutzgötter Si Sze Ya und Sin Sze Ya angebracht. Im Innenraum fallen das aufwendige Schnitzwerk und der intensive Geruch von Räucherwerk auf. Am Eingang wachen zwei grimmig aussehende Löwenfiguren, wie man sie in chinesischen und taoistischen Tempeln oft sieht. Gegen Bezahlung kann man sich die Zukunft voraussagen lassen.

Farbenprächtiger Innenraum des Sze Ya Temple

Tor zur quirligen Jalan Petaling

❽ Chinatown

Stadtplan 4 F3. Pasar Seni. Maharajalela. B102, B110. Chinesisches Neujahr (Jan/Feb).

Kuala Lumpurs relativ kleine, aber quirlige Chinatown grenzt im Westen an die Jalan Hang Kasturi und im Osten an die Jalan Sultan. Die Masjid Jamek und der Chan See Shu Yuen Temple markieren seine nördliche und südliche Grenze. Das Viertel besteht aus einem Labyrinth enger Straßen und Gassen, an denen kleine chinesische Tempel sowie alte Shophouses, Medizinläden und traditionelle *kedai kopi* (Kaffeehäuser) liegen, in denen sich die Einheimischen treffen.

Im Herzen von Chinatown liegt die **Jalan Petaling** mit einem lebhaften Markt und überfüllten Cafés. Zahlreiche moderne Shops und Ladenketten verleihen der Enklave einen zeitgemäßen Touch. In Chinatown findet man die meisten Billigunterkünfte der Stadt. Hier ist aber nicht alles chinesisch: In der Jalan Tun HS Lee steht der wichtigste Hindu-Tempel der Stadt, der **Sri Maha Mariamman Temple**.

❾ Jalan Petaling Market

Jalan Petaling. **Stadtplan** 4 F3. Pasar Seni. B110. 10–23 Uhr.

Der berühmteste Straßenmarkt der Hauptstadt besteht aus zahlreichen, zum Teil überdachten Ständen in der Jalan Petaling. Sie sind auf gefälschte Designerware spezialisiert. Markenklamotten, Uhren, Geldbörsen, Handtaschen und diverse raubkopierte CDs und DVDs werden hier ganz offen verkauft. Festgelegte Preise gibt es nicht. Die zunächst genannten Preise sind unverschämt hoch – vom Kunden wird erwartet, dass er handelt. Zwischen all den Ständen findet man ein paar Läden, die Trockenfleisch und traditionelle Medizin verkaufen. Am nördlichen Ende liegt ein traditioneller Frischmarkt.

Tagsüber bis 16 oder 17 Uhr ist die Jalan Petaling eine normale Einkaufsstraße. Dann wird sie für den Autoverkehr gesperrt und der *pasar malam*, der Nachtmarkt, aufgebaut. Viele Tagesstände verschwinden, und Imbissstände mit indischen, malaiischen und chinesischen Köstlichkeiten machen auf. Auch Souvenirs gibt es hier. Im dichten Gedränge sowohl des Tages- als auch des Nachtmarkts sollte man auf Diebe achten.

Traditionelles Teehaus auf dem Markt von Jalan Petaling

Farbenfroher *gopuram* des Sri Maha Mariamman Temple

❿ Sri Maha Mariamman Temple

163 Jalan Tun HS Lee. **Stadtplan** 4 F3. (03) 2078-3467. Pasar Seni. B110. tägl. 6–21 Uhr. Thaipusam (Jan/Feb).

Der 1873 als Privatschrein einer Tamilenfamilie aus Südindien gebaute Sri Maha Mariamman Temple wurde an dieser Stelle 1885 wiederaufgebaut. Heute ist er Kuala Lumpurs wichtigster Hindu-Tempel. Angeblich ähnelt der Bau einer liegenden Figur, deren Kopf gen Westen gerichtet ist, während die Füße nach Osten zeigen. Die »Füße« bestehen aus einem fünfstöckigen *gopuram* (Torturm), der mit Statuen von Hindu-Göttern verziert ist. Gold, Edelsteine sowie spanische und italienische Fliesen kamen bei Renovierungen in den 1960er Jahren hinzu.

Der Tempel besitzt mehrere Altäre, auf denen Hindu-Götter dargestellt sind. Außerdem steht hier die Silberkutsche, die alljährlich bei einer Prozession während des faszinierenden Thaipusam-Fests *(siehe S. 35)* zum Einsatz kommt. Während der Feierlichkeiten wird die Kutsche aus dem Kellergewölbe geholt. Bis zu einer Million Gläubige kommen dann hier zusammen, um sich zum Hindu-Schrein bei den Batu Caves *(siehe S. 96)* zu begeben. Man darf den Tempel nicht mit Schuhen betreten.

Hotels und Restaurants in Kuala Lumpur *siehe Seiten 278 und 290–292*

⓫ Chan See Shu Yuen Temple

172 Jalan Petaling. **Stadtplan** 4 F4. (03) 2078-1461. Pasar Seni. Maharajalela. B110. tägl. 8–17 Uhr.

Der zwischen 1897 und 1906 erbaute Chan See Shu Yuen Temple ist eines der schönsten Beispiele südchinesischer Architektur in Malaysia. Er besitzt ein verziertes Keramikziegeldach, wellenförmige Giebel sowie herrlich gestaltete, grünblau glasierte Keramikfriese an der Fassade. Sie zeigen mythologische Szenen. Die Ecken des Tempels zieren filigrane blaue Tonvasen. Seitlich des Haupteingangs gibt es jeweils einen Schrein für die weiblichen und männlichen Wächter des Tors. Dort brennen ihnen zu Ehren Räucherstäbchen.

Der Tempel ist eine Art Clan-Vereinigung, die Familien mit dem Namen Chan, Chen oder Tan repräsentiert. Er ist den Ahnen dieser Familien gewidmet. Am Hauptaltar des Tempels befinden sich Bilder der Clan-Gründer: Chan Siow Ling, Chan Xin Xi und Chan Zai Tian. Oberhalb des Altars hängen links und rechts zahlreiche Schwarz-Weiß-Fotografien von verstorbenen Clan-Mitgliedern. Vergoldete Holztafeln umrahmen den Hauptschrein und zeigen Krieger, die Löwen und diverse mythische Tiere bekämpfen.

Fries an der Fassade des Chan See Shu Yuen Temple

⓬ Kuala Lumpur Railway Station

Jalan Sultan Hishamuddin. **Stadtplan** 4 E4. B109.

Eines der schönsten Beispiele der kolonialen Architektur in Malaysia ist die prächtige Kuala Lumpur Railway Station. Der majestätische Bahnhof hat maurische Bogen, Balustraden, Minarette und Kuppeln. 1911 wurde er vom britischen Architekten A. B. Hubbock gebaut, der auch die Masjid Jamek *(siehe S. 68)* errichtete. Das Gebäude erfüllte alle damals in England üblichen Anforderungen an Bahnhöfe. So besitzt es ein Eisendach, das eine ein Meter dicke Schneeschicht tragen könnte. Der Bau ersetzte ein *attap*, eine strohgedeckte Hütte, die bei der Inbetriebnahme der ersten Bahnlinie 1886 als Bahnhof diente.

90 Jahre lang war dies der Hauptbahnhof der Stadt. 2001 wurde er von der südlich gelegenen KL Sentral Station abgelöst. Seither passieren nur noch KTM Komuter-Züge den historischen Bahnhof.

Gegenüber dem Bahnhof liegt das Hotel Majestic *(siehe S. 278)*. In den 1930er Jahren erbaut, entwickelte es sich rasch zur glamourösesten Unterkunft der Stadt. Später verwahrloste das Gebäude, bis es 2010 wiedereröffnet wurde. Im prächtigen Orchid Room kann man nachmittags Tee trinken oder am Abend im Club Smoke House einen Cocktail genießen.

Kapitan China

Das Amt des Kapitan China, des Oberhaupts der chinesischen Gemeinde von Kuala Lumpur, wurde 1858 von Rajah Abdullah, dem hinduistischen Herrscher von Selangor, eingeführt. Der Kapitan sollte unter den Gruppen chinesischer Immigranten und deren Geheimgesellschaften Ordnung herstellen. 1869 wurde der ehrgeizige Südchinese Yap Ah Loy der dritte Kapitan China. Kurz darauf kam es zum Kampf zwischen Chinesen und Malaien. Ein glorreicher Sieg der Chinesen unter Yap Ah Loy 1873 in Kuala Lumpur und die Ankunft des ersten British Resident 1874 *(siehe S. 47)* beendeten den Krieg. Bis zu seinem Tod 1885 blieb Yap Ah Loy im Amt. Er gilt als Gründervater des modernen Kuala Lumpur, der es zur wirtschaftlichen Triebfeder des Landes machte.

Yap Ah Loy

Maurisch-viktorianischer Bahnhof: Kuala Lumpur Railway Station

Das 18-zackige Dach der Masjid Negara, der Nationalmoschee

⓭ Masjid Negara

Jalan Perdana. **Stadtplan** 4 D3. (03) 2693-7784. KL Railway Station. Pasar Seni. B109. tägl. 9–12, 15–16, 17.30–18.30 Uhr (Fr nur nachmittags).

Die 1965 erbaute Masjid Negara ist Malaysias nationale Moschee. Sie steht in weitläufigen Grünanlagen mit Becken und Springbrunnen. Das riesige moderne Gebäude fasst etwa 15 000 Gläubige. Zur Hauptgebetshalle haben nur Muslime Zutritt.

Die Halle liegt unter einer charakteristischen Kuppel in Form eines 18-zackigen Sterns. Er symbolisiert die 13 Bundesstaaten Malaysias und die fünf Säulen des Islam. Die Moschee wird von einem schmalen, 73 Meter hohen Minarett überragt. Besucher sind willkommen, müssen aber die Kleiderordnung einhalten und ihre Schuhe ausziehen. Frauen müssen ihr Haar bedecken.

⓮ Islamic Arts Museum

Siehe S. 74f.

⓯ National Museum

Jalan Damansara. **Stadtplan** 3 C4. (03) 2282-6255. KL Sentral, dann kurzer Fußweg. KL Sentral, dann kurzer Fußweg. B109. tägl. 9–18 Uhr. **muziumnegara.gov.my**
KLTA Tourist Information Centre (03) 2287-1830.

Das Nationalmuseum (Muzium Negara) steht an der Stelle des im Zweiten Weltkrieg durch Bomben zerstörten Selangor Museum. Es ist einem traditionellen malaiischen Palast nachempfunden. Seine Fassade zieren Wandgemälde mit Szenen aus der Landesgeschichte. Vier thematisch gegliederte Räume bieten eine Einführung in die Ethnografie und die Naturkunde Malaysias. Galerie A im ersten Stock behandelt die Frühgeschichte, Galerie B die malaiischen Königreiche und die Handelsrouten. Galerie C beleuchtet die Kolonialzeit und zeigt einige Fotografien und Dioramen. In der Galerie D erhält man Einblick in den Kampf des Landes um Unabhängigkeit und in die jüngere Geschichte.

Im Bereich außerhalb des Hauses findet man eine Sammlung historischer Fahrzeuge, darunter Rikschas, Autos und Dampflokomotiven. Ein **Tourist Information Centre** liegt ebenfalls auf dem Gelände.

Chinesische Keramikvase im National Museum

⓰ Perdana Botanical Gardens

Jalan Perdana. **Stadtplan** 3 B3. KL Railway Station, dann kurzer Fußweg. KL Sentral, dann kurzer Fußweg. B115. tägl. 7–20 Uhr. **klbotanicalgarden.gov.my**
KL Bird Park (03) 2272-1010. tägl. 9–18 Uhr. **Vogelfütterung und Vorführung** siehe Website. **klbirdpark.com**
Butterfly Park (03) 2693-4799. tägl. 9–18 Uhr.
National Planetarium (03) 2273-4303. Di–So 9–18 Uhr. **angkasa.gov.my**

Am Westrand des Stadtzentrums liegen die Perdana Botanical Gardens (Taman Tasik Perdana). Diese herrliche Grünanlage wurde im 19. Jahrhundert als Wohngebiet für die herrschende britische Elite konzipiert. Heute sind die Perdana Botanical Gardens der größte und beliebteste Park der Stadt. In der Mitte liegt ein See mit Bootsverleih. Unzählige Fußwege durchziehen das Gelände.

Der Park verfügt über eine Reihe von Attraktionen. Ein Highlight ist der **KL Bird Park** (Vogelpark). Er gilt als größtes Freifluggehege der Welt und beherbergt etwa 3000 Tropenvögel wie Flamingos, Hornvö-

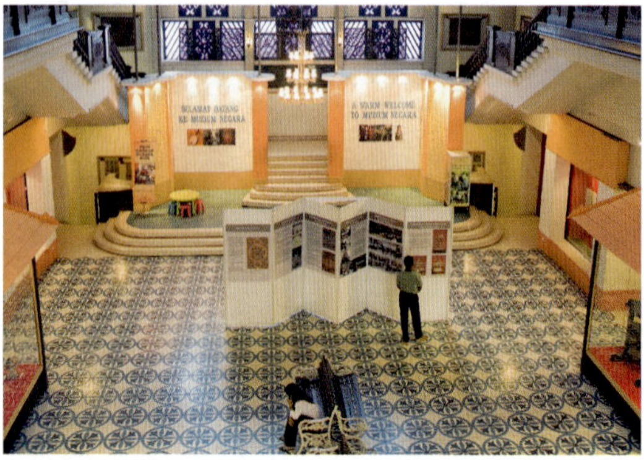

Ausstellungsraum im Muzium Negara, dem Nationalmuseum

gel und Papageien. Außerdem gibt es einen **Butterfly Park** mit mehr als 6000 Schmetterlingen 120 unterschiedlicher Arten. In der Nähe liegt der **Orchid Garden** mit über 800 malaiischen Orchideen, die an Wochenenden verkauft werden. Am Südende steht das **National Planetarium**, das Vorführungen und IMAX-Filme zeigt. Das 15 Meter hohe **National Monument** aus Bronze dominiert das Nordende. Es erinnert an die Niederschlagung der kommunistischen Aufstände und wurde 1966 von Felix de Weldon geschaffen, der auch für das Iwo-Jima-Denkmal in Washington, DC verantwortlich zeichnete. Einige schöne Kolonialbauten wie die **Carcosa Seri Negara** markieren die Westgrenze. Kleinere Museen im Park widmen sich staatlichen Einrichtungen, dem Bankwesen und ehemaligen politischen Führern. An der Jalan Cenderasari liegt ein beliebter Food-Court.

⑰ Carcosa Seri Negara

Perdana Botanical Gardens. **Stadtplan** 3 B3. (03) 2295-0888. KL Railway Station, dann Taxi. KL Sentral, dann Taxi. **shr.my**

Die beiden herrlichen Kolonialvillen liegen am Rand der Perdana Botanical Gardens in ei-

Treppenhaus des Luxushotels Carcosa Seri Negara

genen Parks. Sie wurden zwischen 1896 und 1904 erbaut. Die ältere, Carcosa, hieß früher »The House on the Hill« (»Das Haus auf dem Hügel«). Es wurde für Sir Frank Swettenham, den ersten Resident-General der Föderierten Malaiischen Staaten *(siehe S. 47)*, gebaut und diente auch den nachfolgenden Gouverneuren als Wohnsitz. Der andere Bau, Seri Negara, hieß früher King's House und war der Wohnsitz des Gouverneurs der Straits Settlements. Nach der Unabhängigkeit war Carcosa bis 1987 die Residenz des britischen Hochkommissars. Seri Negara wurde zum Gästehaus für Staatsgäste. Heute bilden beide Gebäude ein Boutique-Hotel. Dazu gehören zwei hervorragende Restaurants: Gulai House und Drawing Room.

⑱ Thean Hou Temple

62 Persiaran Indah, nahe Jalan Syed Putra. (03) 2274-7088. von KL Sentral. 8–22 Uhr, während des chinesischen Neujahrsfests 6–24 Uhr. Chinesisches Neujahr (Jan/Feb).

Südwestlich des Stadtzentrums thront auf einem Hügel der beeindruckende, dreistöckige Thean Hou Temple. Er stammt aus den 1980er Jahren und ist einer der größten chinesischen Tempel in Malaysia. Gewidmet ist er Thean Hou oder Ma Zu, der himmlischen Mutter, Schutzgöttin der Seeleute und Fischer. Ein Bild der Göttin befindet sich in der Haupthalle. Statuen der Küstengöttin Sui Wei und der Gnadengöttin Kuan Yin flankieren es. Außerdem sind dort Statuen des Lachenden Buddha und andere buddhistische und taoistische Darstellungen zu finden.

Eine Reihe von kleinen traditionellen chinesischen Dächern mit goldenen Drachen, einem Phönix und roten Papierlaternen schmückt den Tempel. Im Erdgeschoss des dreistöckigen Baus sind Imbissstände und Läden untergebracht, der Hauptschrein liegt im dritten Stock. Die Halle im ersten Stock dient für Hochzeiten und andere festliche Veranstaltungen. Draußen stehen zwölf Statuen in Form der zwölf chinesischen Tierkreiszeichen.

Der extravagante Thean Hou Temple mit seinen zahlreichen verzierten Dächern

⓮ Islamic Arts Museum

Am östlichen Ende der Perdana Botanical Gardens *(siehe S. 72f)* liegt das Islamic Arts Museum. Das 1998 eröffnete Museum besitzt eine faszinierende Sammlung – die größte in Südostasien – mit mehr als 7000 Artefakten aus der muslimischen Welt. Der Museumsbau ist eine beeindruckende moderne Konstruktion mit türkisfarbenen Kuppeln und persischen Fliesensäulen am Eingang. Die Innenräume überspannen fünf Kuppeln, die usbekische Kunsthandwerker gestaltet haben. Ausstellungsschwerpunkte sind asiatische Kunst sowie Kunst aus Persien und Nahost.

Die herrliche Kuppel des Inverted Dome Pavilion

Architecture Gallery
Hier sind Modelle von Moscheen, wie Jerusalems Felsendom, dem Taj Mahal und der Al-Haram-Moschee, zu sehen.

Das hochmoderne Auditorium wird für Seminare und Vorträge genutzt und bietet Platz für bis zu 250 Gäste.

Der Inverted Dome Pavilion, ein heller, luftiger Ausstellungsraum mit einer weiß-goldenen Kuppel, ist mit Koransuren verziert.

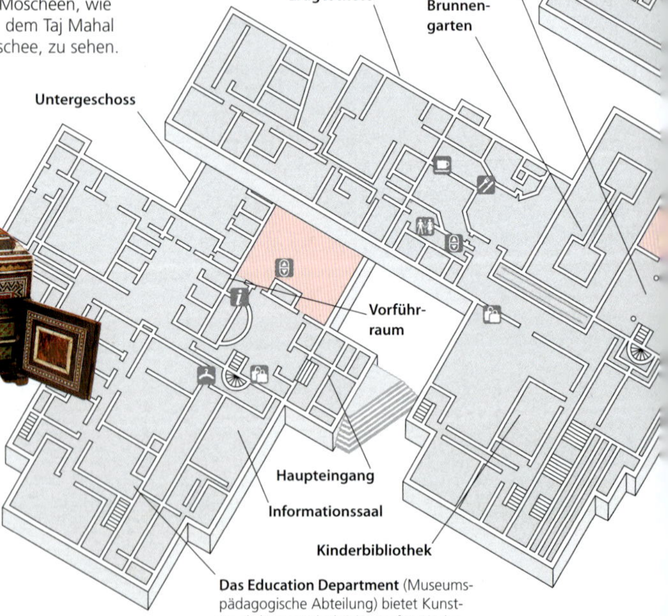

Living with Wood
Die Ausstellung auf Ebene 2 zeigt prächtige Holzobjekte, die teilweise mit Elfenbein und Perlmutt verziert sind.

Das Education Department (Museumspädagogische Abteilung) bietet Kunst-Workshops und Aktivitäten für Kinder.

Kurzführer

Die Ausstellung beginnt auf Ebene 1 mit der Architecture Gallery und ihren detailgetreuen Moschee-Modellen. Daneben liegen die Manuscript Gallery, das nachgebaute Osmanische Zimmer sowie Ausstellungsräume zu China, Indien und Malaysia. Auf Ebene 2 befinden sich Schmuck, Waffen und Rüstungen, Münzen und Siegel, Metallarbeiten, Holzkunst, Keramik und Textilien. In Erd- und Untergeschoss finden Wechselausstellungen statt. Außerdem gibt es Forschungs- und Bildungsangebote.

Qur'an & Manuscript Gallery
Die Ausstellung zeigt handgeschriebene Korane, Sultansdekrete, Miniaturmalereien und Schriften zu Botanik und Astronomie.

Infobox

Information
Jalan Lembah Perdana. **Stadtplan** 4 D3. (03) 2274-2020.
tägl. 10–18 Uhr.
iamm.org.my

Anfahrt
Kuala Lumpur Railway Station.

Die Coins & Seals Gallery zeigt islamische Münzen und Siegel mit osmanischer und Mogul-Kalligrafie.

★ Iznik-Fliesen
Mit stilisierten Bäumen, Früchten und Blättern verzierte Fliesen in leuchtenden Farben wurden vom 15. bis 17. Jahrhundert im türkischen Iznik hergestellt.

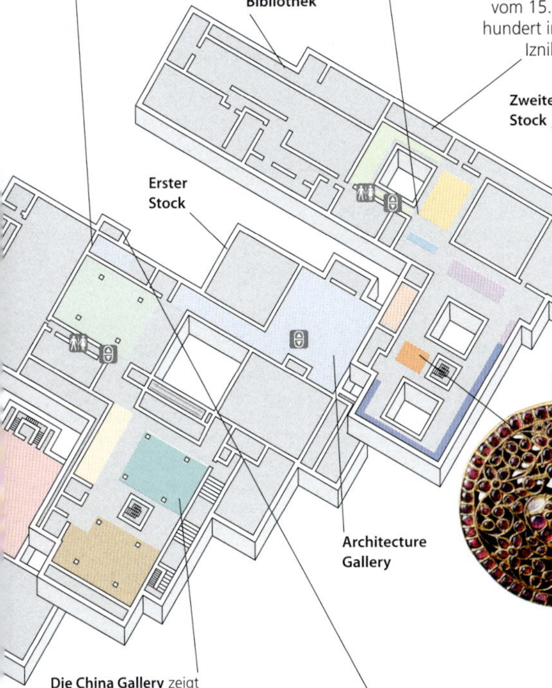

★ Jewelry Gallery
Sie zeigt Schmuck aus ganz Asien, u. a. goldene Fußringe aus Persien und eine aus dem Mogul-Reich stammende Gold-Rubin-Kette.

Die China Gallery zeigt chinesische Schriften, einen Koran und Blau-Weiß-Porzellan mit arabischer Schrift.

★ Osmanisches Zimmer
Dieser Raum stammt aus einem vornehmen Haus, das 1820 in Syrien gebaut wurde. Das originalgetreu rekonstruierte Prachtzimmer ist mit aufwendig bemalten Holzvertäfelungen ausgestattet.

Legende
- Jewelry Gallery (Schmuck)
- Arms & Armour Gallery (Waffen)
- Textile Gallery (Textilien)
- Living with Wood (Holz)
- Coins & Seals (Münzen, Siegel)
- Metalwork Gallery (Metall)
- Ceramics Gallery (Keramik)
- Architecture Gallery
- Qur'an & Manuscript Gallery
- India Gallery
- China Gallery
- Malay World Gallery
- Wechselausstellungen
- Keine Ausstellungsfläche

⑲ Jalan Alor

Jalan Alor. **Stadtplan** 5 C2.
Bukit Bintang.

Der Nachtmarkt an der Jalan Alor in der Nähe des neonblinkenden Nachtlebens von Bukit Bintang ist sehr beliebt bei Feinschmeckern. An Ständen werden Köstlichkeiten wie *char siew* (gegrilltes Schweinefleisch) und Teller mit in Chiliöl frittiertem Tintenfisch serviert. Besuchen Sie unbedingt die Stände Jalan Alor Nasi Lemak, an der Kreuzung mit der Changkat Bukit Bintang mit der Spezialität *beef rendang*, und Wong ah Wah Chicken am Ende der Straße.

⑳ Masjid India

Jalan Masjid India. **Stadtplan** 4 F1.
Masjid Jamek. B109.

Die 1863 als einfache Holzkonstruktion errichtete Masjid India wurde mehrmals umgebaut und erweitert. Der heutige Bau stammt von 1966 und ist im südindischen Stil gehalten. Er trägt zwiebelförmige Kuppeln und hat Bogenfenster. Die dreigeschossige Moschee ist das wichtigste Gebetshaus der indischen Muslime von Kuala Lumpur. Sie besitzt getrennte Bereiche für Männer und Frauen und fasst bis zu 3500 Gläubige.

㉑ Little India

Jalan Masjid India und Umgebung. **Stadtplan** 1 B5. Masjid Jamek, Bandaraya. B101 bis Jalan Tuanku Abdul Rahman.
Deepavali (Okt).

Kuala Lumpurs Little India ist zwar winzig im Vergleich zu den indischen Enklaven von Singapur oder George Town in Penang, doch nicht minder lebhaft, bunt und durchdrungen von Geschichte und Kultur der indischen Minderheit.

Die Hauptstraße des Viertels, Jalan Masjid India, ist nach der Masjid India benannt und wird von Läden und Ständen gesäumt. Sie sind vollgestopft mit indischen Artikeln wie

Leuchtend bunte Stoffe und Kleider auf einem Markt in Little India

Saris, Seidenstoffen, Schmuck, Blumen und Gewürzen. Straßenhändler verkaufen traditionelle indische Snacks wie *pakoras* und *samosas*.

Die Jalan Masjid India mündet in die Jalan Bunus, die das nördliche Ende von Little India darstellt. Sie führt zur Lorong Tuanku Abdul Rahman, einer Gasse, in der samstags einer der beliebten *pasar malams* (Nachtmärkte) stattfindet. Geboten ist ein buntes Sortiment indischer Waren, u. a. Haushaltswaren und Messinggegenstände. Zudem gibt es keinen Ort in der Stadt, an dem man so authentische indische Imbisse findet. Tagsüber sieht man hier Handwerker, etwa Girlandenflechter, an der Straße sitzen und arbeiten.

㉒ Jalan Tuanku Abdul Rahman

Stadtplan 1 B3. Bandaraya.
B101, B109. **Coliseum Cinema**
96 Jalan Tuanku Abdul Rahman.
(03) 2692-5995.

Die kurz Jalan TAR genannte Jalan Tuanku Abdul Rahman wurde nach dem ersten König des unabhängigen Malaysia benannt. Sie ist eine der verkehrsreichsten Straßen Kuala Lumpurs. Sie verläuft nördlich des Merdeka Square nach Little India und ist eine der beliebtesten Einkaufsstraßen. Bekannt sind vor allem ihre Seidenläden wie der Globe Silk Store *(siehe S. 306)* sowie die kleinen Teppichläden, die am südlichen Ende dicht an dicht liegen. Auch das japanische Kaufhaus Sogo befindet sich in dieser Straße.

Trotz vieler moderner Bauprojekte ist die historische Bausubstanz der Jalan TAR weitgehend erhalten. Oberhalb der grellen Ladenschilder kann man noch schöne alte Fassaden aus dem 19. und frühen 20. Jahrhundert erkennen.

Am interessantesten und bedeutendsten ist das **Coliseum Cinema**. Abgesehen von einer kurzen Unterbrechung während des Zweiten Weltkriegs, ist das Kino seit 1921 in Betrieb und damit Kuala Lumpurs ältestes Lichtspielhaus. Heute laufen hier vorwiegend Hindi- und tamilische Filme. Das Gebäude steht zur Besichtigung

Fassade des Coliseum Cinema aus der Kolonialzeit

offen. Neben dem Kino befindet sich das **Coliseum Café** – einst ein beliebter Treffpunkt kolonialer Plantagen- und Minenbesitzer. Auch der englische Schriftsteller William Somerset Maugham war hier Stammgast. Das Coliseum Café bietet günstige Mahlzeiten im authentischen Ambiente des frühen 20. Jahrhunderts.

Straßenhändler auf dem weitläufigen Chow Kit Market

㉓ Chow Kit Market

Jalan Haji Hussein. **Stadtplan** 1 B3. Chow Kit. B111. tägl. 10–2 Uhr.

In den engen Gassen und Straßen östlich der Jalan Tuanku Abdul Rahman liegt der Chow Kit Market, einer der größten und beliebtesten Straßenmärkte. Er besteht aus mehreren Bereichen und ist vor allem für seine frischen Produkte bekannt. Hier bekommt man alles, von exotischen Früchten und Gemüse bis hin zu lebenden Meeresfrüchten, getrockneten Sardellen und Fleisch. Die Standbetreiber preisen ihre Waren lautstark an, während Träger emsig mit Körben und Karren voller Waren zwischen den Ständen manövrieren. Die Gerüche sind zuweilen buchstäblich atemberaubend, auch die schmalen Holzstege sind nicht jedermanns Sache. Gleichwohl bietet der Markt faszinierende Einblicke in das Alltagsleben von Kuala Lumpur, das man sonst so nicht zu sehen bekommt. Es gibt zahlreiche Stände mit Schuhen, Uhren und allerlei Gebrauchsgegenständen.

Der größte Teil des Chow Kit Market, insbesondere der Frischmarkt, schließt vor 18 Uhr. Zeitgleich übernimmt der Nachtmarkt mit Imbissständen, die diverse malaiische Snacks, aber auch billige gehaltvolle Mahlzeiten anbieten. Zudem gibt es hier authentisch zubereitetes indisches und chinesisches Essen. Einige der Stände sind auch tagsüber geöffnet. Es herrscht immer Hochbetrieb – oft bis in die Morgenstunden. Vorsicht vor Taschendieben!

㉔ National Art Gallery

Jalan Temerloh. **Stadtplan** 2 D1. (03) 4026-7000. Titiwangsa oder KLCC, dann Taxi. B104. tägl. 10–18 Uhr. Di–So 11, 14.30, Fr 10.30, 15 Uhr. **artgallery.gov.my**
National Theatre (03) 4026-5000. **Kartenvorverkauf** Mo–Fr 10–18 Uhr. **istanabudaya.gov.my**

Neben der größten Sammlung zeitgenössischer malaysischer Kunst zeigt die National Art Gallery Wechselausstellungen asiatischer und internationaler Kunst. Seit ihrer Gründung im Jahr 1958 wurden mehr als 4300 Arbeiten erworben.

Die Dauerausstellung im ersten Stock zeigt eine Auswahl von Werken verschiedener Genres und Perioden. Zu den Highlights gehören Tan Wei Khengs *Penan Hunter* (2008), Fadilah Karims *Beautiful Tangle* (2013), Shia Yih Yiings *Homage Couture* (2013) sowie Haslin Ismails *Book Land* (2013), eine Installation, die die Kraft der Vorstellung, die sich aus dem Lesen ergibt, darstellt.

In der zeitgenössischen Abteilung ist moderne asiatische Kunst, darunter auch Fotos, Skulpturen und Installationen, zu sehen.

Daneben zeigt das in Form eines malaiischen Drachen *(wau bulan)* gebaute **National Theatre** Kulturveranstaltungen, nationale und internationale Theateraufführungen sowie eine Ausstellung mit Theaterkostümen.

Zeitgenössische Kunst in der National Art Gallery

㉕ Titiwangsa Lake Gardens

Jalan Temerloh. Titiwangsa. Titiwangsa. B120.

Die gepflegten Parkanlagen am Nordrand der Stadt bieten sich als Zuflucht vom Trubel Kuala Lumpurs und als wunderbares Naherholungsgebiet an. Die üppigen Gärten sind um einen riesigen künstlichen See angelegt und bieten neben dem reizvollen Anblick die perfekte Umgebung zum Joggen, Entspannen und Bootfahren. Es gibt einen Kräutergarten, einen Lotosteich und einen Kinderspielplatz. Man kann auch mit einem gemieteten Fahrrad den Park erkunden.

Die Petronas Towers gehören zu den höchsten Gebäuden der Welt

㉖ Kampung Baru und Pasar Minggu Market

Jalan Raja Muda Musa. **Stadtplan** 2 D4. Kampung Baru. B102 und B103 bis Jalan Raja Muda Abdul Aziz.

Das 1899 gegründete Dorf Kampung Baru ist das älteste malaiische Wohngebiet in Kuala Lumpur. Die kleine Siedlung liegt nördlich des Sungai Klang, etwa zwischen Jalan Raja Muda Musa und Jalan Raja Muda Abdul Aziz. Hier findet man noch traditionelle, zum Teil auf Stelzen gebaute Holzhäuser. Die Jalan Raja Abdullah und die verkehrsreiche Gegend um Chow Kit stellen die westliche Grenze dar. Die altmodischen Häuser im Kampung-Stil und die aus den 1920er Jahren stammende Masjid Jamek in der Jalan Raja Abdullah sind einen Besuch wert. Das Highlight von Kampung Baru ist jedoch der altmodische, erstaunlich gemächliche Lebensstil, der in Kuala Lumpur selbst aufgrund der Stadtentwicklung allmählich verschwindet.

Speisenzubereitung an einem Stand

Samstagabends findet der Pasar Minggu (Sonntagsmarkt) statt. Entlang der Jalan Raja Muda Musa und der Jalan Raja Alang werden samstags ab 18 Uhr Stände aufgebaut, die bis 1 Uhr morgens und länger geöffnet bleiben. Sie bieten Kleidung, Kunsthandwerk, Schmuck und Textilien, darunter preiswerte Batik- und *Songket*-Stoffe aus der Gegend. Ein reiches Angebot kleiner Gerichte und zahlreiche Imbissstände mit verführerischen malaiischen Snacks gibt es ebenso. In einigen einfachen Cafés können Besucher aber auch größere Mahlzeiten zu sich nehmen.

Sternfrucht, Pasar Minggu

㉗ Petronas Towers

Jalan Ampang. **Stadtplan** 2 E4. (03) 2331-8080. KLCC. B103, B109. **Skybridge** Di–So 9–21 Uhr. Mo; Fr 13–14.30 Uhr.
petronastwintowers.com.my

Die 452 Meter hohen, von Cesar Pelli entworfenen Petronas Towers mit ihren 88 Stockwerken sind ein international bekanntes Wahrzeichen Malaysias. Sie wurden 1998 als Sitz der staatlichen Petroleum- und Ölgesellschaft Petronas eröffnet und galten bis 2004 als höchstes Gebäude der Welt. Die Außenseite besteht aus Hitze reflektierendem Edelstahl und laminiertem Glas. Mit ihren Spitzen erinnern sie an Minarette. Der Grundriss in Form eines achtzackigen Sterns bezieht sich auf die islamischen Prinzipien der Einheit und Harmonie. Von der Skybridge (41. Stock, in 175 Meter Höhe) hat man einen fantastischen Blick. Für die Aussichtsplattformen braucht man ein Ticket (Anzahl begrenzt, aber auch online buchbar).

Hotels und Restaurants in Kuala Lumpur *siehe Seiten 278 und 290–292*

㉘ Suria KLCC und KLCC Park

Jalan Ampang. **Stadtplan** 2 F5. (03) 2382-3326. KLCC. B103, B105. tägl. 10–22 Uhr. Gratisverleih im Suria KLCC. **suriaklcc.com.my** **KLCC Park** 7–22 Uhr. **Galeri Petronas** (03) 2051-7770. Di–So. **galeripetronas.com.my** **Petrosains** (03) 2331-8181. Di–Fr 9.30–17.30, Sa, So 9.30–18.30 Uhr. **petrosains.com.my**

Eine der meistfrequentierten und wohl extravagantesten Shoppingmalls der Stadt, das Suria KLCC, nimmt sechs Etagen am Fuß der Petronas Towers ein. Der Besucher findet hier zahlreiche Filialen von Ladenketten, Restaurants, Kaffeebars, Kinos, Banken, Geldautomaten und ein Postamt. Auch internationale Kaufhausketten sind mit Filialen vertreten, darunter Isetan und Parkson, hinzu kommen diverse Einzelhändler und die bekannten Fast-Food-Ketten.

Im dritten Stock liegt die **Galeri Petronas** mit traditioneller und zeitgenössischer Kunst aus Asien und dem Rest der Welt.

Petrosains im vierten Stock ist ein exzellentes interaktives Wissenschaftszentrum. Hier können junge Besucher anhand einer künstlichen Bohrinsel etwas über Erdölgewinnung und deren Technologie lernen, den Hubschrauber-Flugsimulator ausprobieren und im Geozeit-Diorama Einblicke in die Prähistorie gewinnen. Zu den Highlights gehören darüber hinaus ein Nachbau des Mars-Rovers und ein singender Dinosaurier.

Prachtvolles Interieur des Einkaufsparadieses Suria KLCC

Der grüne KLCC Park vor dem Komplex bietet Erholung vom Stadtverkehr. Man findet dort Bänke und Rastplätze, ein Planschbecken und einen Spielplatz. Mehr als 1900 einheimische Bäume, die großteils mit erklärenden Tafeln versehen sind, stehen um einen See mit Wasserspielen. Der Park lädt vor allem abends zu einem Spaziergang in kühler Luft ein.

㉙ Aquaria KLCC

Jalan Pinang. **Stadtplan** 2 F5. (03) 2333-1888. KLCC. B105, B106. tägl. 10.30–20 Uhr. **aquariaklcc.com**

Nicht weit von den Petronas Towers entfernt beansprucht das fantastische Aquaria KLCC zwei Etagen im Kuala Lumpur Convention Centre. Das riesige, hochmoderne Aquarium beherbergt über 5000 Lebewesen, darunter etwa 150 verschiedene Fischarten aus aller Welt.

Das Konzept zeichnet den natürlichen Weg des Wassers vom Land ins Meer nach. Mehrere Ökosysteme sind im Aquarium nachgebaut. Die Reise beginnt im Hochland, gefolgt von einem überfluteten Wald mit Riesenwelsen zwischen den Wurzeln. Zudem gibt es Mangroven, Korallenriffe und den Ozean. Ein Highlight ist der 90 Meter lange gläserne Unterwassertunnel mit Laufband, von dem aus man die Habitate, ein Schiffswrack, Stachelrochen, Aale und die seltenen Sandtigerhaie betrachten kann.

Ein Anfassbecken gibt Kindern die Möglichkeit, Meerestiere direkt zu berühren. Besucher mit einem Tauchschein dürfen sogar mit den Haien schwimmen, allerdings muss das Abenteuer rechtzeitig im Voraus gebucht werden.

Besucher bestaunen die Unterwasserwelt eines der riesigen Becken im Aquaria KLCC

Der in einer Kolonialvilla gelegene Malaysian Tourism Information Complex

㉚ Malaysian Tourism Information Complex

109 Jalan Ampang. **Stadtplan** 2 E5. (03) 9235-4848. KLCC. Bukit Nanas. B106. tägl. 8–22 Uhr. **matic.gov.my**

Das größte Informationszentrum von Malaysia Tourism in Kuala Lumpur residiert in einer beeindruckenden Kolonialvilla. Sie wurde 1935 auf dem Gelände eines alten Obstgartens gebaut und war der Wohnsitz von Eu Tong Seng, einem wohlhabenden chinesischen Zinn- und Gummihändler.

Kurz nach dem Hausbau brach der Zweite Weltkrieg aus. Das britische Militär richtete in dem Gebäude eine Kommandozentrale ein. Danach besetzten es die Japaner und machten es zu ihrem Hauptquartier in Malaysia. Nach der Unabhängigkeit zogen mehrere Regierungsbehörden ein, außerdem fanden dort die Krönungszeremonien von vier malaysischen Königen statt.

Heute ist das Fremdenverkehrsamt Malaysias im Hauptgebäude untergebracht, in den Nebengebäuden befinden sich ein Polizeirevier, ein Restaurant sowie ein Konzertsaal, in dem Kulturveranstaltungen stattfinden *(siehe S. 309)*. Am Wochenende werden hier traditionelle Spiele wie Kreiseldrehen vorgeführt. Jeden Tag um 15 Uhr findet eine Tanzdarbietung statt.

㉛ Golden Triangle

Stadtplan 1 C5. Bukit Bintang, Imbi. B107, B108.

Das Areal des Golden Triangle hat in etwa die Form eines Dreiecks. Seine Spitze wird durch die Jalan Ampang im Norden, seine Basis durch die Jalan Imbi im Süden definiert. In diesem Dreieck konzentrieren sich Wirtschafts- und Nachtleben sowie Shopping-Meilen. Inmitten schillernder Hochhäuser findet man die bekanntesten Shoppingmalls Kuala Lumpurs, ebenso zahlreiche Bars, Restaurants, Cafés und Spitzenhotels wie das **Mandarin Oriental** *(siehe S. 278)* gegenüber den Petronas Towers. Im Herzen des Golden Triangle liegt die Jalan Bukit Bintang mit angesagten Bars, Lokalen und der größten Dichte an Einkaufszentren, darunter das Lot 10 und der Pavilion KL. Lokalkolorit steuern die Reflexzonenmasseure und die arabischen Cafés bei, in denen die Einheimischen Wasser- oder Tabakpfeife rauchen. In der Changkat Bukit Bintang liegen schicke Bars und Restaurants. Eine von Malaysias größten Shoppingmalls, Berjaya Times Square, dominiert die Jalan Imbi, Top-Hotels säumen die Jalan Sultan Ismail.

Luxushotel Mandarin Oriental im Golden Triangle

㉜ Menara KL und Bukit Nanas Forest Reserve

2 Jalan Puncak, nahe Jalan P. Ramlee. **Stadtplan** 5 A1. (03) 2020-5444. Bukit Nanas. tägl. 9–22 Uhr. **menarakl.com.my**
Bukit Nanas Forest Reserve tägl. 7–18 Uhr. über Menara KL.

Der als Funk- und Fernsehturm zwischen 1991 und 1996 erbaute Menara KL oder KL Tower ist mit 421 Meter Höhe der sechsthöchste Fernsehturm der Welt. In der Lobby finden sich mehrere Läden. Per Aufzug gelangt man zur Aussichtsebene mit Stadtpanorama. In einer schwindelerregenden Höhe von 276 Metern ist sie ganze 100 Meter höher als die Skybridge der Petronas Towers. Neben einem Drehrestaurant gibt es auch ein Aquarium und ein ganzes Stockwerk voller Spielautomaten. Jedes Jahr findet hier ein Base-Jump-Event statt, das bis zu 100 Teilnehmer anzieht.

Zu Füßen des Turms liegt eines der ältesten Naturreservate Malaysias. Das **Bukit Nanas Forest Reserve** wurde 1906 eröffnet. Es bewahrte einen elf Hektar großen Streifen Regenwald vor der Zerstörung durch den Bau des Turms. Wegen eines 100-jährigen *Jelutong*-Baums musste dessen Bauplan sogar noch modifiziert werden. Der Park ist zwar nicht groß und schon etwas heruntergekommen, umfasst jedoch eine erstaunlich bunte Artenvielfalt, darunter Affen und Eichhörnchen

Aussicht auf Kuala Lumpur von der schwindelerregend hohen Aussichtsplattform des Menara KL

sowie zahlreiche Tropenbäume und viele seltene Kräuter. Denken Sie unbedingt an Mückenspray!

㉝ Badan Warisan

2 Jalan Stonor. **Stadtplan** 6 E1. (03) 2144-9273. Raja Chulan. B108. Mo–Sa 10–17.30 Uhr. Mo–Sa 11, 15 Uhr. teilweise.
badanwarisan.org.my

Badan Warisan wurde 1983 zur Erhaltung von Malaysias architektonischem Erbe gegründet, ist aber keine Regierungsorganisation. Sie veranstaltet oft Kampagnen zur Rettung historischer Gebäude. 1995 renovierte die Initiative einen Kolonialbungalow in der Jalan Stonor und machte daraus ein »Heritage Centre« mit Ausstellungsflächen und einem Informationsraum mit Büchern, Zeichnungen, Dias und Fotos für alle, die mehr über die Arbeit der Organisation erfahren möchten. Highlight der Ausstellung ist **Rumuh Penghulu Abu Seman**, ein traditionelles malaiisches Holzhaus aus den 1920er Jahren. Es wurde in erbärmlichem Zustand aus einem Dorf in Kedah hergebracht, restauriert und als Vorzeigestück moderner Konservierungsmethoden ausgestellt.

㉞ Kompleks Budaya Kraf

63 Jalan Conlay. **Stadtplan** 6 E1. (03) 2162-7459. KLCC. Raja Chulan. B108. tägl.
kraftangan.gov.my

Am östlichen Rand des Golden Triangle bietet der Kompleks Budaya Kraf eine breite Palette traditioneller Kunsthandwerksgegenstände aus den verschiedenen Bundesstaaten West- und Ostmalaysias. In vier separaten Gebäuden sind Läden und Verkaufsstände, ein Museum, Ausstellungsflächen und mehrere Werkstätten untergebracht. Das Museum zeichnet die Geschichte und Entwicklung von alten Handwerkskünsten u. a. mit Dioramen nach. Darauf sind Handwerker zu sehen, die auf traditionelle Weise ihre Waren herstellen.

Tonvase im Budaya Kraf

In den Ausstellungsräumen und Werkstätten führen Handwerker ihre Künste vor. Man kann ihnen beim Weben, Batiken oder Silber- und Kupferschmieden zusehen. Besucher können selbst Hand anlegen und sich in einigen Handwerkskünsten unterrichten lassen. Zugleich kann man hier das Kunsthandwerk auch erwerben. Neben Zinnarbeiten, Silberwaren, Keramik, Schnitzereien, handgewebten Textilien, Batikstoffen und Perlenstickerei gibt es auch Rattan-Fischreusen, Vogelkäfige und Blasrohre.

Traditionelle Handwerkskunst zum Verkauf im Kompleks Budaya Kraf

Die Masjid Sultan Salahuddin Abdul Aziz Shah in Shah Alam

35 FRIM

Kepong, 16 km nordwestl. von Kuala Lumpur. (03) 6279-7575. bis Kepong, dann Taxi. **Park** 5–19.30 Uhr. **Canopy Walk** 9.30–14.30 Uhr außer Mo, Fr. **Museum** 8–16.30 Uhr. für Fahrzeuge, Canopy Walk. teilweise. **frim.gov.my**

Das Forest Research Institute Malaysia (FRIM) wurde 1929 als Forschungs- und Entwicklungszentrum für Tropenwälder gegründet. Es umfasst eine Fläche von fünf Quadratkilometern im Bukit Lagong Forest Reserve. Sein Schwerpunkt ist die nachhaltige Forstwirtschaft. Das Museum erläutert die Arbeit des Zentrums. Es gibt mehrere Baumschulen mit einheimischen Bäumen und der weltweit umfassendsten Sammlung von Harthölzern. Auf dem Gelände befindet sich ein traditionelles malaiisches Haus aus Terengganu *(siehe S. 147)*. Highlight im FRIM ist der »Canopy Walk«, eine 200 Meter lange Konstruktion aus Hängebrücken und Plattformen in 30 Meter Höhe. Von dort hat man einen einmaligen Blick auf die Baumwipfel. Zudem gibt es Wanderwege, einen Mountainbike-Pfad, Campingplätze sowie Vogelbeobachtungsposten.

Logo von FRIM

36 Shah Alam

18 km westl. von Kuala Lumpur. 319 600. Jalan Indah 14, (03) 5513-2000. Bon Odori Festival (Juli). **tourismselangor.gov.my** **Museum Sultan Azlan Shah** Persian Bandaraya. (03) 5519-0050. Di–So 9.30–17.30 Uhr. Fr 12–14.45 Uhr. **Galeri Shah Alam** Persiaran Tasik. (03) 5510-5344. tägl. 8.30–17.30 Uhr. Fr 12.15–14.45 Uhr. **Wet World Water Park** (03) 5513-2020. Do–Di 10–18 Uhr. **owg.com.my**

Das 1978 als Hauptstadt des Bundesstaats Selangor konzipierte Shah Alam ist eine moderne Stadt. In der Hauptsache ist sie ein Industrie- und Verwaltungszentrum. Nur wenige Besucher kommen hierher. Die Sehenswürdigkeiten der Gegend sind im Rahmen eines Tagesausflugs alle zu Fuß erreichbar.

Die Hauptattraktion liegt im zentralen Stadtpark. Die **Masjid Sultan Salahuddin Abdul Aziz Shah** wird wegen ihrer großen silberblauen Kuppel auch Blaue Moschee genannt. Ihre vier 142 Meter hohen Minarette gelten als die höchsten der Welt. Die Moschee fasst bis zu 24 000 Gläubige. Damit ist sie eine der größten in Südostasien und das größte Gotteshaus in Malaysia.

Ganz in der Nähe befindet sich das **Museum Sultan Azlan Shah** mit zahlreichen Exponaten zur Geschichte von Selangor von prähistorischer Zeit bis heute. Es verfügt auch über Ausstellungsräume zur Tierwelt und zu den sportlichen Errungenschaften des Landes. Westlich des Museums liegen die schön angelegten Lake Gardens, in denen die **Galeri Shah Alam** steht, eine moderne Kunstgalerie in einem traditionellen malaiischen Holzhaus. Dort werden in drei separaten Abteilungen Wechselausstellungen moderner Kunst gezeigt. Auf der gegenüberliegenden Seeseite befindet sich der **Wet World Water Park**, ein Wasser-Themenpark mit Wasserrutschen, Schwimmbecken und Fahrgeschäften.

37 Klang

30 km südwestl. von Kuala Lumpur. 563 200. **mpklang.gov.my**

Die ehemalige königliche Hauptstadt von Selangor blühte im 19. Jahrhundert dank der Zinnindustrie auf. Der Aufschwung wurde jäh unterbrochen, als 1867 die Rivalität der beiden Stammesführer Rajah Mahadi und Rajah Abdullah einen Bürgerkrieg auslöste. Die Kämpfe endeten erst 1874, als die britischen Behörden einschritten und einen Statthalter einsetzten.

Durch die Entdeckung von Zinnvorkommen in Kuala Lumpur 1880 verlor Klang weiter an Bedeutung. Heute ist die

Mausoleum in der Masjid Di Raja Sultan Suleiman in Klang

Stadt ein Wirtschaftszentrum. Ihre Sehenswürdigkeiten beschränken sich auf die südlich des Sungai Klang gelegene Altstadt.

Das im Jahr 1857 gebaute **Gedung Raja Abdullah** war die Residenz des Rajah Abdullah. Im Lauf der Zeit waren darin ein Warenlager, Regierungsbüros und zuletzt ein Zinnmuseum untergebracht.. Heute harrt das Gebäude einer neuen Bestimmung. Nicht weit davon entfernt liegen die Ruinen des Forts von Rajah Mahadi.

Ebenfalls in der Altstadt steht die schöne **Masjid Di Raja Sultan Suleiman**, dahinter liegt der **Istana Alam Shah**, der Palast des Sultans von Selangor. Er ist zwar nicht zugänglich, doch die Fassade mit ihrem Mix aus islamischer und moderner Architektur ist sehr sehenswert.

Port Klang oder North Port liegt acht Kilometer westlich nahe South Port, Malaysias wichtigstem Hafen und Verbindung nach Pulau Ketam.

㊳ Pulau Ketam

55 km südwestl. von Kuala Lumpur. 800. ab Port Klang. **pulauketam.com**

Auf der in den 1870er Jahren zunächst von Fischern aus der chinesischen Provinz Hainan besiedelten Insel leben bis heute vorwiegend Chinesen. Noch immer betreibt die Mehrheit der Insulaner Fischfang. Das Dorf Pulau Ketam ist eine einfache Siedlung aus ins Wasser gebauten Stelzenhütten, die mit hölzernen Stegen verbunden sind. Gleichwohl gibt es eine Bank und ein Krankenhaus. Berühmt sind die fantastischen Fischrestaurants. Sie sind auf Krebse spezialisiert und bei den Städtern am Wochenende sehr beliebt. In den prächtigen chinesischen Tempeln wie dem **Nang Thiam Keng Temple** feiern die Einheimischen ihre Hochzeiten. Die zahlreichen schwimmenden Fischfarmen sind sehenswert und per Boot von der Insel aus erreichbar.

㊴ Putrajaya

25 km südwestl. von Kuala Lumpur. 45 000. KLIA Transit ab KL Sentral. Precinct 1, (03) 8888-7272. **ppj.gov.my**
Taman Botani Precinct 1. tägl. 7–19 Uhr. **Putrajaya Wetlands** Precinct 13. (03) 8925-3817. Di–Fr 10–18, Sa, So 7–19 Uhr.

Das 1995 gegründete Putrajaya ist das neue Verwaltungszentrum von Malaysia. Der Regierungssitz liegt in der Sonderwirtschaftszone Multimedia Super Corridor (MSC). Die Planstadt hat viele Grünflächen und soll Informationstechnologie-Unternehmen anziehen. Putrajaya liegt auf gerodetem Waldgebiet und ist um einen See angelegt. Die Stadtanlage soll den Eindruck enormer Weite vermitteln. Über die vielen Gewässer schwingen sich wuchtige Brücken wie die Putra Bridge, die der iranischen Khaju Bridge nachempfunden ist, oder die 240 Meter lange Seri Gemilang Bridge.

Regierungsbehörden und Ministerien zogen ab 1999 aus Kuala Lumpur hierher. Der Premierminister hat seinen Sitz im **Perdana Putra**, einem extravaganten, im malaiisch-palladianischen Stil gestalteten Prachtbau. Der ebenso pompöse **Palace of Justice** (Justizpalast)

Die aus rosafarbenem Granit erbaute Masjid Putra

besitzt eine gigantische Kuppel. Die **Masjid Putra** mit ihrem 116 Meter hohen Minarett thront an einem Ende des Sees. Sie ist das beeindruckendste Gebäude der Stadt und mischt architektonische Stile aus Irak, Iran und Marokko. Ebenfalls sehenswert sind der **Taman Botanic** und die **Putrajaya Wetlands**, die zur Reinigung von Flusswasser gebaut wurden. Dort kann man Ruderboote für Ausflüge auf den See und durch das Sumpfgebiet mieten.

Außerhalb von Putrajaya liegt deren Schwesterstadt **Cyberjaya**. Sie wurde für Hightech-Unternehmen konzipiert, jeden Tag arbeiten hier mehr als 5000 Menschen.

Der pompöse Justizpalast in Putrajaya

Stadtplan Kuala Lumpur *siehe Seiten 84–91*

Stadtplan

Die Übersichtskarte auf dieser Seite zeigt die vom *Stadtplan* abgedeckten Areale Kuala Lumpurs. Kartenverweise zu Sehenswürdigkeiten, Läden und Veranstaltungsorten in diesem Kapitel beziehen sich auf die Karten der folgenden Seiten. Auch einige Hotels und Restaurants in Kuala Lumpur wurden mit Kartenverweisen versehen. Ein Verzeichnis der Straßennamen und wichtigen Sehenswürdigkeiten finden Sie auf der folgenden Seite. Die erste Ziffer bezieht sich auf die Kartennummer, der nachfolgende Buchstabe mit Ziffer auf die Koordinaten innerhalb der jeweiligen Karte. Eine Erläuterung der verwendeten Symbole finden Sie unten. Gängige Straßennamen-Bestandteile werden abgekürzt – aus Jalan wird »Jln.«, aus Lorong »Lor.«.

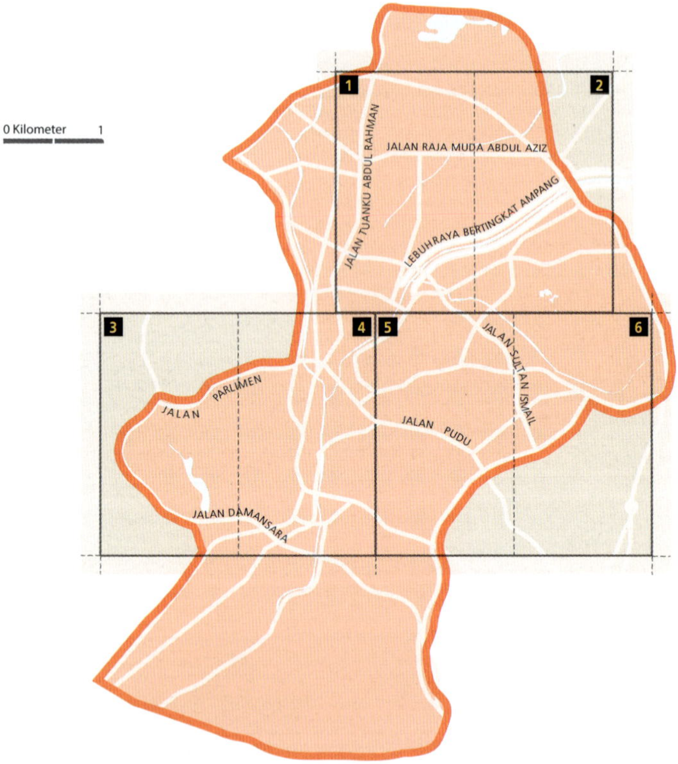

Legende

- Hauptsehenswürdigkeit
- Sehenswürdigkeit
- Anderes Gebäude
- LRT-Station
- Bahnhof
- Busbahnhof
- Monorail-Station
- Krankenhaus mit Notaufnahme
- Polizei
- Information
- Hinduistischer Tempel
- Kirche
- Chinesischer Tempel
- Moschee
- Eisenbahn
- Expressway

Maßstab der Karten

0 Meter 300

Kartenregister

A

Abdul Rahman Idris, Jalan 1 C2
Ahmad, Jalan 2 D2
Alor, Jalan 5 C2
Ampang, Jalan 1 C5
Ampang, Lebuh 4 F1
Ampang Toll Road 2 C5
Aquaria KLCC 2 F5
Asrama, Jalan 2 E1

B

Baba, Jalan 5 C4
Badan Warisan 6 E1
Balai Polis, Jalan 4 F4
Bangsar, Jalan 3 C5
Barat, Jalan 6 E3
Bedara, Jalan 5 C2
Berangan, Jalan 5 C2
Beremi, Jalan 5 C2
Beruang, Jalan 6 E5
Bugis, Jalan 6 D5
Bukit Bintang, Jalan 5 C3
Bukit Ceylon, Jalan 5 B2
Bukit Nanas, Jalan 4 F1
Bukit Travers 3 B5
Bulan, Jalan 5 C3
Bulatan Merdeka 4 F4
Bunus, Jalan 4 E1

C

Carcosa Seri Negara 3 B3
Cemur, Jalan 1 B1
Cendana, Jalan 1 C4
Central Market 4 E2
Ceylon, Jalan 5 A2
Chagar, Jalan 1 A3
Changkat Bukit Bintang 5 B2
Changkat Damansara 3 B5
Changkat Persekutuan 3 B5
Changkat Raja Chulan 5 B1
Changkat Thambi Dollah, Jalan 6 D4
Chan See Shu Yuen Temple 4 F4
Chan Wing, Jalan 6 D3
Cheng Lock, Jalan 4 F3
Cheong Yoke Choy, Jalan 6 F5
Cheong Yoke Choy, Lorong 6 F5
Chinatown 4 F3
Choo Cheng Khay, Jalan 5 A5
Chow Kit Market 1 B4
Chow Kit, Jalan 1 B2
Coales, Jalan 6 F5
Cochrane, Jalan 6 F5
Cochrane, Lorong 6 F5
Conlay, Jalan 6 E1

D

Damansara, Jalan 3 A3
Dang Wangi, Jalan 1 B5
Dato Onn, Jalan 4 D1
Datuk H Eusoff, Jalan 1 A1
Delima, Jalan 6 F3
Doraisamy, Jalan 1 B4
Dr. Latiff, Jalan 1 C2

G

Gading, Jalan 6 D2
Gajus, Jalan 5 B5
Galloway, Jalan 5 B3
Gelugor, Jalan 5 C5
Gereja, Jalan 4 F1
Golden Triangle 1 C5
Grenier, Lorong 6 D3
Gurney Kiri, Jalan 2 F1
Gurney, Jalan 2 F2
Gurney, Lorong 2 F1

H

Haji Hassan Salleh, Jalan 2 D4
Haji Hussin, Jalan 1 B3
Haji Taib, Jalan 1 B3
Haji Yaakob, Jalan 2 F3
Hang Jebat, Jalan 4 F3
Hang Tuah, Jalan 5 B4
Hicks, Lorong 5 B1
Horley, Jalan 6 D3

I

Imbi Medan 6 D3
Imbi, Jalan 5 C3
Imbi, Lorong 6 E2
Inai, Lorong 6 E2
Ipoh, Jalan 1 A2
Ipor Kecil, Jalan 1 A2
Islamic Arts Museum 4 D4
Istana, Jalan 4 F5

J

Jalan Petaling Market 4 F3
Jarrett, Jalan 6 F4
Jati, Jalan 6 E2
Johor, Jalan 3 A5
Johor Selatan, Jalan 3 A5

K

Kampung Attap, Jalan 4 E5
Kampung Baru und Pasar Minggu Market 2 D4
Kampung Pandan, Jalan 6 F4
Kanchil, Jalan 6 D5
Kebun Bunga, Jalan 3 B3
Kemuning, Jalan 6 E2
Khoo Teik Ee, Jalan 6 D3
Kia Peng, Jalan 6 D1
Kijang, Jalan 6 D4
Kinabalu, Jalan 4 E2
Kompleks Budaya Kraf 6 E1
Kuala Lumpur City Gallery 4 E2
Kuala Lumpur Railway Station 4 E4
Kuching, Jalan 1 A4
Fortsetzung 4 E1

L

Landak, Jalan 6 D5
Lapangan Terbang, Jalan 5 B5
Ledang, Jalan 3 A2
Lembah Perdana, Jalan 4 D3
Limau Manis Dua, Lorong 3 A5
Little India 1 B5
Loke Yew, Jalan 5 B5
Lumut, Jalan 1 A1

M

Mahameru, Lebuhraya 3 A3
Maharajalela Jalan 5 A4
Malaysian Tourism Information Complex 2 E5
Masjid Hospital, Jalan 1 C1
Masjid India 4 F1
Masjid India, Jalan 4 F1
Masjid Jamek 4 E2
Masjid Negara 4 D3
Mayang, Lorong 2 F4
Melaka, Jalan 4 F1
Melayu, Jalan 4 F1
Melur, Jalan 6 E3
Menara KL 5 A1
Munshi Abdullah, Jalan 1 B5

N

Nagasari, Jalan 5 C2
National Art Gallery 2 D1
National Music Museum 4 E2
National Museum 3 C4
National Theatre 1 C1
Negeri Sembilan, Jalan 3 A4

P

P. Ramlee, Jalan 2 E5
Fortsetzung 5 B1
Padang Belia, Jalan 4 D5
Padang Negeri Sembilan 3 A5
Padang, Jalan 6 D2
Pahang, Jalan 1 B1
Pangkor, Jalan 1 A1
Parlimen, Jalan 3 B2
Pasar Besar, Lebuh 4 E2
Pasar, Jalan 6 D5
Pekeliling Lama, Jalan 1 B1
Pelanduk, Jalan 6 E4
Perak, Jalan 5 C1
Perak, Lorong 2 D5
Perdana Botanical Gardens 3 B3
Perdana, Jalan 3 C3
Perkarangan Tun Ismail 3 C1
Persekutuan, Jalan 3 B4
Persiaran Hampshire 2 F4
Persiaran KLCC 2 F5
Persiaran Lidcol 2 F4
Persiaran Mahameru 3 A3
Persiaran Maybank 5 A2
Persiaran Raja Chulan 5 A2
Persiaran Stonor 6 E1
Persiaran Sultan Salahuddin 3 B1
Petaling, Jalan 4 F3
Petronas Towers 2 E4
Pinang, Jalan 2 E5
Pintasan RMM 4 2 E3
Pudu 14, Jalan 5 C3
Pudu, Jalan 5 B3
Puncak, Jalan 5 B1
Putra, Jalan 1 A2

R

Rahmat, Jalan 1A1
Raja Abdullah, Jalan 1 C5
Raja Alang, Jalan 1 B3
Raja Chulan, Jalan 4 F2
Fortsetzung 5 A2
Raja Chulan, Lorong 5 B1
Raja Laut, Jalan 1 A3
Fortsetzung 4 E1
Raja Laut, Lorong 1 B2
Raja Muda Abdul Aziz, Jalan 1 B2
Raja Muda Musa, Jalan 1 C3
Raja Muda, Lorong 2 D2
Raja Uda, Jalan 2 D3
Ria, Jalan 4 D4
Robertson, Jalan 5 B3
Royal Selangor Club 4 E2

S

Sahabat, Jalan 5 B2
San Peng, Jalan 5 C5
Sarawak, Jalan 5 C4
Seladang, Jalan 6 E5
Semarak, Jalan 2 F2
Sri Maha Mariamman Temple 4 F3
Stadium, Jalan 5 A4
Stesen Sentral, Jalan 3 C5
Sulaiman, Jalan 4 E4
Sultan, Jalan 4 F3
Sultan Abdul Samad Building 4 E2
Sultan Hishamuddin, Jalan 4 E4
Sultan Ismail, Jalan 1 A4
Fortsetzung 5 C1
Sultan Salahuddin, Jalan 3 B1
Suria KLCC und KLCC Park 2 F5
Syed Putra, Jalan 4 E5
Sze Ya Temple 4 F3

T

Tanglin, Jalan 3 C2
Tembusu, Jalan 3 C3
Temerloh, Jalan 2 D1
Tengah, Jalan 5 C1
Tengkat Tong Shin 5 B2
Tuanku Abdul Rahman, Jalan 1 B3
Fortsetzung 4 E1
Tun Perak, Jalan 4 E1
Tun Razak, Jalan 1 A1
Tun Sambanthan, Jalan 4 D5

Y

Yap Kwan Seng, Jalan 2 E4
Yew, Jalan 6 E5

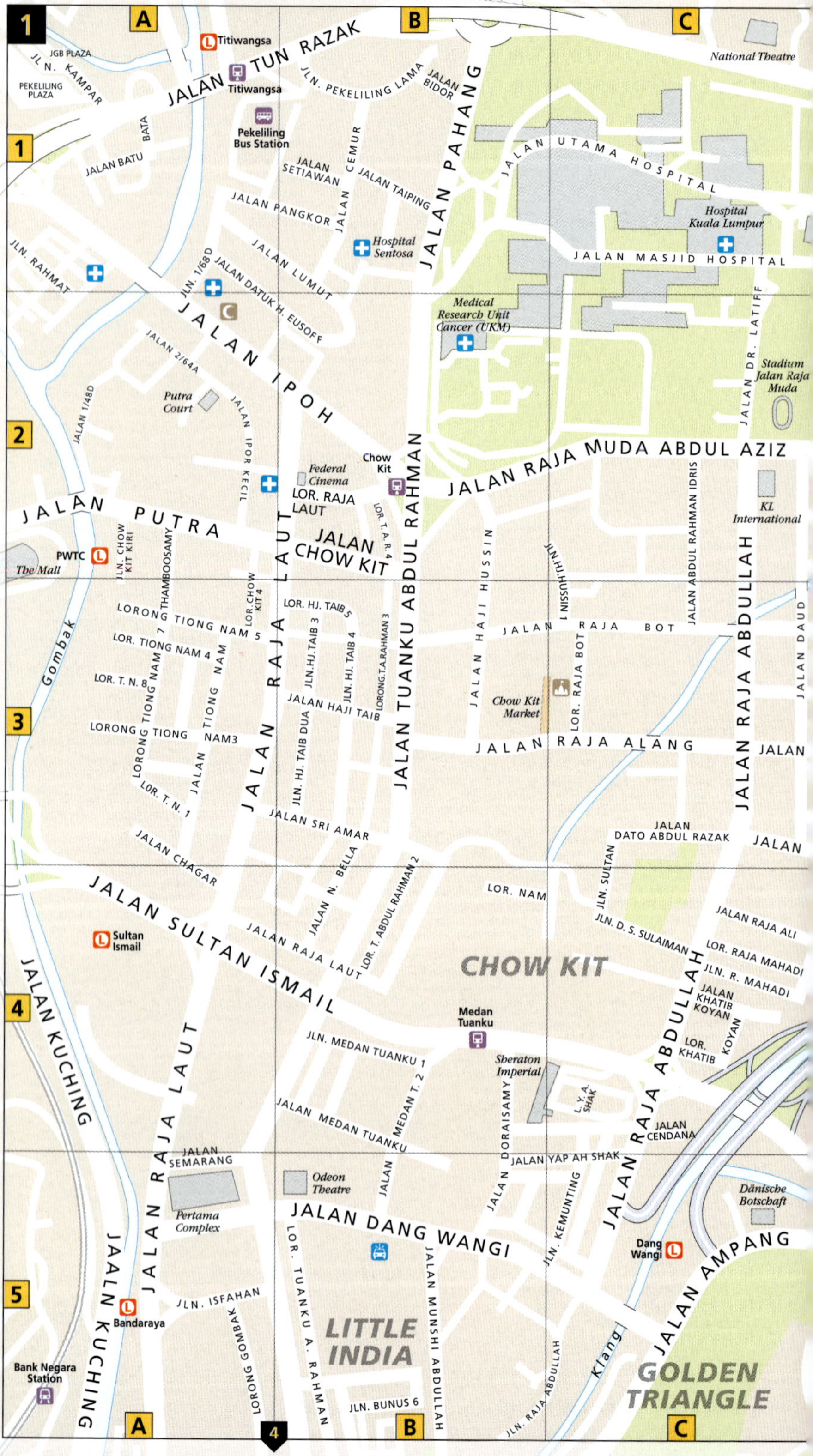

1
A
B
C
Titiwangsa
JGB PLAZA
JLN. KAMPAR
PEKELILING PLAZA
JALAN TUN RAZAK
Titiwangsa
JLN. PEKELILING LAMA
JALAN BIDOR
JALAN PAHANG
National Theatre
Pekeliling Bus Station
BATA
JALAN BATU
JALAN SETIAWAN
CEMUR
JALAN TAIPING
JALAN UTAMA HOSPITAL
JALAN PANGKOR
JALAN
Hospital Sentosa
Hospital Kuala Lumpur
JALAN LUMUT
JALAN MASJID HOSPITAL
JLN. RAHMAT
JLN. 1/68D
JALAN DATUK H. EUSOFF
Medical Research Unit Cancer (UKM)
JALAN DR. LATIFF
JALAN 2/64A
JALAN IPOH
Stadium Jalan Raja Muda
Putra Court
JALAN 1/48D
2
JALAN IPOH KECIL
Chow Kit
JALAN RAJA MUDA ABDUL AZIZ
Federal Cinema
LOR. RAJA LAUT
JALAN ABDUL RAHMAN IDRIS
KL International
JALAN PUTRA
LOR. T.A.R. 4
JALAN CHOW KIT
JALAN TUANKU ABDUL RAHMAN
PWTC
The Mall
JLN. CHOW KIT KIRI
THAMBOOSAMY
LOR. CHOW KIT 4
JALAN RAJA LAUT
JALAN HAJI HUSSIN
JLN. H. HUSSIN 1
JALAN RAJA ABDULLAH
LOR. HJ. TAIB 5
LORONG TIONG NAM 5
JALAN RAJA BOT
JALAN DAUD
LOR. TIONG NAM 4
JLN. HJ. TAIB 3
JLN. HJ. TAIB 4
LORONG T.A. RAHMAN 3
Gombak
LORONG TIONG NAM 7
LOR. T. N. 8
JALAN TIONG NAM
JALAN HAJI TAIB
LOR. RAJA BOT
Chow Kit Market
3
LORONG TIONG NAM3
JLN. HJ. TAIB DUA
JALAN RAJA ALANG
JALAN
LOR. T. N. 1
JALAN SRI AMAR
JALAN DATO ABDUL RAZAK
JALAN
JALAN CHAGAR
JLN. SULTAN
JALAN N. BELLA
LOR. T. ABDUL RAHMAN 2
LOR. NAM
JALAN SULTAN ISMAIL
JALAN RAJA ALI
JLN. D. S. SULAIMAN
Sultan Ismail
JALAN RAJA LAUT
CHOW KIT
LOR. RAJA MAHADI
JLN. R. MAHADI
JALAN KHATIB KOYAN
JALAN KUCHING
4
Medan Tuanku
JLN. MEDAN TUANKU 1
LOR. KHATIB
KOYAN
Sheraton Imperial
JALAN RAJA ABDULLAH
JALAN MEDAN TUANKU
MEDAN T. 2
L.Y.A. SHAK
JALAN CENDANA
JALAN SEMARANG
JALAN DORAISAMY
JALAN YAP AH SHAK
Odeon Theatre
Pertama Complex
JALAN DANG WANGI
Dänische Botschaft
JLN. KEMUNTING
Dang Wangi
JALAN AMPANG
JAALN KUCHING
5
Bandaraya
JLN. ISFAHAN
LOR. TUANKU A. RAHMAN
JALAN MUNSHI ABDULLAH
LITTLE INDIA
Klang
GOLDEN TRIANGLE
Bank Negara Station
LORONG GOMBAK
JLN. BUNUS 6
JLN. RAJA ABDULLAH
A
B
C
4

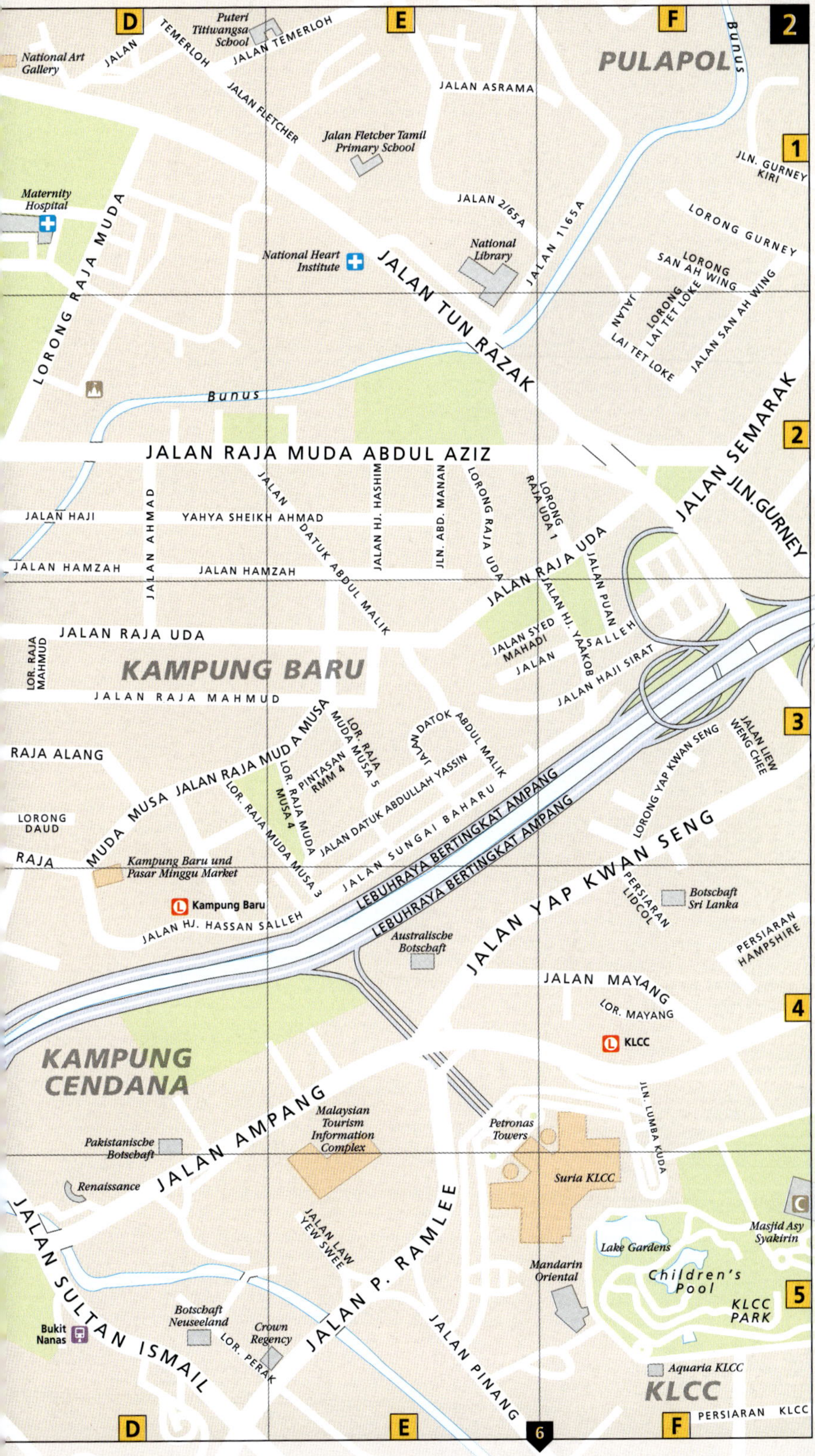

2
D
E
F
PULAPOL
National Art Gallery
Puteri Titiwangsa School
JALAN TEMERLOH
JALAN TEMERLOH
JALAN FLETCHER
JALAN ASRAMA
Jalan Fletcher Tamil Primary School
Bunus
1
JLN. GURNEY KIRI
LORONG GURNEY
Maternity Hospital
LORONG RAJA MUDA
JALAN 2/65A
JALAN 1/65A
National Library
National Heart Institute
JALAN TUN RAZAK
LORONG SAN AH WING
LORONG LAI TET LOKE
JALAN LAI TET LOKE
JALAN SAN AH WING
Bunus
JALAN SEMARAK
2
JALAN RAJA MUDA ABDUL AZIZ
JALAN HAJI
YAHYA SHEIKH AHMAD
JALAN AHMAD
JALAN DATUK ABDUL MALIK
JALAN HJ. HASHIM
JLN. ABD. MANAN
LORONG RAJA UDA
LORONG RAJA UDA 1
JLN. GURNEY
JALAN HAMZAH
JALAN HAMZAH
JALAN RAJA UDA
JALAN PUAN
JALAN HJ. YAAKOB
JALAN RAJA UDA
JALAN SYED MAHADI
JALAN SALLEH
JALAN HAJI SIRAT
LOR. RAJA MAHMUD
KAMPUNG BARU
JALAN RAJA MAHMUD
3
RAJA ALANG
JALAN RAJA MUDA MUSA
LOR. RAJA MUDA MUSA 5
JALAN DATOK ABDUL MALIK
JALAN LIEW WENG CHEE
JALAN YAP KWAN SENG
PINTASAN RMM 4
LOR. RAJA MUDA MUSA 4
JALAN DATUK ABDULLAH YASSIN
LORONG DAUD
LOR. RAJA MUDA MUSA 3
JALAN SUNGAI BAHARU
LEBUHRAYA BERTINGKAT AMPANG
LEBUHRAYA BERTINGKAT AMPANG
LORONG YAP KWAN SENG
JALAN YAP KWAN SENG
RAJA
Kampung Baru und Pasar Minggu Market
Kampung Baru
PERSIARAN LIDCOL
Botschaft Sri Lanka
JALAN HJ. HASSAN SALLEH
Australische Botschaft
PERSIARAN HAMPSHIRE
JALAN MAYANG
LOR. MAYANG
4
KLCC
KAMPUNG CENDANA
JALAN AMPANG
Malaysian Tourism Information Complex
Petronas Towers
JLN. LUMBA KUDA
Pakistanische Botschaft
Suria KLCC
Renaissance
JALAN LAW YEW SWEE
JALAN P. RAMLEE
Masjid Asy Syakirin
Lake Gardens
JALAN SULTAN ISMAIL
Mandarin Oriental
Children's Pool
5
KLCC PARK
Botschaft Neuseeland
Bukit Nanas
Crown Regency
LOR. PERAK
JALAN PINANG
Aquaria KLCC
KLCC
PERSIARAN KLCC
D
E
6
F

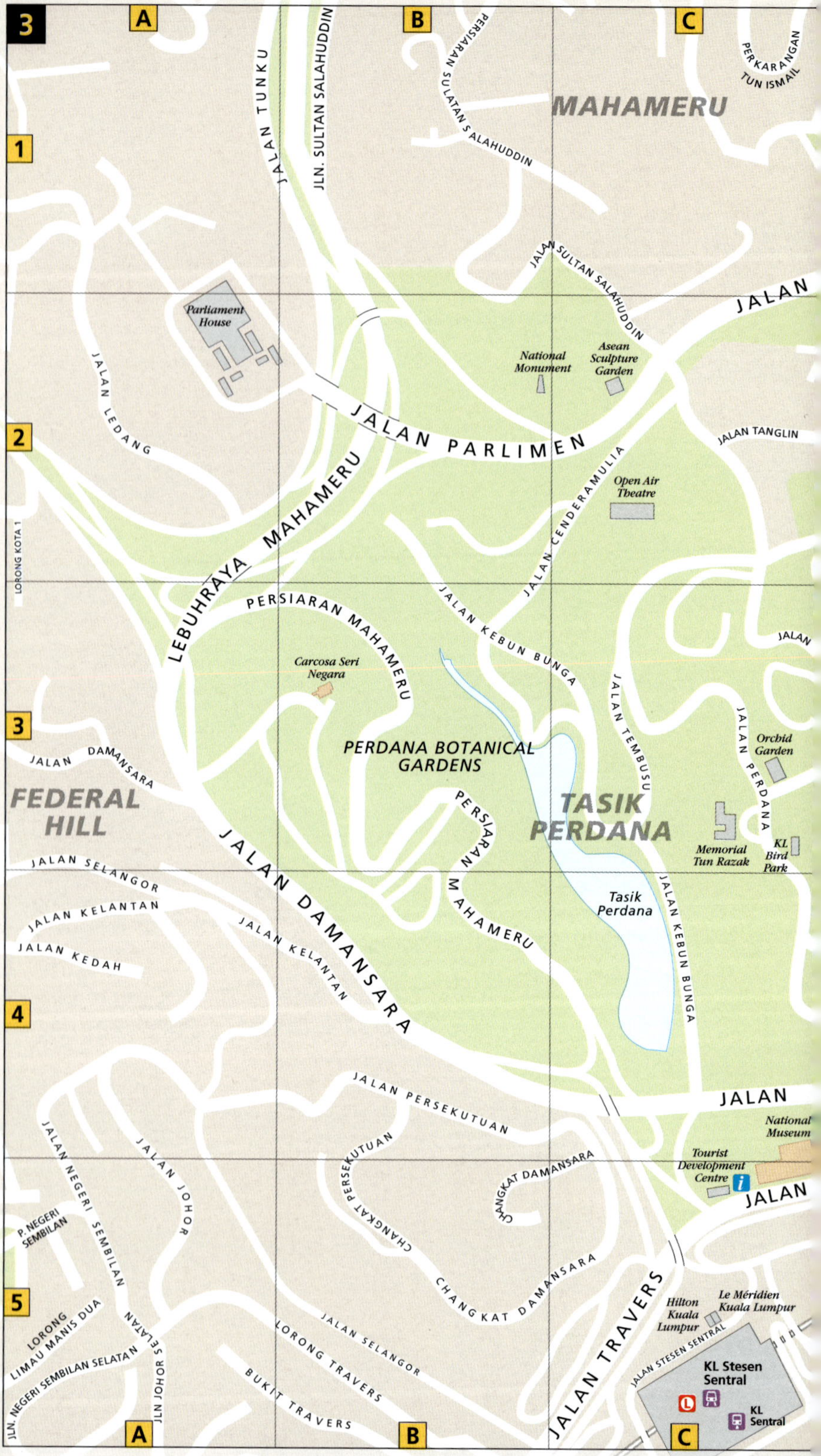
3
A
B
C
1
2
3
4
5
MAHAMERU
FEDERAL HILL
PERDANA BOTANICAL GARDENS
TASIK PERDANA
Tasik Perdana
Parliament House
National Monument
Asean Sculpture Garden
Open Air Theatre
Carcosa Seri Negara
Orchid Garden
Memorial Tun Razak
KL Bird Park
National Museum
Tourist Development Centre
Hilton Kuala Lumpur
Le Méridien Kuala Lumpur
KL Stesen Sentral
KL Sentral
JALAN TUNKU
JLN. SULTAN SALAHUDDIN
PERSIARAN SULATAN SALAHUDDIN
PERKARANGAN TUN ISMAIL
JALAN SULTAN SALAHUDDIN
JALAN
JALAN PARLIMEN
JALAN TANGLIN
JALAN LEDANG
LEBUHRAYA MAHAMERU
LORONG KOTA 1
JALAN CENDERAMULIA
PERSIARAN MAHAMERU
JALAN KEBUN BUNGA
JALAN
JALAN TEMBUSU
JALAN PERDANA
JALAN DAMANSARA
JALAN DAMANSARA
PERSIARAN MAHAMERU
JALAN SELANGOR
JALAN KELANTAN
JALAN KELANTAN
JALAN KEDAH
JALAN KEBUN BUNGA
JALAN PERSEKUTUAN
JALAN
CHANGKAT PERSEKUTUAN
CHANGKAT DAMANSARA
JALAN
JALAN NEGERI SEMBILAN
JALAN JOHOR
P. NEGERI SEMBILAN
CHANGKAT DAMANSARA
JALAN TRAVERS
JALAN STESEN SENTRAL
LORONG LIMAU MANIS DUA
JALAN JOHOR SELATAN
JLN. NEGERI SEMBILAN SELATAN
JLN JOHOR SELATAN
JALAN SELANGOR
LORONG TRAVERS
BUKIT TRAVERS

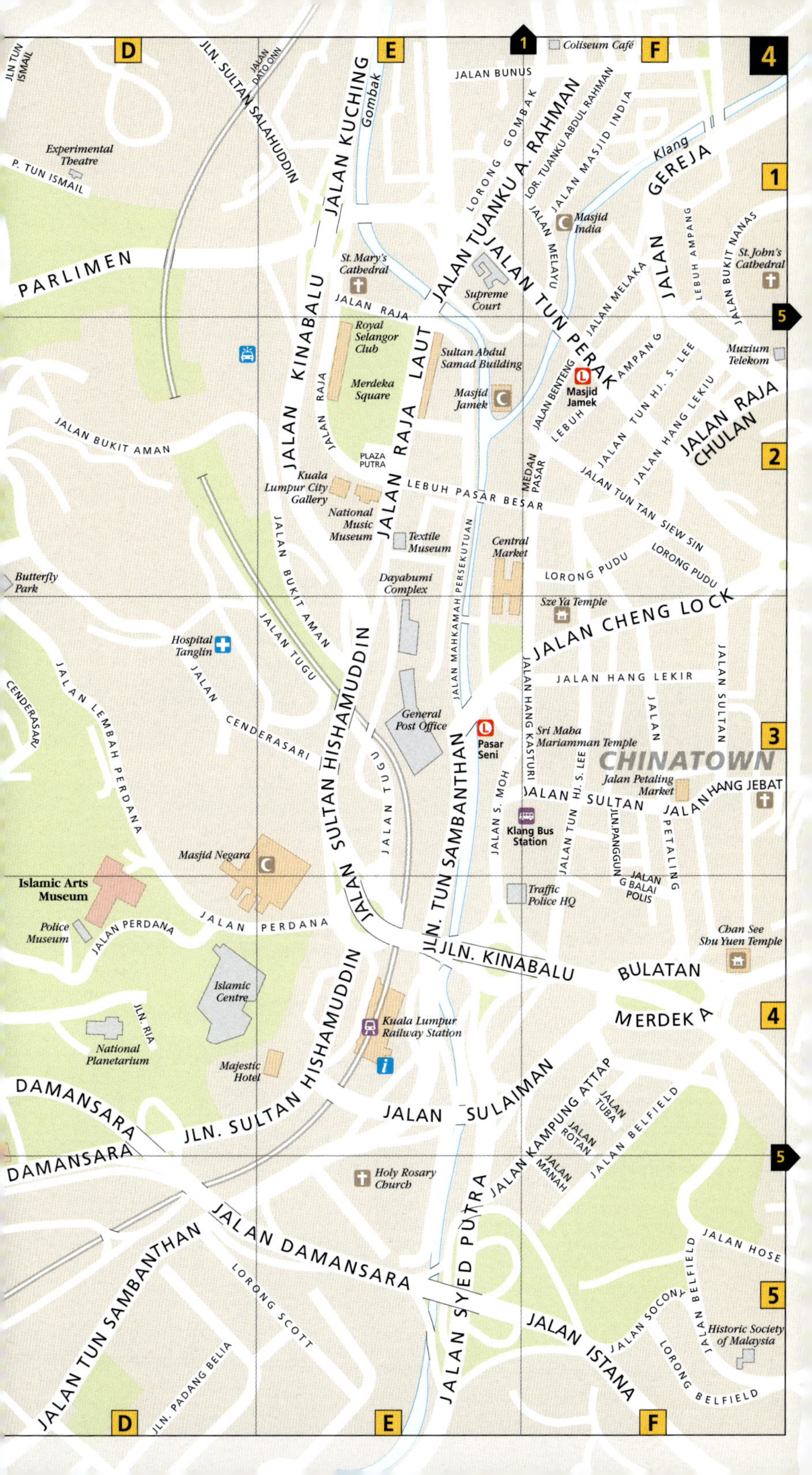

D
E
F
4
1
2
3
4
5
5
5
1
Coliseum Café
JLN TUN ISMAIL
JLN. SULTAN SALAHUDDIN
JALAN DATO ONN
JALAN KUCHING
Gombak
JALAN BUNUS
LORONG GOMBAK
JALAN TUANKU A. RAHMAN
LOR. TUANKU ABDUL RAHMAN
JALAN MASJID INDIA
Klang
GEREJA
Experimental Theatre
P. TUN ISMAIL
PARLIMEN
Masjid India
JALAN MELAYU
St. Mary's Cathedral
JALAN TUN PERAK
Supreme Court
JALAN MELAKA
JALAN
LEBUH AMPANG
JALAN BUKIT NANAS
St. John's Cathedral
JALAN KINABALU
JALAN RAJA
Royal Selangor Club
Sultan Abdul Samad Building
Muzium Telekom
Merdeka Square
JALAN RAJA LAUT
Masjid Jamek
JALAN BENTENG
LEBUH AMPANG
JALAN TUN HJ. S. LEE
JALAN RAJA CHULAN
JALAN HANG LEKIU
JALAN BUKIT AMAN
PLAZA PUTRA
Kuala Lumpur City Gallery
LEBUH PASAR BESAR
MEDAN PASAR
JALAN TUN TAN SIEW SIN
National Music Museum
Textile Museum
JALAN PERSEKUTUAN
Central Market
LORONG PUDU
Butterfly Park
Dayabumi Complex
Sze Ya Temple
JALAN CHENG LOCK
JALAN BUKIT AMAN
JALAN TUGU
Hospital Tanglin
JALAN MAHKAMAH
JALAN HANG LEKIR
JALAN SULTAN
JALAN LEMBAH PERDANA
CENDERASARI
JALAN CENDERASARI
JALAN SULTAN HISHAMUDDIN
General Post Office
Pasar Seni
JALAN HANG KASTURI
Sri Maha Mariamman Temple
JALAN
CHINATOWN
JALAN TUGU
JLN. TUN SAMBANTHAN
JALAN S. MOH
JALAN HJ. S. LEE
Jalan Petaling Market
JALAN SULTAN
JALAN HANG JEBAT
Klang Bus Station
JALAN TUN
JLN PANGGUNG
JALAN PETALING
Masjid Negara
Islamic Arts Museum
JALAN BALAI POLIS
Traffic Police HQ
Police Museum
JALAN PERDANA
JALAN PERDANA
Chan See Shu Yuen Temple
JLN. KINABALU
BULATAN
Islamic Centre
MERDEKA
JLN. RIA
Kuala Lumpur Railway Station
National Planetarium
Majestic Hotel
DAMANSARA
JLN. SULTAN HISHAMUDDIN
JALAN SULAIMAN
JALAN KAMPUNG ATTAP
JALAN TUBA
JALAN ROTAN
JALAN BELFIELD
DAMANSARA
JALAN MANAH
Holy Rosary Church
JALAN SYED PUTRA
JALAN DAMANSARA
JALAN HOSE
JALAN TUN SAMBANTHAN
LORONG SCOTT
JALAN BELFIELD
Historic Society of Malaysia
JALAN SOCONY
JALAN ISTANA
LORONG BELFIELD
JLN. PADANG BELIA

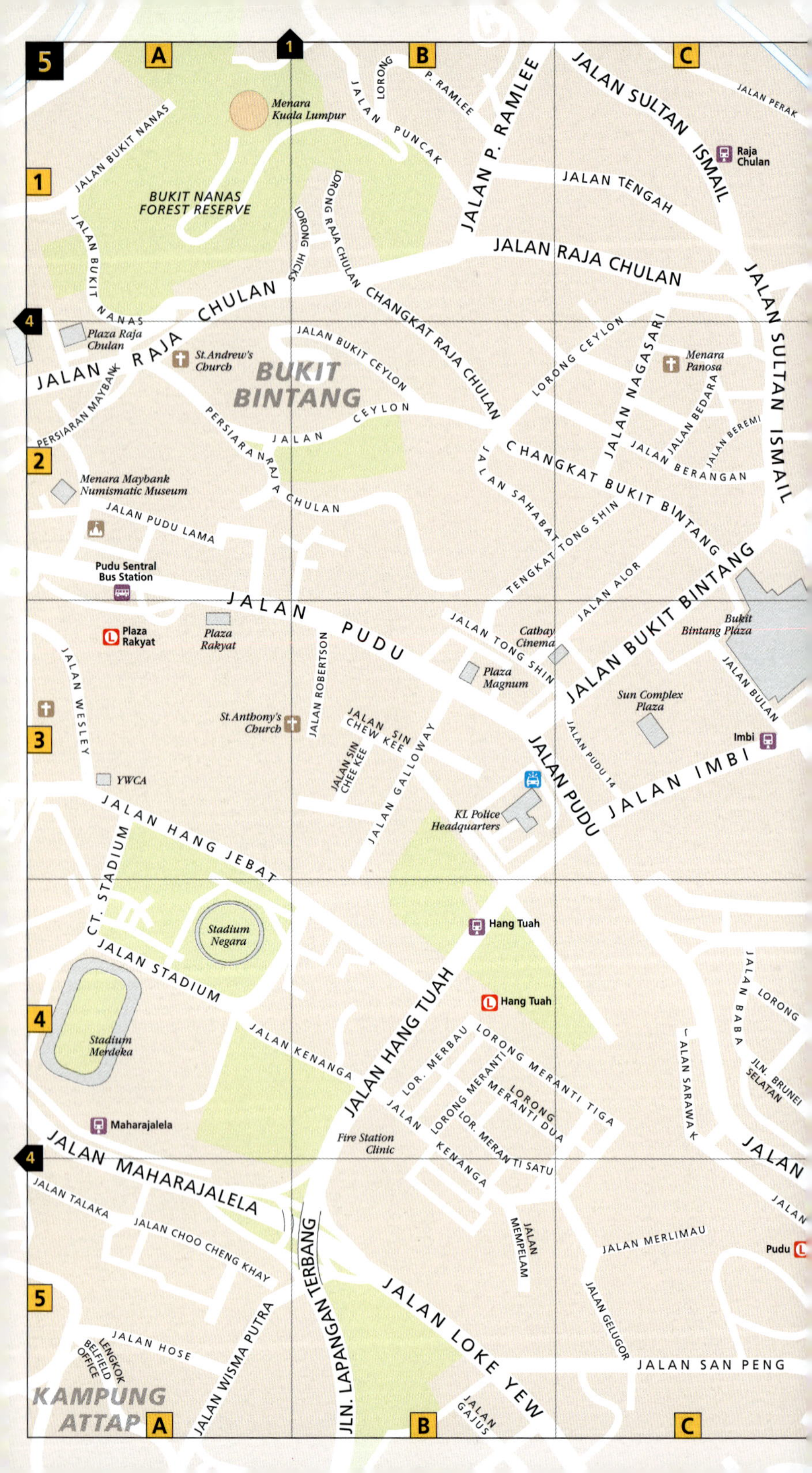
5
A
B
C
1
2
3
4
5
1
4
4
Menara Kuala Lumpur
BUKIT NANAS FOREST RESERVE
JALAN BUKIT NANAS
JALAN BUKIT NANAS
LORONG P. RAMLEE
JALAN PUNCAK
JALAN P. RAMLEE
JALAN SULTAN ISMAIL
JALAN PERAK
Raja Chulan
JALAN TENGAH
LORONG HICKS
LORONG RAJA CHULAN
JALAN RAJA CHULAN
JALAN RAJA CHULAN
Plaza Raja Chulan
St. Andrew's Church
BUKIT BINTANG
JALAN BUKIT CEYLON
CHANGKAT RAJA CHULAN
LORONG CEYLON
JALAN NAGASARI
Menara Panosa
JALAN SULTAN ISMAIL
PERSIARAN MAYBANK
JALAN CEYLON
PERSIARAN RAJA CHULAN
JALAN SAHABAT
CHANGKAT BUKIT BINTANG
JALAN BEDARA
JALAN BEREMI
JALAN BERANGAN
Menara Maybank Numismatic Museum
JALAN PUDU LAMA
TENGKAT TONG SHIN
Pudu Sentral Bus Station
JALAN ALOR
JALAN BUKIT BINTANG
Bukit Bintang Plaza
JALAN PUDU
Plaza Rakyat
Plaza Rakyat
JALAN ROBERTSON
JALAN TONG SHIN
Cathay Cinema
Plaza Magnum
Sun Complex Plaza
JALAN BULAN
JALAN WESLEY
St. Anthony's Church
JALAN SIN CHEW KEE
JALAN SIN CHEW KEE
JALAN GALLOWAY
JALAN PUDU
JALAN PUDU 14
Imbi
JALAN IMBI
YWCA
KL Police Headquarters
JALAN HANG JEBAT
CT. STADIUM
Stadium Negara
Hang Tuah
JALAN STADIUM
Hang Tuah
JALAN HANG TUAH
Stadium Merdeka
JALAN KENANGA
LOR. MERBAU
LORONG MERANTI TIGA
LORONG MERANTI
LORONG MERANTI DUA
LOR. MERANTI SATU
JALAN KENANGA
JALAN BABA
LORONG
JALAN SARAWAK
JLN. BRUNEI SELATAN
Maharajalela
Fire Station Clinic
JALAN
JALAN MAHARAJALELA
JALAN TALAKA
JALAN CHOO CHENG KHAY
JLN. LAPANGAN TERBANG
JALAN MEMPELAM
JALAN MERLIMAU
JALAN
Pudu
JALAN LOKE YEW
JALAN GELUGOR
JALAN SAN PENG
JALAN HOSE
LENGKOK BELFIELD OFFICE
JALAN WISMA PUTRA
JALAN GAJUS
KAMPUNG ATTAP

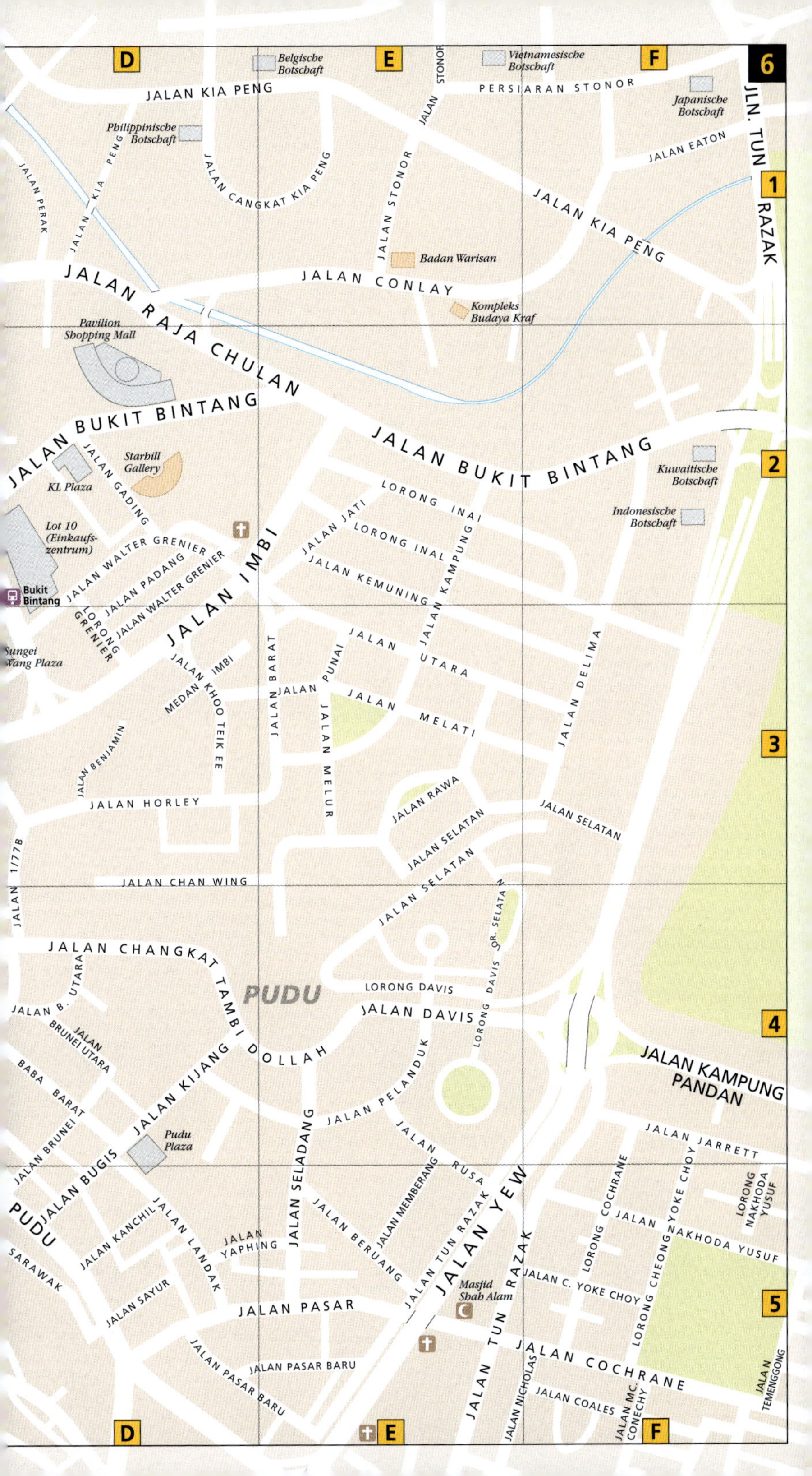
D
E
F
6
Belgische Botschaft
Vietnamesische Botschaft
Japanische Botschaft
Philippinische Botschaft
JALAN KIA PENG
PERSIARAN STONOR
JALAN STONOR
JALAN EATON
JLN. TUN RAZAK
JALAN PERAK
JALAN KIA PENG
JALAN CANGKAT KIA PENG
JALAN STONOR
JALAN KIA PENG
1
Badan Warisan
JALAN CONLAY
Kompleks Budaya Kraf
JALAN RAJA CHULAN
Pavilion Shopping Mall
JALAN BUKIT BINTANG
JALAN BUKIT BINTANG
2
Kuwaitische Botschaft
Indonesische Botschaft
Starhill Gallery
KL Plaza
JALAN GADING
Lot 10 (Einkaufs-zentrum)
LORONG INAI
JALAN JATI
LORONG INAL
JALAN KEMUNING
JALAN KAMPUNG
JALAN WALTER GRENIER
JALAN PADANG
JALAN WALTER GRENIER
LORONG GRENIER
JALAN IMBI
Bukit Bintang
Sungei Wang Plaza
JALAN UTARA
JALAN DELIMA
JALAN BARAT
JALAN PUNAI
JALAN IMBI
MEDAN KHOO TEIK EE
JALAN MELATI
JALAN MELUR
3
JALAN BENJAMIN
JALAN HORLEY
JALAN RAWA
JALAN SELATAN
JALAN SELATAN
JALAN SELATAN
JALAN 1/77B
JALAN CHAN WING
LOR. SELATAN
JALAN CHANGKAT TAMBI DOLLAH
PUDU
LORONG DAVIS
LORONG DAVIS
JALAN DAVIS
4
JALAN B. UTARA
JALAN BRUNEI UTARA
BABA BARAT
JALAN KIJANG
JALAN PELANDUK
JALAN KAMPUNG PANDAN
Pudu Plaza
JALAN BRUNEI
JALAN BUGIS
JALAN SELADANG
JALAN RUSA
JALAN JARRETT
JALAN MEMBERANG
JALAN YEW
LORONG COCHRANE
YOKE CHOY
LORONG NAKHODA YUSUF
PUDU
JALAN KANCHIL
JALAN LANDAK
JALAN YAPHING
JALAN BERUANG
JALAN TUN RAZAK
JALAN NAKHODA YUSUF
SARAWAK
LORONG CHEONG
JALAN C. YOKE CHOY
Masjid Shah Alam
5
JALAN SAYUR
JALAN PASAR
JALAN TUN RAZAK
JALAN COCHRANE
JALAN PASAR BARU
JALAN PASAR BARU
JALAN NICHOLAS
JALAN COALES
JALAN MC. CONECHY
JALAN TEMENGGONG
D
E
F

Nordwest-Halbinsel

Die nordwestlichen Bundesstaaten Malaysias zählen zu den landschaftlich vielfältigsten und historisch bedeutendsten des Landes. Die Landschaft umfasst Küstenebenen und grüne Berge ebenso wie steil aufragende Kalksteinklippen und unberührte Inseln. Die strategische Lage und der natürliche Reichtum der Region zogen zahlreiche Einwanderer und Herrscher an, wodurch eine faszinierende kulturelle und ethnische Mischung entstand.

Archäologische Funde aus Lembah Bujang beweisen die dortige Existenz eines hindubuddhistischen Königreichs im 4. Jahrhundert v. Chr. Im 7. und 8. Jahrhundert n. Chr. war die Region Teil des Srivijaya-Reichs, später wurde sie von Siam beherrscht. Im 15. Jahrhundert kam das Sultanat Malakka an die Macht. Anfang des 17. Jahrhunderts entbrannte ein Machtkampf zwischen den Kolonialmächten der Region, bis die Briten schließlich die Oberhand gewannen.

Die wachsende Bedeutung der Minenindustrie in Perak und Selangor Mitte des 19. Jahrhunderts zog weitreichende wirtschaftliche, politische und soziale Folgen nach sich. Malaysias enormer wirtschaftlicher Aufstieg im 20. Jahrhundert ging mit einer Welle chinesischer Einwanderer einher. Aufgrund der unterschiedlichen Wirtschaftsentwicklungen und Einflüsse ist die Nordwest-Halbinsel kosmopolitischer und kulturell fortschrittlicher als andere Teile Malaysias. Zudem ist sie die modernste und bevölkerungsreichste Region. Hier leben nicht nur Malaien, Chinesen und Inder, sondern auch indigene Völker wie die Orang Asli und die Orang Syam in den Dschungelgebieten im Landesinneren und im äußersten Norden. Die ehemalige königliche Hauptstadt Kuala Kangsar und die vitale, historisch wie kulturell überaus reiche Stadt George Town in Penang sind beliebte Reiseziele im Nordwesten der Halbinsel. Wer mehr auf Erholung aus ist, begibt sich an die herrlichen Strände oder hinauf zu den Hill Stations mit ihren umliegenden Teeplantagen.

Der palmenbestandene weiße Sandstrand Pantai Cenang Beach, Langkawi

◀ **Die ornamentierte Stufenpagode des Kek Lok Si Temple** ***(siehe S. 113)***

Überblick: Nordwest-Halbinsel

Nur wenige Regionen des Landes bieten so viele Attraktionen wie die Nordwest-Halbinsel. Im Landesinneren locken kühle Hill Stations wie die berühmten Cameron Highlands, Kalksteinfelsen mit Höhlentempeln wie den Batu Caves sowie chinesisch dominierte Städte des Zinn-Booms wie Ipoh. Am beliebtesten sind die Reiseziele entlang der Küste, darunter das faszinierende Penang, das zugleich Ausgangspunkt für Ausflüge in die Region ist, sowie die Inseln Langkawi und Pangkor. Das archäologisch wichtige Lembah Bujang befindet sich in Kedah, das ebenso wie Perlis inmitten grüner Felder liegt.

Sehenswürdigkeiten auf einen Blick

Orte und Städte

- 4 Kuala Selangor
- 7 Ipoh
- 11 Taiping
- 13 Kuala Kangsar
- 14 *George Town S. 106–111*
- 24 Batu Maung
- 27 Alor Star
- 28 Kuala Kedah

Hinduistische und buddhistische Tempel

- 1 Batu Caves
- 15 Dhammikarama Temple
- 16 Wat Chayamangkalaram
- 18 Kek Lok Si Temple
- 23 Snake Temple

Gärten und Themenparks

- 3 Genting Highlands
- 17 Penang Botanic Gardens

Museen und Sammlungen

- 2 Museum JAKOA

Landschaftlich schöne Gebiete

- 5 Fraser's Hill
- 6 *Cameron Highlands S. 98f*
- 10 Kinta Valley
- 19 Penang Hill
- 22 Penang National Park
- 26 Gunung Jerai

Historische Stätten und Gebäude

- 8 Kellie's Castle
- 12 Lenggong Valley
- 25 Lembah Bujang

Inseln und Strände

- 9 Pulau Pangkor
- 20 Batu Ferringhi
- 21 Teluk Bahang
- 29 *Pulau Langkawi S. 118–121*

Pelangi Beach – Palmenstrand auf Pulau Langkawi

Weitere Zeichenerklärungen *siehe hintere Umschlagklappe*

Auf der Nordwest-Halbinsel unterwegs

Das Inlandsflugnetz bedient Ipoh, Pulau Pangkor, Langkawi, George Town und Alor Star. Die beiden wichtigsten Straßen der Region, der North-South Highway und die Route 1, sowie die staatliche Eisenbahn (KTM) verlaufen fast parallel zueinander entlang der Westküste und verbinden die Großstädte. Autofahren ist angenehm, da die Straßen sicher sind und die Verkehrsregeln meist befolgt werden. Zwei Brücken verbinden Penang mit dem Festland, es gibt auch Auto- und Personenfähren. Fähren gehen in Lumut nach Pulau Pangkor und in Kuala Kedah, Kuala Perlis und George Town nach Pulau Langkawi ab.

Der Kek Lok Si Temple in Penang, der größte buddhistische Tempel in Malaysia

Farbenfrohe Hindu-Götter an den Wänden der Batu Caves

❶ Batu Caves

13 km nördl. von Kuala Lumpur an der Middle Ring Road 2.
📞 1300-88-5050. Ⓛ Batu Caves.
🚌 🕐 tägl. 7–18 Uhr.
Thaipusam (Jan/Feb).

Das riesige Höhlensystem der Batu Caves hoch oben in zerklüfteten Kalksteinfelsen ist eine der beliebtesten Attraktionen nahe der Hauptstadt. Die indigenen Orang Asli kannten die Höhlen schon lange, bevor der Naturforscher William Hornaday sie 1878 entdeckte. Hornaday war beeindruckt von der Größe und Schönheit der Höhlen und verglich sie mit einer Kathedrale.

In den 1890er Jahren richtete man einen Schrein zu Ehren der Hindu-Gottheit Murugan ein. Schon bald wurden die Höhlen zur wichtigsten Pilgerstätte von Malaysias Hindus. Während des alljährlichen Thaipusam-Fests spielen sich hier spektakuläre Szenen ab. Etwa eine Million Pilger besuchen dann die Höhlen *(siehe S. 35)*.

Über dem Eingang zu den Höhlen thront eine 43 Meter hohe goldene Statue von Murugan. 272 steile Stufen führen hinauf in die Haupthöhle. Die **Temple Cave** oder **Cathedral Cave** ist 100 Meter hoch und teilweise mittels Lichtschächten an der Decke erleuchtet. An den Höhlenwänden stehen zahlreiche Statuen von Murugan und anderen Hindu-Göttern, darunter Shiva, Ganesha und Durga. Die Kuppel der Höhle ist mit Szenen aus den heiligen Büchern der Hindus ausgemalt. In einer Kammer hinter dem Hauptschrein steht die Statue des Gottes Rama.

Die Höhle ist teils sehr überlaufen, kommen Sie deshalb am Morgen. Und füttern Sie auf keinen Fall die Affen am Eingang.

❷ Museum JAKOA

Jalan Pahang, Gombak, 30 km nördl. von Kuala Lumpur.
📞 (03) 6189-2113. 🚌
🕐 Sa–Do 9–17 Uhr.

Das nur wenig besuchte Museum JAKOA (früher Orang Asli Museum) bietet eine hervorragende Einführung in die Traditionen, Bräuche und die Kultur der heute ca. 150 000 Angehörigen der Ureinwohner Malaysias. Sie sind das älteste bekannte indigene Volk der Halbinsel. Das vom Orang Asli Affairs Department betriebene Museum präsentiert die Geschichte der 18 verschiedenen Untergruppen der Orang Asli, aber auch deren geografische Verteilung, ihre Musikinstrumente, Ornamente, Heilkunst, Modelle ihrer Behausungen und eine Sammlung traditioneller Jagdwaffen wie Blasrohre und Giftlöffel. Besonders eindrucksvoll ist die Darstellung ihrer traditionellen Handwerkskunst. Zu sehen sind geschnitzte Holzköpfe mit grimmigen Gesichtern. Außerdem werden Hochzeitsrituale und religiöse Riten erklärt.

❸ Genting Highlands

50 km nordöstl. von Kuala Lumpur.
🚌 ab Kuala Lumpur, dann Seilbahn (optional). W **rwgenting.com** **Seilbahn** alle 20 Min.; nach Mitternacht stündlich.

Anders als die meisten konventionellen Hill Stations sind die 2000 Meter hoch gelegenen Genting Highlands im Titiwangsa Mountain Range ein riesiger Unterhaltungs- und Glücksspielkomplex. Das prunkvolle, durchgehend geöffnete **Casino de Genting** ist eines der größten der Welt. Es verfügt über endlose Reihen von Spieltischen und Spielautomaten.

Anstelle des älteren Genting Theme Park gibt es nun den riesigen Twentieth Century Fox World mit mehr als 25 Fahrge-

Genting Skyway, eine Seilbahn in die Genting Highlands

Hotels und Restaurants auf der Nordwest-Halbinsel *siehe Seiten 279 und 292f*

schäften und Attraktionen rund um Filme wie *Alien vs. Predator*, *Nachts im Museum*, *Planet der Affen* und *Ice Age*.

Die Anlage gilt als eine der größten der Welt. Sie bietet in sechs Hotels über 10 000 Zimmer, 100 Restaurants und mehr als 80 Läden, einen Golfplatz und Konzertsäle, in denen internationale Stars auftreten.

Eine Attraktion für sich ist bereits die Fahrt mit der Seilbahn Genting Skyway, einer der längsten Seilbahnen in Südostasien mit 100 Gondeln, in denen stündlich 1600 Passagiere die 3,4 Kilometer von der Mittelstation Gohtong Jaya zum Maxims Hotel auf dem Gipfel transportiert werden.

❹ Kuala Selangor

67 km nordwestl. von Kuala Lumpur auf dem Hwy 4, dann Hwy 5. 39 200.

Die kleine Stadt in der Provinz Selangor liegt an der Mündung des Sungai Selangor. Einst war sie die königliche Hauptstadt des Sultanats Selangor. 1784 wurde sie von den Holländern erobert und anschließend von mehreren heftigen Kämpfen erschüttert. Die Holländer zerstörten die Sultansfestung und bauten eine neue, die sie nach ihrem Gouverneursgeneral **Fort Atlingsburg** nannten. Die oben auf dem Bukit Melawati gelegene Festung war immer wieder umkämpft. Heute stehen hier nur noch Mauerreste und die Kanonen. Direkt unterhalb des Forts beginnt der Mangrovenwald **Taman Alam Kuala Selangor Nature Park**. Er beherbergt mehr als 150 Vogelarten und viele Tiere, die in Feuchtgebieten leben. Auch verschiedene Fisch- und Krebsarten sowie Schmetterlinge leben hier. Wege führen an künstlichen Teichen vorbei zu Beobachtungsposten.

Am Ufer des Sungai Selangor in **Kampung Kuantan**, zehn Kilometer östlich der Stadt, kann man *kelip kelip* (Leuchtkäfer) sehen.

Löffelstrandläufer im Taman Alam Kuala Selangor Nature Park

Fort Altingsburg
Bukit Melawati. tägl.

Kuala Selangor Nature Park
Jalan Klinik. (03) 2287-9422. tägl. 9–18 Uhr. **mns.my**

❺ Fraser's Hill

100 km nördlich von Kuala Lumpur. Tourism Malaysia Pahang, (09) 517-7111. Wanderungen.

Die auf 1500 Metern gelegene Hill Station erstreckt sich über sieben waldige Hügel. Sie ist nach dem britischen Pionier Louis James Fraser benannt, der in den 1890er Jahren hierherkam. Als er 1916 wegen Opiumhandels und Glücksspiels gesucht wurde, verschwand er jedoch spurlos. Kurz darauf wurde Fraser's Hill als erholsamer Rückzugsort für britische Auswanderer aufgebaut.

Die Fahrt dorthin ist malerisch. Sie führt durch riesige Bambus- und Baumfarnhaine und steil hinauf durch den Gap, einen Bergpass zwischen Kuala Kubu Bharu und Raub. Der Verkehr wird aufgrund des heftigen Winds auf der Straße stark überwacht. Gehen Sie also davon aus, dass Ihre Fahrt länger dauert als erwartet.

Von allen Hill Stations in den Titiwangsa-Bergen ist Fraser's Hill mit seinen Gebäuden im Tudorstil und gepflegten Rosengärten am stärksten kolonial geprägt. Es gibt keine öffentlichen Verkehrsmittel und nur eine Straße, die hinauf- und hinunterführt. An Wochenenden und in Ferienzeiten kann es deshalb verkehrsreich sein, unter der Woche normalerweise aber recht ruhig – ideal für Spaziergänge im Dschungel und faule Nachmittage.

Im Stadtzentrum gibt es einen Marktplatz mit einem von Kletterpflanzen bedeckten Uhrenturm. In der Nähe des kleinen Sees Allan's Water liegt ein biologischer Garten mit Markt, in dem man seine eigenen Erdbeeren pflücken kann. Am See kann man Paddelboote mieten. Der kleine Ort ist von dichten Wäldern umgeben, durch die mehrere Naturwanderwege führen.

Eine der Hauptattraktionen der Hill Station ist die üppige Flora und Fauna. Mehr als 265 Vogelarten soll es in der Gegend geben. Jedes Jahr im Juni findet in Fraser's Hill das International Bird Race statt. Ornithologen-Teams versuchen dann, innerhalb von 24 Stunden die meisten Vögel zu sichten.

Golf ist in Fraser's Hill ebenso wie Reiten ein beliebter Sport. **Allan's Water**, ein winziger See im Ort, eignet sich zum Angeln. Etwa fünf Kilometer nordwestlich liegt der **Jeriau Waterfall**, der einen kleinen Fluss speist.

Bewachsener Uhrenturm im Zentrum von Fraser's Hill

❻ Cameron Highlands

Die beliebtesten Hill Stations Malaysias liegen in den Cameron Highlands im äußeren Nordwesten von Pahang. Die Hochebene ist nach dem britischen Landvermesser William Cameron benannt, der sie 1885 kartografierte. Hier steigt die Temperatur selten über 22 °C – trotz der hohen Luftfeuchtigkeit ein willkommener Kontrast zu den heißen Ebenen. Bergsteiger kommen gern hierher, ebenso Pflanzenliebhaber und Freunde von Naturprodukten. Die Cameron Highlands mit ihren Teeplantagen und Farmen sind bis heute stark kolonial geprägt, die Hauptsiedlung liegt in Tanah Rata.

★ Smokehouse Hotel
Das Gebäude im Pseudo-Tudorstil am Rand von Tanah Rata ist ein Paradebeispiel der Kolonialarchitektur, wie sie in den Cameron Highlands typisch ist. Besucher kommen auch wegen der berühmten Devonshire Cream Teas hierher.

Jim Thompson

Jim Thompson kurz vor seinem Verschwinden

Im März 1967 verschwand der erfolgreiche, in den USA geborene thailändische Geschäftsmann James H. W. Thompson im Urlaub in den Cameron Highlands. Er spazierte aus einem Landhaus und ward nie mehr gesehen. Monatelang spekulierten die Medien über sein Schicksal. Thompson wurde zur Legende. Er hinterließ eine zu neuer Blüte gebrachte, leistungsstarke Thai-Seidenindustrie sowie ein traditionelles thailändisches Haus in Bangkok. Heute beherbergt Jim Thompsons Privathaus ein exquisites Museum für südostasiatische Kunst.

Hotels und Restaurants auf der Nordwest-Halbinsel *siehe Seiten 279 und 292f*

★ Sungai Palas Tea Estate
Das beeindruckende Anwesen veranstaltet Tagestouren. Besucher können Tee kaufen und im Tearoom die herrliche Aussicht bei Tee und Kuchen genießen.

Infobox

Information
90 km südöstl. von Ipoh.
12 000.
Jalan Besar, Tanah Rata, (012) 657-1084.

Anfahrt
ab Penang und Kuala Lumpur.

Schmetterlingsgarten
Hier gibt es nahezu 300 Schmetterlingsarten. Auch Skorpione, riesige Nashornkäfer und Gespenstschrecken sind zu sehen.

Rosengarten
Der Garten ist bei Einheimischen und Besuchern gleichermaßen beliebt. Die prächtigen Gewächse gedeihen nur in klimatisch gemäßigten Regionen wie den Cameron Highlands.

★ Sam Poh Temple
Der prächtige chinesisch-buddhistische Tempel liegt auf einem Hügel mit Blick auf Brinchang. Den wichtigsten Tempel der hiesigen Chinesen bewachen vergoldete Löwen und Tempelwächter.

Außerdem

① **Gunung Jasar** bietet von seinem Gipfel (1696 Meter) eine wunderbare Aussicht auf die Highlands und ist über einen Wanderweg von Tanah Rata aus leicht erreichbar.

② **Gunung Perdah** (1529 Meter) erhebt sich über ein Dorf der Orang Asli nördlich von Tanah Rata. Der Berg dominiert den Horizont im Nordwesten.

③ **Die All Souls' Church** wurde 1958 gebaut und dient auch als anglikanisches Klausurzentrum.

Der Birch Memorial Clock Tower in der Altstadt von Ipoh

❼ Ipoh

205 km nördl. von Kuala Lumpur auf dem North–South Hwy.
625 000.
7–9 Jalan Medan Istana 3, (05) 255-2772. Internationales Orchideen-Festival (Juni/Aug).
ipoh-city.com

Das sich an die Kalksteinfelsen des Kinta Valley schmiegende Ipoh ist Hauptstadt des Bundesstaats Perak und Malaysias sechstgrößte Stadt. Ipoh wuchs mit den Profiten, die die chinesischen Einwanderer Ende des 19. Jahrhunderts aus den reichen Zinnminen des Tals erwirtschafteten. Der chinesische Zustrom bescherte der Stadt die schönste Peranakan-Architektur im ganzen Land.

Der Fluss Kinta teilt Ipoh in zwei Hälften. Am linken Ufer liegt die Altstadt, der stimmungsvollste Teil von Ipoh. Hier stehen elegante chinesische Villen und Shophouses sowie Kolonialgebäude. Der 1917 erbaute Bahnhof ist eine Mischung aus spätviktorianischem und maurisch-islamischem Stil. Gegenüber erhebt sich der blendend weiße neoklassizistische Bau des Dewan Bandaran, des Rathauses. In Bahnhofsnähe findet man zudem den Royal Ipoh Club mit seiner Fachwerkfassade sowie den zum Gedenken an den ersten britischen Statthalter in Perak errichteten Birch Memorial Clock Tower. Nicht weit entfernt davon liegt das **Darul Ridzuan Museum** in einer Villa aus den 1920er Jahren. Es illustriert die Geschichte von Ipoh und den Aufstieg der Zinnindustrie in Perak.

In der Neustadt auf der rechten Flussseite befinden sich einige herrliche Shophouses und ein Großteil der Hotels.

Darul Ridzuan Museum
Jalan Panglima. (05) 241-0048.
tägl. 9–17 Uhr.

❽ Kellie's Castle

30 km südl. von Ipoh. (05) 255-2772. 67 ab Gopeng Station.
tägl. 8.30–19 Uhr.

Der unvollendete Kolonialbau Kellie's Castle glänzt mit einer Mischung aus schottischem Schloss und maurischer Architektur. Auftraggeber war der durch die Gummi-Industrie im 19. Jahrhundert zu Reichtum gekommene Schotte William Kellie-Smith. Er plante ein Herrenhaus mit Aufzug. Die Bauarbeiten begannen 1915, doch 1926 starb Smith an einer Lungenentzündung. Sein »Schloss« blieb unvollendet. Im Zweiten Weltkrieg diente das Gelände den Japanern als Exekutionsplatz. Heute ist das Anwesen mit gepflegtem Park ein beliebtes Ausflugsziel. Es umfasst auch einen Hindu-Tempel, den Smith für seine tamilischen Arbeiter bauen ließ. Der Tempel entstand, nachdem eine Grippe-Epidemie viele Tamilen dahingerafft hatte. Zum Dank stellten die Arbeiter eine kleine Statue von Smith zwischen den Hindu-Göttern auf dem Tempeldach auf.

❾ Pulau Pangkor

83 km südwestl. von Ipoh.
25 000. ab Kuala Lumpur. ab Lumut. Jalan Titi Panjang, Lumut, (05) 683-4057.
pulau-pangkor.com

Die entspannte Atmosphäre und einige der schönsten Strände an der Westküste der Malaiischen Halbinsel machen diese Insel zu einem beliebten Urlaubsziel. Die Bewohner leben von Fischfang und -verarbeitung. Die meisten Dörfer, darunter die Hauptsiedlung Pangkor Town, liegen an der Ostseite, während die Ferienanlagen und blütenweißen Strände im Westen um Teluk Nipah zu finden sind. Zu den Hauptstränden zählen Pasir Bogak, Coral Bay und Pantai Puteri Dewi, der – da Privatbesitz – Eintritt kostet. Die Turtle Bay (Schildkrötenbucht) von Teluk Ketapang am Nordende der Insel trägt ihren Namen wegen der selten gewordenen Meeresschildkröten, die hier im Sommer ihre Eier ablegen.

Abwechslung vom Strandleben bietet **Kota Belanda**. Das niederländische Fort aus dem 17. Jahrhundert liegt drei Kilometer südlich von Pangkor Town. Es wurde zum Schutz des niederländischen Zinnhandels vor malaiischen Piraten errichtet. Leider sind nur noch wenige Überreste zu sehen. Pangkor ist aufgrund seiner

Ruine des beeindruckenden Kellie's Castle

Hotels und Restaurants auf der Nordwest-Halbinsel *siehe Seiten 279 und 292f*

Die pittoresken Lake Gardens in Taiping am Fuß des Bukit Larut

geringen Größe ideal zu Fuß und per Fahrrad zu erkunden. Der dichte Wald ist weitgehend unzugänglich.

Die Resorts bieten Angel- und Schnorchelausflüge zu den kleinen Nachbarinseln. Eine davon ist Pangkor Laut mit der Emerald Bay, einem der schönsten Strände Malaysias, der aber nur Gästen des Inselresorts offensteht.

⑩ Kinta Valley

15 km nördl. von Ipoh, nahe North–South Hwy. ab Ipoh. (05) 255-2772.

In den einst zinnreichen, von Dschungelvegetation bewachsenen Kalksteinfelsen des Kinta Valley liegen einige Höhlen, in denen im Lauf der Jahre buddhistische Tempel eingerichtet wurden. Heute sind sie Pilgerstätten. Der älteste und größte Höhlentempel ist **Sam Poh Tong**. Er wurde Ende des 19. Jahrhunderts von einem buddhistischen Mönch gegründet. Zu sehen sind dort chinesische Mahayana-Bilder. Noch eindrucksvoller ist der 1926 gegründete **Perak Tong**, einer der größten chinesischen Tempel in Malaysia. Innen wurden die Wände von Künstlern aus ganz Südostasien ausgemalt. In der Hauptkammer stehen über 40 Buddha-Statuen und eine wahrscheinlich über 100 Jahre alte Glocke. Rund 400 Stufen führen zu einem »Balkon« mit fantastischer Aussicht auf das Tal. Der Tempel dient auch als chinesisches Kunstzentrum. Im **Kek Lok Tong** sitzt ein Lachender Buddha aus Bronze.

Bronze-Buddha in Kek Lok Tong

⑪ Taiping

70 km nördl. von Ipoh. 220 000. ab Ipoh. 355 Jalan Kota, (05) 806-9487. Taiping Festival (Sep). **perak.gov.my**

Obgleich der Name Taiping auf Chinesisch »Ewiger Frieden« bedeutet, blickt die alte Hauptstadt des Bundesstaats Perak auf eine turbulente Vergangenheit voller erbitterter Fehden rivalisierender chinesischer Geheimgesellschaften zurück. Als erste Zinnmine des Landes war sie bis zum 19. Jahrhundert der wichtigste Ort Peraks. In den 1890er Jahren liefen ihr Ipoh und das Kinta Valley aber den Rang ab.

Heute ist Taiping ein bescheidener, chinesisch geprägter Ort, der vor allem für die riesigen **Lake Gardens** – die Taman Tasik Taiping – bekannt ist. In der Stadt sieht man Kolonialbauten wie das 1883 erbaute District Office, Sitz des **Perak Museum**, des ältesten Museums des Landes. Zu sehen sind dort naturhistorische und ethnologische Exponate sowie eine Sammlung von *keris*, traditionellen malaiischen Dolchen. Der farbenprächtige **Ling Nam Temple** ist der älteste chinesische Tempel in Perak. Daneben steht die **All Saints' Church**, Malaysias älteste Kirche. Hier findet man zudem einige gut erhaltene chinesische Shophouses.

Perak Museum
(05) 242-6906. tägl. 9–18 Uhr. Fr 12.15–14.45 Uhr.

⑫ Lenggong Valley

100 km nördl. von Ipoh am North–South Hwy. **perak.gov.my**

Das Lenggong Valley, seit 2012 UNESCO-Welterbestätte, ist eine der wichtigsten archäologischen Stätten Malaysias. In dem Tal liegen in zwei Gruppen vier archäologische Ausgrabungsstätten, die einen Zeitraum von fast zwei Millionen Jahren überspannen. Hier wurden die ersten Zeugnisse menschlicher Besiedelung in Malaysia gefunden, die ältesten jenseits des afrikanischen Kontinents. In Höhlen sieht man paläolithische Werkzeuge und frühe Zeugnisse kultureller Überreste aus dem Paläolithikum, dem Neolithikum und den Metallzeiten.

Wichtigster Fund war das komplette Skelett des Perak-Menschen, das über 11 000 Jahre alt ist und im National Museum in Kuala Lumpur *(siehe S. 72)* gezeigt wird. Weitere Artefakte, die hier ausgegraben wurden, sind im **Lenggong Archaeological Museum** ausgestellt.

Ausstellungsraum im Lenggong Archaeological Museum

⓭ Kuala Kangsar

50 km nordwestl. von Ipoh, nahe North–South Hwy. 40 000. ab Kuala Lumpur und George Town. ab Ipoh und Taiping. (05) 529-0894. Geburtstag des Sultans (19. Apr). **perak.gov.my**

Der charakteristische Uhrenturm im Stadtzentrum von Kuala Kangsar

Kuala Kangsar in Perak ist eine alte Königsstadt des Sultanats Perak. In den 1870er Jahren wurde sie der erste britische Stützpunkt in Malaysia. Damals erlangten die Briten die Kontrolle über die Halbinsel, indem sie sogenannte Residents (Kolonialbeamte) am königlichen Hof installierten. Kuala Kangsar ist zudem die Wiege von Malaysias Gummi-Industrie: Sir Hugh Low, der damalige britische Resident in Perak, pflanzte hier die ersten Gummibäume. Bereits in den 1890er Jahren verlor die Stadt ihre Bedeutung als Wirtschafts- und Regierungszentrum an die Zinnstädte Ipoh und Taiping.

Labu-Töpfer im Dorf Sayong

Heute ist Kuala Kangsar eine gemütliche, von malaiischer Tradition geprägte Stadt mit einem der schönsten königlichen Viertel des Landes sowie einigen herrlichen Kolonialbauten und Gärten. Die wichtigsten Sehenswürdigkeiten sind alle zu Fuß erreichbar und an einem halben Tag zu besichtigen.

Der kleine Stadtkern besteht aus einem alten und einem neueren Teil. Der ältere liegt nah am Ufer des Sungai Perak und ist eine gute Adresse für malaiisches Kunsthandwerk wie gewebte *Mengkuang*-Stoffe, Bambusprodukte und die berühmten *labu*, kürbisförmige Tontöpfe. Sie werden im Dorf Sayong produziert. Es liegt jenseits des Flusses und ist per Boot zu erreichen. In der Neustadt dominieren chinesische Shophouses und moderne Gebäude. Hier befinden sich auch die meisten Restaurants. Im Ortszentrum stehen zwei Kolonialbauten, der charakteristische Uhrenturm und das **District Office**, auf dessen Grundstück noch einer der ersten Gummibäume zu bewundern ist.

Nördlich des Zentrums findet man eines der eindrucksvollsten Kolonialgebäude in Kuala Kangsar, das **Malay College**. Es wurde 1905 während der Regentschaft von Sultan Idris eröffnet und war die erste malaiische Schule, die einer einheimischen Elite eine englische Erziehung angedeihen ließ. Gegenüber steht der **Pavilion Square Tower** (1930). Der dreistöckige Holzbau ist im kolonial-malaiischen Stilmix gestaltet. Die Königsfamilie und britische Würdenträger sahen sich von dort aus ungestört Polospiele und andere Sportereignisse an.

Die Masjid Ubudiah, Peraks königliche Moschee

Masjid Ubudiah

Jalan Istana.

Östlich von Kuala Kangsar führt ein verziertes Tor am breiten Sungai Perak in die Masjid Ubudiah, Peraks königliche Moschee. Sie ist eines der schönsten Beispiele islamischer Architektur in Malaysia. Die an den grünen Hängen des Bukit Chandan gelegene beeindruckende Moschee ist im maurischen Stil gebaut. Ihre herrliche zwiebelförmige Goldkuppel ist von vier hoch aufragenden weißen Minaretten eingerahmt, die jeweils eine eigene kleine Kuppel besitzen. Der Bau der Moschee begann während der Regentschaft Sultan Idris', wurde aber erst 1917 unter seinem Nachfolger Sultan Abdul Jalil vollendet. Die Verzögerung lag zum einen am Ersten Weltkrieg, zum anderen hatten zwei wild gewordene königliche Elefanten den aus Italien importierten Marmorboden zerstört. Im **Mausoleum** neben der Moschee werden seit dem 18. Jahrhundert Peraks Herrscher begraben.

Die Moschee dürfen nur Muslime betreten, Besucher können sich auf dem Gelände frei bewegen und fotografieren.

Istana Iskandariah

Jalan Istana.

Der 1933 erbaute Istana Iskandariah liegt auf dem Gipfel des Bukit Chandan oberhalb des Sungai Perak und der Masjid Ubudiah. Der weiße Marmorpalast mit Türmen und Goldkuppeln ist der offizielle Wohnsitz der Königsfamilie. Der Baustil ist ein Mix aus maurischen Elementen und kolonial geprägtem Art déco der 1930er Jahre. 1984 wurde an der Südseite ein weniger beeindruckender Anbau errichtet. Man kann den Palast zwar nicht besichtigen, aber von den beiden kleinen Straßen, an die er grenzt, hat man eine gute Sicht auf das Gebäude. Das gilt vor allem für die Flussseite.

Istana Kenangan

Jalan Istana. Sa–Do 9.30–17 Uhr. Fr 12.15–14.45 Uhr.

Direkt südwestlich des Istana Iskandariah steht der kleinere, aber noch schönere Istana Kenangan, der »Palast der Erinnerungen«. Er wurde 1931 für Sultan Iskandar Shah (1876–1938) als Übergangslösung errichtet, während der Istana Iskandariah noch im Bau war. Er ist ein schönes Beispiel traditioneller malaiischer Architektur und besteht ganz aus Holz – ohne den Gebrauch von Nägeln. Geometrisch gemusterte Bambusplatten und aufwendig gearbeitete Friese verzieren den Bau. Das Dach hat fünf Firste und ist mit einer symbolischen Bananenreihe verziert. Das Erdgeschoss öffnet sich auf große Veranden, sodass eine kühle Brise durch die Räume weht. Der einstige Palast beherbergt heute das **Perak Royal Museum**, das im Volksmund auch Muzium Di Raja genannt wird. Das Museum zeichnet die Geschichte von Perak und der Königsfamilie nach.

Das prächtige Staatsmuseum Galeri Sultan Azlan Shah

Istana Hulu

Jalan Istana. tägl. 9.30–17 Uhr.

Der schöne, im viktorianischen Stil gebaute Istana Hulu ist ein weiterer ehemaliger Palast. Er wurde 1903 für Sultan Idris, den 28. Sultan von Perak, gebaut. Nachdem der Palast als königliche Residenz ausgedient hatte, wurde er über mehrere Jahrzehnte hinweg vom Mädchen-College Sekolah Raja Perempuan Mazwin (»Mazwin School for Ladies«) genutzt. Inzwischen wurde der Palast in die **Galeri Sultan Azlan Shah**, das Sultan Azlan Shah Museum des Bundesstaats Perak, umgewandelt. Zu sehen sind traditionelle Kunsthandwerksobjekte, darunter eine schöne Sammlung von *keris*, malaiischen Dolchen, und verschiedene Textilien mit *Tekat*-Stickerei. Am bedeutendsten ist allerdings die Sammlung königlicher Geschenke, Fotos und anderer persönlicher Gegenstände aus dem Besitz von Azlan Shah, von 1984 bis 2014 Sultan von Perak, der von 1989 bis 1994 auch neunter Yang di-Pertaun Agong, König von Malaysia, war.

Der schöne, im traditionellen malaiischen Stil erbaute Istana Kenangan, heute Sitz des Perak Royal Museum

Alte Rikscha, Cheong Fatt Tze Mansion, George Town *(siehe S. 111)* ▶

635

⑭ George Town

Das an der Nordostküste von Penang gelegene George Town ist eine der meistbesuchten Städte Malaysias und seit 2008 UNESCO-Welterbe. Der Ort wurde 1786 von Captain Francis Light als Basis der British East India Company gegründet und nach dem Prinzen von Wales benannt. Bald entwickelte er sich zum wirtschaftlichen und kulturellen Zentrum des Staats. In George Town herrscht die authentische Atmosphäre der Straits Settlements, was durch die Kolonialarchitektur, die Shophouses und die diversen Küchen der Inder, Malaien, Peranakan, Thailänder und Europäer in der Stadt zusätzlich unterstrichen wird.

Fort Cornwallis

Lebuh Light. ab Komtar mit CAT-Bus. (04) 261-0262. tägl. 9–19 Uhr.

Fort Cornwallis im kolonialen Herzen von George Town ist die Stelle, an der Sir Francis Light *(siehe S. 109)* 1786 an Land ging. Von dort aus kann man die Stadt wunderbar zu Fuß, per Fahrrad oder Rikscha erkunden. Ursprünglich bestand das Fort aus einem einfachen Bambusbau. Er wurde 1805 durch einen sternförmigen Ziegelbau mit Graben und Zinnen ersetzt, die die Kanonen zur Verteidigung des Hafens schützten. Fort Cornwallis diente als erstes Hauptquartier der British East India Company in Penang. Es verfügte über Kasernen, Verwaltungsbüros und eine Kapelle. Heute steht außer den äußeren Schutzmauern kaum noch etwas. Dahinter liegt ein Park mit einigen Kanonen, darunter die **Seri Rambai** von 1603.

Auf einer kleinen Verkehrsinsel südlich des Forts steht der **Victoria Memorial Clock Tower**, ein eleganter Kolonialbau mit maurischer Kuppel. Der Turm wurde 1897 durch die Spende eines *towkay*, eines chinesischen Geschäftsmanns, finanziert und zu Ehren des diamantenen Thronjubiläums von Königin Victoria errichtet. Das Denkmal ist in Anlehnung an die 60-jährige Regentschaft der Monarchin 60 Meter hoch.

Victoria Memorial Clock Tower

Westlich des Forts erstrecken sich die Parkanlagen des **Padang Kota Lama**, auch als Old City Greens bekannt. Im Süden und Norden stehen schöne Kolonialhäuser wie der Supreme Court (Oberstes Gericht), das Dewan Undangan Negeri (State Legislative Building) und der **Dewan Bandaran** (Rathaus). Am nördlichen Kanal der Straße von Malakka verläuft die **Esplanade** (Jalan Tun Syed Sheh Barakbah).

Moderne Pavillons säumen das Flussufer

Weld Quay Clan Piers

Jalan Pengkalan Weld.
ab Komtar.

Südlich von Little India liegen am Weld Quay lange Reihen von Stegen, die in den südlichen Kanal der Straße von Malakka ragen. Die Stege säumen flache Häuser, Schreine und Läden. Diese Clan-Quays stammen vom Ende des 19. Jahrhunderts. Mit Ausnahme von einem gehören die sieben Quays verschiedenen chinesischen Clans aus dem Distrikt Tong An in der chinesischen Provinz Fujian. Der älteste und größte ist der Chew-Pier (1870er Jahre), gefolgt von den Piers Lee, Tan, Yeoh und Koay. Neuer sind Mixed Clan und Peng Aun (1960er Jahre). Sechs der Piers bewohnen chinesisch-malaysische Clans (Buddhisten), der siebte, Koay Jetty, ist muslimisch und beherbergt hui-muslimische Familien. Am Ende aller Piers außer Koay stehen kleine Tempel. Der wichtigste davon steht auf dem Chew-Pier.

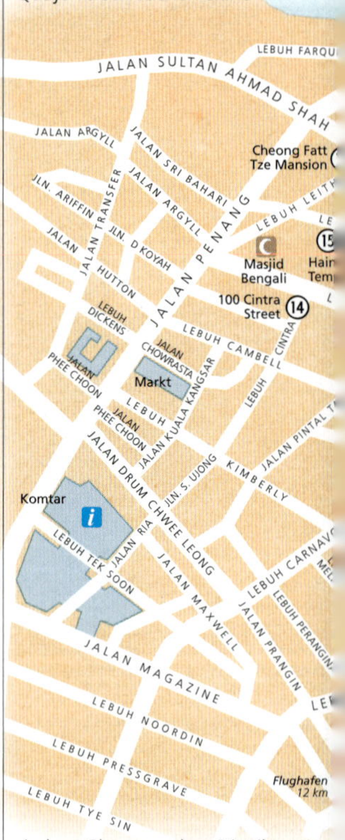

Weld Quay Clan Piers

Khoo Kongsi Temple

Medan Cannon. ab Komtar.
tägl. 9–17 Uhr.
khookongsi.com.my

Penangs wichtigste historische Attraktion ist der prächtige Khoo Kongsi Temple. Er wurde 1835 von wohlhabenden Hokkien-Kaufleuten des einflussreichen Khoo-Clans gegründet. Der volle Name des Tempels lautet zu Ehren des chinesischen Heimatdorfs des Clans Leong San Tong Khoo Kongsi (»Drachenberg-Tempel«).

Zeichenerklärung
siehe hintere Umschlagklappe

Zentrum von George Town

1. Fort Cornwallis
2. Weld Quay Clan Piers
3. Khoo Kongsi Temple
4. Masjid Melayu
5. Syed Alatas Mansion
6. Masjid Kapitan Keling
7. Sri Mariamman Temple
8. Little India
9. Pinang Peranakan Mansion
10. Kuan Yin Temple
11. St. George's Church
12. Penang Museum and Art Gallery
13. Cathedral of the Assumption
14. 100 Cintra Street
15. Hainan Temple
16. Cheong Fatt Tze Mansion
17. E&O Hotel

Kongsis dienen als Orte des Gebets und als Zentrum für die Mitglieder des Clans, der sie erbaute. Dieser *kongsi* wurde jedoch nicht nur ein Zentrum der Khoos, sondern auch der vier mächtigen Hokkien-sprachigen Familien Cheah, Lim, Tan und Yeoh. Sie führten einen wichtigen Geheimbund.

Der ursprüngliche Tempel wurde 1894 abgerissen, weil er dem erfolgreichen Khoo-Clan zu bescheiden war. Acht Jahre lang baute man an einem neuen Tempel, der aber nur einen Monat nach seiner Fertigstellung niederbrannte. Der Clan fasste dies als Zeichen göttlichen Zorns über den zu protzig geratenen Bau auf und errichtete ein bescheideneres Gebäude.

Der im Qing-Stil gehaltene Tempel besitzt reiche Wandverzierungen, Fresken und filigrane Dachdekorationen. Den Bau schmücken Drachen und andere mythische Wesen.

Mit Schnitzereien verzierter Altar im Khoo Kongsi Temple

Masjid Melayu

Lebuh Aceh. ab Lebuh Chulia.

Die Masjid Melayu wurde im Jahr 1808 von einem Händler aus Sumatra gegründet. Sie ist eines der ältesten Gebäude in George Town, wurde ursprünglich für die wachsende muslimische Gemeinde von Lebuh Aceh, Penangs erstem verstädtertem Malaiendorf, gebaut und war im 19. Jahrhundert das Zentrum der Pilgerfahrt Haddsch nach Mekka. Das Gotteshaus besitzt ein ägyptisches Minarett und ein Dach im Aceh-Stil. Das Loch im Minarett stammt von Kanonenbeschuss.

Die nahe **Masjid Kapitan Keling** wurde im Jahr 1801 von indischen Einwanderern errichtet.

Infobox

Information
Penang Island. 220 000. Komtar. Penang International Dragon Boat Festival (Juni), Pesta Pulau Penang (Nov–Dez), Chingay (Dez).
visitpenang.gov.my

Anfahrt
bis Butterworth, dann Fähre. freier CAT-Bus ab Komtar bis George Town.

Das Syed Al-Attas Mansion, heute das Penang Islamic Museum

Syed Al-Attas Mansion

128 Lebuh Armenian.

Syed Mohammed Al-Attas war im 19. Jahrhundert ein wohlhabender, einflussreicher Geschäftsmann und Oberhaupt der malaiischen Gemeinde von Penang. In den 1860er Jahren baute er in der Lebuh Armenian ein herrliches *rumah besar*, eine Villa, die er mit seiner Familie bis zu seinem Tod Anfang des 20. Jahrhunderts bewohnte. Das zweistöckige Syed Al-Attas Mansion weist eine eklektische Stilmischung aus malaiischen, indischen und europäischen Einflüssen auf.

Masjid Kapitan Keling

Jalan Masjid Kapitan Keling. (04) 261-6663. Islamic Information Centre. Fr 15–17, Sa–Do 13–17 Uhr. zu Gebeten.

Die Masjid Kapitan Keling ist die älteste und bekannteste Moschee in Penang. Sie wurde um 1800 von Caudeer Mohudeen gegründet. Er war prominentes Mitglied der indisch-muslimischen Gemeinde der Insel und bekleidete das Amt des Kapitan Keling. Mit Keling (auch Chulia) bezeichnete man damals tamilische Muslime, die den Großteil von Penangs indischen Muslimen ausmachten. Mohudeen wurde 1801 offizielles Oberhaupt der Chulias. Er starb 1834. Sein Grab befindet sich im nahe gelegenen Kampung Kolam.

Die Moschee wurde mehrmals renoviert und umgebaut. Im Jahr 1910 erhielt sie ihr heutiges Aussehen mit den indischen Kupferkuppeln, den Türmchen und dem Minarett. Eine *madrassa* (islamische Schule) kam 1916 hinzu. 1935 wurde die Höhe der zentralen Gebetshalle annähernd verdoppelt, wodurch mehr Tageslicht und Luft in den Raum gelangte. Zuletzt wurde die Moschee 2003 renoviert, dabei wurden auch arabische Kalligrafien hinzugefügt. Frauen, die die Moschee besuchen, müssen ein Kopftuch tragen.

Sri Mariamman Temple

Jalan Masjid Kapitan Keling. tägl. 6–21 Uhr. Thaipusam (Jan/Feb), Navaratri (Okt/Nov).

Gegenüber der Masjid Kapitan Keling steht der Sri Mariamman Temple, ein typischer südindischer Tempel mit einem aufwendig verzierten und bemalten *gopuram*, dem mehrstöckigen Eingangstor hinduistischer Tempel. Penangs ältester Hindu-Tempel ist der Gottheit Mariamman, der »großen mächtigen Mutter«, gewidmet. Der von ortsansässigen Tamilen als einfacher Schrein errichtete Bau wurde 1883 zu einem veritablen Tempel umgestaltet. Kunsthandwerker schufen Bilder der Göttin in all ihren Facetten. Ein sieben Meter hoher *gopuram* mit den Statuen von 38 Hindu-Göttern wurde hinzugefügt. Auch eine mit Gold und Diamanten versehene Statue des Gottes Murugan wurde aufgestellt.

Mehrmals im Jahr wird Sri Mariamman während einer Prozession in einer Sänfte durch die Straßen von Little India getragen. Der wichtigste Anlass ist Navaratri, eine neuntägige Feier im Oktober oder November, mit der die Gläubigen Göttinnen wie Durga, Saraswati, Lakshmi und Mariamman ehren. Auch Penangs Thaipusam-Prozession *(siehe S. 35)* beginnt hier.

Little India

Lebuh Pasar.

tourismpenang.net.my

Penangs buntes, quirliges indisches Viertel strotzt vor Leben. Es entstand im 19. Jahrhundert, als indische Einwanderer sich an der damals noch Kadai Teru (Ladenstraße) genannten Lebuh Pasar ansiedelten. Da die meisten von ihnen Tamilen waren, hieß die Gegend Little Madras. Mit der Zeit kamen auch andere Minderheiten. Bald erhielt die Enklave ihr charakteristisches südindisches Flair, dem sie ihren jetzigen Namen verdankt.

In den engen Straßen findet man in unzähligen Läden südindische Produkte von Saris

Die aufwendig ornamentierte Fassade der Masjid Kapitan Keling

Hotels und Restaurants auf der Nordwest-Halbinsel *siehe Seiten 279 und 292f*

und Goldschmuck bis hin zu Blumengirlanden und Bildern von Hindu-Göttern. Das erstaunlich breite Angebot an Dienstleistungen umfasst den Service von Astrologen, Müllern und Bäckern, Obstverkäufern, Gemüse- und Gewürzhändlern sowie Geldwechslern. Der Geruch von Räucherstäbchen, Curry und anderen Gewürzen sowie der Lärm der vielen Menschen sorgen für das typische Ambiente.

Die Hauptsprachen in Penang sind Bahasa Malaysia und Englisch, doch hier hört man meist südindische Sprachen wie Malayalam und Tamil. Zu den Attraktionen gehören Moscheen, Hindu-Tempel, Enklaven chinesischer Clans und die Lokale. Little India ist ein idealer Ort für alle, die Folklore lieben oder einfach die Atmosphäre genießen wollen.

Pinang Peranakan Mansion

29 Lebuh Gereja. (04) 264 2929. tägl. 9.30–17 Uhr.

Dieses Privatmuseum, eine Neugestaltung einer Peranakan-Villa aus dem 19. Jahrhundert, gewährt einen faszinierenden Blick in vergangene Zeiten. Das Haus ist mit antiken Möbeln eingerichtet, und man sollte durchaus eine Tour buchen, um alle Stücke zu verstehen – von der schönen Nyonya-Kleidung bis zu den wunderbaren Möbelstücken, die jeden Raum zieren.

Kuan Yin Temple

Jalan Masjid Kapitan Keling. tägl. 9–18 Uhr.

Dieser Kuan Yin, der Göttin der Gnade, gewidmete Tempel war ursprünglich gemeinsamer Tempel der Hokkien und Kantonesen. Der Grundstein wurde 1800 gelegt – was den Bau zu einem der ältesten chinesischen Tempel in Penang macht.

Kuan Yin ist wahrscheinlich die meistverehrte chinesische Göttin, dies gilt ebenso für Buddhisten und Taoisten. Sie steht für Frieden, Glück und Fruchtbarkeit und wird mit 18 Armen dargestellt. Zu Ehren von Kuan Yins Geburtstag, Initiation und Eintritt ins *nirvana* werden Feste gefeiert. Im Tempel herrscht immer Hochbetrieb: Gläubige bringen Opfergaben wie Öl, Blumen und Essen, insbesondere an »Tempeltagen«. Diese sind immer am ersten und 15. Tag jeden Mondmonats sowie am 19. Tag des zweiten, sechsten und neunten Mondmonats. An diesen Tagen werden Puppenspiele und chinesische Opern zu Ehren der Göttin aufgeführt.

Prachtvoll geschmückter Raum im Pinang Peranakan Mansion

St. George's Church

Lebuh Farquhar. (04) 261-2739. Di–Sa 8.30–12.30, 13.30–16.30, So 8.30–16.30 Uhr.

Die St. George's Church ist die älteste anglikanische Kirche in Südostasien. Sie wurde 1818 für die wachsende christliche Gemeinde in Penang erbaut. Der Entwurf für das Gotteshaus stammt vom Militäringenieur und Maler Robert Smith, die British East India Company ließ es von Zwangsarbeitern errichten. 1886 wurde zum 100-jährigen Gründungsjubiläum von Penang und zu Ehren Sir Francis Lights ein kleiner Kuppelpavillon im griechischen Stil auf dem Kirchengelände errichtet.

Die hohe, achteckige Spitze der klassizistischen Kirche dominierte einst die Stadt. Heute steht sie im Schatten moderner Hochhäuser.

Weiter westlich an der Lebuh Farquhar liegt der **Protestant Cemetery**, auf dem Sir Francis Light in einem Pavillon-ähnlichen Grab ruht.

St. George's Church mit dorischen Säulen und Turm

Sir Francis Light

Sir Francis Light

Francis Light wurde 1740 im englischen Suffolk geboren. 1765 kam er zur British East India Company, die ihn mit der Suche nach einem geeigneten Inselstützpunkt für ihre Handelsaktivitäten in Südostasien beauftragte. Light wählte Penang aus, das er 1786 dem Sultan von Kedah abkaufte. Er richtete auf Penang eine Kolonie ein und fungierte bis zu seinem Tod 1794 als deren Superintendent. Er wurde auf dem Protestant Cemetery an der Lebuh Farquhar beigesetzt. Lights Bedeutung für Penangs Gedeihen wird der von Sir Stamford Raffles für Singapur gleichgestellt. Seine Statue steht im Fort Cornwallis, George Town.

Elegante Fassade der Cathedral of the Assumption

Penang Museum and Art Gallery

Lebuh Farquhar. (04) 261-3144. tägl. 9–17 Uhr.
penangmuseum.gov.my

Das kleine Museum ist in der ehemaligen Penang Free School neben der St. George's Church untergebracht. Seine Sammlung von Karten, Dokumenten und Darstellungen präsentiert die Geschichte Penangs seit der Ankunft von Sir Francis Light. Der erste Stock ist den Ethnien Penangs gewidmet und zeigt Kleidung, Fotos, Gebrauchsgegenstände und Artefakte der Peranakan sowie der malaiischen, chinesischen und indischen Gemeinden. Der zweite Stock illustriert Penangs Geschichte: Kolonialzeit, japanische Besatzung, chinesische und indische Einwanderungswellen sowie Unabhängigkeit. In der Kunstgalerie sind Bilder von Robert Smith, dem Architekten der St. George's Church, zu sehen.

Cathedral of the Assumption

Lebuh Farquhar.

Das wichtigste katholische Gotteshaus der Stadt, die Cathedral of the Assumption, wurde für die eurasischen Katholiken gebaut, die nach Gründung der britischen Kolonie Penang durch Sir Francis Light hierherkamen. Die ursprünglich aus Phuket stammenden Eurasier waren 1781 mit Bischof Garnault vor religiöser Verfolgung aus Siam nach Kuala Kedah geflohen. Dort taten sich die portugiesischstämmigen Katholiken mit ihnen zusammen. Am Abend vor Mariä Himmelfahrt 1786 traf die Gruppe mit ihrem Anführer Garnault in George Town ein. Später wurde dessen Mission nach Penang verlegt. Das imposante Gebäude wurde zwar erst 1857 in der Lebuh Farquhar errichtet, ist aber dennoch nach dem Tag der Ankunft jener ersten Gemeindemitglieder benannt. Die Kathedrale besitzt Penangs einzige Pfeifenorgel. 1955 wurde das Gotteshaus per Dekret des Vatikans zur Kathedrale der Diözese Penang ernannt.

Abzeichen der British East India Company, Penang Museum and Art Gallery

100 Cintra Street

100 Lebuh Cintra. (04) 261-3321. Di–So 11–18 Uhr.

Die Villa im Herzen von Chinatown wurde 1897 von einer aus Thailand stammenden Frau gebaut. Nach der teilweisen Zerstörung durch einen Brand 1984 wurde sie renoviert, wobei viel der originalen Bausubstanz bewahrt wurde. 1999 eröffnete dort ein auf Antiquitäten und Kunsthandwerk spezialisiertes Einkaufszentrum mit kleinem Teeladen.

Inzwischen wurde die Villa mehrmals umgebaut. Der erste Stock des dreigeschossigen Gebäudes dient als Antiquitätenzentrum mit Stücken aus dem 19. Jahrhundert, darunter Möbel, Gemälde, Messingwaren, Kalligrafien und Teppiche. Im zweiten Stock befindet sich ein preiswertes Gästehaus, der dritte Stock beherbergt ein Volkskundemuseum mit Schwerpunkt auf der Geschichte und Kultur Penangs, insbesondere der Kultur der Peranakan (Straits-Chinesen). Auch indische und malaiische Objekte sind zu sehen.

Hainan Temple

Lebuh Muntri. (04) 262-0202.

Der gemeinhin als Hainan Temple bekannte Thean Ho Keong (Tempel der Himmlischen Königin) ist Mar Chor, der Schutzheiligen der Seeleute, geweiht. Die in China Matsu und in Vietnam Thien Hau genannte Göttin wird in

Chinesische Gläubige am farbenprächtigen Altar des Hainan-Tempels

Cheong Fatt Tze Mansion beherbergt heute ein Luxushotel

Südostasien überall dort sehr verehrt, wo sich Chinesen niederließen. Der Tempel wurde 1866 zunächst als Clanhaus der Chinesen aus Hainan erbaut. Das jetzige Gebäude stammt von 1895. Anlässlich der Einhundertjahrfeier 1995 wurde der Tempel sorgfältig restauriert und mit einer neuen Front voller Verzierungen und charakteristisch gedrehter Drachensäulen versehen.

Cheong Fatt Tze Mansion

14 Lebuh Leith. (04) 262-0006.
Führungen.
tägl. 11, 13.30, 15 Uhr.
cheongfatttzemansion.com

Die beeindruckende Villa wurde von Cheong Fatt Tze gebaut, einem jungen Hakka-Chinesen, der zu einem der reichsten Geschäftsmänner Südostasiens aufstieg. Cheong Fatt Tze ließ mehrere große Häuser bauen, diese 1904 errichtete Villa gilt jedoch als die prächtigste. Fatt Tze lebte hier mit seinen drei Lieblingsfrauen und acht Söhnen. Nach seinem Tod 1916 verfiel das Haus, inzwischen wurde es aber instand gesetzt. 2000 wurde ihm der UNESCO Asia Pacific Heritage Award für authentische Restaurierung zugesprochen. Es gilt als das größte traditionelle Haus mit Innenhof in der Region und ist nach den Prinzipien der Geomantie angelegt. In ihm verbinden sich chinesische und westliche Architekturkonzepte. Das dunkelblau bemalte Haus weist Gitterwerk der Qing-Dynastie auf sowie filigrane Ornamentierungen mit Lamellen- und Bleiglasfenstern, gusseiserne Balustraden und Fliesenböden. Heute ist die Villa ein Hotel der Luxusklasse.

E&O Hotel

10 Lebuh Farquhar. (04) 222-2000. **e-o-hotel.com**

Das Eastern & Oriental *(siehe S. 279)* gilt als Grande Dame unter Penangs Hotels. Es ist nicht nur eines der luxuriösesten, sondern auch eines der großartigsten historischen Hotels in Südostasien. Das gemeinhin E&O genannte Haus wurde 1884 von den armenischen Sarkies-Brüdern eröffnet. Sie gründeten auch das Raffles Hotel in Singapur und Ranguns berühmtes Strand. Das koloniale Wahrzeichen besitzt eine 253 Meter breite Rasenfläche am Meer – die breiteste der Welt. Von den Suiten blickt man auf gepflegte Rasen und üppige Gärten sowie auf die Straße von Malakka.

Das Hotel galt lange als Zentrum des Gesellschaftslebens. Es beherbergte namhafte Gäste wie Noël Coward, Rudyard Kipling, Hermann Hesse und Douglas Fairbanks. Somerset Maugham, der ebenfalls hier nächtigte, erwähnte das E&O in mehreren seiner Werke. Heute kann man hier wunderbar zu Mittag speisen, den Nachmittagstee einnehmen oder bei Sonnenuntergang auf der Veranda einen Drink genießen.

George Towns historisches Eastern & Oriental Hotel

Five Foot Ways

Die ursprünglich von Bauherren aus dem chinesischen Guangdong errichteten Shophouses (Ladenhäuser) sind ein Symbol für die historischen Straits Settlements Singapur, Penang und Malakka. Die große Verbreitung von sogenannten Five Foot Ways in Singapur und den Städten Malaysias wird als Verdienst von Sir Stamford Raffles angesehen. Er war es, der verfügte, dass alle Shophouses mit durchgehenden Veranden verbunden sein sollten. Quermauern und massive Dachbalken tragen die oberen Stockwerke. Auf der Ebene des Erdgeschosses der Shophouses entsteht so ein »bedeckter« Gehweg, der wie ein Arkadengang Schutz vor Sonne und Monsunregen bietet. Bambusrollos spenden bei Bedarf noch zusätzlichen Schatten.

Ladenschilder eines Five Foot Ways

⓯ Dhammikarama Temple

Burma Lane, nahe Jalan Burma, Pulau Tikus, 3 km nordwestl. von George Town. tägl. Burmesisches Neujahr (Apr).

Die 200 Jahre alte birmesische Enklave in Pulau Tikus beherbergt ein 1803 gegründetes Kloster der Theravada-Buddhisten. Ursprünglich war es als Nandy Molah Burmese Temple bekannt, wird aber heute nach den *dhamma*, den Lehren Buddhas, Dhammikarama-Tempel genannt. Es ist Penangs ältester buddhistischer Tempel. Das von zwei Gipselefanten bewachte Tor führt in einen Innenhof, in dem ein Banyan-Baum und mythologische Statuen stehen, darunter unzählige Buddha-Figuren, fliegende Wesen und Chimären. Das birmesisch inspirierte rote Ziegeldach mit glänzenden Goldverzierungen ist schon von Weitem sichtbar. Der Komplex besteht aus Mönchsquartieren, einem »Wunschbecken«, in das Gäste Münzen werfen, die der Instandhaltung des Tempels dienen, sowie einer Gebetshalle mit einem großen Buddha-Bildnis. In der Halle stehen von birmesischen Kunsthandwerkern fein gearbeitete *arhat*, buddhistische Heilige, die das Nirwana erreicht haben. Der Tempel besitzt auch einen Schrein des Arahant Upagutta, eines in Birma wegen seiner Kräfte hochverehrten *arhat*. Ein schönes Wandgemälde zeigt den Weg der Entsagung von Siddhartha Gautama, dem historischen Buddha. 2011 wurde ein goldener Pagoden-Glockenturm hinzugefügt.

⓰ Wat Chayamangkalaram

Burma Lane, nahe Jalan Burma, Pulau Tikus, 3 km nordwestl. von George Town. tägl. 6–17.30 Uhr. Songkran (Apr).

Der als Tempel des Ruhenden Buddha bekannte Bau ist die größte buddhistische Anlage in Penang. Der Name bedeutet so viel wie Tempel des verheißungsvollen Sieges. Das Hauptgebäude stammt von 1845. Damals bat die thailändische Gemeinde die Regierung um die Genehmigung, ein Kloster errichten zu dürfen. W. L. Butterworth, der Gouverneur von Penang, sprach ihr ein Stück Land zu. Der Tempel beherbergt eine Figur des Liegenden Buddha, die 1958 zum 2500. Geburtstag von Gautama Buddha geschaffen wurde. Die Phra Chaiya Mongkol genannte Statue ist 33 Meter lang und gilt als drittlängster Liegender Buddha der Welt. Neben der Haupthalle besitzt der Tempel einen vergoldeten Stupa *(chedi)* und grimmige Tempelwächter, die *yaksas*. Der Komplex ist typisch thailändisch angelegt, bis hin zu den goldenen Pagoden. Er wird von Thai-Mönchen betrieben und dient der Thai-Gemeinde sowie den Theravada- und Mahayana-Buddhisten der ganzen Insel. Der Überlieferung nach liebte der erste Abt des Tempels *laksa*, die hiesige scharfe Nudelsuppe. Deswegen bringen Gläubige bis heute Schalen mit *laksa* zum Schrein.

Detail am Wat Chayamangkalaram

Farbenfrohe Prachtfassade des buddhistischen Wat Chayamangkalaram

Die gepflegten Grünanlagen der Penang Botanic Gardens

⓱ Penang Botanic Gardens

8 km westl. des Stadtzentrums. (04) 227-0428. tägl. 5–20 Uhr. nach Voranmeldung. speziele Wege. Flora Festival (Juni). **botanicalgardens.penang.gov.my**

Der von der Kolonialverwaltung 1884 auf einem ehemaligen Granitsteinbruch angelegte Botanische Garten war der erste seiner Art in Westmalaysia. Mit seinen 29 Hektar Land, einem Wasserfall, Regenwaldhügeln und einem Fluss bietet er eine geschützte Umgebung für seltene Pflanzen und ist gleichzeitig die grüne Lunge von George Town.

Die Schönheit der Anlage ist der unermüdlichen Arbeit von Charles Curtis zu verdanken. Er verwandelte den Steinbruch in einen üppigen Tropengarten mit Baumschule. Nach dem Ende des Zweiten Weltkriegs wurden die Penang Botanic Gardens von ihrem Stammhaus in Singapur getrennt und eigenständig.

Hotels und Restaurants auf der Nordwest-Halbinsel *siehe Seiten 279 und 292f*

Üppige Pflanzenvielfalt auf dem Penang Hill

Neben seiner pädagogischen und konservatorischen Bedeutung ist der Garten bei den Einheimischen beliebt, um an der frischen Luft zu joggen oder spazieren zu gehen. Er besitzt zwei geteerte Wege, den kürzeren Lower Circle und den längeren Upper Circle, die von dichtem Wald umgeben sind. Zu den botanischen Attraktionen zählen der Aroid Walkway mit Vertretern der Philodendron-Familie, das Zierpflanzenhaus, das Farnhaus, das Kakteenhaus und der Seerosenteich. Unter den hier vertretenen seltenen Baumarten findet man den Kanonenkugelbaum, den Kerzenstrauch, den Affenbrotbaum, einige Ebenholzgewächse und den Dracontomelon dao. Außerdem werden hier Gewürzpflanzen wie Pfeffer, Nelken und Muskatnuss kultiviert.

⑱ Kek Lok Si Temple

Ayer Itam, 8 km westl. von George Town. (04) 828-3317. tägl. 8.30–17.30 Uhr. Loy Krathong (Nov).

Bronzestatue von Kuan Yin, Kek Lok Si Temple

Der größte und wichtigste buddhistische Tempel Malaysias ist der Kek Lok Si, der Tempel der Höchsten Glückseligkeit. Er liegt auf einem Hügel mit Blick auf den Bezirk Ayer Itam. Die für die chinesischen Inselbewohner lange als heilig geltenden Hügel von Ayer Itam sollen geomantisch günstig liegen und der geeignete Rückzugsort für Taoisten sein, die nach Unsterblichkeit streben. Der schöne Tempel war die Vision des Abts des Kuan-Yin-Tempels *(siehe S. 109)* in der Jalan Masjid Kapitan Keling. Unterstützung fand er beim chinesischen Konsul in Penang. Später befürwortete auch Kaiser Guangxu den Bau. Er schenkte zur Gründung eine kaiserliche Inschrift und 70 000 Bände mit buddhistischen Sutras. Der Bau begann 1893. Birmesische, chinesische und thailändische Kunsthandwerker arbeiteten zwei Jahrzehnte daran.

Berühmtester Teil ist die siebenstöckige, 1930 vollendete **Pagode König Ramas VI.** Sie wurde nach dem Thai-Monarchen benannt, der den Grundstein gelegt hatte. Die Pagode der Zehntausend Buddhas, wie sie auch heißt, ist 30 Meter hoch. Sie vereint drei Stilrichtungen: ein achteckiges Fundament im chinesischen Stil, thailändische Mittelgeschosse und eine birmesische Krone, Symbol der Einheit des Mahayana- und Theravada-Buddhismus. Das Areal besitzt wunderbare Gärten und heilige Teiche, darunter ist auch der Sacred Turtle Pond, in dem zur Verbesserung des *karma* Schildkröten ausgesetzt werden. Über allem ragt die massive Bronzestatue von Kuan Yin, der Göttin der Gnade, auf.

⑲ Penang Hill

Ayer Itam. **Zahnradbahn** Mo–Fr 6.30–22, Sa, So 6.30–23 Uhr. bis Penang Hill Railway (Zahnradbahn).

Malaysias älteste Hill Station entstand 1897. Penang Hill ist auch als Bukit Bendera oder Flagstaff Hill bekannt. Heute ist hier zwar nur noch ein Hotel in Betrieb, dennoch stellt der 830 Meter hohe Hügel eine erfrischende Rückzugsmöglichkeit von der tropischen Hitze George Towns dar.

Der 1788 angelegte Pferdeweg zum Hügel geht angeblich auf eine Initiative von Sir Francis Light, dem Gründer Penangs, zurück. Komfortabler kommt man heute mit der **Penang Hill Railway**, einer steilen Zahnradbahn von 1923, die immer noch in Betrieb ist, nach oben. Wanderfreunde können den Teerweg, der beim Steinbruch am Eingang der Penang Botanic Gardens beginnt, nehmen und in drei Stunden hinaufwandern.

Der Hügel verfügt über einen großen Artenreichtum. Dipterocarpus und Koniferen sind hier ebenso verbreitet wie Baumfarne. Vom Gipfel, auf dem sich neben einem farbenfrohen Hindu-Tempel auch eine Moschee befindet, blickt man auf die Straße von Malakka, die Penang Bridge und Butterworth.

Die steile Penang Hill Railway

Traditionelles Boot neben modernen Jetskis vor dem Strand von Batu Ferringhi

⑳ Batu Ferringhi

14 km nordwestl. von George Town. 93 ab George Town.

Das auch als Foreigners Rock bekannte Batu Ferringhi ist Penangs bekannteste Strandregion und eines der am besten ausgebauten Urlaubsgebiete. Der Küstenstreifen liegt im Nordwesten von Penang zur Straße von Malakka hin.

In den vergangenen drei Jahrzehnten hat sich das Areal zu einem überlaufenen Küstenstreifen mit Hotelburgen und vielen Restaurants und Shops gewandelt. Der Strand ist sauber, das Wasser ist allerdings ein wenig trüb und voller Quallen. Zum Surfen sind die Wellen nicht groß genug, doch der Ort eignet sich zum Sonnenbaden und Entspannen.

2004 war der Strand vom Tsunami betroffen, er wurde inzwischen aber vollständig instand gesetzt. Heutzutage erreicht man Batu Ferringhi problemlos von George Town aus, weshalb vor allem am Wochenende viele Tagesbesucher herkommen. Wochentags und in der Nebensaison (März bis Oktober) sind die Preise besonders niedrig.

Nur zwei Kilometer westlich von Batu Ferringhi liegt der **Tropical Spice Garden** mit mehr als 500 Pflanzen aus Malaysia, Thailand und Indonesien. Drei Wege führen durch elf separate Gärten mit speziellen Pflanzensammlungen und detaillierten Beschriftungen sowie Hinweisen zur Verwendung der Gewächse.

Tropical Spice Garden
tägl. 9–18 Uhr. Kinder unter 4 frei.

㉑ Teluk Bahang

19 km nordwestl. von George Town. 93 ab George Town.

Am westlichen Ende von Penangs Nordküste liegt das kleine Fischerdorf Teluk Bahang. Abfall der Fischindustrie verunreinigt den Sand, die Bucht ist zum Schwimmen ungeeignet, aber im Ort kann man wunderbaren Fisch essen. Mehrere Wege führen vom Dorf westwärts zur Felsnase **Muka Head**, vorbei an den malerischen Buchten Ailing und Duyong, dann südwestlich in das Pantai Aceh Forest Reserve und weiter bis Kerachut Beach.

Südlich der Bushaltestelle liegt die Kunstwerkstatt **Craft Batik** mit Verkaufsraum. Hier kann man zusehen, wie Batiken entstehen, und Sarongs und Batikbilder kaufen. In der Nähe liegt die **Penang Butterfly Farm** mit über 100 Schmetterlingsarten, Spinnen und anderen Insekten, die man in einer schönen Parkanlage mit diversen Pflanzen, Wasserfällen und Teichen bewundern kann. Südlich von Teluk Bahang erwarten den Besucher im **Forest Recreation Park** ausgezeichnete Möglichkeiten zum Wandern und Campen in der einzigartigen Umgebung eines üppigen Dschungels.

Penang Butterfly Farm
(04) 805-1253. Mo–Fr 9–17, Sa, So 9–17.30 Uhr.
butterfly-insect.com

Fischerboote am Ufer von Teluk Bahang

Hotels und Restaurants auf der Nordwest-Halbinsel *siehe Seiten 279 und 292f*

㉒ Penang National Park

Jalan Hassan Abbas, Teluk Bahang, 19 km nordwestl. von George Town. (04) 881-3530. 101 oder 93 ab George Town. tägl. 7–17 Uhr. kleine Gebühr für Canopy Walk.

Der Penang National Park an der nordwestlichen Spitze der Insel, dessen Haupteingang in der Nähe von Teluk Bahang liegt, wurde 2003 gegründet. Das ist erst der zweite Nationalpark auf der Halbinsel. Obwohl er relativ klein und bei Weitem nicht so bekannt wie der Taman Negara National Park ist, bietet er doch einen interessanten Kontrast zu den historischen städtischen Sehenswürdigkeiten. Hier kann man im Dschungel wandern und neben Eichhörnchen, Seeotter, Affen und über 150 Vogelarten Meeresschildkröten beobachten. Außerdem gibt es dort mehr als 1000 Pflanzenarten, darunter wilde Orchideen und fleischfressende Trompetenpflanzen.

Der Park ist etwa 13 Quadratkilometer groß und bietet ein nicht allzu strapaziöses Urwaldabenteuer. Einfache Wege führen durch dipterocarpe Wälder und Mangroven zu Sandstränden. Ein Baumwipfel-Pfad verbindet zwei Wege. Außergewöhnlich ist ein meromiktischer See mit Oberflächenwasser, das sich nicht mit dem Wasser darunter mischt.

Die Strände im Nationalpark sind unberührt. Besucher können mit einem Boot von Teluk Bahang zum Monkey Beach fahren. Er ist benannt nach den Makaken. Es gibt im Park keine Verkaufsstände, nehmen Sie deshalb genügend zu essen und zu trinken mit.

㉓ Snake Temple

Bayan Lepas, 12 km südl. von George Town. 66 ab Komtar in George Town. tägl. 7–19 Uhr. Chor Soo Kongs Geburtstag, 6. Tag des ersten Mondmonats (Jan/Feb).

Ban Kah Lan – im Hokkien-Dialekt »Tempel der azurblauen Wolken« – ist ein ungewöhnlicher Tempel. Chinesische Einwanderer bauten ihn 1850. Er gedenkt des chinesischen Buddhistenmönchs Chor Soo Kong, dem Heilkräfte zugeschrieben werden. Chor Soo Kong wurde in der Provinz Fujian zur Zeit des Song-Kaisers Renzong (11. Jh.) geboren. Er wurde ein nach Erleuchtung strebender Asket, die er unter Zen-Meister Ming Song auch erreichte. Als Arzt half er vor allem den Armen. Später zog er sich in ein Kloster auf dem Berg Peng Lai zurück. Nach seinem Tod wurde er heiliggesprochen.

Der Überlieferung nach wurde die Statue von Chor Soo Kong 1850 von einem Mönch aus China nach Penang gebracht, wo man ihr in einem Tempel in Bayan Lepas einen Schrein widmete. Nach Fertigstellung des Tempels gewährte der Mönch den Schlangen aus dem umgebenden Dschungel dort Unterschlupf. Es handelte sich dabei um die giftigen Tempelottern, auf Malaiisch *ular kapak tokong*. Bis heute bewohnen diese Schlangen den Tempel und bilden vor allem während der Festtage dessen Hauptattraktion. Die dunkelgrünen Tiere mit gelben Streifen werden einen Meter lang. Gläubige sehen in ihnen harmlose Tempelwächter. Ihr Biss ist schmerzhaft, aber selten tödlich. Zum Glück sind sie tagsüber – auch wegen der Räucherstäbchen – recht lethargisch. Sie werden erst nachts aktiv, um die ihnen zugedachten Opfergaben zu fressen.

Opfergaben im Sam Poh Footprint Temple bei Batu Maung

㉔ Batu Maung

15 km südl. von George Town.

Das chinesische Fischerdorf Batu Maung liegt südöstlich von Pulau Penang. Es ist für seine Fischrestaurants und ein kleines Aquarium berühmt, aber auch für den **Sam Poh Footprint Temple**. Sein Name verweist auf eine Einkerbung im Felsen, die einem Fußabdruck ähnelt. Der Abdruck stammt angeblich vom chinesischen Admiral Zheng He (15. Jh.), der Pulau Penang während seiner Expeditionen durch Südostasien, den Indischen Ozean und das Rote Meer besuchte. Der Abdruck soll den Ort markieren, an dem Zheng He an Land ging. Der Fels wird heute in einem Schrein bewahrt. Seit 2014 verbindet eine zweite Brücke Penang mit dem Festland.

Buddhistischer Mönch beim Gebet im Schlangentempel

Archäologische Funde, Haupttempel Candi Bukit Batu Pahat

㉕ Lembah Bujang

26 km nordwestl. von Sungai Petani. **mykedah2.com**

Eine von Westmalaysias wichtigsten archäologischen Stätten umfasst die Überreste eines hindu-buddhistischen Reichs, einer präislamischen Kultur, im Lembah Bujang. Die von dem Archäologen H. G. Quaritch Wales 1936 entdeckte Stätte erstreckt sich über ein riesiges Areal von 225 Quadratkilometern von Gunung Jerai bis Kuala Muda.

Bujang, das nach einem geflügelten Drachen benannt ist, war im 5. Jahrhundert v. Chr. ein bedeutendes Königreich. Es unterhielt Handelsbeziehungen mit Indien, Srivijaya (auf Sumatra) und Kambodscha. 672 v. Chr. besuchte der chinesisch-buddhistische Mönch I-Ching den Ort. Im 7. Jahrhundert wurde Bujang Teil des Srivijaya-Reichs. Seinen Zenit erreichte es im 9. und 10. Jahrhundert, bis der Islam auf der Halbinsel Fuß fasste.

Mehr als 50 Stätten wurden im Tal ausgegraben. Zu den imposantesten Funden zählen zwei Grabtempel *(candi)*, die man abtrug und im **Lembah Bujang Archaeological Museum** im nahe gelegenen Merbok wieder aufbaute. Der aus dem 7. Jahrhundert stammende Candi Bukit Batu Pahat besitzt ein *vimana*, eine Art Allerheiligstes mit Bildern von Hindu-Gottheiten, und eine *mandapa*, eine offene Halle mit einem auf Säulen ruhenden Steindach. Der *candi* erfüllte für Hinduisten oder Buddhisten die Funktion eines Tempels und ehrte die verstorbenen Herrscher und Mitglieder der königlichen Familie.

Das Museum archiviert und erläutert die einzelnen Funde und präsentiert Artefakte, die bei den Ausgrabungen gefunden wurden, darunter chinesisches Porzellan, Shiva-*lingas*, Statuen der Hindu-Götter Ganesha und Durga, Terrakottastatuen und ein Bronzebild, das 1976 gefunden wurde.

Steinsturzfragment, Lembah Bujang

Im Rahmen von Führungen des Museums kann man auch die Stätten besichtigen. 2013 gab es einen landesweiten Aufruhr, als ein Bauunternehmer einige der *candi* der Stätte zerstörte. Es gibt Pläne, die beschädigten Ruinen wiederherzustellen.

Lembah Bujang Archaeological Museum
Jalan Tanjung Dawai, Merbok.
(04) 457-2005. tägl. 9–17 Uhr. Fr 12–14.45 Uhr.
jmm.gov.my

㉖ Gunung Jerai

30 km nördl. von Sungai Petani.
(04) 730-1957. tägl.

Auf der Ebene von Kedah erhebt sich steil der imposante, 1217 Meter hohe Gunung Jerai. Der wuchtige, mit Wald bewachsene Kalksteinfelsen hieß früher auch Kedah Peak. Er gehört zur Titiwangsa-Bergkette und ist vom Meer aus gut sichtbar. Mitten in der Ebene verleiht er der einförmigen Landschaft etwas Abwechslung. Früher diente er als Navigationspunkt für Seefahrer. Im Hindu-Königreich Bujang galt er als heiliger Berg. Er markierte zugleich den Anfang der Transportroute auf dem Landweg zwischen dem Indischen Ozean und dem Südchinesischen Meer, die die lange Fahrt durch die Straße von Malakka überflüssig machte. Heute besteigt man den Berg wegen der herrlichen Aussicht auf die Wälder. Auf dem Gipfel stehen ein verfallener Hindu-Schrein aus dem 6. Jahrhundert und ein Bad, **Candi Telaga Sembilan**, das 1884 entdeckt wurde.

Eine weitere Attraktion auf dem Berg ist das Muzium Perhutanan, das **Forestry Museum**, das vom Duft der Koniferen und Eichen erfüllt ist. Das von der Malaysian Forestry Commission betriebene Museum zeigt eine Ausstellung zu den Bäumen des **Sungai Teroi Forest Recreation Park**, in dem auch äußerst seltene Orchideen und Tiere zu finden sind.

Forestry Museum
Gunung Jerai. (04) 731-2322.

Sungai Teroi Forest Recreation Park
Gunung Jerai. obligatorisch.

Nebelschwaden über den Baumwipfeln des Gunung Jerai

Hotels und Restaurants auf der Nordwest-Halbinsel *siehe Seiten 279 und 292f*

Die elegante Masjid Zahir, die Staatsmoschee, in Alor Star

㉗ Alor Star

95 km nördl. von George Town.
205 000. 179B Kompleks Alor Star, Lebuhraya Darul Aman, (04) 730-1322. **tourism.gov.my**

Die Hauptstadt des Bundesstaats Kedah ist in erster Linie eine Durchgangsstation auf dem Weg nach Thailand, zur Straße nach Kuala Kedah und der Fähre nach Pulau Langkawi. Alor Star (auch Alor Setar) besitzt gleichwohl einige Attraktionen. Eine davon ist der **Padang**, ein hübscher alter Kolonialplatz, den königliche und religiöse Gebäude säumen, etwa das **Balai Besar**, die königliche Audienzhalle, das auf hohen, mit viktorianischen Eisenverzierungen geschmückten Säulen steht. Das einzigartige **Balai Nobat** (Trommelhalle) ist ein achtseitiger Turm mit Zwiebelkuppel – Sitz des Kedah Royal Orchestra. Die **Masjid Zahir**, die staatliche Moschee, besitzt fünf elegante, maurisch verzierte Kuppeln und schlanke Minarette. Auch zwei städtische Gebäude, die öffentlich zugänglich sind, stehen hier. Das eine ist **Balai Seni Lukis Negeri**, das staatliche Kunstmuseum mit moderner malaysischer Kunst, das andere das Muzium Di Raja, das **Royal Museum**, mit königlichen Gebrauchsgegenständen.

Interessanter ist das Muzium Negeri, das **State Museum**, zwei Kilometer nördlich des Padang. Seine Exponate stammen aus dem 19. Jahrhundert, als Kedah noch tributpflichtiger Staat des benachbarten Siam (heute Thailand) war. Ein weiterer Hinweis auf die alte Verbindung ist der **Wat Syam Nikrodharam**, ein Theravada-buddhistischer Tempel im thailändischen Stil an der Kampung Telok Sena. Der Tempel ist das Gotteshaus der chinesisch-buddhistischen Gemeinde.

Masjid Zahir
Jalan Sultan Muhamad Jiwa.
tägl. Fr 12–15 Uhr.

Royal Museum
Bei der Balai Besar.
(04) 732-7937.
tägl. Fr 12–15 Uhr.

State Museum
Lebuhraya Darul Aman.
(04) 733-1162. Sa–Do.
Fr 12–15 Uhr.

㉘ Kuala Kedah

12 km westl. von Alor Star.
220 000.

Kuala bedeutet auf Malaiisch »Flussmündung« und bezeichnet gut die Lage des kleinen Fischerhafens Kuala Kedah am Nordufer des gleichnamigen Flusses. Die Kleinstadt dient als südlicher Fährhafen für Reisende nach Pulau Langkawi.

Glanzstück des Orts ist **Kota Kuala Kedah**, eine Festung aus der Mitte des 18. Jahrhunderts. Sie steht am rechten Ufer des Sungai Kedah. Ursprünglich sollte sie das Königreich vor Angriffen aus Thailand schützen. Doch die Thailänder überrannten die Festung und besetzten die Region Anfang des 19. Jahrhunderts. Der von dicken Mauern und einem Graben umgebene Ort besitzt einige schöne Gebäude, darunter die Royal Audience Hall. Außerdem stehen auf den verfallenen Festungsmauern sechs britische Kanonen aus dem 19. Jahrhundert. Heute ist Kuala Kedah berühmt für Meeresfrüchte, insbesondere für *laksa*, das man in den zahlreichen Lokalen rund um die historischen Stätten bekommt.

Orang Syam

Aus Thailand stammende Malaysier heißen auf Malaiisch *Orang Syam*. Sie leben seit Jahrhunderten in Nordmalaysia. Wann und wie sie in die vorwiegend malaiischsprachige Region gelangten, ist unklar. Ihr Dialekt lässt vermuten, dass sie vor mindestens 400 Jahren aus der an Thailand angrenzenden Narathiwat-Provinz kamen. Die *Orang Syam* gelten als *bumiputras*, eingeborene Malaysier, und genießen dieselben Rechte wie die muslimischen Malaien. Sie siedelten vorwiegend in prosperierenden *kampung syams*, siamesischen Dörfern in Kedah, Kelantan, Perak, Penang und Perlis in harmonischer Eintracht mit ihren muslimischen Nachbarn. Man erkennt *kampung syams* an den prachtvollen buddhistischen Tempeln. Sie haben die typischen geschwungenen Dächer, üppig vergoldete Pagoden, klingende Windglöckchen und diverse Buddha-Figuren. Der 500 Jahre alte Tempel von Kampung Jubakar birgt den größten Sitzenden Buddha in Südostasien.

Orang Syams bei der Feldarbeit

㉙ Pulau Langkawi

Die Hauptinsel des etwa 100 Inseln umfassenden Archipels in der Andamanensee ist eines der beliebtesten Reiseziele Malaysias und mit seinen Sandstränden und Hügeln auch eines der schönsten. Idyllisch gelegene Hotelanlagen bieten Entspannung pur, während unternehmungslustige Besucher Aktivitäten wie Wasserskifahren, Tauchen und Trekking erwarten. Die kleine Hauptstadt Kuah ist ein guter Ausgangspunkt, um Langkawis Attraktionen zu erkunden.

Langkawi Sky Bridge
Von dem Laufsteg an der Bergstation der Langkawi Cable Car hat man einen fantastischen Blick.

Telega Tujuh Falls
Wörtlich bedeutet Telega Tujuh »Sieben Quellen«. Der Wasserfall ist ein idealer Ort zum Baden und Picknicken.

★ Pantai Cenang
Den langen Sandstrand säumen zahlreiche kleine Chalets sowie wunderbare Restaurants und Bars.

0 Kilometer 5

Die Sage von Tasik Dayang Bunting

Boot auf dem Tasik Dayang Bunting

Der Tasik Dayang Bunting (See der schwangeren Jungfrau) liegt mitten in den Kalksteinfelsen und Wäldern von Pulau Dayang Bunting, der zweitgrößten Insel des Archipels. Eine Sage rankt sich um Prinzessin Mahsuri, die behauptete, durch das Trinken von Seewasser schwanger geworden zu sein. Man bezichtigte sie des Ehebruchs und richtete sie hin. Ein Krokodil im See soll Mahsuris Kind sein. Frauen kommen bis heute hierher, um schwanger zu werden.

Hotels und Restaurants auf der Nordwest-Halbinsel *siehe Seiten 279 und 292f*

Infobox

Information
30 km westl. von Kuala Perlis.
120 000. Jalan Persiaran Putra, Kuah, (04) 966-7186.
naturallylangkawi.my

Anfahrt

Langkawi Birds Paradise
Dieser üppige Tropengarten in Belanga Pecah beherbergt mehr als 150 Vogelarten, darunter Nashornvögel, Tukane und Flamingos.

Der Durian Perangin Waterfall stürzt in 14 Stufen hinab. Er ist ein beliebter Picknickplatz.

★ Gunung Raya
Der Gunung Raya, der »Große Berg«, ist der höchste Gipfel des Archipels. Er bietet eine herrliche Aussicht aufs Meer.

Masjid al-Hana
Die Goldtürme der Masjid al-Hana, der größten Moschee auf Pulau Langkawi, thronen über der Inselhauptstadt Kuah.

★ Mahsuris Grab
Der Schrein erinnert an Prinzessin Mahsuri, die zu Unrecht des Ehebruchs beschuldigt und hier hingerichtet wurde.

Legende
- Hauptstraße
- Nebenstraße
- Fährroute
- Seilbahnstrecke
- Gipfel

Überblick: Pulau Langkawi

Pulau Langkawi ist die größte der Tropeninseln des gleichnamigen Archipels. Die bergige, üppig grüne Insel bietet palmengesäumte Strände und Sandbuchten. 1986 wurde aus der isolierten, malaiisch geprägten Inselgruppe eine Freihandelszone, die rasch zu einem beliebten Urlaubsziel für Rucksackurlauber wie für Luxusreisende wurde. Den Archipel erreicht man mühelos auf dem See- oder Luftweg. Das exzellente Straßennetz macht Ausflüge auf der Insel zum reinen Vergnügen. In der ehemals verschlafenen Hauptstadt Kuah findet man heute unzählige Einkaufszentren, Supermärkte, Ferienanlagen und Luxushotels, die dem wachsenden Besucheransturm gerecht werden.

Läden und Cafés säumen die Main Street in Kuah

Kuah

Südöstl. von Pulau Langkawi.
94 000. Jalan Persiaran Putra, (04) 966-7789. Mi, Sa.
Taman Legenda Jalan Persiaran Putra, nahe Kuah Jetty. (04) 966-4223. tägl. 8–23 Uhr.

Kuah, Langkawis Hauptort, liegt in einer großen Bucht an der Südostspitze der Insel. Das ehemals kleine Fischerdorf wandelt sich aufgrund des wachsenden Tourismus rasend.

Das schönste Gebäude ist die Friday Congregational Mosque, die **Masjid al-Hana**. Sie steht neben dem Informationsbüro. Die 1959 erbaute Moschee weist usbekische, maurische und traditionell malaiische Elemente auf. Der **Taman Legenda** ist ein Themenpark am Meer mit Skulpturen und Exponaten zur Geschichte des Archipels. Der Garten bietet eine gute Aussicht auf Dataran Lang, einen schönen Platz mit einer Adlerstatue. In Kuah kann man am besten einkaufen, Geld wechseln und ein Auto mieten. Der Ort besitzt auch einen quirligen *pasar malam* (Nachtmarkt). Für Schiffsreisende ist Kuah ein guter Umsteigepunkt nach Kuala Perlis, Kuala Kedah, Penang, Alor Star und Satun in Thailand.

Mahsuris Grab

12 km westl. von Kuah.
Grab tägl. 7.30–18 Uhr.
Aufführung 11 Uhr.

Das Grab der Malaienprinzessin Mahsuri besteht aus weißem Stein. Der Überlieferung nach hatte man Mahsuri zu Unrecht des Ehebruchs bezichtigt, zum Tod verurteilt und mit ihrem eigenen *keris* erdolcht. Ihr Blut war wie zum Zeichen ihrer Unschuld weiß. Mit ihrem letzten Atemzug verfluchte die Prinzessin die Insel zu sieben Jahren Unglück. Ihr Grab wurde dort, wo sie umgebracht wurde, aus Marmor errichtet. Heute wird es von den Insulanern als Schrein verehrt. Man kann sich auch ein kleines Museum und einige traditionelle malaiische Häuser ansehen.

Langkawi Canopy Adventures

15 km nordwestl. von Kuah.
12-466-8027.
langkawi.travel

Eine der aufregendsten Unternehmungen im Freien ist Langkawi Canopy Adventures. Sie bringt Besucher bis hinauf in die Wipfel des Walds im Gunung-Raya-Gebirge. Der Ausflug führt über ein 150 Meter langes Gleitstück an Stahlseilen, bevor man sich 30 Meter abseilt. Da erfahrene Profis dabei sind, ist das Abenteuer jedoch ungefährlich, zumal die Teilnehmer mit einem Einführungstraining auf die Tour vorbereitet werden. Man kann auch mit Kajaks fahren.

Pantai Cenang

16 km westl. von Kuah.
Underwater World
(04) 955-6100. tägl. 10–18 Uhr. **underwaterworld langkawi.com.my**

Der weiße Sandstrand von Pantai Cenang ist der beliebteste Küstenstreifen. Obwohl sich seit 2000 viel verändert hat, ist der Strand immer noch recht schön.

Auf dieser Tafel ist die Geschichte von Prinzessin Mahsuri nachzulesen

Panoramafenster in der Underwater World bieten beste Sicht auf die Fische

Am südlichen Ende gibt es einige Unterhaltungseinrichtungen wie die **Underwater World**. Das spektakuläre Aquarium ist eines der größten in Malaysia. Es zeigt mehr als 5000 Meerestierarten. Das Aquarium verfügt auch über einen Tunnel und ein 3-D-Kino.

Der Nachtmarkt von Pantai Cenang ist ebenfalls einen Besuch wert. Der Markt findet jeden Abend an einem anderen Ort statt, am Donnerstag in Pantai Cenang. Von 17.30 bis 22 Uhr trifft man gegenüber dem Bon Ton Resort auf eine Mischung aus Essensständen, Läden und Bauern, die ihre Produkte verkaufen.

Der nahe gelegene Strand **Pantai Tengah**, die südliche Verlängerung von Cenang, wartet mit einem Hafen, Hotels und einem Nightclub auf.

Geflochtener Korb, Kompleks Budaya Kraf

Telaga Tujuh Falls

22 km westl. von Kuah.
Langkawi Cable Car
tägl. 10–19 Uhr.

In schöner Umgebung an der Westküste von Langkawi liegt Telaga Tujuh (Sieben Quellen). Von Pantai Kok erreicht man die Wasserfälle in 30 Minuten zu Fuß. Der idyllische Ort ist ideal für ein Picknick und ein Bad in den Süßwasserbecken. Über natürliche Steinsimse gleitet man ins Wasser. Nehmen Sie sich vor den frechen Affen in Acht und halten Sie Ihre Tasche gut fest, da die Affen sonst alles Essbare stehlen.

Nicht weit von den Wasserfällen entfernt transportiert die Seilbahn **Langkawi Cable Car** Passagiere über den Regenwald zum Gipfel des 705 Meter hohen Gunung Machinchang. Von dort aus hat man eine wunderbare Aussicht über die Insel bis zum benachbarten Thailand. Mit einer Steigung von 42 Grad und einem Höhenunterschied von 680 Metern gehört die Bahn zu den steilsten der Welt.

Die Felsen hier sind mit 450 Millionen Jahren die ältesten Malaysias. Seit 2007 ist der ganze Archipel Langkawi mit etwa 100 Inseln als Gebiet mit geologischen Besonderheiten ein UNESCO-Geopark. Langkawi wurde als erster Geopark in Südostasien aufgenommen. Als drei Hauptpunkte sind Kilim Karst und die Geowälder Machinchang Cambrian und Dayang Bunting Marble ausgewiesen.

Teluk Datai

35 km nordwestl. von Kuah. **Ibrahim Hussein Museum** Pasir Tengkorak. (04) 959-4669. tägl. **Kompleks Budaya Kraf** Teluk Yu. (04) 959-1917. tägl.

Teluk Datai an der Nordküste bietet herrliche Aussichten auf die Insel. Es gibt mehrere schöne Strände. In der Bucht befinden sich exklusive Ferienanlagen sowie der Golfplatz Els Club. Das **Ibrahim Hussein Museum** zeigt Werke des berühmten Künstlers. Ein Stück weiter erstreckt sich die Anlage des **Kompleks Budaya Kraf**, in der Kunsthandwerk wie Batik, *ikat*, Töpferkunst, Malerei und Schnitzerei vorgestellt wird.

Pulau Payar Marine Park

32 km südl. von Langkawi.

Eine Bootsstunde von Kuah entfernt liegt die bei Tauchern und Schnorchlern beliebte Tropeninsel Pulau Payar. In den Korallenriffen vor Payar und den kleineren Inseln Lembu, Segantang und Kaca wimmelt es von Meeresbewohnern wie Moränen, großen Barschen und Schwarzflossen-Riffhaien. Besonders beliebt ist der **Coral Garden** im geschützten, klaren Wasser vor Pulau Payar. Er soll die größte Anzahl von Korallenarten in Malaysia besitzen. Besucher dürfen unter Expertenaufsicht Haibabys füttern. Wer hierherkommen möchte, sollte sich einen Tag im Voraus zu einer Gruppenführung anmelden.

Pulau Dayang Bunting

5 km südl. von Kuah.

Gegenüber der Bucht von Kuah liegt Dayang Bunting, die zweitgrößte Insel des Archipels. Die mit Regenwald und Mangroven bewachsene Insel bewohnen mehr als 90 Vogelarten, darunter Nashornvögel, Eisvögel und Spechte. Eine eigentümliche Anziehungskraft besitzt Tasik Dayang Bunting (See der schwangeren Jungfrau). Er ist von Kalksteinfelsen und dichtem Wald umgeben. Der Überlieferung nach verhilft der See zu Fruchtbarkeit, weswegen Frauen hier gern baden. Man kann im See schwimmen, Tretboot fahren oder einfach am Ufer picknicken.

Boote ankern vor Pulau Dayang Bunting

Südhalbinsel

Die Südspitze Westmalaysias ist zugleich der südlichste Teil der asiatischen Landmasse. Sie umfasst Johor, den größten Bundesstaat, und den häufig übersehenen Bundesstaat Negeri Sembilan mit seiner Minangkabau-Kultur. Das kosmopolitische Malakka (Melaka), Hauptstadt des historisch bedeutenden, gleichnamigen Bundesstaats, fehlt auf keiner Reiseroute. An der Ostküste locken die Sandstrände und bunten Riffe von Pulau Tioman.

Nur die schmale Straße von Malakka trennt diesen Teil Malaysias von Sumatra, sodass es immer eine enge Verbindung zwischen den beiden Kulturen gab. Im 15. Jahrhundert siedelten sich in Negeri Sembilan die aus Sumatra stammenden Minangkabau an. Sie brachten ihre Architektur mit den bis heute verbreiteten aufgebogenen Dächern in die Region.

Auch Malakka wurde von einem exilierten Prinzen aus Sumatra gegründet. Mit diesem kam im 15. Jahrhundert der Islam auf die Halbinsel. Die strategische Lage der Stadt an den Handelsrouten zwischen China und Indien bescherten ihr unermesslichen Reichtum. Hier wurde mit allem gehandelt – von Tee, Seide und Gewürzen bis hin zu Gold, Opium und Sklaven. Der Reichtum lockte auch die Portugiesen an, die die Stadt 1511 eroberten. Ihnen folgten niederländische und schließlich britische Kolonialherren sowie Chinesen und Inder, die sich mit den Malaien zu den charakteristischen Baba-Nyonya- und Chitty-Gemeinden verbanden. Heute ist Malakka für seine reiche Kolonialarchitektur und eine multiethnische Küche berühmt.

Nachdem Malakka an die Portugiesen gefallen war, wurde Johor zum mächtigsten Staat auf der Halbinsel. Angesichts der Bedrohung durch die Minangkabau war Johor aber 1819 gezwungen, Singapur an Sir Stamford Raffles abzutreten. Heute ist die Hauptstadt Johor Bahru Malaysias zweitgrößte Stadt. Attraktiver sind die Inseln des Seribuat-Archipels mit hervorragenden Tauchbedingungen.

Farbenfrohe, mit Blumen verzierte Rikschas vor der Christ Church, Malakka

◀ **Bunt bemalte Veranden in der Bucht von Salang auf dem idyllischen Eiland Pulau Tioman** ***(siehe S. 136f)***

Überblick: Südhalbinsel

Die Südhalbinsel liegt zwischen der verkehrsreichen Straße von Malakka im Westen, dem Südchinesischen Meer im Osten und dem Inselstaat Singapur im Süden. Die Region bietet pulsierende Städte, herrliche Dschungelgebiete, Badeorte und menschenleere Inseln. Besonders beliebt ist das historische Malakka (Melaka) mit einigen der besten Museen, der abwechslungsreichsten Küche und den ältesten europäischen Bauten Malaysias. Der Istana Lama, ein wunderbarer alter Palast in Sri Menanti, ist ein herausragendes Beispiel für die Minangkabau-Handwerkskunst. Seremban, die Hauptstadt von Negeri Sembilan, eignet sich als Ausgangspunkt für Ausflüge. Johors Hauptattraktionen sind seine reizenden Urlaubsorte und die Inseln des Seribuat-Archipels.

Das königliche Thronzimmer im Istana Lama, Sri Menanti

Sehenswürdigkeiten auf einen Blick

1. Seremban
2. Sri Menanti
3. Kuala Pilah
4. *Malakka (Melaka) S. 128–133*
5. Muar
6. Kukup
7. Johor Bahru
8. Desaru Beach
9. Mersing

Inseln

10. Seribuat-Archipel
11. *Pulau Tioman S. 136f*

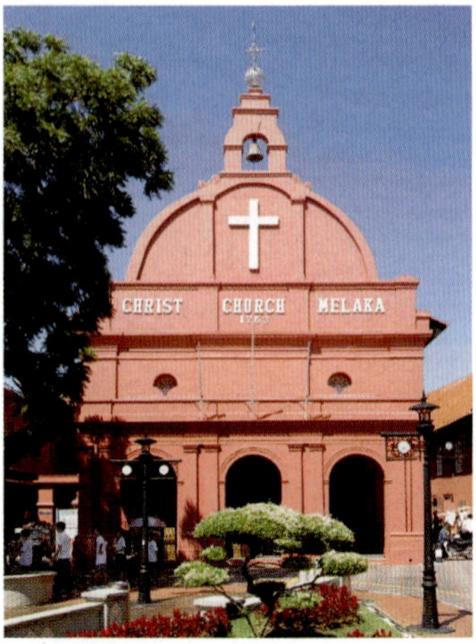

Rosa Fassade der Christ Church, Malakka

Auf der Südhalbinsel unterwegs

Zwischen Kuala Lumpur und Johor Bahru (und von dort weiter nach Singapur) verkehrt ein Zug. Seremban liegt am Ende der KTM-Strecke. Schnellste und einfachste Fortbewegungsmittel in der Region sind Auto und Bus. Zwischen größeren Orten verkehren regelmäßig Busse. Kleinere Orte wie Kukup erreicht man am besten per Taxi, Pulau Tioman mit einer Fähre ab Mersing.

Weitere Zeichenerklärungen *siehe hintere Umschlagklappe*

Legende

- Autobahn
- Hauptstraße
- Nebenstraße
- Eisenbahn
- Staatsgrenze
- Bundesstaatsgrenze
- Gipfel

0 Kilometer 40

Desaru Beach – Palmen und blütenweißer Sand

Die beschaulichen Lake Gardens in Seremban

❶ Seremban

67 km südl. von Kuala Lumpur. 700 000. KTM Seremban. ab Kuala Lumpur und Malakka. Negeri Sembilan Cultural Carnival (Juni). **tourism.gov.my**

Seremban, die Hauptstadt des Bundesstaats Negeri Sembilan, ist ein geschäftiger, moderner Ort, der auf den ersten Blick jeder anderen Provinzstadt in Malaysia gleicht. Es gibt nur wenige Sehenswürdigkeiten, doch dafür ist Seremban Zentrum der Minangkabau-Kultur, was vor allem an der Bauweise der Häuser erkennbar ist. Typisch ist etwa das **State Secretariat Building** mit seinem zugespitzten Dach. Einige original erhaltene Gebäude der Minangkabau wurden ins **State Museum** verbracht, darunter der herrliche Istana Ampang Tinggi, der in den 1860er Jahren für eine Sultanstochter erbaut wurde, und das Rumah Negeri Sembilan. Das State Museum zeigt außerdem Trachten, Musikinstrumente und Waffen.

Östlich des Ortszentrums befinden sich die wunderbar angelegten **Lake Gardens** und die runde Staatsmoschee.

Umgebung: 32 Kilometer südwestlich von Seremban liegt die kleine Hafenstadt **Port Dickson**. Sie ist Hauptort des 18 Kilometer südwärts bis **Tanjung Tuan** (Cape Rachado) verlaufenden Strands. Als nächstgelegener Badeort von Kuala Lumpur ist er bei den Einheimischen vor allem am Wochenende ungeheuer populär und entsprechend überlaufen. Die Wasserqualität in der Straße von Malakka ist nicht herausragend, dafür ist immer etwas geboten. Es gibt auch ein Armeemuseum, das Abwechslung zum Strandleben bietet.

State Museum
Cultural Handicrafts Complex, Jalan Sungei Ujong. (06) 763-1149. tägl. 10–18 Uhr. Fr 12–14.45 Uhr. nur im Freien.

❷ Sri Menanti

30 km östl. von Seremban. 6000. ab Seremban. Geburtstag des Sultans (Juli).

Sri Menanti war einst die königliche Hauptstadt von Negeri Sembilan, heute ist es wenig mehr als ein Bauerndorf. Der **Istana Lama**, der Alte Palast, diente bis 1931 als Königsresidenz. Er ist ein schönes Beispiel der Minangkabau-Architektur. Das heute als Museum genutzte Holzgebäude wurde 1908 ohne einen einzigen Nagel errichtet. Der Palast steht auf 99 Säulen, die die königlichen Krieger darstellen. Die Fassade ist mit Blätterwerk und Tierfiguren verziert. Die königlichen Schlafgemächer und der Bankettsaal sind für Besucher geöffnet, es gibt eine kleine Ausstellung von Trachten und Fotos. Die Balkone in den oberen Etagen bieten eine herrliche Aussicht auf die Palastgärten.

Istana Lama
(06) 497-0242. wegen Renovierung bis Ende 2019.

❸ Kuala Pilah

40 km östl. von Seremban. 154 000.

Mitten im Minangkabau-Gebiet liegt die Provinzstadt Kuala Pilah. Sie hat wenig Sehenswertes zu bieten, ausgenommen die schönen Shophouses aus den 1930er Jahren und ein paar kleinere Attraktionen, etwa den Martin Lister Memorial Arch hinter dem Busbahnhof. Dieser grandiose klassische Bogen mit chinesischem Dach von 1897 erinnert an Martin Lister, den ersten British Resident. In der Nähe steht die katholische Schindeldachkirche St. Joseph's.

Im Ortszentrum gibt es einige Tempel, darunter der bunte **Sri Kanthaswamy Hindu Temple** mit seinen verzierten Statuen diverser Gottheiten.

Sri Kanthaswamy Hindu Temple
Jln. Melang. tägl. 6–19 Uhr.

Friesdetail im Sri Kanthaswamy Hindu Temple von Kuala Pilah

Hotels und Restaurants auf der Südhalbinsel *siehe Seiten 279f und 294f*

Minangkabau-Architektur

Negeri Sembilan ist eine Hochburg der Minangkabau, die im Hochland von Westsumatra beheimatet waren und sich im 15. Jahrhundert hier ansiedelten. Der aus den Wörtern *minang* und *kerbau* zusammengefügte Name bedeutet »siegreicher Büffel«. Der Überlieferung nach wurde im Krieg gegen Java der entscheidende Kampf zwischen zwei Wasserbüffeln ausgetragen. Die Minangkabau siegten und machten Büffelhörner zu ihrem Stammessymbol. Die stilisierten Hörner tauchen im Kopfschmuck der Frauen und an den Häusern auf. Letztere stehen auf Säulen und tragen ein reich verziertes Dach mit spitzen, aufgebogenen Giebeln, die an Hörner erinnern. Solche Wohnhäuser heißen *rumah gadang*, übersetzt »großes Haus«. Da die Minangkabau eine matrilineare Gesellschaft sind, gehören die Häuser den Frauen und werden an die Töchter vererbt.

Der zentrale Turm beherbergte einst die königlichen Schriften und diente als Aussichtsturm. Man erreicht ihn über eine steile Holztreppe.

Die Dachziegel sind aus dem seltenen und inzwischen teuren, aus Sarawak importierten Borneo-Eisenholz gemacht.

Istana Lama, Sri Menanti

Der Alte Palast ist das beeindruckendste Beispiel der Minangkabau-Architektur in Malaysia. Er wurde zwischen 1902 und 1908 erbaut. Bis zum Jahr 1931 diente er als königliche Residenz. Seit 1992 ist hier ein Museum eingerichtet.

Der Palast ruht auf 99 Säulen, wovon jede aus einem *Cengal*-Baumstamm gehauen wurde. Viele sind mit Schnitzereien reich verziert.

Die aufgebogenen Giebel des State Museum in Seremban sind typisch für die Minangkabau-Architektur. Das Gebäude wurde 1984 errichtet. Auf dem Gelände wurden auch ältere Häuser dieser Bauart originalgetreu rekonstruiert.

Der Istana Ampang Tinggi mit *Attap*-(Stroh-)Dach wurde im 19. Jahrhundert für eine Prinzessin erbaut. Er stand zunächst in Sri Menanti und wurde in Serembans State Museum wiederaufgebaut.

Ein prächtiges Tor überspannt die Hauptstraße nach Sri Menanti. Es besteht aus den typischen, hornförmigen Säulen.

❹ Malakka (Melaka)

Mit seinem kosmopolitischen Erbe ist Malakka eines der beliebtesten Reiseziele Malaysias. Der Überlieferung zufolge wurde die Stadt um 1400 von dem aus Sumatra stammenden Prinzen Parameswara gegründet und nach dem einheimischen Malakka-Baum benannt. Sie wuchs schnell und war im 15. Jahrhundert eines der wohlhabendsten Handelsreiche des Ostens. 1511 fiel Malakka an die Portugiesen, 1641 an die Niederländer und 1795 schließlich an die Briten. Die unterschiedlichen Einflüsse der Herrscher sind im historischen Stadtkern rund um St. Paul's Hill sichtbar. Die multiethnische Bevölkerung besteht vor allem aus portugiesischen Eurasiern und Baba-Nyonya, Nachkommen aus Mischehen zwischen Chinesen und Malaiinnen.

Das Stadthuys gehörte einst der niederländischen Kolonialregierung

Stadthuys

Town Square. (06) 284-1934. tägl. 9–17.30 Uhr. Fr 12.15–14.45 Uhr.

Das herrliche Gebäude am Marktplatz bauten die Niederländer in den 1650er Jahren als Sitz der Kolonialverwaltung. Heute beherbergt es das **Museum of History and Ethnography**, das über die wechselvolle Geschichte der Stadt aufklärt. Die Sammlung des Museums umfasst holländische Möbel, Pistolen und Schwerter, Ming-Vasen, Nyonya-Geschirr sowie Dioramen mit Hochzeitszeremonien der einheimischen Ethnien und die Replik eines traditionellen malaiischen Holzhauses.

Mit derselben Eintrittskarte kann man mehrere hinter dem Stadthuys gelegene kleine Museen besuchen, etwa das malaysischen Autoren und Manuskripten gewidmete **Museum of Literature** und das **Democratic Government Museum** mit einer Ausstellung zur politischen Geschichte des unabhängigen Malaysia. Ebenfalls im Preis inbegriffen ist der Besuch der **Seri Melaka**, einer Kolonialvilla, die als Residenz der Kolonialgouverneure diente.

St. Paul's Hill

In privilegierter Lage im Zentrum mit Blick aufs Meer steht St. Paul's Hill. Hier lag die inzwischen fast ganz verschwundene portugiesische Festung **A Famosa**. Lediglich deren Porta de Santiago am Fuß des Bergs ist übrig geblieben.

Auf dem Gipfel thront die **St. Paul's Church**. Sie wurde 1521 errichtet und hieß damals noch Nossa Senhora da Annunciada. Später wurde sie in St. Paul's umbenannt. Nach dem Bau der Christ Church wurde sie aufgegeben. Mittlerweile ist die St. Paul's Church zur Ruine verfallen. Sie besitzt aber noch eine faszinierende Sammlung reich verzierter niederländischer Grabsteine (17. Jh.) sowie das leere Grab des hl. Francis Xavier.

Vor dem Eingang stehen eine 1952 aufgestellte Marmorstatue des Heiligen sowie ein Leuchtturm aus dem 19. Jahrhundert. Ein Pfad führt hinunter zum holländischen Friedhof am Fuß des Bergs. Nur in fünf der 38 Gräber liegen Niederländer aus dem 17. Jahrhundert. In den übrigen wurden im 19. Jahrhundert Briten begraben. Die meisten Gräber sind verfallen. Die Namen der Toten sind auf einer Tafel am Eingang aufgelistet.

Porta de Santiago

Jalan Kota.

Eines der vier Haupttore der portugiesischen Festung A Famosa, die Porta de Santiago, ist alles, was von der Verteidigungsanlage noch steht. Sie wurde 1512 von Afonso de Albuquerque gebaut. Im 17. Jahrhundert wurde sie von den Holländern instand gesetzt und ausgebaut. Der inzwischen frei stehende Steinbogen am Fuß von St. Paul's Hill trägt daher auf beiden Seiten das Wappen der Vereenigde Oost-Indische Compagnie. Davor stehen mehrere holländische Kanonen.

Die Briten zerstörten die Festung mit ihren drei Meter dicken Mauern 1807 für den Fall, dass sie in die Hände der Franzosen geraten sollte. Nur dank der Intervention von Sir Stamford Raffles *(siehe S. 44)* wurde dieser kleine Teil für die Nachwelt erhalten.

Die Ruinen der Porta de Santiago, Überrest der Festung A Famosa

Hotels und Restaurants auf der Südhalbinsel *siehe Seiten 279f und 294f*

Säule und Garten des Istana Kesultanan Melaka

Istana Kesultanan Melaka

Jalan Kota. (06) 282-6526. tägl. 9–17.30 Uhr. Garten frei. **perzim.gov.my**

Istana Kesultanan Melaka am Fuß von St. Paul's Hill ist die Nachbildung eines traditionellen Malaienpalasts. Man baute ihn nach Beschreibungen des originalen Sultanspalasts, der im 15. Jahrhundert in dieser Gegend stand. Das dort ansässige **Muzium Di Melaka** zeigt lebensgroße Dioramen von Versammlungen des Sultanshofs und vom *nobat*, dem königlichen Orchester. Außerdem gibt es Modelle anderer Paläste in ganz Malaysia zu sehen sowie Trachten und Waffen, darunter auch die gefürchteten *Tombak*-Speere.

Im Obergeschoss befindet sich das Schlafgemach des Sultans. Eine weitere Treppe führt in einen kleinen Raum mit *keris*, traditionellen malaiischen Krummdolchen.

Vor dem Palast liegt der sogenannte Verbotene Garten, ein reizender stiller Park mit Springbrunnen und Wasserbecken, Bambus, Palmen und Magnolien.

Infobox

Information

Malakka. 720 000.
Jalan Kota, (06) 281-4803.
Drachenbootfest (Juli).
tourism.gov.my

Anfahrt

Tampin, 38 km nördl.
Dumai, Sumatra.

Christ Church

Town Square. (06) 284-8804. 17. tägl. 8.30 Uhr (anglikanisch).

Die beeindruckende rote Kirche ist eines der Wahrzeichen von Malakka. Die Niederländer bauten sie 1753 zur Feier ihrer 100-jährigen Herrschaft. 1838 wurde sie zur Anglikanerkirche. Der Bau aus Laterit ist ähnlich wie das Stadthuys und der Clock Tower rot bemalt. Die Kirche besitzt eine Vorhalle mit drei Bogen. Im Innenraum befinden sich zahlreiche niederländische und britische Grabsteine. Die riesigen Balken wurden je aus einem ganzen Baumstamm gehauen. Sehenswert sind auch die handgeschnitzten Kirchenbänke und das Fries mit dem Letzten Abendmahl über dem Altar.

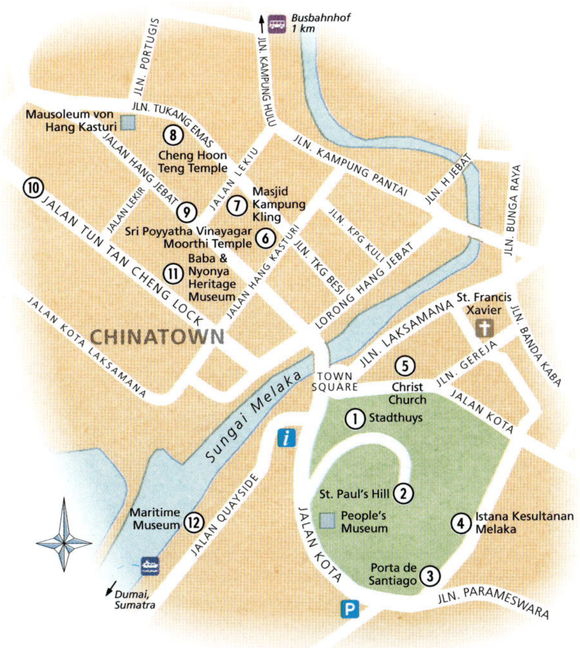

Zentrum von Malakka

1. Stadthuys
2. St. Paul's Hill
3. Porta de Santiago
4. Istana Kesultanan Melaka
5. Christ Church
6. Sri Poyyatha Vinayagar Moorthi Temple
7. Masjid Kampung Kling
8. Cheng Hoon Teng Temple
9. Jalan Hang Jebat
10. Jalan Tun Tan Cheng Lock
11. Baba & Nyonya Heritage Museum
12. Maritime Museum

0 Meter 200

Zeichenerklärung
siehe hintere Umschlagklappe

Sri Poyyatha Vinayagar Moorthi Temple

5–11 Jalan Tukang Emas.
(06) 288-3599.

Der unscheinbare Bau ist der älteste Hindu-Tempel in Malaysia. Er wurde 1781 auf dem Gelände der ersten Siedlung der »Chitty«, der indischen Peranakan, gebaut.

Der Tempel ist dem Gott Vinayagar gewidmet, dem elefantenköpfigen Gott der Weisheit, der auch Ganesha heißt. Ein Bild Vinayagars steht auf dem Hauptaltar im hinteren Teil des Tempels. Sein jüngerer Bruder Murugan ziert den Seitenaltar. Der Tempel ist während Thaipusam (Jan/Feb) sehr überlaufen.

Sri Poyyatha Vinayagar Moorthi Temple

Masjid Kampung Kling

Jalan Tukang Emas.
(06) 283-7416.

Die 1748 gegründete Moschee ist eine der ältesten im Land. Allerdings stammt der jetzige Bau großteils aus dem Jahr 1872. Damals wurde der alte Holz- durch einen Ziegelbau im gleichen Stil ersetzt.

Wie Malakka selbst ist die Moschee von diversen Kulturen beeinflusst. Ihre einzigartigen architektonischen Elemente sind den Bauweisen Sumatras, Chinas, Malayas und Europas entlehnt. Das eigentümliche Pyramidendach mit den grünen Ziegeln ist hinduistisch, während das Pagoden-ähnliche Minarett erkennbar chinesische und maurische Züge trägt. Die Gebetshalle ist Muslimen vorbehalten. Sie besitzt ionische Säulen, Eisengitter und englische Keramikfliesen.

Cheng Hoon Teng Temple

Jalan Tokong 25. (06) 282-9343.
tägl. 7–19 Uhr.
chenghoonteng.org.my

Der auch als Kuan Yin Teng (Tempel der grünen Wolken) bekannte Bau ist der älteste chinesische Tempel in Malaysia. Er wurde Mitte des 17. Jahrhunderts gegründet und ist Kuan Yin, der Göttin der Gnade, gewidmet. Der Bau ist ein herausragendes Beispiel südchinesischer Architektur und dient als Treffpunkt der chinesischen Gemeinde. Taoismus, Konfuzianismus und chinesischer Buddhismus sind gleichberechtigt vertreten.

Für Restaurierungsarbeiten am Hauptkomplex erhielt der Tempel eine Auszeichnung der UNESCO für herausragende Architekturarbeiten. Die Haupthalle ist voller schöner Gemälde und symbolischer Schnitzereien mit Löwen, goldenem Phönix und anderen mythischen Kreaturen. Auch Szenen aus der chinesischen Mythologie und Literatur sind zu sehen, darunter Darstellungen von Szenen aus dem Leben Buddhas und ein Aquarell von Laotse, dem Gründer des Taoismus. Religiöse Zeremonien finden täglich statt, Besucher sind willkommen.

Mausoleum von Hang Kasturi in der Jalan Hang Jebat

Jalan Hang Jebat

Tamil Methodist Church So 9.30 Uhr (auf Englisch). **Jonker Walk Night Market** Fr–So abends.

Die besser unter ihrem alten Namen Jonker Street bekannte Jalan Hang Jebat ist die Hauptverkehrsader von Malakkas Chinatown. Sie ist berühmt für ihre vielen Antiquitäten- und Kuriositätenläden, Bars und Restaurants, allerdings ist es hier auch teurer. Vor allem an Wochenenden ist abends, wenn der **Jonker Walk Night Market** beginnt, viel los. Stände verkaufen chinesisches Essen, Kleidung und Souvenirs, während auf Bühnen im Freien chinesische Opern aufgeführt werden. Leider wurden viele Traditionsgeschäfte von gewinnorientierten Ketten verdrängt und alte Bausubstanz abgerissen.

Sehenswert sind auch das **Mausoleum von Hang Kasturi**, das einem Helden des 15. Jahrhunderts gewidmet ist, und die **Tamil Methodist Church** von 1908.

Detail eines filigran gearbeiteten Frieses im Cheng Hoon Teng Temple

Hotels und Restaurants auf der Südhalbinsel *siehe Seiten 279f und 294f*

Jalan Tun Tan Cheng Lock

8 Heeren Street 8 Jalan Tun Tan Cheng Lock. (06) 281-1507. Di–Sa 11–16 Uhr. Di, Do 10.30 Uhr. **badanwarisan.org.my**
Tham Siew Inn Artist Gallery 49 Jalan Tun Tan Cheng Lock. (06) 281-2112. Di–So.
Malaqa House 70 Jalan Tun Tan Cheng Lock. (06) 281-4770. tägl.

Heeren Street, der frühere Name der Jalan Tun Tan Cheng Lock, hält sich bis heute hartnäckig unter den Einheimischen. Die Straße hat viel mehr von ihrem ursprünglichen Charakter bewahrt als die nahe Jalan Hang Jebat. An der schmalen Straße liegen Shops, Cafés, Hotels, Restaurants und mehrere Kunstgalerien.

Die hiesigen Stadthäuser entstanden im 18. Jahrhundert. Ihre Fassaden sind so schmal, weil unter der niederländischen Kolonialverwaltung die Breite der Häuser die Höhe der Steuer bestimmte. Zum Ausgleich sind sie meist sehr tief. In den Häusern mit ihren bunten Ziegeln, dem Stuck und bemalten Putz wohnten reiche Baba-Nyonya-Familien. Bis heute sind die meisten in Privatbesitz.

Einige historische Bauten der Straße sind ziemlich verfallen. Immerhin: Das Stadthaus **8 Heeren Street** wurde saniert und dient jetzt als Dokumentationszentrum. In den Ausstellungsräumen werden Möglichkeiten der Konservierung und Sanierung erläutert sowie die traditionellen Techniken und Materialien der Kunsthandwerker, die an dem Projekt beteiligt waren, gezeigt.

Verzierte Fassade eines Stadthauses in der Jalan Tun Tan Cheng Lock

Ebenfalls in der Jalan Tun Tan Cheng Lock liegt das Baba & Nyonya Heritage Museum *(siehe S. 132f)*, ein saniertes Stadthaus, das Einblicke in die Lebensweise einer wohlhabenden Malakka-Familie gibt. Eine der besten Kunstgalerien ist die **Tham Siew Inn Artist Gallery**. Sie zeigt Aquarelle des Künstlers Tham Siew Inn. Sehenswert ist auch das **Malaqa House**, eine Baba-Nyonya-Villa mit Zimmern voller Orientmöbel und Gemälde.

Baba & Nyonya Heritage Museum

Siehe S. 132f.

Maritime Museum

Jalan Quayside. (06) 283-0926. tägl. 9–17.30 Uhr. nur im Neubau. **Melaka River Cruise** Quayside Heritage Centre. (06) 281-4322. tägl. 9–23.30 Uhr.

Das Maritime Museum ist das optisch einnehmendste Museum Malakkas. Es ist im Bauch einer Nachbildung der portugiesischen Galeone *Flora de la Mar* (16. Jh.) untergebracht, die vollkommen überladen in der Straße von Malakka sank. Hier wird die Seefahrtsgeschichte der Stadt erzählt: vom Sultanat bis zur Kolonialzeit unter portugiesischer, niederländischer und britischer Herrschaft. Zu sehen sind Dioramen mit Hafenszenen, Schiffsmodelle und Waffen, Karten und andere nautische Gegenstände.

In einem modernen Bau neben der Galeone ist der zweite Teil der Sammlung untergebracht. Den Besucher erwarten traditionelle Fischerboote, Modellschiffe und Exponate zu Malaysias Meereswelt.

Einen etwa fünfminütigen Fußweg vom Museum entfernt liegt das Quayside Heritage Centre. Vom Steg vor dem Gebäude legen Tourenboote auf dem Sungai Melaka ab. Der Fluss, einst Schnittpunkt zwischen Ost und West, war während der Hochzeit der Stadt die Haupthandelsroute. Zwei Touren sind im Angebot, beide starten alle 30 Minuten und dauern 45 Minuten. Die Fahrt geht vorbei an historischen Kampung-Häusern, schönen Gärten und dem Riesenrad Eye on Malaysia.

»Liebesnuss« Betel

Betelnüsse sind Samen der Arekapalme (Areca catechu). Wegen ihrer leicht betäubenden und angeblich aphrodisierenden Wirkung sind sie sehr gefragt. Rituelles Kauen der Nuss war früher in ganz Malaysia üblich, inzwischen ist es nur noch in ländlichen Gegenden verbreitet. Die Nuss wird bei Brautwerberitualen mit Kräutern, Nelken, Tabak und geriebener Limone zubereitet und in Betelblätter gewickelt. Beim Kauen entsteht eine klebrige Substanz, die den Atem erfrischen und Leidenschaft wecken soll. Früher kauten Bräute die Betelnuss, um ihre Zähne zu schwärzen, was als schön galt. Bis heute schenkt man Brautpaaren Betelnüsse.

Betelnüsse gelten als wild wachsendes Aphrodisiakum

Malakka: Baba & Nyonya Heritage Museum

Das fesselnde Museum widmet sich der einzigartigen Kultur der Baba-Nyonya, der Nachfahren chinesischer Händler und einheimischer malaiischer Frauen. Sie sind auch als Straits-Chinesen oder Peranakan bekannt. Das Haus wurde 1896 aus drei älteren Häusern zum großzügigen Heim einer wohlhabenden Baba-Nyonya-Familie ausgebaut. Opulentes Dekor mit Blattgold, Perlmutt und exotischen Hölzern charakterisiert den Bau. Hier verbinden sich traditionelle chinesische Wandbehänge und Schnitzereien mit englischen Fliesen, schweren niederländischen Möbeln, italienischem Marmor und farbenfrohem Baba-Nyonya-Porzellan.

Handbemalte Laternen hingen bei vielen Chinesen

Schlafgemach
Das Himmelbett des Hausherrn ist mit vergoldeten Schnitzereien wie Blätterwerk und Szenen aus der Mythologie üppig verziert. Eine versteckte Öffnung im Boden gibt den Blick in die Gästehalle frei.

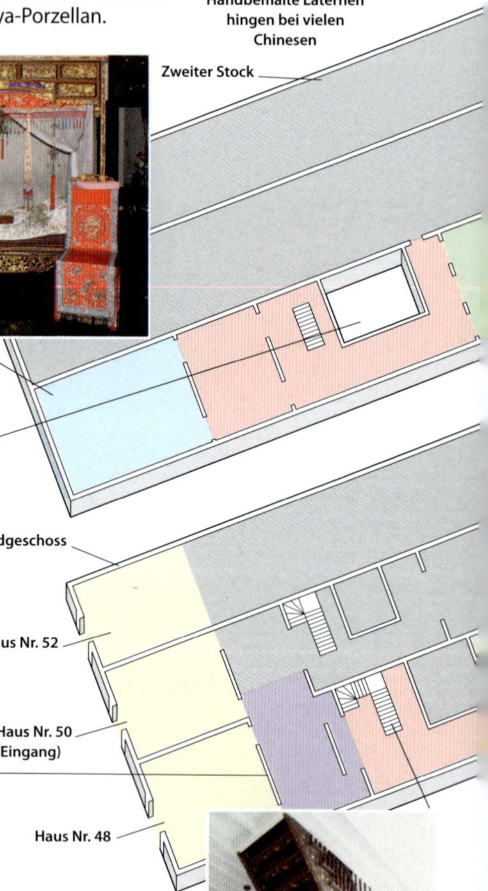

Zweiter Stock

Das Atrium lässt Tageslicht und frische Luft ins Haus.

Erdgeschoss

Haus Nr. 52

Haus Nr. 50 (Eingang)

Haus Nr. 48

★ Glaswand
Diese Trennwand erlaubte es jungen, unverheirateten Frauen, versteckt in der dunklen Kammer die männlichen Besucher in der Gästehalle zu beobachten, ohne dabei selbst gesehen zu werden.

★ Holztreppe
Die reich verzierte Treppe wurde ohne einen einzigen Nagel konstruiert. Sie ist mit vergoldeten Schnitzereien versehen und die einzige ihrer Art in Malakka.

Baba-Nyonya-Fensterläden
Die Fensterläden aus beweglichen Holzlamellen orientieren sich an europäischem Design und waren in der Baba-Nyonya-Architektur des 19. Jahrhunderts beliebt.

Infobox

Information
50 Jalan Tun Tan Cheng Lock. (06) 283-1273. tägl. Führungen 10–13 (letzte Führung: 11.45 Uhr), 14–17 Uhr (letzte Führung: 16 Uhr). teilweise. Kinder unter 5 frei.
babanyonyamuseum.com

Baba-Nyonya-Porzellan
Das charakteristische rosa-grüne Porzellan mit Blumenmotiven und buddhistischen Symbolen wurde in China auf Bestellung reicher Baba-Nyonya-Kunden eigens angefertigt.

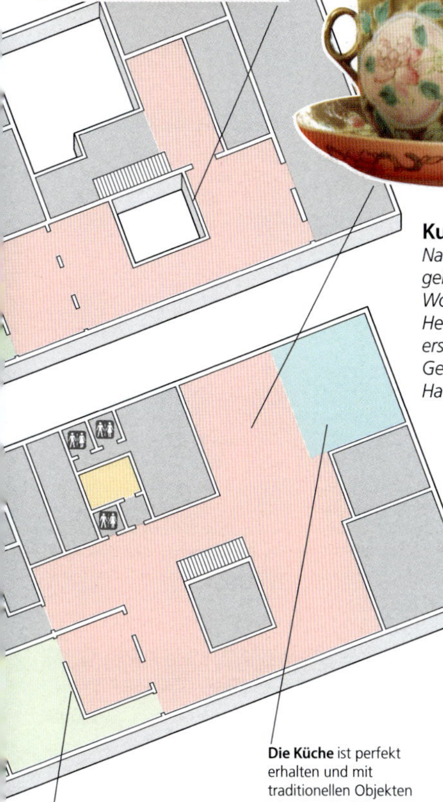

Kurzführer

Nachdem Sie in der beeindruckenden Gästehalle waren, gehen Sie durch den hinter einer Glaswand gelegenen Wohnbereich. Über eine Treppe erreichen Sie das Herrenschlafgemach und den Aufbahrungsraum im ersten Stock. Gehen Sie im rückwärtigen Teil des Gebäudes in die Küche hinunter. Auf dem Weg zum Haupteingang sehen Sie den Ahnenaltar.

Legende
- Schlafzimmer
- Küche
- Ahnenaltar
- Gästehalle
- Dunkle Kammer
- Aufbahrungsraum
- Badezimmer
- Ausstellungsraum
- Keine Ausstellungsfläche

Die Küche ist perfekt erhalten und mit traditionellen Objekten wie einer Nudelpresse komplett ausgestattet.

★ Ahnenaltar
Er war in chinesischen Häusern häufig vorhanden. Der Familienaltar ist mit Drachen und Fledermäusen im Stil der Ming-Dynastie verziert. Die Bronze-Cherub-Leuchten sind europäisch beeinflusst.

Fassade
Die Fassade mit ihrem üppigen Stilmix ist typisch für den Geschmack der Baba-Nyonya des 19. Jahrhunderts. Sie vereint chinesische Stilelemente und europäische Gestaltungsdetails wie Stuckpilaster, Rokoko-Verzierungen und Jalousiefenster.

Vertäute Boote an den Stegen des alten Hafens von Muar

5 Muar

45 km südöstl. von Malakka. 329 000. ab Malakka und Kuala Lumpur. ab Dumai, Sumatra. Wassersportfest (Sep).

Die pulsierende Hafenstadt Muar, auch Bandar Maharani (Empress Town) genannt, ist mit ihrer facettenreichen Geschichte und eleganten Kolonialarchitektur faszinierend und ein beliebtes Reiseziel.

Den früheren Status der Stadt als wichtiger Handelshafen kann man an den beeindruckenden Kolonialbauten in der Jalan Maharani am Meer ablesen. Darunter ist das großartige **Royal Customs and Excise Building** von 1909. Sehenswert sind auch die Shophouses aus dem frühen 20. Jahrhundert und die nahe gelegene **Masjid Sultan Ibrahim** mit ihrem vierstöckigen Minarett von 1930.

Muar ist ein Zentrum der malaiischen Kultur. Der einheimische Dialekt gilt als das reinste Malaiisch des Landes. Die Stadt ist zudem berühmt für ihre von Frauenchören gesungene *Ghazal*-Musik. Am berühmtesten dürfte Muar allerdings für sein Essen sein, vor allem für das beliebte *mee bandung Muar*, eine köstliche Speise aus Nudeln, Eiern, Garnelen und Chili in Rinderbrühe, sowie *ikan asam pedas*, ein sauer-scharfes Fischgericht. In den zahlreichen *kedai kopis* (Cafés) kann man diese Gerichte kosten. Muar ist einer der wenigen Orte in Malaysia, wo man *satay* zum Frühstück serviert.

6 Kukup

40 km südwestl. von Johor Bahru. 3000. ab Johor Bahru bis Pontian Kecil, dann Taxi. (07) 223-4935.

Das Fischerdorf Kukup liegt an der Südspitze Johors, fast am südlichsten Punkt des asiatischen Kontinents. Es besteht aus altertümlichen, im Kampung-Stil aus Holz errichteten Stelzenhäusern, die sich am Wasser aneinanderreihen.

Kukup ist für seine Meeresfrüchte berühmt, Chilikrabben sind die Spezialität. Die zahlreichen Restaurants an der Küste profitieren vor allem von den Wochenendbesuchern, die großteils aus Singapur kommen. Das Straßendorf bietet ansonsten keine Attraktionen, blickt aber direkt auf **Pulau Kukup**, mit 15 Quadratkilometer Fläche eine der größten unbewohnten Mangroveninseln der Welt. Fährverbindungen erlauben es Besuchern, einen Blick auf das Ökosystem zu werfen.

Pulau Kukup
ab Kukup. Pulau Kukup Johor National Park, 1319 Mukim Air Masin, (07) 696-9355.
johorparks.blogspot.hk

7 Johor Bahru

3 km nördl. von Singapur, 200 km südöstl. von Malakka. 1 065 000. Senai. 2 Jalan Air Molek, (07) 223-4935. Johor Cultural Festival (Juli).
tourism.johor.my

Die Hauptstadt des Bundesstaats Johor wird meist nur »JB« genannt. Sie erstreckt sich über die ganze Südspitze der Halbinsel und ist von Singapur durch eine schmale Meerespassage getrennt. Die meisten Besucher verlassen die verkehrsreiche Grenzstadt sofort nach der Einreise, dabei gibt es hier einiges zu sehen. Das **Royal Sultan Abu Bakar Museum** ist im viktorianischen Istana Besar (Großer Palast) westlich des Zentrums unter-

Springbrunnen in der Masjid Sultan Abu Bakar, Johor Bahru

Hotels und Restaurants auf der Südhalbinsel *siehe Seiten 279f und 294f*

gebracht. Es wurde 1866 gebaut, ist eines der ältesten Gebäude in Johor Bahru und steht in einer Parklandschaft mit Blick auf die Straße von Singapur. Das Museum widmet sich der Königsfamilie und wird gelegentlich für offizielle Zeremonien genutzt. Fotos, Gewänder, Waffen und andere königliche Objekte sind in den prachtvoll möblierten Räumen zu sehen. Im Jagdzimmer stehen u. a. ausgestopfte Tiger.

LEGOLAND® Malaysia bietet mehr als 40 Fahrgeschäfte, Shows und Attraktionen und ist sehr beliebt. Herzstück ist Miniland, wo mit LEGO-Steinen bekannte asiatische Wahrzeichen nachgebaut wurden.

Interessant ist auch die **Masjid Sultan Abu Bakar** von 1893, die bis zu 2000 Gläubige aufnehmen kann. Das **Sultan Ibrahim Building** mit dem 64 Meter hohen Turm dominiert die Stadtkulisse. Der im Zweiten Weltkrieg von den Japanern besetzte Bau beherbergt heute Regierungsbüros.

Royal Sultan Abu Bakar Museum
Jalan Ibrahim. (07) 223-0555. Sa–Do 8–17 Uhr. teilweise.

LEGOLAND® Malaysia
7 Jalan Legoland, Iskandar Malaysia, JB. ab JB, Singapur. (07) 597-8888. tägl. 10–20 Uhr.
legoland.com.my

8 Desaru Beach

88 km östl. von Johor Bahru. ab Johor Bahru bis Kota Tinggi, dann Taxi. ab Singapur bis Tanjung Belungkor, dann Bus.
desaru.com.my

Der Ferienort Desaru bietet über 25 Kilometer feinen, weißen Sandstrand. Jedes Jahr kommen mehr als eine Million Besucher hierher, besonders Wochenendausflügler aus dem benachbarten Singapur. Die Regierung investierte viel Geld, um Desaru zu einem Ferienort zu entwickeln. Kleine Hotels und ruhige Strände wurden abgelöst von Luxusresorts, Golfplätzen und Themenparks.

Luxuriöser Pool in einer der Ferienanlagen von Desaru Beach

9 Mersing

200 km nördl. von Johor Bahru. 68 000. ab Kuala Lumpur und Singapur. bis Pulau Tioman. Jalan Abu Bakar, (07) 799-5212.

Von dem Fischerort aus gelangt man auf die Insel Pulau Tioman *(siehe S. 136f)* sowie auf die Inseln des Seribuat-Archipels. Viele verbringen hier unterwegs eine Nacht, man kann nicht allzu viel unternehmen, außer die unberührte Natur zu genießen und zuzusehen, wie Boote ihre Segel setzen.

10 Seribuat-Archipel

95 km südl. von Kuantan. ab Mersing; alle privaten Ferienanlagen haben einen Fährservice für Gäste.

Vor der Küste von Johor liegt der Seribuat-Archipel. Er besteht aus 64 Vulkaninseln, deren größte Pulau Tioman *(siehe S. 136f)* ist. Die meisten Eilande des Archipels sind winzig und unbewohnt. Sie können nur per Charterboot bei einem Tagesausflug erreicht werden, zählen aber zu den schönsten Malaysias.

Ein paar Inseln sind groß genug, um winzige Dörfer und einige abgeschiedene Strandanlagen zu tragen. Sie reichen von einfachen Strandhütten bis hin zu schicken Hotels mit Restaurants und Swimmingpools. Zu den größeren, besser ausgebauten Inseln gehören Pulau Besar, Sibu und Tinggi, die für ihre Sandstrände und exzellenten Tauch- und Schnorchelbedingungen in den Korallenriffen bekannt sind. Ruhiger geht es auf kleineren Inseln wie Pulau Rawa zu, das nur zwei Ferienanlagen besitzt. Abgelegenere Eilande wie Pulau Pemanggil, Dayang und Aur sind sehr einfach ausgestattet, bieten aber furchtlosen Tauchern viele Abenteuer.

Tourveranstalter in Mersing organisieren Inselhopping-Fahrten mit Halt auf einigen Inseln. Sonst ist der Zugang nur Gästen der Ferienanlagen gestattet. Fähren nach Pulau Sibu legen in Tanjung Leman, 60 Kilometer südlich von Mersing, ab. Die Fahrt zur Insel dauert ungefähr eine Stunde.

⓫ Pulau Tioman

Tioman ist die größte Insel vor Malaysias Ostküste und für seine feinen Sandstrände, das klare Wasser und die Korallenriffe bekannt. Diverse Mythen ranken sich um die Insel: Eine Drachenprinzessin soll sich bei einer Rast so in den Ort verliebt haben, dass sie blieb. Ihr Körper verwandelte sich in Pulau Tioman. Die meisten Resorts befinden sich in abgelegenen Buchten an der Westküste. Die Tauch- und Schnorchelmöglichkeiten im geschützten Marine Park sind ideal. Auch Dschungelwanderungen und Sonnenbaden sind beliebt. Die Insel ist eine Arche Noah: Über 140 Vogelarten leben hier. Im Dschungel gibt es Echsen, Schlangen, Affen und Stachelschweine, während zahllose tropische Fischarten das Meer bevölkern.

★ Schnorcheln
Schnorcheln ist eine wunderbare Möglichkeit, die Artenvielfalt der Korallen kennenzulernen.

Zwillingsgipfel
Oft umgibt Nebel die beiden Gipfel des Bukit Nenek Semukut. Angeblich sind sie die Hörner der Drachenprinzessin.

★ Asah-Wasserfall
Der malerische Wasserfall liegt wenige Gehminuten von Kampung Asah entfernt. Hier wurden 1958 Szenen für den Film *South Pacific* gedreht.

Juara
Juara ist die einzige größere Ferienanlage an der Ostküste. Sie liegt in einer abgeschiedenen Bucht und verfügt über den feinsten weißen Sandstrand Tiomans.

★ **Tekek-Juara-Weg**
Der acht Kilometer lange, zuweilen anstrengende Wanderweg führt mitten durch den Dschungel. Dort sieht man viele Tiere und stößt auf Flüsse und Wasserfälle. Von Tekek aus geht man bis Juara etwa drei Stunden.

Infobox

Information
30 km nordöstl. von Mersing.
Mersing Tourist Information Centre, Jalan Abu Bakar, (07) 799-5212.
pulautioman.com.my

Anfahrt
ab Mersing. Wassertaxis und Inselrundfahrten werden angeboten.

Salang Beach
Tiomans nördlichste Ferienanlage Salang bietet einen schmalen Sandstrand und seichtes Wasser. Man findet hier günstige Unterkünfte und einige Strandbars.

Legende
- Nebenstraße
- Pfad
- Fährroute
- Gipfel

Air Batang
Die gemeinhin ABC genannte Ferienanlage ist bei Rucksackurlaubern besonders beliebt, obwohl es anderswo schönere Strände gibt.

Außerdem

① **Monkey Beach** ist eine abgeschiedene Bucht mit tiefem, klarem Wasser – ideal für Taucher.

② **Pulau Tulais** Riffe sind bei Tauchern und Schnorchlern beliebt.

Korallenriff
Mit über 180 Korallenarten bieten die Gewässer um Tioman die schönsten Tauchmöglichkeiten Malaysias.

Ost- und Zentral-Halbinsel

Ost- und Zentral-Halbinsel sind mit den schönsten Naturlandschaften Malaysias gesegnet. Im Westen erheben sich die bewaldeten Titiwangsa-Berge, östlich davon liegen Kelantan, Pahang und Terengganu. Die Gegend wird von riesigen Regenwaldgebieten beherrscht und besitzt eine durchgehende Küstenlinie mit herrlichen Stränden und vorgelagerten Inseln. Die Region gilt außerdem als Kernland der muslimisch-malaiischen Kultur.

Die drei Bundesstaaten dieser Region verbindet eine ähnliche Geschichte: Sie waren einst Vasallenstaaten von Siam (dem heutigen Thailand) und wurden im 14. und 15. Jahrhundert vom Sultanat Malakka beherrscht. Danach unterstand Pahang den Sultanen von Johor, bis die Briten kamen und es zum Mitglied der Föderierten Malaiischen Staaten machte. Terengganu und Kelantan blieben noch bis Ende des 19. Jahrhunderts siamesisch. Im Jahr 1909 traten sie den Nichtföderierten Malaiischen Staaten bei. 1963 gingen alle drei Bundesstaaten in der Föderation Malaya auf.

Da die östlichen und zentralen Staaten durch den Dschungel von der Westküste abgeschnitten und bis ins 19. Jahrhundert von der britischen Kontrolle verschont blieben, entwickelten sie sich wirtschaftlich und kulturell deutlich langsamer. Sie waren vom Zinn- und Gummiboom des 19. Jahrhunderts abgeschnitten, der asiatische Einwanderer anlockte, und blieben weiterhin stark malaiisch geprägt. Bis heute gelten sie als malaiisches Kernland Malaysias. Im Landesinneren leben die Ethnien der Orang Asli und Orang Syam.

Die Ostküste kennzeichnen ländliche Ruhe und atemberaubend schöne, oftmals unberührte Natur. In Pahang befinden sich Taman Negara, der wichtigste Nationalpark des Landes, sowie einige der schönsten Inseln und Strände Malaysias. Die Städte und Dörfer von Terengganu sind Zentren malaiischer Handwerkskunst. In Kelantan dominieren traditionelles Handwerk und Fischerei.

In der Regenzeit zwischen November und März sind Reisen entlang der Ostküste nicht zu empfehlen.

Bunte Fischerboote bei Sabak Beach, Kelantan

◀ **Ein Orang-Asli-Junge steigt in Taman Negara auf einen Baum** ***(siehe S. 144f)***

Überblick: Ost- und Zentral-Halbinsel

Diese Region bietet einzigartige Naturlandschaften wie die herrlichen Nationalparks Taman Negara und Endau-Rompin im bewaldeten Landesinneren oder die schier endlose Küste mit weißen Sandstränden und schönen Inseln. Pulau Redang, Pulau Tenggol und die Perhentian-Inseln haben eine faszinierende Unterwasserwelt und verfügen über ideale Tauch- und Schnorchelspots. Pahangs Hauptstadt Kuantan ist Verkehrsknotenpunkt der Region und dient meist als Durchgangsstation, um zu den nahen Stränden und ins pittoreske Tasik Chini zu gelangen. Die beiden anderen Kapitalen, Kuala Terengganu und Kota Bharu, bieten malaiische Kultur.

Sehenswürdigkeiten auf einen Blick

Ort und Städte

1 Kuantan
4 Pekan
5 Cherating
11 Kuala Terengganu
14 *Kota Bharu S. 152f*
15 Tumpat

Nationalparks

6 Endau-Rompin National Park
7 *Taman Negara S. 144f*

Buddhistische Tempel

17 Wat Phothivihan
18 Wat Machimmaram

Landschaftlich schöne Gebiete

2 Gua Charas
3 Tasik Chini
10 Tasik Kenyir

Inseln und Strände

8 Pulau Tenggol
9 Pulau Kapas
12 Pulau Redang
13 Perhentian-Inseln
16 Pantai Dasar Sabak

Tour

19 *Jungle Railway S. 155*

0 km 25

Fischer beim Trocknen des Fangs am Strand in Kuantan

Weitere Zeichenerklärungen *siehe hintere Umschlagklappe*

Auf der Ost- und Zentral-Halbinsel unterwegs

Kuantan, Kuala Terengganu und Kota Bharu haben Inlandsflughäfen. Die große Nationalstraße Route 3 führt durch alle drei Staaten. Die Region besitzt ein gutes Busnetz. Die Hauptstraßen sind deutlich sicherer als die Nebenstraßen, für die man ein Auto mit Vierradantrieb braucht. Die Nationalparks besucht man am besten in Gruppen. Eine Eisenbahnstrecke führt durchs Hinterland. Zu den Inseln vor der Küste bestehen regelmäßige Fährverbindungen.

Kleiner Anleger auf einer der Perhentian-Inseln

Fähren in Kuantan, der Hauptstadt von Pahang

❶ Kuantan

259 km östl. von Kuala Lumpur. 315 000.
Jalan Makhota, (09) 517-7111.

Pahangs Hauptstadt Kuantan ist eine Geschäftsstadt und ein wichtiger Verkehrsknotenpunkt an der Mündung des Sungai Kuantan. Da die Stadt nur wenige Sehenswürdigkeiten bietet, kommen die meisten nur auf der Durchreise hierher.

Am Hauptplatz steht die beeindruckende **Masjid Negeri** (Staatsmoschee). Sie trägt eine blau-weiße Kuppel, die von vier osmanischen Minaretten eingerahmt ist. Außerdem besitzt die Moschee Bleiglasfenster – in der islamischen Architektur Malaysias eine Seltenheit. Die Moschee wird abends angestrahlt.

Einige Straßen von Kuantan sind von chinesischen Shophouses gesäumt. Die Uferpromenade bietet schöne Ausblicke und Läden mit Handwerkskunst. Vom Bootssteg starten Rundfahrten zu den Fischerdörfern von **Tanjung Lumpur** und zum Mangrovenwaldreservat.

Umgebung: Fünf Kilometer östlich der Hauptstadt liegt **Teluk Chempedak**, auch Jackfruit Bay genannt, Kuantans Hauptattraktion. Der Ort ist für seinen feinen Sand und die schöne Brandung bekannt. Neben Wassersportmöglichkeiten gibt es Wanderwege.

35 Kilometer südöstlich von Kuantan liegt **Bukit Gambang Resort City**. Das Resort wartet mit vielen Attraktionen auf, darunter ein riesiger Wasserpark, ein Zoo und ein künstlicher See, die vor allem bei Familien sehr populär sind. Es gibt auch einige Hotels auf dem Areal.

Bukit Gambang Resort City
Jalan Bukit Gambang Utama.
(09) 548-8000.
Wasserpark Mo, Mi, Do 10.30–18.30, Fr–So 9.30–18.30 Uhr.
bgrc.com.my

❷ Gua Charas

25 km nordwestl. von Kuantan.
ab Kuantan.

Nahe der Siedlung Panching liegt Gua Charas. Das Höhlensystem erstreckt sich in einer riesigen Kalksteinfelsnase. 1954 erteilte der Sultan von Pahang einem Thai-Mönch die Erlaubnis, die Haupthöhle als buddhistischen Schrein zu nutzen. 200 Stufen führen in die gigantische Höhle, in der mehrere religiöse Darstellungen in den Stein gehauen wurden. Dominierendes Element ist die neun Meter lange Figur des Liegenden Buddha. Die Schreine daneben sind Kuan Yin, der chinesischen Göttin der Gnade, und mehreren Bodhisattvas geweiht.

❸ Tasik Chini

138 km südwestl. von Kuantan am Federal Hwy 82. bis Felda Chini, 5 km südl. von Tasik Chini, dann Taxi; bis Maran, dann Taxi bis Kampung Belimbing, dann Boot.

Tief im dicht bewaldeten Landesinneren und versteckt zwischen Hügeln liegt Tasik Chini, eine Reihe wunderbarer Seen, die durch Flüsse verbunden und von riesigen Bäumen umstanden sind. Am schönsten ist es hier zwischen Juni und September, wenn weiße und rote Lotosblumen auf dem Wasser erblühen. Um die Seen siedeln die Jakun, Angehörige der Orang Asli. Leider müssen diese Menschen um die Wahrung ihres Lebensstils gegen die Verschmutzung durch Minen- und Holzunternehmen kämpfen. **Kampung Gumum** ist eine kleine Orang-Asli-Siedlung nördlich der Seen. Ihre Bewohner führen Besucher gern durch die Häuser und zeigen ihr Handwerk. Die Fahrt zu den Seen ist mit öffentlichen Verkehrsmitteln etwas umständlich, doch ist man erst einmal dort, befahren Boote der Ferienanlage und des Dorfs das Seensystem. Mehrere Wanderwege schlängeln sich durch das Gebiet. Tagestouren nach Tasik Chini werden von Kuantan und Cherating aus angeboten.

Der riesige Liegende Buddha von Gua Charas

Der Wasserfall Buaya Sangkut im Endau-Rompin National Park

❹ Pekan

44 km südl. von Kuantan am Federal Hwy 3. 30 000. ab Kuantan.

Am Südufer des Sungai Pahang, des längsten Flusses Malaysias, liegt Pekan, die ehemalige königliche Hauptstadt von Pahang. Viele Attraktionen finden sich an der Uferpromenade am Nordrand Perkans, darunter eine Reihe chinesischer Shophouses und das **Sultan Abu Bakar Museum**. Dieses interaktive Museum, das in einem viktorianischen Palast liegt, der einst eine Residenz der königlichen Familie war, zeigt eine Sammlung von königlichen Insignien, Waffen und chinesisches Porzellan, wovon einiges aus einem Schiffswrack stammt. Die schönen Gärten kann man auch kostenlos besuchen. In der Nähe stehen zwei weiße Marmormoscheen, die in den 1920er Jahren errichtete **Masjid Sultan Abdullah** mit ihrer blauen Kuppel und die neuere **Masjid Abu Bakar** mit konventioneller goldender Kuppel.

Weiter entfernt vom Fluss befindet sich das königliche Viertel mit dem prächtigen **Istana Abu Bakar**, dem Königspalast mit Blick auf den Poloplatz. In der Nähe liegt das **Kedah Royal Mausoleum** von 1778.

Sultan Abu Bakar Museum
Jalan Sultan Ahmad. (09) 422-1371. Di–So 9–17 Uhr (Fr 9–12, 14.40–17 Uhr).

❺ Cherating

47 km nördlich von Kuantan am Federal Hwy 3. 2000. ab Kuantan, Kota Bharu, Kuala Terengganu.

Das palmengesäumte Fischerdorf Cherating liegt in einer Bucht am Südchinesischen Meer. Es hat einen der schönsten und beschaulichsten Strände an Malaysias wunderbarer Ostküste. Das Angebot an Unterkünften in diesem beliebten Urlaubsort reicht von preiswerten Gästehäusern bis hin zu exklusiven Ferienresorts. Das Wasser ist ideal zum Surfen, vor allem im November und Dezember. Ein interessantes Gebiet, etwa sechs Kilometer von Cherating entfernt, ist **Cendor Beach**. Dort kommen die selten gewordenen Suppenschildkröten während der Brutzeit zwischen April und September an Land, um ihre Eier abzulegen. Speziell um diese Zeit lohnt sich auch ein Besuch des **Chendor Turtle Sanctuary**.

❻ Endau-Rompin National Park

57 km südl. von Kuantan. bis Kahang, dann mit Jeep bis Peta; oder bis Bekok, dann mit Jeep bis Selai. (07) 223-7471. während des Monsuns (Nov–März). obligatorisch.
johorparks.blogspot.hk

Der nach den zwei Flüssen, die ihn begrenzen, benannte Nationalpark Endau-Rompin ist 870 Quadratkilometer groß und umfasst einen der letzten Streifen Tieflandregenwalds in Malaysia. Er bietet Lebensraum für eine artenreiche Flora und Fauna. Hier leben die letzten Sumatra-Nashörner. Die landschaftliche Vielfalt ermöglicht sportliche Aktivitäten wie Rafting und Klettern. Eingänge sind in Peta nahe Mersing und in Selai.

An der Stelle, wo Sungai Endau und Sungai Jasir zusammentreffen, liegt das Basislager **Kuala Jasin**, 15 Kilometer vom Hauptquartier des Parks entfernt. Von hier führt ein Wanderweg zum vier Stunden entfernten **Janing Barat Plateau**. Zwei weitere Routen führen zum Wasserfall **Buaya Sangkut**. In den Orang-Asli-Dörfern der Gegend sind Besucher jederzeit willkommen.

Besucher brauchen eine Genehmigung, die man kostenlos in Kuala Rompin, im Park-Hauptquartier oder gegen Gebühr in Johor Bahru erhält. Eine organisierte Tour ist die beste Möglichkeit, den Park zu erkunden. Man bucht sie entweder bei der Johor Parks Corporation oder einer Agentur. Es gibt nur wenige Unterkünfte.

Die Masjid Sultan Abdullah mit ihrer himmelblauen Kuppel in Pekan

❼ Taman Negara

Malaysias ältester und größter Nationalpark umfasst über 4300 Quadratkilometer primären Regenwald. Taman Negara (»Nationalpark«) wurde 1938 gegründet und umfasst Teile von Pahang, Kelantan und Terengganu. Neben unzähligen Vögeln kann man hier äußerst seltene Tiere beobachten, etwa den Indochinesischen Tiger, das Sumatra-Nashorn, den malaysischen Gaur und den Indischen Elefanten. Die Anreise beinhaltet eine 60 Kilometer lange Bootsfahrt auf dem Sungai Tembeling, vorbei an Dörfern der Orang Asli. Beachten Sie, dass der Park während der Regenzeit geschlossen sein kann.

★ Gunung Tahan
Der 2187 Meter hohe Gunung Tahan ist der höchste Gipfel auf der Malaiischen Halbinsel. Der lange Weg hinauf ist sehr anspruchsvoll. Er führt durch Flüsse und über einige Bergkämme.

Bootsfahrten
Im Mutiara Taman Negara Resort kann man Boote für Fahrten zu den Lata-Berkoh-Stromschnellen sowie für Angeltouren auf den Flüssen Tahan und Kenyam mieten.

Außerdem

① **Bukit Guling Gendang** bietet von seinem 568 Meter hohen Gipfel einen Panoramablick über den Regenwald.

② **Gua Telinga** ist eine der am leichtesten zugänglichen Kalksteinhöhlen im Park. Auf einem Pfad mit Seilführung folgen Besucher einem Höhlenfluss.

Hornvögel
Für viele Besucher sind Vögel die Hauptattraktion des Parks. Hier leben auch die seltenen Hornvögel, darunter Furchenhornvogel, Doppelhornvogel, Malabarhornvogel und Nashornvogel.

Hotels und Restaurants auf der Ost- und Zentral-Halbinsel *siehe Seiten 280f und 295f*

Indische Elefanten
Taman Negara ist eine Arche Noah für bedrohte Tierarten, wie etwa den Indischen Elefanten. Auch Elefanten aus anderen Gegenden werden hier oft ausgewildert.

Infobox

Information
170 km westl. von Kuantan.
Kuala Tahan, (09) 266-1122.
Genehmigungen beim Department of Wildlife and National Parks. **taman-negara.com**

Anfahrt
bis Kuala Tembeling, dann mit dem Boot bis Kuala Tahan.

0 Kilometer 5

★ Bukit Teresek
Der Aufstieg zum Gipfel des Bukit Teresek über einen matschigen Pfad dauert etwa vier Stunden. Oben erwartet einen die herrliche Aussicht auf das Tal bis Gunung Tahan und Gunung Perlis.

Legende
Pfad
Parkgrenze

Im Nationalpark unterwegs

Alle Wanderwege beginnen am Hauptquartier oder in der Nähe und sind markiert oder ausgeschildert. Die beiden Hauptwege durch den Park sind die Neuntagestour (ca. 55 km) bis Gunung Tahan und der 16 Kilometer lange Rentis-Tenor-Trek. Am meisten genutzt wird die zwei Kilometer lange Route nach Bukit Teresek, die weiter nach Bukit Indah führt. Auf den längeren, anspruchsvolleren Routen darf man nur mit einem Führer wandern.

★ Canopy Walkway
Der 510 Meter lange Baumkronenweg ist einer der längsten der Welt. Er führt in 45 Meter Höhe durch die Baumwipfel bei Kuala Tahan und eröffnet Besuchern die Vogelperspektive auf den Urwald.

Der Traumstrand von Pulau Tenggol mit seinem türkisfarbenen Wasser

❽ Pulau Tenggol

13 km östl. von Kuala Dungun.
ab Kuala Dungun.

Das Taucherparadies Pulau Tenggol vor der Ostküste Malaysias gehört zu einer Gruppe von zwölf abgelegenen kleinen Inseln. Bis in die 1970er Jahre war es unbewohnt, dann wurde es zu einem Tauchzentrum ausgebaut *(siehe S. 314)*, das heute zum Terengganu Marine Park gehört.

Das blaue Wasser rund um die mit dichtem Wald bewachsene Insel birgt Unterwasserklippen, Felsen und Korallenriffe voller farbenfroher Meerestiere. Dank eines rigiden Fischfangverbots erlebt man hier fantastische Unterwasserwelten. Die Inselgruppe bietet mindestens zehn Tauchgebiete dieser Art, die aber tiefer liegen und daher Taucherfahrung erfordern.

❾ Pulau Kapas

6 km östl. von Marang.
ab Marang.

Das schöne Pulau Kapas (Cotton Island, Baumwollinsel) lockt mit weißen Sandstränden und herrlichem Wasser. Die Insel ist ein ausgewiesener Meerespark und wird als Tauch- und Schnorchelparadies beworben. Nördlich davon liegt das deutlich kleinere Eiland **Pulau Gemia**, zu dem nur Gäste der dortigen Ferienanlage Zutritt haben.

Die besten Schnorchelgebiete von Pulau Kapas befinden sich an der Nordküste und um Pulau Gemia. Nördlich von Gemia bildet das Wrack eines im Zweiten Weltkrieg gesunkenen Schiffs die Hauptattraktion. Alle Anlagen auf Kapas arrangieren Tauchtrips. Außerdem gibt es ein professionelles Tauchzentrum, das Kurse anbietet. Man kann herrlich schwimmen, surfen und Kajak fahren oder einfach unter Palmen entspannen. Ein Wanderweg zur einsamen Ostküste bietet fantastische Panoramablicke.

❿ Tasik Kenyir

55 km südwestl. von Kuala Terengganu. ab Kuala Lumpur.
ab Kuala Terengganu. Bootstouren. **kenyirlake.com**

Der Tasik Kenyir ist mit 260 Quadratkilometer Fläche und 350 kleinen Inseln der größte künstliche See in Südostasien. Er entstand 1985 durch den Bau eines Damms am Sungai Kenyir. Der von artenreichem tropischem Dschungel umgebene Tasik Kenyir wurde zum Ökotourismusgebiet ausgebaut. Heute gibt es etwa 15 ruhig gelegene Ferienanlagen an seinen Ufern. Zu den Attraktionen gehören 14 malerische Wasserfälle, die in natürliche Becken hinabstürzen. Vom Hauptsteg des Sees fahren Boote dorthin.

Auch zu den Bewah Caves, den Kalksteinhöhlen am südlichen Ende des Sees, verkehren Ausflugsboote. Es gibt auch ein Elefanten-Tierheim und einen Pfad in den Baumwipfeln am Wasser entlang. Die beste Zeit, um hierherzukommen, ist zwischen Februar und Juni, wenn der Wasserspiegel noch hoch ist.

Ein dressierter Affe pflückt reife Kokosnüsse

Kokosnussernte mit Affen

In vielen Regionen Westmalaysias ist es üblich, Affen daraufhin zu trainieren, dass sie auf Bäume klettern, Kokosnüsse pflücken und diese dann hinunterwerfen, wo sie der Baumbesitzer einsammelt. Schätzungen zufolge ernten Affen nach einer einmonatigen Abrichtungszeit fünfmal mehr Nüsse am Tag als ihre menschlichen Kollegen, da sie ihnen an Geschwindigkeit und Behändigkeit deutlich überlegen sind. In **Kampung Jenang** bei Marang in Terengganu ist diese Technik ein lukrativer Geschäftszweig geworden. Die von dem Dorfbewohner Muda Mamat vor fast 30 Jahren gegründete Affen-Trainingsschule dressiert gegen entsprechende Gebühren auch Affen für Plantagenbesitzer von Nachbarstaaten.

Einer von 14 schönen Wasserfällen am Tasik Kenyir

Prächtige malaiische Häuser auf dem Grundstück des Terengganu State Museum Complex

⓫ Kuala Terengganu

220 km nördl. von Kuantan. 275 000. Plaza Padang Negara, (09) 623-1553.
tourism.terengganu.gov.my

Kuala Terengganu ist die Hauptstadt des Sultans von Terengganu. Nach der Entdeckung von Ölfeldern im Südchinesischen Meer wurde aus dem Fischerdorf eine wohlhabende Stadt.

Bis heute ist sie mit ihren bunten Märkten und den lebendigen traditionellen Handwerksläden, in denen Besucher Batik, Brokat, *songket*, Messing- und Korbwaren kaufen können, eine Hochburg der malaiischen Kultur. Am betriebsamsten geht es am **Pasar Payang**, dem Zentralmarkt, zu. Hier bekommt man Fisch, Obst und Gemüse. Auch der nahe Waterfront Heritage Bazaar ist einen Besuch wert. Südlich des Markts liegt die kompakte **Chinatown**. An deren Hauptstraße stehen Shophouses und Restaurants sowie ein buddhistischer Tempel.

Nur wenige Schritte in entgegengesetzter Richtung befindet sich der aprikosenfarbene **Istana Maziah**, der im Kolonialstil erbaute Sultanspalast. Außer zu besonderen Anlässen ist er nicht öffentlich zugänglich. Schön ist auch die nahe **Masjid Zainal Abidin** mit goldenen Kuppeln und einem Minarett. Einen Abstecher lohnen der **Terengganu State Museum Complex**, die **Masjid Tengku Tengah Zaharah**, die »schwimmende« Moschee, und Pulau Duyung *(siehe S. 149)*, wo die Segelregatta Monsoon Cup ausgetragen wird.

Terengganu State Museum Complex

Losong, 3 km südwestl. von Kuala Terengganu. (09) 622-1444.
tägl. 9–17 Uhr.
Fr 12–15 Uhr.

Muzium Negeri Terengganu ist eines der größten Museen in Südostasien. Es besteht aus mehreren Gebäuden in einer weitläufigen Parklandschaft. Das Hauptgebäude – die Nachbildung eines traditionellen malaiischen Stelzenhauses – zeigt Textilarbeiten, Kunsthandwerk, islamische Objekte und eine interessante Ausstellung zur staatlichen Ölindustrie. Auf dem Gelände stehen einige traditionelle malaiische Häuser und Boote sowie ein Schifffahrtsmuseum. Highlight ist jedoch der **Istana Tengku Long**, ein Holzpalast von 1880 mit königlichen Artefakten.

Masjid Tengku Tengah Zaharah

5 km südöstl. von Kuala Terengganu.

Wegen ihrer Lage am Wasser wird die Masjid Tengku Tengah Zaharah auch Floating Mosque (»schwimmende« Moschee) genannt. Die blütenweiße Moschee steht in einem Park. Moderne und traditionell maurische Architektur kennzeichnen den Bau. Die Moschee selbst darf nur von Muslimen betreten werden.

Frisches Gemüse auf dem Pasar Payang in Kuala Terengganu

Urlauber an einem der ruhigen, schönen Strände von Pulau Perhentian Besar

⓬ Pulau Redang

62 km nördl. von Kuala Terengganu. ab Merang und Kuala Terengganu. **redang.org**

Pulau Redang ist eine der größten und schönsten Inseln der Ostküste und gut erschlossen. Sie liegt im Zentrum des aus neun Inseln bestehenden Redang-Archipels, eines Meeresschutzgebiets.

Die Insel bietet mit ihrem kristallklaren Wasser und der reichen, an den schönsten Korallenriffen Malaysias angesiedelten Meereswelt exzellente Tauch- und Schnorchelmöglichkeiten. Leider haben Schlick und Bauschutt die Korallen bereits in Mitleidenschaft gezogen. Man bemüht sich aber, weitere Schäden zu vermeiden. Das Schnorcheln ist auf bestimmte Teile des Riffs beschränkt. Die freigegebenen Gebiete sind dafür umso attraktiver. Im Wasser liegen die Wracks der britischen Kriegsschiffe HMS *Repulse* und HMS *Prince of Wales*, die die Japaner im Zweiten Weltkrieg vor Pulau Redang versenkten.

Die Inselstrände erstrecken sich vor grünem Dschungel. **Pasir Panjang** und **Teluk Dalam Kecil** sind zwei der besten Strände an der Ostküste mit den meisten Ferienanlagen. Pulau Redangs Hauptdorf Kampung Air liegt mitten auf der Insel.

Die meisten Besucher sind Pauschalurlauber. Es gibt aber auch organisierte Ausflugstouren von den Perhentian-Inseln aus.

⓭ Perhentian-Inseln

20 km nordwestl. von Kuala Terengganu. ab Kuala Besut.

Knapp 20 Kilometer vor der Küste von Terengganu bilden **Pulau Perhentian Besar** und **Pulau Perhentian Kecil** die Perhentian-Inseln. Die atemberaubend schönen Eilande sind längst kein Geheimtipp mehr, aber nach wie vor einen Besuch wert. Beide bieten weiße Sandstrände und blaues Meer mit Korallenriffen voller Meerestiere. Man kann tauchen und schnorcheln, aber auch segeln, windsurfen und durch den Dschungel wandern.

Einer der Strände von Pulau Perhentian Besar ist die **Three Coves Bay** – mit eigentlich drei durch Felsnasen getrennten Stränden. In dieser geschützten Bucht legen Suppen- und Karettschildkröten zwischen Mai und September ihre Eier ab. In dieser Zeit ist die Bucht für Besucher komplett gesperrt.

Schnorcheln im kristallklaren Wasser vor den Inseln der Ostküste

Pulau Perhentian Kecil ist zwar kleiner als Pulau Perhentian Besar, aber ansonsten mit den gleichen schönen Sandstränden, Kokosnusspalmen und azurblauen Wellen gesegnet. Die Bewohner des Dorfs an der Südostküste stammen von Einwanderern aus dem indonesischen Sulawesi ab. Wichtigste Attraktion der Insel ist der ostwärts ausgerichtete Strand **Pasir Panjang**.

Die teureren und ruhigeren Unterkünfte findet man auf Perhentian Besar. Dutzende Ferienanlagen und Gästehäuser drängen sich an der Südwestküste der Insel. Das große Angebot an günstigeren Hotels und Restaurants auf Perhentian Kecil lockt dagegen Rucksackreisende an.

Während der Hauptsaison zwischen Ende Mai und September herrscht auf beiden Inseln Hochbetrieb, freie Unterkünfte wird man dann kurzfristig kaum finden. Es lohnt sich aber immer, die Angebote auf beiden Inseln zu vergleichen, da die schmale Meerespassage dazwischen leicht per Boot zu überqueren ist. Es gibt einige gute Wanderwege auf den Inseln, aber am einfachsten gelangt man mit dem Boot von Strand zu Strand. Fahrten bieten sowohl private Betreiber als auch die Ferienanlagen an.

Nordwestlich liegt die kleinere, unbewohnte, von dichtem Regenwald überwucherte Inselgruppe **Pulau Susu** mit einigen der besten Tauchreviere der Region.

Hotels und Restaurants auf der Ost- und Zentral-Halbinsel *siehe Seiten 280f und 295f*

Bootsbau auf Pulau Duyung

Direkt vor der Westküste von Kuala Terengganu liegt Pulau Duyung. Hier lebt bis heute die alte Bootsbautradition fort. Die geschmückten Boote, sogenannte *bangaus*, wurden früher an der gesamten Ostküste, von Kota Bharu bis Kuantan, gebaut. Die Holzboote dienten als Fischerboote. Noch heute werden sie von erfahrenen Bootsbaumeistern angeblich ohne Pläne, nur aus dem Gedächtnis, mit über viele Generationen überlieferten Techniken konstruiert. Die fertigen Boote werden bunt bemalt und individuell verziert, sodass jedes einzigartig ist. Man erreicht Pulau Duyung von Kuala Terengganu aus über einen Damm oder per Fähre von einem Bootssteg am Hotel Seri Malaysia.

Bootswerften und Werkstätten sind über die gesamte Insel verstreut. Besucher sind dort willkommen und können den Bootsbauern bei der Arbeit zusehen. Die Boote dienen den Fischern, sind aber wegen ihrer kunstvollen Gestaltung international bekannt.

Bootsverzierung

Die meisten Boote zieren gegenständliche Malereien, deren Figuren häufig aus der Hindu-Mythologie stammen. Sie werden allmählich von islamischer Kunst verdrängt, die sich vorwiegend durch elaborierte geometrische Arabesken auszeichnet.

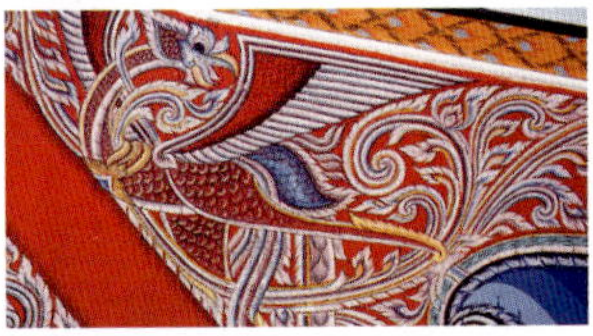

Den Bug zieren Schnitzereien und Bemalungen mit Figuren, Vögeln und *garuda*, Vögeln der Hindu-Mythologie.

Bunte Fischerboote liegen an den Stränden von Pulau Duyung. Viele der ursprünglich mit Segeln oder Rudern ausgestatteten Boote haben heute als Zugeständnis an Komfort und moderne Zeiten Außenbordmotoren.

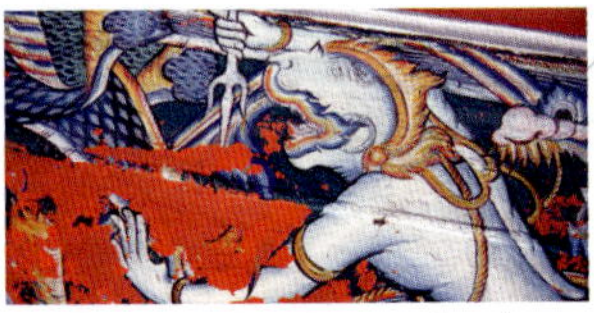

Mythische Wesen wie etwa Drachen und Dämonen sind Hindu-Epen wie dem *Ramayana* entlehnt.

Die Boote müssen täglich vor gefährlichen Wellen an Land in Sicherheit gebracht werden – und zwar bis zu den Bäumen. Die Boote sind also nicht nur ästhetisch, sondern auch funktional. Sie sind stabil genug, heftigen Stürmen standzuhalten, aber gleichzeitig leicht genug, um sie aus dem Wasser ziehen zu können.

Der Pasar Besar (Hauptmarkt) von Kota Bharu ***(siehe S. 152f)*** ▶

⓮ Kota Bharu

Kota Bharu (Neue Festung) liegt im Nordosten der Halbinsel an der Mündung des Sungai Kelantan. Kelantans Landeshauptstadt ist die am stärksten malaiisch und muslimisch geprägte Stadt der Region. Kota Bharu wirkt auf den ersten Blick modern, ist aber auch strenge Hüterin von Kultur, Kunsthandwerk und Religion. Entsprechend zahlreich sind die Museen und Moscheen. Kunsthandwerk und Bräuche wie Drachensteigenlassen, Silberschmiedekunst und Weberei sind hier lebendig. Gebetszeiten werden rigoros eingehalten, sodass freitags jegliche Aktivität zum Erliegen kommt. Die meisten Attraktionen wie auch der Pasar Besar, ein bunter Markt, liegen im Nordosten der Stadt. Bekannt ist die regionale Küche. Von Kota Bharu aus kann man gut die Umgebung erkunden.

Eleganter Speiseraum im Istana Batu, dem heutigen Royal Museum

Istana Batu

Jalan Istana. (09) 748-2266.
Sa–Do 8.30–16.45 Uhr.

Der himmelblaue Istana Batu (Steinpalast) wurde 1939 von Sultan Ismail als Hochzeitsgeschenk für seinen Neffen Sultan Yahya gebaut. Früher diente er als Gästehaus für königlichen Besuch und als Hochzeitspalast der königlichen Familie, inzwischen ist dort das Royal Museum untergebracht. In den original erhaltenen Zimmern sind u. a. alte Familienbilder und Glaswaren zu sehen.

Istana Balai Besar

Jalan Tengku Seri Akar.
für Besucher.

Mitten in der Stadt steht in einer Holzfestung der Istana Balai Besar, ein traditioneller Kelantan-Palast, den Sultan Mohammed II. 1844 bauen ließ. Er diente lange als offizielle Residenz der Königsfamilie. Der einzigartige malaiische Palast weist Thai-Einflüsse auf. Thronzimmer und Audienzsaal werden bei offiziellen Staatsempfängen genutzt. Der Palast ist nicht öffentlich zugänglich, aber von außen sehenswert.

Istana Jahar

Jalan Sultan. (09) 744-4666.
Sa–Do 8.30–17.45 Uhr.

Sultan Ahmad baute den Istana Jahar 1887 für seinen Sohn Long Kundur. Mit seinen filigran geschnitzten Balken, den Paneelen und Eisengittern ist er ein herausragendes Beispiel traditioneller Holzarchitektur in Kelantan. 1991 wurde dort das **Museum of Royal Traditions and Custom** eingerichtet. Die Sammlung umfasst Textilien, Messing- und Silberwaren sowie rituelle Objekte für königliche Zeremonien wie Hochzeiten und Geburtstage. In der Waffengalerie sind Speere, *keris* und andere Waffen zu sehen. Besonders beeindruckend ist die *singakerti*, eine Kutsche in Form eines mythologischen Fabelwesens.

Masjid Muhammadi – die Staatsmoschee nordwestlich des Zentrums

Masjid Muhammadi

Jalan Sultanah Zainab.

Um die Padang Merdeka drängen sich einige Paläste, hier steht auch die imposante Staatsmoschee. Sie wurde 1926 unter Sultan Ismail IV. errichtet. Das von den Einheimischen auch Ziegelmoschee genannte Gotteshaus ist das Zentrum der muslimischen *dawah*, der missionierenden Tätigkeit in Kelantan. Besucher sollten Arme und Beine bedecken. Während der Gebetszeiten haben Nicht-Muslime keinen Zutritt.

Islamic Museum

Jalan Sultan. (09) 744-0102.
Sa–Do 10.30–17.45 Uhr.

In der Nähe der Staatsmoschee residiert das Islamische Museum in einem altehrwürdigen, mit wunderschönen Schnitzereien verzierten Holzgebäude. Das ehemals als das Serambi Makkah (Veranda nach Mekka) bekannte Haus war die erste

Das weiß-grün bemalte Islamische Museum

Religionsschule in Kelantan. Es steht auch für die Macht des Islam im Bundesstaat. Heute kann man in dem Museum Fotos und Kunstgegenstände ansehen, die einen guten Überblick über die Geschichte des Islam in Kelantan vermitteln.

World War II Memorial Museum

Jalan Sultan. Sa–Do 8.30–16.45 Uhr.

Das in der ehemaligen Bank Kerapu untergebrachte Museum zur Erinnerung an den Zweiten Weltkrieg präsentiert über 1000 Exponate, Bilder und Waffen, die von der japanischen Besatzung Kelantans im Zweiten Weltkrieg erzählen.

Die japanischen Truppen betraten am 8. Dezember 1941 in Kota Bharu malaysischen Boden. Während der Invasion diente die Bank auch als Hauptquartier der japanischen Geheimpolizei *kempetai*. Weitere Fotos und Waffen illustrieren die Zeit des »Notstands«, in der britische und malaiische Truppen zwischen 1948 und 1960 einen langen Kampf gegen die Chinese Communist Party of Malaya führten. Die Sammlung im Obergeschoss widmet sich der Vorkriegszeit in Kelantan.

Gelanggang Seni

Jalan Mahmood. (09) 744-3124. unterschiedl. Zeiten, vorher anrufen. Kostenlose Vorführungen März–Okt: Mo, Mi, Fr nachmittags und abends außer bei Ramadan.

Das Kulturzentrum organisiert Kulturveranstaltungen und Ausstellungen zu traditionellen Künsten und Sportarten, von denen viele zu verschwinden drohen. Es gibt kostenlose Vorführungen von *silat*, einer Kampfkunstart, sowie von *mak yong* und *manohra*, traditionellen Tanztheaterformen, die von *Gamelan*-Musik begleitet werden. Trommler spielen auf riesigen *Rebana*-Trommeln und auf *kertok*, kleineren Kokosnusstrommeln. Das Zentrum zeigt auch *gasing*, das traditionelle Holzkreiselspiel, und lässt riesige Monddrachen namens *wau bulan* steigen. Außerdem gibt es das Schattenpuppentheater *wayang kulit* mit Geschichten und Charakteren aus den indischen Nationalepen *Ramayana* und *Mahabharata*.

Infobox

Information

Nordöstl. von Kelantan. 1 310 000. Jalan Sultan Ibrahim, (09) 748-5534. Drachenfest (Mai/Juni), Trommelfest (Juli), Geburtstag des Sultans (Juli).

Anfahrt

Drachenbauer inmitten bunter Drachen, Kota Bharu

Zentrum von Kota Bharu

1. Istana Batu
2. Istana Balai Besar
3. Istana Jahar
4. Masjid Muhammadi
5. Islamic Museum
6. World War II Memorial Museum
7. Gelanggang Seni

0 Meter 500

Zeichenerklärung
siehe hintere Umschlagklappe

Das mehrstufige Tempeldach des Wat Phothivihan

⓯ Tumpat

15 km nordwestl. von Kota Bharu.
ab Kota Bharu.

Das kleine Tumpat liegt in einer bäuerlichen Region von Kelantan. Es ist das Zentrum der Orang Syam. Außerdem ist es ein wichtiger Verkehrsknotenpunkt für alle, die mit der Dschungeleisenbahn nach Süden oder ins benachbarte Thailand nach Norden reisen möchten.

Von Tumpat aus kann man die zahlreichen Thai-buddhistischen Tempel im ansonsten streng islamischen Kelantan besichtigen.

⓰ Pantai Dasar Sabak

13 km nordöstl. von Kota Bharu.
ab Kota Bharu.

Nördlich und östlich von Kota Bharu liegen mehrere schöne Strände mit Aussicht auf das Südchinesische Meer. Am leichtesten zugänglich ist Pantai Dasar Sabak. Der palmengesäumte Strand in der Nähe des malaiischen Fischerdorfs Sering hat eine bewegte Geschichte. Am 8. Dezember 1941 landeten hier die kaiserlich-japanischen Marinetruppen im Rahmen ihrer ersten Angriffe während des Zweiten Weltkriegs.

Wenn man nachmittags an den Strand geht, hat man Gelegenheit, die einheimische Fischereiflotte einlaufen zu sehen und frischen Fisch zu kaufen. Besucher sollten allerdings daran denken, dass Kelantans Ostküste vorwiegend muslimisch ist, und daher entsprechend dezente Kleidung tragen.

⓱ Wat Phothivihan

3 km südl. von Chabang Empat, nahe Tumpat. ab Kota Bharu oder Tumpat. tägl. 7–17 Uhr.
Vesak-Tag (Apr/Mai).

Der Thai-Buddhismus in Kelantan ist auf etwa 20 Klöster begrenzt. Wat Phothivihan ist eines der interessantesten. Das verzierte Tempeldach und die in gelbe Kutten gehüllten Mönche bilden einen scharfen Kontrast zu den muslimischen Dörfern der Umgebung.

Das 1973 vom Abt Phra Krurasapia Chakorn gebaute Kloster zieht alljährlich Tausende thailändische Pilger an. Wie die meisten Thai-Tempel ist auch dieser weitläufig und imposant angelegt. Hauptattraktion ist ein 40 Meter langer *phra non*, ein Liegender Buddha, der 1975 hier errichtet wurde.

Wat Phothivihan ist ein soziales, kulturelles und spirituelles Zentrum thailändischer, chinesischer und indischer Gläubiger. Die Mönche führen Besucher gern herum. Für Muslime aus aller Welt ist die Tempelanlage schlicht eine architektonische Sehenswürdigkeit.

⓲ Wat Machimmaram

Kampung Jubakar, nahe Tumpat.
ab Kota Bharu oder Tumpat.
tägl. 7–17 Uhr.
Vesak-Tag (Apr/Mai).

Wat Machimmaram ist einer der buddhistischen Tempel in den Thai-Dörfern von Kelantan. Er steht in Kampung Jubakar an der Hauptstraße, die von Kota Bharu bis zur thailändischen Grenze führt. Ähnlich wie die Tempel im Nachbarland Thailand besitzt dieser *ketek* (Tempel) lotosförmige Ecksteine, vergoldete Türme auf den *chedi* (Stupas), lackierte Türen und Fensterläden. Die von einheimischen Thai-Buddhisten geschaffene Statue des Sitzenden Buddha ist angeblich die größte ihrer Art in Südostasien. Die Figur ragt etwa 32 Meter aus der Ebene empor und steht damit selbstbewusst für die Präsenz des Theravada-Buddhismus in diesem vorwiegend islamischen Bundesstaat.

Goldener Sitzender Buddha und verzierte Säulen im Wat Machimmaram

⑲ Tour: Jungle Railway

Mit der Dschungelbahn kann man das Landesinnere Westmalaysias erkunden. Bei ihrer Eröffnung 1931 galt die Jungle Railway als technisches Meisterwerk. Sie verbindet Kelantan an der Ostküste mit den Bundesstaaten Kedah, Perak und Penang im Westen. Die Bahn schlängelt sich von Kelantan durch die Dschungelschluchten von Kuala Lipis und stößt bei Gemas auf die Hauptlinie Singapur – Kuala Lumpur.

Routeninfos

Start: Tumpat, 15 km von Kota Bharu.

Anfahrt: mit Taxi oder Bus Nr. 27, 27A und 43 vom Busbahnhof Kota Bharu.

Dauer: 15 Stunden mit dem langsamen Tageszug von Tumpat nach Gemas; 10 Stunden mit dem Express-Nachtzug.

① **Tumpat**
Die Bahn fährt im Norden im kleinen, landwirtschaftlich geprägten Ort Tumpat ab. Er ist für die nahe gelegenen Thai-Tempel bekannt.

② **Kuala Krai**
In der Nähe der von Gummiplantagen und dichtem Regenwald umgebenen Siedlung Kuala Krai fährt die Bahn am Ufer des Sungai Kelantan entlang.

③ **Gua Musang**
Das abgelegene Gua Musang ist für seine Höhlen und Wandermöglichkeiten bekannt, lebt aber von der Holzwirtschaft.

④ **Kuala Lipis**
Die ehemalige Goldgräberstadt liegt am Zusammenfluss von Jelai und Lipis. Heute ist sie für ihre Ruhe und die hübsche Kolonialarchitektur bekannt.

⑤ **Jerantut**
Der kleine Ort ist das Tor zum Taman Negara *(siehe S. 144f)*. Er verfügt über einige Restaurants und Unterkünfte.

0 Kilometer 50

⑥ **Gemas**
Die Dschungelbahn fährt bis ins geschäftige Gemas, das gute Straßen- und Bahnverbindungen nach Kuala Lumpur und Johor Bahru hat.

Legende
- Nebenstraße
- Eisenbahn
- Staatsgrenze
- Bundesstaatsgrenze
- △ Gipfel

Sarawak

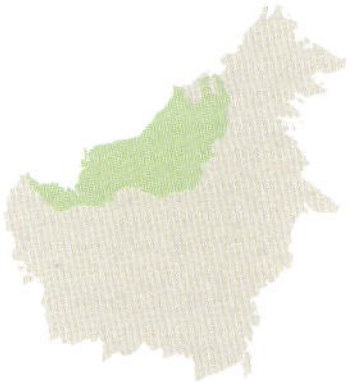

Der Bundesstaat Sarawak, das Land des Hornvogels, bietet einzigartige Naturwunder: steil aufragende Berge, üppige Regenwälder, seltene Tierarten und einige der größten Höhlen der Welt. Die artenreiche Flora und Fauna, Sarawaks ereignisreiche Geschichte und das bedeutende kulturelle Erbe seiner indigenen Völker locken immer mehr Besucher in den ostmalaysischen Bundesstaat.

Die ersten Menschen in Sarawak waren vor etwa 40 000 Jahren in Höhlen wohnende Jäger und Sammler. Hinweise auf frühe Siedlungen fand man 1958 in den Niah Caves im Nordosten. Sie belegen Sarawaks lange, wenngleich nicht schriftlich dokumentierte Geschichte menschlicher Besiedlung.

Bis zur Mitte des 19. Jahrhunderts herrschte der Sultan von Brunei über die Region. Er erhob hohe Steuern, was wiederholt zu Rebellionen der einheimischen Volksgruppen führte. 1839 trat der englische Abenteurer James Brooke während eines solchen Aufstands in die Dienste des Sultans und unterwarf die Rebellen. Zum Dank wurde ihm der Titel eines Rajah verliehen. Brooke wurde der erste der Weißen Rajahs *(siehe S. 163)*, die ein Gebiet in der Größe Großbritanniens als ihr eigenes Königreich mehr als ein Jahrhundert lang beherrschten. 1963 trat Sarawak der Föderation Malaya bei. Der Staat im Norden Borneos ist mit vielen natürlichen Ressourcen gesegnet. Öl und Forstwirtschaft bildeten im 20. Jahrhundert die Säulen von Sarawaks Wirtschaft. Die 2,6 Millionen Einwohner sind großteils Angehörige der indigenen Dayak, während die Orang Ulu eine Minderheit darstellen. Die meisten Menschen leben im Südwesten des Bundesstaats in und um die historische Hauptstadt Kuching. Von dort aus kann man die über die Region verstreuten Langhäuser der Dayak sowie die Wild- und Nationalparks besuchen. Die Kalksteinfelsen im Mulu-Nationalpark sind zum Klettern und Wandern geeignet. Neben den Niah Caves und dem Bako-Nationalpark – einem der ältesten in Sarawak – sind sie das Highlight einer Reise durch den Bundesstaat.

Orang-Utan-Mutter und Baby auf Nahrungssuche im Naturreservat Semenggoh

◀ **Wanderer auf dem Weg zu den riesigen Höhlen des Mulu National Park *(siehe S. 176f)***

Überblick: Sarawak

Das im Nordwesten von Borneo gelegene Sarawak ist der größte Bundesstaat Malaysias. Sarawak ist für seine reiche Flora und Fauna berühmt. Ganz in der Nähe der Hauptstadt Kuching liegen wunderbare Nationalparks und malerische Strände. Der von Langhaus-Siedlungen der Dayak gesäumte Batang Rajang schlängelt sich durch die Region. Er verbindet die Orte Sibu, Kapit und Belaga mit der Außenwelt. Im Nordosten befinden sich die archäologisch bedeutsamen Niah Caves, die Kalksteinfelsen im Mulu-Nationalpark faszinieren Kletterer. Brunei an der Nordküste ist eines der kleinsten Länder der Welt.

Opulente Fassade der Masjid Jamek (Freitagsmoschee), Brunei

Sehenswürdigkeiten auf einen Blick

Orte, Städte und Regionen

1 *Kuching S. 160–163*
3 Santubong
7 Sematan
14 Sibu
15 Kapit
16 Belaga
17 Mukah
18 Bintulu
20 Miri
26 *Brunei S. 178f*

Nationalparks

6 Kubah National Park und Matang Wildlife Centre
8 Tanjung Datu National Park
9 Gunung Gading National Park
11 Semenggoh Wildlife Centre
12 *Bako National Park S. 168f*
19 Similajau National Park
21 Niah Caves National Park
22 Lambir Hills National Park
23 Loagan Bunut National Park
25 *Mulu National Park S. 176f*

Flüsse

2 Sungai Santubong
13 Batang Rajang

Landschaftlich schöne Gebiete

10 Wind Cave und Fairy Cave
24 Kelabit Highlands

Museumsdorf

5 Sarawak Cultural Village

Strand

4 Damai Beach

Weitere Zeichenerklärungen *siehe hintere Umschlagklappe*

In Sarawak unterwegs

Inlandsflüge verbinden die meisten Städte in Sarawak und sind für Besucher mit wenig Zeit ideal. Wer etwas mehr Muße hat, kann – wie die Einheimischen – per Boot in die abgelegeneren Dörfer und Nationalparks gelangen. Es gibt schnelle *Ekspres*-Boote sowie Langboote für Fern- und Nahtransporte. Aufgrund der extremen Landschaft gibt es in Sarawak nur einen Highway zwischen Kuching und Brunei sowie ein paar kurze Strecken von Kuching in Orte wie Bako und Semantan.

Luftaufnahme des Mangrovenwalds am Sungai Sarawak

❶ Kuching

Sarawaks Hauptstadt Kuching (Katze) ist eine der schönsten Städte Malaysias. Historische Bauten kontrastieren mit modernen Hochhäusern. Mitte des 19. Jahrhunderts wurde Sarawak – wie Kuching bis 1872 offiziell hieß – Hauptstadt des Reichs von Rajah James Brooke. In Kuching trafen verschiedene Ethnien wie Malaien, Chinesen und Inder sowie indigene Völker wie die Iban und Bidayuh aufeinander, was sich bis heute in Kuchings kultureller Vielfalt niederschlägt. Die Stadt breitet sich zu beiden Seiten des Sungai Sarawak aus. Ihre Hauptattraktionen, darunter das Hafenviertel, die Kolonialbauten und die Läden mit Souvenirs und Kunsthandwerk, konzentrieren sich am Südufer.

Der Sungai Sarawak fließt durch Kuching

Sarawak Museum

Jalan Tun Haji Openg. (082) 244-232. Mo–Fr 9–16.45, Sa, So, Feiertage 10–16 Uhr.
museum.sarawak.gov.my

Das Sarawak Museum gilt als eines der besten Museen seiner Art in Malaysia. Die umfangreiche Sammlung gibt einen Überblick über Geschichte und Ethnografie der Provinz. Die Exponate sind auf zwei Gebäude verteilt. Die ältere Abteilung des Hauptgebäudes wurde 1891 auf Anregung des Naturforschers Alfred Wallace eingerichtet. Er entdeckte viele Pflanzen- und Tierarten Sarawaks. In der naturhistorischen Abteilung stehen ausgestopfte Exemplare der bekanntesten Tierarten der Region, darunter Nashörner, Hornvögel, Schildkröten und Nasenaffen. Im Obergeschoss erhält der Besucher anhand von Kunsthandwerk, traditionellen Trachten, zeremoniellen Objekten, Musikinstrumenten und Werkzeugen Einblicke in die Lebensweise der indigenen Völker Sarawaks. Zu sehen ist u. a. eine Ahle, die die Iban zum Tätowieren verwenden. Besonders sehenswert sind das nachgebaute Iban-Langhaus sowie Iban-Kriegstotems und chinesische Schalen (20. Jh.). In der über eine Brücke erreichbaren Tun Abdul Razak Hall finden Wechselausstellungen statt.

Grabsäule im Sarawak Museum

Islamic Heritage Museum

Jalan P. Ramlee. (082) 244-232. Mo–Fr 9–16.45, Sa, So, Feiertage 10–16 Uhr. **museum.sarawak.gov.my**

In einer sanierten Kolonialvilla, die 1930 als Schule für Lehrer errichtet wurde, ist das Islamische Museum untergebracht. Es zeigt die Geschichte des Islam und seiner Verbreitung in Sarawak sowie im restlichen malaiisch-indonesischen Archipel. Die sieben thematisch gegliederten Ausstellungsräume erläutern traditionell islamische Kunst und Architektur. Sie zeigen Trachten, Münzen, Schmuck, Waffen, Keramik, Gewichte und Maßeinheiten. Die verschiedenen Artefakte sind äußerst gut erhalten und werden sehr schön präsentiert.

Textile Museum

Jalan Tun Haji Openg. tägl. 9–16.30 Uhr.
museum.sarawak.gov.my

Der Pavillon im Stadtzentrum ist kaum zu verfehlen. An seiner Fassade fallen die schönen Kunstschmiedearbeiten auf. Er wurde 1907 als Krankenhaus erbaut und im Zweiten Weltkrieg von den japanischen Besatzern als Propagandazentrale genutzt. Heute zeigt hier das Textilmuseum auf zwei Etagen Alltagskleidung der indigenen Volksgruppen von Sarawak sowie die bei Hochzeiten und anderen Zeremonien getragenen Trachten. Handwerkskünste wie Weben und Färben sind ebenso zu sehen wie die traditionellen *songket* und *ikat*.

Tun Jugah Gallery

Level 4, Tun Jugah, 18 Jalan Tunku Abdul Rahman. (082) 239-672.
tunjugahfoundation.org.my

Bunte und faszinierende Textilien kann man auch in der Tun Jugah Gallery sehen. Hier wird die alte Kunst der Herstellung von Iban-Kleidung wiederbelebt, die nach speziellen, sehr komplizierten Mustern gewebt und mit pflanzlichen Stoffen gefärbt wird.

Round Tower

Jalan Tun Haji Openg. (082) 245-652. Mo–Fr 8.30–12.30, 14–17, Sa, So 8.30–12 Uhr.

Der 1886 gebaute Round Tower (Rundturm) war zunächst als Festung zur Abwehr von Piraten geplant, wurde stattdessen aber als eine Art Apotheke genutzt. Heute residiert in ihm der **Sarawak Crafts Council** mit Ausstellungen der schönsten Handwerkskünste der Provinz. Regelmäßig werden hier Weberei und Korbflechterei vorgeführt.

Hotels und Restaurants in Sarawak *siehe Seiten 281f und 296–298*

Kolonialhäuser mit Eisenholzdächern im Courthouse Complex

Jalan India

Unweit des Südufers. **Masjid Bandaraya** Sa–Do 9–15 Uhr.

Am westlichen Rand des Zentrums liegt in der Jalan Gambier der wichtigste Markt. Die Fußgängerzone in der Jalan India ist eine der beliebtesten Einkaufsstraßen Kuchings. Die meisten Läden haben eine Kolonialarkadenfront und verkaufen Textilien, Schuhe, Messing- und Haushaltswaren.

Am westlichen Ende der Straße thront die **Masjid Bandaraya** mit ihren vergoldeten Kuppeln. Sie wurde 1968 errichtet und schnell zu einem der wichtigsten Wahrzeichen der Stadt. Nicht-Muslime dürfen die Moschee außerhalb der Gebetszeiten besuchen, vorausgesetzt, sie sind angemessen gekleidet. Größenmäßig übertrumpft wurde der Bau von der **Masjid Negeri** (Staatsmoschee) auf der anderen Flussseite in Petra Jaya. Sie fasst bis zu 14 000 Gläubige.

Courthouse Complex

An der Ecke von Main Bazaar und Jalan Tun Haji Openg. Mo.

Der Courthouse Complex ist ein Paradebeispiel für Kuchings Kolonialerbe. Die mit Eisenholz gedeckten Gebäude haben Säulen im romanischen Stil. Der Komplex wurde 1871 als Regierungssitz Sarawaks errichtet und diente als solcher bis 1973. Das Landesgericht tagt hier noch heute. Der Hauptgerichtssaal mit Wandgemälden mit ländlichen Szenen ist sehenswert. Vor dem Komplex steht der **Clock Tower** (Uhrenturm). Er wurde 1883 angebaut. Das **Charles Brooke Memorial** kam 1925 hinzu. Die Ecken des Denkmals zieren Figuren, die die ethnischen Gruppen Sarawaks – Dayak, Malaien, Chinesen und Orang Ulu – darstellen. Im Komplex sind auch ein Café und das **Visitor Information Centre** des Sarawak Tourism Board.

Infobox

Information

Südwestl. von Sarawak.
500 000. Courthouse Complex, (082) 423-600; National Parks and Wildlife Booking Desk, (082) 248-088.
sarawaktourism.com

Anfahrt

Zentrum von Kuching

1. Sarawak Museum
2. Islamic Heritage Museum
3. Textile Museum
4. Tun Jugah Gallery
5. Round Tower
6. Jalan India
7. Courthouse Complex
8. Square Tower
9. Kuching Waterfront
10. Tua Pek Kong
11. Fort Margherita

Zeichenerklärung
siehe hintere Umschlagklappe

0 Meter 250

Der historische Square Tower, eine Erinnerung an die Brooke-Ära

Square Tower

Main Bazaar. (082) 426-093.
tägl. 10–16 Uhr.

1879 ließ Rajah Charles Brooke den Square Tower nördlich des Courthouse an der Stelle einer Holzfestung errichten, die von chinesischen Goldminenarbeitern während der Rebellion von 1857 niedergebrannt worden war. Der Turm wurde aber nie für Verteidigungszwecke genutzt. Im Lauf der Jahre diente er u. a. als Gefängnis, später sogar als Ballsaal. Der Square Tower ist eines der wenigen Gebäude, das an die Brooke-Ära erinnert.

Kuching Waterfront

Zwischen Square Tower und Hilton Hotel. abends Marktstände. **Sarawak Steamship Building** Main Bazaar. tägl. **Chinese History Museum** Main Bazaar. (082) 231-520. Sa–Do 9–18 Uhr.

Ein Spaziergang entlang der Uferpromenade sollte bei einem Besuch Kuchings nicht fehlen. Mitte der 1990er Jahre wurden im Rahmen eines Sanierungsprojekts verfallene Lagerhäuser am Ufer abgerissen, um einer hübschen Uferpromenade Platz zu machen. Parkanlagen, Skulpturen, Cafés, Imbissstände und Bänke verschönern heute den Streifen. Hinweistafeln informieren über historische Stätten. Die Promenade bietet eine schöne Aussicht auf Astana und das Fort Margherita am Nordufer des Sungai Sarawak. Mittlerweile ist sie der beliebteste Ort der Stadt zum Joggen, Flanieren, Ausgehen und um Sonnenuntergänge über dem Fluss zu erleben. Mit Booten kann man den Fluss überqueren oder längere Fahrten unternehmen.

Ein wenig zurückgesetzt liegt Main Bazaar, die älteste Straße der Stadt mit vielen Läden. Die wichtigsten Gebäude in dieser Straße sind das **Sarawak Steamship Building** und das **Chinese History Museum**. Ersteres entstand 1930 und beherbergt heute den Kuching Waterfront Bazaar mit Imbissbuden und Souvenirständen. Das Museum wurde 1911 von Rajah Charles Brooke gebaut. Es diente anfangs als chinesische Handelskammer. Heute gibt das Museum einen Überblick über die chinesische Gemeinde in Sarawak. Es zeigt Fotos, Kunstgegenstände und Dokumente, z. B. Karten der frühen Handelsrouten. Zudem informiert es über die Handelsaktivitäten der Chinesen.

Tua Pek Kong

Jalan Tunku Abdul Rahman.
tägl. 6–22 Uhr.
Chinesisches Neujahr (Feb).

Gegenüber dem Chinese History Museum steht der Tua Pek Kong mit Aussicht auf den Fluss. Der älteste Taoisten-Tempel Kuchings stammt von 1876. Zuvor soll hier Ende des 18. Jahrhunderts ein chinesischer Tempel gestanden haben. Der jetzige bunte und reich verzierte Tempel ist Tua Pek Kong, dem Schutzheiligen der Händler, gewidmet und immer voller Leben. Sein Standort wurde gemäß chinesischer Tradition nach geomantischen Aspekten sorgfältig gewählt. Hier findet alljährlich das Wang-Kang-Fest zum Andenken an die Toten statt.

Fort Margherita

Am Nordufer des Sungai Sarawak.
nahe dem Square Tower.
für Besucher.

Etwas weiter ostwärts nahe dem Astana liegt Fort Margherita mit Zinnen und weiß getünchten Mauern sowie einer großen Kanone. Das von Rajah Charles Brooke 1879 errichtete und nach seiner Frau benannte Gebäude ist die zweite Festung an dieser Stelle. Das von seinem Onkel James Brooke gebaute Fort wurde 1857 von chinesischen Goldminenarbeitern niedergebrannt. Das Fort

Kuchings Uferpromenade am frühen Morgen

Margherita blickt auf den Sungai Sarawak. Es sollte dem Schutz Kuchings gegen Piraten und andere über den Fluss anrückende Feinde dienen. Da Kuching aber bis zum Zweiten Weltkrieg, als die Japaner die Kontrolle übernahmen, von Angriffen verschont blieb, wurde seine Wehrkraft nie ernstlich geprüft.

Leider ist das Fort sehr schlecht erhalten, sodass das Hauptgebäude nicht mehr betreten werden darf.

Der vornehme Astana am Nordufer des Sungai Sarawak

Imposanter Wachtturm des Fort Margherita in Kuching

Astana

Am Nordufer des Sungai Sarawak.
nahe dem Square Tower.

Am Nordufer des Flusses steht Kuchings wichtigstes historisches Gebäude, der beeindruckende Astana. Der Name ist eine lokale Variante des malaiischen Worts Istana (Palast). Rajah Charles Brooke baute den Astana 1870 für seine Braut. In ihren 1913 erschienenen Memoiren *My Life in Sarawak* schildert sie ihre Zeit dort.

Der Palast liegt inmitten prächtiger Grünanlagen und bietet Aussicht auf das Courthouse am Südufer. Er besteht aus drei eleganten Bungalows mit Holzschindeldächern. Charles Brooke soll auf dem Gelände Betelnüsse angebaut haben, um sie Dayak-Führern bei ihren Besuchen anzubieten. Der Astana ist bis heute offizieller Wohnsitz des Gouverneurs von Sarawak und kann deshalb nicht besichtigt werden.

Katzenstatuen

Kuching ist das malaiische Wort für Katze. Obwohl unklar ist, wie die Stadt zu diesem Namen kam, stößt man in der Stadt auf Katzenstatuen. Sie sind alle am Südufer des Sungai Sarawak zu finden, darunter eine kleine Statue an der Uferpromenade östlich des Chinese History Museum, eine größere gegenüber dem Hilton Kuching in der Jalan Tunku Abdul Rahman und eine dritte an einer Säule weiter östlich in der Jalan Padungan. Die mit 1,5 Metern höchste Figur, die **Great Cat of Kuching**, sitzt an der Ecke Jalan Padungan und Jalan Central.

Cat Museum

Nördl. der Kuching City Hall.
(082) 446-688. Petra Jaya bus 2C oder 2D. Di–So 9–17 Uhr. Feiertage. 3 RM für Fotos, 5 RM für Videos.

1993 zog das Katzenmuseum in den neuen Stadtteil Petra Jaya am Nordufer des Flusses. Nach eigenen Angaben ist es eines der wenigen Museen dieser Art weltweit. Es ist ausschließlich Katzen gewidmet und präsentiert alles im Zusammenhang mit Feliden – von Kunstwerken, Briefmarken, Fotos, Musik und Filmen bis hin zu Garfield-Comics.

Weiße Rajahs

Als der britische Entdecker James Brooke 1839 nach Sarawak kam, wurde es gerade von einer Rebellion der Dayak gegen den herrschenden Sultan von Brunei erschüttert. Nachdem Brooke den Aufstand erfolgreich niedergeschlagen hatte, wurde er 1841 zum Rajah von Sarawak ernannt und errichtete dort ein mehr als 100 Jahre überdauerndes Reich. Als James Brooke 1868 starb, umfasste sein Territorium nur die südwestliche Ecke von Sarawak – das Gebiet um Kuching. Sein Neffe und Nachfolger Charles Brooke dehnte Sarawak auf das heutige Gebiet aus und beauftragte den Bau der meisten Kolonialbauten. Der penible Herrscher machte häufig Kontrollvisiten bei seinen Beamten und bestrafte jedwede Verfehlung schwer. Nach seinem Tod 1917 trat sein Sohn Charles Vyner Brooke an seine Stelle, der Sarawak wie sein persönliches Lehensgut verwaltete. Dem bereitete 1941 der Einmarsch der Japaner ein Ende. Nach dem Zweiten Weltkrieg trat Vyner Brooke das Territorium an Großbritannien ab, 1963 wurde es schließlich Teil von Malaysia.

Sir James Brooke

❷ Sungai Santubong

20 km nördl. von Kuching.
Tourbus zum Santubong-Pier.
Tourboote zwischen 16 und 17 Uhr. ab Kuching.

Der Sungai Santubong schlängelt sich durch die Ebenen um Kuching, fließt durch Sarawak gen Norden und mündet schließlich ins Südchinesische Meer. In der Trockenzeit zwischen März und Oktober tummeln sich manchmal die seltenen Irawadidelfine an der Flussmündung. Die kleinen, stumpfnasigen Delfine sind nur schwer auszumachen, da sie anders als ihre Verwandten nicht aus dem Wasser springen. Dennoch ist die Sichtung der seltenen Tiere auf Bootsfahrten ein echtes Erlebnis.

Manche Fahrten führen weiter durch den angrenzenden Sungai Salak in den **Kuching Wetlands National Park**. Dieses Sumpfgebiet besteht aus salzhaltigen Mangrovensümpfen, einigen Flecken Buschland und vielen Wasserläufen und gezeitenabhängigen Bächen. Der Sumpf beherbergt zahlreiche Tiere, darunter Krokodile, Nasenaffen, Loris und farbenprächtige Vögel. Abends illuminieren Scharen von Leuchtkäfern die Bäume – ein einmaliges Schauspiel. Man kann den Sumpf nur auf Flussrundfahrten erkunden. In Kuching bieten zahlreiche Veranstalter ihre Dienste an.

Kuching Wetlands National Park
15 km nördl. von Kuching.

Lagunenartiger Pool des Holiday Inn Resort, Damai Beach

❸ Santubong

32 km nördl. von Kuching.
800. Petra-Jaya-Bus 2B.

Das Fischerdorf liegt am Sungai Santubong im Schatten des 810 Meter hohen Gunung Santubong. Während der chinesischen Tang- und Song-Dynastien vom 9. bis 13. Jahrhundert war Santubong ein wichtiges Handelszentrum. Geblieben ist davon lediglich dieses kleine Dorf, das wegen der bunten, auf Stelzen gebauten Holzhäuser und der malerischen Fischerboote sehenswert ist. Morgens, wenn die Fischer den Fang des Tages am Kai verkaufen, ist in Santubong am meisten los. Die umliegenden Cafés sind für exquisite Meeresfrüchte bekannt.

Von der Hauptstraße durch Santubong führt ein kleiner Weg nach **Sungai Jaong**, eine der wichtigsten archäologischen Stätten in Sarawak. Zu sehen sind antike Artefakte wie buddhistische und hinduistische Steinskulpturen, die 1000 Jahre alt sein sollen. Gut zu erkennen ist noch eine liegende Figur, doch viele andere sind erodiert.

❹ Damai Beach

35 km nördl. von Kuching.
Petra-Jaya-Bus 2B.

An der Westküste der Halbinsel Santubong liegt Damai mit einem der schönsten Strände Sarawaks. Der Strand ist nicht weit von Kuching entfernt und bietet einige erstklassige Resorts. Er ist ein beliebtes Urlaubsziel und an Wochenenden ziemlich überlaufen. Wassersportmöglichkeiten gibt es zuhauf, etwa Segeln, Schnorcheln und Windsurfen, aber auch andere Aktivitäten wie Mountainbiken und Golf.

Die Cafés und Restaurants genießen einen guten Ruf als Fischlokale.

Von hier führen viele malerische Wanderwege auf den Gunung Santubong. Überhaupt ist Wandern bei Besuchern von Damai Beach sehr beliebt. Der blau markierte Santubong Jungle Trek ist ein leichter, 1,6 Kilometer langer Rundweg, der am Damai Beach Resort beginnt. Etwas anstrengender ist der ebenfalls am Hotel beginnende Gunung Santubong Summit Trek zum Gipfel hinauf. Für den rot markierten Weg braucht man fünf bis sieben Stunden. Außerdem sollte man eine gute Kondition sowie Wanderstiefel und viel Trinkwasser mitbringen. Die Ferienanlagen von Damai vermitteln Führer.

Die charakteristische Form des Gunung Santubong am Sungai Santubong

Hotels und Restaurants in Sarawak *siehe Seiten 281f und 296–298*

5 Sarawak Cultural Village

35 km nördl. von Kuching. (082) 846-411. Tourbus und Petra-Jaya-Bus 2B, 15. tägl. 9–17.15 Uhr. **Kulturveranstaltungen** tägl. 11.30, 16 Uhr. Harvest Festival (Mai), Rainforest World Music Festival (Juli).
scv.com.my

Das Sarawak Cultural Village am Fuß des Gunung Santubong bietet eine hervorragende Einführung in die Traditionen der Volksgruppen von Sarawak. Es wurde Anfang der 1990er Jahre von der Sarawak Development Corporation errichtet, um Besuchern die Lebensweise der indigenen Einwohner nahezubringen. Das Zentrum besteht aus sieben um einen See angeordneten traditionellen Behausungen der wichtigsten Gruppen. Neben Langhäusern der Iban, Bidayuh und Orang Ulu stehen hier auch ein Melanau-Pfahlbau, eine Penan-Hütte, ein chinesisches Bauernhaus und ein malaiisches Haus. Angehörige der ethnischen Gruppen leben in den Häusern und führen Schnitzerei, Weberei, Korbflechten, Schmiedehandwerk und Perlenstickerei vor. Vor dem Haus der Melanau steht eine alte Sagopresse, in der Penan-Hütte kann man dabei zusehen, wie ein Blasrohr hergestellt wird. Besucher können in mehrtägigen Kursen bestimmte Handwerkskünste erlernen. Traditionelle Musik und Tanzvorführungen in prächtigen Trachten gibt es täglich im Theater zu sehen. Im Dorf gibt es auch ein gutes Restaurant.

Rainforest World Music Festival

Das Festival findet jedes Jahr im August im Sarawak Cultural Village statt. Es zelebriert Musik aus der ganzen Welt. Das seit 1998 abgehaltene, dreitägige Event hat schon Musiker aus Ländern wie Mali, der Mongolei und Madagaskar präsentiert. Inzwischen bietet das Festival auch die seltene Gelegenheit, Musik der indigenen Völker aus verschiedenen Regionen Malaysias zu hören. Tagsüber finden Seminare und Workshops statt, während abends spontane Jamsessions in den Langhäusern sowie Konzerte zu hören sind. Die exotische Umgebung an einem See vor dem Gunung Santubong schafft eine spezielle Atmosphäre. Unterkünfte gibt es in den Ferienanlagen von Damai Beach. Für alle, die lieber in der Stadt bleiben, verkehren regelmäßig Busse von Kuching aus. Nähere Informationen gibt es auf der Website des Festivals (www.rwmf.net).

Jerry Kamit, ein Virtuose auf der *sape* (Lauteninstrument)

6 Kubah National Park and Matang Wildlife Centre

20 km westl. von Kuching. (082) 248-088. ab Kuching. tägl. 8–17.15 Uhr.
sarawakforestry.com

Der 22 Quadratkilometer große Nationalpark Kubah ist einer der kleinsten in Sarawak. Ein Sandsteinplateau und drei Gipfel – der 911 Meter hohe Gunung Serapi, die kleineren Gunung Selang und Gunung Sendok – bestimmen die Kulisse dieses Tierparadieses. Neben Hartholzwäldern sowie kleinen Wasserfällen und Flüssen gibt es mehr als 90 Palmenarten und eine große Vielfalt an Orchideen. Hier leben Bartschweine, Hirschferkel und andere Tiere, zu Gesicht bekommt man sie allerdings selten. Viel eher wird man Vögel wie den Maronenspecht oder den Malaienliest sehen.

Mehrere Wanderwege führen durch den Park und in die Berge, darunter der schöne Waterfall Trail, der an terrassierten Wasserfällen vorbei verläuft, und der zwei- bis dreistündige Weg zum nebelverhüllten Gipfel des Gunung Serapi. Das nahe **Matang Wildlife Centre** kämpft für die Erhaltung bedrohter Arten wie Orang-Utan, Mähnenhirsch, Hornvogel und Nasenaffe, ist aber nicht unumstritten. Auf dem Pitcher Trail stößt man auf die eine oder andere fleischfressende Pflanze. Übernachtungen in den Parks bucht man am besten vorab beim Visitor Information Centre in Kuching *(siehe S. 161)* oder online unter www.ebooking.gov.my.

Matang Wildlife Centre
13 km nördl. von Kubah. (082) 225-012. bis Kubah oder Matang Polytechnic, dann Minibus.

Bidayuh-Frau beim Flechten von Rattankörben im Sarawak Cultural Village

❼ Sematan

100 km westl. von Kuching. 2300. ab Kuching bis Lundu, STC 17 ab Lundu.

Für Kuchings Bewohner ist der Küstenort Sematan ein beliebtes Wochenendziel. Der lange ruhige Strand ist von Kokosnusspalmen gesäumt, in der Bucht ankern bunte Fischerboote. Das Dorf selbst besteht nur aus einigen Reihen Shophouses, einem Markt mit Imbissständen, die herrliche Fischgerichte verkaufen, und einem Bootssteg. Aufgrund der Gezeiten sollte man beim Schwimmen aufpassen. Die Boote fahren von Sematan ins Fischerdorf Teluk Melano in einer hübschen Bucht an der Datu-Halbinsel. Im Dorf gibt es Unterkünfte bei einheimischen Familien, zu buchen über das Malaysian Fisheries Board. Bootsfahrten sind während des Monsuns von Oktober bis März nicht möglich.

Hier liegt auch das beliebte Hotel Sematan Palm Beach Resort. Gegen eine kleine Gebühr können auch Nicht-Hotelgäste den Tag hier verbringen und Einrichtungen wie Swimmingpool, Kanu- und Fahrradverleih nutzen.

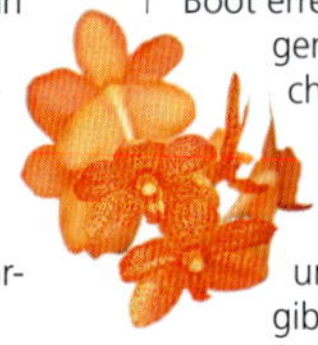

Blumen im Tanjung Datu

❽ Tanjung Datu National Park

23 km von Sematan. Charter ab Sematan oder Teluk Melano. Apr–Sep: tägl. 8–17.15 Uhr. **W sarawakforestry.com**

Mit nur 14 Quadratkilometer Fläche ist Tanjung Datu einer der kleineren Nationalparks von Sarawak. Er liegt an der Westspitze des Bundesstaats und besitzt die beiden schönen Strände Pasir Antu und Pasir Berunpu, hinter denen hohe Gipfel thronen. Highlight des Parks sind die im kristallklaren Wasser schon vom Ufer aus gut erkennbaren Korallenriffe. Etwas weiter draußen liegen künstliche Riffe, die man per Boot erreicht. Im üppigen Regenwald leben zahlreiche Tierarten. Mit etwas Glück hört man Gibbons schreien oder sieht Delfine und Schildkröten. Es gibt vier unterschiedlich lange Wanderwege im Park. Sie führen durch unberührte Wald- und Küstengebiete. Ansonsten bietet Tanjung Datu keinerlei Einrichtungen für Besucher, was man angesichts der Schönheit und des Idylls bei einem Tagesausflug gern in Kauf nimmt. Genehmigungen und Eintrittskarten sollte man vorab im Visitor Information Centre in Kuching besorgen *(siehe S. 161)*.

Trekking im Gunung Gading National Park

Fischerboote am Bootssteg von Sematan

❾ Gunung Gading National Park

80 km westl. von Kuching. STC 17 ab Lundu. (082) 735-714 (Park HQ). tägl. 8.30–17.15 Uhr. **W sarawakforestry.com**

Der Gunung Gading National Park wurde 1983 zum Schutz der größten Blume der Welt, der Rafflesia, eingerichtet. Fußwege für Besucher sorgen dafür, dass die unscheinbaren Knospen der Blume nicht zertreten werden. Aus der Knospe wächst eine bis zu einem Meter große rote Blüte mit weißen Tupfen, die intensiven Fäulnisgeruch verströmt. Da die seltene Schmarotzerpflanze nur wenige Tage lang blüht, sollte man sich vorab telefonisch informieren, ob dies überhaupt der Fall ist. Außerdem ist der *Amorphophallus* zu sehen, ein riesiger Vertreter der Aronstabgewächse.

Der Park erstreckt sich über vier mit Dschungel bedeckte Berge: Gunung Gading, Gunung Perigi, Gunung Lundu und Gunung Sebuloh. Es gibt farbig markierte Wanderwege unterschiedlicher Schwierigkeitsgrade. Am leichtesten ist der Waterfall Trail, der an sieben Wasserfällen vorbeiführt, anspruchsvoller ist der Gunung

Gading Trail zu einem 910 Meter hohen Gipfel. Beim Verwaltungszentrum des Parks erwartet die Besucher ein natürliches Felsbecken.

⑩ Wind Cave und Fairy Cave

50 km südwestl. von Kuching. STC 2 ab Kuching bis Bau, dann Taxi. (082) 765-490. tägl. 8–17.15 Uhr. ab Kuching. **sarawakforestry.com**

Unweit der ehemaligen Goldminenstadt Bau erstrecken sich in einem Kalksteingebirge zwei Höhlen. Die Wind Cave liegt drei Kilometer westlich von Bau und besitzt ein unterirdisches Netz von Flüssen, die später in den Sungai Kayan münden. Durch die röhrenförmige Höhle mit ihren Stalagmiten und Stalaktiten führt ein Steg bis zum Fluss auf der anderen Seite. Dort kann man schön picknicken und schwimmen. Zum Schutz der Höhle sowie des umliegenden Walds und seiner seltenen Pflanzenarten wurde die Wind Cave zum Naturreservat erklärt.

Die fünf Kilometer weiter südlich gelegene Fairy Cave ist größer. Eine Treppe führt hinauf zum Höhleneingang. In der Haupthöhle gibt es einige Stalagmitenformationen. Eine davon soll Ähnlichkeit mit Kuan Yin, der chinesischen Göttin der Barmherzigkeit, haben. Aus diesem Grund entwickelte sich die Höhle zum viel besuchten Heiligtum. In keiner der beiden Höhlen gibt es Beleuchtung. Man braucht eine Taschenlampe, um sich im Höhleninneren zu orientieren. In der Regenzeit können die Höhlen geschlossen sein.

Orang-Utan-Mutter mit Kind im Semenggoh Wildlife Centre

⑪ Semenggoh Wildlife Centre

24 km südwestl. von Kuching. (082) 618-325. STC 6 ab Kuching. tägl. 9–11, 14–16 Uhr. **sarawakforestry.com**

Das Reservat dient als Auswilderungszentrum für Honigbären, Orang-Utans, Krokodile, Affen, Gibbons, Hornvögel und Stachelschweine, die alle entweder infolge von Wilderei verwaist waren oder aus illegaler Käfighaltung befreit wurden. Wichtigstes Ziel der Einrichtung ist die Auswilderung von Orang-Utans in ihren natürlichen Lebensraum. Das Konzept funktioniert: Hier im Regenwald gedeiht eine halbwilde Population der höchst bedrohten Primaten. Da der Wald damit an den Rand seiner Kapazitäten gelangt ist, wurde das Programm jetzt ins Matang Wildlife Centre *(siehe S. 165)* verlagert. Die Wahrscheinlichkeit, im Park einem Orang-Utan zu begegnen, ist hoch. Die besten Chancen hat man zu den Fütterungszeiten gegen 9 und 15 Uhr.

Durch das Gebiet führen schöne Wanderwege. Das ortsansässige Botanical Research Centre hat sich der Analyse und Katalogisierung von medizinisch wirksamen Dschungelpflanzen verschrieben.

Bidayuh

Die Bidayuh bilden eine der größten Gruppen der Dayak von Sarawak. Traditionell sind sie Sammler und Jäger. Sie leben vorwiegend in der Gegend westlich von Kuching in Langhäusern an den Hängen von Anna Rais. Anders als andere Dayak-Völker Sarawaks bauen sie ihre Häuser lieber am Fuß eines Bergs als am Ufer von Gewässern. Die Briten nannten sie deswegen »Land-Dayak« und unterschieden sie so von »Meer-Dayak« wie den Iban, die immer mit Booten unterwegs sind. Die Bidayuh sind besonders geschickte Bambusschnitzer, Korbweber und Perlensticker. Ihre Frauen sitzen auf der *ruai*, der Gemeinschaftsveranda, und produzieren perlenbestickte Hüte für besondere Anlässe. Einer dieser Anlässe ist das Gawai-Padi-Fest Anfang Juni, zu dem die Bidayuh der Reisgöttin singend, tanzend und trinkend für die gute Ernte danken.

Terrasse *(ruai)* eines Bidayuh-Langhauses

⓬ Bako National Park

Bako wurde 1957 als Sarawaks erster Nationalpark eingerichtet. Er umfasst eine Fläche von 27 Quadratkilometern mit einer Vegetation, die von Regenwald über Sümpfe und Mangrovenwälder bis hin zu *kerangas* (Buschland) reicht. Steile, felsige Klippen wechseln sich ab mit Buchten, sauberen Sandstränden und einem von Mangroven gesäumten Küstenstreifen. Bako ist ein Paradies für Natur- und Tierfreunde. Nirgendwo sonst in Malaysia sieht man häufiger seltene Tierarten wie Nasenaffen, Bartschweine, Pferdehirsche und Makaken. Der Park lässt sich an einem Tag besichtigen. Da man die Tiere aber am besten morgens oder abends beobachten kann, lohnt es sich, über Nacht zu bleiben.

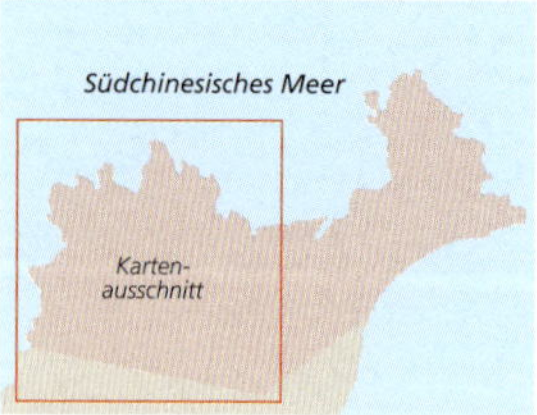

★ Felssäulen
Die turmhohen Felsformationen sind charakteristisch für Bakos Küste. Sie entstanden, als das Meer die weicheren Gesteinsschichten an der Basis der Klippen fortspülte und nur die härteren Kalksteinfelsen übrig blieben.

★ Bakos Tierwelt
Im Nationalpark lassen sich seltene Tiere wie Riesengleiter und Warane sowie 150 Vogelarten beobachten. Stars des Parks sind die bedrohten Nasenaffen, die wegen ihrer auffälligen Nase so heißen. Sie tummeln sich in Gruppen im Mangrovengeäst.

Außerdem

① **Der Lintang Trail** ist eine fünf Kilometer lange Serpentinenstrecke zu einem Sandsteinplateau direkt an der Küste.

② **Der Teluk Delima Trail** ist einer der besten Wanderwege in Bako, um Nasenaffen zu sichten.

③ **Der Tajor Trail** ist drei Kilometer lang. Nach einem steilen Aufstieg ins Buschland *(kerangas)* führt er in einen schattigen Wald hinunter.

Sonnentau
Da der Boden des Parks nährstoffarm ist, müssen fleischfressende Pflanzen wie der Sonnentau Insekten anlocken und fangen, um mithilfe der Nährstoffe ihrer Opfer zu überleben.

Infobox

Information
40 km nördl. von Kuching.
(011) 225-049 (Park HQ).
tägl. 8–16.15 Uhr.
Genehmigungen Camper buchen vorab in Kuching im Visitor Information Centre *(siehe S. 161)* oder online unter https://ebooking.sarawak.gov.my.
sarawakforestry.com

Anfahrt
bis Bako, dann mit dem Boot bis zum Park.

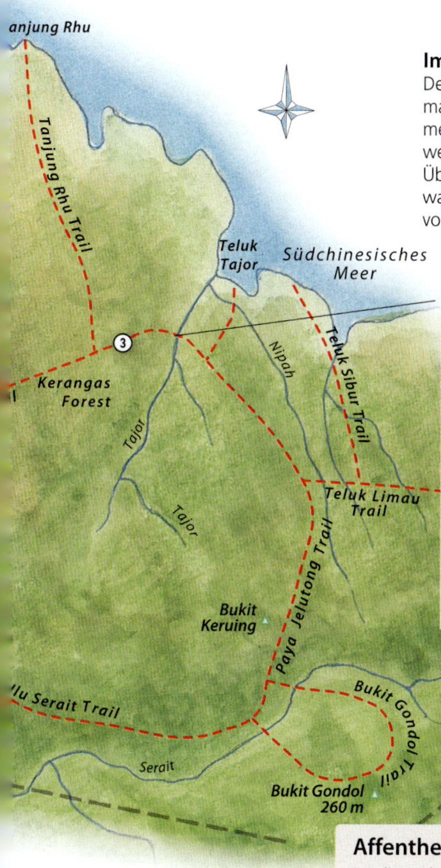

Im Bako National Park unterwegs

Der Park bietet 18 Wanderwege. Jeder ist farblich markiert (meist mit einem Farbklecks an den Bäumen) und ohne Führung zu bewältigen. Unterwegs findet man immer wieder Aussichtspunkte. Übernachten kann man in Lodges nahe dem Verwaltungszentrum des Parks, allerdings muss man vorab buchen.

★ Tajor Waterfall
Den beliebten Picknickplatz am Wasserfall erreicht man nach vier Kilometern auf dem Tajor Trail. Der niedrige Wasserfall hat ein kleines Becken. Am besten kommt man nach kräftigem Regen hierher. Vom Parkzentrum aus benötigt man etwa zwei Stunden.

Legende
--- Wanderweg
Parkgrenze
△ Gipfel

Affentheater in Bako

Da die Makaken sich mittlerweile an die Menschen gewöhnt und ihre Scheu vor ihnen abgelegt haben, treiben sie sich häufig in der Nähe der Parkverwaltung herum. Nehmen Sie sich in Acht vor den »putzigen« Äffchen: Sie klauen alles, was sie greifen können, gern auch Handtaschen und Fotoapparate, und beißen mitunter zu. Sogar die Mülleimer mussten umgerüstet werden, um sie vor den Makaken zu sichern.

Makakenweibchen mit einem Jungtier

Farbenfrohe Langboote an einer Anlegestelle auf dem Batang Rajang

⓭ Batang Rajang

Ab Kuching. Bintawa Wharf, tägl. Boote ab Kuching bis Sibu um 8.30 Uhr (Dauer: 4 Std.). tägl. Gawai-Padi-Fest (Mai–Juni).

Der Batang Rajang ist Sarawaks längster Fluss. Er legt 560 Kilometer im Herzen von Sarawak zurück. Gleichzeitig ist er der Haupthandelsweg der Städte im südlichen und zentralen Teil des Bundesstaats. Weiter oben fließt er mitten durch das Gebiet der Holzindustrie. In diesem Abschnitt ist er häufig durch Schlamm, Erde und Schutt von Waldarbeiten getrübt.

In der Region leben vorwiegend indigene Völker, deren Langhäuser an den Ufern des Flusses und seiner Seitenarme stehen. Am unteren Teil des Stroms leben meist Angehörige der Iban, weiter oben findet man eher Kayan und Kenyah. Reiseveranstalter in Kuching, Sibu und Kapit bieten Fahrten flussaufwärts zu den Langhäusern an. Man kann sich auch allein auf den Weg machen, dann allerdings sollte man ein Langhaus nur nach ausdrücklicher Einladung betreten.

Zwischen den Orten am Batang Rajang sind Boote das Hauptverkehrsmittel. An den Bootsstegen wimmelt es von großen *Ekspres*-Booten und den kleineren, motorisierten Langbooten. Man kann die gesamte Strecke zwischen Kuching und Belaga mit dem Boot abfahren. Die erste Station einer solchen Fahrt ist Sibu, der Hauptverkehrsplatz am Batang Rajang. Die Bootsstege sind zwischen flussaufwärts und flussabwärts fahrenden Booten getrennt, was die Fahrt nach Kanowit und Kapit erleichtert.

Die Reise von Kapit nach Belaga dauert sechs Stunden. Sie führt durch die Stromschnellen von Pelagus, eine etwa 2,5 Kilometer lange Strecke mit Wasserfällen und Strudeln, die durch Untiefen bewirkt werden. Wenn der Wasserpegel zu niedrig ist – meist zwischen Mai und August –, dürfen Boote nicht passieren. Hinter Belaga teilt sich der Rajang in den Sungai Belaga und den Batang Balui.

Die beste Zeit für eine Reise auf dem Batang Rajang ist zwischen Ende Mai und Anfang Juni, zur Zeit der Feierlichkeiten, die die Dayak in ihren Langhäusern anlässlich des Gawai-Padi-Fests *(siehe S. 57)* veranstalten.

⓮ Sibu

193 km nordöstl. von Kuching. 260 000. Sungei Antu. Jalan Khoo Peng Loong. 32 Jalan Cross, (084) 340-980. tägl.

Sibu, der Hauptort des größten Bezirks von Sarawak, ist eine bedeutende Hafenstadt und wichtiger Warenumschlagplatz zwischen der Küste und dem Hinterland. Die Gummi-Industrie bescherte der Stadt Wohlstand. Sie wurde von chinesischen Einwanderern dominiert, die, von Charles Brooke ermutigt, hier lukrative Geschäfte machten. Später bauten die Chinesen auch den Holzhandel der Region auf.

Tempelwächter, Tua Pek Kong Temple

Eine wichtige Sehenswürdigkeit ist der 100 Jahre alte Tempel Tua Pek Kong. Er ist dem Schutzheiligen der Händler geweiht und liegt am westlichen Ende der Promenade. Von seiner siebenstöckigen Pagode aus hat man eine tolle Sicht auf die Stadt.

In einem früheren Gemeindegebäude illustriert das **Sibu Civic Centre Heritage Museum** mit alten Fotos und Kunstgegenständen, darunter auch einige Schädel aus der Zeit der Kopfjäger, die Stadtgeschichte. Das Museum besitzt eine Sammlung von Porzellan aus dem 10. und 12. Jahrhundert.

Umgebung: Etwa 65 Kilometer flussaufwärts liegt **Kanowit**. Sehenswert ist das von Rajah James Brooke 1859 gebaute und nach seiner Schwester benannte Fort Emma. Mit seiner Bambus- und Holzpalisade sollte es die Melanau-Stämme vor Überfällen der Iban schützen. Mit der Zeit nahm es für den Erfolg des Rajahs eine Schlüsselrolle ein. Das Fort ist nicht öffentlich zugänglich.

Sibu Civic Centre Heritage Museum
Jalan Sentral. (082) 240-620.
Di–So 9–17 Uhr.

⓯ Kapit

200 km östl. von Sibu. 99 840. ab Sibu. (084) 796-445.

Kapit ist eine vitale Kleinstadt am Fluss. Ihre hübsche Uferpromenade säumen Bäume und Blumen. Wahrzeichen ist **Fort Sylvia**, ein weiß gestrichener Bau aus Eisenholz, der nach der Frau des dritten Weißen Rajahs Vyner Brooke benannt wurde. Erbaut wurde das Fort 1880 mit dem Ziel, die Iban-Kopfjäger der Region zu kontrollieren. Seit 1997 wird die Festung als Kulturdenkmal gelistet. Sie beherbergt ein Museum und ein Schulungszentrum für Handwerker. Im Verwaltungszentrum der Stadt befindet sich ebenfalls ein interessantes Museum mit Exponaten zu den Langhäusern der Iban und Orang Ulu sowie zahlreichen Fotos.

Kapit ist Handelszentrum der indigenen Bevölkerung der flussaufwärts gelegenen Areale. Nahe dem Zentrum findet täglich ein lauter Markt statt, auf dem Händler Gemüse und Tropenfrüchte verkaufen.

Spannend ist ein Besuch der abgelegenen Langhäuser an den oberen Zuflüssen des mächtigen Batang Rajang.

Umgebung: Etwa zehn Kilometer von Kapit entfernt steht das Iban-Langhaus **Rumah Bundong**, in dem etwa 40 Familien leben. Die beste Besuchszeit ist der Spätnachmittag, da die meisten Bewohner tagsüber auf den Feldern arbeiten. Gäste werden meist herumgeführt und oft auch auf einen Schluck *tuak*, einen Reiswein, eingeladen. Eine Übernachtung vor Ort kann organisiert werden.

Gemüsehändler mit frischen Waren auf dem Markt in Kapit

Fort Sylvia
Jalan Kubu. Di–So 10–12, 14–15 Uhr.

Rumah Bundong
unregelmäßige Abfahrtszeiten ab Jalan Airport, Kapit.

⓰ Belaga

150 km nordöstl. von Kapit. 25 300. bis Bintulu. ab Kapit. tägl. **Belaga Hotel** 14 Belaga Bazaar. (086) 461-244.

Belaga ist die letzte Siedlung am Batang Rajang von nennenswerter Größe. Sie besitzt eine größere ethnische Vielfalt als jede andere Stadt in Sarawak. Außer Iban, Kayan, Kenyah und Penan, die ihre Erzeugnisse auf dem hiesigen Markt verkaufen, kommen auch Honigsammler aus Kalimantan hierher. Nur wenige ausländische Besucher verschlägt es so tief ins Landesinnere Sarawaks. Von hier kann man Ausflüge zu den Langhäusern der Kenyah und Kayan unternehmen. Die Langhäuser besitzen *salong*, filigran gearbeitete Grabmarkierungen, die man bereits aus der Ferne sieht. Solche Besichtigungen kann man über das **Belaga Hotel** organisieren.

Das weiß gestrichene Fort Sylvia am Flussufer von Kapit

⑰ Mukah

180 km nordöstl. von Kuching. 55 000. nur ab Kuching. Pesta Kaul (2. Apr-Woche).

Der verschlafene Fischerort Mukah liegt nördlich von Sibu *(siehe S. 170f)* an der Küste. Hier lernt man die Lebensweise der Melanau kennen. Da die meisten Angehörigen des indigenen Volks mittlerweile in gewöhnlichen malaiischen Häusern leben, gibt es nur noch wenige traditionelle Pfahlbauten. Die Sehenswürdigkeiten konzentrieren sich am Südufer des Sungai Mukah, darunter der Markt und der Tua Pek Kong Temple mit seinen Gemälden, die buddhistische und taoistische Götter zeigen.

Mitte April erwacht Mukah beim Pesta Kaul *(siehe S. 57)* zum Leben. Das Fest soll die Meeresgeister besänftigen und markiert den Beginn einer neuen Fischereisaison. Die Melanau tanzen am Strand zu traditionellen Rhythmen und schwingen im Rahmen eines Fruchtbarkeitsrituals auf einem *tibau*, einer hohen Schaukel.

In der Nähe liegt Kampung Tellian, ein Fischerdorf mit verwinkelten Gassen und schmalen Brücken. Das Kulturzentrum und Guesthouse **Lamin Dana Cultural Boutique** dokumentiert die Melanau-Kultur mit Stoffen, Betelnuss-Behältnissen und Rattankörben. Hier kann man auch in einem der traditionellen Pfahlhäuser übernachten.

Lamin Dana Cultural Boutique
Kampung Tellian. (082) 241-735.

⑱ Bintulu

600 km nordöstl. von Kuching. 100 000.

Bintulu war ursprünglich ein Fischerei- und Landwirtschaftszentrum am Sungai Kemena. Ende der 1970er Jahre erlebte der Ort dank der Entdeckung von Malaysias größtem Erdgasvorkommen eine rasante Entwicklung. Sie brachte u. a. den Bau eines Ölhafens und von Malaysias zweitgrößtem Hochseehafen, Bintulu Port, mit sich.

Holzbrücke über einen kleinen Fluss im Nationalpark Similajau

Eines der bekanntesten Bauwerke Bintulus ist das im Westteil der Stadt am Fluss gelegene **Council Negeri Monument**. Das Denkmal erinnert an die erste Sitzung des Legislative Council von Sarawak im September 1867. Sehenswert sind außerdem die **Masjid Assyakirin**, eine von schönen Grünanlagen umgebene Moschee im maurischen Stil mit blauer Kuppel, und der **Kuan Yin Tong Temple** mit wunderbarem Steingarten und künstlichem Wasserfall.

Kampung Jepak am anderen Ufer besitzt Melanau-Pfahlhäuser und ist für *belacan*, eine streng riechende, in der malaiischen Küche verwendete Shrimpspaste, bekannt. Im kompakten Erholungspark **Taman Tumbina** mit Zoo nördlich der Stadt kann man wunderbar ausspannen.

Denkmal zur Gründung des Legislative Council von Sarawak

⑲ Similajau National Park

30 km nordöstl. von Bintulu. (086) 391-284. Speedboat ab Bintulu. tägl. 8–12.30, 13.30–17.15 Uhr.
sarawakforestry.com

Der nur 70 Quadratkilometer große Similajau National Park wurde 1976 zum Schutz der Suppenschildkröten gegründet, die dort an den Stränden alljährlich ihre Eier ablegen. Similajau ist einer von Sarawaks besucherärmsten Parks.

Der 31 Kilometer lange baumbestandene Küstenstreifen wird von Felsvorsprüngen unterbrochen. Er bietet einige der schönsten Strände des Landes. Der Hauptwanderweg des Parks ist gut markiert. Er verläuft parallel zur Küste. Kleine Abzweigungen führen zu schönen Orten wie dem **Viewpoint** und den **Selansur Rapids Trails**. Der Weg endet am Golden Beach, wo man herrlich schwimmen kann. Mit etwas Glück sieht man unterwegs Gibbons, Bindenlanguren oder die anderswo fast ausgestorbenen Flughunde. Im Park leben über 180 Vogelarten, darunter Weißkehlbülbüls und Runzelhornvögel. Salzwasserkrokodile dringen in manche Flüsse vor. Dort warnen Schilder vor dem Baden.

Vor der Küste tauchen mitunter Delfine und Schweinswale auf. Mit die beste Art, den Park kennenzulernen, ist es, ein Boot zu mieten. Informationen hierüber erhält man beim Park-Hauptquartier.

Iban-Langhäuser

Früher lebten alle Ureinwohner von Sarawak in Langhäusern. Sie sind Ausdruck der gemeinschaftlich orientierten Stammeskultur. Die Iban, Angehörige der Dayak aus dem Gebiet des Flusses Kapual (heute Indonesien), wanderten zwischen dem 16. und 18. Jahrhundert in Kalimantan ein. Die meisten Iban-Langhäuser, auch *rumah panjang* oder *rumah panjai* genannt, liegen an Skrang, Lemanak, Batang Ai und Batang Rajang. Sie sind nur per Boot erreichbar und stehen meist direkt an den Flüssen. Die Holzhäuser sind auf Stelzen gebaut, ihre Wände bestehen aus Rattan- oder Bambusgeflecht. Der Aufenthalt in einem Langhaus ist sicher einer der Höhepunkte eines Besuchs von Sarawak. Die Iban sind wunderbare Gastgeber und begrüßen ihre Gäste oft mit *tuak* (Reiswein) oder einer Mahlzeit und führen sie durchs Haus.

Traditionelle Strohdächer werden heute oft durch haltbareres Wellblech ersetzt.

Der Bau ruht auf Pfählen. Seine Innenräume erreicht man über Stufen aus Baumstämmen.

Privatzimmer, *bilek*, säumen die *ruai*, eine lange, überdachte Veranda.

Auf der Fläche unterhalb des Wohnbereichs leben Hühner und Schweine. Sie fressen heruntergefallene Speisereste.

Traditionelles Langhaus

Den Innenraum eines Langhauses trennt eine Wand über die gesamte Länge. Auf der einen Seite befindet sich die lange Gemeinschaftsveranda, auf der anderen befinden sich die bilek, *Privatzimmer mit Tür. Auch der Kochbereich liegt hier.*

Eine breite Gemeinschaftsveranda, die *ruai*, liegt in der Mitte des Hauses. Die *bilek* sind ihr zugewandt. Die *ruai* dient dem Gemeinschaftsleben und für Handwerk.

Die *tanju*, eine Art Außenveranda, verläuft vor dem Langhaus über die gesamte Länge des Baus. Ihr Bambusboden ist der Witterung ausgesetzt. Hier werden vorwiegend Reis, Kaffee- und Kakaobohnen, Pfeffer sowie auch Kleider getrocknet.

⓴ Miri

830 km nordöstl. von Kuching. 300 000. (082) 764-231. Sa, So. Miri International Jazz Festival (Mai), Hari Gawai (Juni).

Sarawaks zweitgrößte Stadt Miri war ursprünglich ein stilles Fischerdorf. Das änderte sich ab 1910, als man hier erstmals in Malaysia Erdöl entdeckte. Miri wurde zum wichtigen Wirtschaftszentrum. Als die Ölförderung in den 1970er Jahren zu Ende ging, verlagerte Miri seinen wirtschaftlichen Schwerpunkt auf den Fremdenverkehr.

Die stimmungsvolle Altstadt um die Jalan China ist mit ihren Märkten und Cafés der belebteste Stadtteil. Einer der interessantesten Märkte ist der Tamu Muhibbah, auf dem Erzeugnisse aus dem Dschungel wie Tropenfrüchte, Rattanmatten und Bario-Reis verkauft werden. Auch die **Masjid Al Taqwa** mit ihren weißen Bogen und der riesigen Goldkuppel ist einen Besuch wert. Auf dem Canada Hill liegt die vielleicht wichtigste Sehenswürdigkeit von Miri, die Oil Well No. 1. Malaysias erster Ölförderturm ist heute Nationaldenkmal. Ganz in der Nähe dokumentiert das **Petroleum Museum** das Wachstum dieser Industrie.

In den Riffen vor Miris Küste, die zu den schönsten und gesundesten des Landes gehören, wimmelt es nur so von blau gepunkteten Stachelrochen und Skalaren.

Gemüseangebot auf dem Markt Tamu Muhibbah in Miri

Masjid Al Taqwa
Jalan Merpati. (085) 412-291. Nicht-Muslime nur außerhalb der Gebetszeiten.

Petroleum Museum
Canada Hill. Di–So 9–17 Uhr.

㉑ Niah Caves National Park

115 km südl. von Miri. Park HQ, Pengkalan Batu, Miri, (085) 737-450. ab Bintulu oder ab Miri bis Batu Niah, dann Taxi. tägl. 8–17 Uhr. vorab buchen im Visitor Information Centre in Miri. **sarawakforestry.com**

Die Niah Caves gelten als die wichtigste archäologische Stätte Südostasiens und zählen zu den eindrucksvollsten Sehenswürdigkeiten Sarawaks. 1958 entdeckte Tom Harrisson, Kurator des Sarawak Museum in Kuching, Totenschädel und Werkzeug am Eingang der Great Cave (Große Höhle) – ein Beleg dafür, dass dort bereits vor 40 000 Jahren Menschen lebten. Die riesige Great Cave bildet das Herzstück des 1975 gegründeten Nationalparks. Er umfasst 32 Quadratkilometer Regenwald mit Kalksteinfelsen.

Vom Parkzentrum geht es per Boot über den Sungai Niah zu einem Plankenweg, der die Höhlen miteinander verbindet. Die erste ist die Traders' Cave (Händlerhöhle), benannt nach den Vogelnest- und *Guano*-Sammlern, die ihre Beute früher hier auch verkauften. Die nächste Höhle ist die Great Cave, eine der größten der Welt. Sie ist 250 Meter breit und 60 Meter hoch und beherbergt mehrere Arten von Salanganen und Fledermäusen. Während der Sammelzeit schlagen *Guano*- und Vogelnest-Sammler hier ihr Lager auf. Von der Great Cave geht es in die Painted Cave. Prähistorische Felszeichnungen aus rotem Hämatit bedecken einen etwa 30 Meter langen Streifen an der Höhlenwand. Hier wurden mehrere schiffsähnliche Särge gefunden, Hinweise, dass die Höhle als Grabkammer genutzt wurde. Särge und Malereien sind eingezäunt. Man sollte unbedingt eine Taschenlampe mitbringen.

Formationen in der Painted Cave im Niah Caves National Park

Der Pantu-Wasserfall im Lambir Hills National Park

㉒ Lambir Hills National Park

32 km südl. von Miri.
Park HQ, (085) 471-609.
ab Miri. tägl. 8–17 Uhr. vorab buchen im Visitor Information Centre in Kuching oder Miri. **sarawakforestry.com**

Der Lambir Hills National Park mit seinen zerklüfteten Sandsteinbergen, dem Hartholz-Mischwald, tiefer liegenden *kerangas* (Buschland) und vielen Tieren ist von Miri aus ein beliebtes Wochenend-Ausflugsziel. Zu seinen Hauptattraktionen zählen die sprudelnden Wasserfälle, die in natürliche Becken stürzen. Einige gut begehbare Dschungelpfade führen zu den Wasserfällen. Sie reichen vom leichten 15-Minuten-Spaziergang bis zur Ganztageswanderung. Am längsten ist der Vier-Stunden-Weg zum Gipfel des Bukit Lambir, der mit einer malerischen Aussicht auf den Park belohnt. Am nächsten zum Parkzentrum liegt der Latak-Wasserfall mit schönen Becken und einem Sandstrand. Die Wasserfälle Pantu und Pancur liegen tiefer im Dschungel.

Man sieht sie nicht auf Anhieb, doch es gibt sie: Flughörnchen, Gibbons, Schuppentiere, Nebelparder und Muntjaks sowie zahlreiche Vogelarten. Im Park stehen auch mehrere Iban-Langhäuser, u. a. Rumah Nakat mit einem Handwerkszentrum.

㉓ Loagan Bunut National Park

120 km südöstl. von Miri. (085) 775-118. ab Miri bis Lapok, dann Taxi. tägl. 8–17 Uhr. vorab buchen im Visitor Information Centre in Kuching oder Miri. **sarawakforestry.com**

Der Nationalpark Loagan Bunut ist ein wahres Vogelparadies. Er besteht aus dem Bunut Lake, Sarawaks größtem Süßwassersee, und einem dichten Torfgebiet mit Hartholzwald. In dem Naturschutzgebiet findet man zahlreiche Vogelarten, darunter Reiher, Schlangenhalsvögel, Eisvögel, Elstern, Rotkehlchen und Hornvögel. Der See wird von den Flüssen Bunut und Tinjar gespeist und trocknet in den Monaten Februar, Mai und Juni manchmal völlig aus. Die einheimischen Fischer praktizieren in dieser Zeit eine einzigartige Fangmethode namens *selambau*. Die Fische werden in Netzen, die auf Holzrahmen gespannt sind, aus dem flachen Wasser »geschaufelt«. Besonders schön sind Bootsrundfahrten auf dem ruhigen Wasser des Sees frühmorgens oder in der Abenddämmerung (Buchung im Parkzentrum). Einige von *Tapang*- und *Belian*-Bäumen gesäumte Wanderwege führen durch den Wald. Bisher kamen nur wenige Besucher in den Park. Neue Wanderwege und Einrichtungen sollen dies künftig ändern.

Eisvogel im Loagan Bunut

㉔ Kelabit Highlands

190 km südöstl. von Miri.
von Miri nach Bario. ab Miri.

Eine der unberührtesten und abgelegensten Gegenden Borneos sind die Kelabit Highlands. Das Plateau in 1000 Meter Höhe ist die Heimat des gastfreundlichen Volks der Kelabit. Ein Besuch in einem ihrer Langhäuser ist das Highlight einer Reise in diese Region. Die größte Siedlung in der Hochebene ist das in einem grünen Tal gelegene **Bario**. Das Dorf betreibt einen kleinen Flughafen und ein paar Gästehäuser. Damit eignet es sich gut als Basislager für Ausflüge ins Umland. Eine beliebte Tagesreise von Bario aus ist der Besuch des schönen Langhauses in Pa Umor. Eine größere Herausforderung ist die fünftägige Wandertour entlang des Bario Loop. Der Weg bietet schöne Ausblicke. Übernachten kann man in Langhäusern in Ramudu, Pa Dalih oder Long Dano. Bergsteiger erklimmen den **Gunung Murud**. Er liegt 20 Kilometer nördlich von Bario und ist mit 2423 Metern der höchste Berg Sarawaks. Die Einwohner der Hochebene betrachten ihn als heilig. Nur erfahrene Kletterer sollten sich an seine Steilwände wagen. Es gibt zwei Wege zum Gipfel, für beide sollte man einen Führer anheuern. In den Lodges von Bario kann man die Touren organisieren.

Reisfelder bei Bario in den Kelabit Highlands

㉕ Mulu National Park

Der als UNESCO-Welterbe gelistete Nationalpark ist ein Regenwaldschutzgebiet und eines der beliebtesten Reiseziele Sarawaks. Das nach dem Sandsteingipfel Gunung Mulu benannte Gebiet bietet wunderschöne Naturlandschaft. Der Park umfasst mehr als 500 Quadratkilometer Regenwald, zwei Bergketten und einige der größten Höhlen der Welt. Schluchten, Täler und unterirdische Durchgänge bieten den idealen Lebensraum für eine artenreiche Flora und Fauna, darunter verschiedene Orchideen- und Hornvogelarten. Beliebt sind Bergtouren zu den Felsspitzen des Gunung Api, Touren in die Clearwater Cave und Deer Cave sowie der Canopy Skywalk.

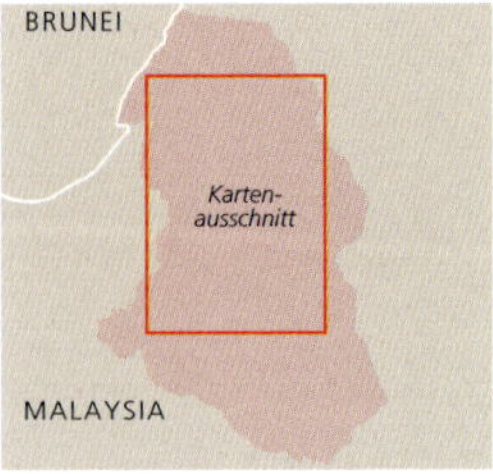

★ **Clearwater Cave**
Das über 100 Kilometer lange Tunnelsystem weist einzigartige Naturphänomene auf, z. B. Excentriques (Sinterbildungen) und Photokarst (Zersetzung durch Algen).

★ **Deer Cave und Fledermausschwarm**
Der 175 Meter hohe Eingang der Deer Cave ist der größte der Welt. Zu Sonnenuntergang flattern Bulldogg-Fledermäuse auf Nahrungssuche zu Hunderttausenden aus ihr heraus.

★ **Pinnacles**
Zu den unvergesslichen Sehenswürdigkeiten des Parks zählen die 45 Meter hohen, messerscharfen Kalknadeln auf dem Gunung Api, die durch Erosion entstanden.

Infobox

Information
150 km östl. von Miri. Lot 452, Jalan Melayu, Miri, (085) 792-300. **Wind Cave und Clearwater Cave** 9.30–10.30 Uhr. **Deer Cave und Lang's Cave** 15.30–16.30 Uhr. im Park HQ. **Genehmigungen** Park HQ. **mulupark.com**

Anfahrt
nach Mulu. ab Miri.

Besucher auf dem schwindelerregenden Canopy Skywalk

Canopy Skywalk

Die populärste Attraktion des Mulu National Park ist der 480 Meter lange Canopy Skywalk, einer der längsten der Welt. Besucher bewegen sich in 20 Meter Höhe über den Baumwipfeln auf schwankenden, mit Stahlseilen gesicherten Hängebrücken. So lassen sich einige Vogelarten aus der Nähe betrachten und der Sumpf aus der Vogelperspektive bestaunen. Die Tour dauert etwa zwei Stunden und sollte im Voraus im Besucherzentrum des Parks gebucht werden.

0 Kilometer 3

Außerdem

① **Das Besucherzentrum** im Südwesten des Parks ist Ausgangspunkt aller Touren.

② **Auf dem Gunung Mulu Trail** verläuft eine viertägige Tour zum Gipfel des Gunung Mulu. Der Weg ist anstrengend, aber lohnend.

③ **Der Headhunters Trail** ist nach den hiesigen Ureinwohnern benannt, die diesen Weg bei ihren Raubzügen benutzten.

④ **Der Gunung Mulu** ist mit 2376 Metern der zweithöchste Gipfel in Sarawak.

Im Mulu National Park unterwegs

Der Mulu National Park ist hervorragend ausgestattet: Es gibt gepflegte Plankenwege und ein gutes Wegenetz. Die meisten Besucher kommen per Flugzeug. Sie können im luxuriösen Marriott Mulu Resort & Spa, in Chalets oder in Schlafsälen Quartier beziehen. Der Fledermausschwarm und die Aussicht vom Canopy Skywalk sind faszinierend. Regelmäßig finden Höhlentouren statt.

㉖ Brunei

Das Sultanat Brunei Darussalam liegt an der Nordwestküste der Insel Borneo. Das malaysische Sarawak teilt den Staat in zwei Landesteile. Brunei ist heute mit 5770 Quadratkilometer Fläche eines der kleinsten Länder der Erde. Einst kontrollierten seine Sultane riesige Gebiete im Norden und Westen Borneos. Einen Großteil des Staatsgebiets nimmt die Küstenebene ein, dahinter erstrecken sich Regenwald und Berge. Vor der Westküste liegen riesige Ölfelder, die dem Land Reichtum bescherten. Brunei besteht aus vier Bezirken: Brunei Muara mit der Hauptstadt Bandar Seri Begawan, die Agrarregion Tutong, das Ölzentrum Belait und das landschaftlich schöne Temburong.

Panoramablick auf die Hauptstadt Bandar Seri Begawan

Tasek Merimbun
Bruneis größter See ist ein ruhiges Gewässer, an dem man wunderbar picknicken und Vögel beobachten kann. Ein Holzsteg führt zu einer winzigen Waldinsel mit vielen Adlern und Falken.

Labi
Das Bauerndorf lebt vorwiegend von der Obsternte, darunter Durian und Rambutan. An der 50 Kilometer langen Labi Road stehen viele Iban-Langhäuser.

Sultan von Brunei

Bruneis regierender Sultan Hassanal Bolkiah (geb. 1946) ist Premierminister und gleichzeitig Verteidigungs- und Finanzminister seines Landes, der weltweit ältesten Erbmonarchie. Der für seinen märchenhaften Reichtum und seine legendäre Autosammlung bekannte Monarch sorgt mit einem kostenlosen Bildungs- und Gesundheitssystem für seine Untertanen.

Sultan Hassanal Bolkiah, der regierende Sultan von Brunei

Hotels und Restaurants in Brunei *siehe Seiten 281 und 296*

★ **Masjid Sultan Omar Ali Saifuddien**
Die 1958 erbaute und nach Bruneis 28. Sultan benannte Moschee ist ein klassisches Beispiel islamischer Architektur. Ihre Minarette und die 52 Meter hohe Goldkuppel spiegeln sich in der Lagune – ein märchenhafter Anblick.

Infobox

Information
193 km nordöstl. von Miri. 390 000. Jalan Menteri Besar, Bandar Seri Begawan, (673) 238-2822. Nationalfeiertag (23. Feb), Geburtstag des Sultans (Juli).
bruneitourism.travel

Anfahrt
ab Miri, Kuala Lumpur, Lawas.

★ **Kampung Ayer**
In der 28 Dörfer umfassenden Region leben etwa 30 000 Menschen. Ihre Pfahlhäuser säumen den Fluss Brunei. Sie repräsentieren die traditionelle Lebensweise des Landes.

★ **Istana Nur-ul-Iman**
Der offizielle Wohnsitz des Sultans von Brunei ist der größte Privatpalast der Welt. Er umfasst knapp 2000 Zimmer, einen luxuriösen Thronsaal und einen Bankettsaal mit Platz für 4000 Gäste.

Ulu Temburong National Park
Der Nationalpark nimmt zehn Prozent der Landesfläche ein. Vom Canopy Walkway auf Höhe der Baumwipfel können Besucher Flugdrachen, Hornvögel und Gibbons beobachten.

Außerdem

① **Der Pantai Seri Kenangan** ist ein Traumstrand zwischen dem Fluss Tutong und dem Südchinesischen Meer.

② **Der Bukit Pagon** ist mit 1850 Metern der höchste Berg in Brunei. Er liegt im Nationalpark Ulu Temburong.

Sabah

Malaysias zweitgrößter Bundesstaat Sabah mit drei Millionen Einwohnern liegt am nordöstlichen Ende von Borneo, direkt südlich des Taifungürtels im Pazifik. Das »Land unter dem Wind« ist geografisch äußerst faszinierend. Seine Höhlen, Korallenriffe, Wälder und Berge sind von einzigartiger Schönheit. Sabah ist zudem das ideale Reiseziel für alle, die gern klettern, raften und tauchen.

Archäologische Funde zeugen von einer prähistorischen Besiedlung vor 40 000 Jahren. In der abgelegenen Provinz leben mehr als 30 indigene Völker sowie Einwanderer aus China, Indonesien und den Philippinen. Jahrhundertelang wurden sie von Bruneis Sultanen beherrscht, bis die Briten gegen Ende des 19. Jahrhunderts das Protektorat Britisch-Nordborneo bildeten und die Gummi-, Tabak- und Holzvorkommen der Region ausbeuteten. Obwohl die Briten nie so recht die Oberhand über das von vielen Unruhen heimgesuchte Sabah gewannen, klammerten sie sich an die Herrschaft, bis Sabah 1963 der Föderation Malaya beitrat.

Heute hinkt Sabahs Wirtschaft der anderer Regionen Malaysias hinterher. Das liegt sowohl an der Ungleichheit zwischen nationaler und bundesstaatlicher Wohlstandsverteilung als auch an dem Zustrom von Einwanderern aus den Nachbarländern. Mit dem Ökotourismus, der die Einkünfte aus der landwirtschaftlichen Produktion, etwa von Palmöl, aufbessert, holt Sabah allmählich auf.

Sandakan, das zwischen 1883 und 1942 Verwaltungssitz war, und Kota Kinabalu, die heutige Landeshauptstadt, wurden im Zweiten Weltkrieg fast vollkommen zerstört. Inzwischen sind sie wiederaufgebaut und lohnende Reiseziele. Von Kota Kinabalu kommt man schnell zur Nordspitze Borneos, ebenso zum Fluss Padas im Süden, einem Rafter-Paradies, oder zum Gunung Kinabalu im Nordosten. Von Sandakan aus erreicht man alle landeinwärts gelegenen Attraktionen sowie die Naturreservate von Sukau und Danum Valley. In Sabah findet man bunte Wochenmärkte *(tamus)* und faszinierende Langhäuser.

Riesenrafflesie, eine ungewöhnliche und höchst intensiv riechende Attraktion von Sabah ***(siehe S. 186)***

◀ **Sonnenaufgang am St. John's Peak im Kinabalu National Park** ***(siehe S. 192f)***

Überblick: Sabah

Sabah zeichnet sich durch steile Berge, grüne Täler und eine reiche Artenvielfalt zu Land und zu Wasser aus. Highlights eines Besuchs in diesem Bundesstaat (ca. 3,5 Mio. Einwohner) sind eine Wanderung zum Gipfel des Gunung Kinabalu, Tauchgänge vor den Inseln Sipadan und Lankayan oder Raftingtouren auf dem Fluss Padas. Im Danum-Tal kann man Tiere beobachten, in den Dörfern Kota Belud, Gombizau, Bavanggazo und Sumangkap die Gastfreundschaft der indigenen Völker erleben.

Legende

- Hauptstraße
- Nebenstraße
- Eisenbahn
- Staatsgrenze
- Bundesstaatsgrenze
- Gipfel

Sehenswürdigkeiten auf einen Blick

Städte und Dörfer

1 Kota Kinabalu
7 Mari Mari Cultural Village
8 Kota Belud
9 Gombizau
10 Sumangkap
11 Bavanggazo
12 Kudat
15 Sandakan
23 Semporna
25 Tawau

Nationalparks

2 Tunku Abdul Rahman National Park
3 Tambunan Rafflesia Forest Reserve
14 *Kinabalu National Park* *S. 190f*
16 Sepilok Orangutan Rehabilitation Centre
17 Turtle Island National Park
19 Kinabatangan Wildlife Sanctuary
21 Tabin Wildlife Reserve
26 Tawau Hills State Park

Landschaftlich schöne Gebiete

4 Klias Wetlands
13 Tip of Borneo
20 Gomantong Caves
22 Danum Valley

Fluss

6 Sungai Padas

Inseln

5 Pulau Labuan
18 Pulau Lankayan
24 *Pulau Sipadan* *S. 200f*

Tropischer Regenwald im Nationalpark Kinabalu

Weitere Zeichenerklärungen *siehe hintere Umschlagklappe*

Blick vom Flugzeug auf Pulau Sipadan, Malaysias Taucherparadies

In Sabah unterwegs

Zwischen Kota Kinabalu, Sandakan, Lahad Datu, Tawau und Kudat bestehen täglich Flugverbindungen. Die Hauptstraße Sabahs verbindet Kota Kinabalu mit Kudat im Norden sowie mit Tawau und Sandakan im Osten. Kleinere Straßen sind meist in schlechtem Zustand. Die einzige Bahnstrecke Sabahs führt von Kota Kinabalu nach Tenom. Fähren verbinden Kota Kinabalu mit vielen Küstenstädten, Menumbok mit Pulau Labuan und Sandakan mit dem Turtle Island National Park. Infolge des Eindringens von philippinischen Rebellen in die östlichen Bezirke Sabahs hat die Regierung 2013 in dem Gebiet eine Sicherheitszone (Eastern Sabah Safety Zone, ESSZONE) eingerichtet. Das Auswärtige Amt weist darauf hin, dass die Lage in der ESSZONE derzeit als nicht ruhig und nicht stabil eingeschätzt wird. Diese Zone umfasst die Ortschaften Sandakan, Lahad Datu, Tawau, Kunak und Semporna sowie die vor der Küste gelegenen Inseln einschließlich der Insel Sipadan.

Pfahlbauten und Staatsmoschee in Kota Kinabalu, Hauptstadt und am schnellsten wachsende Stadt von Sabah

❶ Kota Kinabalu

300 km nordöstl. von Miri. Sabah Tourism Board, 51 Jalan Gaya, (088) 212-121. So.
sabahtourism.com

Sabahs Hauptstadt Kota Kinabalu liegt auf einem schmalen Landstreifen zwischen der Westküste und einer Bergkette. Das ehemalige Jesselton wurde nach dem Zweiten Weltkrieg zur Provinzhauptstadt und 1967 in Kota Kinabalu umbenannt. Die historische Bausubstanz wurde im Zweiten Weltkrieg weitgehend zerbombt, sodass die Stadt neu aufgebaut werden musste. Nur drei Bauten sind erhalten: das Gebäude des Landesvermessungsamts, das Hauptpostamt und der Atkinson Clock Tower, ein 15 Meter hoher Uhrturm (1905), benannt nach dem ersten Distriktbeamten der Stadt. Obwohl es kaum historische Bauten gibt, hat die Stadt durchaus Charme. Die Menschen sind freundlich, die Straßen belebt, es gibt gute Unterkünfte, Lokale und Bars. Das kleine Stadtzentrum kann man leicht zu Fuß erkunden. Zu den Hauptattraktionen gehören die *tamus* (Wochenmärkte) an der Uferpromenade, z. B. der Filipino Market, sowie das Sabah Museum und die Staatsmoschee. Die größere städtische Moschee, die häufig als »schwimmende« Moschee bezeichnet wird, wurde 2000 an der Likas Bay gebaut. Auch vom 31-stöckigen Glasbau der Sabah Foundation hat man Aussicht auf die Bucht. Vom Observatorium auf dem Signal Hill sieht man die Stadt und die Inseln. Kota Kinabalu ist die ideale Ausgangsbasis für Ziele an der Nordwestküste wie den Kinabalu National Park *(siehe S. 190–193)* und den Tunku Abdul Rahman National Park.

Sabah Museum

Jalan Muzium. (088) 253-199. tägl. 9–17 Uhr.
museum.sabah.gov.my

Das Sabah Museum liegt auf einem weitläufigen Gelände und ist im Stil eines Rungus-Langhauses angelegt. Auf mehreren Etagen sind volks- und naturkundliche, historische, archäologische und Keramiksammlungen untergebracht. Besonders sehenswert sind die volkskundlichen Exponate, darunter Musikinstrumente, Speere, Schwerter und Blasrohre, Trachten und Exponate aus Bambus. Die archäologische Abteilung zeigt reich verzierte Särge. In einem »Zeittunnel« kann man die Ankunft der philippinischen und indonesischen Einwanderer, die Kolonialzeit, die japanische Besatzungszeit und den Beitritt Sabahs zur Föderation Malaya 1963 nachvollziehen. Vor dem Museum steht eine kleine, aber feine Sammlung von Oldtimern.

Auf dem Gelände zeigt das Heritage Village herausragende Beispiele von Häusern der Urbevölkerung Sabahs. Das Murut-Haus besitzt eine elastische Plattform, auf der Tänze aufgeführt werden. Es gibt auch einen schönen botanischen Garten. Auf Anfrage werden Vorträge zu unterschiedlichen Themen gehalten.

Masjid Negeri Sabah – die majestätische Staatsmoschee

Masjid Negeri Sabah

Jalan Sembutan. Mo–Do 8–11, 14–16.30, Fr 8–10.30, 14.30–16.30, Sa, So 8–11, 14–16 Uhr.

Die Staatsmoschee ist ein Beispiel zeitgenössischer islamischer Architektur. Sie steht südwestlich des Zentrums in der Nähe des Museums. Obwohl sie nicht ganz zentral gelegen ist, ist ihre Goldkuppel weithin sichtbar. Der Ende der 1970er Jahre errichtete Bau kann bis zu 5000 Gläubige aufnehmen und verfügt über einen abgetrennten Gebetsbereich für Frauen; damit ist er einer der größten Sakralbauten Malaysias. Nicht-Muslime dürfen das Gotteshaus betreten (außer während der Gebetszeiten), sollten aber dezent gekleidet sein und die Schuhe ausziehen.

Der belebte Filipino Market

Filipino Market

Jalan Tun Fuad Stephens. tägl. 7–19 Uhr. **Hauptmarkt** in der Jalan Tun Fuad Stephens.

Mehrere Märkte säumen das Ufer der Stadt, darunter der als Handicrafts Market (Handwerksmarkt) bekannte Filipino Market, der wegen der philippinischen Einwanderer so heißt, die hier Souvenirs, Muscheln, Körbe und Taschen verkaufen. Die Waren stammen aber nicht nur von den Philippinen. Auf dem Markt kann man Zuchtperlen und traditionelle Medizin kaufen. Besucher sollten sich vor Taschendieben und falschen Perlen in Acht nehmen. Etwas weiter nördlich liegt der **Central Market**, wo man Snacks wie Grillhähnchen und *murtabak*, gefüllte Pfannkuchen, bekommt.

Ankunft auf Pulau Sapi im Nationalpark Tunku Abdul Rahman

2 Tunku Abdul Rahman National Park

3 km westl. von Kota Kinabalu. Sabah Parks Office, Block K, Sinsuran Complex, Kota Kinabalu, (088) 523-500. auf Pulau Manukan. auf Manukan. Camping auf allen Inseln bis auf Manukan und Sulug erlaubt.

Eine kurze Bootsfahrt von Kota Kinabalu entfernt liegt der Tunku Abdul Rahman National Park. Er besteht aus fünf Inseln und umfasst ein Gebiet von 50 Quadratkilometern. Der nach dem ersten Premierminister des Landes benannte Park wurde 1974 zum Schutz der Korallenriffe um **Pulau Gaya**, **Pulau Sapi**, **Pulau Manukan**, **Pulau Mamutik** und **Pulau Sulug** eingerichtet. Im Wasser tummeln sich Papageien-, Rotfeuer- und Clownfische. Auf den Inseln leben Makaken, Bartschweine, Schuppentiere und Malabarhornvögel.

Pulau Gaya ist die größte Insel. Sie ist dicht mit Wald bewachsen und bietet etwa 20 Kilometer Wanderwege und weiße Sandstrände wie Police Beach an der Nordostküste. Die meisten Korallen vor Pulau Gaya wurden durch Dynamitfischer zerstört, doch in den Riffen der anderen Inseln leben zahlreiche Meerestiere.

Direkt vor der Südwestspitze von Pulau Gaya liegt die bei Ebbe über eine Sandbank erreichbare, winzige Insel Sapi. Hier ist das Wasser ideal zum Schwimmen und Schnorcheln. Die drei anderen Inseln liegen etwas weiter südlich. Pulau Manukan (mit der Parkverwaltung) ist die beliebteste der fünf Inseln, vor allem bei Tagesausflüglern. Auf dem halbmondförmigen Eiland stehen eine Ferienanlage und ein Restaurant. Beliebt sind hier Aktivitäten wie Schnorcheln, Fahrten im Glasbodenboot, Kajakfahren und Kiten. Tauchausrüstungen und Unterwasserscooter kann man auf der Insel mieten. Pulau Manukan hat an der Ostküste besonders schöne Strände, doch wegen der vielen Besucher und der vielen Boote trübt sich das Wasser um die Riffe oft ein.

Der Coral Flyer, die längste Seilrutsche der Welt, verbindet Pulau Sapi und Pulau Gaya. Sie ist wirklich nur etwas für Mutige – man erreicht zwischen den beiden Inseln eine Geschwindigkeit von bis zu 60 km/h. Das Ticket bekommt man am Bootsanleger von Pulau Sapi.

Angestellte helfen Besuchern am Coral Flyer

❸ Tambunan Rafflesia Forest Reserve

60 km östl. von Kota Kinabalu.
(088) 899 589.
tägl. 8–15 Uhr.

Nicht weit vom Gipfel des 1649 Meter hohen Sinsuron-Passes entstand in der Crocker Mountain Range das Tambunan Rafflesia Forest Reserve zum Schutz der einzigartigen *Rafflesia arnoldii*. Die Namensgeber der größten Vertreterin dieser Gattung sind Sir Stamford Raffles, der Gründer von Singapur, sowie der Naturkundler Joseph Arnold, der die Pflanze 1818 in Sumatra entdeckte. Er schickte umgehend ein sieben Kilogramm schweres Exemplar an die Royal Society in London. Die parasitäre Pflanze, die in feucht-schattigen Gebieten wächst, wird von Aasfliegen bestäubt und verströmt daher den Geruch von verwesendem Fleisch, um die Fliegen anzulocken. Sie braucht neun Monate, bis sie blüht und ihre gigantischen ziegelroten, weiß gesprenkelten Blütenblätter entfaltet.

Die Blütezeit dauert nur wenige Tage. Da sie schwer vorherzusagen und die Blüte nur kurzlebig ist, sollte man sich vorab bei der Parkleitung erkundigen, ob gerade eine der Riesenrafflesien blüht. Das Reservat bietet umfassende Informationen zu dieser Blume und ihrem Habitat.

Die Wege im Park sind gut ausgeschildert. Auf Anfrage begleitet Sie auch ein Führer auf der Tour.

Nasenaffen tragen ihren Namen augenscheinlich zu Recht

❹ Klias Wetlands

100 km südwestl. von Kota Kinabalu. zum Pier von Kota Klias. Tourboote ab Kota Klias. ab Kota Kinabalu.

Die Klias Wetlands auf einer Halbinsel südlich von Kota Kinabalu sind ein Mangrovenwald, der von zahllosen Armen des Sungai Klias durchzogen ist. Besucher können hier die eine oder andere Affenart sehen, etwa den Langschwanz-Makaken, eine unglaubliche Vielfalt an Vögeln sowie riesige Schwärme von Leuchtkäfern, die abends die Bäume an den Flüssen erleuchten. In der Dämmerung sieht man Krokodile auf Beutefang.

Das eigentliche Highlight des Sumpfgebiets ist jedoch der einzigartige Nasenaffe, den es nur auf Borneo gibt. Nasenaffen sind scheu, fressen aber gern zarte Blätter am Flussufer. Ihren Namen verdanken sie der markanten Nase, die bei den Männchen oft doppelt so groß ist wie bei den Weibchen. Außerdem haben Männchen einen runden Bauch. Wegen dieser Merkmale werden Nasenaffen in manchen Teilen Borneos auch *orang belanda*, »Holländer«, genannt. Viele Veranstalter in Kota Kinabalu bieten Bootsfahrten in die Klias Wetlands an. Individualreisen sind zwar möglich, doch die Fahrt in der Gruppe ist empfehlenswerter.

***Rafflesia arnoldii* – die größte Blume der Welt**

❺ Pulau Labuan

8 km westl. der Klias-Halbinsel.
86 000.
(087) 423-445.

Vor der Südwestküste von Sabah liegt das kleine, aber historisch bedeutende Labuan (eine große, sechs kleine Inseln). 1846 überließ der Sultan von Brunei Labuan den Briten. Sie hatten es auf die großen Kohlevorkommen abgesehen, mit denen die Dampfschiffe versorgt werden sollten. Labuan blieb fast 100 Jahre in britischer Hand, bis die Japaner die Insel im Zweiten Weltkrieg eroberten. Wenige Jahre später kapitulierten sie zu Kriegsende an der Westküste der Insel. 1963 trat Pulau Labuan der Föderation Malaya bei. Heute ist die Hauptinsel ein beschaulicher Ort mit schönen Stränden und ein beliebtes Duty-free-Shopping-Eldorado.

Der Hauptort der Insel heißt Bandar Labuan (Labuan City). Im Norden steht die futuristische **Masjid An'nur Jamek**. Im vier Kilometer nördlich der Stadt gelegenen **Peace Park** bei Layang Layangan befindet sich ein Kriegsmahnmal an der Stelle, an der die Japaner kapitulierten. Der Alliierten-Fried-

Hotels und Restaurants in Sabah *siehe Seiten 282 und 298f*

hof an der Ostküste umfasst 4000 Gräber von auf Borneo gefallenen Soldaten.

Das Meer um die Insel ist vor allem bei Wracktauchern populär. Mehrere Schiffswracks aus dem Zweiten Weltkrieg und andere Schiffe liegen vor der Küste. Anbieter organisieren Tauchausflüge zu diesen Stätten. Der **Labuan Marine Park** konzentriert sich um Pulau Kuraman, eine kleine Insel nahe der Südküste, die von Pulau Labuan aus mit dem Boot erreichbar ist. Im Park werden Aktivitäten wie Tauchen, Segeln, Angeln und Dschungelwandern angeboten. Die schönen Strände sind ideal zum Picknicken und Sonnenbaden.

Grabsteine auf dem Alliierten-Friedhof in Labuan

❻ Sungai Padas

Pangi, nahe Tenom. 🚌 von Kota Kinabalu nach Beaufort, dann Zug. 🚂 ab Kota Kinabalu.

Der Fluss Padas windet sich durch den Südwesten Sabahs und verbindet die Kleinstädte Tenom und Beaufort miteinander. Der Fluss hat Beaufort des Öfteren überflutet, weswegen hier die Shophouses auf Stelzen stehen. Auf alten Fotos erinnert Beaufort mit seinen Kanälen an Venedig. Der Sungai Padas ist ein beliebter Fluss zum Wildwasser-Rafting *(siehe S. 315)*. Das von Geröll durchsetzte Gewässer verläuft durch Tiefland-Regenwald. Zwischen April und Juli steigt der Wasserpegel und bildet auf einer Strecke von 23 Kilometern Stromschnellen der Stufen III und IV. Startpunkt für Touren auf dem Padas ist Pangi nahe Tenom, das man von Beaufort aus mit dem Zug erreicht. Von Pangi aus stürzen Stromschnellen mit Namen wie Karussell, Waschmaschine und Kopfjäger flussabwärts. Der Fluss bietet aber auch einige ruhige Abschnitte, in denen man aus dem Boot springen und sich mit der Strömung treiben lassen kann.

Wildwasser-Rafting auf dem turbulenten Sungai Padas

Raftingtouren bucht man über Anbieter in Kota Kinabalu, die auch über Sicherheitsmaßnahmen informieren. Neben solchen Trips besteht die Möglichkeit, die Südwestregion Sabahs mit Borneos einziger Eisenbahnlinie von Beaufort nach Tenom zu erkunden. Sie verläuft parallel zum Sungai Padas und schlängelt sich durch die Dschungelgebiete.

Nord-Borneo-Eisenbahn

Als die britische North Borneo Chartered Company Ende des 19. Jahrhunderts ihre Geschäfte aufnahm, entwickelte ihr Direktor William Cowie den Plan für eine Trans-Borneo-Eisenbahn von Brunei Bay bei Pulau Labuan bis Sandakan im Osten von Sabah. Sie sollte über Berge und durch Dschungelgebiete führen. Baubeginn war 1896. 1905 waren die Strecken von Weston in der Brunei Bay bis Beaufort im Südwesten und von dort nach Jesselton, heute Kota Kinabalu, und nach Tenom östlich von Beaufort fertig. Von Tenom wurden weitere 16 Kilometer bis Melalap gebaut, dann gerieten die Arbeiten ins Stocken. Die Baukosten waren in Form hoher Reissteuern auf die Einheimischen umgelegt worden, was zu Rebellionen führte. Durch die Weigerung, Straßen zwischen Tenom, Beaufort und Jesselton zu bauen, sorgte die Chartered Company dafür, dass sich die Eisenbahn dennoch amortisierte. Mit der Dampfeisenbahn kann man Halbtagesausflüge machen, die jedoch recht teuer sind, auch wenn Frühstück und Mittagessen, die in kleinen Boxen gereicht werden, im Preis enthalten sind. Der Zug fährt von Tanjung Aru jeden Mittwoch und Samstag um 10 Uhr ab. Günstiger ist es, den normalen Zug zu nehmen.

Mit der Eisenbahn durch den Dschungel

Hängebrücke im Mari Mari Cultural Village

❼ Mari Mari Cultural Village

Inanam, 15 km östl. von Kota Kinabalu. (013) 881-4921. ab Kota Kinabalu oder nach Onlinebuchung.
marimariculturalvillage.com

Mari Mari Cultural Village ist ein Volkskundemuseum, das Kultur, Traditionen und Bauweisen von fünf Sabah-Stämmen bewahrt. Auf einer Tour durch das Dorf lernt man das Leben der Reis anbauenden Kadazan Dusun, der Rungus, die für ihre Langhäuser bekannt sind, des Jäger- und Fischervolks der Lundayeh, der Bajau, die auf dem Meer leben, und des Kopfjägerstamms der Murut kennen. Im Preis der Halbtagestour ist der Transport von Hotels in und um Kota Kinabalu enthalten.

❽ Kota Belud

75 km nördl. von Kota Kinabalu. 73 000. So. Tamu Besar (Okt/Nov).

Das in einer fruchtbaren Schwemmebene gelegene Kota Belud ist eine ruhige Stadt, in der Dusun, Bajau, Chinesen und viele Einwanderer von den Philippinen leben. Im Osten beherrscht der Gunung Kinabalu die Landschaft.

Der Ort selbst ist klein und unscheinbar, nur sonntagmorgens erwacht er mit dem Wochenmarkt *(tamu)* zum Leben. Der *tamu* findet in der Jalan Hasbollah nicht weit vom Zentrum statt. Er ist der Schauplatz des regionalen Handels und gleichermaßen soziales wie kommerzielles Ereignis. Angehörige diverser Ethnien, darunter Chinesen, Inder und Malaien, verkaufen hier ihre Waren. Besucher können diese einzigartige Atmosphäre aufsaugen und an einem der vielen Stände ein Frühstück genießen.

Auf dem Markt bekommt man Lebensmittel wie Obst, Gemüse und Fleisch sowie handgefertigte Messer, Musikinstrumente und Stoffe. Köstliche Snacks und Getränke stehen ebenfalls zur Auswahl. Die Händler sind sehr höflich, erwarten aber, dass man mit ihnen um den Preis handelt. Der *tamu* ist von sechs Uhr morgens bis zum frühen Nachmittag geöffnet.

Der **Tamu Besar** (Großer Markt) ist ein alljährlich wiederkehrendes Großereignis. Er wird mit kulturellen Veranstaltungen und Handwerksschauen begangen. Highlight des Markts sind die Pferdehändler.

Bajau-Reiter in Tracht – die Cowboys des Ostens – posieren für die Kameras. Auf ihren reich geschmückten Pferden zeigen sie ihre Reitkünste.

❾ Gombizau

90 km nördlich von Kota Kinabalu. 140. (013) 549-1885 (mobil). tägl. 8.30–17.30 Uhr. ab Kota Kinabalu.

Auf der Kudat-Halbinsel im Norden von Kota Belud liegt Kampung Gombizau. Es ist eines von mehreren Dörfern in der Gegend, die am Programm »One Village, One Product« der Regionalbehörden teilnehmen. Dieses Programm ermutigt Gemeinden zur Produktion und Vermarktung von handgefertigten Waren und Kunsthandwerksgegenständen aus einheimischem Material. Die meisten Bewohner gehören der Rungus-Minderheit an. Sie widmen sich der Bienenzucht und dem Verkauf von Honig und Bienenwachs. Das wertvolle Gelee Royal, ein Bienensekret, das als Nahrungsergänzungsmittel und Inhaltsstoff von Kosmetikartikeln genutzt wird, wird hier ebenfalls gewonnen. Besucher dürfen die Bienenstöcke besichtigen und können dabei zusehen, wie die Bienen mit Rauch aus ihren Waben entfernt werden.

❿ Sumangkap

92 km nördl. von Kota Kinabalu. 431. (019) 535-9943. tägl. 8–18 Uhr. ab Kota Kinabalu.

Nicht weit von Gombizau entfernt liegt das Dorf Sumangkap. Der Klang von Schmiedehämmern ist weithin zu hören: Hier werden Gongs hergestellt. Das Dorf dürfte der lauteste Ort in ganz Sabah sein. Der Gong ist zentrales Element der hiesigen Musik. Gongs kommen bei allen traditionellen Feiern zum Einsatz. Geschickte einheimische Handwerker stellen sie her. Es gibt Gongs in allen Größen, waagrecht im Holzrahmen fixiert oder senk-

Ein riesiger Gong im Handwerkerdorf Sumangkap

recht aufgehängt. Sie haben bis zu zwei Meter Durchmesser, etwa für den Gebrauch in Tempeln, oder werden in Miniaturform als Souvenir verkauft. Besucher können zusehen, wie aus einer Aluminiumplatte ein klangvoller Gong entsteht.

⓫ Bavanggazo

98 km nördl. von Kota Kinabalu.
250. (088) 614-088.

Die in der Region um Kudat ansässigen Rungus haben mehr von ihrer Kultur und Tradition bewahrt als viele andere Volksgruppen Sabahs. Eine wunderbare Gelegenheit, ihre Bräuche kennenzulernen, bietet der Besuch eines Langhauses im Dorf Bavanggazo, das an der Straße von Kota Belud nach Kudat liegt.

Die Langhäuser sind west-östlich ausgerichtet und haben zwecks Luftzirkulation nach außen gewölbte Wände. Eines davon ist das **Matunggung**. Es besitzt mit Bambus verkleidete Seitenwände, ein Strohdach und die Wohnquartiere von etwa 100 Familien.

Die Rungus sind für ihre Perlenarbeiten bekannt. Besucher des Langhauses werden zumeist sehen, wie Frauen auf der Gemeinschaftsveranda Schulterbänder, Ketten und Armreife aus bunten Perlen nach den Motiven der Rungus-Folklore herstellen. Die älteren Rungus-Frauen schmücken sich mit Messingreifen. Versierte Weberinnen stellen aus handgesponnener Baumwolle aus der Region Stoffe für ihre Kleidung her.

Für einen Besuch kann man Touren in Kota Kinabalu buchen, die meist auch in die Dörfer Gombizau und Sumangkap führen. Zum Mittagessen kommt man dann nach Bavanggazo. Die köstlichen Speisen werden aus dem Gemüse von den umliegenden Feldern zubereitet. Besucher können auch übernachten und einer Kulturveranstaltung mit Tänzern und Gongspielern in Tracht beiwohnen.

Ein Globus am Tip of Borneo markiert den nördlichsten Punkt der Insel

⓬ Kudat

190 km nördl. von Kota Kinabalu.
75 000. Express-Minibus ab Kota Kinabalu. So.
Pesta Kelapa.

Die Hafenstadt Kudat liegt an der Nordspitze von Sabah. Hier wohnen viele chinesische und philippinische Händler. Die durch die Marudu Bay geschützte Halbinsel Kudat wurde 1882 Verwaltungssitz von British North Borneo. Wegen häufiger Piratenangriffe und des Mangels an Trinkwasser verlor die Stadt jedoch bereits im Jahr 1883 ihren Status als Provinzhauptstadt an Sandakan *(siehe S. 196)*.

Es gibt nur wenig Sehenswertes, dennoch macht es Spaß, im Hafen herumzulaufen und die Boote ankommen und abfahren zu sehen. Erholsam ist der Spaziergang um die Bucht entlang der Sidek Esplanade. In Kudats Hauptstraße Jalan Lo Thien Chock stehen einige schöne Shophouses und ein bunter chinesischer Tempel. Etwa sieben Kilometer nördlich der Stadt kann man am Strand von **Bak Bak** wunderbar picknicken.

Felsbecken am Bak Bak Beach, nördlich von Kudat

⓭ Tip of Borneo

200 km nördl. von Kota Kinabalu.
Express-Minibus ab Kota Kinabalu.

Die nördlichste Spitze von Borneo, wo das Südchinesische Meer auf die Sulusee trifft, wird von den Einheimischen Tanjung Simpang Mengayau genannt. Von Kota Kinabalu bietet sich ein gemütlicher Tagesausflug dorthin an. Auf dem Weg zu der im Bezirk Kudat gelegenen Landspitze kann man in der Bienenfarm Gombizau, im Gongdorf Sumangkap und im Rungus-Langhaus von Bavanggazo Station machen.

Wenige Kilometer vor Kudat biegt man links ab und fährt, vorbei an riesigen Kokosnusspalmen, zu einem windgepeitschten Kap mit Aussicht auf das Südchinesische Meer und die Sulusee.

Kurz vor der Landspitze führt eine Straße an einem mit Kasuarinen gesäumten, sichelförmigen Strand vorbei zum Kalampunian Beach. Dort verkaufen Irranun Muscheln. Am Tip of Borneo steht eine Fahne neben einer riesigen Erdkugel. Der Inschrift auf dem Globus zufolge hat Ferdinand Magellan während seiner Weltumseglung zwischen 1519 und 1521 42 Tage hier verbracht.

⑭ Kinabalu National Park

Der 754 Quadratkilometer große Nationalpark ist UNESCO-Welterbe. Er schützt die Gegend um den Gunung Kinabalu. Der beliebte Park beherbergt 4500 Pflanzenarten, darunter allein 1500 Orchideenvarietäten und neun Arten fleischfressender Pflanzen. Hier leben große Säugetiere wie Orang-Utans, Gibbons und Nebelparder, ungewöhnliche Vögel wie der Borneobuschsänger und der Borneodickkopf sowie unzählige Arten von Schmetterlingen und Insekten. In den Poring Hot Springs kann man nach einer anstrengenden Wanderung herrlich entspannen.

★ Gunung Kinabalu
Der 4095 Meter hohe Berg bietet eine unvergleichliche Aussicht. Allerdings sollte man einigermaßen fit sein, um diesen Riesen zu erklimmen *(siehe S. 192f)*.

Kinabalu Botanical Garden
Der botanische Garten hinter den Park Headquarters birgt viele Pflanzenarten der mittleren Berglage. Alle Arten sind bezeichnet, was den Spaziergang durch den Garten ebenso vergnüglich wie informativ macht.

★ Silau Silau Trail
Der 50-minütige Spaziergang am Silau Silau von seinem Ursprung bis zur Mündung in den Sungai Liwagu bietet die Chance, viele Vögel zu beobachten.

Außerdem

① **Der Bukit Tupai Trail** ist ein halbstündiger Spaziergang auf einen Bergrücken mit herrlicher Aussicht auf den Gipfel.

② **Eine alternative Route** zum Gipfel des Gunung Kinabalu beginnt 17 Kilometer östlich der Park Headquarters in Mesilau.

③ **Der Canopy Walkway** ist nur 150 Meter lang, bietet aber eine exzellente Vogelperspektive auf den Wald.

Hotels und Restaurants in Sabah *siehe Seiten 282 und 298f*

★ Poring Hot Springs
Rund um die Mineralquellen liegen öffentliche und private Bäder. Hier befinden sich auch der kurze, aber lohnenswerte Canopy Walkway sowie eine Orchideen- und eine Schmetterlingsfarm.

Infobox

Information
60 km nordöstl. von Kota Kinabalu. Kota Kinabalu Resorts, G. 15, Wisma Sabah, (088) 243–629. **Kinabalu Botanical Garden** tägl. 9, 12, 15 Uhr. **sabahparks.org.my**

Anfahrt

Im Kinabalu National Park unterwegs

Von den zwei Haupteingängen bei Mesilau und Timpohon führen Wanderwege entlang der Bergkämme und Flüsse durch traumhaftes Terrain. Wer sich hier leise bewegt und aufmerksam ist, kann Tiere wie Bartschweine und Hirschferkel erspähen. Die Besteigung des Gunung Kinabalu sollte man weit im Voraus buchen, da es nur eingeschränkt Pässe dafür gibt. Außerdem muss man von einem Führer begleitet werden *(siehe S. 192f)*.

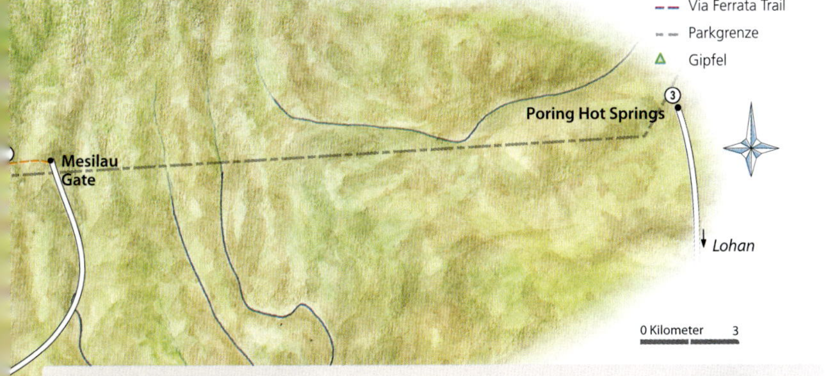

Flora und Fauna

Der in seiner Artenvielfalt unübertroffene Park beherbergt Säugetiere wie Koboldmaki, Eichhörnchen und Spitzhörnchen, Vögel wie Nashornvogel, Rebhuhn und Bergdrossel sowie unzählige Arten bunter Schmetterlinge und Käfer. Im Park wachsen auch verschiedene seltene Pflanzen wie die einzigartige *Rafflesia arnoldii* *(siehe S. 186)*.

Fleischfressende Pflanzen zählen zu den Hauptattraktionen des Nationalparks Kinabalu. Mit leuchtenden Blüten und süßem Nektar locken sie Insekten in die tödliche Falle.

Koboldmakis erkennt man an ihren langen Füßen und den Kulleraugen. Die nachtaktiven Primaten fressen Insekten, Vögel und Schlangen.

Der Frauenschuh trägt seinen Namen wegen der großen, pantoffelartigen Blütenkelche, mit denen er Insekten anlockt. Man sieht die zarten Pflanzen nur noch selten.

Gunung Kinabalu

Der Aufstieg zum Gipfel des Gunung Kinabalu beginnt am Timpohon Gate oberhalb der Park Headquarters. Die längere, weniger steile Alternativroute startet am Mesilau Nature Resort 17 Kilometer östlich und trifft in Layang Layang wieder auf den anderen Weg, der zum Laban Rata Rest House führt, wo viele Bergsteiger übernachten. Manche gehen noch eine Stunde weiter zum einfacheren Gästehaus in Sayat Sayat. Das letzte und anstrengendste Teilstück geht man lange vor Tagesanbruch an, um den Sonnenaufgang auf dem Low's Peak zu erleben. Da man für den Abstieg fünf Stunden braucht, sollte man noch mittags aufbrechen.

Der mächtige Gunung Kinabalu

Auf dem Gipfelpfad
Für den Weg vom Timpohon Gate bis zum Low's Peak braucht man mindestens zwei Tage. An den schwierigeren Streckenabschnitten wurden Geländer angebracht.

Rhododendronwald
Der Wald liegt auf 1800 bis 2600 Meter Höhe. Er enthält 26 Arten von Rhododendron, darunter auch den wunderbaren Kupferblättrigen Rhododendron.

Außerdem

① **Der tropische Bergregenwald** wächst auf 900 bis 1800 Meter Höhe, wo sich auch die Park Headquarters befinden. Er besteht aus Eichen, Birken und Kiefern. Dazu kommen Moose und Farne.

② **In Layang Layang** auf 2621 Meter Höhe machen die meisten Bergsteiger die Nacht über Station.

③ **Der South Peak** ist, wie der Name andeutet, der südlichste Gipfel des Kinabalu. Von dort aus überblickt man die gesamte Umgebung.

Park Headquarters
Die Parkstation ist Ausgangspunkt für Ausflüge. Sie bietet Unterkünfte, Restaurants und einen Laden, in dem man sich mit Proviant eindecken kann.

Hotels und Restaurants in Sabah *siehe Seiten 282 und 298f*

Die Gipfel des Kinabalu
St. John's Peak, Donkey's Ears und die Ugly Sisters sind nur einige der Spitzen, die rund um den Gipfel des Gunung Kinabalu aufragen.

Low's Peak

Sir Hugh Low

Der höchste Gipfel des Gunung Kinabalu ist nach Sir Hugh Low, dem Naturkundler und Kolonialsekretär von Pulau Labuan, benannt. Trotz dreier Anläufe in den 1850er Jahren erreichte er nie den Gipfel. Bei seinem zweiten Versuch 1858 wurde er vom Konsul in Brunei, Spenser St. John, begleitet, der es auf den South Peak schaffte, um dort festzustellen, dass es noch höhere Punkte gab. Erst 1888 gelang es dem Zoologen John Whitehead, den höchsten Gipfel zu erklimmen, während er Pflanzen und Tiere sammelte. Einige von ihnen sind ebenfalls nach Low benannt.

Gunting Lagadan Hut
Das einfache Gästehaus oberhalb von Laban Rata bietet in Schlafsälen Platz für bis zu 60 Personen. Die Aussicht auf die höheren Regionen mit den Donkey's Ears im Hintergrund ist sensationell.

Routeninfos

Man muss mindestens sechs Monate im Voraus buchen. Am Tag dürfen aufgrund von Naturschutzbestimmungen und wenigen Übernachtungsmöglichkeiten nur 192 Besucher und ihre Führer den Berg besteigen. Bergsteigen mit leichtem Gepäck ist angenehmer, doch einige Dinge sind unentbehrlich: Hut, Sonnenbrille und -creme, Taschenlampe sowie warme, wasserfeste Kleidung. Schlafsäcke werden in Laban Rata und Sayat Sayat kostenlos gestellt. Verpflegung gibt es im Laden der Park Headquarters.

Mesilau Trail
17 Kilometer östlich der Park Headquarters bietet Mesilau etwas mehr Ruhe. Die Strecke ist länger und bietet unterwegs den Anblick von besonders vielen Arten von fleischfressenden Pflanzen.

Taucherboote vor Pulau Sipadan in Sabah ***(siehe S. 200f)*** ▶

⓯ Sandakan

400 km östl. von Kota Kinabalu. 12 500. (089) 229-751.

Sandakan liegt am Nordrand der Sandakan Bay, eingekeilt zwischen einem steilen Abhang und der Sulusee. Der Export von Holz, Perlen, Vogelnestern und Hornvogel-Horn machte Sandakan im 18. Jahrhundert reich. Es war zwischen 1884 und 1942 die Hauptstadt von Nordborneo, wurde aber Ende des Zweiten Weltkriegs wie Kota Kinabalu vollkommen zerbombt. Ein Großteil der Neustadt wurde auf Landaufschüttungen im Meer errichtet – mit viel Beton und wenig Weitläufigkeit. Heute betreibt die Stadt Handel mit Kakaobohnen und Palmöl.

Im Zentrum gibt es nur wenige Sehenswürdigkeiten. Belebter ist es an der Uferpromenade durch das ständige An- und Ablegen von Frachtern und Fähren und wegen des Fischmarkts – des größten in Sabah. Auf der Anhöhe hinter dem Zentrum bietet der Observation Pavilion eine grandiose Aussicht auf Stadt und Hafen.

In der Nähe des Pavillons steht ein gut erhaltener Kolonialbau namens **Agnes Keith's House**. Hier lebte in den 1930er Jahren die amerikanische Schriftstellerin Agnes Keith. Sie verfasste mehrere Bücher über Sabah. Das Haus ist prächtig möbliert, hat Parkettböden und verströmt im Arbeitszimmer bis heute eine angenehme Ruhe. Ein weiteres Relikt aus der Kolonialzeit ist das **English Tea House**. Hier können Besucher rasten.

Eine bewegende Erfahrung für jeden Besucher ist der zwölf Kilometer östlich der Stadt gelegene **Sandakan Memorial Park**. 1944 zwangen die Japaner 2000 Kriegsgefangene zu einem Gewaltmarsch nach Ranau bei Gunung Kinabalu, den nur sechs australische Gefangene überlebten. Das kleine, von Australien finanzierte Museum im Park erinnert an diese Tragödie.

Agnes Keith's House
Jalan Istana. tägl. 9–17 Uhr.

Sandakan Memorial Park
12 km östl. von Sandakan. (089) 275-400. tägl.

⓰ Sepilok Orang-utan Rehabilitation Centre

23 km östl. von Sandakan. (089) 531-180. tägl. 9–12 (Fr bis 11), 14–16 Uhr.
Sun Bear Conservation Centre
tägl. 9–15.30 Uhr.

Sepilok ist eines von weltweit vier Orang-Utan-Reservaten. Es wurde 1964 gegründet und ist heute eine der populärsten Attraktionen von Sabah. Auf 43 Quadratkilometer Tiefland-Regenwald werden hier verwaiste und verletzte Tiere aufgepäppelt und auf ein unabhängiges Leben in Freiheit vorbereitet. Ziel des Zentrums ist es, Orang-Utans langfristig wieder in ihren natürlichen Lebensraum auszuwildern.

Orang-Utans im Sepilok Orangutan Rehabilitation Centre

Das Nature Education Centre am Eingang zu Sepilok erläutert die Arbeitsweise des Zentrums und zeigt Filme über unsere tierischen Verwandten.

Ein paar Gehminuten entfernt davon liegt die Fütterungsstelle, an der die Tiere zweimal täglich (10 und 15 Uhr) mit Milch und Früchten versorgt werden.

Neben dem Zentrum liegt das Sun Bear Conservation Centre, das hilft, den kleinsten Bären der Welt zu schützen. Normalerweise sind 30 bis 40 gerettete Bären vor Ort.

⓱ Turtle Island National Park

40 km nördl. von Sandakan. ab Sandakan. Crystal Quest, Sabah Park Jetty, Jalan Buli Sim-Sim, Sandakan, (089) 212-711. auf Pulau Selingan.

Die drei Inseln Selingan, Bakungan Kecil und Gulisan 40 Kilometer nördlich von Sandakan bilden zusammen ein Schutzgebiet für Schildkröten, das auch als Pulau Penyu National Park bekannt ist. Suppenschildkröten und Echte Karettschildkröten legen hier ihre Eier ab. Da das oft abends oder nachts passiert, bietet eine der Inseln Unterkünfte an.

Die beste Zeit für einen Besuch ist zwischen Juli und Oktober. Dann kann man mit großer Wahrscheinlichkeit beobachten, wie die Tiere Eier im

Das beeindruckende Agnes Keith's House im Kolonialstil

Hotels und Restaurants in Sabah *siehe Seiten 282 und 298f*

Sand ablegen. Man muss sich vorher anmelden, Gleiches gilt für die Übernachtung. Parkranger bringen die frisch geschlüpften Schildkröten zunächst in Brutstationen und später ins Meer. Leider liegt ihre Überlebenschance wegen Wilderern und natürlichen Feinden nur bei 1 : 100.

Genehmigungen für einen Besuch muss man bei Crystal Quest einholen, das als Agentur für Sabah Parks agiert; das können auch lokale Touranbieter arrangieren, oder man holt sich eine Erlaubnis im Büro am Bootsanleger von Sabah Parks.

⑱ Pulau Lankayan

80 km nördl. von Sandakan. ab Sandakan. Pulau Sipadan Resorts, 484 Bandar Sabindo, Tawau, (089) 765-200.

Die tränenförmige Insel mit ihren weißen Stränden und den einzigartigen Korallenriffen erreicht man mit dem Boot von Sandakan aus in 90 Minuten. Wegen der artenreichen Meeresfauna kommen vor allem Taucher auf die Insel, auf der es nur ein Resort gibt. Entsprechend menschenleer ist Lankayan. Rund um ein Schiffswrack, das nur einen der vielen Tauchspots darstellt, sieht man Indische Glasbarsche, Rundflecken-Anglerfische und Peitschenschwanzrochen. Vom Steg aus kann man vor allem im April und Mai Schwarzspitzenhaie sehen. Lankayan ist Teil der Sugud Islands Marine Conservation Area.

Auch die Inselvegetation ist interessant. Besonders häufig sind Schraubenbäume *(Pandanus amaryllifolius)*, deren Blüte an eine Ananas erinnert.

⑲ Kinabatangan Wildlife Sanctuary

135 km südl. von Sandakan. ab Sandakan. auf dem Sungai Kinabatangan. in Sukau.

Der Sungai Kinabatangan ist mit 560 Kilometern der längste Fluss von Sabah. Die von dichten Wäldern bewachsenen Ufer des Unterlaufs bilden den landesweit größten Lebensraum für Wildtiere. Einzigartiges Charakteristikum des Flusses sind seine Altwasser. Sie bergen eine reichhaltige Flora und Fauna. Ein Großteil des Gebiets gehört zum Kinabatangan Wildlife Sanctuary. Von Sandakan aus kann man problemlos einen Tagesausflug dorthin unternehmen. Bei einer Fahrt auf dem Fluss kann man viele Tiere sehen. Der kleine Sungai Menungal, der oberhalb von Sukau in den Kinabatangan fließt, ist in dieser Hinsicht besonders vielversprechend. Auf einer solchen Tour sieht man mitunter auch die in Borneo verbreiteten Nasenaffen und Makaken. Ganz sicher zu Gesicht bekommt man unterwegs Krokodile, Nashornvögel, Schlangenhalsvögel und auch den sehr scheuen, aber wunderschönen Meninting-Eisvogel.

⑳ Gomantong Caves

110 km südl. von Sandakan. ab Sandakan. (089) 230-189. tägl. 8–12, 14–16.30 Uhr.

Die Kalksteinhöhlen von Gomantong sind die größten in Sabah. Dort leben große Salangan- und Fledermauspopulationen. Die Einheimischen klettern an Bambusstangen hoch, um an die Salangan-Nester zu kommen, die in der chinesischen Küche als Delikatesse gelten.

Die zwei Haupthöhlen – **Simud Hitam** (schwarze Höhle) und **Simud Putih** (weiße Höhle) – sind nur schwer zugänglich. Dank eines Plankenwegs können Besucher die Simud Hitam besuchen, ohne durch den knöcheltiefen *guano* (Fledermausdung) waten zu müssen. Viele Höhlentouren bieten auch eine Fahrt auf dem Sungai Kinabatangan.

Eingang zur Simud Hitam, einer der Haupthöhlen der Gomantong Caves

㉑ Tabin Wildlife Reserve

220 km südöstl. von Sandakan. ab Lahad Datu. (088) 267-266. tägl. 8–18 Uhr. organisiert von Tabin Wildlife Resort. (088) 261-558.
tabinwildlife.com.my

Das 1984 als Schutzgebiet eingerichtete, 1225 Quadratkilometer große Tabin Wildlife Reserve ist einer der letzten Lebensräume des kurz vor dem Aussterben stehenden Sumatra-Nashorns. Das Gebiet besteht hauptsächlich aus sekundärem Regenwald und dient der Erhaltung weiterer Tierarten, darunter der gefährdete Borneo-Zwergelefant, das Riesengleithörnchen, Orang-Utans und diverse Vogelarten wie der Nashornvogel. Mit dem Tabin Wildlife Resort organisiert das Reservat aufregende Touren wie Dschungelspaziergänge, Nachtsafaris und Vogelbeobachtung.

Das Reservat bietet einige anspruchsvolle Wanderwege. Einer davon führt zu einem Wasserfall, an dem man gut schwimmen kann, ein anderer zu einer Ansammlung kleiner Schlammvulkane.

㉒ Danum Valley

80 km westl. von Lahad Datu. ab Lahad Datu. (088) 881-092. obligatorisch.

Das 438 Quadratkilometer große Danum Valley ist ein Naturschutzgebiet, das aus primärem Tiefland-Regenwald

Wilde Bartschweine auf Futtersuche im Danum Valley

besteht. Das komplexe Ökosystem führen die meisten Sabah-Reisenden ganz oben auf ihrer Besuchsliste.

Der von der Sabah Foundation überwachte Forst in der Umgebung wurde inzwischen als eine Art Pufferzone für eine unglaublich reiche Tierwelt wiederaufgeforstet. Auf mehreren geführten Touren hat man die Gelegenheit, Elefanten, röhrende Hirsche und langsame Loris zu sehen. An Vögeln findet man hier u. a. den großen Argusfasan, Nashornvögel und Gelbrücken-Nektarvögel. Die meisten Besucher übernachten in der Borneo Rainforest Lodge am Sungai Danum. Von dort lässt sich das umliegende Terrain über eine Vielzahl von Wanderwegen erkunden. Die ideale Zeit für die Tierbeobachtung ist der frühe Morgen und Abend. Dann zeigen sich sogar die scheuesten Wesen wie Bartschweine. Orang-Utans und Gibbons sieht man häufiger in den Baumwipfeln um die Lodge. Ein steiler Weg führt über drei Kilometer zu einer alten Grabstätte der Kadazan Dusun hoch in den Klippen. Sie enthält alte Särge und bietet eine herrliche Aussicht auf den Fluss Segama.

㉓ Semporna

336 km südöstl. von Sandakan. 150 000. Regatta (März/Apr).

Semporna liegt zwischen Land und Meer. Die Pfahlbauten der malerischen Fischerstadt schweben gewissermaßen über einem alten Korallenriff, in dem viele Fischarten sowie Weichkorallen, Schwämme, Seeanemonen, Stachelhäuter und Mollusken leben.

In der Stadt wohnen vorwiegend Bajau, ursprünglich Seenomaden, die vom Fischfang in der Celebessee leben. Dazu benutzen die Bajau filigran geschnitzte traditionelle Boote namens *lipa lipa*. Sie sind mit hellen Segeln und bunten Girlanden versehen.

Für Besucher ist Semporna meist Basislager für Tauch- und Schnorchelausflüge zu den vorgelagerten Kusteninseln Mabul und Sipadan *(siehe S. 200f)*. Eine der beliebtesten Inseln vor Semporna dürfte die vulkanische Pulau Bohey Dulang sein. Sie besitzt eine japanische Perlenzuchtstation. Zur felsigen Bohey Dulang fahren Abenteurer, um deren höchsten Gipfel zu erklimmen. Archäologen sind seit der Entde-

Traditionelle Pfahlbauten im Hafen von Semporna

Hotels und Restaurants in Sabah *siehe Seiten 282 und 298f*

Fährpassagiere gehen in Tawau an Land

ckung von Steinwerkzeug in Tingkayu an der Umgebung von Semporna interessiert. Die Funde sind 10 000 Jahre älter als andere in der Gegend entdeckte Gegenstände.

㉔ Pulau Sipadan

Siehe S. 200f.

㉕ Tawau

360 km südl. von Sandakan. 178 000. Tawau Central Market (tägl.). Tawau Cultural Carnival (März). **sabahtourism.com**

Tawau liegt an der Küste im äußersten Südosten von Sabah. Der Verkehrsknotenpunkt ist Transitort für alle Reisenden, die nach Semporna und zu den vorgelagerten Inseln von Sipadan *(siehe S. 200f)* wollen.

Anfangs war dieser pulsierende Hafen nur eine kleine Bajau-Siedlung, bis sich 1878 die British North Borneo Company wegen des natürlichen Hafens und der Vulkanerde in Tawau niederließ.

Der Holzhandel ist seit je der wichtigste Geschäftszweig dieser Stadt. Dank des fruchtbaren Bodens werden hier aber auch Gummi, Palmöl und Kakao erzeugt. Tawau ist sogar die Kakao-Hauptstadt von Borneo. Auf der Kakaoplantage am nahe gelegenen Quoin Hill kann man bei der Schokoladenherstellung zusehen. Auch Palmöl wird in Tawau hergestellt. Plantagen sieht man überall in Sabah.

Kakaofrucht

Gegenüber von Tawau auf der anderen Seite der Meerenge liegt Kalimantan. In Tawau leben zahlreiche Philippiner und Indonesier. Einige Gegenden der Stadt sind verelendet, im Stadtzentrum hingegen findet man eine gepflegte Mischung traditioneller Shophouses und moderner Betonbauten. Auf dem bunten Straßenmarkt verkaufen fliegende Händler Gewürze, Gemüse, Kleidung und Spielzeug. Auf Tawaus Fischmarkt herrscht immer Hochbetrieb. Exotische Fische bekommt man an Straßenständen in der ganzen Stadt.

In Tawau starten Ausflüge ins Maliau Basin im Westen, das wegen der Unzugänglichkeit und der reichen Fauna und Flora auch »Sabahs vergessene Welt« heißt. Die Reise ist wegen der einfachen Unterkünfte nur etwas für echte Naturfreunde.

㉖ Tawau Hills State Park

24 km nördl. von Tawau. ab Tawau. (089) 925-719. tägl. 7–18 Uhr.

Der Tawau Hills State Park wurde 1979 zum Schutz der Flussläufe Tawau, Merotai, Kinabutan, Mantri und Balung eingerichtet. Er besteht aus Bergen und dichtem, moosigem Regenwald.

Besonders beliebt ist der etwa 270 Quadratkilometer große Park bei Ornithologen, da hier Brustband-Eisvögel, Bulwerfasane, Rotrückenpittas und Borneowolltimalien leben. Auch Affen sind kein ungewöhnlicher Anblick.

Der höchste Berg im Park ist der 1310 Meter hohe Gunung Magdalena. Der mit 530 Metern deutlich niedrigere Bombalai Hill ist ein erloschener Vulkan. Man erreicht ihn nach einem halbstündigen Fußmarsch von der Parkverwaltung aus. Ein dreistündiger Weg führt zu heißen Quellen und dem Table Waterfall. Dort kann man in kristallklarem Wasser schwimmen.

Der Park ist weit weniger überlaufen als seine berühmteren Nachbarn und eine gute Alternative für Besucher, die Abgeschiedenheit suchen.

Air Tejun Galas Falls, Tawau Hills State Park

㉔ Pulau Sipadan

Pulau Sipadan gilt als eines der fünf besten Tauchgebiete der Welt. Die Insel ist ein 600 Meter aus dem Meer emporragender Kalksteinfelsen, der von weißen Sandstränden gesäumt wird. Um die Insel liegt ein erstaunliches Korallenriff mit über 3000 maritimen Arten, darunter der bunte Schmetterlingsfisch, der Kaiserfisch und der orange-blaue Riffbarsch. Haie, Barrakudas, Schildkröten und Mantarochen gibt es hier ebenfalls in beachtlicher Anzahl.

★ Turtle Cavern
In der gruseligen Unterwasserhöhle liegen die Gebeine von Suppen- und Echten Karettschildkröten. Die Tiere wurden von der Strömung hineingetrieben und fanden nicht mehr heraus.

★ Drop Off
Östlich vom Pier von Sipadan steht der Drop Off. Die schier endlose Steinwand ist mit Korallen und Schwämmen übersät.

Tauchtrips
Verschiedene Anbieter organisieren Tages- und Nacht-Tauchgänge in Begleitung qualifizierten Personals, wobei nur 120 Personen pro Tag und Tauchstelle erlaubt sind.

Legende

--- Fährroute

Außerdem

① **Lobster Lairs** ist ein guter Platz, um Rotfeuerfische, Hummer, Skorpionfische und Seenadeln zu sehen. Das seichte Gelände ist ideal für Tauchanfänger.

② **In diesem Korallengarten** sind fast alle in der Region vorkommenden Arten anzutreffen – ein Paradies für Unterwasserfotografen.

③ **Mittelriff**

④ **South Point** ist beliebt, weil man hier Hammerhaie und Schildkröten sieht. Allerdings ist das Gebiet nur etwas für erfahrene Taucher.

Hängende Gärten
Das Riff fällt stufenweise auf 70 Meter Tiefe ab. Dort bilden Terrassen mit Alcyonaria- und Gorgonia-Fächerkorallen die Hängenden Gärten.

Hotels und Restaurants in Sabah *siehe Seiten 282 und 298f*

Barracuda Point
Der Ort verdankt seinen Namen den Dunkelflossen-Barrakudas, die hier Jagd auf Schildkröten und Papageifische machen, die in der Felswand leben.

Infobox

Information
35 km südl. von Semporna.
Borneo Sea Adventures
8A Karamunsing Warehouse, Kota Kinabalu, (088) 230-000.
Semporna und Mabul auf der Insel Kapalai. **Beste Reisezeit** Apr–Aug (vorab Unterkunft buchen).

Anfahrt
ab Semporna.

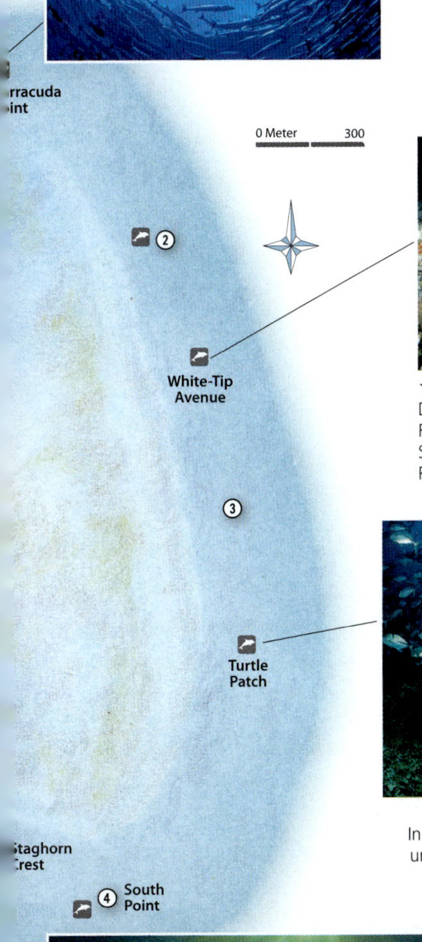

★ White-Tip Avenue
Diese Stelle wird gern von Weißspitzen- und grauen Riffhaien aufgesucht. Zuweilen begegnet man dort Schwärmen von Großaugen-Stachelmakrelen und Papageifischen.

Turtle Patch
In dieser Gegend um Sipadan sieht man häufig Hammer- und Fuchshaie, Drückerfische, Buckelkopf-Papageifische, Suppenschildkröten und Echte Karettschildkröten.

Staghorn Crest
In dem abschüssigen Tauchgelände findet man kleinpolypige Geweihkorallen voller Meergrundeln, Zackenbarsche, Kaiser- und Drückerfische. Wegen der starken Strömungen ist hier allerdings Vorsicht geboten.

SINGAPUR

Singapur stellt sich vor	**204 – 211**
Colonial Core und Chinatown	**212 – 229**
Little India und Orchard Road	**230 – 241**
Abstecher	**242 – 251**
Shopping	**252 – 257**
Unterhaltung	**258 – 261**
Sport und Aktivurlaub	**262 – 263**
Stadtplan	**264 – 273**

Ein Porträt Singapurs

Der kleine Stadtstaat Singapur ist eine pulsierende, kosmopolitische, trendige und moderne Metropole. Gemessen an seiner Größe, spielt er in der globalen Finanzwelt eine ungeheuer wichtige Rolle. Mit seinen vielfältigen Traditionen und der spannenden Mischung aus Alt und Neu – sowohl was die Menschen als auch die Lebensweise betrifft – ist Singapur im besten Sinn multikulturell.

Singapur liegt an der Spitze der Malaiischen Halbinsel am Ende der Straße von Malakka. Es besteht aus einer großen Insel, um die sich mehrere Inselchen gruppieren. Glitzernde Hochhäuser und eine faszinierende Pflanzenvielfalt drängen sich auf 704 Quadratkilometer Fläche, die zum Teil dem Meer abgerungen wurden. Eine hohe Luftfeuchtigkeit und kräftige Niederschläge bestimmen das Klima. Regengüsse setzen so plötzlich ein, dass Regenschirme hier unentbehrliche Begleiter sind.

Als Sir Stamford Raffles von der British East India Company im Jahr 1819 hier landete, war Singapur kaum mehr als ein unscheinbares Fischerdorf. Innerhalb kurzer Zeit wurde es zum britischen Bollwerk. Nach der Unabhängigkeit von den Briten trat Singapur 1963 zunächst der Föderation Malaya bei, bevor es 1965 zur eigenständigen Nation wurde.

Regierung und Politik

Singapur ist eine demokratische, parlamentarische Republik mit einem Premierminister als Regierungschef. Lange Zeit war die People's Action Party bestimmend für die Politik. Seit ihrer Gründung in den 1960er Jahren bis in die 1990er Jahre führte der 2015 verstorbene Lee Kuan Yew sie an. Trotz einer aktiven Opposition setzte sich mit der Zeit das Einparteiensystem durch. Kritiker sprechen von Autokratie, Befürworter sehen darin vielmehr den Schlüssel zu Singapurs wirtschaftlichem Erfolg. Für Letztere war der überaus beliebte Lee Kuan Yew ein verdienstvoller Landesvater.

Wirtschaft

Als Verbindungsglied zwischen dem Festland, den südostasiatischen Inseln und dem Rest der Welt ist der Hafen von Singapur der meistfrequentierte in der ganzen Region. Obwohl sich die Regierung vorwerfen lassen muss, zu viele Risiken am Weltmarkt einzugehen, gilt die Wirtschaft des Landes als eine der mächtigsten der Welt. Gründe dafür sind die Effektivität der Regierung, die ungewöhnliche Infrastruktur, minimale Korruption und qualifizierte Arbeitskräfte.

Singapurs Wirtschaft blüht auf dem Elektronik- und Chemiesektor ebenso wie im Bereich der Finanzdienstleistung.

Wolkenkratzer dominieren die Silhouette Singapurs

◀ Neoklassizistische Gebäude in Singapur mit dem Finanzdistrikt südlich des Flusses im Hintergrund

Prächtig kostümierte Darsteller der chinesischen Oper

Als weitere lukrative Geschäftszweige haben sich die Konservenproduktion, Gummiverarbeitung, Biotechnologie und der Tourismus entwickelt. Als einer der wichtigsten Bankenstandorte Asiens und mit einer exportorientierten Wirtschaft ist Singapur jedoch auch besonders schwer von der globalen Wirtschaftskrise getroffen.

Völker, Sprachen und Religionen

Singapur ist ein Einwanderungsland, dessen 5,6 Millionen Einwohner sich aus 76,8 Prozent Chinesen, 13,8 Prozent Malaien, 7,9 Prozent Indern sowie einer europäischen Minderheit zusammensetzen. Ethnisch geprägte Stadtviertel, wie sie im 19. Jahrhundert üblich waren, sind staatlichen Wohnbausiedlungen gewichen. Verbliebene Enklaven dienen heute nur noch als Shopping- und Vergnügungsviertel der jeweiligen Ethnien. Das kulturelle Erbe der britischen Kolonialherren hat seinen festen Platz in der Singapurer Lebensweise.

Offizielle Landessprachen sind Malaiisch (Nationalsprache), Chinesisch, Englisch (Verwaltungs- und Verkehrssprache) und Tamil. Das »Singlish«, ein Mix aus Englisch, Malaiisch und Chinesisch, verstehen dagegen meist nur die Einheimischen.

In Singapur besteht Religionsfreiheit, nur einige radikale Gruppen sind verboten. Am meisten verbreitet ist der Mahayana-Buddhismus, gefolgt von Islam, Christentum und Hinduismus. Seit den Rassenunruhen der 1960er Jahre herrscht in der Gesellschaft weitgehend Harmonie, ein Zustand, den die Regierung mit allen Mitteln erhalten möchte.

Kunst und Kultur

Kunst findet in der vielseitigen Stadt einen fruchtbaren Boden. Chinesische Oper und Theater, westliche klassische Musik, indische Tanzformen und englisches Theater bestimmen die Kulturszene Singapurs. Mehrere Ensembles pflegen malaiische Traditionen. Allerdings herrscht eine rigide Zensur: Jede Aufführung muss sie passieren, bevor sie öffentlich wird.

Eine große Rolle spielt in Singapurs Kultur das Essen. Auswärts zu essen gilt als beste Art der Geselligkeit. Zwar dominieren Chinesen, Inder und Malaien, doch es gibt durchaus auch internationale Küche von afrikanisch bis osteuropäisch. Singapur gilt als kulinarisches Paradies. Nicht zuletzt deswegen erfreut es sich als Tor zwischen Osten und Westen bis heute fortdauernder Beliebtheit.

Gläubige im Sri Mariamman Temple

Das Jahr in Singapur

Singapurs multikulturelles Erbe sorgt für einen Kalender, der voller Feiertage und farbenfroher Feste ist – sowohl profan als auch religiös. Viele religiöse Feiertage folgen dem Mondkalender *(siehe S. 321)*, sodass sich die Daten jedes Jahr ändern. Man sollte sich beim Singapore Tourism Board über die genauen Termine informieren. Während einige Festivitäten wie das chinesische Neujahrsfest und Hari Raya Puasa auf der ganzen Insel mit viel Pracht und Pomp begangen werden, sind andere wesentlich ruhiger und bescheidener und beschränken sich oft nur auf einen Ort oder einen bestimmten Tempel.

Besucher sind in Tempeln und Moscheen willkommen, solange sie die Regeln dort respektieren. Neben den Feiertagen tragen zahlreiche Festivals wie etwa das Singapore International Festival of Arts zur kulturellen Vielfalt des Stadtstaats bei.

Während des Hari Raya Puasa zollt man den Älteren Respekt

Januar bis März

Pongal *(Jan/Feb)*. Südindisch-tamilisches Erntefest in Tempeln wie dem Sri Srinivasa Perumal Temple *(siehe S. 236f)*. Man lässt zum Zeichen des Wohlstands Reis überkochen. Zu Erntedank wird er den Göttern geopfert.

Thaipusam *(Jan/Feb)*. Hinduistischer Bußtag zu Ehren von Murugan. Männer tragen dazu farbenfrohe *kavadis*, Metallrahmen, die mit Haken in der Haut befestigt sind, vom Sri Srinivasa Perumal Temple in den Chettiars' Temple *(siehe S. 223)*.

Chinesisches Neujahr *(Jan/Feb)*. Dieses zweiwöchige Fest kulminiert im Chap Goh Mei, das durch ein Abendessen und Gebete abgeschlossen wird. Chinatown ist hell erleuchtet und voller Menschen.

Chingay Parade *(Jan/Feb)*. Die große bunte Parade im Rahmen der chinesischen Neujahrsfeierlichkeiten zieht mit Stelzenläufern, Löwentänzern, Festwagen und Artisten anderer Kulturen durch die Orchard Road.

Qing Ming Festival *(März/Apr)*. Chinesische Familien besuchen Tempel und pflegen die Gräber ihrer Ahnen. Kerzen und Räucherstäbchen werden angezündet und Opfergaben wie Wein, Reis und Blumen dargebracht.

Löwentänzer während der chinesischen Neujahrsfeierlichkeiten

April bis Juni

Vesak Day *(Mai/Juni)*. Buddhisten erinnern an diesem Tag an das Leben und Sterben Buddhas. Mönche singen Gebete in überfüllten Tempeln, Käfigvögel werden freigelassen. Abends beginnen an den Tempeln kerzenerleuchtete Prozessionen. Am Thian Hock Keng Temple *(siehe S. 228f)* hat man eine gute Sicht auf die Feierlichkeiten.

Singapore International Festival of Arts *(Mai/Juni)*. Das vom National Arts Council organisierte Festival bietet lokale, regionale und internationale Kunst, Theater, Tanz und Musik.

Dragon Boat Festival & Boat Race *(Juni)*. Das Fest gedenkt des Todes des chinesischen Dichters Qu Yuan aus dem 4. Jahrhundert v. Chr. Er ertränkte sich, um gegen politische Korruption im Land zu protestieren. Der Sage nach warfen Leute Reisklöße in den Fluss, damit die Fische sie anstelle des Körpers des Dichters fressen. Höhepunkt ist ein Drachenbootrennen: Internationale Teams mit 22 Männern pro Boot treten dort in den langen Booten gegeneinander an. Das Spektakel findet im Bedok Reservoir statt, eine 20-minütige Taxifahrt vom Zentrum entfernt.

Juli bis September

Great Singapore Sale *(Mai–Juli)*. Überall bieten Händler und Läden reduzierte Waren an. Die Preisnachlässe sind extrem verlockend *(siehe S. 253)*.

Singapore Food Festival *(Juli)*. Top-Küchenchefs und spezielle Lebensmittelmärkte ziehen große Menschenmassen an.

National Day *(9. Aug)*. Die Feier des Unabhängigkeitstags wird mit einer spektakulären Show auf dem Padang gefeiert. Militärparaden, Flugschauen und kulturelle Veranstaltungen sowie Lasershow und Feuerwerk untermalen den Feiertag.

Festival of the Hungry Ghosts *(Aug/Sep)*. Die Chinesen glauben, dass der siebte Mondmonat Unglück bringt, da dann die Geister der Toten auf die Erde zurückkehren. Es werden Räucherstäbchen, rote Kerzen und Papiergeld angezündet sowie prächtige Feiern und die chinesische Straßenoper *wayang (siehe S. 260)* auf den Straßen veranstaltet, um die Geister zu besänftigen.

Mid-Autumn Festival *(Aug/Sep)*. Der Vollmond am 15. Tag des achten Monats im chinesischen Kalender wird mit Mondkuchen und Laternen zelebriert. Das Erntedankfest feiert einen Patrioten aus dem 14. Jahrhundert, der Nachrichten für seine Kameraden in Mondkuchen versteckte, als er die Yuan-Dynastie bekämpfte.

Singapore Grand Prix *(Sep)*. Formel-1-Wagen rasen bei dem Nachtrennen durch die Straßen an der Marina Bay.

Laternenwettbewerb zum Mid-Autumn Festival im Chinese Garden

Oktober bis Dezember

Hari Raya Puasa *(Sep–Okt)*. Der muslimische Feiertag markiert das Ende des Fastenmonats Ramadan. Um die Sultansmoschee und die Arab Street *(siehe S. 234)* füllen sich die Straßen mit feiernden Menschen.

Deepavali *(Okt/Nov)*. Das hinduistische Lichterfest zelebriert den Sieg Krishnas über Narakasura – den Sieg des Guten über das Böse. Häuser und Tempel werden mit Lichtern geschmückt, um Lakshmi, die Göttin des Wohlstands, anzulocken. Little India glitzert von Lichtern und Dekoration. Das genaue Datum wird nach indischen Almanachen bestimmt.

Thimithi Festival *(Okt/Nov)*. Eine Prozession zieht vom Sri Srinivasa Perumal Temple zum Sri Mariamman Temple *(siehe S. 224)*. Die Gläubigen laufen dort zum Zeichen ihrer Glaubensstärke barfuß über glühende Kohlen.

Opfergaben am Familienaltar an Deepavali

Festival of the Nine Emperor Gods *(Okt/Nov)*. Das neuntägige Fest zu Ehren der neun Gottkaiser soll Glück und ein langes Leben bescheren. Es findet im Kiu Ong Yiah Temple in der Upper Serangoon Road statt. Nach Gebeten, Festessen und chinesischer Oper werden bei einer Prozession Statuen der neun Götter in Sänften getragen. Vorneweg schreiten feierlich die »Medien« mit Schwertern und Peitschen. Viele Gläubige unternehmen dazu eine Pilgerfahrt zum Tempel von Tua Pek Kong auf der Insel Kusu (Turtle Island).

ZoukOut *(Dez)*. Bis zu 30 000 Menschen nehmen an diesem jährlichen Tanzfestival auf Sentosa teil.

Weihnachten *(25. Dez)*. Bereits ab November verwandelt sich die Orchard Road in ein weihnachtliches Lichtermeer. Geschäfte und Hotels geben sich festlich.

Hari Raya Haji *(variabel)*. Dieser Feiertag gilt all jenen, die eine Pilgerreise nach Mekka absolviert haben. Es werden Tieropfer dargebracht und Gebete in den Moscheen abgehalten.

Feiertage

Regionale Feste folgen dem Mondkalender. Die Daten variieren daher.

Neujahr *(1. Jan)*

Hari Raya Puasa *(variabel)*

Chinesisches Neujahr *(Jan/Feb)*

Hari Raya Haji *(variabel)*

Good Friday *Karfreitag (März/Apr)*

Labor Day *(1. Mai)*

Vesak Day *(Mai/Juni)*

National Day *(9. Aug)*

Deepavali *(Okt/Nov)*

Weihnachten *(25. Dez)*

Singapur im Überblick

Die meisten Attraktionen Singapurs liegen im Zentrum der Stadt im Süden der Insel. Da die Stadt sehr kompakt ist und eine gute Infrastruktur besitzt, kommt man problemlos in die Außenbezirke. Im Norden, Westen und Süden Singapurs befinden sich die älteren Vorstädte, Naturschutzgebiete und historischen Stätten. Trotz der vielen Wolkenkratzer, Shoppingmalls, Museen und modernen Unterhaltungsangebote lässt sich hinter der schillernden Fassade noch das traditionelle Singapur entdecken. Sein multikulturelles Erbe zeigt sich etwa in der Kolonialarchitektur, den Shophouses von Chinatown sowie in Tempeln, Moscheen und Kirchen.

Singapurs Hauptsehenswürdigkeiten

Raffles Hotel
Seiten 220f

Orchard Road
Seiten 238–241

Chinatown
Seiten 224–229

Little India
Seiten 230–237

Singapore Botanic Gardens
Seiten 246f

Chijmes
Seite 218

Singapore Flyer
Seite 218

Sentosa
Seiten 250f

Boat Quay
Seite 227

Gardens by the Bay
Seite 217

◀ **Supertree Grove in dem Parkgelände Gardens by the Bay** ***(siehe S. 217)***

Highlights: Singapore River

Der Singapore River schlängelt sich mitten durch die Stadt. Er diente lange als ihr erster Handelsplatz. Heute flankieren den Fluss die mächtigen Wolkenkratzer des Geschäftsviertels am Südufer und die vornehmen Kolonialbauten am Nordufer. Dazu kommen begrünte Fußwege, Shops und Lokale. Flussrundfahrten legen an mehreren Pieren entlang des Ufers ab. (*Hinweis:* Auf der Karte ist Norden unten.)

Im UOB Plaza glänzt das Foyer mit schönen Skulpturen von Dalí und Botero.

Cavenagh Bridge
Verbotsschilder für Kutschen stehen noch heute an Singapurs einziger Hängebrücke.

Das Fullerton Hotel besitzt einen von Säulen dominierten Eingang an der Flussseite. Das Kolonialgebäude ersetzte 1925 Fort Fullerton.

Asian Civilisations Museum *(siehe S. 216)*

Merlion
Das mythische Symbol Singapurs (halb Fisch, halb Löwe) wacht über den Fluss am Übergang in die Marina Bay.

Raffles' Landing Site
Eine Gedenktafel unter einer Marmorstatue von Raffles markiert den Ort seiner Landung im Jahr 1819.

Anderson Bridge
Die 1910 erbaute Brücke sollte den Verkehr auf der Cavenagh Bridge entlasten.

Parliament Complex
Das neue, 1999 eröffnete Parliament House entspricht dem Stil des ursprünglichen Parlamentsgebäudes *(siehe S. 217)* von 1827, das direkt am Fluss steht.

Boat Quay
Bars und Restaurants haben den dicht an dicht am Südufer stehenden alten Geschäftshäusern neues Leben eingehaucht *(siehe S. 227)*.

Elgin Bridge
Die heutige Brücke wurde 1929 anstelle der ersten Flussbrücke erbaut. Sie ist nach Lord Elgin benannt, dem damaligen Gouverneur Indiens.

Clarke Quay
In restaurierten Lagerhäusern findet man heute quirlige Läden und zahlreiche Restaurants *(siehe S. 223)*.

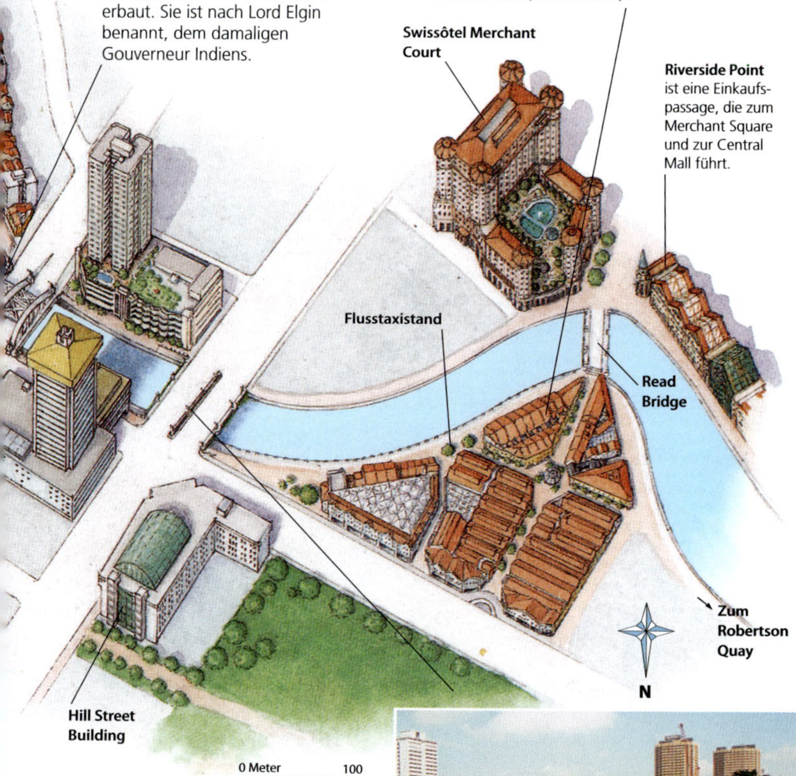

Coleman Bridge
Die Brücke trägt den Namen George D. Colemans, des Architekten, der viele der ersten Bauten in Singapur entwarf.

Colonial Core und Chinatown

Das Stadtzentrum Singapurs entspricht dem Plan von Sir Stamford Raffles aus dem Jahr 1822, nach dem das Geschäftsviertel südlich vom Fluss und die Verwaltungsgebäude nördlich davon liegen sollten. Heute ist dieser Nordteil als Colonial Core bekannt. Er ist das mit historischen Wahrzeichen gesegnete Herz der Innenstadt. Padang und Fort Canning Park sind zentrale Orte dieses Viertels, an denen sich bedeutsame Ereignisse abgespielt haben. Das florierende Geschäftsviertel am Südufer wird wegen seiner schuhförmigen Umrisse »Golden Shoe« genannt und grenzt an Chinatown. Am Südufer entstanden im 19. Jahrhundert Handelshäuser. Chinesische Händler und Kulis siedelten sich dort vermehrt an, sodass Raffles ihnen das Gebiet schließlich offiziell zuerkannte. Es ist von Shophouses, Tempeln und Märkten geprägt.

Sehenswürdigkeiten auf einen Blick

Attraktion

- 9 Singapore Flyer

Historische Straßen, Gebäude und Denkmäler

- 1 Raffles' Landing Site
- 4 Victoria Theatre & Concert Hall
- 5 Old Parliament House
- 7 Marina Bay Sands
- 12 *Raffles Hotel S. 220f*
- 13 Chijmes
- 21 Clarke Quay
- 22 Chinatown Heritage Centre
- 24 Temple Street
- 27 Tanjong Pagar Conservation Area
- 28 Ann Siang Hill
- 29 Telok Ayer Street
- 30 Lau Pa Sat
- 32 Raffles Place
- 33 Boat Quay

Museen und Sammlungen

- 2 Asian Civilisations Museum
- 6 National Gallery Singapore
- 14 Singapore Art Museum
- 16 National Museum of Singapore
- 17 Peranakan Museum

Parks

- 3 Esplanade Park
- 8 Gardens by the Bay
- 19 Fort Canning Park

Shopping

- 11 Raffles City
- 25 Chinatown Complex

Kirchen und Tempel

- 10 St. Andrew's Cathedral
- 15 Cathedral of the Good Shepherd
- 18 Armenian Church
- 20 Chettiars' Temple
- 23 Sri Mariamman Temple
- 26 Buddha Tooth Relic Temple und Museum
- 31 *Thian Hock Keng Temple S. 228f*

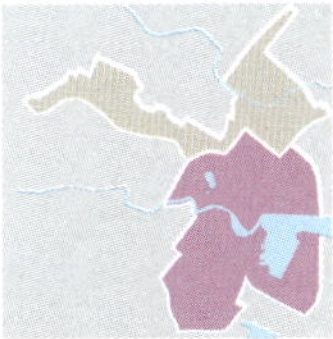

Stadtplan *4 und 5*

Restaurants in diesen Stadtteilen *siehe S. 299f*

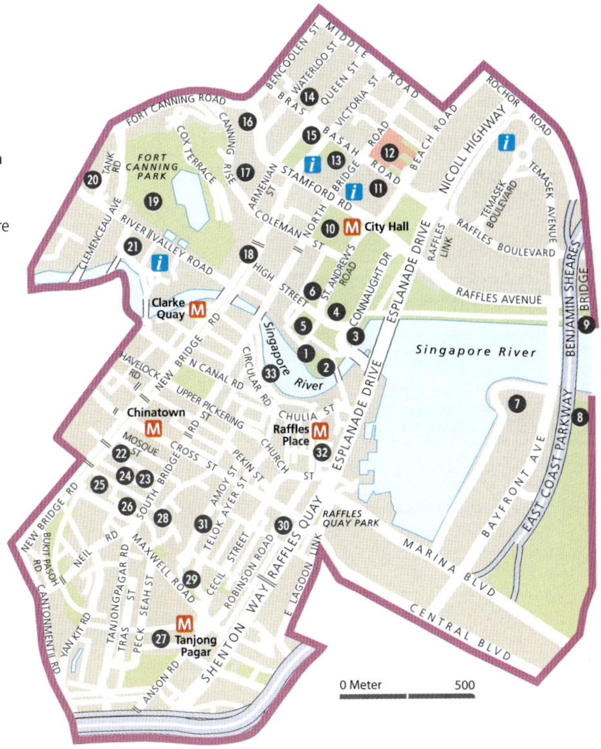

◀ **Wächter und Drachen auf den Türen des Thian Hock Keng Temple** ***(siehe S. 228f)***

Im Detail: Um den Padang

Mitten in Singapurs Kolonialviertel liegt der Padang, ein Spielfeld, das die Kolonialherren im 19. Jahrhundert für große Sportveranstaltungen ebenso wie für Paraden zum Nationalfeiertag nutzten. Hier wird immer noch allwöchentlich Sport getrieben – von Kricket und Hockey bis zu Fußball und Rugby. Der Platz ist von Kolonialbauten gesäumt: Supreme Court, City Hall, in der sich die National Gallery Singapore befindet, Parliament House und der exklusive Singapore Cricket Club residieren hier. Interessant ist auch der Esplanade Park an der Ostseite des Padang. Er ist einer der ältesten Parks in Singapur und birgt viele historische Wahrzeichen.

6 ★ National Gallery Singapore
Das Museum liegt in einem imposanten früheren Verwaltungsgebäude.

4 ★ Victoria Theatre & Concert Hall
Das Victoria Theatre wurde 1862 ursprünglich als Rathaus erbaut. Die Victoria Memorial Hall kam 1905 im Gedenken an Queen Victoria hinzu, heute heißt sie Victoria Concert Hall.

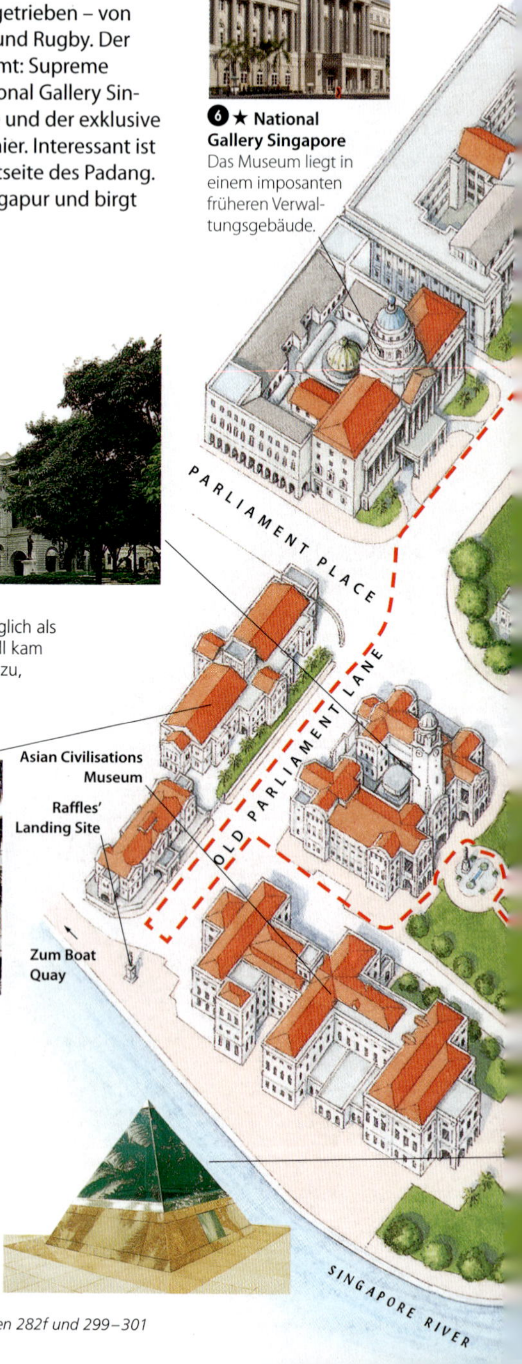

5 Old Parliament House
Das alte Parlament (1826/27) sollte ursprünglich dem schottischen Kaufmann John Argyle Maxwell als Wohnhaus dienen.

Zeitkapsel
Die Zeitkapsel aus dem Jahr 1990 befindet sich in einer Pyramide und wurde anlässlich des 50. Geburtstags von Singapur 2015 geöffnet.

Padang
Auf dem Platz wird seit den 1830er Jahren Kricket gespielt. Heute finden hier auch Sportereignisse wie das Rugby Sevens statt.

Zur Orientierung
Siehe Stadtplan 5

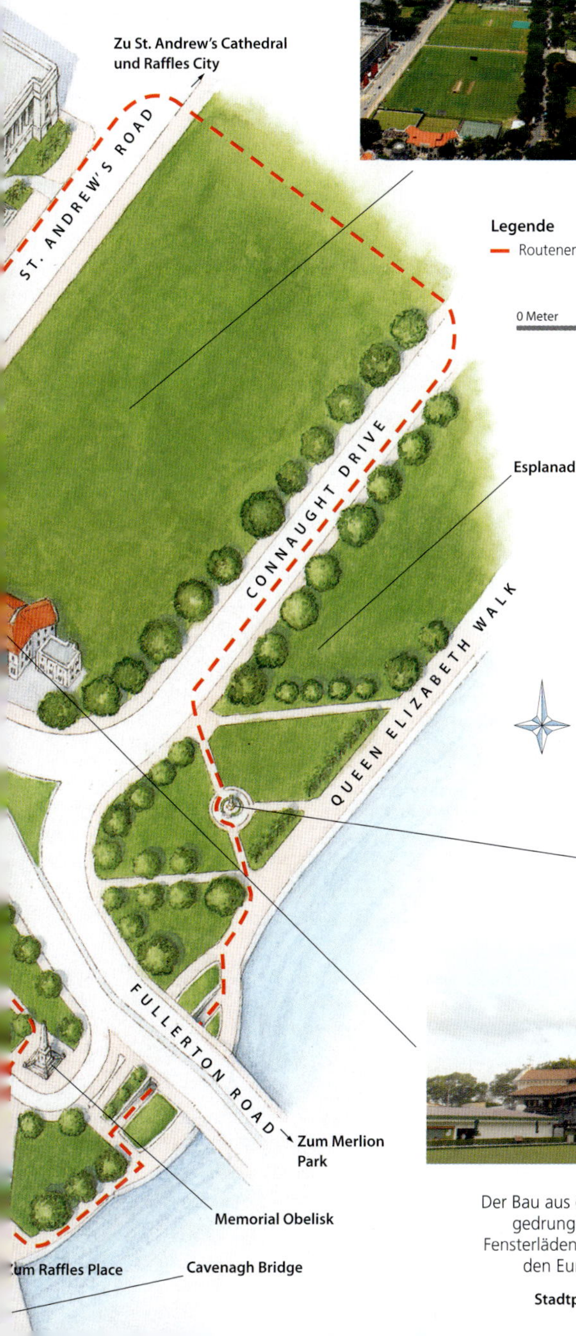

Legende
Routenempfehlung

0 Meter 100

Lim Bo Seng Memorial
Das Denkmal ehrt den chinesischen Kriegshelden Lim Bo Seng, der für den britischen Geheimdienst arbeitete, bis er von den Japanern verhaftet und 1944 zu Tode gefoltert wurde.

Singapore Cricket Club
Der Bau aus dem Jahr 1884 ist ein auffälliges, gedrungenes Gebäude mit dunkelgrünen Fensterläden aus Bambus. Der Club war einst den Europäern in Singapur vorbehalten.

Stadtplan Singapur *siehe Seiten 264–273*

Statue von Sir Stamford Raffles an der historischen Landungsstelle

❶ Raffles' Landing Site

North Boat Quay. **Stadtplan** 5 D3. Ⓜ Raffles Place, City Hall. 🚌 7, 32, 51, 81, 124, 145, 197, 603, 851.

Eine moderne Marmorstatue von Sir Stamford Raffles von 1972 überblickt den Central Business District. Sie markiert den genauen Ort, an dem Raffles zum ersten Mal am 29. Januar 1819 *(siehe S. 210)* landete. Die Statue ist eine Nachbildung der originalen Bronzestatue des Bildhauers und Dichters Thomas Woolner, die am 27. Juni 1887 auf dem Padang enthüllt wurde. Sie entging während der Invasion der Japaner nur knapp der Zerstörung. Ihre Kopie steht heute vor der Victoria Concert Hall.

❷ Asian Civilisations Museum

1 Empress Place. **Stadtplan** 5 D3. ☎ 6332-2982. Ⓜ Raffles Place, City Hall. 🚌 75, 540, 608. ◯ tägl. 10–19 Uhr (Fr bis 21 Uhr). ♿ 🚫 ◰ **W acm.org.sg**

Das Asian Civilisations Museum mit seinen über 1600 Exponaten zur Geschichte der Kulturen und Zivilisationen Asiens ist im Empress Place Building untergebracht. Der nach Queen Victoria benannte palladianische Bau wurde 1867 von Sträflingen errichtet und diente als Gerichtsgebäude.

Heute präsentiert der neoklassizistische Bau in seinen Räumen elf Themenbereiche und vier ACE-(Asian Civilisations Education-)Zonen: Südasien, Westasien/Islam, Südostasien und China.

Darüber hinaus ist in der Singapore River Interpretive Gallery die Geschichte mehrerer Einwanderergenerationen, die sich am Ufer des Singapore River ansiedelten und dort arbeiteten, mit historischen Fotos dokumentiert.

❸ Esplanade Park

Connaught Drive. **Stadtplan** 5 E3. Ⓜ City Hall. 🚌 10, 70, 75, 82, 97, 100, 130, 131, 167, 196, 608.

Der Esplanade Park reicht vom Connaught Drive an der Anderson Bridge bis zur Stamford Road. Er war in der Kolonialzeit bei Europäern und Asiaten einer der beliebtesten Parks in Singapur.

Der Queen Elizabeth Walk führt durch Grünflächen vorbei an Sehenswürdigkeiten wie dem Kenotaph, der an die Opfer des Zweiten Weltkriegs erinnert. Das **Lim Bo Seng Memorial** ist einem in japanischer Gefangenschaft verstorbenen Helden des Zweiten Weltkriegs gewidmet. Der Tan Kim Seng Fountain wurde zu Ehren eines Philanthropen errichtet, der Singapurs erste Trinkwasserversorgung installierte. 2002 gab der Park Anlass zu einer heftigen Kontroverse, als dort das moderne **Esplanade – Theatres on the Bay** gebaut wurde. Es liegt am Wasser und besteht aus riesigen zackigen Muscheln, die diverse Bühnen und Kunsträume enthalten, darunter ein Konzertsaal, ein Theater, ein Open-Air-Theater und ein kleiner Vortragssaal sowie Ausstellungsräume, eine Theater- und Musikbibliothek sowie ein Einkaufszentrum.

❹ Victoria Theatre & Concert Hall

9 Empress Place. **Stadtplan** 5 E2. ☎ 6908-8810. Ⓜ Raffles Place, City Hall. 🚌 75, 540, 608. ◯ tägl. 10–21 Uhr. ♿ ▭ ◰ **W vtvch.com**

Das Victoria Theatre wurde im Jahr 1862 von den Briten als Bühne für Theaterstücke und Operetten von Gilbert und Sullivan errichtet. 1905 baute man die Victoria Memorial Hall zur Feier von Queen Victorias Jubiläum. Als 1980 der Saal zum Sitz des Singapore Symphony Orchestra *(siehe S. 260)* wurde, benannte man das Gebäude in Victoria Concert Hall um.

Im Lauf der Jahre wurde die Halle auf unterschiedlichste Weise genutzt. Im Zweiten Weltkrieg wandelte man sie in ein Krankenhaus um. Als die Japaner die Insel besetzten, wurde ihre Turmuhr kurzerhand auf Tokio-Zeit umgestellt. Nach der Kapitulation der Japaner fanden hier die Kriegsverbrechertribunale statt.

Die Victoria Theatre & Concert Hall dient als wichtiger Veranstaltungsort für verschiedene Konzerte und Aufführungen *(siehe S. 258f)*. Karten bekommt man an der Abendkasse vor Ort oder in einschlägigen Kartenbüros und Singapurs wichtigsten Einkaufszentren.

Der riesige Komplex des Esplanade – Theatres on the Bay

Das neopalladianische Old Parliament House

❺ Old Parliament House

1 Old Parliament Lane. **Stadtplan** 5 D3. 6332-6900. City Hall, Raffles Place. 7, 32, 51, 81, 124, 145, 197, 603, 851. Mo–Fr 10–21, Sa 11–21 Uhr. Kasse öffnet sonntagabends 90 Min. vor Vorstellungsbeginn. nur für Führungen. tägl. 11, 15 Uhr. **theartshouse.sg**

Singapurs ältestes noch bestehendes Regierungsgebäude wurde Ende der 1820er Jahre ursprünglich als Wohnsitz des schottischen Händlers John Argyle Maxwell gebaut. Der Architekt G. D. Coleman, der für viele Bauten in Singapur verantwortlich zeichnete, entwarf das Haus im neopalladianischen Stil. Maxwell vermietete es zunächst an die Regierung, die es als Gerichtsgebäude nutzte. In den 1950er Jahren wurde es zum Assembly House der Kolonialregierung und 1962 zum Parlament des unabhängigen Staats. Der Bronzeelefant vor dem Haus ist ein Geschenk des thailändischen Königs Rama V. aus dem Jahr 1871 anlässlich des ersten Auslandsbesuchs eines thailändischen Königs.

1999 wurde in der Nähe ein neues Parlament errichtet. Das alte Gebäude wurde 2004 nach der Renovierung zu The Arts House, einem Zentrum für einheimische Kunst und Kultur. Es zeigt Inszenierungen zeitgenössischer Theaterstücke, Filmkunst und Improvisationstheater.

❻ National Gallery Singapore

1 Saint Andrew's Road. **Stadtplan** 5 D2. 6690-9400. City Hall. 7, 32, 51, 81, 124, 145, 197, 603, 851. Sa–Do 10–17, Fr 10–21 Uhr. **nationalgallery.sg**

Im Herzen des Civic District sind zwei eindrucksvolle Gebäude – die City Hall und das frühere Oberste Gericht – in das größte Areal für bildende Kunst in Singapur umgewandelt worden. Sein Auftrag ist es, südostasiatische und Kunst aus Singapur auszustellen und zu bewerben. Hier finden auch immer wieder internationale Kunstausstellungen statt.

❼ Marina Bay Sands

10 Bayfront Avenue. **Stadtplan** 5 F3. 6688-8868. Bayfront. 97, 106, 133, 502, 518. **marinabaysands.com**

Das Marina Bay Sands kann man unmöglich übersehen. Zu dem Resort gehören ein Hotel mit 2561 Zimmern, ein Kongresszentrum, die Shoppingmall Shoppes at Marina Bay Sands sowie sieben Restaurants. Außerdem gibt es zwei große Theater, eine Eislaufbahn, ein Casino und zwei Crystal Pavilions. In den Pavillons, die vier Stockwerke hoch sind und auf dem Wasser treiben, befinden sich Nachtclubs und Designerläden. Hotelgäste können auch den SkyPark mit seinem Infinity Pool auf der welthöchsten, öffentlich zugänglichen Kragplattform nutzen. Sie krönt den Komplex und hängt über dem Nordturm.

❽ Gardens by the Bay

18 Marina Gardens Drive. **Stadtplan** 5 F3. 6420-6848. Bayfront. 400. tägl. 5–14 Uhr. **Gewächshäuser** 9–21 Uhr, letzter Ticketverkauf 20 Uhr, letzter Einlass 20.30 Uhr. **Skyway** 9–21 Uhr. für Gewächshäuser und Skyway. tägl. 9, 11, 14, 16 Uhr. **gardensbythebay.com.sg**

Diese preisgekrönte gartenbauliche Attraktion, die ein riesiges Areal am Ufer einnimmt, bietet mehr als 250 000 seltenen Pflanzen in Landschaftsgärten und Gewächshäusern einen Lebensraum. Die Freilandgärten sind in drei Bereiche unterteilt – Bay South, Bay East und Bay Central. Zu den Highlights gehören die Heritage Gardens, in welchen Pflanzen mit den größten ethnischen Gruppen in Singapur verbunden sind, und der Supertree Grove – 16 Stockwerke hohe vertikale Gärten, die Regenwasser auffangen, Solarenergie produzieren und den Gewächshäusern als Belüftungsröhren dienen. Zwischen zwei Supertrees ist der OCBC Skyway aufgehängt. Von diesem Steg hat man einen fantastischen Blick. Jeden Abend findet zwischen den Supertrees eine Licht- und Ton-Show statt.

Das beeindruckende Marina Bay Sands bei Nacht

Silbrig schimmernde Hochhäuser der Raffles City

⑨ Singapore Flyer

30 Raffles Avenue. **Stadtplan** 5 F2. 6738-3338. Promenade. 106, 111, 133. tägl. 8.30–22.30 Uhr. **singaporeflyer.com.sg**

Eine der auffälligsten Attraktionen in Singapur ist das weltweit zweitgrößte Riesenrad am Ufer der Marina Bay. Die Aussicht auf die Stadt während der 30-minütigen Fahrt in den bis auf 165 Meter hoch steigenden Gondeln ist atemberaubend.

⑩ St. Andrew's Cathedral

11 St Andrew's Road. **Stadtplan** 5 E2. 6337-6104. City Hall. 7, 32, 51, 81, 124, 145, 197, 603, 851. tägl. 10.30–14.30 Uhr. siehe Website. **cathedral.org.sg**

St. Andrew's ist zwar eine anglikanische Kirche, sie trägt aber den Namen des schottischen Schutzpatrons, da schottische Kaufleute ihren Bau mitfinanzierten. Die heutige Kathedrale im neugotischen Stil stammt von 1862.

⑪ Raffles City

252 North Bridge Road. **Stadtplan** 3 D5, 5 E2. 6433-2238. City Hall. 7, 36, 77, 97, 103, 124, 131, 147, 162, 166, 174, 190, 501, 511, 603. tägl. 10–22 Uhr. **rafflescity.com.sg**

Der Komplex besteht aus einem Einkaufszentrum, Bürotürmen und zwei Hotels – dem Fairmont Singapore und dem Swissôtel the Stamford, das bei seiner Eröffnung 1985 das höchste Hotel der Welt war. Von den Restaurants im obersten Stock hat man einen herrlichen Panoramablick.

Die wegen ihrer metallischen Erscheinung auch »Tin Can« (Blechdose) genannte Stadt in der Stadt entwarf I. M. Pei, der auch die Glaspyramide des Pariser Louvre und den Wolkenkratzer der Bank of China in Hongkong baute.

⑫ Raffles Hotel

Siehe S. 220f.

⑬ Chijmes

30 Victoria Street. **Stadtplan** 3 D5, 5 E1. 6337-7810. City Hall. 2, 7, 12, 33, 81, 107, 130, 133, 147, 190, 520, 851, 960. tägl. 11–14.30, 17.30–22 Uhr. **chijmes.com.sg**

Der Komplex mit Läden, Restaurants, Bars und Ausstellungsflächen war früher ein Kloster. Der Convent of the Holy Infant Jesus wurde 1854 von einem Jesuitenpater gegründet und von Nonnen geführt. Sie betrieben eine Schule, ein Frauenhaus und ein Heim für ausgesetzte Babys. Als der Konvent 1983 umzog, wurden die Gebäude zu einem Shopping- und Restaurantkomplex umgebaut. Er besitzt ruhige Hinterhöfe, Wege, Springbrunnen und Arkadengänge, Läden mit Kunsthandwerk aus China, den Philippinen, Thailand, Malaysia und Indien sowie Lokale mit Angeboten von Sushi bis zu Tapas. Sonntags findet oft ein Flohmarkt statt.

Am schönsten ist die ehemalige Kapelle im neogotischen Stil. Der Bau wurde restauriert, vor allem die schönen Bleiglasfenster (19. Jh.).

Die Chapel of Chijmes ist heute Kunstraum und Restaurant

Singapore Art Museum, eine ehemalige katholische Knabenschule

⑭ Singapore Art Museum

71 Bras Basah Road. **Stadtplan** 3 D5, 5 D1. 6332-3222. Bras Basah, Dhoby Ghaut. 7, 14, 16, 36, 77, 97, 131, 167, 171, 518, 602, 603, 605, 607, 700. Mo–So 10–19, Fr 10–21 Uhr. frei für Kinder unter 6 und Fr nach 18 Uhr. **singaporeartmuseum.sg**

Eine Bronzestatue von Johannes dem Täufer mit zwei Schulkindern steht über dem Portal des Singapore Art Museum. Sie erinnert noch daran, dass der Bau bis 1987 eine katholische Knabenschule war, die St. Joseph's Institution.

Heute birgt das Gebäude einen Querschnitt moderner asiatischer Kunst. Seit Eröffnung des Museums 1996 wurde die Dauerausstellung von 2000 auf über 7000 Werke zu einer der größten Sammlungen südostasiatischer Kunst des 20. Jahrhunderts erweitert. Die Sammlungen umfassen

Skulpturen wie auch Installationen und Gemälde. Die Dauerausstellung wird durch Wechselausstellungen von internationalen Sammlungen des 20. Jahrhunderts aus den USA und Europa ergänzt. Im Gegenzug werden Stücke aus der hauseigenen Sammlung an internationale Ausstellungen verliehen.

Zu den hier vertretenen Künstlern gehören Georgette Chen, Liu Kang, Chen Chong Swee, Lim Tze Peng und Huang Yao aus Singapur, Wong Hoy Cheong aus Malaysia, Affandi aus Indonesien sowie Bui Xian Phai und Tran Trong Vu aus Vietnam.

Das klassizistische Gebäude wurde während des Umbaus in ein Museum sorgfältig renoviert. Die ehemalige Schulkapelle dient heute als Vortragssaal. Ihr ursprünglicher Charakter blieb erhalten, nur das mittlere Fenster wurde durch eine moderne Glasmalerei des Philippinen Ramon Orlina ersetzt. Auch die zwei Höfe des Geländes dienen als Ausstellungsflächen. Sie liegen zu beiden Seiten der Glass Hall, einer umgebauten Veranda, die für Veranstaltungen genutzt und durch wunderbare Installationen des amerikanischen Glaskünstlers Dale Chihuly bereichert wird. Die ehemaligen Klassenzimmer dienen als Ausstellungsräume. In der Learning Gallery werden Werke von Singapurer Künstlern gezeigt, die speziell ausgewählt wurden, um die Fantasie von jungen Menschen anzuregen. Der stylishe Souvenirladen gilt als einer der besten Museumsshops der Welt.

Das in einem der Museumsflügel gelegene Dome Café serviert exzellente Sandwiches, Kuchen und Kaffee. In der Trattoria Lafiandra wird ganztägig wunderbare italienische Kochkunst praktiziert. Eine angenehme Weinbar im Freien rundet das Angebot ab.

Skulptur, Singapore Art Museum

Die Fassade der Cathedral of the Good Shepherd

⑮ Cathedral of the Good Shepherd

Victoria Street. **Stadtplan** 3 D5, 5 D1. 📞 6337-2036. Ⓜ Bras Basah. 🚌 7, 14, 16, 36, 77, 97, 131, 167, 171, 501, 700, 957, 960. ◯ tägl. ✝ Mo–Fr 13.15, 18.30, Sa 18, So 8.30, 10.30, 13, 17.30 Uhr. ♿ **W cathedral.catholic.sg**

Singapurs ältestes katholisches Gotteshaus wurde zwischen 1843 und 1847 errichtet. Der Bau wurde von dem französischen Missionar Pater Jean-Marie Beurel betreut, der auch den Convent of the Holy Infant Jesus und die St. Joseph's Institution gründete. Die vom Kolonialarchitekten D. L. McSwiney entworfene Kirche hat als Grundriss ein lateinisches Kreuz. Sie verbindet die Fassade im Stil der Renaissance mit dorischen Säulen, palladianischen Vorbauten und einer schön gestalteten Holzdecke. Den achteckigen Turm fügte Charles Dyce erst später hinzu. Die Kathedrale diente im Zweiten Weltkrieg als Krankenhaus. 1973 wurde sie unter Denkmalschutz gestellt.

Gleich in der Nähe befinden sich drei interessante Bauten: das eher schlicht gehaltene **Archbishop's House**, ein doppelstöckiges Flachdachhaus aus dem 19. Jahrhundert mit vorstehendem Portikus, Flügelfenstern und geschlossenen Veranden, die einstöckigen **Resident's Quarters**, ein u-förmiges Gebäude mit dorischen Säulen, und das reich mit Gipsschmuck verzierte **Priest's House**.

Bleiglasfenster in der Cathedral of the Good Shepherd

⓬ Raffles Hotel

Das legendäre, 1887 eröffnete Hotel ist ein nationales Wahrzeichen und eine Oase der Ruhe. Es besteht aus einer Gruppe weißer Kolonialgebäude mit Veranden und spitzen Ziegeldächern. Zu Kolonialzeiten fanden hier Bälle und Tanzveranstaltungen statt. Namhafte Gäste wie Noël Coward, Somerset Maugham, Rudyard Kipling, Joseph Conrad, Charlie Chaplin und Michael Jackson stiegen hier ab. Die kühlen Innenhöfe, Gärten und Durchgänge können heute auch Nicht-Hotelgäste genießen.

★ Long Bar
Der Singapore Sling, ein rosa Cocktail (ursprünglich für Damen), wurde im Jahr 1915 vom Hainaner Barmann Ngiam Tong Boon erfunden.

★ Verzierter Brunnen
Der sechs Meter hohe, gusseiserne Brunnen im Palmengarten wurde in den 1890er Jahren in Schottland hergestellt und dem Hotel 1990 geschenkt.

★ Lobby
In der Hotellobby liegt die Writers' Bar mit den Fotos einiger Schriftsteller, die im Raffles abgestiegen sind.

Palm Court
Der Palm Court ist ein schön renovierter Innenhof mit Palmen und roten Jasminbäumen. In den Hotelgärten wachsen über 50 000 Pflanzen, die 80 verschiedenen Arten angehören.

Raffles Courtyard
In diesem exzellenten Freiluftrestaurant mit tropischen Palmen und einheimischen Pflanzen wird italienische Küche serviert.

Infobox

Information
1 Beach Road.
Stadtplan 5 E1.
6337-1886.
raffles.com

Anfahrt
City Hall.
56, 82, 100, 518.

★ Tiffin Room
Hier gibt es mittags und abends ein Buffet mit nordindischen Currys, unterbrochen von einem klassischen britischen Nachmittagstee.

Ballroom
Der Ballsaal des Hotels ist mit seiner hohen Decke, den glitzernden Kronleuchtern und der Wandbemalung der Inbegriff von feierlicher Eleganz.

Außerdem

① **Writers' Bar**

② **Raffles Grill** ist eines der besten Restaurants der Stadt mit erlesener französischer Küche. Flügeltüren trennen es vom Palm Court.

③ **Tiffin Room**

④ **Bar und Billardzimmer**

⑤ **Raffles Hotel Souvenirshop**

⑥ **Ah Teng's Bakery**

⑦ **Long Bar Steakhouse** serviert in eleganter Atmosphäre Steaks von australischen und amerikanischen Rindern sowie Seafood.

⑧ **Jubilee Hall**

⑨ **Der Rasen** und die tropische Vegetation sowie ein Pavillon sind der ideale Rahmen für Gartenempfänge.

Die neoklassizistische Fassade des Peranakan Museum

⓰ National Museum of Singapore

93 Stamford Road. **Stadtplan** 3 D5, 5 D1. 6332-3659. Bras Basah, Dhoby Ghaut. 7, 14, 16, 36, 77, 97, 131, 166. tägl. 10–19 Uhr. Mo–Fr 11, 14, Sa, So 13, 14, 16 Uhr. **nationalmuseum.sg**

Das National Museum of Singapore ist auch als Singapore History Museum bekannt. Einst trug es den Namen »Raffles Museum and Library«. Es verfügt über ausgezeichnete naturkundliche, völkerkundliche und archäologische Sammlungen. 1887 zog es in das neopalladianische Gebäude mit der Bleiglaskuppel. Mit der Unabhängigkeit verlagerte das Museum seinen Schwerpunkt und präsentiert seitdem Ausstellungen, die sich der Geschichte und den Volksgruppen Singapurs widmen.

Das Museum hat eine Dauerausstellung zu den Themen Essen, Mode und Stadtgeschichte und zeigt Wechselausstellungen zu so unterschiedlichen Themen wie chinesische Geheimbünde oder Botanik. Die Glanzstücke des Hauses sind indes elf Artefakte, die als »Treasures of the National Museum« bezeichnet werden.

Das Museum wurde im Zuge der 50-jährigen Geburtstagsfeier von Singapur 2015 für zehn Millionen Dollar renoviert und überarbeitet. Ziel war es, Museumsbesuchern einen umfassenderen Überblick über Singapurs Geschichte zu vermitteln und den verschiedenen Stimmen Raum zu geben.

⓱ Peranakan Museum

39 Armenian Street. **Stadtplan** 3 D5, 5 D2. 6332-7591. City Hall, Bras Basah. 7, 14, 16, 36, 77, 97, 131, 166. tägl. 10–19 Uhr (Fr bis 21 Uhr). Mo–Fr 11, 14, Sa 10.30, 12.30, 13.30, 15, 16, So 10.30, 12.30, 13.30, 15 Uhr. **peranakanmuseum.org.sg**

Einst war hier die im Jahr 1910 von drei chinesischen Philanthropen gegründete Tao Nan School beheimatet – für Jungen aus der chinesischen Region Hokkien. 1997 wurde in dem klassizistischen Gebäude der erste Flügel des Asian Civilisations Museum eingerichtet. Daraus wurde nach Umbauten in jüngerer Zeit das auf das Peranakan-Thema spezialisierte Museum. Es zeigt die südostasiatischen Aspekte der Peranakan-Kultur und ihrer Hauptzentren in Singapur, Malakka und Penang auf.

Das Museum befasst sich mit Geschichte und Ethnologie der Kulturen dieser Regionen und bietet überaus interessante Einblicke in ihr kulturelles Erbe, vor allem ihre Sprache und religiöse Gebräuche. Zu sehen sind etwa Silbergegenstände, Porzellanwaren, Schmuck und Textilien.

⓲ Armenian Church

60 Hill Street. **Stadtplan** 3 D5, 5 D2. 6334-0141. City Hall. 2, 12, 32, 33, 51, 103, 124, 147, 174, 190, 197, 851. tägl. 9–18 Uhr. **armeniansinasia.org**

Die Armenian Apostolic Church of St. Gregory the Illuminator war das erste dauerhafte christliche Gotteshaus Singapurs. Die 1835 erbaute Kirche (der Turm kam 1850 hinzu) bot nur 50 Gläubigen Platz: ein Hinweis auf den damaligen Minderheitenstatus der armenischen Gemeinde.

Die von G. D. Coleman, von dem auch andere bekannte Gebäude in Singapur wie die St. Andrew's Cathedral *(siehe S. 218)* stammen, erbaute Kirche ist ein elegantes Beispiel klassizistischer Architektur in den Tropen. Im Innenraum kann man eine Fotografie der armenischen Gemeinde von 1917 sehen, dazu die Porträts der Patriarchen der armenischen Kirche. Auf dem Grund-

Innenraum der armenischen Kirche

stück befindet sich das Grab von Agnes Joaquim, die 1893 eine Orchideenart entdeckte. Später wurde die Blume nach ihrer Entdeckerin »Vanda Miss Joaquim« genannt und zu Singapurs Nationalblume erklärt.

⑲ Fort Canning Park

51 Canning Rise, Singapore, 179872. **Stadtplan** 2 C5, 4 C2. 6332-1200. Dhoby Ghaut. 14, 32, 54, 77, 124, 139, 195. **nparks.gov.sg Battlebox** 6338-6133. obligatorisch. **battlebox.com.sg**

Fort Canning Park war im 14. Jahrhundert Sitz des malaiischen Königreichs von Temasek. Heute ist der Park eine Oase der Ruhe im Herzen der Stadt. Wegen der schönen Umgebung baute Raffles hier sein Haus. Bis Mitte des 19. Jahrhunderts diente es als Wohnsitz des Gouverneurs von Singapur. Im Park legte Raffles seinen ersten botanischen Garten an.

1860 wurde schließlich Fort Canning erbaut. Allerdings steht heute nur noch das Tor. Im nahe gelegenen Fort Canning Centre befindet sich in den ehemaligen Kasernen die Pinacothèque de Paris, eine private Kunstgalerie. Ein weiteres historisches Wahrzeichen ist die **Battlebox**, ein Bunker aus dem Zweiten Weltkrieg, heute ein Museum. Computeranimationen veranschaulichen die Kapitulation der Stadt vor den Japanern im Jahr 1942.

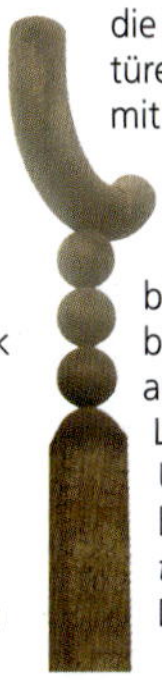

Skulptur, Fort Canning Park

⑳ Chettiars' Temple

Ecke Tank Road und River Valley Road. **Stadtplan** 4 C2. 6737-9393. Dhoby Ghaut. 14, 32, 54, 65, 139, 195. tägl. 8–12, 17.30–20.30 Uhr.

Der hinduistische Tempel Sri Thendayuthapani entstand 1984. Er ersetzte einen wesentlich älteren Tempel, den 1860 wohlhabende indische Chettiars (Geldverleiher) gegründet hatten. Die Anlage ist dem Gott Subramaniam (auch Murugan genannt) geweiht. Der farbenprächtige Tempel gilt als einer der reichsten und größten in Singapur.

Handwerker aus Südindien schufen die charakteristischen Elemente des Tempels, so auch den *gopuram*, den Torturm, die gemusterten Rosenholztüren und -säulen sowie die mit Skulpturen von hinduistischen Göttern reich verzierten Gebetshallen. An der Decke sind 48 Glasbilder von Göttern so angebracht, dass sie bei Sonnenauf- und -untergang die Lichtstrahlen einfangen. Ungewöhnlich für einen hinduistischen Tempel ist *thoonganai maadam*, die Darstellung eines ruhenden Elefanten von hinten. Die Hauptgottheit Murugan ist im ganzen Tempel präsent. Sie wird in sechs ihrer heiligen Wohnstätten gezeigt.

Zwei miteinander verbundene Räume im Tempelinneren, den *mandapa* und den *antarala*, durchschreiten Gläubige, um ihre Hingabe zu zeigen. Der *antarala* führt zum Allerheiligsten, dem *garbhagraha*, das nur Priester betreten dürfen. Der Temple spielt im Leben praktizierender Shivaisten eine überaus wichtige Rolle: Hier endet jedes Jahr im Januar oder Februar die Prozession des Thaipusam-Fests. Die Feierlichkeiten zu Ehren des Gottes Murugan *(siehe S. 206)* beginnen im Sri Srinivasa Perumal Temple *(siehe S. 236f)*.

Der bunte *gopuram* des hinduistischen Chettiars' Temple

㉑ Clarke Quay

3 River Valley Road, Singapore 179019. **Stadtplan** 4 C2. Clarke Quay. 14, 32, 54, 65, 139, 195, oder 3 Min. zu Fuß von Hill Street. Flohmarkt Sa, So. **clarkequay.com.sg**

Der Clarke Quay ist nach Sir Andrew Clarke benannt, dem zweiten Gouverneur Singapurs. Heute ist dies eine schicke Gegend am Singapore River. Läden und Lokale säumen die Promenade. Ende des 19. Jahrhunderts war der an der Mündung des Singapore River gelegene Clarke Quay ein Handelsplatz voller chinesischer Lagerhäuser. Anfang der 1990er Jahre wurde die Gegend in eine Unterhaltungsmeile mit Restaurants, Weinbars, Läden, Straßenständen und Straßenkünstlern umgebaut, von der aus traditionelle Transportboote *(bumboats)* Rundfahrten anbieten. Tagsüber wirkt der Clarke Quay fast wie ausgestorben, aber abends wird hier einiges geboten.

Das Fort Canning Centre dient heute als Veranstaltungsort

Skulpturen am *gopuram* des Sri Mariamman Temple

㉒ Chinatown Heritage Centre

48 Pagoda Street. **Stadtplan** 4 C3. 6221-9556. M Chinatown. 61, 80, 197. tägl. 9–20 Uhr. W **chinatownheritagecentre.sg**

Das hervorragende Museum ist in drei renovierten Shophouses untergebracht. Es präsentiert Geschichte und Kultur der chinesischen Einwanderer. Auf drei Ebenen wird deren Alltag und Lebensweise veranschaulicht. Das Leben früher Siedler wird anhand von Augenzeugenberichten geschildert. Zudem wird die Geschichte Chinatowns beleuchtet.

㉓ Sri Mariamman Temple

244 South Bridge Road. **Stadtplan** 4 C4. 6223-4064. M Chinatown. 51, 80, 124, 143, 174, 197. tägl. 7–12, 18–21 Uhr.

Das südliche Ende der South Bridge Road wird vom *gopuram*, dem Torturm des Sri Mariamman Temple, überragt. Das beeindruckende Bauwerk zeigt nicht weniger als 72 hinduistische Gottheiten in bunten Farben. Der Tempel wird von einer Mauer begrenzt, die Figuren heiliger Kühe zieren.

Sri Mariamman ist der älteste Tempel Singapurs. Das Gebäude ersetzte eine 1827 erbaute einfache Holzkonstruktion mit *attap* (Strohdach). Das Grundstück gehörte dem indischen Händler Narain Pillai, der auf demselben Schiff wie Sir Stamford Raffles nach Singapur kam. Der heutige Tempel stammt aus dem Jahr 1843. Er wurde seitdem mehrmals renoviert. In den Anfangszeiten bot der Tempel Neuankömmlingen ein Dach über dem Kopf und diente als Gemeindezentrum.

Viele der herrlichen Friese und Statuen zeigen die göttliche Dreieinigkeit von Brahma, Vishnu und Shiva sowie andere hinduistische Gottheiten. Dennoch ist der Tempel der Göttin Sri Mariamman (einer Wiedergeburt von Shivas Frau Parvati) geweiht. Alljährlich zum Thimithi-Fest *(siehe S. 207)* im Herbst laufen Gläubige hier zum Zeichen ihres Glaubens barfuß über glühende Kohlen.

㉔ Temple Street

Stadtplan 4 C4. M Chinatown. 51, 80, 124, 145, 174, 197, 608.

Die Gegend zwischen Moschee, Pagoda, Temple, Terengganu und Smith Street wurde von Stamford Raffles der chinesischen Gemeinde zuerkannt. Sie wurde zum Zentrum chinesischen Lebens und chinesischer Kultur in Singapur. Die Straßen säumen Tempel, Handwerksläden, *kongsi* (Clanhäuser), Restaurants und Shophouses, deren Erdgeschoss eine Ladenfläche enthielt, während im Obergeschoss die Familien lebten. In einigen Shophouses wurden Opiumhöhlen und Bordelle betrieben, was der Gegend einen zwielichtigen Ruf verschaffte.

Dank umsichtiger Sanierung blieb der Charakter der Shophouses erhalten. Viele sind in leuchtenden Farben bemalt. Inzwischen mussten viele

Ladeneingang in der Temple Street, Chinatown

Traditionsgeschäfte wegen der explodierenden Mieten aufgeben, dennoch findet man hier noch viele Läden, die von Antiquitäten und Souvenirs bis zu Porzellan und Kleidung alles verkaufen. Es gibt auch einige Restaurants und Cafés. Die Wohnblocks vermitteln ebenfalls noch einen Eindruck von der Chinatown vergangener Zeiten. Während des chinesischen Neujahrsfests wird hier auf den Straßen gefeiert.

㉕ Chinatown Complex

New Bridge Road. **Stadtplan** 4 C4. M Outram Park, Chinatown. 2, 12, 33, 54, 62, 63, 81, 124, 147, 961. tägl. 10–22 Uhr.

An der Ecke Terengganu und Sago Street liegt der Chinatown Complex, einer der lebendigsten Märkte der Stadt. Hier wird eine nahezu grenzenlose Vielfalt an Obst, Gemüse und Fisch verkauft. Morgens werden exotische Fleischsorten wie frisch gehäutete Frösche feilgeboten.

㉖ Buddha Tooth Relic Temple und Museum

288 South Bridge Road. **Stadtplan** 4 C4. 6220-0220. M Outram Park, Chinatown, Tanjong Pagar. 1, 12, 33, 54, 63, 124, 143, 147, 961. tägl. 7–19 Uhr. W **btrts.org.sg**

Dieser beliebte Tempel wurde 2007 eröffnet und hat seinen Namen von dem Buddhisten heiligen Buddha Tooth Relic. Die Architektur des Tempels im Tang-Stil basiert auf einem buddhistischen Mandala, das das Universum symbolisiert. Sehen Sie sich im dritten Stock des Buddhist Culture Museum die Gebeine und die Zungenrelikte an. Im vierten Stock liegt die Sacred Light Hall mit dem Herzstück des Tempels: dem Buddha Tooth Relic, das sich in einem riesigen goldenen Stupa befindet. Nur Mönche dürfen diese Kammer betreten.

Sanierte zweistöckige Shophouses in der Tanjong Pagar Conservation Area

㉗ Tanjong Pagar Conservation Area

Stadtplan 4 B5. M Tanjong Pagar. 80, 145.

Einst lag hier eine Muskatnussplantage, heute bezaubert die Gegend mit eleganten Straßenzügen voller renovierter Shophouses. Tanjong Pagar war eines der ersten Stadtviertel Singapurs, das saniert wurde. Heute findet man hier viele Bars, Hotels und Lokale.

Die ehemalige Jin-Rikscha-Station wurde 1903 an der Ecke Neil Road und Tanjong Pagar Road gebaut. Jin-Rikschas wurden in den 1880er Jahren aus Shanghai importiert: 1919 gab es bereits rund 9000 Rikschas und 20 000 Rikschafahrer. Nach dem Zweiten Weltkrieg ließ die Regierung den Rikschabetrieb auslaufen, woraufhin sie bald aus dem Straßenbild Singapurs verschwanden.

Shophouse-Baustile

Shophouses sind ein einzigartiges bauliches Phänomen in der Architektur Singapurs. Man unterscheidet fünf charakteristische Baustile: früher Stil, erster Übergangsstil, später Stil, zweiter Übergangsstil sowie Art déco.

Früher Stil (1840–1900). Das Shophouse ist ein gedrungener Bau. Fenster und Front wirken hingegen einfach.

Erster Übergangsstil (frühes 20. Jh.). Die Gebäude dieser Phase besitzen drei Stockwerke wie dieses in der Telok Ayer Street.

Später Stil (1900–1940). Der späte Stil zeichnet sich durch reich verzierte Shophouses aus, etwa das in der Bukit Pasoh Road (Nr. 219).

Zweiter Übergangsstil (späte 1930er Jahre). Shophouses der Übergangsphase, etwa das in der Stanley Street (Nr. 10), sind schlichter und weniger verziert.

Art-déco-Stil (1930–1960). Diese Shophouses weisen überwiegend klassische geometrische Motive auf, wie das in der Bukit Pasoh Road (Nr. 30).

Die auffällige Architektur des Lau Pa Sat

㉘ Ann Siang Hill

Stadtplan 4 C4. M Tanjong Pagar, Chinatown. 51, 61, 63, 80, 103, 124, 145, 174, 197, 603, 608, 851.

An der Stelle von Ann Siang Hill und den umliegenden Straßen befand sich einst eine Muskatnuss- und Nelkenplantage. Heute ist dort das Zentrum chinesischen Lebens. Die verwinkelten Straßen kann man gut zu Fuß erkunden. Malaiischen Einfluss erkennt man an den *pintu pagar*, den Halbtüren mancher Shophouses. Die nahe gelegene Club Street bietet Restaurants und schicke Boutiquen. Sie ist für ihre Tempelschnitzer und die Clans und Gilden bekannt, die der Straße ihren Namen gaben. Einige davon, wie der **Victorian Chinese Weekly Entertainment Club**, stehen bis heute. An ihren Wänden hängen Fotos berühmter Mitglieder. Beeindruckend sind auch die von Frank Brewer gebauten Häuser Nr. 33 und 35.

㉙ Telok Ayer Street

Stadtplan 5 D4. M Tanjong Pagar, Raffles Place. 10, 70, 75, 82, 97, 100, 107, 130, 167, 186.

Vor der Landgewinnung durch Aufschüttungen lag die Telok Ayer Street (Wasserbucht) direkt am Ufer. Hier ist das Flair des 19. Jahrhunderts noch zu spüren. In der Straße gibt es eine Reihe traditioneller Betriebe sowie Nationalmonumente wie den Hokkien-Tempel **Thian Hock Keng** *(siehe S. 228f)*, den ältesten chinesischen Tempel der Stadt. Die benachbarte **Masjid Al-Abrar** wurde zwischen 1850 und 1855 von indischen Muslimen gebaut, die in den 1820er Jahren auch das nahe **Nagore Durgha** errichteten. Dieser Schrein verbindet klassische und islamische Architektur Indiens wie Bogen und durchlässige Gitter. In den Gotteshäusern dankten die ersten Einwanderer für eine sichere Überfahrt. Ein Stückchen weiter liegt das **Fuk Tak Chi Museum** auf dem ehemaligen Gelände des Hock Teckk Ch'i Temple. Es zeigt chinesische Artefakte und ein Diorama der Telok Ayer Street, wie sie in den 1850er Jahren aussah. Hier liegt auch das stylishe Boutique-Hotel Amoy.

Renovierte Shophouses auf dem Ann Siang Hill

㉚ Lau Pa Sat

18 Raffles Quay. **Stadtplan** 5 D4. M Raffles Place. 10, 70, 75, 82, 97, 100, 107, 130, 131, 167, 186. 24 Stunden.

Singapurs erste Markthalle, der Telok Ayer Market (heute in Lau Pa Sat umbenannt), ist ein architektonisch beeindruckendes Gebäude. Die Imbissstände bieten eine reiche Auswahl asiatischer Gerichte an.

Die Halle wurde im Jahr 1822 im Auftrag von Sir Stamford Raffles auf aufgeschüttetem Land errichtet. Der achteckige Gusseisenbau wurde von James MacRitchie entworfen und 1894 per Schiff aus einer Gießerei in Glasgow hergebracht. Seit 1973 steht er unter Denkmalschutz. Während des Baus am MRT-Tunnel wurde der Markt zerlegt und später wiederaufgebaut. Die angrenzende Boon Tat Street wird abends für den Verkehr gesperrt, sodass fliegende Händler dort ihre Stände aufbauen können.

㉛ Thian Hock Keng Temple

Siehe S. 228f.

㉜ Raffles Place

Stadtplan 5 D3. M Raffles Place. 10, 70, 75, 82, 97, 100, 107, 130, 131, 167, 196.

Nirgendwo kann man Singapurs Entwicklung vom rückständigen Kolonialstädtchen zur hochmodernen Wirtschaftsmetropole besser erkennen als an den glitzernden Wolkenkratzern des Raffles Place. Er stellt das Herz der Finanzwelt dar, in dem viele bekannte, multinationale Konzerne und Finanzinstitute vertreten sind. Die ersten hier eröffneten Banken waren die Hong Kong and Shanghai Bank und die Standard Chartered Bank. Hier stehen die drei höchsten Gebäude Singapurs: UOB Plaza und One Raffles Place Tower 1 – beide baute der berühmte japanische Architekt Kenzo Tange – sowie das Republic Plaza. Sie sind jeweils 280 Meter hoch. Die Bank of China war eines der ersten Hochhäuser in Südostasien.

In der Gegend fallen einige bemerkenswerte Skulpturen auf, etwa Salvador Dalís *Homage to Newton* (1985) und Fernando Boteros *Bird* (1990).

Dalís *Homage to Newton* am Raffles Place

In der Nähe steht die Merlion-Statue, das Symbol der Stadt. Der **Clifford Pier**, den Joseph Conrad als Schauplatz für *Lord Jim* wählte, ist heute ein Restaurant.

Conrads *Lord Jim*

Joseph Conrad

Der als Sohn polnischer Eltern in der heutigen Ukraine geborene Teodor Josef Konrad Korzeniowski (1857–1924) segelte in viele Länder, u.a. in die malaiischen Staaten. Zwischen 1874 und 1894 war er Seemann, im Jahr 1886 erhielt er die britische Staatsbürgerschaft. Joseph Conrad ist der berühmteste englische Schriftsteller, der im 19. Jahrhundert über Südostasien schrieb. Singapur ist in seinem Werk prominent vertreten, vor allem in seinem Roman *Lord Jim*. Seine Hauptfigur ist an den britischen Kapitän Austin Podmore Williams angelehnt, der in Ungnade fiel und ins Exil musste, weil er 1880 das Dampfschiff *Jeddah* mit 953 muslimischen Pilgern an Bord im Roten Meer im Stich gelassen hatte.

㉝ Boat Quay

Stadtplan 5 D3. M Raffles Place. 2, 12, 33, 51, 54, 61, 81, 103, 145, 147, 166, 174, 190.

Am Boat Quay findet man viele Restaurants, Läden und Bars in renovierten Shophouses. Vor 150 Jahren bot sich ein vollkommen anderes Bild: In den 1860er Jahren wurde der Handel größtenteils hier abgewickelt. Shophouses drängten sich dem Südufer entlang, dessen Form die Menschen an einen Karpfenbauch erinnerte, was nach chinesischem Glauben für Wohlstand steht. Auf dem Fluss segelten Frachtboote, mit denen man die ankernden Schiffe be- und entlud. In den 1960er Jahren hatte sich die Schifffahrt aufgrund technischer Fortschritte vollkommen verändert. Flussaufwärts wurden moderne Containerhäfen errichtet, die die führende Rolle des Boat Quay im Flusshandel für sich beanspruchten. Die Handelshäuser zogen fort, die Gegend verfiel. Als dann im Rahmen eines Sanierungsprogramms auch noch Händlerboote und Frachter verbannt wurden, war Boat Quay erledigt.

1986 begann die Regierung dann im Rahmen eines Sanierungsprojekts mit der Renovierung der Shophouses und Godowns (Lagerhäuser) und hauchte der Promenade mit einer Fußgängerzone neues Leben ein. Heute gibt es dort Bars und Restaurants mit Aussicht auf den Fluss. Zwischen Boat Quay und Clarke Quay verkehrt ein Taxiservice.

Bars und Restaurants säumen das Flussufer am Boat Quay

㉛ Thian Hock Keng Temple

Thian Hock Keng stammt aus dem Jahr 1839 und ist damit der älteste chinesische Tempel in Singapur. Er wurde von Hokkien-Einwanderern als Ersatz für einen kleinen Tempel an dieser Stelle erbaut und war das wichtigste religiöse Zentrum für ihre Einwanderergemeinde. Hier dankten die Seeleute für eine sichere Fahrt nach Singapur. Der Tempel wurde von Privatleuten finanziert, vor allem vom Hokkien-Führer Tan Tock Seng (1798–1850). Das Gebäude erhebt sich auf einer traditionellen Nord-Süd-Achse und enthält die Heiligtümer verschiedener Gottheiten. Heute verehren hier Gläubige die Meeresgöttin Ma Zhu Po.

★ Dachverzierungen
Auf dem Dachfirst des Tempels stehen zwei Drachen, die Yin und Yang symbolisieren. Dazwischen findet sich die »nachtglänzende Perle«, eine Glaskugel, die die Sonne repräsentiert.

Hintere Halle
Dieser Schrein ist der Mondgöttin Yue Gong Niang Niang geweiht, die neben Kuan Yin, der Göttin der Barmherzigkeit, angebetet wird. In der hinteren Halle wird auch dem Sonnengott Ri Gong Tai Zi gehuldigt.

★ Nebenschreine
Im Nebensaal links vom zentralen Innenhof stehen Schreine für Kai Zhang Shen Wang (einen Pionier) und Cheng Hang (eine lokale Gottheit).

Außerdem

① **Souvenirladen**

② **Die Pagode** wurde 1849 erbaut und beherbergte früher Chong Wen Ge, die erste chinesische Schule in Singapur.

③ **Der Dachfirst** ist mit glasierten Ziegeln verziert.

④ **Im Ofen** werden Geldscheine und andere Opfergaben verbrannt, um die Geister der Toten zu besänftigen.

⑤ **Die Tür** des Haupteingangs des Thian Hock Keng Temple ist mit Tempelwächtern aus der chinesischen Mythologie geschmückt.

⑥ **Die Haupthalle** enthält ein Bildnis der Meeresgöttin Ma Zhu Po. Neben ihr stehen der Kriegsgott Guan Gong und Pao Sheng Da Di, der Beschützer allen Lebens.

Infobox

Information
158 Telok Ayer Street.
Stadtplan 5 D4. 6222-8212.
tägl. 7.30–17.30 Uhr.
im Tempel.

Anfahrt
M Tanjong Pagar.

Ahnentafeln
Die Geister der Ahnen sollen in diesen verehrten Tafeln wohnen.

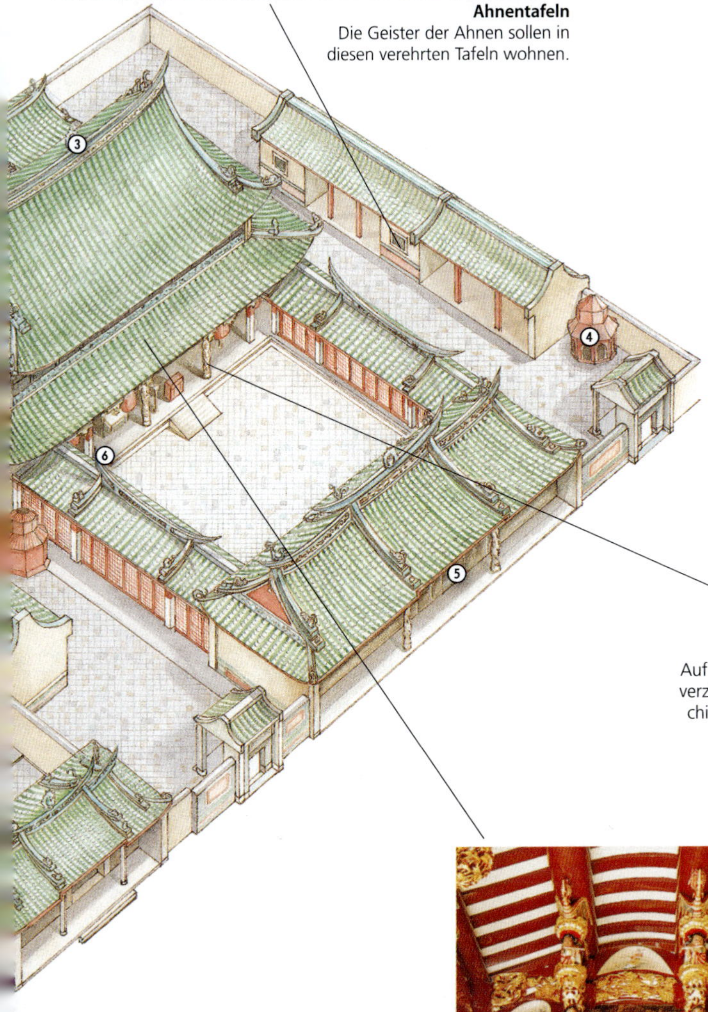

Granitsäulen
Auf den mit Drachen verzierten Säulen aus chinesischem Granit ruht das Dach.

★ Decke der Haupthalle
Detailreiche, vergoldete Schnitzarbeiten an der Tempeldecke zeigen volkstümliche chinesische Geschichten. Die Schnitzereien wurden bis 2000 sorgfältig von chinesischen Handwerkern restauriert. Die grauen Stützpfeiler sind aus chinesischem Granit.

Stadtplan Singapur *siehe Seiten 264–273*

Little India und Orchard Road

Wo einst vorwiegend Europäer und Eurasier lebten, entstand ab Mitte des 19. Jahrhunderts Little India. Damals richteten indische Einwanderer hier ihre Ziegelbrennereien und Viehkoppeln ein. Heute ist der Stadtteil mit Restaurants, Läden und bunt ornamentierten Tempeln ein attraktives Viertel voller Düfte, Farben und Klänge. Kampong Glam gewährt mit Kolonialarchitektur und nahöstlicher Atmosphäre einen sehr guten und interessanten Einblick in die malaiische Gemeinde Singapurs. Arabische Händler gehörten zu den ersten Siedlern. Sie gründeten zusammen mit Einwanderern aus Bugi, Boya und Java eine muslimische Enklave. Little India ist das spirituelle und wirtschaftliche Zentrum der Inder Singapurs. Orchard Road liegt nordwestlich des Colonial Core.

Was heute Singapurs wichtigstes Shopping-Viertel ist, war in den 1840er Jahren ein unbefestigter Feldweg zwischen Obstgärten und Muskat-Plantagen. Diese sind Nobelhotels, Cafés, Kneipen und modernen Shoppingmalls gewichen.

Sehenswürdigkeiten auf einen Blick

Historische Straßen und Gebäude

- 2 Malay Heritage Centre
- 3 Arab Street
- 7 Serangoon Road
- 9 Dhoby Ghaut

Moscheen und Tempel

- 1 Masjid Sultan
- 4 Leong San See Temple
- 5 Sakya Muni Buddha Gaya
- 6 *Sri Srinivasa Perumal Temple S. 236f*
- 8 Sri Veeramakaliamman Temple
- 10 Peranakan Place und Emerald Hill
- 15 Goodwood Park Hotel

Shopping

- 11 The Centrepoint
- 12 ION Orchard
- 13 Ngee Ann City
- 14 Tangs
- 16 Tanglin Mall

Restaurants in diesen Stadtteilen *siehe S. 300f*

Stadtplan *1, 2 und 3*

◀ **Üppige Schnitzarbeiten am Sri Veeramakaliamman Temple, Little India** ***(siehe S. 235)***

Im Detail: Kampong Glam

Kampong Glam ist das Zentrum des muslimischen Singapur. Sein Name setzt sich zusammen aus den malaiischen Wörtern *kampung* (Dorf) und *gelam*, einer Baumart, die hier früher häufig anzutreffen war. 1819 bekam Sultan Hussein Shah das Areal im Rahmen eines Vertrags, durch den Singapur an die Briten ging, zugesprochen. Er baute den Istana Kampong Glam und die Sultansmoschee. Es dauerte nicht lange, bis viele Muslime unterschiedlicher Volkszugehörigkeiten in das Viertel zogen. Nicht von ungefähr tragen noch heute viele Straßen arabische Namen, ebenso zahlreiche Läden, Gebäude und Restaurants. In der berühmten Arab Street werden edle Stoffe sowie Leder- und Rattanwaren verkauft. An der Kandahar Street gibt es an Imbissständen gutes malaiisches Essen.

Alsagoff Arab School
Sie wurde 1912 gebaut und nach einem bekannten arabischen Händler und Philanthropen benannt. Sie war die erste Mädchenschule und die erste muslimische Schule Singapurs.

❷ ★ Malay Heritage Centre
Malaiische Motive und palladianischer Stil vereinen sich in der früheren Königsresidenz (Istana Kampong Glam).

❶ ★ Masjid Sultan
Mit ihren goldenen Kuppeln und den vier Eckminaretten beherrscht die Sultansmoschee die Silhouette. Der Entwurf stammt vom Iren Denis Santry.

Zur Masjid Malabar Jama-Ath und zum alten malaiischen Friedhof

Zur MRT-Station Bugis

Bendahara House
Die gelbe Villa ließ Sultan Ali Iskandar Shah in den 1920er Jahren bauen. Sie ist ein Beispiel palladianisch orientierter Architektur.

Masjid Hajjah Fatimah
Die Moschee von 1846 trägt den Namen einer malakkischen Händlerin. Auffallend ist die Mischung von Architekturstilen aus Europa, China und dem Nahen Osten.

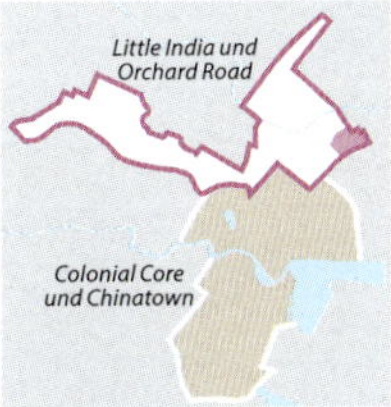

Zur Orientierung
Siehe Stadtplan 3

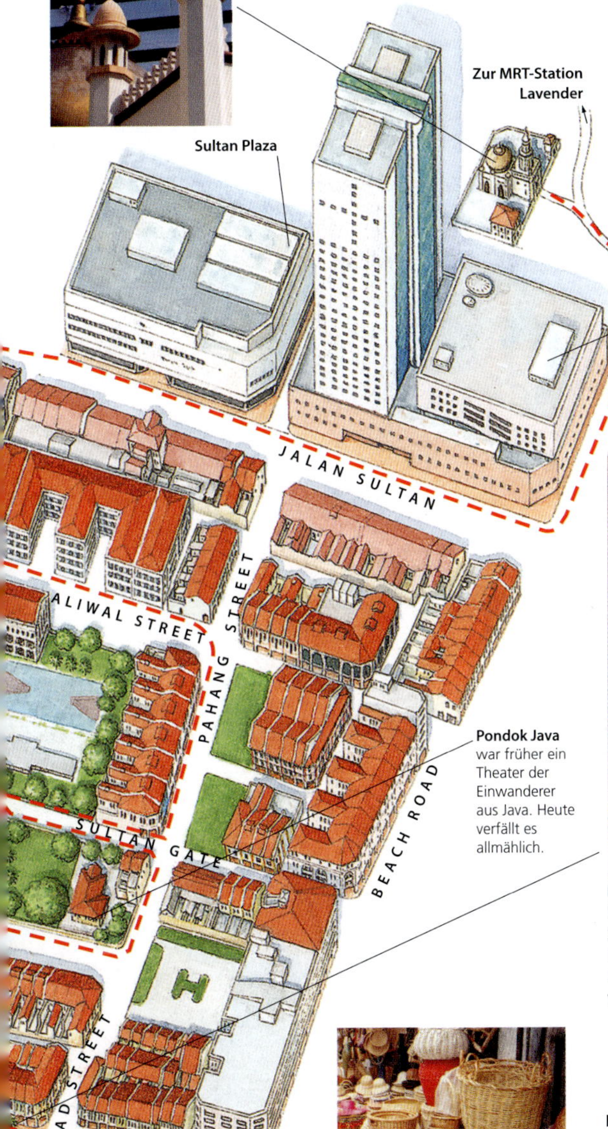

Pondok Java war früher ein Theater der Einwanderer aus Java. Heute verfällt es allmählich.

Bussorah Mall
Die Straße führt zur Masjid Sultan. Im Fastenmonat Ramadan werden hier religiöse Utensilien und diverse Speisen verkauft.

★ Arab Street
In der Arab Street werden Rohr-, Rattan- und Korbmöbel verkauft, vor allem aber edle Stoffe.

Legende
— Routenempfehlung

0 Meter 100

Stadtplan Singapur *siehe Seiten 264–273*

Große Gebetshalle der Masjid Sultan

❶ Masjid Sultan

3 Muscat Street. **Stadtplan** 3 E4. 6293-4405. Bugis. 7, 32, 124, 145, 166, 174, 195, 197. tägl. 9.30–12, 14–16 Uhr (Fr 14.40–16 Uhr). Spende. **Hinweis** Besucher dürfen nur das Foyer betreten. **sultanmosque.sg**

Die Masjid Sultan ist nach Sultan Hussein Shah benannt, dem Raffles 1824 eine Spende der British East India Company verschaffte. Mit dem Geld, Teil eines Vertrags, wurde die Moschee erbaut und 1928 durch den heutigen Bau ersetzt. Die arabisch geprägte Moschee mit maurischen Anklängen geht auf Entwürfe des Architekten Denis Santry zurück. In der muslimischen Männern vorbehaltenen Gebetshalle von Singapurs größter Moschee finden 5000 Gläubige Platz.

❷ Malay Heritage Centre

Sultan Gate. **Stadtplan** 3 F4. 6390-0450. Bugis. 107, 961, 980. **Gelände** Di–So 8–20 Uhr (Fr, Sa bis 22 Uhr). **Museum** Di–So 10–18 Uhr. **malayheritage.org.sg**

Das Kulturzentrum und Museum, das sich der malaiischen Geschichte, Kultur und Kunst widmet, liegt im Istana Kampong Glam, der früheren offiziellen königlichen Residenz des Sultans Hussein Shah, der die Souveränität Singapurs an die Briten abtrat. Im Rahmen dieses Abkommens ließ der Sultan 1820 einen Palast aus Holz errichten, dessen Umgebung er Kota Raja, Königsenklave, nannte. 1840 baute sein Sohn Sultan Ali Iskandar Shah, der letzte Sultan Singapurs, den heutigen Palast. Zu ihm gehört ein ausgedehnter Grundbesitz. Zahlreiche kleinere malaiische Dorfhäuser wurden auf dem von Mauern umgebenen Grundstück errichtet. Hier wohnte das Gefolge des Sultans, darunter auch seine Familie mit Hunderten Verwandten und Dienern. Einer der Nachfahren des Sultans gründete den Kota Rajah Club. In diesem Sportclub konnten junge Männer aus guten Familien z. B. Badminton spielen.

Sultan Hussein erließ 1904 eine Anordnung (die die britische Regierung auch umsetzte), derzufolge seine Nachkommen Wohnrecht im Palast hatten und eine jährliche finanzielle Zuwendung erhielten. Streitigkeiten und fehlende Finanzmittel führten im Lauf der Jahre dazu, dass der Palast verfiel.

Heute ist er in Staatsbesitz, die Nachkommen des Sultans erhielten eine Entschädigung.

❸ Arab Street

Stadtplan 3 E4. Bugis. 2, 7, 12, 32, 33, 51, 61, 62, 63, 125, 130, 145, 197, 520, 851, 960.

Die Straße in der kleinsten ethnischen Enklave Singapurs erhielt ihren Namen aufgrund der arabischen Händler, die sich hier im 19. Jahrhundert niederließen. Die farbenprächtige Arab Street ist ein Gewirr von Läden, die nahöstliche und arabische Waren aller Art verkaufen: religiöse Utensilien wie Gebetsteppiche, -ketten, den Koran, Kopfbedeckungen, Lederwaren, Korbwaren, Rattan- und Stroharbeiten, Edelsteine, Schmuck sowie Parfüms. Handeln gehört hier zum Geschäft. Die Masjid Sultan erhebt sich stolz über dem Viertel.

Berühmt ist die Straße vor allem für ihre Textilläden. Bunte Stoffballen fließen auf den Gehweg, die Schaufenster sind voll von ihnen. Angeboten werden Stoffe wie Chiffon, Organza und Seide, aber auch handgemachte Batiken oder maschinell mit traditionellen Motiven bedruckte Stoffe aus Indonesien und Malaysia. Sie werden meist in *Sarong*-Länge (2 Meter) verkauft. In manchen Läden gibt es Batikkleidung wie Shorts, Hemden, Kleider und Krawatten sowie Tischdecken. Andere Händler verkaufen speziell an ein Fachpublikum. Sie ergänzen das Stoffangebot durch Federn, Pailletten, Fäden und Lamé in allen Farben des Regenbogens. Sogar traditionell malaiische Hochzeitskleider kann man in der Arab Street kaufen.

Korb- und Lederwaren in der Arab Street

Hotels und Restaurants in Singapur *siehe Seiten 282f und 299–301*

❹ Leong San See Temple

371 Race Course Road. **Stadtplan** 3 E1. 6298-9371. Farrer Park. 23, 64, 65, 111, 130, 131, 133, 139, 147. tägl. 6–18 Uhr.

Gegenüber dem beeindruckenden Tempel Sakya Muni Buddha Gaya steht der Leong San See Temple. Er ehrt die Göttin der Barmherzigkeit und Hingabe, Kuan Yin, sowie den Sakyamuni-Buddha. Der »Drachenberg« (so die Übersetzung ins Deutsche) wurde 1917 von einem buddhistischen Mönch errichtet. Sowohl Taoisten als auch Buddhisten beten hier. Der Tempel besitzt schön verzierte Deckenbalken und fein geschnitzte Darstellungen von Phönixen, Drachen, Chimären und Blumen.

Große vergoldete Buddha-Figur im Leong San See Temple

❺ Sakya Muni Buddha Gaya

366 Race Course Road. **Stadtplan** 3 E2. 6294-0714. Farrer Park. 23, 64, 65, 106, 111, 125, 130, 131, 142, 147, 151, 857. tägl. 7.30–17 Uhr.

Der gemeinhin als »Tempel der Tausend Lichter« bekannte Sakya Muni Buddha Gaya wurde vom thailändischen Mönch Vuttisasara gebaut. Er ist im thailändischen *Wat*-Stil gehalten, zeigt aber chinesische und indische Einflüsse. Links neben dem Eingang steht eine aus Ebenholz und Perlmutt gestaltete Nachbildung eines angeblichen Fußabdrucks von Buddha. Die 15 Meter hohe Figur des Sitzenden Buddha dahinter ist mit unzähligen bunten Lämpchen beleuchtet, die dem Tempel seinen Spitznamen gaben.

Eine weitere Tempelreliquie ist ein Stück Rinde, das von einem *Bodhi*-Baum stammen soll, in dessen Schatten Buddha die Erleuchtung erlebte. In einer Kammer direkt dahinter befindet sich eine Statue des Liegenden Buddha. Ihren Sockel schmücken etwa 25 Szenen aus dem Leben Buddhas. Die Zukunft kann man sich am Glücksrad weissagen lassen.

❻ Sri Srinivasa Perumal Temple

Siehe S. 236f.

❼ Serangoon Road

Stadtplan 3 F1. Little India. 23, 64, 65, 106, 111, 125, 130, 131, 142, 147.

Die ersten indischen Einwanderer in Singapur ließen sich im 19. Jahrhundert am Ufer des Rochor Canal nieder. Die Gegend entwickelte sich bald zu einem Zentrum der Rinderzucht und des Viehhandels. Daran erinnern noch heute einige Straßennamen wie Kerbau Road (Büffelstraße). Als immer mehr Inder nach Singapur kamen, wurde die Serangoon Road, eine der ältesten Straßen der Stadt, als »Little India« zu ihrem religiösen, kulturellen und wirtschaftlichen Zentrum.

Prachtvolle Tempel und verzierte Shophouses wetteifern hier um Publikum. Über den Türen vieler Geschäfte hängen Spiegel, die das Böse abwenden sollen. In den Läden werden Textilien, Schmuck und Bollywood-Musik verkauft. Es gibt viele indische Restaurants, etwa das hervorragende Komala Villas, das vegetarische Gerichte serviert. Wahrsagende Papageien, Händler sowie Gewürz- und Blumenaromen prägen die Atmosphäre.

❽ Sri Veeramakaliamman Temple

141 Serangoon Road. **Stadtplan** 3 D3. 6295-4538. Dhoby Ghaut, Bugis. 23, 64, 65, 103, 106, 111, 125, 130, 131, 142, 147, 151, 857. tägl. 6, 13, 16, 19.30 Uhr.

Der 1881 von bengalischen Arbeitern errichtete Tempel ist der Hindu-Göttin Kali geweiht. Die Gemahlin Shivas, des Gottes der Zerstörung, verkörpert den Kampf zwischen Gut und Böse. Der Name des Tempels bedeutet »Kali, die Mutige«.

Am Hauptaltar steht eine schwarze Statue von Kali mit Waffen in ihren vielen Händen und Füßen. Sie wird von ihren beiden Söhnen flankiert: Ganesha, dem Elefantengott, und Murugan, dem Kindgott, der auf einem Pfau reitet. An den für Hindus heiligen Tagen Dienstag und Freitag ist es hier immer besonders voll, weil Gläubige scharenweise zum Beten in den Tempel strömen.

Der Sri Veeramakaliamman Temple ist der Hindu-Göttin Kali geweiht

❻ Sri Srinivasa Perumal Temple

Der Hindu-Tempel ist dem Gott Vishnu (auch Perumal genannt) geweiht. Er ist einer der wichtigsten und zugleich ältesten Tempel Singapurs. Hier beginnt alljährlich das für die hinduistische Gemeinde bedeutende Thaipusam-Fest. Der Tempel stammt aus dem Jahr 1854 und war ursprünglich ein einfacher Bau mit *mandapa* (Gebetshalle) inmitten von weitläufigen Gärten und Teichen. 1966, als der Tempel geweiht wurde, errichtete man das eindrucksvolle sechsstufige *gopuram* (Turmtor), das der wohlhabende Kaufmann P. Govindasamy Pillai, einer der ersten indischen Einwanderer von Singapur, finanzierte.

★ Mandapa
Die prächtige Decke der Hauptgebetshalle *mandapa* ruht auf üppig verzierten Säulen.

★ Nebenschreine
Die Nebenschreine sind verschiedenen Gottheiten geweiht. Dieser ehrt Ganesha, einen Gott mit Elefantenkopf, der Weisheit und Intelligenz verkörpert.

Vimanam
Verzierte Kuppeln, *vimanam*, markieren den Standort der Nebenheiligtümer des Tempels.

Außerdem

① **Im Allerheiligsten** steht die Hauptgottheit.

② **Im Büro** erhält man Infos zu Veranstaltungen im Tempel.

Thaipusam

Das hinduistische Fest Thaipusam beginnt in der Morgendämmerung am Tempel. Männliche Gläubige versetzen sich in einen tranceähnlichen Zustand und tragen reich verzierte *kavadi* (tragbare Schreine), die mit Metallhaken an ihrem Körper angebracht sind. Sie haben Spieße durch ihre Zungen und Wangen getrieben – als Buße für Sünden und zu Ehren von Murugan, dem Gott des Muts, der Macht, der Schönheit und der Tugend. Bußfertige Frauen tragen Becher mit Milch. Unter dem Klang von Gesängen und Sprechgesang ziehen die Gläubigen zum Sri Thendayuthapani Temple.

Ein Gläubiger trägt einen reich verzierten *kavadi*

Hauptschrein
Hier bringen Gläubige *ghee* (geklärte Butter), Blumen und Obst dar, während Musik und Gesänge erklingen. Sie benetzen ihre Stirn mit Weihwasser.

Vishnu
Die Skulptur zeigt die vier heiligen Instrumente des Gotts: Muschelschale, Stock, Lotos und Säbel.

Infobox

Information
397 Serangoon Road.
Stadtplan 3 E2. 6298-5771.
tägl. 6.30–12, 18–21 Uhr.
auf Anfrage.

Anfahrt
M Farrer Park. 23, 64, 65, 111, 130, 131, 139, 147, 857.

★ Gopuram
Der 20 Meter hohe Eingangsturm hat sechs Stufen mit Skulpturen.

Haupteingang
Zu beiden Seiten der massiven Holztür halten Statuen Wache. Gläubige läuten die Glocke, bevor sie eintreten, und bitten die Götter um Gehör für ihre Gebete.

Hanuman
Dieser Schrein ist Hanuman, dem Affengott, geweiht. Nach dem Hindu-Epos *Ramayana* half er, Sita vor dem Dämon Ravana zu retten.

Im Detail: Orchard Road

Die Auswahl an Läden in der Orchard Road zwischen Tanglin Mall und Plaza Singapura ist so groß, dass man angesichts der Vielfalt überwältigt ist. Bäume spenden Schatten zwischen den Einkaufszentren und Kaufhäusern wie dem Robinsons, Singapurs ältestem Warenhaus am The Heeren, und dem historischen Tangs. Neben den großen, prächtigen Gebäuden gibt es auch kleinere Boutiquen, Antiquitätenläden, Cafés und Restaurants. Auf der Straße drängen sich die Menschen vor allem an den Wochenenden.

⓭ Ngee Ann City
Ngee Ann City ist eines der größten Einkaufszentren Südostasiens. Auf sieben Stockwerken findet man über 30 Restaurants, ein Postamt, Banken, ein japanisches Kaufhaus und über 120 Läden *(siehe S. 240f)*.

Wheelock Place
Wheelock Place wirkt wie ein Weihnachtsbaum aus Glas und Stahl. Hier findet man ein Kaufhaus und einige Restaurants.

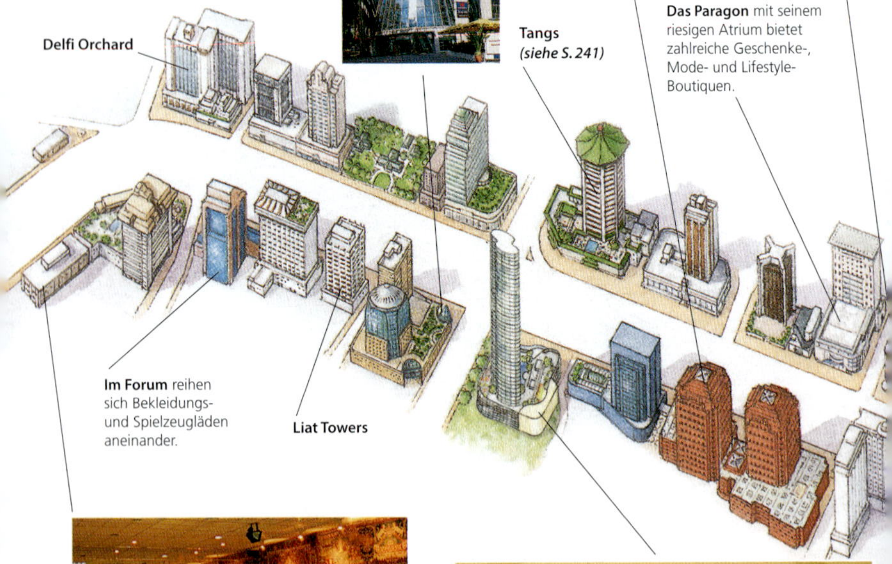

⓰ ★ Tanglin Mall
Die Tanglin Mall ist ein Eldorado für Liebhaber von Antiquitäten, Nippes, alten Karten, Büchern, Möbeln, Teppichen und Kunst.

⓬ ★ ION Orchard
Das Zentrum beeindruckt mit weiß glänzenden Räumen, einem einmaligen Treppenhaus sowie einem gigantischen Warenangebot.

Zur Orientierung
Siehe Stadtplan 1, 2

⑩ ★ Peranakan Place
Hinter der Shophouse-Fassade residieren klimatisierte Läden mit Produkten aus aller Welt sowie Lokale, Cafés und Kneipen *(siehe S. 240)*.

The Heeren versammelt schicke Modeläden, das größte Musikkaufhaus der Stadt und das Kaufhaus Robinsons.

⑪ The Centrepoint
Auf insgesamt sieben Stockwerken findet man zahlreiche Läden. Hauptanziehungspunkt ist Metro mit einer riesigen Auswahl an Küchenutensilien und Haushaltswaren. Cold Storage bietet eine exzellente Lebensmittelabteilung *(siehe S. 240)*.

Plaza Singapura
Die in den 1990er Jahren renovierte Plaza Singapura ist eine der ältesten Shoppingmalls der Stadt. Neben Warenhäusern findet man hier zahlreiche Einzelhändler.

Park Mall
Hier werden vor allem Möbel und Einrichtungsdesign verkauft. Man sieht Klassisches wie Neues aus Europa und Asien.

9 Dhoby Ghaut

Stadtplan 2 C4, 4 C1. Ⓜ Dhoby Ghaut. 🚌 7, 14, 16, 36, 64, 65, 77, 85, 106, 111, 123, 124, 139, 143, 167, 171, 174, 190, 502, 518.

Die als Dhoby Ghaut bekannte Gegend ist nach den *dhobies*, den indischen Wäschereiarbeitern, benannt, die hier vor langer Zeit tätig waren. *Dhobies* sammelten an den Haustüren die Wäsche ein, verzeichneten jedes Stück in einem Buch, wuschen es im nahe gelegenen Fluss und ließen es dort trocknen, wo sich heute das YMCA erhebt. An dieser Stelle verhörten im Zweiten Weltkrieg japanische Militärs ihre Gefangenen. Daneben liegt eine weiße presbyterianische Kirche, die schottische Siedler 1877 errichteten. Im Zweiten Weltkrieg diente das Gotteshaus den Japanern als Lager.

10 Peranakan Place und Emerald Hill

Emerald Hill Road. **Stadtplan** 2 B4. Ⓜ Somerset. 🚌 7, 14, 16, 65, 77, 106, 111, 123, 124, 143, 167, 171, 174, 190.
W peranakanplace.com

Das Gebiet um Peranakan Place und Emerald Hill – heute eine schicke Gegend mit traditionellen Wohnhäusern, Luxusboutiquen und teuren Restaurants – wurde 1845 dem Briten William Cuppage zugestanden. Einige Jahre später kauften die Peranakan *(siehe S. 26)* Emerald Hill. Zwischen 1900 und 1930 bauten 30 verschiedene Besitzer Wohnblocks an der Emerald Hill Road. Das Resultat ist eine Straße voller einzigartiger Peranakan-Häuser. Ihre Eingänge haben hölzerne *pintu pagar* (Halbtüren). Bunte Fliesen und andere Elemente wie Spiegel gegen böse Geister und Tierreliefs sollen Glück bringen. Die Reihenhäuser wurden um die Orchard Road in Shophouses umgebaut. Im Erdgeschoss findet man kleine Lebensmittelläden, Änderungsschneidereien oder Läden für getrocknete Lebensmittel.

1984 wurden die meisten Gebäude am Peranakan Place restauriert. Die dortigen Shophouses sind die einzig verbliebenen in der Orchard Road. Heute sind hier Restaurants, Cafés und Boutiquen.

11 The Centrepoint

176 Orchard Road. **Stadtplan** 2 B4. ☎ 6737-9000. Ⓜ Somerset. 🚌 7, 14, 16, 65, 77, 106, 111, 123, 124, 143, 167, 171, 174, 190. 🕒 tägl. 10–22 Uhr.
W thecentrepoint.com.sg

Das Einkaufszentrum The Centrepoint wurde 1858 eröffnet und ist eines der ältesten von Singapur. Die Shoppingmall nimmt für sich in Anspruch, während des »Great Singapore Sale« *(siehe S. 253)* im Juni mit den besten Sonderangeboten zu werben. Im Untergeschoss liegt ein Supermarkt. Mode kann man in den oberen Stockwerken in Läden wie Marks & Spencer, Birkenstock und Lacoste oder auch in Outlets von Firmen aus Singapur und Hongkong finden. Zudem gibt es Schmuck, Wohnaccessoires und Möbelgeschäfte.

Das Shopping-Paradies Centrepoint an der Orchard Road

12 ION Orchard

2 Orchard Turn. **Stadtplan** 1 F2. ☎ 6238-8228. Ⓜ Orchard. 🚌 14E, 124, 128, 143, 162. 🕒 tägl. 10–22 Uhr.
W ionorchard.com

Das weitläufige ION Orchard wurde 2009 eröffnet. Mit über 300 Läden, darunter von Louis Vuitton, Prada und Cartier, zieht es vor allem am Wochenende zahlreiche Kunden an. Für internationale kulinarische Genüsse sorgt ein riesiger Gastro-Bereich. Auf Ebene vier findet man zudem eine beachtliche Kunstausstellung.

13 Ngee Ann City

391A Orchard Road. **Stadtplan** 2 A4. ☎ 6506-0461. Ⓜ Orchard. 🚌 7, 14, 16, 65, 77, 106, 111, 123, 124, 143, 167, 171, 174, 190. 🕒 tägl. 10–21.40 Uhr.
W ngeeanncity.com.sg

Ngee Ann City ist auch als »Taka« bekannt. Die Zwillingstürme mit dem Verbindungsbau sind marmorverkleidet. Der Haupteingang wird durch zwei Säulen betont und von riesigen, handgearbeiteten *Foo*-Hunden aus China bewacht – sie stehen für Wohl-

Farbenfrohe Shophouses am Peranakan Place

Hotels und Restaurants in Singapur *siehe Seiten 282f und 299–301*

Moderne Skulptur und Brunnen vor Ngee Ann City

stand. Die Innenhalle ist fünf Stockwerke hoch. Überall stößt man auf Luxusgeschäfte wie Gucci, Chanel, Tiffany, Cartier, Tod's, Wedgwood, Burberry, Kenzo, Waterford, Bulgari, Louis Vuitton, Loewe und Takashimaya.

In der Mall gibt es außerdem ein Postamt, ein Kartenbüro, eine Buchhandlung, Banken, einen Fitnessclub, den Nachtclub Sparks und ein Café mit Aussicht auf die Civic Plaza.

⓮ Tangs

310 & 320 Orchard Road. **Stadtplan** 2 A3. ☎ 6737-5500. Ⓜ Orchard. 🚌 7, 14, 16, 36, 64, 65, 77, 106, 111, 123, 124, 132, 139, 143, 167, 171, 174, 190, 502, 518, 700. 🕒 Mo–Do 10.30–21.30, Fr, Sa 10.30–23, So 11–20.30 Uhr. **W tangs.com.sg**

Der Aufstieg des berühmtesten Kaufhauses von Singapur spiegelt die Vision eines chinesischen Immigranten in den

Das Kaufhaus Tangs ist beliebt bei Einheimischen und Besuchern

rauen 1920er Jahren wider. C. K. Tang brachte es vom fliegenden Händler zum Besitzer des ersten Hauses an der Orchard Road. Heute verkauft das Kaufhaus unter seinen charakteristischen Pagoden alles von Kosmetikartikeln bis hin zu Reiskochern.

Der auffällige Turm des eleganten Goodwood Park Hotel

⓯ Goodwood Park Hotel

22 Scotts Road. **Stadtplan** 2 A3. ☎ 6737-7411. Ⓜ Orchard. 🚌 54, 105, 124, 132, 143, 167, 171, 190, 518, 700. **W goodwoodparkhotel.com**

Das Hotel war ursprünglich der Teutonia Club für Deutsche, die in der Zeit um 1900 in Singapur lebten. Zu Beginn des Ersten Weltkriegs wurde das Goodwood Park Hotel von den Briten konfisziert. 1929 wurde der Club dann in ein Hotel umgewandelt. Der Bau stammt von J. Bidwell, der auch das berühmte Konkurrenzhotel Raffles entwarf. Die beiden Hotels kämpften um die Gunst von Berühmtheiten – Charlie Chaplin stieg im Raffles ab, während der Herzog von Windsor Stammgast im Goodwood war.

Zu Beginn des Zweiten Weltkriegs wurde das Goodwood erneut konfisziert, diesmal von den japanischen Besatzern. Nach dem Krieg fanden hier die Kriegsverbrecherprozesse statt.

Inzwischen wurde der Kolonialbau wieder seinem ursprünglichen Zweck zugeführt. Seine eleganten Korridore zieren Kunstwerke und Antiquitäten. 1989 wurde der Tower Wing mit seiner verzierten Stuckgiebelseite unter Denkmalschutz gestellt. Statt der früher 60 Zimmer besitzt das Hotel heute 233 Luxusdomizile und eine fantastische Auswahl an Restaurants.

⓰ Tanglin Mall

19 Tanglin Road. **Stadtplan** 1 E2. ☎ 6737-0849. Ⓜ Orchard 🚌 7, 36, 105, 111, 123, 132, 502. 🕒 Mo–Sa 12–18 Uhr. **W tanglinsc.com**

Am Ende der Orchard Road liegt fernab vom hektischen Treiben die ruhigere Tanglin Mall mit ihrer konkurrenzlosen Auswahl an Sammlerstücken, Antiquitäten und Kunst. Hier findet man Perserteppiche, Wandbehänge, Jade- und Messingobjekte sowie zeitgenössische Kunst aus vielen Ländern Südostasiens.

Die Tanglin Mall bietet einige Superlative: **Antiques of the Orient** hat das beste Sortiment alter Karten und antiquarischer Bücher in Singapur und verkauft außerdem faszinierende Drucke, Postkarten und Fotos. Das **Apsara** führt chinesische und birmesische Antiquitäten. Außerdem kann man sich Anzüge maßschneidern lassen sowie Spielzeug und Sportbekleidung kaufen. Oder man besucht einen Friseur oder eines des guten Restaurants.

Abstecher

Einige der schönsten Sehenswürdigkeiten Singapurs liegen außerhalb seiner Stadtgrenzen: Der Westen ist von Industriestandorten wie Jurong geprägt, bietet aber auch Sehenswertes wie den Themenpark Haw Par Villa, das Science Centre Singapore und den faszinierenden Jurong Bird Park. Nördlich von Singapur finden sich Reste primären Regenwalds und Mangrovensümpfe sowie die meisten Naturschutzgebiete wie Bukit Timah und der Singapore Zoo. Die Singapore Botanic Gardens sind eine wahre Schatztruhe für seltene Orchideenarten und ein schöner Rückzugsort. Weitere historisch und religiös bedeutsame Sehenswürdigkeiten sind das Museum in Changi Village und die unberührte Insel Kusu. Sie ist wegen einer Schildkrötensage berühmt und vor allem bei Taoisten und Muslimen beliebt. Im Süden bietet Sentosa zahlreiche Attraktionen und den riesigen Ferienkomplex Resorts World mit dem S.E.A. Aquarium. Im East Coast Park gibt es diverse Sportangebote. Die Insel Pulau Ubin verspricht viel Ruhe und Erholung.

Sehenswürdigkeiten auf einen Blick

Parks, Gärten und Naturschutzgebiete

1 Singapore Zoo
2 Bukit Timah Nature Reserve
4 Jurong Bird Park
6 *Singapore Botanic Gardens S. 246f*
10 East Coast Park

Museum

11 Changi Museum

Themenparks

3 Singapore Discovery Centre
5 Science Centre Singapore
7 Haw Par Villa

Inseln

8 Kusu Island
9 *Sentosa S. 250f*
12 Pulau Ubin

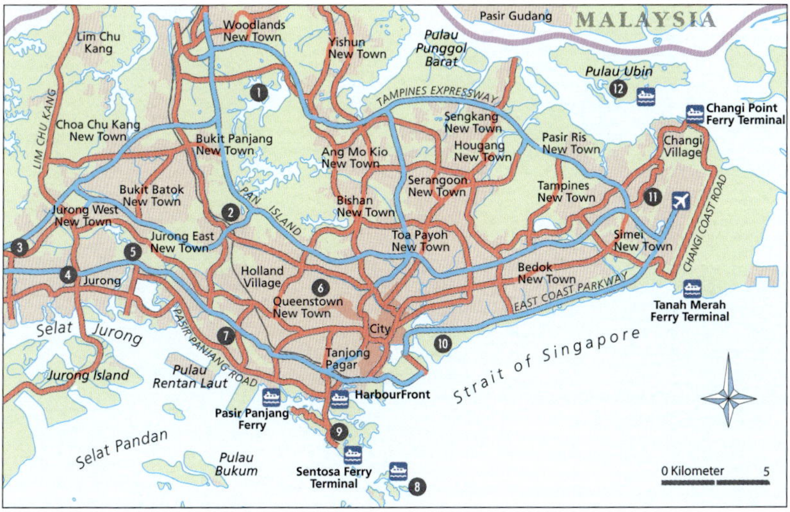

Legende

Singapur Zentrum
Großraum Singapur
Autobahn
Hauptstraße
Eisenbahn

◀ **Papageien im Jurong Bird Park** ***(siehe S. 245)***

Bedrohte Tierart: Malaysia-Tiger im Singapore Zoo

❶ Singapore Zoo

80 Mandai Lake Road. 6269-3411. Ang Mo Kio, Choa Chu Kang, Woodlands. 138 ab Ang Mo Kio, 927 ab Choa Chu Kang, 926 ab Woodlands (So, Feiertage). tägl. 8.30–18 Uhr. optional. **zoo.com.sg**
Nachtsafari tägl. 19.30–24 Uhr (letzter Einlass 23 Uhr).

Der Zoo der Stadt ist einer der wenigen zoologischen Gärten weltweit, in dem die Tiere in möglichst naturnahen Freigehegen umherstreifen können. Gräben, Wasserfälle und Bepflanzungen trennen sie von den Menschen. Leoparden, Jaguare und Pumas leben nach wie vor hinter Glaswänden, andere Tiere wie Affen dürfen sich frei bewegen.

Im Zoo tummeln sich etwa 3000 Tiere als Vertreter von ungefähr 290 verschiedenen Arten. Viele sind in freier Wildbahn ganz oder nahezu ausgestorben, wie der Weiße Tiger oder der Nebelparder, während andere als gefährdet gelten, darunter der Komodowaran und der Malaysia-Tiger.

In der Abteilung Wild Africa leben Breitmaul-Nashörner und Löwen, im Fragile Forest, einem Regenwald, gibt es Fledermäuse, Schmetterlinge und Vögel. Im Primate Kingdom hüpfen Löwenmakaken, braune Kapuziner- und Goldkopf-Löwenäffchen umher.

Es gibt einen Streichelzoo für Kinder und Aquarien, durch deren Glaswände man freie Sicht auf Seelöwen und Pinguine hat. Das Zuchtprogramm sorgte für die erste Eisbärengeburt im Tropenklima. Zudem im Angebot: Tiershows und Fütterungen von Löwen, Elefanten, Menschenaffen und Reptilien. Ein unvergessliches Erlebnis ist das Frühstück mit den Orang-Utans.

Einzigartig ist eine **Nachtsafari** durch den 40 Hektar großen Nachtzoo und ein Wildgehege. Im Rahmen von geführten Touren kann man das nächtliche Leben der über 2500 Tiere von 110 verschiedenen Arten erleben. Eine 45-minütige Bahnfahrt (mit Ausstiegsmöglichkeiten unterwegs) bringt die Besucher in Gebiete, die an die geografischen Regionen des Himalaya, Indiens, Nepals, Afrikas, Südostasiens, Südamerikas und Myanmars erinnern.

Die Arten sind nach ihren natürlichen Lebensräumen im Dschungel geordnet, verschiedene Regionen wie der asiatische Regenwald, das nepalesische Flusstal und der birmesische Dschungel sind nachgebildet.

Auf dem Wallaby Trail können Besucher einige nachtaktive Spezies aus Australien sehen, darunter Fuchskusus, Kurzkopfgleitbeutler und Wallabys. River Safari ist eine Fortsetzung von Zoo und Nachtsafari und zeigt Flussfische, Säugetiere und Reptilien.

❷ Bukit Timah Nature Reserve

177 Hindhede Drive. 6468-5736. Bukit Batok, dann Taxi. 67, 75, 171. tägl. 7–19 Uhr. **nparks.gov.sg**

Weltweit gibt es nur zwei Regenwälder dieser Art in einem Stadtgebiet. Der Bukit Timah wurde 1883 zum Schutz der einheimischen Artenvielfalt eingerichtet. Das 163 Hektar große Naturschutzgebiet birgt eine reiche Flora und Fauna mit 912 Pflanzen- und 98 Tierarten und dient als Arche Noah für diverse Säugetiere, Vögel und Reptilien.

Bukit Timah verfügt über Fahrrad- und Wanderwege und ist ein beliebtes Naherholungsgebiet. Zu Fuß kommt man auf den 164 Meter hohen **Bukit Timah Hill**. Kostenlose Wanderkarten sind im Besucherzentrum des Parks erhältlich.

Fahrradweg im Bukit Timah Nature Reserve

❸ Singapore Discovery Centre

510 Upper Jurong Road. 6792-6188. Boon Lay. 182, 193 ab Boon Lay. Di–So 9–18 Uhr. **sdc.com.sg**

Das ursprünglich als Museum der Singapore Armed Forces (SAF) konzipierte Singapore Discovery Centre gibt interessante Einblicke in die Geschichte Singapurs. Besucher erfahren hier Wissenswertes über Vergangenheit, Gegenwart und Zukunft des Stadt-

Grüner Leguan im Reptile Garden, Singapore Zoo

staats. Das auf einem Militärgelände gelegene Zentrum umfasst etwa 4500 Quadratmeter und bespielt fünf Ausstellungsräume zu acht Themenschwerpunkten.

Bedeutsame Ereignisse aus der jüngsten Geschichte Singapurs werden in der Abteilung The Gateway mit Multimedia-Clips vergegenwärtigt. Im So Singapore Theatre kann man auf unterhaltsame Weise entdecken, wie viele unterschiedliche Ethnien heute im Stadtstaat friedlich zusammenleben. Singapore Works macht die Herausforderungen sichtbar, vor denen der Inselstaat ohne eigene Ressourcen steht. Die Abteilung Visionarium bietet Besuchern Gelegenheit, mit eigenen Ideen zur Zukunft Singapurs beizutragen.

Die spektakuläre Multimedia-Show zeigt kaleidoskopartige Bilder von Singapur. Ein absolutes Muss ist der Besuch des größten Flachbildschirmkinos mit 3-D-Filmvorführungen. Außerdem gibt es auf dem Gelände einen Schießplatz.

❹ Jurong Bird Park

2 Jurong Hill, nahe Ayer Rajah Expressway. 6265-0022. Boon Lay. 194, 251 ab Boon Lay. tägl. 8.30–18 Uhr. **birdpark.com.sg**

Im Jurong Bird Park leben über 5000 Vögel, Vertreter von mehr als 400 Arten, darunter viele exotische und vom Aussterben bedrohte Spezies. Der Park hat vier Freifluggehege, etwa das African Waterfall Aviary, die größte begehbare Voliere der Welt. Parkbesucher können hier zwischen 1500 frei fliegenden Vögeln umherspazieren und dabei den größten künstlichen Wasserfall der Welt bestaunen. Weitere Highlights sind das Lory Loft, eine turmhohe Voliere mit fantastischem Rundumblick. In diesem Bereich befindet sich die weltweit größte Sammlung südostasiatischer Vögel. Ein antarktischer Lebensraum wurde im Pinguingehege geschaffen. Bei täglichen Vogelschauen wie der World of Hawks wird das Jagdverhalten von Raubvögeln demonstriert.

Die Show Birds 'n' Buddies ist ein Unterhaltungsprogramm für die ganze Familie. Verschiedene dressierte Vögel tragen Kostüme und sprechen miteinander.

Kinder werden den Spielplatz Birdz of Play lieben, der sowohl trockene als auch nasse Spielzonen mit Vogelthemen bietet.

❺ Science Centre Singapore

15 Science Centre Road, nahe Jurong Town Hall Road. 6425-2500. Jurong East. 66, 178, 198, 335. tägl. 10–18 Uhr. **science.edu.sg**
Omni-Theatre Di–So, Feiertage 9.30–20.30 Uhr.
omnitheatre.com.sg

Das Science Centre Singapore gilt als eines der zehn besten Wissenschaftszentren weltweit. In acht Ausstellungsbereichen bietet es mehr als 1000 interaktive Exponate zu Luftfahrt, Raumfahrt, Ökologie, Biotechnologie, Informationstechnik und anderen Themen. Besucher können hier zahllosen wissenschaftlichen Phänomenen nachspüren, wobei das Zentrum sich bemüht, den Besuchern selbst die komplexesten Aspekte verständlich und unterhaltsam zu präsentieren. Die Ausstellungen wollen vor allem interaktiv und spaßorientiert informieren, um so die Welt der Wissenschaft attraktiv zu machen.

Die Exponate des Science Centre gewähren zum Teil auch Einblicke in die Welt hinter den Kulissen. So gibt es beispielsweise ein nachgebautes Fernsehstudio, in dem Kinder einen Tag lang Journalist spielen können.

Das **Omni-Theatre** zeigt auf riesigen Leinwänden Filme zu Wissenschaft, Technik, Geschichte, Abenteuer, Sport, Raumfahrt und Weltall. Es verfügt über 276 Plätze.

Im Science Centre Singapore gibt es Wissenschaft und Technik zum Anfassen

❻ Singapore Botanic Gardens

Die Singapore Botanic Gardens – seit 2015 erstes UNESCO-Weltkulturerbe Singapurs – sind eine Oase der Ruhe. Die Anlage erstreckt sich auf 52 Hektar Fläche. An ihren Seen leben Schildkröten, Schwäne und Enten. Manchmal hört man Orchestermusik der Open-Air-Konzerte im Park. Mit den Seen, Wasserfällen und Rastplätzen eignet sich der Park hervorragend für Spaziergänge. Es gibt ursprüngliche Dschungellandschaften, gepflegte Rasenflächen und einen neuen prähistorischen Park. Das 1928 initiierte Orchideen-Zuchtprogramm hat bislang 2000 neue Arten hervorgebracht. In der parkeigenen Bibliothek findet man seltene alte Illustrationen sowie Fachbücher.

★ National Orchid Garden
Der herrlich angelegte Landschaftsgarten besitzt mit mehr als 1000 Arten die weltweit größte Vielfalt tropischer Orchideen.

VIP Orchid Garden
Die Regierung begann 1928 mit der Zucht von Orchideen-Kreuzungen. Seit 1957 werden ausgewählte Arten nach prominenten Gästen benannt.

Orchesterpavillon
Der achteckige Pavillon war in den 1860er Jahren beliebt. Damals waren Spaziergänge in den Gärten und Konzertbesuche ein üblicher Zeitvertreib.

Außerdem

① **Am Swan Lake** kann man zahlreiche Schwäne und viele Wasserpflanzen bewundern.

② **In Burkill Hall** lebten viele der ehemaligen Direktoren des Gartens, so auch Isaac Henry Burkill und sein Sohn.

③ **Das Tan Hoon Siang Mist House** enthält seltene Orchideenblüten. Daneben wird Kulturelles aus dem jeweiligen Herkunftsland der Orchideen ausgestellt.

Skulpturen
Girl on a Swing (1984) ist die erste Arbeit einer Serie von Sydney Harpley.

★ Yuen-Peng McNeice Bromeliad House
Die Sammlung mit 20 000 Bromelien aus den Wäldern Mittel- und Südamerikas wurde von Lady Yuen-Peng McNeice gestiftet. Hier sind mehr als 700 Arten und 500 Kreuzungen zu sehen.

Infobox

Information
Cluny Road. **Stadtplan** 1 D1. 6471-7361. Visitors' Centre, Evans Road. tägl. 5–24 Uhr. Orchideengarten. Sa. Open-Air-Konzerte an manchen Wochenenden.
sbg.org.sg

Anfahrt
Botanic Gardens.
7, 105, 106, 123.

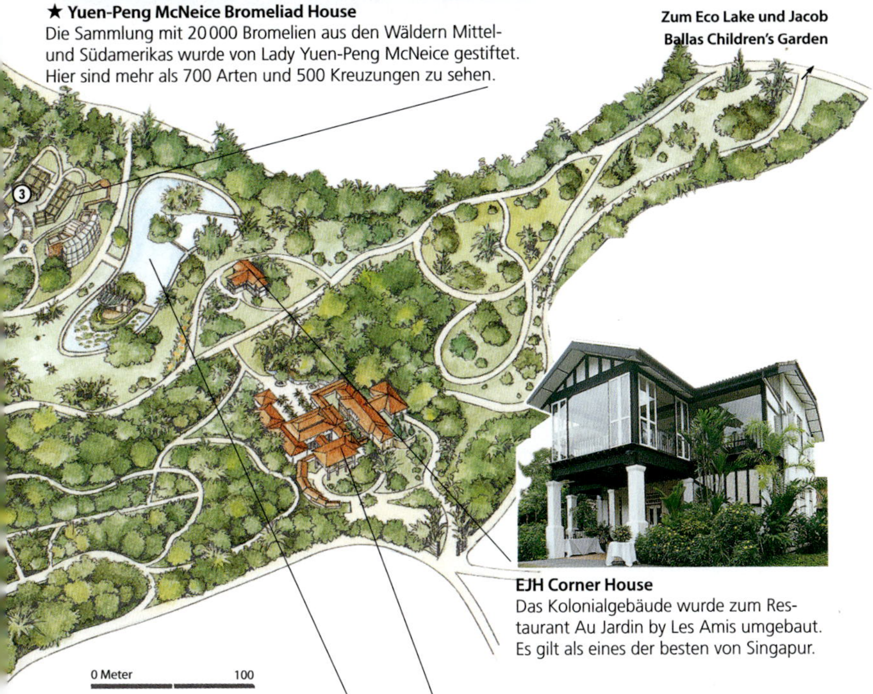

EJH Corner House
Das Kolonialgebäude wurde zum Restaurant Au Jardin by Les Amis umgebaut. Es gilt als eines der besten von Singapur.

Besucherzentrum
Im Zentrum gibt es einen Informationsschalter, ein Café, einen Laden und Toiletten. Das Zentrum hat einen eigenen Haupteingang an der Evans Road. Freiwillige führen am Samstag kostenlos durch ausgewählte Bereiche der Gärten. Details erfahren Sie auf der Website.

Symphony Lake
Auf der Insel in der Mitte des Symphony Lake liegt die Bühne der Shaw Foundation Symphony. Im Pavillon finden regelmäßig Konzerte statt.

Stadtplan Singapur *siehe Seiten 264–273*

Chinesisches Ausstellungsobjekt im Themenpark Haw Par Villa

❼ Haw Par Villa

262 Pasir Panjang Road. 6872-2780. M HarbourFront. 10, 30, 51,143, 200. tägl. 9–19 Uhr.

Der ungewöhnliche Park mit Villa ist nicht nur wegen der malerischen Landschaft und der Karpfenteiche, sondern vor allem wegen der über 1000 Statuen und Dioramen bekannt, die chinesische Folklore und Werte darstellen.

Der Themenpark wurde von den Brüdern Haw und Par Aw gestaltet, die mit der bekannten Kampfer-Mentholsalbe »Tigerbalsam« – die auch heute noch verkauft wird – in den 1930er Jahren ein Vermögen machten. Er soll traditionell chinesische Werte vermitteln. Im beliebten Abschnitt »Ten Courts of Hell« (zehn Vorhöfe der Hölle) wird etwa die Bestrafung von Sünden wie Glücksspiel oder Diebstahl sehr plastisch und drastisch gezeigt.

❽ Kusu Island

6534-9339 (Auskunft zum Fährfahrplan). 402. ab Marina South Pier. Fähre inklusive.
W **islandcruise.com.sg**

Der Überlieferung zufolge war Kusu Island (Turtle Island), ca. fünf Kilometer südlich von Singapur, einst eine gigantische Schildkröte, die sich in Land verwandelte, um zwei schiffbrüchige Seeleute, einen Chinesen und einen Malaien, zu retten. Im elften Mondmonat (Oktober bzw. November) unternehmen deshalb taoistische und muslimische Gläubige eine Pilgerfahrt zur Insel. Die Taoisten besuchen den Tempel Tua Pek Kong mit seinem Schildkrötenteich, um dort den Gott des Wohlstands um Glück zu bitten. Sie zünden Räucherstäbchen an und opfern Blumen und Speisen.

Die Muslime erklimmen die 122 Stufen zum malaiischen Schrein Keramat Kusu. Kinderlose Paare binden auf dem Weg nach oben Stoffbänder an Bäume und beten für Nachwuchs.

Die Insel besitzt zwei blaue Lagunen, herrliche Strände und eine heilige Quelle. Sie ist inzwischen gut ausgebaut und verfügt über einen netten Picknickplatz. Übernachten darf man allerdings nicht.

❾ Sentosa

Siehe S. 250f.

❿ East Coast Park

Nahe East Coast Parkway (ECP).
M Bedok. 401.
W **nparks.gov.sg**

Die Strandabschnitte am East Coast Park zählen zu den besten in ganz Singapur. Der Park erstreckt sich über mehr als zehn Kilometer vom Changi Airport bis zur Marina Bay. Am Ufer wiegen sich Palmen im Wind, dazwischen finden sich schattige Rastplätze und Parkbänke. Wer Sport treiben möchte, kann die Geh- und Joggingwege sowie die markierten Fahrradwege, die Inline-Tracks und den Skateboard-Park auf Wettkampfniveau nutzen. Bei den Fahrradvermietungen in der Umgebung bekommt man alles von Rennrädern über Mountainbikes bis zu Tandems. Auch Inlineskates kann man ausleihen.

Angelfreunde können hier ihr Glück versuchen, Picknicker dürfen ihre Zelte am Strand aufstellen, für Fitnessfans gibt es Trimm-dich-Stationen, auf Vogelfreunde wartet eine Wanderung durch Vogelschutzgebiete.

Die Meeresbrise und die schöne Aussicht machen die East Coast auch zum bevorzugten Wohngebiet. In der Gegend gibt es viele Bars, schicke Restaurants und zahlreiche andere Freizeitangebote. Die Auswahl an Lokalen ist groß – sie reicht von Fast Food und Imbissständen bis zu Seafood und westlichen Snacks. Im East Coast Recreation Centre kann man Bowling oder Billard spielen, es gibt auch Spiele für Kin-

Der taoistische Tempel Tua Pek Kong auf Kusu Island

der. Kajaks und Windsurfbretter kann man bei Mana Mana Beach Restaurant and Bar ausleihen. Ferienhäuser kann man kurzzeitig mieten. Sie bieten Schwimmbäder, Spas und Grillplätze. Am Wochenende machen viele Singapurer Familien Ausflüge in den East Coast Park. Dann wird es dort voll.

Ideal für Familien: die flachen, gut markierten Wege im East Coast Park

⓫ Changi Museum

1000 Upper Changi Road North. 6214-2451. M Tanah Merah, Tampines. 2, 29. wegen Renovierung bis Ende 2020.
W **changimuseum.sg**

Changi Prison diente im Zweiten Weltkrieg als Kriegsgefangenenlager der Japaner und ist bis heute ein Gefängnis.

Ein Stückchen weiter in derselben Straße liegt das Changi Museum auf dem Gelände der Old Changi Prison Chapel. Das Museum ist all jenen Soldaten der Alliierten gewidmet, die in Singapur lebten und starben, insbesondere jenen, die unter den Japanern unfassbare Qualen erlitten.

Im Lauf der Jahre hat das Museum eine beachtliche Sammlung von Zeichnungen, Fotos und persönlichen Gegenständen ehemaliger Kriegsgefangener zusammengetragen. Darunter sind auch Fotos von George Aspinall, einem australischen Soldaten, und über 400 Skizzen von W. R. M. Haxworth sowie Werke anderer im Zweiten Weltkrieg hier inhaftierter Künstler. Eine Kopie der Wandmalereien von Stanley Warren gibt es auch.

Im Museumshof erinnert eine Nachbildung der strohgedeckten Kapelle, die die Gefangenen aus einfachsten Materialien erbaut hatten, an die hier verstorbenen Menschen. Das Messingkreuz war aus benutzten Geschosshülsen hergestellt worden.

Gruppen mit mehr als zehn Personen müssen ihren Besuch im Museum mindestens drei Tage vorab ankündigen.

⓬ Pulau Ubin

M Tanah Merah, Tampines. 2, 29. ab Changi Village. tägl.

Singapurs zweitgrößte Küsteninsel Pulau Ubin liegt in der Straße von Johor zwischen Changi und der Mündung des Flusses Johor. Die Insel ist der vielleicht letzte Ort, an dem man das ländliche Singapur der 1960er Jahre noch nachempfinden kann. Die malaiischen und chinesischen Siedlungen lebten von Landwirtschaft, Fischfang und den Granit-Steinbrüchen. Heute wohnen hier nur noch etwa 200 Menschen. Pulau Ubin ist acht Kilometer lang und 1,7 Kilometer breit. Auf der Insel liegt noch ein ursprüngliches malaiisches Fischerdorf mit traditionellen *kampung* (Dorfhäusern). Die Holzbauten stehen auf Stelzen und haben ein *attap* (Strohdach) oder Zinkdach. *Sampans* (hölzerne Fischerboote) und in der Sonne trocknende Netze säumen den Strand. Auf der Insel gibt es einige nur noch hier heimische Tier- und Pflanzenarten. Außerdem gedeihen auf ihr Bäume und Pflanzen wie Kokosnuss, Rambutan, Durian, Jackfrüchte, Wildbeeren, wilde Orchideen, die insektenfressende Kannenpflanze, verschiedene Heilpflanzen und -kräuter sowie Mangroven-Sumpfpflanzen.

Auf Pulau Ubin leben zudem Affen, Pazifikwarane, Wasserrallen, Erdhörnchen, Flughunde und Schlangen wie Kobras und Pythons. In den Gewässern vor der Insel tummeln sich Fische, Krabben und Krebse. Auf der Insel kann man auch eine Vielzahl von Vögeln beobachten: Man sieht Adler, Milane und Falken, aber auch Zugvögel, die hier während der Wintermonate nisten. An der Mole kann man Fahrräder mieten. Das nahe gelegene Gemeindezentrum zeigt eine Fotosammlung über das einstige blühende Inselleben. Es gibt ein paar Fischrestaurants, altmodische Coffeeshops und Läden, die Insektenspray, Sonnenhüte, Getränke und Snacks verkaufen. Auf den Kiesstraßen verkehren einige Taxis. Übernachtungsmöglichkeiten gibt es nur für Selbstversorger (Campingplätze, Ferienhäuser, Wohnungen). Ein Hotel findet man nicht.

Jackfrüchte auf Pulau Ubin

Ländliche malaiische *Kampung*-Häuser auf Pulau Ubin

❾ Sentosa

Sentosa war einst ein Fischerdorf mit dem Namen Blakang Mati (»Hinter den Toten«). Eine These zum Ursprung des Namens besagt, dass einst eine mysteriöse Krankheit fast alle Dorfbewohner dahinraffte. Die Briten nutzten die Insel bis 1967 als Militärstützpunkt. Inzwischen wurde auf Sentosa (Frieden) ein Freizeitpark eingerichtet, der Besucher mit Museen, historischen Stätten, Themenparks, Naturlehrpfaden und zahlreichen Sportmöglichkeiten anlockt. Man erreicht alle Attraktionen dank des exzellenten Verkehrsnetzes der Insel recht schnell und einfach. Die gigantische Ferienanlage Resorts World Sentosa mit einem riesigen Ozeanarium nimmt einen großen Teil der Insel ein.

Songs of the Sea
Die 25-minütige Show am Siloso Beach wartet mit beeindruckenden Wasserspielen, Feuerwerk und einer Lichtprojektion auf.

★ S.E.A. Aquarium
In dem Aquarium sind über 100 000 Meereslebewesen aus 50 verschiedenen Habitaten zu bestaunen.

★ Fort Siloso
Das in den 1880er Jahren erbaute Fort ist ein Komplex aus Bunkern, Tunneln und Kanonen. Im Zweiten Weltkrieg war es die letzte britische Bastion in der Region.

★ Adventure Cove Waterpark
Der beste Wasserpark in Singapur bietet Rutschen für Kinder und Erwachsene, Schnorchelmöglichkeiten und ein künstliches Riff mit vielen Fischen.

Hotels und Restaurants in Singapur *siehe Seiten 282f und 299–301*

Sentosa Express
Das Monorail-Netz Sentosa Express verbindet die MRT-Stationen HarbourFront, VivoCity und St James Powerhouse mit den Haltestellen Beach und Imbiah und den Sehenswürdigkeiten der Insel.

Infobox

Information
2,1 km südl. von Singapur.
6736-8672.
sentosa.com.sg

Anfahrt
bis Sentosa oder zum Mount Faber bzw. HarbourFront, dann Seilbahn. Sentosa Express.

★Resorts World Sentosa
Das Resort bietet für jeden etwas, u. a. einen Meerespark mit dem weltgrößten Ozeanarium, einen Themenpark der Universal Studios, Casinos, Läden und Restaurants.

Außerdem

① **Siloso Beach**

② **Shangri-La's Rasa Sentosa Resort & Spa**

③ **Der Dragon Trail** ist ein reizvoller Naturlehrpfad.

④ **Tiger Sky Tower** bietet eine tolle Sicht auf die Skyline von Singapur.

⑤ **Seilbahn** am Mount Faber

⑥ **Imbiah Station**

⑦ **Der Sentosa Golf Club** hat zwei 18-Loch-Wettkampf-Golfplätze und ist mit Chipping und Putting Greens sowie einem Shop gut ausgestattet.

⑧ **Merlion Walk**

⑨ **Beach Station**

⑩ **Wings of Time**

Palawan Beach
Eine Hängebrücke verbindet Palawan Beach mit einer Insel. Sie ist angeblich der südlichste Punkt Asiens.

Shopping

Singapur ist ein wahres Shopping-Paradies. Die Auswahl an Läden ist fast grenzenlos. Gleichgültig, ob Sie durch die prächtigen Einkaufszentren der Orchard Road und in Raffles City schlendern oder die Flohmärkte in den Gassen der ethnisch geprägten Viertel durchstöbern – Singapur bietet für jeden Geschmack und Geldbeutel etwas. Bekannt ist der Stadtstaat für günstige Elektronikartikel wie Computer, Mobiltelefone und Kameras, aber auch für die riesige Auswahl an Luxusmarken, Kunst, Antiquitäten, Kuriositäten und Schmuck. Jenseits der exklusiven Geschäfte und Boutiquen kann man auch in Little India, Chinatown, in der Arab Street und im Holland Village gut shoppen. Traditionelles südostasiatisches Kunsthandwerk von Korbwaren über Sonnenbrillen und Textilien bis zu Batik gibt es an Ständen und in Fachgeschäften. Singapur ist darüber hinaus bekannt für Sonderangebote und -verkäufe, insbesondere bei Elektronikartikeln, man sollte sich aber viel Zeit nehmen und nur bei seriösen Händlern kaufen.

Die VivoCity Mall erinnert mit ihrem Wellendesign an ihren Standort

Kaufhäuser und Shoppingmalls

In der Orchard Road *(siehe S. 238f)* stehen zahlreiche luxuriöse Kaufhäuser und Shoppingmalls wie das **Knightsbridge**, **Ngee Ann City**, **ION Orchard** und **The Heeren**, in denen man Schuhe, Kleidung, Schmuck, Bücher, Musik, Teppiche, Kuriositäten, Souvenirs und Luxusmarken findet. **Tangs** *(siehe S. 241)* und **Robinsons** *(siehe S. 239)* im The Heeren sind zwei der ältesten Kaufhäuser in der Orchard Road. Die **Park Mall** ist auf Möbel und Einrichtungsdesign spezialisiert.

In ganz Singapur befinden sich große Einkaufszentren wie **VivoCity**, **Raffles Hotel Shopping Arcade**, **Holland Village**, **Marina Bay Sands** *(siehe S. 217)* und das **Raffles City Shopping Centre**. Elektronikartikel kauft man am besten im **Sim Lim Square** oder in der **Funan DigitaLife Mall**. Das beliebte **Mustafa Centre** in Little India verkauft alles von Elektronik bis Haushaltsartikeln. Japanische Ketten wie **Isetan** und **Takashimaya** sind beliebt, ebenso die britische Marke **Marks & Spencer**.

Singapurs Kaufhäuser und Shoppingmalls sind sehr gut organisiert mit hilfreichem Personal und gutem Informationsschalter.

Öffnungszeiten

Die meisten Einkaufszentren, Kaufhäuser und Läden haben sieben Tage die Woche von 10 bis 21 Uhr geöffnet, einige sogar bis 22 Uhr und länger. Eine Ausnahme ist das durchgehend geöffnete Mustafa Centre in Little India. Clarke Quay öffnet gegen 12 Uhr und schließt erst um Mitternacht. Freitags bleiben viele Läden in Little India und Arab Street wegen des muslimischen Feiertags geschlossen. Die etwa 90 7-Eleven-Filialen sind durchgehend geöffnet.

Bezahlung

Fast alle Geschäfte in Singapur akzeptieren die gängigen internationalen Kreditkarten MasterCard, Visa, American Express und Diners Club. Bis vor Kurzem erhoben manche Läden bei Bezahlung mit Kreditkarte Gebühren, mittlerweile wurde diese Praxis allerdings unterbunden. Nach wie vor kann man in einigen kleineren Läden ausschließlich bar bezahlen.

In Singapur gehört Handeln zum Geschäftsabschluss. Außer in den Kaufhäusern und Shoppingmalls, die feste Preise haben, kann man in den meisten Läden, sogar in Einkaufszentren, handeln. Allerdings sollte man den angemessenen Preis für ein Produkt kennen. Lassen Sie sich vom Verkäufer anfangs einen Preis als Basis für weitere Verhandlungen nennen. Dabei sollte man immer verbindlich bleiben. Obwohl einige Läden Reise-

Alessi-Filiale in der Park Mall

Einer der vielen südostasiatischen Kunsthandwerksläden

schecks akzeptieren, sollte man in der Landeswährung, dem Singapur-Dollar, bezahlen. Man kann die Schecks in vielen Banken einlösen. Sie sind wochentags von 9.30 bis 15.30 Uhr und samstags von 10 bis 13 Uhr geöffnet. In allen Banken und Hotels mit der Aufschrift »Licensed Money Changer« kann man Geld wechseln.

Sonderangebote

Eine gute Informationsquelle zu laufenden Sonderaktionen sind Anzeigen in Tageszeitungen wie *The Straits Times*. Die vom Singapore Tourism Board veröffentlichten kostenlosen Monatsmagazine *Where Singapore* und *Singapore Shopping Guide* geben ebenfalls detaillierte Hinweise. Am interessantesten dürfte der jährliche Great Singapore Sale von Mai bis Juli sein. Während dieser riesigen Ausverkaufsaktion gewähren die meisten Läden Preisnachlässe von bis zu 80 Prozent auf fast ihr gesamtes Warensortiment. Viele Besucher buchen ihre Reise bewusst für diesen Zeitraum oder fliegen aus Nachbarländern zum Shoppen nach Singapur.

Umtausch

Die meisten größeren Geschäfte nehmen innerhalb von sieben Tagen gegen Vorlage eines Kaufbelegs die Waren im unbenutzten Originalzustand zurück oder tauschen sie aus. Bewahren Sie Kaufquittungen auf und achten Sie darauf, dass die internationale Garantiekarte korrekt ausgefüllt und abgestempelt wird.

Verbraucherschutz

Beschwerden von Besuchern werden in Singapur ernst genommen, wenn Sie etwa von einem Händler betrogen wurden oder eine internationale Garantiekarte nicht korrekt ausgefüllt wurde. Beschwerden gegen einen Händler oder Reiseagenturen kann man über eine Konsumenten-Hotline an die **Consumer Association of Singapore (CASE)** richten. Kunden sollten zuerst versuchen, den Disput vor Ort mit den Ladeninhabern zu lösen. Sollte das scheitern, können sie sich auch mit der Bitte um Hilfe an CASE wenden. Touristen können sich beim Singapore Tourism Board beschweren. Wenn auch CASE die Streitigkeiten nicht beilegen kann, kann der Kunde eine Klage einreichen. Die meisten landen vor dem Small Claims Tribunal.

Ngee Ann City, eine der renommierten Shoppingmalls Singapurs

Beschränkungen

Singapur steht in dem Ruf, Vorschriften bezüglich Transport oder Kauf von Waffen, bedrohten Arten und Betäubungsmitteln ohne Pardon anzuwenden. Jeder noch so kleine Verstoß wird geahndet und mit Geldbußen, Schlägen oder Gefängnis bestraft. Besucher sollten deshalb genau darauf achten, was sie bei wem kaufen. Auch sollte man kein fremdes Gepäck mitnehmen.

Belebter Singapurer Sonntagsflohmarkt

Mehrwertsteuer

Die Mehrwertsteuer (GST) beträgt in Singapur sieben Prozent und wird auf die meisten Waren und Dienstleistungen aufgeschlagen. Für Gegenstände ab einem Warenwert von 100 S$, die in Läden mit »Tax Free Shopping«-Logo gekauft wurden, kann man sich die Mehrwertsteuer erstatten lassen. Anträge stellt man an den GST-Schaltern am **Changi International Airport** oder man nutzt das **Electronic Tourist Refund Scheme (eTRS)**. Schalter, an denen man via eTRS Anträge auf Mehrwertsteuer-Rückerstattung stellen kann, befinden sich im Abflugbereich des Flughafens und an den zwei Kreuzfahrtschiff-Terminals. Man muss Belege und Waren sowie Kreditkarte vorweisen. Pro Person werden bis zu 500 S$ ausbezahlt.

Malls und Fachgeschäfte

Malls und Shopping-Center sind besonders beliebt, weil sie eine große Bandbreite an Produkten unter einem Dach anbieten. Einige Malls wie Sim Lim Square und Funan DigitaLife Mall sind für ihr spezielles Warenangebot bekannt, etwa Elektronikartikel. Auch die Auswahl in kleineren Boutiquen und Fachgeschäften ist sehr gut. Viele alte Lagerhäuser und traditionelle Shophouses in der ganzen Stadt, vor allem am Flussufer, wurden zu Einkaufszentren und Läden umgebaut. Little India, Chinatown und Arab Street quellen über von Geschäften, die Kunsthandwerk aus der jeweiligen Region und anderen Teilen Asiens führen.

Kleidung und Stoffe

Man findet in Singapur alle großen internationalen Marken wie **Gucci**, **Calvin Klein**, **Burberry**, **Emporio Armani**, **Vera Wang**, **Hugo Boss**, **Giordano** und **Chanel**. Sie haben Läden in der Orchard Road und in anderen wichtigen Shopping-Meilen. Mode des einheimischen Designers **Max Tan** findet man in dem hippen Lifestyle-Laden Egg-ccessorize. Die neuesten Kollektionen indischer Top-Designer findet man im schicken Lifestyle-Kaufhaus **Mumbai Se**.

Die beste Auswahl an edlen Stoffen hat man in der **Arab Street** *(siehe S. 234)* und der **Serangoon Road** *(siehe S. 235)* in Little India. Indonesische und malaysische Batikseide gibt es als Meterware in der Arab Street. Batik in *Sarong*-Länge (ca. 2 Meter) oder als tragfertige *saris* (5,5 Meter) kauft man in Little India. **Chinatown** *(siehe S. 224–229)* ist auf chinesische Seidenstoffe und Kleidung wie *cheongsam* und *samfoo* spezialisiert, die man hier von der Stange bekommt. Hochwertige chinesische Seidenkleidung gibt es auch bei **Tangs**. Die Größen fallen entsprechend asiatischer Norm eher klein aus.

Schmuck

Exklusiven Platin- und 18-karätigen Goldschmuck von Luxusmarken wie **Bulgari** und **Tiffany** findet man in deren Filialen in der Raffles Hotel Shopping Arcade, in der Orchard Road und im Raffles City Shopping Centre. Die einheimischen Juweliere **Choo Yilin** und **Lee Hwa** gelten als herausragende Kunsthandwerker. Antiquitäten, chinesischen und indischen Schmuck kauft man in Chinatown und Little India. Auch billige Imitate sind dort zu haben. In Chinatown gibt es viel Jadeschmuck. Die Straßenstände am **Clarke Quay** *(siehe S. 223)* bieten eine umfangreiche Auswahl an trendigem Silberschmuck.

Schuhe und Taschen

Alle internationalen Designerlabels bieten in ihren Filialen in der Orchard Road sowie in anderen exklusiven Einkaufsarkaden eine riesige Auswahl an Schuhen und Taschen. **Louis Vuitton**, **Fendi** und **Ferragamo** sind sehr beliebt, aber auch **Charles & Keith** und **Substance** sind gefragt.

Singapur ist für seine große Auswahl an günstiger Schuhmode bekannt, die insbesondere bei Tangs und **On Pedder** zu finden ist. Für Lederwaren ist ansonsten die Arab Street die beste Adresse.

Antiquitäten und Kunsthandwerk

In Singapur angebotene Antiquitäten und Kunstgegenstände stammen vorwiegend aus Südostasien. Man kauft sie z. B. in der **Tanglin Mall** *(siehe S. 241)*. Alte Landkarten und Sammlerobjekte aus Südostasien findet man bei **Antiques of the Orient**. Eine gute Auswahl bieten die Läden am Clarke Quay, die renovierten Lagerhäuser in der Dempsey Road und **Lim's Arts & Living**. Handgeknüpfte Kaschmir- und Perserteppiche sowie Kelims gibt es im ältesten Teppichhaus Singapurs, bei **Amir & Sons**, Kampong Glam. Die Arab Street ist für Kunsthandwerk, z. B. schöne Korbwaren, bekannt. Chinatown bietet religiöse Utensilien. Messingstatuen und -leuchten gibt es in Little India und Chinatown.

Maske

Traditionelle orientalische Stoffe in leuchtenden Farben und fantasievollen Mustern

Auf einen Blick

Kaufhäuser und Shoppingmalls

Funan DigitaLife Mall
109 North Bridge Road. **Stadtplan** 3 E4.
6336-8327.
funan.com.sg

The Heeren
260 Orchard Road. **Stadtplan** 2 B4.
6738-4388.
heeren.com.sg

Holland Village
211 Holland Avenue.
6465-0213.
holland-village-singapore.com

ION Orchard
2 Orchard Turn. **Stadtplan** 1 F2.
6838-6520.
ionorchard.com

Isetan
350 Orchard Road. **Stadtplan** 1 F2.
6733-1111.
isetan.com.sg

Knightsbridge
270 Orchard Road. **Stadtplan** 2 A4.
6593-6999.
knightsbridge.com.sg

Marks & Spencer
501 Orchard Road. **Stadtplan** 1 F2.
6733-8122.
marksandspencer.com

Mustafa Centre
145 Syed Alwi Road. **Stadtplan** 3 E2.
6295-5855.
mustafa.com.sg

Ngee Ann City
391 Orchard Road. **Stadtplan** 2 A4.
6506-0461.
ngeeanncity.com.sg

Parco Marina Bay
The Shoppes @ Marina Bay Sands, 2 Bayfront Avenue. **Stadtplan** 5 F3.
6595-9100.
parco.com.sg

Park Mall
9 Penang Road. **Stadtplan** 2 C5.
6339-4031.

Raffles City Shopping Centre
252 North Bridge Road. **Stadtplan** 5 E2.
6338-7766.
rafflescity.com

Raffles Hotel Shopping Arcade
328 North Bridge Road. **Stadtplan** 5 E1.
6337-1886.
raffleshotel.com/arcade

The Shoppes @ Marina Bay Sands
2 Bayfront Avenue. **Stadtplan** 5 F3.
6688- 8868.
marinabaysands.com

Sim Lim Square
1 Rochor Canal Road. **Stadtplan** 3 E4.
6338-3859.

Takashimaya
391 Orchard Road. **Stadtplan** 2 A4.
6738-1111.
takashimaya-sin.com

Tanglin Mall
163 Tanglin Road. **Stadtplan** 1 E2.
6736-4922.
tanglinsc.com.sg

Tangs
310/320 Orchard Road. **Stadtplan** 2 A3.
6737-5500.
tangs.com.sg

VivoCity
1 HarbourFront Walk.
6377-6870.
vivocity.com.sg

Verbraucherschutz

Consumers Association of Singapore (CASE)
170 Ghim Moh Road.
6100-0315.
case.org.sg

Small Claims Tribunal
1 Havelock Square. **Stadtplan** 4 C3.
6435-5937.
smallclaims.gov.sg

Mehrwertsteuer

Changi International Airport
50 Airport Boulevard.
6542-1122.
changiairport.com.
24 Stunden.

Electronic Tourist Refund Scheme
customs.gov.sg

HarbourFront Centre
1 Maritime Square.
6711-6311.
harbourfrontcentre.com.sg

Marina Bay Cruise Centre
61 Marina Coastal Drive.
mbccs.com.sg

Kleidung / Stoffe

Chanel
01-25 Ngee Ann City. **Stadtplan** 2 A4.
6733-5120.
chanel.com

Emporio Armani
B1-29/30 The Shoppes @ Marina Bay Sands, 2 Bayfront Avenue. **Stadtplan** 5 F3.
6304-1458.

Giordano
B2-28 Ngee Ann City. **Stadtplan** 2 A4.
6736-4302.

Gucci
01-40 Paragon, 290 Orchard Road. **Stadtplan** 2 A4.
6734-2528.

Hugo Boss
01-03 Ngee Ann City, 391 Orchard Road. **Stadtplan** 2 A4.
6735-0233.

Max Tan
Egg-ccessorize, Orchard Central, 181 Orchard Road. **Stadtplan** 2 B4.

Mumbai Se
02-03 Palais Renaissance, 390 Orchard Road. **Stadtplan** 1 F2.
6733-7188.

Vera Wang
L1-29A, The Shoppes @ Marina Bay Sands, 2 Bayfront Avenue. **Stadtplan** 5 F3.
9759-8815.

Schmuck

Bulgari
02-1/3 Ngee Ann City. **Stadtplan** 2 A4.
6735-6689.
bulgari.com

Choo Yilin
331 Joo Chiat Road.
6348-1010.
chooyilin.com

Lee Hwa
01-23, 200 Victoria Street. **Stadtplan** 3 D5.
6334-2838.
leehwajewellery.com

Tiffany
01-05 Raffles Hotel Shopping Arcade, 328 North Bridge Road. **Stadtplan** 5 E1.
6334-0168.
tiffany.com/locations

Schuhe und Taschen

Charles & Keith
01-05 Wisma Atria, 435 Orchard Road. **Stadtplan** 2 A4.
6238-3312.
charleskeith.com

Fendi
01-32 Ngee Ann City. **Stadtplan** 2 A4.
6733-0337.
fendi.com

Ferragamo
290 Orchard Road. **Stadtplan** 1 F2.
6738-3206.

Louis Vuitton
01-20/24 Ngee Ann City, 391 Orchard Road. **Stadtplan** 2 A4.
6734-7760.
louisvuitton.com
Mehrere Filialen.

On Pedder
Takashimaya, 391 Orchard Road. **Stadtplan** 2 A4.
6 Scotts Road. **Stadtplan** 2 A3.
onpedder.com

Substance
02-12 Wheelock Place, 501 Orchard Road. **Stadtplan** 1 F2.
6836-0111.

Antiquitäten und Kunsthandwerk

Amir & Sons
Lucky Plaza, 304 Orchard Road. **Stadtplan** 1 F2.
6734-9112.

Antiques of the Orient
02-40 Tanglin Mall. **Stadtplan** 1 D3.
6734 9351.
aoto.com.sg

Lim's Arts & Living
VivoCity, 1 HarbourFront Walk. 7652-1345.

In der Mall Sim Lim Square gibt es Elektronik und Computer

Elektronik

Da in Singapur kein Einfuhrzoll erhoben wird, kann man hier Elektronikartikel besonders günstig erstehen. Mehrere Großmärkte führen hochwertige Unterhaltungselektronik. In Läden wie **The Sony Centre** bekommt man das Neueste vom Neuesten. **Sim Lim Square** und **Mustafa Centre** sind vor allem für Hi-Fi-Systeme, TV-Geräte, DVD- und MP3-Player zu empfehlen. In der **Funan DigitaLife Mall** gibt es ausgewählte Audio-Produkte. Vergessen Sie nicht, beim Kauf eine internationale Garantiekarte zu verlangen.

Kameras und Uhren

Die meisten Elektronik- und Fotofachgeschäfte bieten Produkte von Firmen wie Nikon, Canon und Olympus. Im **Cathay Photo Store** und im **Mustafa Centre** findet man eine gute Auswahl aller gängigen Hersteller. Die Läden führen auch professionelle Fotoausrüstungen. Kaum zu toppen ist das Sortiment in den Einkaufszentren. Hier gibt es eine Riesenauswahl an Uhren. Firmen wie **Rolex** und **Swatch** haben eigene Läden, während andere Marken wie Gerald Genta, De Bethune und Daniel Roth bei **The Hour Glass** vertreten werden. Das betriebsame **Lucky Plaza** ist für Kameras und Uhren bekannt. Gebrauchte Markenuhren vertreibt **Peng Kwee**. Der **Camera Workshop** im Peninsula Shopping Center verkauft ebenfalls gebrauchte Kameras sowie Sammlerstücke.

Computer

Die **Funan DigitaLife Mall** ist nicht nur das wichtigste Computer-Shopping-Center in Singapur, sondern angeblich auch das größte Asiens. Die Mall liegt zwischen den Hotels Excelsior und Peninsula im Colonial Core. Auf sechs Etagen werden hier Computer, Software und andere Elektronikartikel verkauft. Die Preise sind niedriger als anderswo, zumal es regelmäßig Spezialangebote und Sonderverkäufe gibt. Besonders beliebt bei Konsumenten sind **Proton-Wisma Computers** und **The Mac Shop** in der Funan DigitaLife Mall. Auch in der **Suntec City Mall** und im **Sim Lim Square** *(siehe S. 255)* ist das Angebot interessant. Wie in vielen anderen Läden gilt auch hier: Handeln ist erlaubt und gängige Praxis.

Musik und Bücher

Das **Gramophone** bietet das größte CD-Angebot der Stadt. Jede Etage ist auf ein anderes Genre wie Klassik, Jazz, Rock und Pop spezialisiert. CDs bekommt man auch im Buchkaufhaus **MPH**. Seine Kinderbuchabteilung ist riesig und immer gut besucht. Die japanische Buchhandlung **Kinokuniya** führt auch fremdsprachige Bücher und hat eine Schnäppchenecke. Außerdem werden dort chinesische Bücher verkauft. **Times the Bookstore** ist ebenfalls sehr populär.

Souvenirs

Das allgegenwärtige Merlion-Symbol Singapurs – halb Fisch, halb Löwe – ist das beliebteste Andenken. Es gibt unzählige Artikel, die das Logo ziert, darunter Kaffeetassen, T-Shirts, Anhänger, Stofftiere, Schmuckkästchen mit Spieluhren, Porzellanteller, Schlüsselanhänger usw. Souvenirläden, die darüber hinaus noch viele andere Andenken verkaufen, gibt es in den meisten Parks und Museen. Museumsläden wie im **National Museum of Singapore** bieten neben Souvenirs zahlreiche Artikel, die auf die Ausstellungen des Hauses thematisch oder inhaltlich Bezug nehmen. **The Gardens Shop** in den Singapore Botanic Gardens *(siehe S. 246f)* führt naturhistorische Bücher. Im Raffles Hotel befindet sich der wunderbare **Raffles Hotel Gift Shop**.

Eine etwas andere Shopping-Erfahrung bietet der **Sungei Road Thieves' Market**. Singapurs ältester Flohmarkt erstreckt sich zwischen Kelantan Road und Weld Road. In Kampung Glam ist **The Heritage Shop** auf Antiquitäten jüngeren Datums spezialisiert. Im Angebot sind Tausende von Sammlerstücken, die meisten aus Singapur aus den 1930er bis 1960er Jahren.

Orchideen

Die Orchidee ist die Nationalblume des Landes. Mehr als 3000 Arten der exotischen Pflanze wachsen im **National Orchid Garden**, Teil der Singapore Botanic Gardens. Jedes Jahr ergänzen neue Kreuzungen die Sammlung. Im parkeigenen Geschenkladen kann man Orchideen verpacken und

Orchideen im Mandai Orchid Garden

nach Hause schicken lassen. Der Orchideenzüchter **Toh Garden** ist auf lokal kultivierte Orchideenhybriden und importierte Orchideenarten spezialisiert.

Delikatessen

Singapur ist eine renommierte Gourmet-Destination. Einige Delikatessen sind auch schöne Souvenirs. Aromatische Gewürze aus Little India eignen sich zum Würzen von Currys und Marinaden. Singapurer Delikatessen wie *kaya*, ein Brotaufstrich, und die Hainan-Hühnchen-Reis-Paste sowie andere Fertigmischungen bekommt man in allen Filialen von **Bee Cheng Hiang**, in Kee's Gourmet Boutique und im **Chinatown Heritage Centre** *(siehe S. 224)*. **The Tea Chapter** in Chinatown hat feine Teesorten und hübsches Teezubehör. **Brown Rice Paradise** und **Tierney's Gourmet** sind ebenfalls einen Besuch wert. Edle Schokolade, Champagner, besten Kaviar und viele andere Delikatessen aus aller Welt bekommt man bei **Thos. S. B. Raffles**.

Auf einen Blick

Elektronik

Funan DigitaLife Mall
109 North Bridge Road.
Stadtplan 3 E4.
6336-8327.
funan.com.sg

Mustafa Centre
145 Syed Alwi Road.
Stadtplan 3 E3.
6295-5855.
mustafa.com.sg

The Sony Centre
02-28 bis 37,
313 Somerset Road.
Stadtplan 2 A4.
6634 9497.
sony.com.sg

Kameras und Uhren

Camera Workshop
Peninsula Shopping Center,
3 Coleman Street.
Stadtplan 5 D2.
6336-1956.

Cathay Photo Store
6 Raffles Boulevard,
Marina Square.
Stadtplan 5 F2
6339-6188.
cathayphoto.com.sg

The Hour Glass
290 Orchard Road.
Stadtplan 2 A4.
6735-6466.
thehourglass.com

Lucky Plaza
304 Orchard Road.
Stadtplan 1 F2.
6235-3294.
luckyplaza.com.sg

Peng Kwee
01-45A Peninsula Plaza,
111 North Bridge Street.
Stadtplan 3 E4.
6334-0155.
2ndhandwatch.com

Rolex
1-01 Tong Building,
302 Orchard Road.
Stadtplan 1 F2.
6737-9033.
rolex.com

Swatch
81-27 Plaza Singapura,
68 Orchard Road.
Stadtplan 1 F2.
6334-8042.
swatch.com

Computer

The Mac Shop
4–11 Funan DigitaLife Mall.
Stadtplan 5 D2.
6334-1633.
apple.com.sg

Proton-Wisma Computers
109 North Bridge Road.
Stadtplan 3 E4.
6338-3066.

Musik und Bücher

HMV
6 Raffles Boulevard,
Marina Square.
Stadtplan 5 F2.
6733-1822.
hmv.com.sg

Kinokuniya
03-10 Ngee Ann City,
391 Orchard Road.
Stadtplan 2 A4.
6737-5021.
kinokuniya.com.sg
Mehrere Filialen.

MPH
Raffles City Shopping Centre, 252 North Bridge Road. **Stadtplan** 5 E2.
6336-4232.
mph.com.sg

Times the Bookstore
04-08 The Centrepoint,
176 Orchard Road.
Stadtplan 1 F2.
6734-9022.
Mehrere Filialen.

Souvenirs

The Gardens Shop
Singapore Botanic Gardens, 1 Cluny Road.
Stadtplan 1 D1.
6475-2319.
sbg.org.sg

The Heritage Shop
93 Jalan Sultan.
Stadtplan 3 F3.
6223-7982.

National Museum of Singapore
93 Stamford Road.
Stadtplan 3 D5.
6336-3670.
nationalmuseum.sg

Raffles Hotel Gift Shop
01-01 Raffles Hotel,
1 Beach Road.
Stadtplan 3 E5.
6412-1143.
raffleshotelgifts.com

Sungei Road Thieves' Market
Sungei Road.
Stadtplan 3 D4.

Orchideen

National Orchid Garden
1 Cluny Road.
Stadtplan 1 D1.
6471-7361.
sbg.org.sg

RISIS Store
320 Orchard Rd.
Stadtplan 2 A3.
6835-2492.
risis.com

Toh Garden
11 Lorong Pasu.
6763-9186.
tohgarden.com

Delikatessen

Bee Cheng Hiang
1359 Serangoon Road.
Stadtplan 3 E1.
6291-5753.
bch.com.sg

Brown Rice Paradise
02-35 Tanglin Mall,
163 Tanglin Road.
Stadtplan 1 D3.
6738-1121.
mybrp.com.sg

Chinatown Heritage Centre
48 Pagoda Street.
Stadtplan 4 C3.
6338-6877.
chinatown heritagecentre.sg

The Tea Chapter
9–11 Neil Road, Tanjong Pagar.
Stadtplan 4 C4.
6226-3026.
tea-chapter.com.sg

Thos. S.B. Raffles
01-30 Raffles Hotel Shopping Arcade,1 Beach Road.
Stadtplan 3 E5.
6412-1148.
raffleshotelgifts.com

Tierney's Gourmet
02-01/04 Serene Centre,
10 Jalan Serene.
6466-7451.

Unterhaltung

In dem Bemühen, zum regionalen Zentrum für Kunst aufzusteigen, bietet Singapur hinsichtlich Unterhaltung für jeden etwas: von klassischer bis zu moderner Musik, von professionell bis zur Laiengruppe. Ob Tanz, Theater oder Orchester, ob asiatisch oder westlich – das Angebot ist riesig. Die vitale Kulturszene wird durch Gastspiele internationaler Künstler bereichert, die zu den vielen Festivals das ganze Jahr über eingeladen werden. Aufführungs- und Veranstaltungsorte sind zwar auf der ganzen Insel zu finden. Besonderes Renommee genießen jedoch der Riverside Arts District, das beeindruckende Esplanade – Theatres on the Bay und die Open-Air-Bühne im Fort Canning Park. Die Singapurer stürzen sich geradezu ins Nachtleben. Die Auswahl an Örtlichkeiten ist überaus groß und wird jeden zufriedenstellen – von Jazzclubs und Bluesbars über Nightclubs und Karaokebars bis hin zu traditionellen Kneipen.

Information

Tageszeitungen wie *The Straits Times* drucken täglich aktuelle Veranstaltungstermine ab. Broschüren in Hotels und kostenlose Magazine wie *Where Singapore*, *Juice* und *I-S* (Inside Singapore, nur online) bieten eine zum Teil detaillierte Programmübersicht mit Besprechungen. Websites wie www.singaporetheatre.com sind ebenfalls hervorragende und meist brandaktuelle Informationsquellen, vor allem wenn man Karten für eine Veranstaltung vorab buchen will.

Tickets

Karten kauft man am besten zwei Tage im Voraus am jeweiligen Veranstaltungsort. Manche Vorstellungen sind allerdings schon Monate vorher restlos ausverkauft. Frühzeitige Internet-Reservierung ist daher eine gute Option. An den Schaltern von **Gatecrash** und **SISTIC** bekommt man für fast alle Veranstaltungen Karten. Beachten Sie, dass man einmal gekaufte Tickets in den meisten Fällen nicht zurückgeben kann. Freikarten für indische Kulturveranstaltungen verteilt das **Annalakshmi Restaurant**.

Behinderte Reisende

Die meisten Veranstaltungsorte liegen in historischen Bauten oder renovierten Lagerhäusern. Sie sind für behinderte Besucher meist leicht zugänglich. Neuere Orte wie das Esplanade sind bereits behindertengerecht ausgestattet. Das vom National Council of Social Services betriebene **Access Singapore** gibt eine Liste aller Einrichtungen heraus.

Bühnen

Seit seiner Eröffnung ist das **Esplanade – Theatres on the Bay** Zentrum der darstellenden Künste. Weiterhin beliebt für Theater und Musik sind **Chijmes Hall**, **Jubilee Hall** und **Victoria Theatre & Concert Hall**. Die in den Singapore Botanic Gardens gelegene **Shaw Foundation Symphony Stage** ist eine schöne Open-Air-Bühne. **Singapore Indoor Stadium**, **National Stadium** und **University Cultural Centre** werden für große Konzerte von internationalen Stars gebucht, während das **DBS Arts Centre** und **The Substation** kleiner und deshalb auf Auftritte von Independent-, Grunge- und Heavy-Metal-Bands spezialisiert sind.

Festivals

Das ganze Jahr über finden in Singapur interessante Festivals statt. Das **Singapore Arts Festival** ist jedes Jahr im August und September einer der Höhepunkte der Saison. Gezeigt werden Werke von aufkommenden und etablierten Künstlern aus Singapur und der ganzen Welt. Das international besetzte **Buskers' Festival** für Straßenkünstler findet im September auf Sentosa statt. Beim **Singapore International Film Festival** im Dezember werden ca. 300 Filme gezeigt – Mainstream, Dokus und Animationen. Beim **Singapore Fringe Festival** gibt es im Februar Neuestes von Theater, Tanz, Musik, Visual Arts und Medienkunst mit teilweise kostenlosen Events. **The Substation** veranstaltet im März das Singapore Short Film Festival. Asiens größtes Open-Air-Kinofestival **Films at the Fort** findet jeden Juni im Fort Canning Park statt.

Ein weiteres sehr beliebtes Musikfestival ist das **Singapore International Piano Festival**, das mit internationalen Künstlern besetzt ist.

Chijmes Hall – die Kapelle eines früheren Klosters ist heute ein Konzertsaal

Gratis- und Open-Air-Veranstaltungen

Gratisveranstaltungen gibt es regelmäßig im Esplanade – Theatres on the Bay. Eine Übersicht über das Programm mit Weltmusik und Theater findet man auf der Website *(siehe Kasten)*. Klassisch indische Musik und Tanzveranstaltungen wie Bharatnatyam und Odissi organisiert die Kulturorganisation **Temple of Fine Arts** ganzjährig an verschiedenen Orten des Inselstaats. Karten für Veranstaltungen des Temple of Fine Arts bekommt man unter anderem im **Restaurant Annalakshmi**. Ein schönes Ereignis im Fort Canning Park ist das vom **Singapore Dance Theatre** organisierte »Ballet under the Stars«. Klassische Musik, etwa mit dem **Singapore Symphony Orchestra**, wird in den Botanic Gardens gespielt. Straßenmusiker spielen gern am Singapore River auf. Sonntags gibt es im **Chijmes** Live-Musik.

Auftritt des Singapore Symphony Orchestra in den Botanic Gardens

Auf einen Blick

Information

Juice
6733-1111.
juiceonline.com

The Straits Times
6319-5397.
straitstimes.com

Tickets

Annalakshmi Restaurant
133 New Bridge Road, B1-02 Chinatown Point.
6339-9993.
annalakshmi.com.sg

Gatecrash
gatecrash.com.sg

SISTIC
6348-5555.
sistic.com.sg
Raffles City; Victoria Concert Hall Box Office.

Behinderte Reisende

Access Singapore, National Council of Social Service
150 Pandan Gardens.
6899-1220.
dpa.org.sg

Bühnen

Chijmes Hall
30 Victoria Street.
Stadtplan 3 D5.
6334-3801.
chijmes.com.sg

DBS Arts Centre
20 Merbau Road.
Stadtplan 4 C2.
6733-8166.
srt.com.sg

Esplanade – Theatres on the Bay
1 Esplanade Drive, Marina Bay.
Stadtplan 5 E2.
6828-8222.
esplanade.com

Jubilee Hall
Raffles Hotel.
Stadtplan 3 E5.
6412-1319.
raffles.com

National Stadium
2 Stadium Walk.
6653-8900.
sportshub.com.sg

The Room Upstairs
42 Waterloo Street.
Stadtplan 3 D4.
6837-0842.

Shaw Foundation Symphony Stage
Botanic Gardens, 1 Cluny Road.
Stadtplan 1 D2.
6471-7361.
sbg.org.sg

Singapore Indoor Stadium
2 Stadium Walk.
6344-2660.

The Substation
45 Armenian Street.
Stadtplan 3 D5.
6337-7535.
substation.org

University Cultural Centre
50 Kent Ridge Crescent.
6516-2492.
nus.edu.sg

Victoria Theatre & Concert Hall
9 Empress Place.
Stadtplan 5 D3.
6338-8283.
nac.gov.sg

Festivals

Buskers' Festival
singapore-buskers.com

Films at the Fort
filmsatthefort.com.sg

Singapore Arts Festival
6345-8488.
nac.gov.sg

Singapore Fringe Festival
singaporefringe.com

Singapore International Film Festival
filmfest.org.sg

Singapore Piano Festival
pianofestival.com.sg

Gratis- und Open-Air-Veranstaltungen

Chijmes
30 Victoria Street.
Stadtplan 3 D5.
6336-1818.
chijmes.com.sg

Singapore Dance Theatre
2nd Story, Fort Canning Centre, Cox Terrace.
Stadtplan 5 D1.
6338-0611.
singaporedancetheatre.com

Singapore Symphony Orchestra
Victoria Concert Hall, 11 Empress Place.
Stadtplan 5 D3.
6338-1230
sso.org.sg

Temple of Fine Arts
20 Havelock Road, Central Square.
6535-0509.
templeoffinearts.org

Aufführung einer chinesischen Oper in der Teochew Street

Klassische Musik und Ballett

Das **Singapore Symphony Orchestra** *(siehe S. 259)* wurde im Jahr 1979 gegründet. Es tritt regelmäßig in seinem Stammhaus, dem Esplanade, und in der Victoria Concert Hall auf. Das Orchester arbeitet sowohl mit Gastdirigenten und -solisten als auch mit jungen Komponisten zusammen.

Das **Singapore Dance Theatre** *(siehe S. 259)* ist die renommierteste Tanztruppe des Landes. Es bringt klassisches wie modernes Ballett auf die Bühne. Zeitgenössischen Tanz zeigen das **Odyssey Dance Theatre** und **Ecnad**.

Chinesische Oper, malaiische und indische Musik

Traditionelle chinesische Oper ist Straßentheater, das man sich am besten während des Festival of the Hungry Ghosts *(siehe S. 207)* ansieht. Das **Chinese Opera Institute** und der Chinese Theatre Circle führen freitags und samstags außerdem eine zweistündige Oper mit Einführung auf. Das **Singapore Chinese Orchestra** ist das einzige professionelle chinesische Orchester der Insel. Es spielt vorwiegend indische und malaiische Musik sowie chinesische Stücke.

Im Malay Heritage Centre *(siehe S. 234)* in Kampong Glam finden oftmals Vorstellungen mit traditionellen Tänzen und Musik statt – informieren Sie sich telefonisch über weitere Details.

Das umfangreiche Repertoire klassisch indischer Musik und Tänze wird im **Temple of Fine Arts** *(siehe S. 259)* und in der **Nrityalaya Aesthetics Society** gepflegt.

Theater und Musicals

Singapurs lebendige Theaterszene reicht von Broadway- und West-End-Hits internationaler Tourneetruppen bis hin zu einheimischen Gruppen, die neue Produktionen lokaler Bühnenautoren aufführen. Bekannt sind Ensembles wie **Action Theatre**, **Singapore Repertory Theatre**, **TheatreWorks**, **Toy Factory** und **The Necessary Stage**. Die meisten Produktionen sind englischsprachig, doch man hört auch chinesische Dialekte sowie Malaiisch und Tamilisch. Truppen wie der seit 1945 bestehende **The Singapore Stage Club** sind international besetzt und führen vor allem um Weihnachten Pantomimenstücke auf.

Kino

Die meisten Filme werden in Singapur auf Englisch mit chinesischen Untertiteln gezeigt. Anderssprachige Filme sind englisch-chinesisch untertitelt. Hollywood-Blockbuster und indische Filme sind äußerst populär. Es gibt zahlreiche Multiplexkinos, darunter das **Golden Village** und das **Shaw Beach Road Cineplex**. Wählen Sie hier für Luxus pur das »Gold Class«-Ticket: Für ca. 25 S$ bekommen Sie einen Lehnstuhl, Decken, viel Platz und Beinfreiheit sowie Servicepersonal, das Sie während der Vorführung mit Essen und Getränken versorgt. Europäische Filmkunst zeigt die **Singapore Film Society** in der **Alliance Française**, aber auch das **Goethe-Institut**. Der **British Council** organisiert regelmäßig Vorführungen herausragender Klassiker. Filme junger einheimischer Regisseure wie Royston Tan und Kelvin Tong ziehen ein großes Publikum ins Kino.

Nachtleben

Das Nachtleben der Insel ist überaus quirlig und vielfältig. Es spielt sich vor allem rund um Clarke Quay, Boat Quay und Dempsey Hill ab. Blues und Rock 'n' Roll gibt es im **Crazy Elephant** am Clarke Quay. **Brix** in der Orchard Road, das **Sa Vanh** in Chinatown und **Tanjong Beach Club** auf Sentosa Island sind besonders beliebt. Die Weinbars bieten freundlichen Service in angenehmem Ambiente. Die

Eine Rockband gibt im Crazy Elephant ein Konzert

meisten Bars sind in stimmungsvollen Shophouses untergebracht. Sie sind alle recht populär, am schicksten sind **No. 5**, die älteste noch existente Weinbar der Stadt mit unpolierten Holzböden und Perserteppichen, **1-Altitude**, die zu den höchstgelegenen Bars der Welt gehört, sowie die immer volle **KU DE TA**.

Karaoke-Stationen (auch KTV Stations genannt) sind auch in Singapur ungeheuer beliebt. Jede noch so kleine Kneipe besitzt eine.

Die Clubs der Stadt sind immer voll. Die **Kilo Lounge** ist einer der wenigen »Underground«-Clubs in Singapurs vorwiegend an den Mainstream angepasster Szene. Besonders angesagt zum Abtanzen ist das **Attica**. Der trendige **Zouk**-Komplex beherbergt zwei Clubs: Das **Velvet Underground** hat eine Haupttanzfläche sowie eine separate Bar zum Chillen. Eine futuristische Welt mit Wandmalereien betritt man im **Phuture**, das u. a. Hip-Hop, Techno und Drum 'n' Bass bietet. **Pangaea** ist spezialisiert auf Musik von Electro und Trance über House bis zu Progressive. In diesem Superclub treten sowohl einheimische als auch internationale DJs auf. Auf der Website finden Sie mehr Details. Die meisten Clubs verlangen zwischen 20 und 30 S$ Eintritt.

Auf einen Blick

Musik und Tanz

Chinese Opera Institute
111 Middle Road.
Stadtplan 3 D4.
6339-1292.
coi.org.sg

Ecnad
04–05 182 Cecil Street.
Stadtplan 5 D4.
6226-6772.
ecnad.org

Malay Village
39 Geylang Road.
6748-4700.

Nrityalaya Aesthetics Society
Stamford Arts Centre,
155 Waterloo Street.
Stadtplan 3 D4.
6336-6537.
nas.org.sg

Odyssey Dance Theatre
04–04, 182 Cecil Street.
Stadtplan 5 D4.
6221-5516.
odysseydance theatre.com

Singapore Chinese Orchestra
Singapore Conference Hall, 7 Shenton Way.
Stadtplan 5 D5.
6440-3839.
sco.org.sg

Theater und Musicals

Action Theatre
42 Waterloo Street.
Stadtplan 3 D4.
6837-0842.
centre42.sg

The Necessary Stage
278 Marine Parade Road.
6440-8115.
necessary.org

Singapore Repertory Theatre
DBS Arts Centre,
20 Merbau Road.
Stadtplan 4 C2.
6733-8166.
srt.com.sg

The Singapore Stage Club
203 Henderson Road.
6454-5200.
stageclub.com

TheatreWorks
72–13 Mohamed Sultan Road. **Stadtplan** 2 B5.
6737-7213.
theatreworks.org.sg

Toy Factory
15 A Smith Street.
Stadtplan 4 C4.
6222-1526.
toyfactory.org.sg

Kino

Alliance Française
1 Sarkies Road.
Stadtplan 2 A2.
6737-8422.
alliancefrancaise.org.sg

British Council
30 Napier Road.
Stadtplan 1 D2.
6473-1111.
britishcouncil.org/sg

Goethe-Institut
136 Neil Road.
6735-4555.
goethe.de/ins/sg

Golden Village
Marina Leisureplex,
Raffles Avenue.
Stadtplan 5 F2.
1900 912-1234.
gv.com.sg
Mehrere Filialen.

Shaw Beach Road Cineplex
Shaw Tower, 100 Beach Road. **Stadtplan** 3 F4.
6738-0555.
shaw.com.sg
Mehrere Filialen.

Singapore Film Society
03–01 Marina Leisureplex,
5A Raffles Avenue.
Stadtplan 5 F2.
90-170-160.
sfs.org.sg

Nachtleben

1-Altitude
1 Raffles Place.
Stadtplan 5 D3
6438-0410.

Attica
01-03 Clarke Quay,
3A River Valley Road.
Stadtplan 1 E4.
6333-9973.
attica.com.sg

Brix
Grand Hyatt Singapore,
10 Scotts Road.
Stadtplan 2 A3.
6738-1234.

Crazy Elephant
Clarke Quay,
3E River Valley Road.
Stadtplan 1 E4.
6337-7859.
crazyelephant.com

Harry's Bar
28 Boat Quay.
Stadtplan 5 D3.
6538-3029.
harrys.com.sg

Kilo Lounge
66 Kampong Bugis.
6467-3987.

KU DE TA
Marina Bay Sands,
1 Bayfront Ave.
Stadtplan 5 F3.
6688-7688.

Molly Malone's
56 Circular Road.
Stadtplan 5 D3.
6536-2029.
molly-malone.com

No. 5
5 Emerald Hill.
6732-0818.
no5.emerald-hill.com

Pangaea
Marina Bay Sands,
1 Bayfront Avenue.
Stadtplan 5 F3.
8611-7013
pangaea.sg

Sa Vanh
49 Club Street.
Stadtplan 4 C4.
6323-0145.

Tanjong Beach Club
120 Tanjong Beach Walk, Sentosa Island.
6270-1355.
tanjongbeachclub.com

Zouk, Velvet Underground, und Phuture
17 Jiak Kim Street.
6738-2988.
zoukclub.com

Sport und Aktivurlaub

Singapur ist nicht nur Shopping-Paradies und Gourmet-Destination, es bietet auch viele Möglichkeiten, sportlich aktiv zu werden. In den Gewässern rund um die Tropeninsel kann man das ganze Jahr hindurch beliebte Wassersportarten wie Tauchen, Segeln, Wasserskifahren und Wakeboarding betreiben. Die beliebtesten Areale für Freizeitaktivitäten liegen am Kallang River östlich der Stadt, im East Coast Park und um die Insel Sentosa.

Auf die Inselausläufer und durch die schönen Naturschutzparks führen zahlreiche Fahrradwege. Golf und Fitness werden auch in Singapur großgeschrieben. Tennis ist ebenfalls ein beliebter Sport, kann jedoch aufgrund der Temperaturen sehr anstrengend sein. Spielen Sie am besten am frühen Vormittag. Generell gilt für alle Aktivitäten im Freien: Gegen die Tropensonne ist guter Sonnenschutz unerlässlich.

Gepflegter Golfplatz am East Coast Park

Golf

Singapur besitzt eine Reihe wunderbar gepflegter Golfplätze. In den meisten Clubs dürfen auch Besucher spielen, allerdings nur werktags. Der **Seletar Country Club** ist auch am Wochenende für Nicht-Mitglieder offen. Weitere beliebte Clubs sind der **Marina Bay Golf Course**, der **Sentosa Golf Club** und der **Raffles Country Club** mit seiner spektakulären Aussicht auf das Meer.

Tauchen

Kaum irgendwo auf der Welt kann man preisgünstiger Tauchunterricht nehmen als in Singapur. Die Professional Association of Diving Instructors (PADI) bietet Kurse sowohl für Anfänger als auch für Fortgeschrittene an. Man kann zwischen einigen angesehenen Tauchschulen wählen, darunter **Big Bubble Centre**, **Waikiki Dive Centre**, **Scuba Corner**, **Gill Divers** und **Friendly Waters Seasports Services**. Neben Tauchunterricht stellen die meisten Schulen auch das Equipment. Sie organisieren kürzere Tauchgänge, etwa auf eintägigen Exkursionen, aber auch längere Touren zu den beliebtesten Tauchspots vor Malaysias Ostküste, Thailand oder Indonesiens Riau-Archipel. Wer nach einer aufregenden Erfahrung sucht, kann im S.E.A. Aquarium auf Sentosa *(siehe S. 250)* mit Delfinen tauchen.

Wasserski und Wakeboarding

Mehrere Unternehmen vermieten das entsprechende Equipment für diese Sportarten und unterrichten sie auch. Das **Cowabunga Ski Centre** gehört zu den bestausgestatteten in Singapur. **Sea-Breeze** auf der Insel Sentosa bietet Kurse für Wakebording und Wakesurfing an.

Segeln und Windsurfen

Die meisten Segel- und Windsurfcenter liegen an der Ostküste. Darunter sind **Mana Mana Beach Restaurant and Bar**, **National Sailing Centre**, **Marina at Keppel Bay**, **Raffles Marina**, **Republic of Singapore Yacht Club**, **SAFRA Sea Sports Centre** und **Changi Sailing Club**. Sie alle bieten diverse Wassersportaktivitäten an, vermieten auch Segelboote (zum Teil nur gegen Vorlage eines Bootsführerscheins), Surfbretter und Bootsliegeplätze. Manche veranstalten große Regatten und Trainingskurse. Details erfahren Sie auf den Websites oder telefonisch.

Abenteuersport

Der **Singapore Adventurers' Club** organisiert aufregende Aktivitäten wie Trekking, Radtouren, Kanufahrten und Segeltörns. Fast alle Veranstaltungen stehen auch Gästen offen, ausgenommen einige clubinterne Aktivitäten. Kurse für Kajakfahren, Felsklettern und Abseilen bietet das ganze Jahr über das **Outward Bound Singapore** auf Pulau Ubin und im East Coast Park.

Tauchen ist in Singapur sehr beliebt

Natur erleben

Die **Nature Society (Singapore)** organisiert zweimal im Monat Vogelbeobachtungstouren an verschiedenen Orten. Details erfahren Sie telefonisch oder auf der Website. Es ist ein ganz besonderes Erlebnis, die Tiere, Vögel und Pflanzen in Singapurs beeindruckenden Naturschutzreservaten zu bestaunen.

Radfahren

Das Fahrrad eignet sich bestens, um die Attraktionen außerhalb des Stadtgebiets von Singapur zu erkunden. Das Anmieten eines Fahrrads auf Sentosa ist eine gute Alternative zum dortigen Monorail-System. Wer im East Coast Park am Meer entlangfahren möchte, kann sich im **Sunsport Centre** ein Fahrrad mieten. Die abwechslungsreiche Landschaft im Bukit Timah Nature Reserve *(siehe S. 244)* ist für Radfahrer (das Rad muss mitgebracht werden) ein wenig anspruchsvoller. Pulau Ubin *(siehe S. 249)* vor der Nordostküste ist ein beliebtes Fahrradgebiet, vor allem für Mountainbiker. Bei einer Tour von **Let's Go Bike Singapore** kann man Fahrradfahren und Sightseeing miteinander verbinden.

Tennis

Tennisplätze kann man täglich zwischen 7 und 22 Uhr im **Kallang Squash & Tennis Centre** und auf dem **Farrer Park Tennis Court** anmieten. Das **Singapore Tennis Centre** bietet Einzel-Trainerstunden. Außerdem kann man sich auf einer Partnerliste eintragen lassen und einen Platz mieten. Der Instant-Tenniskurs für Anfänger ist für wenig Geld zu buchen.

Unter Tropensonne – ein Match im Singapore Tennis Centre

Auf einen Blick

Golf

Marina Bay Golf Course
80 Rhu Cross.
6342-5730.
mbgc.com.sg

Raffles Country Club
450 Jalan Ahmad Ibrahim. 6861-6888.
rcc.org.sg

Seletar Country Club
101 Seletar Club Road, Seletar Airbase.
6481-4812.
seletarclub.com.sg

Sentosa Golf Club
27 Bukit Manis Road.
6275-0022.
sentosagolf.com

Tauchen

Big Bubble Centre
57 Cantonment Road.
Stadtplan 4 B4.
6222-6862.
bigbubble.com

Friendly Waters Seasports Service
01-36 The Riverwalk, 20 Upper Circular Road.
Stadtplan 5 D3.
6557-0016.
friendlywaters.com.sg

Gill Divers
37B Hong Kong Street.
Stadtplan 5 D3.
6734-9373.
gilldivers.com

Scuba Corner
Block 809, French Road.
Stadtplan 3 F3.
6338-6563.
scubacorner.com.sg

Waikiki Dive Centre
Block 462, Crawford Lane.
6291-1290.
waikikidive.com

Wasserski und Wakeboarding

Cowabunga Ski Centre
10 Stadium Lane.
6344-8813.
extreme.com.sg

SeaBreeze
36 Siloso Beach, Sentosa.
6376-4336.
seabreeze.com.sg

Segeln und Windsurfen

Changi Sailing Club
32 Netheravon Road.
6545-2876.
csc.org.sg

Mana Mana Beach Restaurant and Bar
1212 East Coast Parkway. 6339-8878.
manamana.com

Marina at Keppel Bay
Lot 1016 und 2003, Bukit Chermin Road.
6270-6665.
marinakeppelbay.com

National Sailing Centre
1500 East Coast Parkway. **Stadtplan** 5 F4.
6444-4555.
sailing.org.sg

Raffles Marina
10 Tuas West Drive.
6861-8000.
rafflesmarina.com.sg

Republic of Singapore Yacht Club
52 West Coast Ferry Road. 6768-9288.
rsyc.org.sg

SAFRA Sea Sports Centre
10 Changi Coast Walk.
6546-5880.
nsrcc.com.sg

Abenteuersport

Outward Bound Singapore
9 Stadium Link, Pulau Ubin. 6545-9008.
obs.nyc.gov.sg

Singapore Adventurers' Club
74B Lorong 27, Geylang.
6749-0557.
sac.org

Natur erleben

Nature Society
02–05 The Sunflower, 510 Geylang Road.
6741-2036.
nss.org.sg

Radfahren

Let's Go Bike Singapore
High Street Centre B1-58 (Shop 58).
9004-4332.
letsgobikesingapore.com

Sunsport Centre
East Coast Parkway.
Stadtplan 5 F4.
6440-9827.

Tennis

Farrer Park Tennis Court
Rutland Road.
6299-4166.

Kallang Squash & Tennis Centre
Stadium Road.
6348-1291.

Singapore Tennis Centre
1020 East Coast Parkway. **Stadtplan** 5 F4.
6442-5966.
singtennis.org.sg

Stadtplan

Die Übersichtskarte von Singapur auf dieser Seite zeigt Ihnen, welche Teile der Stadt auf welchen Karten im *Stadtplan* zu finden sind. Alle Kartenverweise zu Sehenswürdigkeiten, Shopping- und Unterhaltungsadressen beziehen sich auf diesen Stadtplan. Auch in der Auswahl empfohlener Hotels *(siehe S. 282f)* und Restaurants *(siehe S. 299–301)* finden Sie diese Verweise. Bedeutende Sehenswürdigkeiten sind im Stadtplan eingetragen. Auf den Seiten 270–273 finden Sie ein Register mit allen im *Stadtplan* eingezeichneten Straßen- und Ortsnamen. Die erste Zahl bezeichnet die entsprechende Nummer, der folgende Buchstabe mit Ziffer die Koordinaten der betreffenden Karte. Die Legende unten zeigt den Maßstab und erläutert die Symbole.

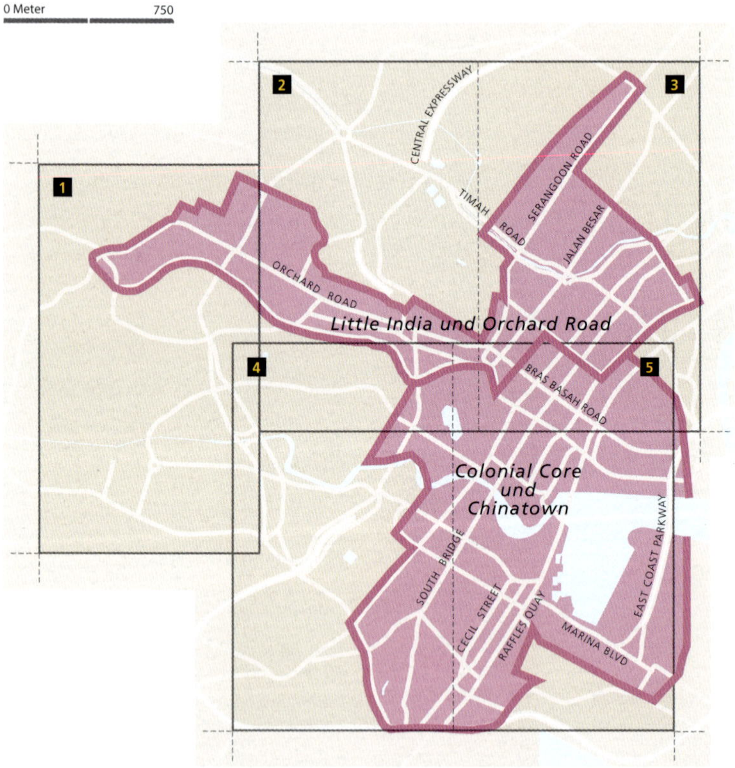

Legende

- Hauptsehenswürdigkeit
- Sehenswürdigkeit
- Anderes Gebäude
- MRT-Station
- Busbahnhof
- Krankenhaus mit Notaufnahme
- Polizei
- Information
- Hinduistischer Tempel
- Kirche
- Buddhistischer Tempel
- Moschee
- Synagoge
- Eisenbahn
- Expressway
- Fußgängerbrücke

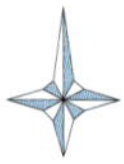

Maßstab der Karten

0 Meter 250

D
E
F
1
2
3
4
5
STEVENS ROAD
CLUNY ROAD
NASSIM ROAD
FERNHILL CRESCENT
FERNHILL CLOSE
FERNHILL ROAD
ORANGE GROVE ROAD
Shangri-La Hotel, Singapore
ANDERSON ROAD
DRAYCOTT PARK
DRAYCOTT DRIVE
LERMIT ROAD
SINGAPORE BOTANIC GARDENS
LADY HILL ROAD
ARDMORE PARK DRIVE
HILL
CLUNY ROAD
OFFICE RING ROAD
TAMAN SERASI
Gleneagles Medical Centre
Gleneagles Hospital
NASSIM ROAD
CLAYMORE ROAD
CLAYMORE DRIVE
CLAYMORE
SCOTTS ROAD
NAPIER ROAD
NASSIM HILL
Tanglin Mall
Forum Galleria
TANGLIN GOLF COURSE
ST. MARTINS DR
TANGLIN ROAD
CUSCADEN ROAD
ORCHARD ROAD
Far East Shopping Centre
Botschaft der USA
Australian High Commission
ROAD
SHERWOOD ROAD
British High Commission
Tourism Court
TOMLINSON ROAD
BOULEVARD
CUSCADEN WALK
Wheelock Place
ION Orchard
Orchard
ORCHARD BOULEVARD
ORCHARD ROAD
ANGULLIA PARK
PATERSON ROAD
JALAN TUPAI
TANGLIN WALK
TANGLIN RISE
TANGLIN HILL
TANGLIN ROAD
ROCHALIE DRIVE
GRANGE ROAD
LENGKOK MERAK
ONE TREE HILL
JALAN KELAWAR
ARNAP
JALAN
LENGKOK ANGSA
PATERSON ROAD
CHATSWORTH AVENUE
CHATSWORTH ROAD
CHATSWORTH PARK
Ägyptische Botschaft
Wisma Indonesia
GRANGE ROAD
Ministry of Education Teachers' Network
IRWELL BANK ROAD
HOOT KIAM ROAD
LEONIE HILL
High Commission of Brunei Darussalam
BISHOPSGATE ROAD
MOUNT ECHO PARK
MT. ECHO PARK
NATHAN ROAD
JALAN MUTIARA
KAYPOH ROAD
SHANGHAI ROAD
Times House
KIM SENG ROAD
JERVOIS ROAD
CABLE ROAD
KELLOCK ROAD
KIM SENG WALK
ZION ROAD
Malaysian High Commission
JERVOIS
JERVOIS LANE
HOLT ROAD
RIVER VALLEY ROAD
CHARLES SQUARE
Singapore School for the Deaf
PRINCE CHARLES CRESCENT
ZION CL.
Alexandra Canal
DELTA ROAD
PRINCE PHILIP AVENUE
DELTA ESTATE
ALEXANDRA ROAD
GANGES AVENUE
ROAD
Redhill
VIKING ROAD
HENDERSON CRESENT
HAVELOCK ROAD
NILE ROAD
INDUS ROAD
TIONG BAHRU ROAD
DELTA ROAD
HENDERSON ROAD
JALAN BUKIT HO SWEE
REDHILL ROAD
REDHILL CLOSE
LOWER DELTA ROAD
Tiong Bahru Plaza
Tiong Bahru
BOON TIONG ROAD
TIONG BAHRU ROAD
BUKIT MERAH VIEW

2
A
B
C
1
2
3
4
5
4
Chancery Lane
Mount Rosie Rd
Goldhill Rise
Goldhill Ave
Barker Road
Asimont Lane
Bukit Tunggal Road
Novena Ter
Thomson Road
Novena
Tan Tock Seng Hospital
Moulmein Rise
Jln. Tan Tock Seng
Moulmein Road
Shrewsbury
Gentle Road
Chancery Lane
Newton Road
Goldhill Plaza
Goldhill Centre
United Square
Jln. Jati
Essex Road
Khiang Guan Av
Hotel Royal
Dunearn Road
Bukit Timah Road
Rochor Canal
Gilstead Road
Buckley Road
Surrey Road
Jln. Korma
Derbyshire Road
Balmoral Road
Balmoral Crescent
Evelyn Road
Lincoln Road
Wee Nam Road
Suffolk Road
Central Expressway
Norfolk Road
Carlisle Road
Cambridge Road
Sarkies Road
Newton Road
Keng Lee Road
Kampong Java Road
Goodwood Hill
Sheraton Towers Singapore
Newton
Hertford Road
Halifax Road
Monk's Hill Terrace
Newton Circus Hawker Centre
Timah Road
Hooper Road
Scotts Road
Environment Building
Anthony Road
Kampong Java Park
K.K. Women's & Children's Hospital
Clemenceau Avenue North
Winstedt Road
Monk's Hill Road
Draycott Drive
Goodwood Park Hotel
Cairnhill Road
Peck Hay Road
Cavenagh Road
(Frühere Kandang Kerbau Hospital)
Cairnhill Rise
Cairnhill Circle
Far East Plaza
Istana (Präsidentenpalast)
Boon Siew Building
Edinburgh Road
Mackenzie
Grand Hyatt Singapore
Mt. Elizabeth Hospital
Scotts Shopping Centre
Jln. Jintan
Elizabeth Link
Cairnhill Circle
Mount Emily Park
Jln. Lada Puteh
Nutmeg Rd
Tangs
Jln. Kayu Manis
Mount Elizabeth
Lucky Plaza
Tong Building
Upper Wilkie Road
The Paragon
Orchard Road
Wisma Atria
The Promenade
Bideford Road
Saunders Road
Hill Road
Sri Temasek
St. Margaret's School
Wilkie Road
Crown Prince Hotel
Hullet Road
Istana Park
Ngee Ann City
Knightsbridge Mall
Emerald Hill
The Centrepoint
Cavenagh Road
Sophia Road
Orchard Turn
The Heeren
Cuppage Road
Cuppage Plaza
Peranakan Place
Plaza Singapura
Adis Road
Orchard Boulevard
Orchard Link
Mandarin Orchard Singapore
Orchard Shopping Centre
313@Somerset
Orchard Point
Orchard Plaza
Kramat Lane
Mount Sophia
Oldham Lane
Cathay Building
Somerset Road
Somerset
Handy Road
Grange Road
Orchard Road
Penang Road
Exeter Road
Istana Park
MacDonald House
Indian High Commission
Devonshire Road
ComCentre
House of Tan Yeok Nee
Clemenceau Avenue
Dhoby Ghaut
Dublin Road
Penang Road
Park Mall
Hill Road
Saint Thomas Walk
Killiney Road
Lloyd Road
Oxley Rise
Oxley Garden
Penang Lane
Singapore Council of Social Services
Canning Road
Canning Walk
Lloyd Gardens
Oxley Road
Oxley Walk
Haw Par Glass Tower
Fort Canning
Percival Road
Leonie Hill
River Valley Grove
A.A. Centre
Jln Rumbia
River Valley Road
Jln. Kula
Oxley Rise
Cox Terrace
River Valley Close
Kim Yam Road
Chettiars' Temple
Tank Road
Fort Canning Park
Tong Watt Road
Mohamed Sultan Road
Singapore Philatelic Museum

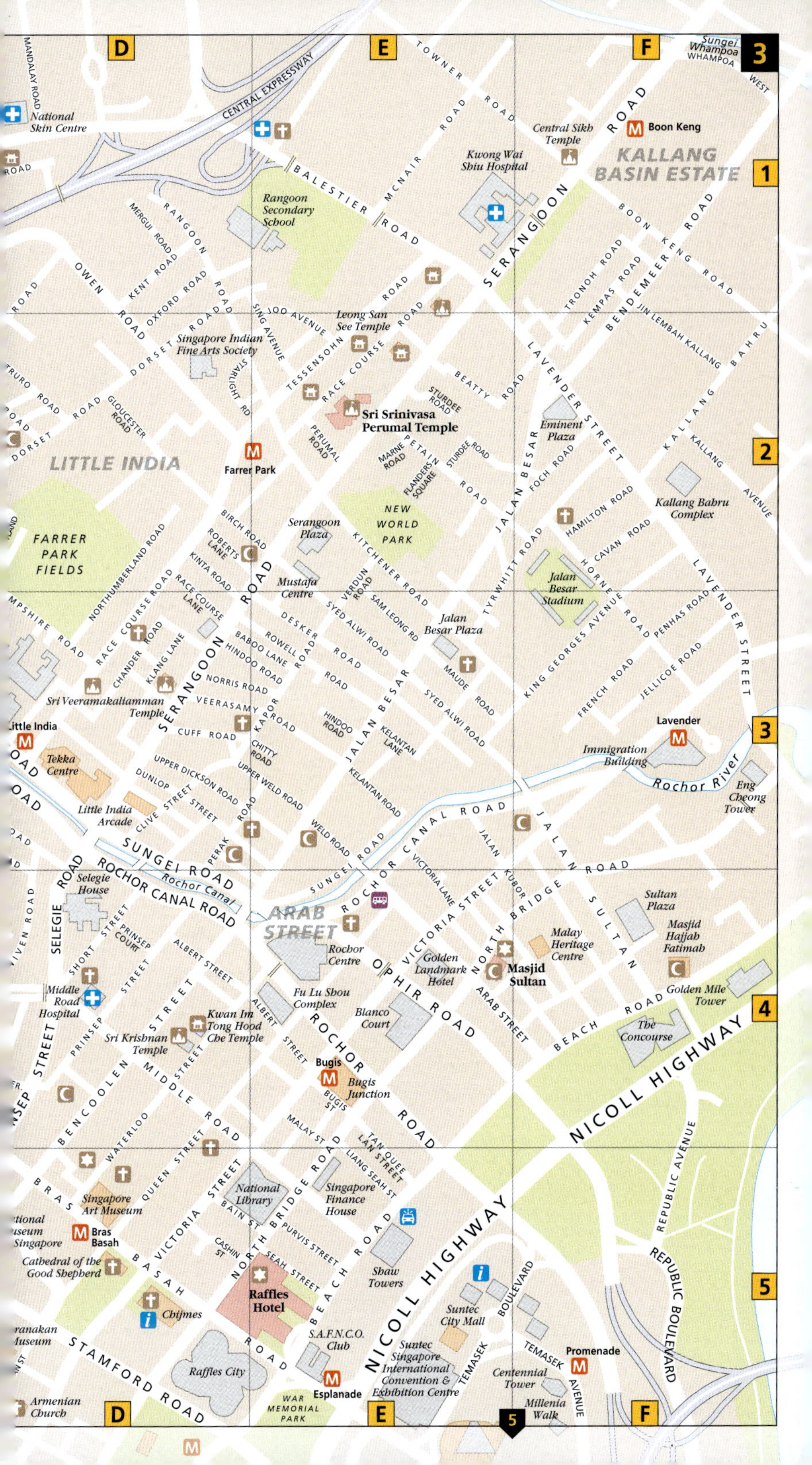

D
E
F
3
Sungei Whampoa
WHAMPOA WEST
MANDALAY ROAD
National Skin Centre
CENTRAL EXPRESSWAY
TOWNER ROAD
Central Sikh Temple
Boon Keng
KALLANG BASIN ESTATE
1
Kwong Wai Shiu Hospital
BALESTIER ROAD
MCNAIR ROAD
Rangoon Secondary School
SERANGOON ROAD
BOON KENG ROAD
MERGUI ROAD
RANGOON ROAD
OWEN ROAD
KENT ROAD
OXFORD ROAD
TRONOH ROAD
KEMPAS ROAD
BENDEMEER ROAD
JIN LEMBAH KALLANG
BAHRU
DORSET ROAD
SING AVENUE
100 AVENUE
Leong San See Temple
RACE COURSE ROAD
Singapore Indian Fine Arts Society
TESSENSOHN ROAD
STARLIGHT RD
TRURO ROAD
GLOUCESTER ROAD
BEATTY ROAD
LAVENDER STREET
STURDEE ROAD
Sri Srinivasa Perumal Temple
Eminent Plaza
KALLANG BAHRU
KALLANG AVENUE
2
LITTLE INDIA
Farrer Park
PERUMAL ROAD
MARNE ROAD
PETAIN ROAD
FLANDERS SQUARE
JALAN BESAR
FOCH ROAD
Kallang Babru Complex
FARRER PARK FIELDS
BIRCH ROAD
ROBERTS LANE
Serangoon Plaza
NEW WORLD PARK
KITCHENER ROAD
HAMILTON ROAD
CAVAN ROAD
TYRWHITT ROAD
NORTHUMBERLAND ROAD
KINTA ROAD
Mustafa Centre
VERDUN ROAD
Jalan Besar Stadium
HORNE ROAD
RACE COURSE LANE
DESKER ROAD
SAM LEONG RD
SYED ALWI ROAD
Jalan Besar Plaza
KING GEORGES AVENUE
PENHAS ROAD
HAMPSHIRE ROAD
CHANDER ROAD
KLANG LANE
BABOO LANE
ROWELL ROAD
HINDOO ROAD
MAUDE ROAD
FRENCH ROAD
JELLICOE ROAD
NORRIS ROAD
Sri Veeramakaliamman Temple
VEERASAMY ROAD
KAPOR ROAD
HINDOO ROAD
KELANTAN LANE
Lavender
3
Little India
CUFF ROAD
CHITTY ROAD
Immigration Building
Tekka Centre
UPPER DICKSON ROAD
UPPER WELD ROAD
KELANTAN ROAD
Rochor River
Eng Cheong Tower
DUNLOP STREET
CLIVE STREET
Little India Arcade
WELD ROAD
ROCHOR CANAL ROAD
JALAN KUBOR
JALAN BESAR
SUNGEI ROAD
PERAK ROAD
ROAD
Selegie House
ROCHOR CANAL ROAD
Rochor Canal
VICTORIA LANE
VICTORIA STREET
NORTH BRIDGE ROAD
SULTAN ROAD
Sultan Plaza
SELEGIE ROAD
PRINSEP COURT
SHORT STREET
ARAB STREET
Rochor Centre
Malay Heritage Centre
Masjid Hajjah Fatimah
ALBERT STREET
Golden Landmark Hotel
Masjid Sultan
Middle Road Hospital
Fu Lu Shou Complex
OPHIR ROAD
ARAB STREET
Golden Mile Tower
4
Kwan Im Tong Hood Che Temple
ALBERT STREET
Blanco Court
BEACH ROAD
The Concourse
PRINSEP STREET
Sri Krishnan Temple
ROCHOR ROAD
Bugis
Bugis Junction
NICOLL HIGHWAY
BENCOOLEN STREET
MIDDLE ROAD
BUGIS ST
MALAY ST
TAN QUEE LAN STREET
LIANG SEAH ST
REPUBLIC AVENUE
WATERLOO
QUEEN STREET
National Library
Singapore Finance House
BRAS BASAH
Singapore Art Museum
VICTORIA STREET
BAIN ST
PURVIS STREET
National Museum Singapore
Bras Basah
CASHIN ST
NORTH BRIDGE ROAD
SEAH STREET
Shaw Towers
REPUBLIC BOULEVARD
Cathedral of the Good Shepherd
BEACH ROAD
Raffles Hotel
BOULEVARD
5
Chijmes
Suntec City Mall
Peranakan Museum
S.A.F.N.C.O. Club
Suntec Singapore International Convention & Exhibition Centre
TEMASEK
TEMASEK AVENUE
Promenade
STAMFORD ROAD
Raffles City
Centennial Tower
Esplanade
Armenian Church
WAR MEMORIAL PARK
Millenia Walk
D
E
F
5

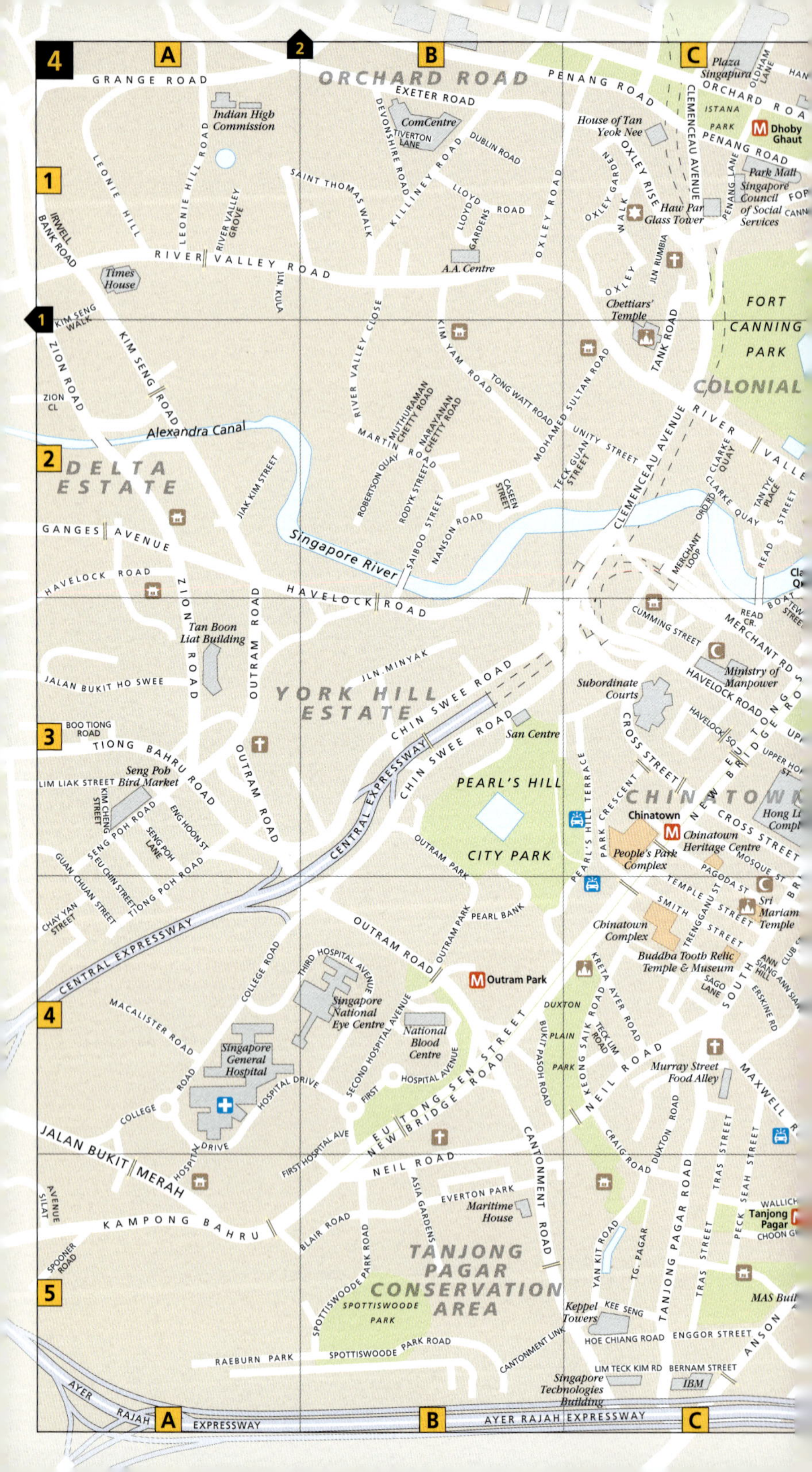

4
A
B
C
1
2
3
4
5
ORCHARD ROAD
GRANGE ROAD
PENANG ROAD
EXETER ROAD
Plaza Singapura
OLDHAM LANE
ORCHARD ROAD
ISTANA PARK
Dhoby Ghaut
Indian High Commission
ComCentre
TIVERTON LANE
DEVONSHIRE ROAD
DUBLIN ROAD
KILLINEY ROAD
LLOYD ROAD
LLOYD GARDENS
SAINT THOMAS WALK
LEONIE HILL ROAD
LEONIE HILL
RIVER VALLEY GROVE
IRWELL BANK ROAD
RIVER VALLEY ROAD
JLN. KULA
Times House
A.A. Centre
OXLEY ROAD
House of Tan Yeok Nee
OXLEY RISE
OXLEY GARDEN
OXLEY WALK
CLEMENCEAU AVENUE
PENANG LANE
Park Mall
Singapore Council of Social Services
Haw Par Glass Tower
JLN RUMBIA
Chettiars' Temple
TANK ROAD
FORT CANNING PARK
COLONIAL
KIM SENG WALK
KIM SENG ROAD
ZION ROAD
ZION CL
RIVER VALLEY CLOSE
KIM YAM ROAD
TONG WATT ROAD
MOHAMED SULTAN ROAD
UNITY STREET
TECK GUAN STREET
CLEMENCEAU AVENUE
RIVER VALLEY
CLARKE QUAY
TAN TYE PLACE
Alexandra Canal
DELTA ESTATE
MUTHURAMAN CHETTY ROAD
NARAYANAN CHETTY ROAD
MARTIN ROAD
ROBERTSON QUAY
RODYK STREET
CASEEN STREET
JIAK KIM STREET
SAIBOO STREET
NANSON ROAD
ORD RD
MERCHANT LOOP
READ STREET
GANGES AVENUE
Singapore River
HAVELOCK ROAD
HAVELOCK ROAD
READ CR.
BOAT QUAY
CUMMING STREET
MERCHANT RD
ZION ROAD
OUTRAM ROAD
Tan Boon Liat Building
JLN. MINYAK
Ministry of Manpower
Subordinate Courts
HAVELOCK ROAD
JALAN BUKIT HO SWEE
YORK HILL ESTATE
CHIN SWEE ROAD
HAVELOCK SQ
BOO TIONG ROAD
TIONG BAHRU ROAD
San Centre
CROSS STREET
UPPER HOK
Seng Poh Bird Market
LIM LIAK STREET
KIM CHENG STREET
ENG HOON ST
SENG POH ROAD
SENG POH LANE
OUTRAM ROAD
CENTRAL EXPRESSWAY
CHIN SWEE ROAD
PEARL'S HILL
PEARL'S HILL TERRACE
CHINATOWN
NEW BRIDGE ROAD
Chinatown
Hong Lim Complex
CROSS STREET
Chinatown Heritage Centre
PARK CRESCENT
People's Park Complex
CITY PARK
OUTRAM PARK
MOSQUE ST
PAGODA ST
GUAN CHUAN STREET
EU CHIN STREET
TIONG POH ROAD
CHAY YAN STREET
TEMPLE STREET
TRENGGANU ST
Sri Mariam Temple
SMITH STREET
PEARL BANK
Chinatown Complex
OUTRAM PARK
OUTRAM ROAD
Buddha Tooth Relic Temple & Museum
CLUB ST
ANN SIANG HILL
ANN SIANG
SAGO LANE
SOUTH BRIDGE ROAD
ERSKINE RD
CENTRAL EXPRESSWAY
COLLEGE ROAD
THIRD HOSPITAL AVENUE
Outram Park
MACALISTER ROAD
Singapore National Eye Centre
SECOND HOSPITAL AVENUE
National Blood Centre
DUXTON PLAIN PARK
KRETA AYER ROAD
TECK LIM ROAD
KEONG SAIK ROAD
BUKIT PASOH ROAD
Singapore General Hospital
HOSPITAL DRIVE
HOSPITAL AVENUE
FIRST
NEW BRIDGE ROAD
EU TONG SEN STREET
NEIL ROAD
Murray Street Food Alley
MAXWELL ROAD
COLLEGE ROAD
JALAN BUKIT MERAH
HOSPITAL DRIVE
FIRST HOSPITAL AVE
CANTONMENT ROAD
CRAIG ROAD
DUXTON ROAD
TRAS STREET
SEAH STREET
NEIL ROAD
ASIA GARDENS
EVERTON PARK
Maritime House
AVENUE SILAT
KAMPONG BAHRU
BLAIR ROAD
WALLICH
Tanjong Pagar
CHOON GU
PECK SEAH STREET
TRAS STREET
TANJONG PAGAR ROAD
TG. PAGAR
YAN KIT ROAD
SPOONER ROAD
TANJONG PAGAR CONSERVATION AREA
SPOTTISWOODE PARK ROAD
SPOTTISWOODE PARK
Keppel Towers
KEE SENG
MAS Buil
ANSON
CANTONMENT LINK
HOE CHIANG ROAD
ENGGOR STREET
RAEBURN PARK
SPOTTISWOODE PARK ROAD
LIM TECK KIM RD
BERNAM STREET
Singapore Technologies Building
IBM
AYER RAJAH EXPRESSWAY
AYER RAJAH EXPRESSWAY

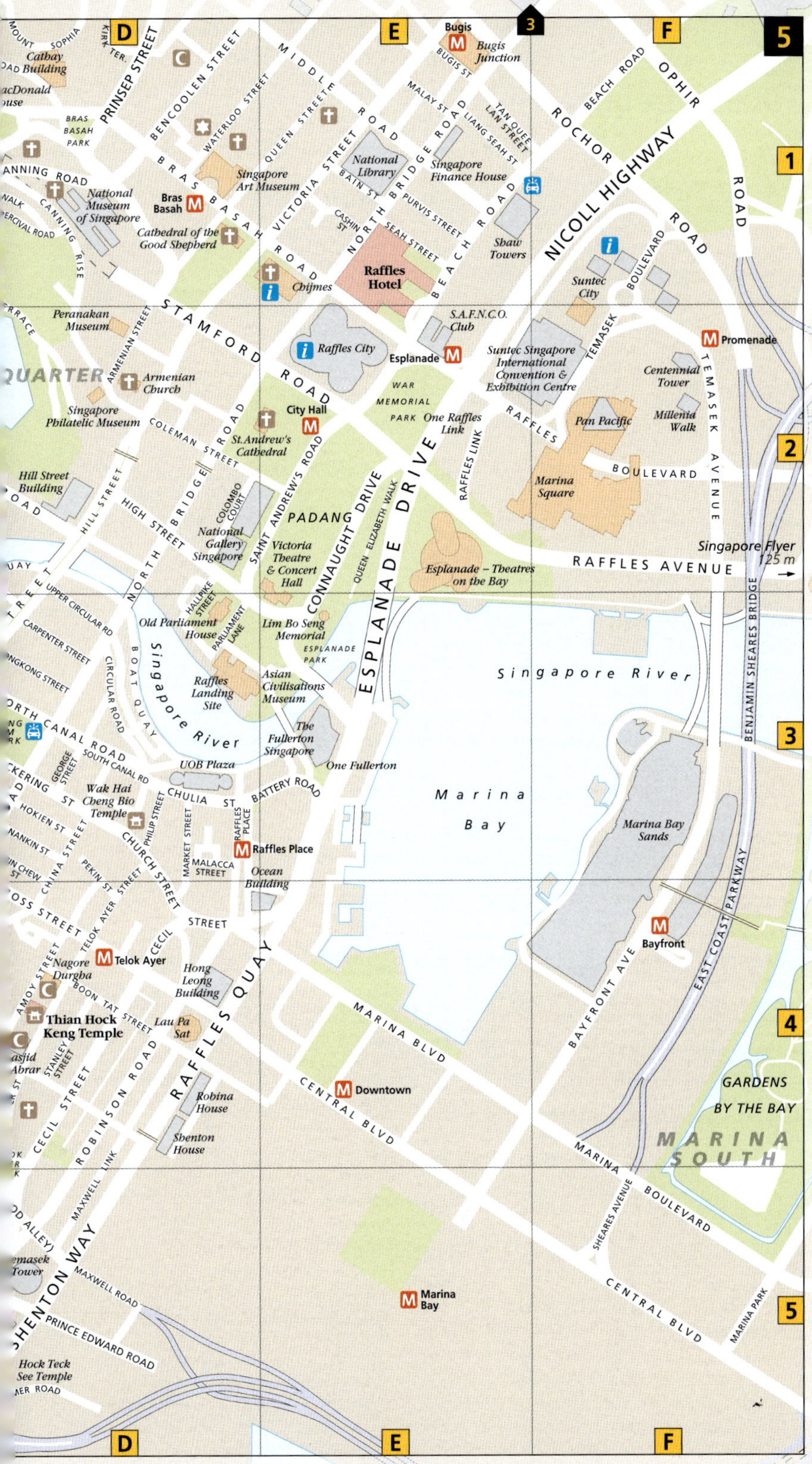

5
3
D
E
F
1
2
3
4
5
Bugis
Bugis Junction
Cathay Building
Prinsep Street
Bencoolen Street
Waterloo Street
Queen Street
Middle Road
Victoria Street
Bras Basah Park
Bras Basah Road
Singapore Art Museum
National Library
Singapore Finance House
National Museum of Singapore
Bras Basah
Cathedral of the Good Shepherd
North Bridge Road
Beach Road
Raffles Hotel
Shaw Towers
Nicoll Highway
Rochor Road
Ophir Road
Suntec City
Temasek Boulevard
Chijmes
Stamford Road
Peranakan Museum
Armenian Street
Raffles City
S.A.F.N.C.O. Club
Esplanade
Suntec Singapore International Convention & Exhibition Centre
Promenade
Centennial Tower
Temasek Avenue
Armenian Church
Singapore Philatelic Museum
City Hall
War Memorial Park
One Raffles Link
Raffles Link
Pan Pacific
Millenia Walk
Raffles Boulevard
Coleman Street
St.Andrew's Cathedral
Hill Street Building
Padang
Connaught Drive
Esplanade Drive
Marina Square
Hill Street
High Street
Colombo Court
National Gallery Singapore
Saint Andrew's Road
Victoria Theatre & Concert Hall
Queen Elizabeth Walk
Esplanade – Theatres on the Bay
Singapore Flyer 125 m
Raffles Avenue
Upper Circular Rd
Carpenter Street
Hallpike Street
Old Parliament House
Parliament Lane
Lim Bo Seng Memorial
Esplanade Park
Singapore River
Benjamin Shears Bridge
Boat Quay
Circular Road
Raffles Landing Site
Asian Civilisations Museum
The Fullerton Singapore
One Fullerton
North Canal Road
South Canal Rd
George Street
UOB Plaza
Battery Road
Wak Hai Cheng Bio Temple
Chulia St
Philip Street
Market Street
Raffles Place
Marina Bay
Marina Bay Sands
Hokien St
Nankin St
China Street
Pekin St
Church Street
Malacca Street
Ocean Building
Cross Street
Telok Ayer Street
Cecil Street
Telok Ayer
Nagore Durgha
Amoy Street
Boon Tat Street
Hong Leong Building
Raffles Quay
Bayfront
East Coast Parkway
Bayfront Ave
Thian Hock Keng Temple
Lau Pa Sat
Marina Blvd
Stanley Street
Robinson Road
Robina House
Downtown
Central Blvd
Gardens by the Bay
Marina South
Shenton House
Maxwell Link
Marina Boulevard
Sheares Avenue
Shenton Way
Maxwell Road
Marina Bay
Central Blvd
Marina Park
Prince Edward Road
Hock Teck See Temple

Kartenregister

A

A. A. Centre 2 B5, 4 B1
Adis Road 2 C4
Ägyptische Botschaft 1 E3
Al-Abrar, Masjid 5 D4
Albert Street 3 D4, 3 E4
Alexandra Canal 1 D4
Fortsetzung 4 A2
Alexandra Road 1 D4
Amoy Street 5 D4
Anderson Road 1 E1
Angullia Park 1 F2, 1 F3
Ann Siang Hill 4 C4
Ann Siang Road 4 C4
Anson Road 4 C5, 5 D5
Anthony Road 2 A2
Arab Street 3 E4
Ardmore Park Drive 1 F1
Armenische Kirche 3 D5, 5 D2
Armenian Street 3 D5
Fortsetzung 5 D2
Asia Gardens 4 B5
Asian Civilisations Museum 5 D3
Asimont Lane 2 A1
Australian High Commission 1 D2
Ayer Rajah Expressway 4 A5

B

Baboo Lane 3 D3
Bain Street 3 D5, 5 E1
Balestier Road 3 E1
Balmoral Crescent 2 A2
Balmoral Road 2 A1
Barker Road 2 A1
Battery Road 5 E3
Beach Road 3 F4, 5 E1
Beatty Road 3 E2
Bencoolen Street 3 D4
Fortsetzung 5 D1
Bendemeer Road 3 F2
Benjamin Sheares Bridge 5 F3
Bernam Street 4 C5
Bideford Road 2 A4
Birch Road 3 D2
Bishopsgate 1 E4
Blair Road 4 B5
Blanco Court 3 E4
Boat Quay 5 D3
Boon Keng Road 3 F1
Boon Siew Building 2 C3
Boon Tat Street 5 D4
Boon Tiong Road 1 F5
Fortsetzung 4 A3
Botschaft der USA 1 D2
Bras Basah Park 3 D5
Fortsetzung 5 D1
Bras Basah Road 3 D5
Fortsetzung 5 D1
British High Commission 1 D2
Buckley Road 2 B1
Buddha Tooth Relic Temple & Museum 4 C4
Bugis Junction 3 E4
Fortsetzung 5 E1
Bugis Station 3 E4, 5 E1
Bugis Street 3 E4, 5 E1
Bukit Merah View 1 E5
Bukit Pasoh Road 4 B4
Bukit Timah Road 2 A1
Fortsetzung 2 B2, 3 D3
Bukit Tunggal Road 2 A1
Fortsetzung 2 B1

C

Cable Road 1 E4
Cairnhill Circle 2 A3
Cairnhill Rise 2 B3
Cairnhill Road 2 A3
Cambridge Road 2 C2
Fortsetzung 3 D1
Camp Road 1 D2
Canning Lane 4 C2
Canning Rise 2 C5, 5 D1
Canning Road 4 C1
Canning Walk 2 C5
Cantonment Link 4 B5
Cantonment Road 4 B4
Carlisle Road 2 C2, 3 D2
Carpenter Street 5 D3
Caseen Street 4 B2
Cashin Street 3 D5, 5 E1
Cathay Building 2 C4, 5 D1
Cathedral of the Good Shepherd 3 D5, 5 D1
Cavan Road 3 F2
Cavenagh Road 2 B3
Cecil Street 5 D4
Centennial Tower 3 F5, 5 F2
Centrepoint, The 2 B4
Central Expressway 2 C2
Fortsetzung 3 D1, 4 A4
Central Sikh Temple 3 F1
Chancery Lane 2 A1
Chander Road 3 D3
Chatsworth Avenue 1 D3
Chatsworth Park 1 D3
Chatsworth Road 1 D3
Chay Yan Street 4 A4
Chettiars' Temple 2 B5, 4 C2
Chijmes 3 D5, 5 E1
Chin Chew Street 5 D3
Chin Swee Road 4 B3
China Street 5 D3
Chinatown 4 C3
Chinatown Complex 4 C4
Chinatown Heritage Centre 4 C3
Chinatown Station 4 C4
Chitty Road 3 E3
Choon Guan Street 4 C5
Chulia Street 5 D3
Church Street 5 D3
Circular Road 5 D3
City Hall Station 5 E2
C. K. Tang 2 A3
Clarke Quay 4 C2
Claymore Drive 1 F2
Claymore Hill 1 F2
Claymore Road 1 F2
Clemenceau Avenue 2 C4
Fortsetzung 4 C1
Clemenceau Avenue North 2 B2
Clive Street 3 D3
Club Street 4 C4
Cluny Road 1 D1, 1 D2
Coleman Street 5 D2
College Road 4 A4
Colombo Court 5 D2
Colonial Quarter 4 C2
Colonial Quarter Marina South 5 D2
ComCentre 2 A4, 4 B1
Concourse 3 F4
Connaught Drive 5 E2
Cox Terrace 2 C5, 5 D1
Craig Road 4 C4
Cross Street 4 C3, 5 D4
Crown Prince Hotel 2 A4
Cuff Road 3 D3
Cumming Street 4 C3
Cuppage Plaza 2 B4
Cuppage Road 2 B4
Cuscaden Road 1 E2
Cuscaden Walk 1 F2

D

Delta Estate 1 E4, 4 A2
Delta Road 1 E4
Derbyshire Road 2 C2
Desker Road 3 E3
Devonshire Road 2 A4
Fortsetzung 4 B1
Dhoby Ghaut Station 2 C4, 4 C1
Dorset Road 3 D2
Draycott Drive 1 F1
Fortsetzung 2 A3
Draycott Park 1 F1
Dublin Road 2 B4, 4 B1
Dunearn Road 2 A1
Dunlop Street 3 D3
Duxton Plain Park 4 B4
Duxton Road 4 C4

E

East Coast Parkway 5 F4
Edinburgh Road 2 C3
Elizabeth Link 2 A3
Emerald Hill Road 2 B4
Eminent Plaza 3 F2
Empress Place 5 D3
Eng Cheong Tower 3 F3
Eng Hoon Street 4 A3
Enggor Street 4 C5
Environment Building 2 A2
Erskine Road 4 C4
Esplanade Drive 5 E2, 5 E3
Esplanade Park 5 E3
Esplanade – Theatres on the Bay 5 E2
Essex Road 2 C1
Eu Chin Street 4 A3
Eu Tong Sen Street 4 B4
Fortsetzung 5 D3
Evelyn Road 2 B1
Everton Park 4 B5
Exeter Road 2 A4, 4 B1

F

Far East Plaza 2 A3
Far East Shopping Centre 1 F2
Farrer Park Fields 3 D2
Fernhill Close 1 E1
Fernhill Crescent 1 E1
Fernhill Road 1 E1

Finger Pier 5 D5
First Hospital Avenue 4 A5
Flanders Square 3 E2
Foch Road 3 F2
Fort Canning Park 2 C5
Fortsetzung 4 C1
Fort Canning Road 2 C5
Fortsetzung 4 C1, 5 D1
Forum Galleria 1 F2
Four Seasons Park 1 F2
French Road 3 F3
Fu Lu Shou Complex 3 E4
Fullerton Building 5 E3

G

Ganges Avenue 1 F5
Fortsetzung 4 A2
Gentle Road 2 A1
George Street 5 D3
Gilstead Road 2 B1, 2 B2
Gleneagles Hospital 1 D2
Gleneagles Medical Centre 1 D2
Gloucester Road 3 D2
Golden Landmark Hotel 3 E4
Golden Mile Tower 3 F4
Goldhill Avenue 2 A1
Goldhill Centre 2 C1
Goldhill Plaza 2 B1
Goldhill Rise 2 A1
Goodwood Hill 2 A2
Goodwood Park Hotel 2 A3
Grand Hyatt Singapore 2 A3
Grange Road 1 E3
Fortsetzung 2 A4, 4 A1
Guan Chuan Street 4 A3

H

Hajjah Fatimah, Masjid 3 F4
Halifax Road 2 C2
Hallpike Street 5 D3
Hamilton Road 3 F2
Hampshire Road 3 D3
Handy Road 2 C4
Fortsetzung 4 C1, 5 D1
Havelock Road 1 E5
Fortsetzung 4 A2
Havelock Square 4 C3
Haw Par Glass Tower 2 C5, 4 C1
Heeren, The 2 A4
Henderson Crescent 1 E5
Henderson Road 1 E5
Hertford Road 2 C2
Fortsetzung 3 D2
High Commission of Brunei Darussalam 1 D3
High Street 5 D2
Hill Street 5 D2
Hill Street Building 5 D2
Hindoo Road 3 D3, 3 E3
Hock Teck See Temple 5 D5
Hoe Chiang Road 4 C5
Hokien Street 5 D3
Holt Road 1 E4
Hong Leong Building 5 D4
Hong Lim Complex 4 C3
Hong Lim Park 5 D3
Hongkong Street 5 D3
Hooper Road 2 C2
Hoot Kiam Road 1 F3
Horne Road 3 F2
Hospital Drive 4 A5
Hotel Royal 2 B1
House of Tan Yeok Nee 2 B4, 4 C1
Hullet Road 2 B4

I

IBM 4 C5
Immigration Building 3 F3
Indian High Commission 2 A4, 4 A1
Indus Road 1 F5
ION Orchard 1 F2
Irwell Bank Road 1 F3
Fortsetzung 4 A1
Istana (Präsidentenpalast) 2 B3
Istana Park 2 C4, 4 C1

J

Jalan Arnap 1 E3
Jalan Besar 3 E3
Jalan Besar Plaza 3 E3
Jalan Besar Stadium 3 F2
Jalan Bukit Ho Swee 1 E5
Fortsetzung 4 A3
Jalan Bukit Merah 4 A4
Jalan Jati 2 C1
Jalan Jintan 2 A3
Jalan Kayu Manis 2 A3
Jalan Kelawar 1 E3
Jalan Korma 2 C1
Jalan Kuala 2 A5, 4 A1
Jalan Kubor 3 E3
Jalan Lada Puteh 2 A3
Jalan Lembah Kallang 3 F1
Jalan Minyak 4 B3
Jalan Rumbia 2 B5, 4 C1
Jalan Sultan 3 F3
Jalan Tan Tock Seng 2 C1
Jalan Tupai 1 E3
Jellicoe Road 3 F3
Jervois Lane 1 D4
Jervois Road 1 D4, 1 E4
Jiak Kim Street 4 A2
Joo Avenue 3 E1

K

Kallang Avenue 3 F2
Kallang Bahru 3 F2
Kallang Bahru Complex 3 F2
Kallang Basin Estate 3 F1
Kampong Bahru 4 A5
Kampong Java Park 2 C2
Kampong Java Road 2 B2
Kapor Road 3 E3
Kay Poh Road 1 F4
Kee Seng Street 4 C5
Kelantan Lane 3 E3
Kelantan Road 3 E3
Kellock Road 1 F4
Kempas Road 3 F1
Keng Lee Road 2 B2
Kent Road 3 D1
Keong Saik Road 4 C4
Keppel Towers 4 C5
Khiang Guan Avenue 2 B1
Killiney Road 2 A5
Fortsetzung 4 B1
Kim Cheng Street 4 A3
Kim Seng Road 1 F4
Fortsetzung 4 A1
Kim Seng Walk 1 F4
Fortsetzung 4 A2
Kim Yam Road 2 B5
Fortsetzung 4 B1
King Georges Avenue 3 F3
Kinta Road 3 D2
Kirk Terrace 2 C4
Fortsetzung 3 D4, 5 D1
Kitchener Road 3 E2
KK Hospital 2 C3
KK Women's & Children's Hospital 2 C2
Klang Lane 3 D3
Kramat Lane 2 B4
Kreta Ayer Road 4 C4
Kwan Im Tong Hood Che Temple 3 D4
Kwong Wai Shiu Hospital 3 E1

L

Lady Hill Road 1 E1
Lan Street 3 E4
Lau Pa Sat 5 D4
Lavender Station 3 F3
Lavender Street 3 F2
Lengkok Angsa 1 F3
Lengkok Merak 1 E3
Leong San See Temple 3 E1
Leonie Hill 1 F3, 4 A1
Leonie Hill Road 2 A5, 4 A1
Lermit Road 1 D1
Liane Road 1 D1
Liang Seah Street 3 E5
Fortsetzung 5 E1
Lim Bo Seng Memorial 5 E3
Lim Liak Street 4 A3
Lim Teck Kim Road 4 C5
Lincoln Road 2 B2
Little India 3 D2
Little India Arcade 3 D3
Little India Station 3 D3
Lloyd Gardens 2 B5
Fortsetzung 4 B1
Lloyd Road 2 B5, 4 B1
Lower Delta Road 1 E5
Lucky Plaza 2 A3

M

MacAlister Road 4 A4
MacDonald House 2 C4, 5 D1
MacKenzie Road 2 C3
Fortsetzung 3 D3
Main Gate Road 1 D2
Malacca Street 5 D3
Malay Heritage Centre 3 F4
Malay Street 3 E4, 5 E1
Malaysian High Commission 1 E4
Mandalay Road 3 D1
Mandarin Orchard Singapore 2 A4
Marina Bay Station 5 E5
Marina Boulevard 5 F5
Marina Gardens Drive 5 F5
Marina Square 5 F2
Maritime House 4 B5
Market Street 5 D3

Marne Road 3 E2
Martin Road 4 B2
MAS Building 4 C5
Masjid Sultan 3 E4
Maude Road 3 E3
Maxwell Link 5 D5
Maxwell Road 4 C4
Fortsetzung 5 D5
McNair Road 3 E1
Merchant Loop 4 C2
Merchant Road 4 C3
Mergui Road 3 D1
Middle Road 3 D4
Fortsetzung 5 E1
Middle Road Hospital 3 D4
Millenia Walk 3 F5
Fortsetzung 5 F2
Minden Road 1 D2
Ministry of Education Teachers' Network 1 F3
Ministry of Manpower 4 C3
Mistri Road 4 C5
Mohamed Sultan Road 2 B5
Fortsetzung 4 B2
Monk's Hill Road 2 B2
Monk's Hill Terrace 2 B2
Mosque Street 4 C3
Moulmein Rise 2 C1
Moulmein Road 2 C1
Mount Echo Park 1 D4
Mount Elizabeth 2 A4
Mount Elizabeth Hospital 2 A3
Mount Emily 2 C3
Mount Emily Park 2 C3
Mount Rosie Road 2 A1
Mount Sophia 2 C4
Fortsetzung 5 D1
Murray Street Food Alley 4 C4
Mustafa Centre 3 E2
Muthuraman Chetty Road 4 B2

N

Nagore Durgha 5 D4
Nankin Street 5 D3
Nanson Road 4 B2
Napier Road 1 D2
Narayanan Chetty Road 4 B2
Nassim Hill 1 D2
Nassim Road 1 D1
Nathan Road 1 E4
National Blood Centre 4 B4
National Gallery Singapore 5 D2
National Library 3 D5, 5 D1
National Museum of Singapore 3 D5, 5 D1
National Skin Centre 3 D1
Neil Road 4 B5
New Bridge Road 4 B4
Fortsetzung 5 D3
New Park Hotel 3 E2
New World Park 3 E2
Newton Circus Hawker Centre 2 B2
Newton Road 2 B2
Newton Station 2 B2
Ngee Ann City 2 A4
Nicoll Highway 3 E5
Fortsetzung 5 F1
Nile Road 1 F5
Niven Road 3 D4
Norfolk Road 2 C2
Norris Road 3 D3
North Bridge Road 3 E4
Fortsetzung 3 E5, 5 E1
North Canal Road 5 D3
Northumberland Road 3 D3
Novena Station 2 C1
Nutmeg Road 2 A3

O

Ocean Building 5 E4
Office Ring Road 1 D2
Old Parliament House 5 D3
Oldham Lane 2 C4
Fortsetzung 4 C1
One Fullerton 5 E3
One Tree Hill 1 E3
Ophir Road 3 E4, 5 F1
Orange Grove Road 1 E1
Orchard Boulevard 1 E2
Fortsetzung 2 A4
Orchard Link 2 A4
Orchard Plaza 2 B4
Orchard Point 2 B4
Orchard Road 1 F2, 2 A4
Fortsetzung 2 B4, 4 C1
Fortsetzung 4 C2, 5 D1
Orchard Station 1 F2
Orchard Turn 2 A4
Ord Road 4 C2
Outram Park 4 B4
Outram Park Station 4 B4
Outram Road 4 A3
Owen Road 3 D1
Oxford Road 3 D2
Oxley Garden 2 B5
Fortsetzung 4 C1
Oxley Rise 2 B4
Fortsetzung 4 C1
Oxley Road 2 B5
Fortsetzung 4 B1
Oxley Walk 2 B5
Fortsetzung 4 C1

P

Padang 5 E2
Pagoda Street 4 C3
Palmer Road 5 D5
Pan Pacific Hotel 5 F2
Paragon 2 A4
Park Crescent 4 C3
Park Mall 2 C5, 4 C1
Parliament Lane 5 D3
Parsi Road 4 C5
Paterson Road 1 F3
Pearl Bank 4 B4
Pearl's Hill City Park 4 B3
Pearl's Hill Terrace 4 C4
Peck Hay Road 2 A3
Peck Seah Street 4 C5
Pekin Street 5 D3
Penang Lane 2 C5, 4 C1
Penang Road 2 B4, 4 C1
Penhas Road 3 F3
People's Park Complex 4 C3
Perak Road 3 D3
Peranakan Museum 5 D2
Peranakan Place 2 B4
Percival Road 2 C5, 5 D1
Perumal Road 3 E2
Petain Road 3 E2
Philip Street 5 D3
Pickering Street 5 D3
Plaza Singapura 2 C4
Fortsetzung 4 C1
Prince Charles Crescent 1 D4
Prince Charles Square 1 D4
Prince Edward Road 5 D5
Prince Philip Avenue 1 D4
Prinsep Court 3 D4
Prinsep Street 3 D4
Fortsetzung 5 D1
Promenade 2 A4
Purvis Street 3 E5
Fortsetzung 5 E1

Q

Queen Elizabeth Walk 5 E2
Queen Street 3 D5
Fortsetzung 5 E1

R

Race Course Lane 3 D2
Race Course Road 3 D2
Raeburn Park 4 A5
Raffles Avenue 5 F2
Raffles Boulevard 5 F2
Raffles City 3 D5, 5 E2
Raffles Hospital 3 E4
Raffles Hotel 3 E5, 5 E1
Raffles Landing Site 5 D3
Raffles Link 5 E2
Raffles Place 5 D3
Raffles Place Station 5 D3
Raffles Quay 5 D4
Raffles Quay Park 5 D4
Rangoon Road 3 D1
Rangoon Secondary School 3 E1
Read Crescent 4 C3
Read Street 4 C2
Redhill Close 1 D5
Redhill Road 1 D5
Redhill Station 1 D5
Republic Avenue 3 F5
Republic Boulevard 3 F5
Ridley Park 1 D3
River Valley Close 2 A5
Fortsetzung 4 B2
River Valley Grove 2 A5
Fortsetzung 4 A1
River Valley Road 1 E4
Fortsetzung 2 A5, 4 A1
Fortsetzung 4 C2, 5 D2
Roberts Lane 3 D2
Robertson Quay 4 B2
Robina House 5 D4
Robinson Road 5 D4, 5 D5
Rochalie Drive 1 D3
Rochor Canal 2 A2, 3 D4
Rochor Canal Road 3 D4, 3 E4
Rochor Centre 3 E4
Rochor River 3 F3
Rochor Road 3 E4, 5 F1
Rodyk Street 4 B2
Rowell Road 3 E3
Rutland Road 3 D2

S

S.A.F.N.C.O. Club 3 E5, 5 E2
Sago Lane 4 C4
Sago Street 4 C4
Saiboo Street 4 B2
Saint Andrew's Cathedral 5 E2
Saint Andrew's Road 5 E2
Saint Margaret's School 2 C4
Saint Martins Drive 1 E2
Saint Thomas Walk 2 A5
Fortsetzung 4 A1
Sam Leong Road 3 E3
San Centre 4 B3
Sarkies Road 2 A2
Saunders Road 2 B4
Scotts Road 1 F2, 2 A3
Scotts Shopping Centre 2 A3
Seah Street 3 E5, 5 E1
Second Hospital Avenue 4 B4
Selegie House 3 D4
Selegie Road 3 D4
Seng Poh Bird Market 4 A3
Seng Poh Lane 4 A3
Seng Poh Road 4 A3
Serangoon Plaza 3 E2
Serangoon Road 3 E1
Shanghai Road 1 E4
Shangri-La Hotel 1 E1
Shaw Towers 3 E5, 5 E1
Shenton House 5 D4
Shenton Way 5 D5
Sheraton Towers Singapore 2 A2
Sherwood Road 1 D2
Short Street 3 D4
Shrewsbury Road 2 C1
Fortsetzung 3 D1
Silat Avenue 4 A5
Sing Avenue 3 E2
Singapore Art Museum 3 D5, 5 D1
Singapore Botanic Gardens 1 D1
Singapore Council of Social Services 2 C5, 4 C1
Singapore Finance House 3 E5, 5 E1
Singapore General Hospital 4 A4
Singapore Indian Fine Arts Society 3 D2
Singapore National Eye Centre 4 B4
Singapore Philatelic Museum 2 C5, 5 D2
Singapore Railway Station 4 B5
Singapore River 4 B2
Fortsetzung 5 D3
Singapore School for the Deaf 1 D4
Singapore Technologies Building 4 C5
Smith Street 4 C4
Somerset Road 2 A4
Somerset Station 2 B4
Sophia Road 2 C4
South Bridge Road 4 C4, 5 D3
South Canal Road 5 D3
Spooner Road 4 A5
Spottiswoode Park 4 B5
Spottiswoode Park Road 4 B5
Sri Krishnan Temple 3 D4
Sri Mariamman Temple 4 C4
Sri Srinivasa Perumal Temple 3 E2
Sri Temasek 2 B4
Sri Veeramakaliamman Temple 3 D3
Stamford Road 3 D5
Fortsetzung 5 F2
Stanley Street 5 D4
Starlight Road 3 D2
Stevens Road 1 F1
Sturdee Road 3 E2, 3 F2
Subordinate Courts 4 C3
Suffolk Road 2 C2
Sultan Plaza 3 F4
Sungei Road 3 D3, 3 E4
Sungei Whompoe 3 F1
Suntec City Mall 3 E5, 5 F1
Suntec Singapore International Convention & Exhibition Centre 3 E5, 5 F2
Surrey Road 2 B1
Swan Lake 1 D2
Syed Alwi Road 3 E3

T

Taman Serasi 1 D2
Tan Boon Liat Building 4 A3
Tan Quee Lan Street 3 E4
Fortsetzung 5 E1
Tan Tock Seng Hospital 2 C1
Tan Tye Place 4 C2
Tanglin Golf Course 1 D2
Tanglin Hill 1 D3
Tanglin Mall 1 E2
Tanglin Rise 1 D3
Tanglin Road 1 D3
Tanglin Walk 1 D3
Tanjong Pagar 4 C5
Tanjong Pagar Conservation Area 4 B5
Tanjong Pagar Road 4 C5
Tanjong Pagar Station 4 C5
Tank Road 2 B5, 4 C2
Teck Guan Street 4 C2
Teck Lim Road 4 C4
Tekka Centre 3 D3
Telok Ayer Park 5 D4
Telok Ayer Street 5 D4
Temasek Avenue 3 F5
Fortsetzung 5 F2
Temasek Boulevard 3 E5
Fortsetzung 5 F2
Temasek Polytechnic 5 D5
Temasek Polytechnic (früher) 1 F3
Temasek Tower 5 D5
Temple Street 4 C4
Terminal Avenue 5 D5
Tessensohn Road 3 C2
Tew Chew Street 4 C3
Thian Hock Keng Temple 5 D4
Third Hospital Avenue 4 A4
Thomson Road 2 B1
Times House 1 F4, 4 A1
Tiong Bahru Plaza 1 E5
Tiong Bahru Road 1 D5
Fortsetzung 4 A3
Tiong Bahru Station 1 F5
Tiong Poh Road 4 A4
Fortsetzung & 4 A3
Tiverton Lane 2 A4
Fortsetzung 4 B1
Tomlinson Road 1 E2
Tong Building 2 A4
Tong Watt Road 2 B5
Fortsetzung 4 B2
Tourism Court 1 E2
Towner Road 3 E1
Tras Street 4 C5
Trengganu Street 4 C4
Tronoh Road 3 F1
Truro Road 3 D2
Tyrwhitt Road 3 E3

U

United Square 2 C1
Unity Street 4 C2
UOB Plaza 5 D3
UOL Building 2 A4
Upper Circular Road 5 D3
Upper Cross Street 4 C3
Upper Dickson Road 3 D3
Upper Hokien Street 4 C3
Upper North Canal Road 4 C3
Upper Weld Road 3 E3
Upper Wilkie Road 2 C3, 2 C4

V

Veerasamy Road 3 D3
Verdun Road 3 E2
Victoria Lane 3 E3
Victoria Street 3 D5, 5 E1
Victoria Theatre & Concert Hall 5 E2
Viking Road 1 D5

W

Wak Hai Cheng Bio Temple 5 D3
Wallich Street 4 C5
War Memorial Park 3 E5
Fortsetzung 5 E2
Waterloo Street 3 D4
Fortsetzung 5 D1
Wee Nam Road 2 B2
Weld Road 3 E3
Whampoa West 3 F1
Wheelock Place 1 F2
Wilkie Road 2 C4
Winstedt Road 2 B2
Wisma Atria Shopping Centre 2 A4
Wisma Indonesia 1 E3

Y

Yan Kit Road 4 C5
York Hill Estate 4 A3

Z

Zhujiao Centre 3 D3
Zion Close 1 F4, 4 A2
Zion Road 1 F4, 4 A2

ZU GAST IN MALAYSIA UND SINGAPUR

Hotels	**276–283**
Restaurants	**284–301**
Shopping	**302–307**
Unterhaltung	**308–311**
Sport und Aktivurlaub	**312–317**

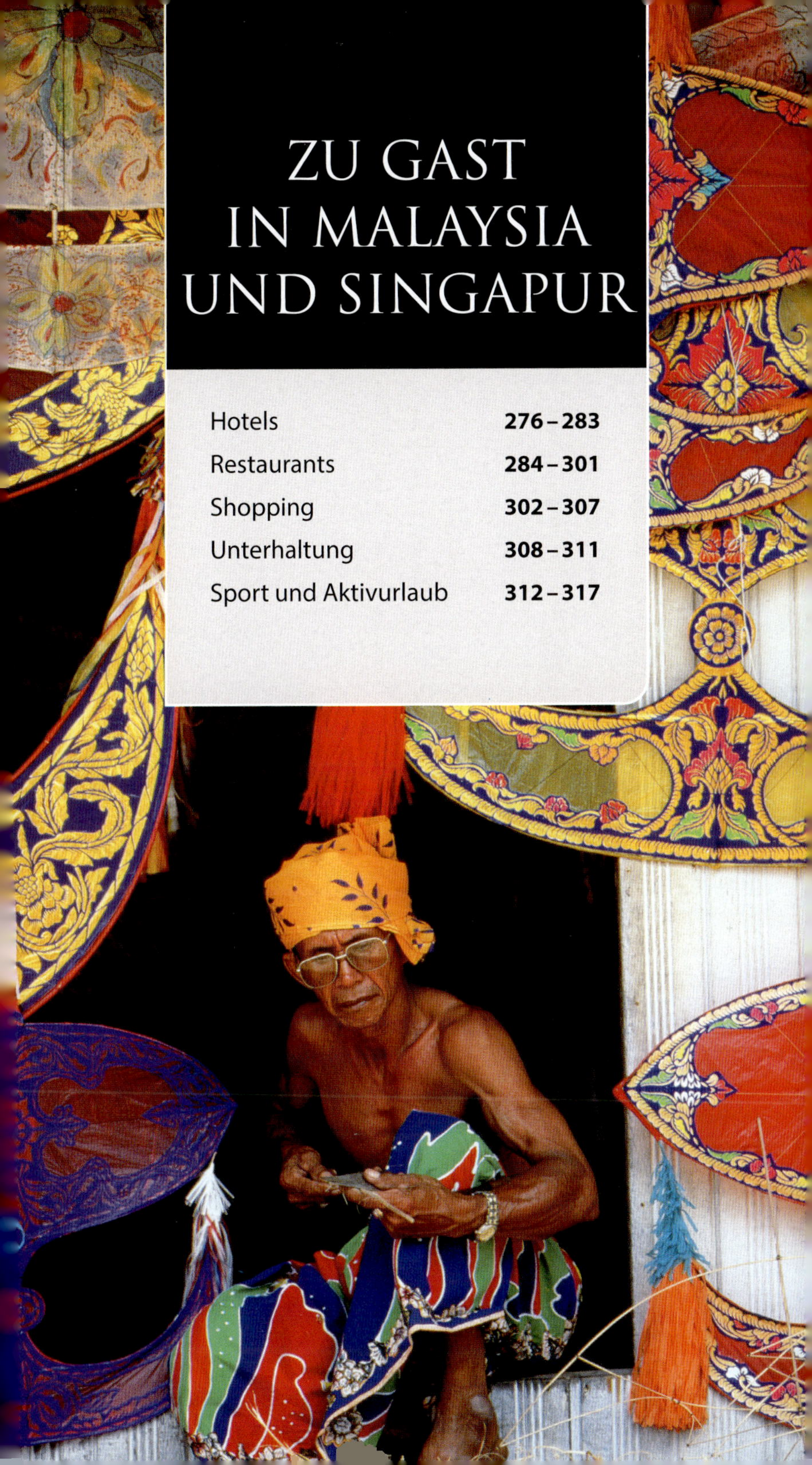

Hotels

Malaysia und Singapur bieten vielfältige Unterkünfte von einfachen Gästehäusern bis hin zu Luxushotels. Die Preise sind fair, wobei es in Singapur und auf Borneo meist teurer ist als auf der Malaiischen Halbinsel. Es fehlt nicht an internationalen Hotelketten, außerdem gibt es einige schöne Ferienanlagen in idyllischer Umgebung. Im mittleren Preisbereich hat man die Wahl zwischen hübschen Boutique-Hotels und Hotelketten regionaler Unternehmen. Reisende mit kleinem Budget finden exzellente Gästehäuser mit Schlafsälen und in einigen Landesteilen auch private Unterkünfte. Bei einer Übernachtung in einem Langhaus kann man die Kultur der Dayak kennenlernen. In den Nationalparks stehen Hütten und Campingplätze mitten im Regenwald zur Verfügung. Weitere Informationen entnehmen Sie den Seiten 278–283.

Elegant eingerichtetes Zimmer im Raffles, Singapur ***(siehe S. 283)***

Preiskategorien

Die Hotels in Malaysia und Singapur sind nach dem Sternesystem klassifiziert. Bei den Top- und Mittelklasse-Hotels entspricht die Zahl der Sterne den Komfortmerkmalen, die die Häuser bieten. Für Gästehäuser gibt es diese Einteilung nicht. Die Kategorien helfen zwar bei der Wahl der Unterkunft, dennoch sollte man vorab immer die Website eines Hotels konsultieren.

Internationale Hotels und Resort-Hotels

Einige der besten Hotelketten der Welt sind in Malaysia und Singapur vertreten. Sie bieten luxuriös ausgestattete Zimmer und tadellosen Service. Die in schöner Umgebung gelegenen Resorts haben Spas, Wassersport- und Fitnessanlagen, Golfplätze und eine Reihe von Shops, Restaurants und Bars, sodass die Gäste hier ihren Urlaub verbringen können, ohne die Anlage verlassen zu müssen. Der Aufenthalt in Hotels, in welchen sich kolonialer Charme mit Luxus verbindet, wie etwa das Majestic in Malakka *(siehe S. 280)* und das Raffles in Singapur *(siehe S. 283)*, kann ein unvergessliches Erlebnis sein.

Mittelklasse-Hotels

Mittlerweile gibt es auch internationale Ketten – einige Mittelklasse-Hotels mit exzellenten Einrichtungen mussten deshalb ihre Preise senken, um konkurrenzfähig zu bleiben. In dieser Kategorie sind auch die Boutique-Hotels angesiedelt. Sie bieten vor allem ein exotisches, entspannendes Ambiente sowie in der Regel auch persönlicheren Service. Relativ günstig kommt man in Shophouses unter. In letzter Zeit allerdings wurden viele dieser Häuser in Boutique-Hotels umgestaltet. Sie bieten jedoch noch immer einen authentischen Einblick in diese traditionelle Bauweise.

Preiswerte Hotels und Gästehäuser

Alle Städte und Ortschaften in Malaysias Urlaubsregionen haben preiswerte Hotels und Gästehäuser. Sie sind nicht nur billig, sondern darüber hinaus eine äußerst gute Informationsquelle. Die meisten Gästehäuser sind einfach ausgestattet, bieten zum Teil aber Frühstück und Internet-Zugang. Gästehäuser erfreuen sich zunehmender Beliebtheit, weil sie die Gelegenheit bieten, Malaysier kennenzulernen. Die Tourismusbüros vor Ort führen Listen der Anbieter in der Region. In Singapur gibt es sehr schöne Hostels mit exzellenten Einrichtungen.

Langhäuser

Wer nach Borneo, insbesondere nach Sarawak, reist, kann in einem Langhaus, der traditionellen Behausung indigener Völker wie der Bidayuh *(siehe S. 167)* und der Iban *(siehe S. 173)*, übernachten. Die meisten Besucher von Langhäusern organisieren ihre Reisen über Reiseagenturen wie **Borneo Adventure** *(siehe S. 317)* und das **Sabah Tourism Board** *(siehe S. 323)*. Diese Unterkünfte sind generell sehr einfach ausgestattet, meist nur mit ein paar Matratzen am

Live-Musik zum Sundowner im The Majestic in Malakka ***(siehe S. 280)***

◀ **Traditioneller Drachenhersteller in Kota Bharu** ***(siehe S. 152f)***

Suite im Mulu Marriott Resort & Spa *(siehe S. 282)*

Boden und einem Moskitonetz. Inzwischen besitzen einige schon moderne Toiletten.

Nationalparks und Camping

Nationalparks in ganz Malaysia bieten komfortable Unterkünfte in Lodges oder Hütten, die normalerweise um das Hauptgebäude des Parks herum gruppiert sind. Oft gibt es auch Campingplätze, auf denen Besucher ein Zelt mieten oder ihr eigenes aufstellen können. Einige Campingplätze liegen direkt am Strand, allerdings sind sie recht spartanisch ausgestattet. Informationen, Buchung und Genehmigungen erteilen: **Department of Wildlife and National Parks**, **Sarawak Forestry Corporation** sowie **Sabah National Parks**.

Preise und Reservierung

Die Zimmerpreise sind fast das ganze Jahr über gleich. Sie steigen um Feiertage wie Hari Raya Puasa, das chinesische Neujahr *(siehe S. 34f)* und Weihnachten zum Teil spürbar an. In dieser Zeit muss man vorab buchen. In den ruhigeren Zeiten, vor allem in der Monsunzeit zwischen November und Februar, fallen die Preise. An der Ostküste erhält man dann große Preisnachlässe. In den Top-Hotels muss man allerdings vorab reservieren, um die besten Angebote zu ergattern. Beachten Sie, dass die Preise für Hotels und Gästehäuser in Kuala Lumpur wesentlich höher sind als im Rest des Landes. Die Hotelpreise in Singapur sind mit denen im Westen vergleichbar.

Versteckte Kosten

Die meisten preiswerten und mittleren Hotels nennen ihre Preise inklusive Steuern. Bei Top-Hotels in Malaysia steht hinter den Preisen oft »++«, was einen Aufschlag von zehn Prozent Servicegebühr und sechs Prozent Steuer bedeutet. In Singapur sieht man oft »+++«, womit zehn Prozent Servicegebühr, 17 Prozent Mehrwert- und Hotelsteuer sowie ein Prozent weitere Steuern gemeint sind. Speisen und Getränke in Luxushotels und -restaurants sind ebenfalls ohne Steuern und Service zu verstehen.

Seit 2017 müssen Reisende in Malaysia eine Tourismussteuer bezahlen. Die Höhe richtet sich nach der Unterkunft und reicht von 52 Cent pro Zimmer und Nacht für einfache Unterkünfte bis zu 4,20 Euro für Luxushotels.

Mit Kindern reisen

Das Hotelpersonal in Malaysia und Singapur verwöhnt junge Gäste. Auch in einfachen Hotels dürfen Kinder unter zwölf Jahren gratis bei ihren Eltern übernachten. Nicht alle Hotels haben Spielplätze, manche bieten spezielle Einrichtungen für Kinder. Die meisten stellen Zusatzbetten ins Zimmer und servieren kindgerechte Speisen. Gitterbetten und Hochstühle gibt es fast überall.

Holzhütten im Sepilok Nature Resort, Sandakan *(siehe S. 282)*

Behinderte Reisende

Abgesehen von einigen Spitzenhäusern verfügen nur die wenigsten Hotels in Malaysia oder Singapur *(siehe S. 322)* über Einrichtungen für Behinderte. Für Rollstuhlfahrer gibt es allenfalls Rampen und Aufzüge. Einige Fünf-Sterne-Hotels haben Zimmer, die für Rollstuhlfahrer geeignet sind.

Hotelkategorien

Die auf den Seiten 278 bis 283 aufgeführten Hotels spiegeln die Haupttypen der Unterkünfte in Malaysia, Borneo und Singapur wider. Die Preise sind in malaysischen Ringgit sowie in Singapur- bzw. Brunei-Dollar, der gleichwertig zum Singapur-Dollar ist, angegeben.

Moderne Hotels reichen von Fünf-Sterne-Luxusresorts bis zu günstigen Unterkünften. Resorts, die sich in der mittleren bis oberen Preisklasse befinden, liegen oft an der Küste oder im Regenwald. Boutique-Hotels sind kleiner und intim und liegen oftmals in Kolonialgebäuden. Strandhotels sind meist günstig, ebenso Gästehäuser, während in Hostels Backpacker unterkommen.

Die Hotels, die auf ihre Art sehr speziell sind, sind unter **Vis-à-Vis-Tipp** aufgeführt.

Auf einen Blick

Nationalparks und Camping

Department of Wildlife and National Parks
Kuala Lumpur. ☎ (03) 9086-6800. **W** **wildlife.gov.my**

Sabah National Parks
Kota Kinabalu.
☎ (088) 523-500.
W **sabahparks.org.my**

Sarawak Forestry Corporation
Kuching. ☎ (082) 610-088.
W **sarawakforestry.com**

Hotelauswahl

Kuala Lumpur

KLCC

Mandarin Oriental (RM)(RM)(RM)
Modern **SP 2 F5**
Kuala Lumpur City Centre
(03) 2380-8888
mandarinoriental.com
In der Nähe der Petronas Towers, bietet das Hotel Spa, Pool, Tennisplätze und Top-Restaurants.

Traders Hotel (RM)(RM)(RM)
Modern **SP 2 F5**
Kuala Lumpur City Centre
(03) 2332-9888
shangri-la.com/kualalumpur/traders
Elegante Zimmer mit großartigen Blicken auf die Skyline der City. Trendige SkyBar im 33. Stock.

Bukit Bintang und Golden Triangle

Classic Inn (RM)
Modern **SP 5 C3**
36 Jalan 1/77a, Changkat Thambi Dollah
(03) 2148-8648
classicinn.com.my
Haus im Kolonialstil mit freundlichen Zimmern. Gutes Café.

Orange Pekoe Guesthouse (RM)
Modern
1-1 Jalan Angsoka
(03) 2110-2000
orangepekoe.com.my
Komfortable Zimmer, nettes Personal, Veranda, Lounge mit TV.

Rainforest Bed & Breakfast (RM)
Gästehaus
27 Jalan Mesui
(03) 2145-3525
rainforestbnbhotel.com
Prächtiges Grün wie in einer Dschungel-Lodge. Gemütliche Zimmer mit soliden Möbeln.

Dorsett Regency (RM)(RM)
Modern **SP 5 C3**
172 Jalan Imbi
(03) 2716-1000
dorsettregency.com
Einige Zimmer in dem Hochhaus bieten herrliche Blicke über die Stadt. Pool im Haus.

The Mesui Hotel (RM)(RM)
Modern
9 Jalan Mesui
(03) 2144-8188
themesuihotel.com
Retrodesign im Stil der 1970er Jahre. Zimmer mit skurriler Wandgestaltung.

Anggun Boutique Hotel (RM)(RM)(RM)
Boutique **SP 5 B2**
7 & 9 Tengkat Tong Shin
(03) 2145-8003
anggunkl.com
Schöne Zimmer mit antikem Mobiliar. Blick in einen Innenhof mit Fischteich.

Fraser Place (RM)(RM)(RM)
Modern
Lot 163, 10 Jalan Perak
(03) 2118-6288
kualalumpur.fraserhospitality.com
Hohe Zimmer mit Fenstern vom Boden bis zur Decke. Fitnessstudio, Infinity Pool auf dem Dach.

Hotel Maya (RM)(RM)(RM)
Modern **SP 1 C5**
138 Jalan Ampang
(03) 2711-8866
hotelmaya.com.my
Fenster vom Boden bis zur Decke mit herrlichen Blicken über die Stadt. Hydrothermal-Pool, Fitnessstudio und Yoga-Unterricht.

Vis-à-Vis-Tipp

Villa Samadhi (RM)(RM)(RM)
Boutique
8 Jalan Madge
(03) 2143-2300
villasamadhi.com.my
Die Zimmer des Luxushotels sind individuell mit asiatischen Designermöbeln eingerichtet. Die Sarang-Zimmer verfügen über eigene Strudelbecken. Die Zimmer im Erdgeschoss haben eigene Balkone mit direktem Zugang zum Lagunen-Pool. Gutes Frühstück.

Die Villa Samadhi mit traditionellen Laternen und Strohdach

Preiskategorien
Preise für ein Standard-Doppelzimmer pro Nacht, inklusive Frühstück, Steuer und Service:

(RM)/$	**unter 120 RM/$**
(RM)(RM)/$$	**120–300 RM/$**
(RM)(RM)(RM)/$$$	**über 300 RM/$**

Chow Kit und Little India

Crossroads Hotel (RM)(RM)
Modern **SP 1 B2**
1 Jalan Raja Muda Abdul Aziz
(03) 2698-7000
crossroads-hotel.com
In Gehentfernung zum Chow Kit Market bietet das Hotel makellose Zimmer mit dunklem Mobiliar.

Chinatown

Back Home (RM)
Hostel **SP 4 F2**
30 Jalan Tun H.S. Lee
(03) 2022-0788
backhome.com.my
Moderne Zimmer mit offenen Ziegelsteinwänden und Holzböden öffnen sich zu einem Innenhof mit Kaffeehaustischen.

The Explorers Guesthouse (RM)
Hostel **SP 4 F3**
128 & 130 Jalan Tun H. S. Lee
(03) 2022-2928
theexplorersguesthouse.com
Wasserspiele und Traumfänger empfangen den Gast in der Lobby. Die gemütlichen Zimmer sind blitzsauber.

Swiss Inn (RM)(RM)
Modern **SP 4 F3**
62 Jalan Sultan
(03) 2072-3333
swissgarden.com
Die Zimmer des Hotels begeistern mit ihrem coolen, hellen Design.

Vis-à-Vis-Tipp

Hotel Majestic (RM)(RM)(RM)
Historisch **SP 4 E4**
5 Jalan Sultan Hishamuddin
(03) 2785-8000
majestickl.com
In einem atemberaubenden, herrlich renovierten Haus aus den 1930ern versprüht das Majestic seinen kolonialen Charme. Die opulenten Luxussuiten im Majestic Wing verfügen über einen Butler-Service. Der 15-stöckige Tower Wing im Art-déco-Stil bietet Luxuszimmer und Suiten. Pool, Spa und Barbershop im Haus.

Hotelkategorien *siehe Seite 277*

Nordwest-Halbinsel

ALOR STAR: Holiday Villa (RM)(RM)
Modern
Lot 162, 163 Jalan Tunku Ibrahim
(04) 734-9999
holidayvillaalorsetar.com
Das Hotel für Urlauber und Geschäftsreisende bietet Restaurants, Pool und Spa.

CAMERON HIGHLANDS: Father's Guest House (RM)
Hostel
4 Jalan Mentigi
(016) 566-1111
fathers.cameronhighlands.com
Moderne, gut ausgestattete Zimmer. Das Haus organisiert Touren.

CAMERON HIGHLANDS: Smokehouse Hotel (RM)(RM)(RM)
Historisch
Beim Golfplatz in Tanah Rata
(05) 491-1215
smokehousehotel.com
Ein Hauch von Kolonialzeit inmitten von üppigem Grün. Der Klassiker in den Cameron Highlands.

FRASER'S HILL: Puncak Inn (RM)
Modern
Jalan Genting
(09) 362-2007
Einladendes Hotel mit einfachen, aber komfortablen Zimmern.

IPOH: D'Eastern Hotel (RM)
Modern
118 Jalan Sultan Idris Shah
(05) 254-3936
Einfach eingerichtete, sehr geräumige Zimmer mit Bad.

IPOH: French Hotel (RM)(RM)
Modern
60 & 62 Jalan Dato Onn Jaafar
(05) 241-3030
frenchhotel.com.my
Das zentral gelegene Hotel begeistert mit seinen schicken Feinheiten und großartigem Frühstück. Es ist seinen Preis wert.

PANGKOR: Anjungan Beach Hotel (RM)(RM)
6610 Nipah Bay
(05) 685-1500
anjunganresortpangkor.com
Die Zimmer liegen rund um einen bootsförmigen Pool. Den Strand erreicht man über die Straße.

PENANG: Old Penang Guest House (RM)
Hostel
53 Love Lane, George Town
(04) 263-8805
oldpenang.com
Chic renoviertes Haus mit Zimmern und Schlafsälen. Luftige Lounge im Erdgeschoss.

Entspannte, heimische Atmosphäre im 23 Love Lane, Penang

Vis-à-Vis-Tipp

PENANG: 23 Love Lane (RM)(RM)(RM)
Boutique
23 Love Lane, George Town
(04) 262-1323
23lovelane.com
In einer liebevoll renovierten Kolonialvilla in schönem Garten empfängt das 23 Love Lane mit elegantem Interieur. Der Gast fühlt sich hier fast wie zu Hause.

PENANG: E & O (RM)(RM)(RM)
Historisch
10 Lebuh Farquhar
(04) 222-2000
eohotels.com
Genießen Sie die koloniale Pracht und den Butler-Service in Penangs Grande Dame der Hotels *(S. 111)*.

PULAU LANGKAWI: Sunset Beach Resort (RM)(RM)
Strandhotel
Jalan Pantai Tengah
(04) 955-1751
sungroup-langkawi.com
Gemütliche Zimmer in warmen Farbtönen in üppiger Grünanlage mit duftenden Frangipani.

Vis-à-Vis-Tipp

PULAU LANGKAWI: Bon Ton/Temple Tree (RM)(RM)(RM)
Resorts
Pantai Cenang, 2 km nördl. des Strand-Hauptbereichs
(04) 955-1688
bontonresort.com.my
templetree.com.my
Die zwei idyllischen Resorts mit alten Holzhäusern, für zwei Personen oder ganze Familien, wurden vollständig renoviert. Wunderschöne, grüne Anlage mit Palmen, Swimmingpool und Restaurant.

PULAU LANGKAWI: The Danna (RM)(RM)(RM)
Strandhotel
Telaga Harbour Park, Pantai Kok
(04) 959-3288
thedanna.com
Großartige Lobby aus Marmor, Infinity Pool zur Strandseite. Geräumige, luxuriöse Zimmer.

TAIPING: Sentosa Villa (RM)(RM)
Resort
Jalan 8, Taman Sentosa
(05) 805-1000
sentosa-villa.com
Das Hideaway mit rustikalem Charme bietet Zimmer und kleine Villen. Durch die Anlage fließt ein frischer Bach zum Schwimmen.

Südhalbinsel

JOHOR BAHRU: Renaissance (RM)(RM)(RM)
Modern
2 Jalan Permas 11
(07) 381-3333
marriott.com/hotels
State-of-the-Art-Hotel mit Spa, Fitnessbereich, Pool und sonstigem Fünf-Sterne-Luxus.

MALAKKA: Wayfarer Guesthouse (RM)(RM)
Gästehaus
104 Lorong Hang Jebat
(06) 281-9469
wayfarermelaka.com
Alte, gut renovierte Villa mit herrlichen, geräumigen Zimmern, einige mit Blick auf den Fluss.

MALAKKA: 45 Lekiu (RM)(RM)(RM)
Apartment
45 Jalan Hang Lekiu
(012) 698-4917
45lekiu.com
Stil und Eleganz, ein Apartment nur für Sie (bis zu vier Personen) mit Pool, Dachterrasse und herrlichen Blicken auf die Stadt.

Vis-à-Vis-Tipp

MALAKKA:
The Majestic RM RM RM
Historisch
188 Jalan Bunga Raya
(06) 289-8000
majesticmalacca.com
In einem atemberaubenden Haus aus den 1920er Jahren bietet das Hotel prachtvolle Zimmer mit Teakholz-Einrichtung. Die Spa-Therapien basieren auf der Heilkunst der Peranakan. Das Restaurant serviert traditionelle Küche.

MALAKKA:
The Opposite Place RM RM RM
Boutique
18 Jalan Hang Lekiu
(016) 274-9686
opposite-place.com
Das Hotel zählt zwei stilvoll und individuell eingerichtete Suiten.

PULAU TIOMAN:
Japamala Resort & Spa RM RM RM
Resort
Kampung Lanting, nördl. von Nipah
(07) 419-7777
japamalaresorts.com
Inmitten des Regenwalds liegt dieses Luxus-Öko-Resort mit Villen im malaiischen Stil.

PULAU TIOMAN:
Tunamaya Resort RM RM RM
Resort
Lots 20 & 21, Kampung Mukut
(07) 798-8108
tunamayaresort.com
Modern eingerichtete Villen mit Blick auf das Meer oder in den Garten.

Vis-à-Vis-Tipp

SEREMBAN:
The Dusun RM RM RM
Resort
Kampung Kolan Air, Mukim Pantai
thedusun.com.my
In einem blühenden Obstgarten liegt das Resort im Stil eines malaiischen Dorfs. In der der Anlage gibt es zwei Infinity Pools mit herrlichen Blicken auf den Regenwald.

SERIBUAT-ARCHIPEL:
Batu Batu RM RM RM
Resort
Pulau Tengah
(017) 755-2813
batubatu.com.my
Die Villen des gehobenen, privaten Inselresorts stehen inmitten üppigen Grüns. Beliebt bei Paaren und Familien.

Das Majestic in Malakka mit Einflüssen der Peranakan-Kultur

SERIBUAT-ARCHIPEL:
Rimba Beach Resort RM RM RM
Resort
Pulau Sibu
(012) 710-6855
resortmalaysia.com
Rustikale Strandchalets im Schatten von Palmen. Ein entspanntes Resort mit meist jungen Gästen.

SRI MENANTI:
Sri Menanti Resort RM RM
Modern
Pekan Sri Menanti
(06) 497-0049
In der Nähe des Istana Lama bietet das Hotel Zimmer und Chalets rund um einen Pool.

Ost- und Zentral-Halbinsel

CHERATING: Tanjung Inn RM RM
Strandhotel
11 Jalan Kuantan Kememan
(09) 581-9081
tanjunginn.com
Einfache Chalets und Häuser im malaiischen Dorfstil liegen in einem ruhigen Garten verteilt.

KOTA BHARU: Tune RM
Modern
KBCC, Jalan Hamzah
(09) 744-3822
tunehotels.com
Exzellentes, preisgünstiges Hotel der AirAsia Group. Frühzeitige Reservierung nötig.

KOTA BHARU:
Pasir Belanda RM RM
Gästehaus
Jalan PCB, Distrikt Banggol
(09) 747-7046
pasirbelanda.com
Traditionelle malaiische Chalets in einem Garten mit Pool. Batik- und Kochkurse werden geboten.

KOTA BHARU:
Renaissance RM RM RM
Modern
Kota Sri Mutiara, Jalan Sultan Yahya Petra
(09) 746-2233
marriott.com
Dieses Luxushotel verwöhnt mit herrlichem Pool, Spa und Gym sowie zwei Restaurants.

KUALA TERENGGANU: Duyong Marina & Resort RM RM RM
Modern
Pulau Duyong
(09) 627-7888
duyongmarinaresort.com
Komfortable Chalets aus Holz, ein Pool und Restaurant und dazu herrliche Blicke auf den Fluss.

KUANTAN:
Hyatt Regency RM RM RM
Modern
Jalan Telok Chempedak
(09) 518-1234
kuantan.regency.hyatt.com
Gehobenes Strandresort mit Gym, Tennis- und Squashplätzen, zwei Pools, Restaurants und Bar.

PERHENTIAN-INSELN:
Mama's Chalet RM
Strandhotel
Lot 137, Kg. Seberang Genting, Perhentian Besar
(09) 690-4600
mamaschalet.com.my
Die Hütten am Strand, einige mit Meerblick, sind voll eingerichtet. Ein Restaurant gibt es auch.

PERHENTIAN-INSELN:
Bubbles Dive Resort RM RM
Resort
Tanjung Tukas, Perhentian Besar
(012) 983-8038
bubblesdc.com
Ein freundliches Resort mit eigenem Strand. Tauchshop. Brutstätte von Wasserschildkröten.

PERHENTIAN-INSELN:
Tunabay Island Resort RM RM
Strandhotel
Perhentian Besar
(09) 690-2902
tunabay.com.my
Holzhütten mit moderner Einrichtung. Beliebte Bar und Restaurant.

PERHENTIAN-INSELN: Bubu Long Beach Resort RM RM RM
Strandhotel
Pasir Panjang (Long Beach), Perhentian Kecil
(09) 697-8888
buburesort.com.my
Das komfortabelste Hotel am Long Beach. Die Luxusvillen liegen umrankt von dichtem Grün am weißen Sandstrand.

Hotelkategorien *siehe Seite 277* **Preiskategorien** *siehe Seite 278*

PULAU KAPAS:
Kapas Beach Chalet (KBC) RM
Strandhotel
Lot 85, Pulau Kapas
(012) 288-2008
Gut eingerichtete Nurdachhütten erwarten den Gast im legeren, malaiisch-holländisch geführten Strand-Retreat.

PULAU KAPAS:
Kapas Turtle Valley RM RM
Strandhotel
Südöstl. Küste, Pulau Kapas
(013) 354-3650
kapasturtlevalley.com
In einer abgelegenen Bucht an einem Traumstrand stehen die acht komfortabel eingerichteten Chalets des holländisch geführten Resorts. Das Restaurant serviert exzellente internationale Küche.

PULAU REDANG:
Redang Kalong RM RM RM
Resort
Teluk Kalong Beach
(03) 7960-7163
redangkalong.com
Die einfach eingerichteten Zimmer haben alle Meerblick. Gute Tauchbasis vor Ort.

PULAU REDANG: The Taaras Beach & Spa Resort RM RM RM
Resort
Teluk Dalam Beach
(09) 221-3997
thetaaras.com
Spa, Tauchshop, Restaurants, Pools und Tennisplätze bietet dieses Luxusresort.

Vis-à-Vis-Tipp

PULAU TENGGOL:
Tanjong Jara Resort RM RM RM
Resort
Batu 8, bei Jalan Dungun, Dungun
(03) 2783-1000
tanjongjararesort.com
Das in einem ruhigen, tropischen Garten gelegene exklusive Retreat weckt Erinnerungen an die großen Holzpaläste der malaiischen Sultane aus dem 17. Jahrhundert. Luxuriös eingerichtete Zimmer, in denen Edelhölzer den Ton angeben. Entspannendes Spa.

TAMAN NEGARA: Mutiara Taman Negara RM RM RM
Modern
Auf der anderen Flussseite von Kuala Tahan
(09) 266-3500
mutiarahotels.com
Gehobene, komfortable Chalets, abgelegen und ruhig im dichten Grün des Nationalparks.

Sarawak

BINTULU:
Park City Everly RM RM RM
Modern
Jalan Tun Razak, 2 km nordwestl. des Zentrums
(086) 318-888
bintulu.theeverlyhotel.com
Das beste Hotel in Bintulu bietet prachtvolle Zimmer, einige mit Meerblick. Restaurants, Bars und Malls in der Nähe.

BRUNEI: The Brunei $$
Modern
95 Jalan Pemancha, Bandar Seri Begawan
(073) 224-4828
thebruneihotel.com
Schicke Zimmer, gutes Restaurant und nah am Wasser. The Brunei bietet das beste Preis-Leistungs-Verhältnis in der Hauptstadt.

BRUNEI: Empire Hotel $$
Resort
Jerudong BG3122, Negara Brunei Darussalam, 15 km von der Hauptstadt entfernt
(073) 241-8888
theempirehotel.com
Eine wunderbare Kombination aus Hotel und Country Club mit eigenem Golfplatz, Pools und Kino.

DAMAI BEACH:
Damai Beach Resort RM RM
Strandhotel
Teluk Bandung Beach
(082) 846-999
damaibeachresort.com
Das Resort erstreckt sich vom Strand bis in die Hügel. Einzigartig sind die Häuser im Bidayuh-Stil mit konischen Dächern.

DAMAI BEACH:
The Village House RM RM
Resort
Pantai Puteri Santubong
(082) 846-166
villagehouse.com.my
Im Schatten des Santubong, nahe dem Damai Beach, gruppieren sich die Unterkünfte um einen zentral gelegenen Pool. Gute Mischung aus Tradition und Moderne.

KELABIT HIGHLANDS:
Junglebluesdream RM
Gästehaus
Bario
(019) 884-9892
junglebluesdream.weebly.com
Das Langhaus ist die Residenz eines Kelabit-Künstlers und seines dänischen Partners. Gästehaus und Kunstgalerie zugleich.

KUCHING:
Batik Boutique Hotel RM RM
Modern
38 Jalan Padungan
(082) 422-845
batikboutiquehotel.com
Schickes Hotel mitten in der Stadt mit gutem Restaurant, Bar und Hofgarten.

KUCHING:
Pullman Hotel RM RM RM
Modern
1A Jalan Mathies
(082) 222-888
pullmankuching.com
Hotel für Geschäfts- und Urlaubsreisende, beste Ausstattung. Schöne Blicke über die Stadt.

MIRI: Dillenia RM
Hostel
Lot 846, Jalan Sida
(085) 434-204
Der Eigentümer der schon lange beliebten Herberge hat wohl die besten Tipps für Touren zu zahlreichen Reisezielen des Landes.

MIRI: Dynasty Hotel RM RM
Modern
Lot 683, Block 9, Jalan Pujut-Lutong
(085) 421-111
dynastyhotelmiri.com.my
Das schöne Hotel mit 130 Zimmern liegt in Gehentfernung zu den beliebten Märkten der Stadt.

Himmelbett im Insel-Retreat Kapas Turtle Valley, Pulau Kapas

MULU: Mulu Marriott Resort & Spa RM RM RM
Resort
2 km vom Flughafen Mulu entfernt am Mulu-Parkeingang
(085) 792-388
marriott.com
Das ehrwürdige Marriott mit Pool, Spa und Tennisplätzen ist sicher das vornehmste Hotel in Mulu.

SIBU: Tanahmas RM RM
Modern
Lot 277, Block 5, Jalan Kampung Nyabor, bei Jalan Chambers
(084) 333-188
tanahmas.com.my
Das Hochhaus in zentraler Lage bietet geräumige Zimmer, Pool, Gym und Konferenzräume.

Sabah

KINABALU NATIONAL PARK: Mesilau Nature Resort RM RM RM
Resort
Jalan Cinta Mata Mesilou, Jalan Kundasang Kauluan, A4
(088) 871-519
suterasanctuarylodges.com.my
Das ruhige Resort an einem Fluss mit vielen Vögeln bietet Schlafsäle, Chalets und Zimmer.

KOTA KINABALU: Jesselton RM RM
Modern
69 Jalan Gaya
(088) 223-333
jesseltonhotel.com
Das freundliche Hotel im Stil eines Kolonialhauses bietet gut ausgestattete Zimmer.

KOTA KINABALU: Langkah Syabas RM RM
Strandhotel
Jalan Papar Baru, Kampung Laut Kinarut, Kinarut
(088) 752-000
langkahsyabas.com.my
Rund um einen Pool stehen die Häuschen des Resorts, 20 Kilometer südlich von Kota Kinabalu.

Vis-à-Vis-Tipp

KOTA KINABALU: Hyatt Regency RM RM RM
Modern
Jalan Dutuk Salleh Sulong
(088) 221-234
kinabalu.regency.hyatt.com
Das Luxushotel hat einen einladenden Pool, Gym und Spa sowie wunderbare Zimmer mit Meerblick. Das Restaurant mit offener Küche serviert lokale und internationale Küche.

PULAU LANKAYAN: Lankayan Island Dive Resort RM RM RM
Resort
Pulau Lankayan
(089) 673-999
lankayan-island.com
Die Holzhäuschen am Meer sind geräumig und komfortabel. Angesehener Tauchshop.

SANDAKAN: Sepilok Nature Resort RM RM
Resort
Jalan Sepilok Mile 14k
(089) 673-999
sepilok.com
Geräumige, ökofreundliche Hütten rund um einen See im Dschungel. Top-Restaurant.

TIP OF BORNEO: Tampat Do Aman RM
Strandhotel
Peti Surat 115
(013) 880-8395
tampatdoaman.com
Wählen Sie zwischen einfachen, komfortablen Zimmern im Langhaus oder eigener Hütte.

TUNKU ABDUL RAHMAN NATIONAL PARK: Bunga Raya Resort RM RM RM
Resort
Polish Bay, Pulau Gaya
(088) 380-390
bungarayaresort.com
Das Luxus-Hideaway im Wald hat Zugang zu einem wunderbaren, weißen Sandstrand.

TUNKU ABDUL RAHMAN NATIONAL PARK: Gayana Eco Resort RM RM RM
Resort
Malohom Bay, Pulau Gaya
(088) 380-390
gayana-eco-resort.com
In einer ruhigen Lagune stehen schönen Villen auf Stelzen. Es gibt auch einen Infinity Pool.

Singapur

Colonial Core und Chinatown

Wink $
Hostel SP 4 C3
8A Mosque Street
6222-2940
winkhostel.com
Die supercoole Herberge hat Schlafsäle mit Kapsel-Betten. Jedes hat seinen eigenen Stromanschluss und Schließfach.

The Inn at Temple Street $$
Modern SP 4 C4
36 Temple Street
6221-5333
theinn.com.sg
Einfaches, preiswertes Gasthaus, zentral gelegen in einem Shophouse.

Vis-à-Vis-Tipp

New Majestic $$
Boutique SP 4 B4
31–37 Bukit Pasoh Road
6511-4700
newmajestichotel.com
Als Kunstgalerie der Moderne getarnt, wurde jedes Zimmer des Hotels von einem anderen Designer eingerichtet. Einige mit extravaganten Wandmalereien, andere minimalistisch und dezent. Der Pool hat Glasluken mit Blick in das tiefer liegende Restaurant. Buchen Sie rechtzeitig.

Carlton $$$
Modern SP 5 E1
76 Bras Basah Road
6338-8333
carltonhotel.sg
Luxushotel mit vornehmen Zimmern und Designertouch.

Das Mulu Marriott Resort wirkt schon beim Anflug einladend

Fort Canning $$$
Historisch SP 4 C1
11 Canning Walk
6559-6770
hfcsingapore.com
In einem früheren Haus des britischen Militärs bietet das Luxushotel Zimmer mit skurrilem Touch – etwa Badewannen, die fast direkt neben dem Bett stehen.

Fullerton $$$
Historisch SP 5 E3
1 Fullerton Square
6733-8388
fullertonhotel.com
Eine neoklassizistische Fassade, ein Art-déco-Atrium mit ägyptischen Tempelsäulen – das Fullerton ist sicher eines der atemberaubendsten Hotels in Singapur.

Marina Bay Sands $$$
Modern SP 5 F3
10 Bayfront Avenue
6688-8868
marinabaysands.com
Es ist definitiv immer wieder ein Erlebnis, in diesem Hotel abzusteigen. Der Infinity Pool bietet unübertroffene Ausblicke auf den kolonialen Stadtkern.

Parkroyal on Kitchener $$$
Modern SP 3 E2
3 Upper Pickering Street
6809-8888
parkroyalhotels.com
Das Luxushotel unterstreicht seine Verbindung zur Natur, auch durch Holzmöbel und große Glasflächen für natürliches Licht. Die kurvigen, grünen Terrassen sollen an Reisfelder erinnern.

Vis-à-Vis-Tipp

Raffles $$$
Historisch SP 5 E1
1 Beach Road
6337-1886
raffleshotel.com
Das Raffles steht für kolonialen Charme und Fülle. Hinter seiner weißen, neoklassizistischen Fassade liegen die grünen Gärten und Luxussuiten mit Butler-Service, exzellente Restaurants und die Long Bar, in der zum ersten Mal der Singapore Sling gemixt wurde.

Sofitel So $$$
Boutique SP 5 D4
35 Robinson Road
6701-6800
sofitel.com
Das teilweise von Karl Lagerfeld entworfene, extrem schicke Hotel ist eine Mischung aus barock inspiriertem Interieur und modernen, skurrilen Elementen.

Designerdekor in einem Zimmer im New Majestic, Singapur

Little India und Orchard Road

The InnCrowd $
Hostel SP 3 D3
73 Dunlop Street
6296-9169
theinncrowd.com
Das vielleicht preiswerteste Hostel in Singapur. Gut eingerichtete Schlafsäle und Zimmer mit eigenem TV. Außergewöhnliche Touren werden hier organisiert.

The Big Hotel $$
Modern SP 3 D4
200 Middle Road
6809-7998
bighotel.com
Das Hotel bietet schicke Zimmer in minimalistischem Stil, aber mit Hightech-Komfort.

Lloyd's Inn $$
Modern SP 2 B5
2 Lloyd Road
6737-7309
lloydsinn.com
Smarte Designereinrichtung, eine Dachterrasse und einen Landschaftsgarten bietet das minimalistische Hotel.

The Quincy $$
Modern SP 2 A3
22 Mount Elizabeth
6738-5888
quincy.com.sg
Das moderne, smarte Hotel hat einen herrlichen Infinity Pool im zwölften Stockwerk.

The Sultan $$
Modern SP 3 F4
101 Jalan Sultan
6723-7101
thesultan.com.sg
Über eine Reihe renovierter Shophouses erstrecken sich die individuell und dezent dekorierten Zimmer. Besonders ruhige Zimmer im Dachgeschoss.

Wanderlust $$
Boutique SP 3 D3
2 Dickson Road
6396-3322
wanderlusthotel.com
Zimmer mit exzentrischen Kunstwerken oder farbcodiert finden sich in diesem skurrilen Hotel.

Goodwood Park $$$
Historisch SP 2 A3
22 Scotts Road
6737-7411
goodwoodparkhotel.com
Nur fünf Gehminuten von der Orchard Road entfernt bietet das Hotel in einem alten Kolonialbau jeden erdenklichen Luxus, exzellente Restaurants und Cafés.

Mandarin Orchard $$$
Modern SP 2 A4
333 Orchard Road
6737-4411
meritushotels.com
Das schon lange beliebte Mandarin Orchard bietet elegante Zimmer und seine eigene, piekfeine Shoppingmall. Das Personal ist traditionell chinesisch gekleidet.

Shangri-La $$$
Modern SP 1 E1
22 Orange Grove Road
6737-3644
shangri-la.com
Inmitten tropischer Gärten erstrecken sich die drei Flügel des Hotels mit Luxuszimmern und Restaurants. Tennisplätze und Spa.

Abstecher

Santa Grand East Coast $$
Boutique
171 East Coast Road, Katong
6344-6866
santagrandhotels.com
Das Hotel mit interessanter Shophouse-Fassade bietet helle Zimmer mit Peranakan-Interieur und einen Pool auf dem Dach.

Siloso Beach Resort $$
Resort
51 Imbiah Walk
6722-3333
silosobeachresort.com
Die Attraktion des Hauses ist sicher der exzellente Swimmingpool mit Wasserfall und Rutschen.

Capella $$$
Resort
1 The Knolls, Sentosa
6377-8888
capellahotels.com/singapore
Sentosas nobelstes Hotel liegt in einem früheren britischen Offiziersclub. Die Zimmer sind chic und modern. Das Spa ist top. Dazu gibt es drei Pools.

SP = Stadtplan Singapur *siehe S. 264–273*

Restaurants

Die Küchen Malaysias und Singapurs mit ihren spannenden Geschmackskombinationen bieten ausländischen Besuchern viel Überraschendes. Entsprechend den drei größten Volksgruppen der beiden Länder sind malaiische, chinesische und indische Einflüsse allerorts spürbar. Es gibt recht unterschiedliche Restauranttypen, die aber alle meist gute Qualität bieten, ob luxuriöses Lokal in einem Top-Hotel oder einfacher Imbissstand auf einem Markt. In Großstädten wie Kuala Lumpur, Singapur, Kota Bharu, George Town und Malakka hat man die Qual der Wahl zwischen italienischen, französischen, vietnamesischen und japanischen Lokalen. Selbst in Kleinstädten ist das Angebot groß, zudem zahlt man hier erstaunlich wenig.

Restauranttypen

Obwohl es in Malaysia und Singapur eine enorme Vielfalt an Küchen gibt, unterscheidet man im Wesentlichen drei Typen von Lokalen: Imbissstände, *kedai kopi* (Kaffeehäuser) und Restaurants – von einfach bis edel.

Imbissstände sind nicht nur am billigsten, sie bieten oft ebenso gutes Essen wie die besten Gaststätten und darüber hinaus noch ein echtes Kulturerlebnis. Sie finden sich heute oft nicht mehr an der Straße, sondern oftmals in Gastronomiebereichen von Malls. *Kedai kopi* sind schlichte Kaffeehäuser, die normalerweise nur eine kleine Auswahl an Gerichten anbieten – diese allerdings sehr günstig. In puncto Service und Ambiente sollte man keine großen Erwartungen haben. Dennoch ist auch hier der kulinarische Standard in der Regel hoch.

Restaurants gibt es als einfache Ladenlokale bis hin zu Top-Lokalen, die Gourmetessen servieren. Am teuersten sind die Restaurants in Kuala Lumpur und Singapur. Die Preise in der Restaurantauswahl auf den Seiten 290–301 sind in malaysischen Ringgit oder in Singapur-/Brunei-Dollar angegeben, die sich wertmäßig entsprechen.

Auf der Speisekarte

So gut wie alle Restaurants und Cafés und viele Imbissstände haben englische Speisekarten. Sollte das nicht der Fall sein, darf man ruhig auf das Gericht zeigen. Das Problem ist weniger, herauszufinden, was es gibt, als unter der Vielzahl an Gerichten zu wählen.

Meist ist die Speisekarte in Kategorien wie Huhn, Rind, Schweinefleisch, Fisch und Gemüse gegliedert. Schweinefleisch wird nicht in Halal-Restaurants serviert, ebenso nicht in vielen malaysischen Hotelrestaurants und in chinesischen Lokalen in überwiegend muslimischen Regionen. Die meisten Menschen essen in Gruppen und bestellen gemeinsam, sodass jeder mehrere Gerichte probieren kann. Die Portionen sind relativ großzügig, zu zweit wird man kaum mehr als drei Gerichte schaffen.

Außenbereich des Nerovivo in Kuala Lumpur ***(siehe S. 291)***

Etikette

Die meisten malaiischen, chinesischen und indischen Speisen werden klein geschnitten serviert, sodass man ohne Messer auskommt. Normalerweise benutzt man Gabel und Löffel, wobei Stäbchen für Nudelgerichte gut geeignet sind. Jeder Gast erhält eine Schale Reis und nimmt sich dann selbst löffelweise aus den Schalen mit Gerichten, Currys, Suppen und Salaten, die auf der Tischmitte stehen. Allerdings lässt man den Älteren den Vortritt. Wenn Sie also mit Einheimischen essen, sollten Sie warten, bis der älteste Gast sich bedient hat.

Reservierung

Außer in populären Lokalen und in Spitzenrestaurants ist eine Reservierung nicht notwendig. Am Wochenende, wenn die Familien essen gehen, kann es voll werden. Wer besondere Diätregeln befolgt, sollte diese vorab mit dem Management abklären. *Kedai kopi* nehmen keine Reservierungen an. Hier wird aber so schnell gegessen, dass man meist nur kurz auf einen freien Tisch warten muss.

Wein und Getränke

Mit dem wachsenden Fremdenverkehr haben viele Restaurants begonnen, alkoholische Getränke zu servieren, vor allem Bier bekommt man fast überall, die Preise können aber recht hoch sein. In muslimischen Restaurants, in vielen chinesischen Lokalen und im konservativen Nordosten der Halbinsel wird kein Alkohol ausgeschenkt.

Schicke Einrichtung des Ristorante Beccari, Kuching *(siehe S. 297)*

An Imbissständen bekommt man auch Bier oder Fruchtsäfte. Die Vielfalt an tropischen Früchten nutzen viele Restaurants und Stände für frische Shakes und Smoothies, meist unter Zugabe von Zucker. Wenn Sie keinen mögen, sagen Sie das bei der Bestellung.

Tuak (Reiswein) wird in den Langhäusern von Sabah und Sarawak gebraut, aber Vorsicht, sein Alkoholgehalt kann sehr hoch sein.

Bezahlung und Trinkgeld

In Mittelklasse- und Top-Hotels ist die Bezahlung per Kreditkarte kein Problem, in kleineren Häusern zahlt man bar. Am besten hat man genügend Bargeld für die Rechnung bei sich. Da diese immer auch eine Servicegebühr enthält, ist Trinkgeld bei den Einheimischen unüblich. In touristischen Gebieten ist das anders, hier wird Trinkgeld erwartet.

Imbissstände

Eines der Highlights von Malaysia und Singapur ist das Essen an Imbissständen. Das liegt nicht nur an der Exotik der Gerichte, sondern vor allem an ihrer Qualität. Ein weiterer Vorteil ist, dass man mit einer Mahlzeit gleichzeitig malaiische, chinesische und indische Gerichte kosten kann. Die meisten Stände sind billig und auf ein einziges Reis- oder Nudelgericht spezialisiert. Stände, die *cze char* heißen, bieten ihren Kunden dagegen eine Reihe von Gerichten, darunter Fleischklöße, Frühlingsrollen, Tofu und gefüllte Chilischoten.

Vegetarische Gerichte

Trotz des reichen Angebots an Obst und Gemüse kann es für Vegetarier schwierig werden, ein fleisch- oder fischloses Gericht zu finden. Authentische südindische Restaurants servieren immer etwas Vegetarisches, chinesische Restaurants haben mindestens ein Gemüsegericht auf der Speisekarte. Die indischen Enklaven in Singapur und Kuala Lumpur bieten Vegetariern eine große Auswahl an Speisen. An den meisten Imbissständen kann man zumindest darum bitten, dass das bestellte Gericht ohne Fleisch gereicht wird.

Traditionell-improvisiertes Dekor im Calanthe Art Café, Malakka *(siehe S. 294)*

Mit Kindern essen

Es gibt in den Restaurants in Malaysia und Singapur keinerlei Zutrittsbeschränkungen für Kinder, im Gegenteil: Sie sind sehr willkommen. Einige Restaurants bieten spezielle Gerichte für Kinder. Milde chinesische Suppen und Reisgerichte sind für Kinder aus europäischen Ländern die beste Wahl. Trotz guter Qualitätskontrolle und Hygienestandards ist bei anfälligen Kindern Vorsicht geboten.

Rauchen

Das Rauchen ist in geschlossenen, klimatisierten Räumen verboten, d.h. in zwei Drittel der Restaurants in Malaysia und Singapur. Die restlichen Lokale verfügen über Zonen im Freien, in denen geraucht werden darf.

Restaurantkategorien

Die auf den Seiten 290–301 empfohlenen Restaurants sind aufgrund ihrer Popularität, ihrer Qualität und des guten Preis-Leistungs-Verhältnisses ausgesucht worden. Neben Lokalen, die traditionelle Küche servieren, sind auch solche mit internationaler Ausrichtung aufgeführt, vor allem in den Großstädten. Des Weiteren finden Sie auch viele exzellente Imbissstände und *kedai kopi* für eine authentische kulinarische Erfahrung.

Restaurants, die unter **Vis-à-Vis-Tipp** aufgeführt sind, sind auf ihre Art und Weise außergewöhnlich: sei es aufgrund der Lage, des Angebots oder der Qualität des Essens.

Malaiische Küche

Malaysier und Singapurer essen für ihr Leben gern. Es überrascht daher wenig, dass die Märkte eine Vielfalt an Tropenfrüchten, Gemüse, Fleisch und Meeresfrüchten anbieten. Kohl, Auberginen, Mangos und Ananas liegen aufgetürmt neben Schalen voll getrockneter Shrimps, Krabben, Rindersteaks und marinierten Enten. Es gibt spezielle Reisstände, andere sind auf Aromen und Pasten wie *rempah* und *belacan* spezialisiert, die in der malaiischen Küche nicht fehlen dürfen. Neben dem bekannten *satay* gibt es viele kulinarische Geheimnisse.

Galgant, Zitronengras und Chilis

Stand auf dem Fischmarkt Chow Kit in Kuala Lumpur

Nasi und Mee

Reis *(nasi)* und Nudeln *(mee)* bilden die Basis eines malaiischen Mahls und sind fast so variantenreich wie die Saucen, Brühen und Currys, die man dazu isst.

Reis wird in der malaiischen Küche gebraten, gedämpft, klebrig oder zu *bubur*, einer herzhaften Suppe, verkocht serviert. Meist wird er gedämpft und mit Saucen *(nasi campur)* gereicht. Manchmal wird er auch mit Kokosmilch *(santan)* verfeinert und heißt dann *nasi lemak*.

Nudeln bestehen aus Weizen, Ei, Reis oder Mungbohnen und werden gebraten oder in einer Suppe mit Gemüse und Fleisch oder Meeresfrüchten serviert. Typisch malaiische Nudelgerichte sind etwa *laksa* und *mee rebus*, die mit einer sehr scharfen Sauce serviert werden.

Rempah und Sambal

Das Geheimnis der Aromen malaiischer Speisen liegt in den sorgfältig angerührten

Tropische Früchte aus der Region

Typische Gerichte und Spezialitäten

Hühnchen-*satay*

Frühstück kann in Malaysia und Singapur quasi alles sein, besonders beliebt sind *laksa* (scharfe Nudelsuppe) und *nasi lemak* (ein Reisgericht). Das Mittagessen besteht normalerweise aus einem Gang, etwa *nasi campur* oder *mee goreng*.

Abendessen ist meist eine gesellige Angelegenheit mit Freunden und der Familie, die gemeinsam eine Reihe klassischer malaiischer Gerichte wie *satay* (herzhafte Fleischspieße mit Erdnusssauce), *rendang* und *ayam panggang* (mariniertes Huhn, gegrillt und mit scharfem *sambal* serviert) genießen. Dem folgt meist *ais kacang* oder ein Teller frisches Obst. Die Einheimischen essen sehr gern und gönnen sich spätabends durchaus noch eine dampfende heiße Reissuppe zu einem Teller gegrillter Chicken Wings.

Mee goreng sind gelbe Nudeln mit Gemüse, Fleisch, Fisch oder Tofu und mit Limone garniert.

Obst- und Gemüseverkäuferin auf dem Markt in Kota Belud

Gewürzpasten. Am häufigsten benutzt wird die *rempah*. Sie besteht aus zerstoßenem Knoblauch, Zitronengras, Schalotten, Galgant und Ingwer. Zimt, Koriander, Nelken und Pfefferkörner werden in Currys gegeben oder in Öl angebraten und dann mit Fleisch oder Gemüse vermengt.

Sambal ist eine Chilipaste. *Sambal ulek* ist eine Mischung aus Chili, Salz und Essig, während das weithin populäre *sambal belacan* aus Chili, Salz und Zucker und fermentierter Shrimpspaste besteht und mit einer Limonenecke garniert wird.

Peranakan- und Borneo-Küche

Die malaiische Küche weist Einflüsse aus China, Indien, Thailand, Indonesien und anderen Nationen auf. Einige regionale Varianten findet man nur auf Borneo und bei den Peranakan (Straits-Chinesen). Die Peranakan-Küche kam mit den chinesischen Händlern auf die Halbinsel, die sich in der Region ansiedelten und einheimische Nyonya-Frauen heirateten. Die scharfen malaiischen Pasten zu typisch malaiischen Speisen wie Schweinefleisch und Ente wurden auf chinesische Art zubereitet, aber durch portugiesische, indische und thailändische Einflüsse angereichert. Ein typisches Peranakan-Gericht ist etwa *mee siam*, feine Reisnudeln in süßsaurer, scharfer Sauce.

Im malaysischen Teil von Borneo gibt es als Spezialitäten z. B. *linut* (in Sarawak) und *ambuyat* (in Sabah), glasige Pasten aus Sagomehl, *paku* (Dschungelfarn) und *jaruk* (in Bambus gekochtes Wildschwein mit Salz und Reis).

Satay-Köchin am nächtlichen Gurney Drive in Penang

Regionale Laksas

Jeder Bundesstaat hat seine eigene typische Nudelsuppe:

Assam laksa stammt aus der Region Penang. Tamarinden geben ihr einen säuerlichen Geschmack, dazu kommen Fischgeschnetzeltes, Ingwer und *belacan* sowie Ananasstückchen zum Garnieren.

Laksa Johor ist eine sehr reichhaltige Fisch-*laksa* mit Kokosmilch, Kreuzkümmel, Koriander und Kurkuma, garniert mit Gurken, Bohnensprossen und Minze.

Sarawak laksa enthält Huhn und Garnelen sowie *Kalamansi*-Limone. Gerösteter Reis und Kokos geben der Suppe eine bräunliche Farbe.

Singapore laksa besteht aus frittierten Anchovis, *belacan* und Kokosmilch. Die gehaltvolle, säuerliche Suppe wird mit Fischkuchen garniert.

Rendang ist ein feuriges Currygericht aus Indonesien mit Huhn, Lamm oder Rindfleisch.

Laksa lemak gibt es in Kuala Lumpur auch als Curry-*laksa*. Es enthält Garnelen, Tofu und Ei.

Ais kacang ist ein farbenfrohes Dessert mit Eis, Sirup, Gelee, Mais, roten Bohnen und Kondensmilch.

Malaiisch-chinesische Küche

Die Chinesen hatten bereits seit Langem Handel in der Region betrieben, als sie im 19. Jahrhundert begannen, sich in größerer Zahl dort anzusiedeln. Sie arbeiteten in den Zinn- und Goldminen sowie in der Landwirtschaft. Die meisten kamen nach Singapur, wo die chinesische Küche bis heute dominiert. Doch auch in Malaysia sind ihre Einflüsse erkennbar. Die meisten Gerichte in der malaiischen Küche enthalten Reis und Nudeln, Letztere stammen aus China. Alle regionalen Varianten der chinesischen Küche prägen frische Zutaten.

Getrocknete Shiitakepilze

Straßenimbiss in Chinatown, Kuala Lumpur

Regionale Einflüsse

Chinesisches Essen in Malaysia und Singapur ist kantonesisch geprägt und zeichnet sich durch milde Würzung und Spezialitäten wie *dim sum* aus.

Die Hakka-Küche der Provinzen Guangdong und Fujian mischt frische und haltbar gemachte Zutaten. Beliebt sind frittierter Sojabohnenquark und Schweinefleisch (v. a. Schweinebauch).

Hainan-Gerichte bestehen aus frischen Zutaten und vielen Gewürzen. Am bekanntesten ist der Hainan-Hühnchenreis mit Gurke, Chili und Ingwer. Hokkien-Gerichte gelten als eher bäuerlich, z. B. köstliche Frühlingsrollen. Viele Gerichte enthalten Nudeln, etwa *Hokkien mee*, dicke gebratene Weizennudeln mit Meeresfrüchten oder Schweinefleisch.

Die Teochew-Küche aus Chiuchow ist für *Muay*-Brei bekannt – eine farblose Reisbrühe, die mit Langusten, gesalzenen Eiern und Gemüse angereichert wird.

Dim sum **sind vorwiegend gedämpfte oder frittierte Teigtaschen**

Chinesische Spezialitäten

Suppe mit Schweinebauch, Shiitakepilzen und Koriander

Bak kut teh (Hokkien) Schweinerippen-Suppe.

Cao fan (Kanton) Bratreis.

Char kway teow (Hokkien) Scharfe Reisnudeln mit Herzmuscheln, Wurst und Ei in Sojasauce.

Cha siew mee (Kanton) Eiernudeln in Suppe mit Schweinehackklößen.

Chee cheong fun (Hokkien) Mit Shrimps oder Schweinefleisch gefüllte Reisbällchen.

Hay mee (Hokkien) Nudelsuppe mit Shrimps und Fleisch.

Lou ark (Teochew) Geschmorte Ente.

Lui char fan (Hakka) Reisbrei mit gemahlenen Erdnüssen, Süßkartoffelblättern, Pfeffer und Minze.

Pai quat (Kanton) Gedämpfte Schweinerippen mit Bohnen.

Sek bak (Hokkien) Schweinebauch mit Schwarzbohnen.

Sha bou fan (Kanton) Reis im Tontopf mit Huhn, Wurst, Salzfisch und Sojasauce.

Shao mai (Kanton) Klöße mit Schweinehackfüllung.

Malaiisch-indische Küche

Inder kamen im 19. Jahrhundert in einer großen Einwanderungswelle ins Land. Sie sollten auf den Gummiplantagen der Briten arbeiten. Die meisten von ihnen waren Hindus aus Südindien. Ähnlich wie die Chinesen prägte die indische Gemeinde die malaiische Kochkunst nachhaltig. Neben Reis sind Hülsenfrüchte und diverse Fladenbrote wie *roti*, *naan* und *chapati* wichtige Bestandteile der indischen Küche. Chili, Kreuzkümmel, Garam Masala, Koriander, Senf, Kurkuma, Joghurt, Kokos und *ghee* gehören ebenfalls dazu.

***Naan*-Brot**

Körbe voll Chilis auf dem Markt von Langkawi, Malaysia

Nord- und südindisch

Die nordindische Küche zeichnet sich durch die Verwendung von Milchprodukten und reichhaltigen Saucen aus. Viele Gerichte werden in einem Tonofen, dem Tandoor, zubereitet, u. a. das *Naan*-Brot und das weltweit berühmte Tandoori-Huhn. Das Brot wird meist zum Reis gereicht. Während in der nordindischen Küche Brot und Fleisch vorherrschen, enthält südindisches Essen vor allem Reis und bietet viele vegetarische Gerichte. Trotz des heißen Klimas sind südindische Gerichte meist recht scharf, zudem werden sie mit viel Kokosmilch sowie mit Linsen und Curryblättern zubereitet. Eine beliebte südindische Speise ist das *thali* mit seinen vielen verschiedenen Gerichten und Würzpasten.

Mamak-Küche

Diese Variante der indischen Küche ist in Malaysia weitverbreitet, sie stammt von indischen Muslimen. Typische Gerichte wie *mee goreng* (Bratnudeln), *rojak* (Gemüse und Meeresfrüchte in süßsaurer Sauce) und *mee rebus* (Nudeln mit Sojasprossen und Süßkartoffelsauce mit hart gekochtem Ei) findet man vorwiegend an Imbissständen.

***Thali* auf einem Bananenblatt**

Indische Spezialitäten in Malaysia

Rote Linsen

Schon frühmorgens sieht man in Malaysia die Köche an *Roti*-Ständen Teig zu Fladen drehen, die zusammengefaltet und auf zu *roti canai* gebacken werden. Man tunkt sie entweder in Currysauce oder bestreut sie mit Zucker, wenn man morgens etwas weniger Herzhaftes essen möchte. Mittags ist eines der populärsten Gerichte an den indisch-muslimischen Imbissständen das vegetarische *mee rebus*. Abends dominieren unter den vielen köstlichen und reichhaltigen Gerichten *biryani* (aus Reis mit Safran, Nüssen und Gemüse zu Fleisch oder Meeresfrüchten) und *thali*, das meist aus einem Bananenblatt voller Gemüse, Fisch oder Fleisch, Currys, Hülsenfrüchten *(dal)*, eingelegtem Gemüse, Joghurt *(raita)* und Reis, Brot oder *pappadam* besteht.

Lamm-*biryani* mit Safran und anderen Gewürzen

Restaurantauswahl

Kuala Lumpur

KLCC

Acme Bar & Coffee (ABC) (RM)(RM)
Westlich
Erdgeschoss, The Troika, 19 Persiaran KLCC
(03) 2162-2288
Beliebt ist der Ganztages-Brunch an Wochenenden in diesem freundlichen, hellen Café mit Fenstern vom Boden bis zur Decke.

Cantaloupe (RM)(RM)(RM)
Französisch
Level 23A, Tower B, The Troika, 19 Persiaran KLCC
(03) 2162-0886
mittags Mo–Sa
Die einzigartigen Blicke aus der Vogelperspektive auf die City sind im Cantaloupe ebenso beliebt wie das viel besuchte Mittagessen an Sonntagen.

Fuego (RM)(RM)(RM)
Südamerikanisch
Level 23A, Tower B, The Troika, 19 Persiaran KLCC
(03) 2162-0886 mittags
Die feine Tapas-Bar mit Tischen im Freien bietet unglaubliche Blicke auf die Petronas Towers.

Marini's on 57 (RM)(RM)(RM)
Italienisch SP 2 E4
Level 57, Menara 3 Petronas
(03) 2386-6030 mittags
Kuala Lumpurs höchstgelegene Bar auf dem Dach ist ein idealer Platz für einen Aperitif, bevor man die kreative Küche des preisgekrönten Restaurants genießt.

Bukit Bintang und Golden Triangle

Din Tain Fung (RM)
Chinesisch SP 6 D2
Level 6, Pavilion KL Mall
(03) 2148-8292
Das Din Tain Fung gehört zu einer Restaurantkette. Gekocht wird in einer offenen Küche. Spezialitäten sind die Schweineklöße, die mit traditionellem Ingwer-Essig-Dip serviert werden.

Muar (RM)
Malaiisch SP 5 B2
6G Tengkat Tong Shin
(03) 2144-2072 Mo
Die Küche aus Muar, einer kleinen Stadt an der Küste, ist bekannt für ihre Vielfalt an chinesischen und malaiischen Gerichten. Einfaches Interieur, preisgünstig.

Feeka (RM)(RM)
Westlich SP 5 C2
19 Jalan Mesui
(03) 2110-4599
Köstliche, hausgemachte Pasta und leichte Gerichte werden in diesem legeren Café serviert.

Hakka (RM)(RM)
Chinesisch SP 6 D1
90 Jalan Raja Chulan
(03) 2143-1908
Im superben Hakka werden besonders gute Meeresfrüchte serviert. Auch Tische im Freien.

Lot 10 Hutong (RM)(RM)
Asiatisch SP 6 D2
Untergeschoss, Lot 10 Mall, Jalan Bukit Bintang
Von Nudeln bis zu Klößen – die Auswahl in dem traditionellen Gourmet-Village mit Dutzenden von Essensständen ist groß. Spezialitäten der malaiischen und asiatischen Küche warten auf Sie.

Luk Yu Tea House (RM)(RM)
Chinesisch SP 6 D2
Untergeschoss, Starhill Gallery, 181 Jalan Bukit Bintang
(03) 2782-3850
Dim sum ohne Schwein nach Hongkonger Art serviert das freundliche Restaurant, das wie eine Teekanne geformt ist.

The Magnificent Fish & Chip Bar (RM)(RM)
Britisch SP 5 C2
28 Changkat Bukit Bintang
(03) 2142-7021
Authentische Fish and Chips in Zeitungspapier, englisches Frühstück und Guinness-Steak-Pie werden hier serviert.

Feines Interieur einer Weinbar in der italienischen Neroteca

Preiskategorien
Preise für ein Drei-Gänge-Menü pro Person, inklusive Steuer und Service, ohne Alkohol.

(RM)/$	bis 20 RM/$
(RM)(RM)/$$	20–50 RM/$
(RM)(RM)(RM)/$$$	über 50 RM/$

Pinchos (RM)(RM)
Spanisch SP 5 C2
18 Changkat Bukit Bintang
(03) 2145-8482
mittags, Mo
Genießen Sie die Speisen an der Bar oder an den Holztischen und beobachten Sie das bunte Treiben in der gut besuchten Tapas-Bar.

Pisco Bar (RM)(RM)
Peruanisch/Spanisch SP 5 C2
29 Jalan Mesui
(03) 2142-2900
mittags, Mo
Eine beliebte Bar, die vor allem für ihre guten peruanischen Pisco Sours bekannt ist. Dazu gibt es peruanische und spanische Tapas.

Sao Nam (RM)(RM)
Vietnamesisch SP 5 B2
25 Tengkat Tong Shin
(03) 2144-1225
Das preisgekrönte Restaurant ist bei Reisenden aus der ganzen Welt beliebt. Spezialitäten sind die Frühlingsrollen und der Mangostin-Garnelen-Salat.

Albion (RM)(RM)(RM)
Britisch SP 5 C2
31 Jalan Berangan
(03) 2141-9282 Mo
Authentische und moderne britische Küche, feiner Rostbraten am Sonntag mit Yorkshirepudding, oder versuchen Sie den langsam gerösteten Bauchspeck.

Frangipani (RM)(RM)(RM)
Modern europäisch SP 5 C2
25 Changkat Bukit Bintang
(03) 2144-3001
mittags, Mo
Feinste Nouvelle Cuisine serviert dieses schicke Restaurant. Trendy ist die vor allem an Wochenenden gut besuchte Bar, Treffpunkt für Hetero- und Homosexuelle.

Havana (RM)(RM)(RM)
Westlich SP 5 C2
Changkat Bukit Bintang
(03) 2142-7170 mittags
Spezialitäten sind Steaks, Burger, und Rinderrippchen vom Holzkohlegrill. Das Restaurant ist vor allem an Wochenenden voll. Beliebte Bar und Club mit gleichem Namen im Obergeschoss.

Restaurantkategorien *siehe Seite 285*

Marble 8 Steakhouse RM RM RM
Westlich
163 Jalan Binjai
(03) 2386-6030 ● Sa mittags
Das Beste vom Wagyu- und Angus-Rind findet sich auf der Karte des feinen Steakhauses. Exzellent sind die Blicke auf die Petronas Towers. Die noble M8 Bar ist der ideale Platz für einen Cocktail.

Neroteca RM RM RM
Italienisch SP 5 C2
Unit G1, Seri Bukit Ceylon, 8 Lorong Ceylon
(03) 2070-0530 ● Sa mittags
Die Neroteca ist ein stilvoller Platz, um ein Glas Wein und dazu eine kalte Platte oder herzhafte italienische Speisen zu genießen. Beliebt ist der Sonntagsbrunch.

Nerovivo RM RM RM
Italienisch SP 5 B2
3a Jalan Ceylon
(03) 2070-3120
● Sa mittags, So
Das gehobene Restaurant mit modernem Dekor bietet eine interessante Auswahl exzellent zubereiteter italienischer Klassiker. Reservierung empfohlen.

Vis-à-Vis-Tipp

Shook! RM RM RM
Asiatisch/Westlich SP 6 D2
Untergeschoss, Starhill Gallery, 181 Jalan Bukit Bintang
(03) 2719-8535
Wohlhabende Einheimische und Reisende treffen sich in diesem exzellenten Restaurant mit vier Show-Küchen, die wahlweise italienische, chinesische, japanische und westliche Speisen bereiten. Der Weinkeller hält mehr als 3000 Flaschen von Spitzenweinen bereit. Täglich Live-Jazz-Musik.

Sushi Hinata RM RM RM
Japanisch SP 5 C1
A-0-1, Erdgeschoss, St Mary Residence, 1 Jalan Tengah
(03) 2022-1349 ● So
Sushi und Sashimi werden an der offenen Theke des kleinen Restaurants liebevoll bereitet. Es gehört in der Hauptstadt zu den besten seiner Art.

twenty.one RM RM RM
Europäisch SP 5 C2
20–21 Changkat Bukit Bintang
(03) 2142-0021
Es ist einer der beliebtesten Treffpunkte des Viertels, Restaurant, Bar und Club in einem. Exzellente, moderne europäische Küche, eine angesagte Bar im ersten Stock und ein Tanzclub.

Das moderne Interieur des beliebten Nerovivo

Zenzero RM RM RM
Italienisch SP 5 C1
Erdgeschoss, St Mary Place, 1 Jalan Tengah
(03) 2022-3883 ● Sa mittags
Zweifelsohne eines der besten italienischen Restaurants der Stadt. Saisonale Speisekarte und große Weinkarte.

Chinatown

Central Market Food Court RM
Asiatisch SP 4 F3
Jalan Hang Kasturi
1300-22-8688
Eine Auswahl von verschiedensten Gerichten aus Malaysia, auch traditionelle Nyonya-Küche und japanische Pfannkuchen.

Nam Heong RM
Chinesisch SP 4 F3
56 Jalan Sultan
(03) 2078-5879 ● abends
Dieser beliebte Treff ist bekannt für seine original Hainan-Hühnchen mit Reis.

Old China Café RM RM
Chinesisch & Malaiisch SP 4 F4
11 Jalan Balai Polis
(03) 207-25915
Das Café verströmt den Charme der Alten Welt und serviert herzhafte, klassische Gerichte.

Vis-à-Vis-Tipp

Contango RM RM RM
Asiatisch/Westlich SP 4 E4
Majestic Hotel, Jalan Sultan Hishamuddin
(03) 2785-8000
Die Speisen des Buffets aus Indien, China, Malaysia und Italien werden vor Ihren Augen in der offenen Küche des Restaurants zubereitet. Ebenso köstlich und vielfältig ist das Angebot an Desserts und guten Weinen.

Abstecher

Vis-à-Vis-Tipp

Annalakshmi RM
Indisch
Temple of Fine Arts, 116 Jalan Berhala, Brickfields
(03) 2274-3799 ● Mo
Ob das exzellente Buffet am Mittag oder ein À-la-carte-Dinner am Abend, die authentischen südindischen Gerichte im Temple of Fine Arts sind ein Genuss. Mit Teilen des Erlöses werden Projekte der indischen Gemeinde gefördert.

Sri Nirwana Maju RM
Indisch
43 Jalan Telawi 3, Bangsar
(03) 2287-8445
Exzellente Fleisch- und Fischcurrys werden in diesem legeren, lebhaften Curry-Haus serviert. Stellen Sie sich auf lange Warteschlangen ein.

Alexis Bistro RM RM
Asiatisch/Westlich
29 Jalan Telawi 3, Bangsar
(03) 2284-2880 ● abends
Stilvolles Café, Bistro und Weinbar, vor allem bei Auswanderern beliebt. Serviert werden traditionelle asiatische Gerichte mit modernem Touch und westliche Speisen wie Pizza und Pasta. Hervorragend ist auch die Auswahl hausgemachter Kuchen. Häufig Live-Jazz-Musik.

La Bodega RM RM
Spanisch
16 Jalan Telawi 2, Bangsar
(03) 2287-8318
Zu dieser Filiale einer Tapas-Kette gehört ein Deli, in dem man frisch aus Spanien importierte Produkte kaufen kann. Authentische Paella und Tapas sind die Spezialitäten des Restaurants.

Mercat RM RM
Spanisch
51G Jalan Telawi 3, Bangsar
(03) 2201-5288 ● Mo
Superbe katalanische Tapas und herzhafte Hauptgerichte werden in der lebhaften Gastro-Bar serviert. Eine beliebte Spezialität sind die Fleischbällchen mit Tintenfisch und Erbsen.

WTF RM RM
International
98 Lorong Maarof, Bangsar
(019) 261-7070
Die vegetarischen indischen Gerichte sind exquisit, aber es werden auch ebenso gute chinesische und mexikanische Gerichte angeboten. WTF steht schließlich für »What Tasty Food«.

Yeast RM RM
Französisch
24G Jalan Telawi 2, Bangsar
(03) 2282-0118 ● Mo
Boulangerie, Café und Bistro, der ideale Ort für einen kleinen Snack oder einen Kaffee. Auf der Karte finden sich französische Klassiker wie Bœuf bourguignon.

Rendez-Vous RM RM RM
Französisch
100 Lorong Maarof, Bangsar
(03) 2202-0206 ● Mo
Eine große Auswahl typischer französischer Fleisch- und Fischgerichte sowie fantastische Desserts werden in einem herrlichen Interieur serviert. Große Weinkarte mit guten Weinen aus besten französischen Anbaugebieten.

Nordwest-Halbinsel

ALOR STAR: Lot 7 Food Court RM
Chinesisch
Jalan Sekerat
Der beste Food-Court in der Nähe der Chinatown von Alor Star bietet eine große Auswahl an Reis- und Nudelgerichten sowie Spezialitäten wie Omeletts mit Austernsauce oder chinesische Lammkoteletts mit Pommes.

CAMERON HIGHLANDS: Kumar RM
Indisch
26 Jalan Besar (Hauptstraße), Tanah Rata
(05) 491-2624
In dem legeren Diner serviert der Koch traditionelle Gerichte wie Tandoori Chicken, Roti, Currys auf dem Bananenblatt, frisch zubereitetes *naan* und eine Auswahl chinesisch Wokgerichte. Das Kumar ist ein beliebter Treffpunkt junger Traveller.

China House – Restaurant und beliebter Treff am Abend

CAMERON HIGHLANDS: Cameron AA Curry House RM RM
International
44B Jalan Besar (Hauptstraße), Ecke Lorong Perdah und Tanah Rata
(016) 526-9097
Trotz seines Namens ist das gesellige Restaurant mehr zur italienischen Küche hin ausgerichtet. Besonders beliebt sind hier die fantastischen Pizzas, die mittlere Größe reicht locker für zwei Personen. Serviert werden auch Nudelgerichte, Omeletts, Currys und Kebabs.

CAMERON HIGHLANDS: Cameron Organic RM RM
Chinesisch
Jalan Angsana, Brinchang
(05) 491-4807
Steamboats – die chinesischen Fondues sind vor allem an den kühlen Abenden in den Cameron Highlands beliebt. Die Gäste bereiten ihre Fleisch-, Fisch- oder Gemüsehappen im kochenden Fond auf dem Tisch selbst zu. Im Cameron Organic kommt nur Biogemüse auf den Tisch. Man hat die Wahl zwischen einem Gemüse- oder Hühnchenfond.

CAMERON HIGHLANDS: Smokehouse RM RM RM
Britisch
Smokehouse Hotel, am Golfplatz, Tanah Rata
(05) 491-1215
Das sehr britische Smokehouse Hotel bleibt auch im Restaurant seinem Stil treu. Die Braten wie Beef Wellington sind genauso exzellent wie das Teegebäck mit Erdbeermarmelade und Sahne. Fast einzigartig für Hotels in Malaysia ist das typisch englische Frühstück mit Würstchen, Speck und gebratenem Ei.

IPOH: Haji Yahaya RM
Malaiisch
Jalan Dato Onn Jaafar
Das freundliche *kedai kopi* bietet eine exzellente Auswahl an Currys, gebratenem Huhn und Fischgerichten. Ein außergewöhnliches Gericht des Hauses ist das *nasi kerabu* – ein bläulicher Reis, traditionell eingefärbt mit Blumea, eine Spezialität von Kota Bharu.

IPOH: Foh San RM RM
Chinesisch
51 Jalan Leong Sin Nam
(05) 254-0308 ● abends, Di
Bestellen Sie einfach, indem Sie auf das von Ihnen gewählte Gericht zeigen. Das *Dim-sum*-Restaurant hat seine Speisen in einer Glasvitrine ausgestellt. Zu den Spezialitäten zählt *chee cheong fun* (Reisnudelrollen in einer herzhaften Sauce).

IPOH: Plan B RM RM RM
Westlich/Asiatisch
75 Jalan Panglima
(05) 249-8286
Stil und Chic mit viel Glas und Mauerwerk. Das Restaurant in Ipohs Altstadt serviert exzellente Pasta und Burger sowie eigene Versionen asiatischer Klassiker wie vietnamesische Nudeln mit Rindfleisch. Ebenso verführerisch sind die Desserts, versuchen Sie unbedingt den Apfelkuchen mit Grießmehl.

LANGKAWI: Warung Janggus RM
Malaiisch
Jalan Pantai Cenang, Zentrum von Cenang Beach ● *Di*
Das einfache Lokal wirkt mehr wie eine Garage. Aber das Angebot am Mittag ist mit das beste auf Langkawi. Sie haben eine große Auswahl an Pfannengerichten, Currys und Eintöpfen oder nehmen geschmorte Krabben und Mangosalat. Abends wird vor allem gegrillter Fisch serviert.

LANGKAWI: Orkid Ria RM RM
Chinesisch
Lot 1225, Jalan Pantai Cenang, Nordende von Cenang Beach
(04) 955-4128
Das Orkid Ria bietet eine exzellente Auswahl an Fisch und Meeresfrüchten, ob gegrillt, gedämpft oder gebraten. Die Preise richten sich nach dem Gewicht. Es gibt aber auch eine gute Auswahl für Vegetarier und Fleischesser.

LANGKAWI: Unkaizan RM RM
Japanisch
Lot 395, Jalan Telok Baru, am Südende von Tengah Beach
(04) 955-4118
● mittags, jeder 2. Mi

Restaurantkategorien *siehe Seite 285* **Preiskategorien** *siehe Seite 290*

Es lohnt sich, das etwas versteckt an einem grünen Hang gelegene Restaurant zu suchen, das eine große Auswahl von guten Sushi und Sashimi zu günstigen Preisen bietet. Tagesgerichte und japanische Eiscreme gibt es auch.

LANGKAWI: The Cliff RM RM RM
Malaiisch/Westlich
Lot 63 & 40, Jalan Pantai Cenang, Südende von Cenang Beach
(04) 953-3228
Serviert werden kunstvoll zubereitete malaiische Speisen. Versuchen Sie *sup ekor lembu* (Ochsenschwanzsuppe) oder die King Prawns in Haferkruste. Herrliche Sonnenuntergänge.

PANGKOR: Sea View RM RM
Chinesisch
Sea View Hotel, Pasir Bogak
(04) 685-1605
Seit langer Zeit etabliert und beliebt ist das Restaurant mit Blick über die Straße von Malakka. Schwerpunkt sind hier Fisch und Meeresfrüchte. Versuchen Sie die Tamarind Prawns, gedämpften Red Snapper oder auch das Huhn mit Cashewnüssen.

PENANG: Red Garden Food Paradise RM
Chinesisch/Ostasiatisch
20 Lebuh Leith, George Town
(012) 421-6767 mittags
Dieser Food-Court ist phänomenal beliebt. Die Köche bieten Meeresfrüchte und Fisch, Currys, *Satay*-Spieße, Reis- und Nudelgerichte sowie japanische Speisen. Bier und Softdrinks werden am Tisch serviert, an manchen Abenden gibt es chinesischen Tanz und Gesang.

PENANG: Mugshot RM RM
Westlich
302 Lebuh Chulia, George Town
(012) 405-6276
Das Mugshot, eine superbe Bäckerei und Café, hat sich auf Bagels und selbst gemachtes Brot spezialisiert. Ein Bagel mit Rindfleisch und Rucola, dazu ein Kaffee oder ein Joghurtgetränk – ein guter Start in den Tag.

PENANG: Perut Rumah RM RM
Peranakan (Nyonya)
17 Jalan Kelawei, George Town
(04) 227-9917
Ein unscheinbares Haus, aber mit großartigem Speiseraum mit herrlichem Fliesenboden und Marmortischen. Serviert wird beste Peranakan-Küche. Versuchen Sie *kuih pai tee* (Pasteten, ähnlich gefüllt wie Frühlingsrollen) oder *inche kabin* (ein Gericht aus Penang mit gebratenem Huhn).

PENANG: Tai Tong RM RM
Chinesisch
45 Lebuh Cintra, George Town
(04) 263-6625
In einem der liebenswertesten und altmodischsten *Dim-sum*-Restaurants des Landes fühlt man sich in vergangene Zeiten zurückversetzt. Das Servicepersonal schiebt rollende Tablettwagen voller kleiner Köstlichkeiten durch das Lokal. Sie treffen Ihre Wahl am Tisch. Angeboten wird aber auch eine große Auswahl kantonesischer Gerichte, die auf Wunsch zubereitet werden, vom gebratenen Huhn bis zu frittiertem Gemüsen.

PENANG: Woodlands RM RM
Indisch (vegetarisch)
60 Lebuh Penang, George Town
(04) 263-9764
Das ungezwungene Restaurant bietet einige südindische Gerichte an, aber wirklich exzellent sind die nordindischen Speisen, die hier bereitet werden. Versuchen Sie *palak paneer* (Spinat mit Käse) oder *malai kofta* (Klöße in einer cremigen Sauce). Passend dazu frisch gemachtes *naan*.

Vis-à-Vis-Tipp

PENANG: China House RM RM RM
Asiatisch
153 & 155 Lebuh Pantai, George Town
(04) 263-7299
Ein großes Restaurant, ein beliebter Treff am Abend und eine Galerie erstrecken sich über drei herrlich renovierte, denkmalgeschützte Häuser. Die Auswahl an superben Speisen ist groß, sie reicht von Wraps aus dem Nahen Osten bis zur asiatischen Bentobox. Eine Vielzahl an köstlichen Kuchen gibt es jederzeit. Ab neun Uhr am Abend wird Live-Jazz-Musik gespielt.

PENANG: Sarkies RM RM RM
International
E&O Hotel, 10 Lebuh Farquhar, George Town
(04) 222-2000
Wenn Sie kein Gast des Hotels sind, gibt es keine bessere Art, die koloniale Pracht des Hauses zu bewundern, als ein Mittagessen am Buffet oder ein Abendessen im Restaurant Sarkies zu genießen. Das Angebot reicht vom Rostbraten über gegrillten Fisch und Meeresfrüchte, Sushi und Currys bis zu einer großen Auswahl an malaiischen Gerichten. Unbedingt zu empfehlen sind auch Kuchen und Desserts.

PENANG: Via Pre RM RM RM
Italienisch
5 Pengkalan Weld, George Town
(04) 262-0560
Das Via Pre zählt zu den besten italienischen Restaurants des Landes. Serviert werden hier exzellente Pizza und Pasta oder Spezialitäten wie Wildschweinragout. Verlockend ist auch das Angebot an Antipasti und Desserts.

TAIPING: Taman Tasik Food Court RM
Chinesisch
Gegenüber der südwestl. Seite der Lake Gardens
In einer Stadt voller Food-Courts ist Taman Tasik einer der besten. Neben den üblichen Gerichten gibt es hier Spezialitäten wie *Century Eggs Porridge* (Reisschleim mit Soleiern). Am Abend sind die meisten Stände geöffnet.

TAIPING: Soon Lee RM RM
Chinesisch
11–15 Jalan Lim Swee Aun
(05) 807-6624
Taipings größtes chinesisches Restaurant bietet eine große Auswahl an Meeresfrüchten und Fisch sowie vegetarische Gerichte. Versuchen Sie die Garnelen in Butter oder Schweinefuß. Fragen Sie nach der Spezialität des Tages.

Das Sarkies in Penangs renommiertem E&O Hotel

Südhalbinsel

JOHOR BAHRU: Hiap Joo Bakery & Biscuit Factory (RM)
Chinesisch
13 Jalan Tan Hiok Nee
(07) 223-1703 ● abends, So
Die historische Bäckerei backt in einem Ofen mit Holzfeuer Leckereien wie Bananenkuchen oder Kokosnussbrötchen.

JOHOR BAHRU: Roost Juice & Bar (RM)
International
9 Jalan Dhoby
● So mittags
Secondhand-Mobiliar und Spielzeugecke. Das einzigartige Café und Restaurant serviert superbe Säfte und Nudeln mit Rind oder Nyonya-Filets vom Fisch.

JOHOR BAHRU: Carabao (RM)(RM)
Thailändisch
16 Jalan Dato Abdullah Tahir
(07) 335-9333
Die große Karte bietet viele Klassiker der Thai-Küche. Offenes, luftiges Ambiente aus natürlichen Materialien.

JOHOR BAHRU: Chez Papa (RM)(RM)
Französisch
38 & 40 Jalan Jaya, Taman Maju Jaya
(07) 333-4988 ● So
Genießen Sie Ihr Essen am Tisch oder an der Bar in der herrlichen Atmosphäre des Bistros. Die Karte bietet traditionelle, rustikal-französische Küche und eine umfangreiche Auswahl an guten Weinen.

KUKUP: New Kukup Restaurant (RM)(RM)
Chinesisch
1 Kukup Laut
(07) 696-0216
Großes, offenes Restaurant am Wasser. Das New Kukup ist spezialisiert auf Fisch und Meeresfrüchte mit frittiertem Gemüse.

MALAKKA: Calanthe Art Café (RM)
Malaiisch
11 Jalan Hang Kasturi
(06) 292-2960 ● Di
Vinylschallplatten und alte Getränkedosen dekorieren das trendige Kaffee und Restaurant. Guter Kaffee, klassische Küche.

MALAKKA: Capitol Satay (RM)
Malaiisch
41 Lorong Bukit China
(06) 283-5508 ● mittags, Mo
Ein guter Platz für *Satay*-Spieße mit Fisch, Fleisch oder Gemüse, dazu gibt es gute Dips.

MALAKKA: The Daily Fix Café (RM)
Westlich
55 Jalan Hang Jebat
(06) 283-4858 ● abends, Di
Hausgemachte Kuchen und erfrischende Getränke werden in dem legeren Café auf der Rückseite eines Souvenirladens serviert.

MALAKKA: Jonker 88 (RM)
Malaiisch
88 Jalan Hang Jebat
(019) 397-5665
Versuchen Sie eine Schale schmackhafter *laksa* (Nudeln) und danach *baba cendol*, ein traditionelles malaiisches Dessert.

MALAKKA: Low Yong Moh (RM)
Chinesisch
32 Jalan Tukang Emas
(06) 282-1235 ● abends, Di
Garnelen, Schweinefleisch und Fisch-*Dim-sum* sowie Brötchen mit Schweinefleisch sind die Spezialitäten. Schließt um 13 Uhr.

MALAKKA: Baboon House (RM)(RM)
Amerikanisch
89 Jalan Tun Tan Cheng Lock
(06) 283-1635 ● abends, Di
Das skurrile Art-Café mit rustikalem Mobiliar und Kunst an den Wänden hat sich auf Burger spezialisiert.

MALAKKA: Eat at 18 Café (RM)(RM)
Westlich
18 Jalan Hang Lekiu
(06) 281-4679 ● abends, Di
Exzellente Salate, leichte Mahlzeiten und hausgemachte Desserts werden in dem Café mit viel Kunst und Büchern serviert.

MALAKKA: Eleven Bistro & Restaurant (RM)(RM)
Portugiesisch/Malaiisch
9, 11 & 13 Jalan Hang Lekir
(06) 282-0011
Die Küche ist eine Kombination aus dem Besten der portugiesischen und der malaiischen Küche. Nach 22 Uhr Bar mit DJ.

MALAKKA: Limau Limau (RM)(RM)
Europäisch
9 Jalan Hang Lekiu
(012) 698-4917 ● abends, Mi
Salate, Sandwiches und Säfte werden in dem winzigen, skurrilen Café serviert.

MALAKKA: Nancy's Kitchen (RM)(RM)
Peranakan
7 Jalan Hang Lekir
(06) 283-6099 ● abends, Di
Das ist der Platz, um traditionelle Nyonya-Gerichte zu probieren. Die traditionellen Zutaten können Sie hier auch erwerben.

Vis-à-Vis-Tipp

MALAKKA: Pak Putra (RM)(RM)
Indisch
56 & 58 Jalan Kota Laksamana
(012) 601-5876
● mittags, jeden 2. Mo
Das legere Restaurant mit Tischen auch auf der Straße serviert exzellente indische Küche wie *mutton rogan josh* oder Currys. Selbst das dazu servierte *Naan*-Brot ist ein Highlight. Sehr gut besucht an Abenden und Wochenenden. Frühes Erscheinen ist also ratsam.

MALAKKA: Teo Soon Loong Chan (RM)(RM)
Chinesisch
55 Jalan Hang Kasturi
(06) 282-2353
Traditionelle Teochew-Gerichte werden in legerem Ambiente serviert. Nudeln mit Austernsauce!

MALAKKA: Veggie Planet (RM)(RM)
Vegetarisch
41 Jalan Melaka Raya 8, Taman Melaka Raya
(06) 292-2819
Bioküche einschließlich Nyonya-Curry sowie zahlreiche Suppen und Salate werden in diesem freundlichen Café serviert.

Rustikales und lebhaftes Interieur im französischen Chez Papa, Johor Bahru

MERSING: Syed Ali RM
Indisch/Malaiisch
72–73 Jalan Sulaiman
(016) 716-3124
Die indischen und malaiischen Gerichte in dem Selbstbedienungsrestaurant zählen mit zu den besten der Stadt.

MERSING: Loke Tien Yuen RM RM
Chinesisch
55 Jalan Abu Bakar
(07) 799-1639
Das freundliche Restaurant ist seit Jahren beliebt. Die Karte bietet eine große Bandbreite an Fisch und Meeresfrüchten.

PULAU TIOMAN:
Sunset Bar RM RM
Westlich
Air Batang (ABC) mittags
Ein beliebter Platz für Sundowner. Die lebhafte Bar serviert dazu Snacks und gute Pizzas.

PULAU TIOMAN:
Tioman Cabana RM RM
International
South Tekek
(013) 717-6677
Großartige, hausgemachte Burger und andere frisch zubereitete Gerichte werden in dieser entspannten Strandbar mit rustikalem Ambiente serviert.

SEREMBAN:
Pasar Besar Market RM
Asiatisch
Jalan Pasar
ab 13.30 Uhr (Di: ab 12 Uhr)
Der lokale Markt ist für seine Nudelgerichte mit Rindfleisch bekannt. Stand 648 und 742 sind besonders zu empfehlen.

Ost- und Zentral-Halbinsel

CHERATING:
Don't Tell Mama RM RM
Westlich
BT28 Kampung, Cherating Lama
(019) 996-1723 mittags
Skurriles Interieur, eine entspannte Hintergrundmusik, der Hangout für Surfer serviert saftige Burger und Steaks, Fish and Chips, Salate, Nudelgerichte und gute Sandwiches.

KOTA BHARU: Cikgu RM
Malaiisch
Jalan Hilir Kota, Kampung Kraftangan
(019) 946-6665 abends, Fr
Gemüsecurry und Seewolf in scharfer Sauce sind die malaiischen Gerichte in dem legeren Selbstbedienungsrestaurant.

Tioman Cabana, eine Strandbar auf der Insel Tioman

KOTA BHARU:
Medan Selera Night Market RM
Asiatisch
Bei Jalan Pintu Pong, Jalan Zainal Abidin, Besut
mittags
Der Nachtmarkt bietet gute Speisen, Curry mit Fisch, *murtabak* (pikant gefüllte Pfannkuchen) oder herzhafte Suppen.

KOTA BHARU: Shan Sri Devi RM
Südindisch
4213F Jalan Kebun Sultan
(09) 746-2592
Das bei Einheimischen beliebte, lebhafte Restaurant hat sich auf schmackhafte Currys spezialisiert.

KOTA BHARU: Muhibah RM RM
Vegetarisch
Jalan Pintu Pong
(09) 744-3668
Café und Bäckerei. Serviert werden Gebäck sowie vegetarische malaiische Speisen.

KUALA TERENGGANU:
Asia Signature RM
Malaiisch
134 Jalan Sultan Zainal Abidin
(09) 620-5421
Vegetarische Versionen malaiischer Klassiker sowie schmackhafte *dim sum* finden Sie hier.

KUALA TERENGGANU:
Madam Bee's Kitchen RM
Peranakan
177 Jalan Kampung Cina
(012) 988-7495 Mi
Kleines Lokal mit heimischen Gerichten wie *loh mee* (Eiernudeln mit Huhn und Krabben).

KUALA TERENGGANU:
Star Anise RM
Chinesisch/Westlich
82 Jalan Kampung Cina
(017) 664-2368
Tische im Freien im Herzen der Chinatown, serviert werden feine Tees und bester Kaffee.

KUALA TERENGGANU:
Vinum Exchange RM RM
Westlich
221 Jalan Kampung Cina
(09) 638-1353
Einer der wenige Plätze der Stadt, wo Alkohol ausgeschenkt wird. Dazu gibt es zum Beispiel Schweinekoteletts. Und zum Dessert Kaffee und Kuchen.

KUANTAN:
Akob Patin House RM RM
Malaiisch
Tapak PCCL Jalan Besar
(019) 987-4463 abends, So
Das Lokal am Flussufer hat sich auf lokale Delikatessen spezialisiert. Versuchen Sie *patin* (Wels mit Chili, Tamarinden und Durian).

KUANTAN:
Tjantek Art Bistro RM RM
Westlich
46 Jalan Besar
(09) 516-4144 mittags, So
Im Gegensatz zu vielen anderen Lokalen der Stadt begeistert das Tjantek Art Bistro mit stimmungsvollem Interieur und alten Kunstwerken an den Wänden. Serviert werden einfache Nudelgerichte und Sandwiches. Es gibt keinen Alkohol, aber gute, frisch gepresste Fruchtsäfte.

PERHENTIAN-INSELN:
Ewan's Café RM
Malaiisch
Coral Bay, Perhentian Kecil
Ein lebhaftes Restaurant, beliebt für seine schmackhaften malaiischen Gerichte mit Huhn, Gemüse oder Garnelen.

PERHENTIAN-INSELN:
Mandalika RM RM
Malaiisch/Westlich
Teluk Dalam, Perhentian Besar
Relaxte Strandbar mit Grill und großer Speisekarte, auf der man auch Fish and Chips findet.

PERHENTIAN-INSELN:
Panorama Café RM RM
Westlich
Perhentian Kecil
Beliebter Platz für abendliche Filmvorführungen, dazu gibt es gute Pizza.

PERHENTIAN-INSELN:
Tuna Café RM RM
Westlich
Perhentian Besar
Das Restaurant, das zu den besten auf den Inseln zählt, mit großer, offener Frontseite, bietet eine gute Auswahl westlicher Gerichte. Gegrillt wird an jedem Abend.

PERHENTIAN-INSELN:
World Café RM RM RM
Westlich
Long Beach, Pulau Perhentian Kecil
(03) 2142-6688
Gegrillter Hummer oder köstliche Sandwiches, auf der Karte des lebhaften Cafés und Restaurants am Strand finden Sie eine große Auswahl. Der beliebte Treffpunkt ist vor allem mittags und am späten Nachmittag, wenn man sich hier zum Sundowner trifft, sehr gut besucht.

Vis-à-Vis-Tipp

PULAU KAPAS: Koko's RM
Malaiisch
T111, Westküste
(010) 926-5088
Das exzellente englisch-malaiisch geführte Strandrestaurant mit rustikalen Tischen und Stühlen aus Holz im feinen weißen Pudersand serviert superbe Fischgerichte sowie Garnelen und Tintenfisch in Kokosnusssauce. Der Koch stammt aus Malaysia, sein Partner aus England kümmert sich um den Service.

PULAU KAPAS:
Kapas Turtle Valley RM RM
International
An der Südwestküste
(013) 354-3650
Das exzellente Restaurant in diesem kleinen, abgelegenen Resort serviert vielfältige Köstlichkeiten.

TAMAN NEGARA:
Floating Restaurants RM
Asiatisch/Westlich
Flussufer, Kuala Tahan
Ein Muss für viele Besucher ist ein Abendessen in einem der schwimmenden Restaurants, meist einfachen Holzkonstruktionen auf einem Floß. Das Essen ist vielleicht nicht immer von bester Qualität, aber die Preise sind niedrig und das Erlebnis unbezahlbar.

Vis-à-Vis-Tipp

TAMAN NEGARA:
Seri Mutiara RM RM RM
International
Mutiara Taman Negara Resort, auf der anderen Seite des Flusses von Kuala Tahan
(09) 266-3500
Das nach einer Seite hin offene Restaurant bietet eine große Auswahl an Speisen aus westlicher, chinesischer, indischer und malaiischer Küche. Versuchen Sie das *nasi lemak* (Reisgericht in Kokosnussmilch), eine der Pizzas oder das T-Bone-Steak.

Sarawak

BINTULU:
Famous Mama Café RM
Indisch
10 Jalan Somerville
(086) 336-541
Beliebt bei jungen Einheimischen, die sich hier zum Essen oder auf einen Drink treffen. Das einfache Lokal serviert sehr gute Currys, *Biryani*-Reisgerichte und dazu frische *roti*.

BINTULU: King Hua RM RM
Chinesisch
Jalan Keppel (bei der Jalan Masjid)
(086) 337-255
Ein einfaches, aber ganz besonderes Restaurant, denn hier kocht man gern, was Sie sich wünschen, wenn die Zutaten gerade zur Hand sind. Ansonsten können Sie von einer großen Karte zwischen Fischgerichten, Fleisch oder vegetarischen Köstlichkeiten wählen.

Im Ofen gegrilltes Fleisch und beste Currys serviert das Lyn's Thandoori

BINTULU:
Riverfront Inn Café RM RM
Westlich/Malaiisch
256 Taman Sri Dagang
(086) 333-111
Das zu einem Hotel gehörende Restaurant ist immer eine gute Adresse für Klassiker der westlichen Küche, ob Spaghetti, Burger, Fish and Chips oder ein herzhaftes englisches Frühstück mit Würstchen, Bohnen und Spiegelei. Es gibt aber auch eine Auswahl an malaiischen Gerichten. Die Küche ist bis spätabends geöffnet.

BRUNEI: Tarindak d'Seni $$
Malaiisch
Arts and Handicrafts Complex, Jalan Residency, Bandar Seri Begawan
(073) 224-0422
Das moderne Restaurant ist der beste Platz der Stadt für alle, die die heimische Küche probieren wollen. Das Buffet am Mittag und Abend bietet Currys, Chinapfannen und *kuih* (Pudding) sowie viele Desserts. Eine Spezialität, die sonst kaum zu finden ist, ist *ambuyat*, Sagostärke, die man in verschiedene Saucen tunkt.

BRUNEI: Thiam Hock $$
Chinesisch
5 Yong Siong Hai Building, Gadong, Bandar Seri Begawan
(073) 244-1679
In der geschäftigen Vorstadt Gadong ist dieses Restaurant seit langer Zeit für seine Spezialität berühmt und beliebt: Fischkopf in scharfer Tamarindensauce. Zu empfehlen sind auch die Nudelgerichte und das knusprige Huhn.

KUCHING: Aroma Café RM
Bornesisch
Erdgeschoss Sublot 126, Jalan Tabuan
(082) 417-163 ● So
Versuchen Sie die preiswerten, heimischen Gerichte wie *ayam pansoh* (Huhn, im Bambusrohr gedämpft) oder *umai* (Salat aus rohem Fisch). Große Portionen, sehr preisgünstige Mittagsgerichte.

KUCHING: James Brooke Bistro & Café RM RM
Westlich/Malaiisch
Jalan Tunku Abdul Rahman, in der Nähe des Hilton Hotel
(014) 520-4007
In schöner Lage am Fluss serviert das Restaurant neben Klassikern der westlichen Küche authentische, lokale Gerichte wie *Sarawak laksa* (scharfe Nudelsuppe). Die Veranda rund um das Restaurant bietet herrliche Plätze im Freien.

Restaurantkategorien *siehe Seite 285* **Preiskategorien** *siehe Seite 290*

KUCHING: Lyn's Thandoori RM RM
Indisch
No. 7, Lot 267, Jalan Song Thian Cheok
(082) 234-934
Das gemütliche Lyn's Thandoori hat sich, wenig überraschend, auf *Tandoori Chicken* spezialisiert. Es gibt aber auch eine große Auswahl nordindischer Currys und *biryanis* sowie *Chicken Tikka Masala* und *Gobi Manchurian* (Blumenkohl süßsauer).

KUCHING: My Village Barok RM RM
Bornesisch
Jalan Brooke, Kampung Boyan, Nordseite des Flusses Sarawak
(082) 448-970 ● mittags
Das legere Restaurant im Stil eines Langhauses serviert als Spezialität *ayam penyet* (weich geklopftes, gebratenes Huhn). Außerdem gibt es gegrillten Fisch und Meeresfrüchte sowie gebratenen Reis mit den Oliven ähnlichen Dabai-Früchten, einer Spezialität auf Borneo.

KUCHING: Top Spot Food Court RM RM
Chinesisch/Malaiisch
Jalan Padungan
● mittags
Das Dachgeschoss eines Parkhauses ist vielleicht nicht der einladendste, aber ein genialer Platz zum Essen in Kuching. Die zahlreichen Essensstände haben sich auf Fisch und Meeresfrüchte spezialisiert, es gibt aber auch einfacherer Speisen wie Omelett mit Austernsauce.

KUCHING: Bla Bla Bla RM RM RM
Asiatisch/Westlich
27 Jalan Tabuan
(082) 233-944 ● mittags, Di
Der Fischteich im Hof verleiht dem schicken Restaurant einen besonderen Touch. Die Hausspezialität sind superbe malaiische *midin* (Farnsalat). Ein anderes Highlight auf der Speisekarte ist Straußenfleisch mit Mozzarella. Verlockend sind auch Desserts wie Käsekuchen oder Baiser.

KUCHING: The Carvery RM RM RM
Brasilianisch
Abell Hotel, 22 Jalan Tunku Abdul Rahman
(082) 239-449
Leidenschaftliche Fleischesser werden sich über dieses All-you-can-eat-Churrasco-Barbecue-Buffet freuen. Mindestens neun verschiedene Fleischsorten vom Lamm sowie Huhn, Rind und Fisch werden hier neben einem frischen Salatbuffet geboten.

Vis-à-Vis-Tipp

KUCHING: Jambu RM RM RM
International
32 Jalan Crookshank
(082) 235-292
● mittags, Mo
Südlich vom Zentrum in einem Haus aus der Kolonialzeit bietet das Jambu eine große Auswahl an Köstlichkeiten aus der mexikanischen, italienischen und französischen Küche. Sie verstehen sich aber auch auf die malaiische *laksa* (scharfe Nudelsuppe). Unter den Desserts ist das Markenzeichen des Restaurants die marokkanische Datteltorte.

KUCHING: The Junk RM RM RM
Westlich
80 Jalan Wayang
(082) 259-450 ● mittags, Di
Das Interieur des beliebten Lokals wird seinem Namen gerecht, es sieht aus wie ein Ramschladen. Serviert werden Fish and Chips oder Pizza, für Anspruchsvollere gibt es Lammhüfte oder Gnocchi mit Lachs. Die Cocktails mit Reiswein sollten Sie probieren.

KUCHING: Ristorante Beccari RM RM RM
Italienisch
Merdeka Palace Hotel, Jalan Tun Abang Haji Openg
(082) 258-000
Das Restaurant ist bekannt für seine dünnen, knusprigen Pizzas aus dem Holzofen. Serviert werden auch beste Pasta und Hauptgerichte wie Lamm mit Gnocchi. Jeden Sonntagabend gibt es ein großes Buffet mit italienischen Köstlichkeiten. Zum Dessert zu empfehlen ist der Käsekuchen.

MIRI: Krishna's RM
Indisch
Jalan Kubu
(085) 430-095
Das schöne, sehr freundliche Restaurant bietet enorme Portionen köstlicher Currys mit Reis und *papadams*, serviert auf Bananenblättern. Spezialität des Hauses ist eine malaiische Delikatesse, Fischkopf-Curry.

MIRI: Puma Sera RM
Malaiisch/Indonesisch
Jalan Maju
(013) 840-1868
Im Puma Sera werden gute Currys, Chinapfannen und Eintöpfe serviert. Versuchen Sie das Seewolf-Curry, *ulam* (traditioneller malaiischer Salat) oder *ayam lapangan* (Huhn mit acht verschiedenen Beilagen).

Das Restaurant Beccari im Merdeka Palace Hotel, Kuching

MIRI: Barcelona RM RM
Westlich/Malaiisch
Lot 1190, Jalan North Yu Seng
(085) 413-388
Bar, Bistro und beliebter Treffpunkt im Zentrum von Miri am Abend. Serviert wird eine große Auswahl an Pizzas und Tapas sowie gebratene Nudeln und eine anspruchsvolle Variante von *nasi lemak* (Reis mit Kokosnussmilch).

MIRI: The Summit Café RM RM
Bornesisch
Centre Point Phase 1, 1246 Jalan Melayu
● abends, So
In diesem Restaurant werden Speisen aus dem Kelabit-Hochland bereitet. Dazu gehören geräuchertes Wildschwein und *nuba laya*, eine Art gedämpfter Reiskuchen. Natürlich gibt es auch hier das überall beliebte *nasi lemak* (Reis mit Kokosnussmilch). Das Café schließt, wenn alle Speisen verkauft sind.

MULU: Mulu National Park Café RM
Malaiisch/Westlich
Zentrale Mulu National Park
(085) 792-300
Das privat geführte Café ist in der abgelegenen Region einer der besten Plätze zum Essen. Sie haben die Wahl zwischen *Sarawak laksa* (scharfe Nudelsuppe), einigen indischen Speisen, Sandwiches und Snacks. Frühstück.

SIBU: Café Café RM RM
Asiatisch
10 Jalan Chew Geok Lin
(084) 328-101 ● Mo
Ein überraschend elegantes Lokal am Ufer des Rajang. Im Café Café werden lokale und ostasiatische Speisen serviert. Versuchen Sie *rendang* (Curry) oder den Thai-Hühnchen-Salat.

SIBU: Hock Chu Leu RM RM
Chinesisch
28 Jalan Tukang Besi
(084) 316-524 ● Di
Zahlreiche Chinesen in Sibu stammen aus Fuzhou im Südosten Chinas. Die traditionelle Küche dieser Region zelebrieren sie in diesem sehr einfachen Restaurant. Die Spezialität des Hauses ist *ang jow kai*, ein roter Hühncheneintopf, der seine Farbe vom Sediment eines speziellen chinesischen Reisweins erhält.

SIBU: Payung Café RM RM
Asiatisch
20F Jalan Lanang
(016) 890-6061
Das legere, bunt dekorierte Restaurant bietet interessante Variationen südostasiatischer Speisen. Versuchen Sie die Pilzrollen, basierend auf den malaiischen *popiah* (gedämpfte Frühlingsrollen) oder einen Milchshake mit der streng duftenden Durian.

Sabah

KINABALU NATIONAL PARK: Panataran Kinabalu RM
Asiatisch
An der Abzweigung zur Parkzentrale
(088) 889-117
Das günstig gelegene Restaurant serviert chinesische und malaiische Speisen, dazu eine kleine Auswahl westlicher Snacks und ein gutes Frühstück.

KINABALU NATIONAL PARK: Balsam RM RM RM
International
In der Parkzentrale
Das große Buffet mit indischen, malaiischen, chinesischen und westlichen Speisen ist sehr beliebt bei Wandergruppen und vielleicht deswegen etwas teurer.

KOTA KINABALU: Jesselton Point Hawker Centre RM
Asiatisch
Jesselton Point, Jalan Haji Saman
Einheimische suchen am Abend die große Garküche auf, um das köstliche Straßenessen zu genießen, das hier geboten wird. Versuchen Sie *satay* oder Fisch.

KOTA KINABALU: Night Market RM
Asiatisch
Jalan Tun Fuad Stephens
● mittags
Nach Sonnenuntergang bauen die Köche hier ihre Stände auf, voll mit fangfrischem Fisch, Fleisch und exotischen Früchten.

Vis-à-Vis-Tipp

KOTA KINABALU: El Centro RM RM
International
32 Jalan Haji Saman
(019) 893-5499
Das britisch geführte Restaurant ist bei Besuchern und Einheimischen für seine herzhaften Portionen internationaler Gerichte mit lokalem Touch beliebt. Gemütliches Interieur. Gut für abendliche Cocktails.

KOTA KINABALU: Grazie RM RM
Italienisch
3. Stock, Suria Sabah Mall
(019) 821-6936
Italienische Küche mit asiatischem Touch, beste Holzofenpizzas.

KOTA KINABALU: Jarrod & Rawlins RM RM
Westlich
KK Times Square
(088) 231-890
Pub und Deli, in dem importierte Lebensmittel wie Würstchen, Käse und Steaks verkauft werden.

KOTA KINABALU: Jothy's Banana Leaf RM RM
Indisch
1/G9, Api-Api Centre
(088) 261-595
Die südindischen Currys – mit frischem Fisch, Fleisch und Meeresfrüchten bereitet – sind spitze.

KOTA KINABALU: Suang Tain Seafood Restaurant RM RM
Malaiisch
Sedco Complex, Jalan Kampung Air 4
(088) 223-080
Das Suang Tain ist bereits seit den 1980ern ein beliebtes Lokal.

Fischkopf-Curry, eine beliebte Delikatesse in Malaysia

KOTA KINABALU: Tam Nak Thai RM RM
Thailändisch
3. Stock, Suria Sabah Mall
(016) 832-9928 ● So mittags
In dem lebhaften Lokal, das vor allem am Abend sehr gut besucht ist, sind die grünen Currys besonders zu empfehlen.

KOTA KINABALU: Hafenrestaurants RM RM
International
Jalan Tun Fuad Stephens
(088) 249-333
An der lebhaften Strandpromenade mit zahlreichen Cafés, Restaurants und Bars liegt auch das Aussie, das sich auf gegrillte australische Fleischgerichte mit asiatischem Touch spezialisiert hat. Zu empfehlen ist auch das Kohinoor mit seiner ausgesprochen guten indischen Küche.

SANDAKAN: Nam Choon RM
Malaiisch
Block A, Lot 2a, Old Slipway
(089) 216-922 ● abends
Dieses Lieblingslokal der Einheimischen serviert nur vier Gerichte, unter anderem Hühnchenreis und Fischbällchen. Tee gibt es gratis.

Vis-à-Vis-Tipp

SANDAKAN: Ba Lin RM RM
Westlich
Level 8, Nak Hotel, Jalan Pelabuhan Lama
(089) 272-988
Dachbar und Restaurant im achten Stock eines modernen, unscheinbaren Hotels sind eine Überraschung. Gestyltes Ambiente mit herrlichen Blicken über Sandakan. Die Karte im Stil einer Tageszeitung bietet superbe Pizzas, Nudel- und Fleischgerichte. Auch der Brunch ist zu empfehlen.

SANDAKAN: English Tea House RM RM
Britisch
2002 Jalan Istana
(089) 222-544
Restaurant im Kolonialstil mit Krocketrasen. Very british ist auch die Karte, vom Sheperd's Pie bis hin zum Nachmittagstee mit Gebäck und Marmelade.

SANDAKAN: Sim Sim Seafood Restaurant RM RM
Malaiisch
Bridge 8, Sim Sim Water Village
(012) 842-7131 ● Mi
Das Restaurant auf Stelzen ist beliebt bei Einheimischen und bekannt für seine erstklassigen, frischen Fischgerichte.

SANDAKAN: Taste RM RM
Westlich
Lot 2–3, Block 9, Bandar Indah, Mile 4
☎ (012) 818-1819 ● mittags
Bar und Steakhouse servieren gute, westliche Gerichte. Beliebt auch für das große Angebot an heimischen und internationalen Alkoholika.

SEMPORNA: Anjung Lepa RM
Malaiisch
Seafest Hotel, Jalan Kastam
☎ (089) 782-333 ● mittags
Auf der schönen Terrasse am Meer werden gebratene Reis- und Nudelgerichte sowie frischer Fisch serviert.

SEMPORNA: Mabul Café and Seafood Restaurant RM
Malaiisch
Semporna Seafront
☎ (089) 781-785
Die Gerichte wie gebratenes Hühnchen, Garnelen oder Tintenfisch mit Reis kommen in großen Portionen. Der Service ist manchmal etwas unberechenbar.

SEMPORNA: Scuba Junkie RM RM
Westlich
36 Semporna Seafront
☎ (089) 785-372
Das neuseeländisch geführte Lokal mit lebhafter Bar serviert nicht nur für Taucher großartige Pizzas, Sandwiches, Burger und Salate.

Singapur

Colonial Core und Chinatown

Bee Heong Palace $
Chinesisch SP 5 D4
134 Telok Ayer Street
☎ 6222-9074 ● Mo
Das Restaurant, das sich auf die chinesische Hokkien-Küche spezialisiert hat, serviert Speisen wie *kong bak*, Brötchen mit geschmortem Schweinebauch, oder Rollen mit Gehacktem von Garnelen und Schweinefleisch.

Lau Pa Sat $
Asiatisch SP 5 D4
18 Raffles Quay
Unter den viktorianischen, schmiedeeisernen Bogen des alten Teluk-Ayer-Markts liegt die wohl optisch ansprechendste Garküche Singapurs. Die Stände servieren den üblichen Speisemix aus chinesischer, malaiischer und indischer Küche, aber auch japanische und koreanische Speisen sind zu haben.

Das großartige Art-déco-Ambiente des Clifford Pier

Lee Tong Kee $
Chinesisch SP 4 C4
278 South Bridge Road
☎ 6226-0417 ● Mo abends, Di
Die Spezialität hier ist *hor fun* (Reisnudeln, breit wie Tagliatelle). Serviert werden sie mit Huhn, Garnelen oder Rindfleisch. Der typische süß-salzige Limettensaft passt gut dazu.

Maxwell Food Centre $
Asiatisch SP 4 C4
Ecke Maxwell Road und South Bridge Road
● abends
Es kann heiß und stickig sein, aber dies ist eine der beliebtesten Garküchen in Singapur. Für den Hühnchenreis *tian tian* warten die Einheimischen in langer Schlange. Sonst gibt es exzellente indonesische Currys und chinesische Nudelgerichte.

Annalakshmi Janatha $$
Indisch (vegetarisch) SP 5 D4
104 Amoy Street
☎ 6223-0809 ● abends, So
Das Restaurant bietet ein superbes Buffet mit Currys, Reis- und *Biryani*-Gerichten, *samosas*, südindischen Spezialitäten und zahlreichen Süßspeisen und Früchten zum Dessert. Es gibt keine festen Preise, Sie zahlen, was Ihnen das Essen wert war. Der Gewinn geht an eine indische Kulturorganisation.

Clifford Pier $$
Asiatisch/Westlich SP 5 E3
80 Collyer Quay
☎ 6597-5266
In einem herrlichen Ambiente unter dem luftigen Bogendach des alten Schiffsterminals im Art-déco-Stil serviert das Clifford Pier moderne, raffinierte Varianten traditioneller Gerichte. Versuchen Sie die gedämpften Frühlingsrollen oder die *bak kut teh* (Suppe mit Schweinerippchen).

Sky on 57 $$
Asiatisch/Französisch SP 5 F3
Marina Bay Sands, 10 Bayfront Avenue
☎ 6688-8857
Mit einem Panoramablick über Singapur und die Bucht serviert das feine Restaurant im Marina Bay Sands Hotel innovative franko-asiatische Küche. Versuchen Sie *laksa* (scharfe Nudelsuppe) mit Garnelen, das grüne Thai-Curry mit Heilbutt und wildem Reis oder das Lamm in asiatischem Pesto mit Artischocken.

Spizza $$
Italienisch SP 5 D4
29 Club Street
☎ 6224-2525
Das moderne Restaurant hat für jeden Buchstaben des Alphabets eine andere Pizza, traditionelle Varianten ebenso wie ausgefallene. Pasta, Gnocchi und Lasagne finden sich auch auf der Karte.

Tak Po $$
Chinesisch SP 4 C4
42 Smith St
☎ 6225-0302
In dem preisgünstigen *Dim-sum*-Restaurant kreuzen Sie einfach Ihre gewünschten Speisen an, ob gedünstete Rippchen vom Schwein, Klöße, Reisbrei oder andere gehaltvollere Speisen. Die Puddingtörtchen sind ein erstklassiges Dessert.

Urban Bites $$
Libanesisch SP 5 D4
161 Telok Ayer Street
☎ 6327-9460
● Mo & Mi abends
Es ist ein einfaches, aber sicher eines der besten libanesischen Restaurants der Stadt. Die Mezze und die Kebabs sind großartig. Hier gibt es auch *manakeesh*, ein köstliches Fladenbrot mit Kräutern oder Käse. Zum Dessert versuchen Sie Crêpe oder Baklava.

SP = Stadtplan Singapur *siehe S. 264–273*

Elegantes, minimalistisches Interieur im vornehmen 1-Altitude

Vis-à-Vis-Tipp

1-Altitude $$$
Europäisch SP 5 D3
Levels 61–63, One Raffles Place
6438-0410 mittags
Im 62. Stockwerk bietet das piekfeine Restaurant atemberaubende Blicke über die Stadt. Lamm mit Auberginen und Haselnusspüree oder Gnocchi mit Trüffeln – die Karte wechselt ständig. Im 63. Stock gibt es eine Bar im Freien.

Bacchanalia $$$
Fusion SP 5 D2
Freemasons' Hall, 23A Coleman St
6509-1453 So
Die Portionen sind eher zum Probieren, also bestellen Sie besser drei Hauptgerichte für zwei Personen. Die Spezialität ist Schweinebauch mit Äpfeln und Kapern.

Flutes $$$
Europäisch SP 5 D1
Erdgeschoss, National Museum, 93 Stamford Road
6338-8770
Das elegante Lokal serviert herrlich zubereitete Speisen wie Hummer-Bolognese oder zum Sonntagsbrunch Roastbeef mit allem Drum und Dran. Tee mit Gebäck oder Sandwiches gibt es am Nachmittag.

Sabio $$$
Spanisch SP 4 C4
5 Duxton Hill
6690-7562
Das spanische Restaurant bietet eine große Auswahl authentischer, erstklassiger Tapas, Schinken und Chorizos. Umfassend ist auch die Weinkarte mit Sangria, Sherrys und Cocktails.

Shiraz $$$
Persisch SP 4 C2
3A River Valley Road, 01–06 Clarke Quay
6334-2282
Das moderne persische Restaurant serviert große, köstliche Kebabs, einige mit Meeresfrüchten anstelle von Huhn oder Lamm, dazu Safranreis. An manchen Abenden gibt es Bauchtanzvorführungen.

Supertree by Indochine $$$
Indonesisch SP 5 F4
#03-01, Gardens by the Bay, 18 Marina Gardens Drive
6694-8489
Auf der Spitze des höchsten Supertree in Gardens by the Bay bietet das Restaurant atemberaubende Blicke über die Marina Bay. Seit Jahren beliebt sind Spezialitäten wie Krapfen mit Litschi und Schwein oder die vietnamesischen Frühlingsrollen mit Garnelen und Kräutern.

Little India und Orchard Road

Ah Chew Desserts $
Chinesisch SP 3 E5
#01-11, 1 Liang Seah Street
6339-8198
Sehr viel zerstoßenes Eis, verschiedene Sirups und für den westlichen Gaumen überraschende Zutaten wie Hülsenfrüchte werden für die Desserts verwendet. Die Auswahl ist riesig. Versuchen Sie *pulot hitam* (schwarzer, klebriger Reis in Kokosnussmilch) oder die Erdnusspaste.

Haji Maimunah $
Malaiisch SP 3 E4
11 & 15 Jalan Pisang
6297-4294 So
Wirklich authentische malaiische Küche wie hier ist schwer zu finden. Das einfache *kedai kopi* bietet Spezialitäten wie Schnecken in scharfer Kokosnussmilch oder eine große Auswahl an *kuih*, malaiischen Süßigkeiten auf der Basis von klebrigem Reis mit Tapioka und anderen exotischen Ingredienzien.

Kampong Glam Café $
Malaiisch SP 3 F4
17 Bussorah Street
6294-1697
Das gesellige *kedai kopi* liegt nur einen Steinwurf von der Masjid Sultan entfernt. Sie haben die Wahl zwischen exzellenten Reis- und Nudelgerichten, Currys und Chinapfannen. Genießen Sie dazu einen *teh tarik* (süßer Tee mit Milch).

Newton Food Centre $
Asiatisch SP 2 B2
500 Clemenceau Avenue North
Das Newton Food Centre ist wegen seiner zahlreichen Garküchen und seiner Nähe zur Orchard Street bei Touristen sehr beliebt, obwohl die Preise eben deswegen etwas über dem Durchschnitt liegen. Die Speisen sind durchweg exzellent und von großer Vielfalt. *Satay*-Spieße, Austernomelett oder *sup kambing* (malaiischer Hammelfleischeintopf) sowie frischer Fisch und Meeresfrüchte. Am Abend sind mehr Garküchen geöffnet als am Mittag.

Warung M Nasir $
Indonesisch SP 2 B5
69 Killiney Road
6734-6228
Das kleine, moderne Café Warung M Nasir ist seit Langem hoch geschätzt für seine traditionelle Küche mit Speisen wie *Beef Rendang* (Curry mit Rind), *ayam balado* (würziges, scharfes Hühnchen) oder *tempeh* (fermentierte Sojakuchen in diversen Geschmacksvarianten). Neben den traditionellen Desserts gibt es auch westliche Variationen.

Banana Leaf Apolo $$
Indisch SP 5 D3
54 Race Course Road
6293-8682
Wie der Name sagt, werden in diesem freundlichen Lokal viele Speisen auf Bananenblättern serviert, so wie südindischer Hammel, Fisch oder Currys mit Huhn. Dazu gibt es Reis und diverse Beilagen. Berühmt ist das Lokal für sein Fischkopf-Curry. Große Auswahl auch für Vegetarier.

Einladende Sitze im Bacchanalia mit seiner Fusion-Küche

Bistro Du Vin $$
Französisch SP 1 F2
#01-14 Shaw Centre, 1 Scotts Road
☎ 6733-7763
Das moderne, legere Bistro Du Vin serviert preisgünstige Gerichte wie Zwiebelsuppe, Enten-Confit oder Coq au vin. Köstlich sind auch die Desserts, einschließlich eines beeindruckenden Grand-Marnier-Soufflés.

Chao Shan Cuisine $$
Chinesisch SP 3 E5
85 Beach Road
☎ 6336-2390
Das schlichte, familiengeführte Lokal hat sich auf die Teochew-Küche aus dem Südosten Chinas spezialisiert. Serviert werden Klassiker wie geröstete Gans. Der Koch bereitet für Sie alles, wenn die Zutaten vorhanden sind.

Crystal Jade La Mian Xiao Long Bao $$
Chinesisch SP 2 A4
#04-27 Ngee Ann City, 391 Orchard Road
☎ 6238-1661
Shanghai- und nordchinesische Küche: Das *Xiao Long Bao* im Namen steht für köstliches, gedämpftes Schweinefleisch. Berühmt ist das Lokal auch für seine *la mian*, traditionelle, handgezogene Nudeln.

Herbivore $$
Japanisch (vegetarisch) SP 3 D4
1–13 Fortune Centre, 190 Middle Road
☎ 6333-1612
Das ausgesprochen moderne Restaurant bietet eine große Auswahl vegetarischer japanischer Gerichte. Besonders zu empfehlen sind die kompletten Menüs. An Wochenenden ist das Herbivore besonders gut besucht. Reservierungen werden für diese Tage kaum entgegengenommen.

Kiseki $$
Japanisch SP 2 B4
#08-01 Orchard Central, 181 Orchard Road
☎ 6736-1216
Die Statue des Sumoringers am Eingang deutet an, was hier mit ihrer Taille passieren könnte. Das Buffet bietet eine riesige Auswahl an Sashimi und Yakitori sowie köstliche Desserts. An Wochenenden sind die Preise höher als unter der Woche.

Marché $$
Schweizerisch SP 2 B4
Untergeschoss, 313@Somerset, 313 Orchard Road
☎ 6834-4041

Massaman Curry mit Huhn, eine Spezialität des Thai Express

Jede Theke in diesem Delikatessenrestaurant bietet andere Köstlichkeiten: Salate, Pasta, Crêpe oder Rösti. Jeder Kunde hat eine Plastikkarte, auf der das Bestellte addiert wird.

Saravanaa Bhavan $$
Indisch (vegetarisch) SP 3 E2
84 Syed Alwi Road
☎ 6297-7755
Diese Filiale gehört zu einer Restaurantkette, die in Chennai ihren Anfang nahm. Neben tamilischen Speisen gibt es hier Gerichte wie *bisibelabath* (Reis, Linsen und eine Gemüsekreation aus Karnataka). Weiter finden sich auf der Karte *biryanis*, *uthappam* (Mischung aus Crêpe und Pizza) sowie nordindische Currys.

Thai Express $$
Thailändisch SP 2 C4
#03-24 Plaza Singapura, 68 Orchard Road
☎ 6339-5442
Die Karte in diesem modernen Restaurant wird dominiert von Speisen in einer Schale, mit Nudeln oder Reis, mit rotem oder grünem Curry. Es gibt zahlreiche Optionen für Vegetarier und Beilagen wie köstliche Krebse.

PS Café $$$
International SP 1 F2
Level 2, Palais Renaissance, 390 Orchard Road
☎ 9834-8232
In einer Art Glashaus serviert das PS Café seit langer Zeit gut präsentierte, kreative Küche. Versuchen Sie den Superfood-Salat mit Blaubeeren, Mandeln und Quinoa oder die scharfe Krabbentarte. Eigentlich kann man hier kaum eine falsche Wahl treffen.

Straits Kitchen $$$
Chinesisch/Peranakan SP 2 A3
Grand Hyatt Hotel, 10 Scotts Road
☎ 6738-1234
Das Beste aus Singapurs Küchen wird hier unter einem Dach mit extravaganten Buffets zum Mittag- und Abendtisch fantastisch präsentiert. Die erstklassigen Speisen sind malaiisch und indisch, aus China und traditionell Peranakan.

Abstecher

Food Republic $
Asiatisch
Level 3, VivoCity Mall, 1 HarbourFront Walk
☎ 6276-0521
Food Republic ist eine Food-Court-Kette, die sich rühmt, die einzelnen Garküchen streng nach ihrem kulinarischen Können auszuwählen. Neben Currys mit Reis wird hier gutes indonesisches *nasi padang* (gedünstetes Reisgericht) und vieles mehr geboten.

Guan Hoe Soon $$
Peranakan
38/40 Joo Chiat Place, Katong
☎ 6344-2761
Katong, ein Vorort von Singapur, ist bis heute eine Hochburg der Peranakan-Kultur, und das Guan Hoe Soon ist eines der besten Restaurants für die Peranakan-Küche. Versuchen Sie Klassiker wie *bak wan kepiting* (Krabben und Schweinefleischbällchen), *chap chye* (Gemüse-Pilz-Pfanne) oder *otak otak* (in Scheiben geschnittene, scharfe Klöße).

Samy's Curry $$
Indisch
Block 25, Dempsey Road, nahe dem Botanischen Garten
☎ 6472-2080 ● Di
Auf einer früheren britischen Militärbasis werden unter großen Deckenventilatoren traditionelle nord- und südindische Speisen auf Bananenblättern serviert. Berühmt ist das Samy's für sein Fischkopf-Curry.

Shopping

Malaysia ist ein wohlhabendes Land mit rasant wachsender Wirtschaft, und Malaysier lieben es zu shoppen. Das Land bietet eine große Vielfalt an Shopping-Möglichkeiten – von Elektronikartikeln bis hin zu traditioneller Kunst und Kunsthandwerk. Angebot, Qualität und Preise variieren von Region zu Region. Die Großstädte an der Westküste der Malaiischen Halbinsel, vor allem Kuala Lumpur, Penang und Johor Bahru, besitzen hochmoderne Einkaufszentren, in den kleineren Städten an der Ostküste wie Kota Bharu und Kuala Terengganu ist malaiisches Kunsthandwerk stark vertreten, etwa Batiken, kunstvolle Drachen sowie Puppen für das Schattenspiel. In Sarawak und Sabah auf Borneo bekommt man kunstvolle Produkte indigener Handwerker.

Kaufhäuser und Shoppingmalls

Shoppingmalls sind in den Städten und Orten Malaysias allgegenwärtig. Sie reichen von bescheidenen Einkaufszentren bis zu mehrstöckigen, klimatisierten Komplexen. Man findet darin diverse Kaufhäuser mit Markenartikeln, Supermärkte mit einheimischen und importierten Lebensmitteln und Dutzende kleinere Läden, die alles von Handys, Computern und Elektronikartikeln über Bücher bis zu Souvenirs, Kleidung, Schuhen und Accessoires wie Taschen und Uhren anbieten. In fast allen dieser weitläufigen Zentren gibt es Schnellrestaurants, in den gehobeneren Anlagen findet man auch teurere Lokale. Viele bieten Multiplexkinos, Gastronomiebereiche, Internet-Cafés und Bankfilialen mit Geldwechsel- und Bankautomaten. Die Malls in den Städten der Westküste, insbesondere in Kuala Lumpur, stehen westlichen Einkaufstempeln in nichts nach und führen eine breite Palette internationaler Luxusmarken.

Es gibt außerdem einige unabhängige Kaufhäuser wie das Isetan in Kuala Lumpur, das einem japanischen Investor gehört.

Das Sungei Wang Plaza in Kuala Lumpurs Golden Triangle *(siehe S. 306)*

Märkte *(tamus)* und Verkaufsstände

Malaysia ist voller Märkte, sogenannter *tamus*. In fast jedem Ort gibt es einen zentralen Markt, auf dem ein erstaunliches Warenangebot von einheimischem Handwerk bis zu Kleidung und Haushaltsartikeln feilgeboten wird. Vielerorts gibt es auch Lebensmittelmärkte mit frischem Fleisch, Obst und Gemüse. Gleichzeitig bieten dort zahlreiche Imbissstände frisch zubereitete einheimische Delikatessen zum Verzehr an. Die Qualität ist in der Regel gut, die Preise sind fair, die Hygienestandards auch auf den Fischmärkten sehr hoch.

Ein Highlight jeder Malaysia-Reise sind die *pasar malams*, die Nachtmärkte. Besonders faszinierend sind diejenigen in Kuala Lumpur *(siehe S. 70, 76)*, Pulau Langkawi *(siehe S. 120)*, Malakka *(siehe S. 306)* und Kota Kinabalu *(siehe S. 185)*.

Die meisten Großstädte und regionalen Hauptstädte in Malaysia und Singapur besitzen ethnische Enklaven wie Chinatown und Little India, wo man wunderbar chinesische bzw. indische Produkte einkaufen kann.

Öffnungszeiten

Die Ladenöffnungszeiten variieren, aber die meisten Geschäfte sind montags bis samstags zwischen 9 und 18.30 Uhr geöffnet. Einkaufspassagen und große Ketten öffnen später, meist zwischen 10 und 10.30 Uhr, und haben länger offen, meist bis 21.30 oder 22 Uhr. Die meisten großen Malls haben sieben Tage die

Woche geöffnet. In den konservativen muslimischen Bundesstaaten Kelantan und Terengganu ist der Freitag ein Feiertag.

Bezahlung

Bargeld – der malaysische Ringgit – ist das Zahlungsmittel der Wahl, gelegentlich werden in großen Städten auch US-Dollar und Euro akzeptiert. Geldwechsler findet man überall. In größeren Läden und in Kaufhäusern kann man auch mit Kreditkarte bezahlen. Bevorzugt werden Visa und MasterCard, größere Häuser akzeptieren auch American Express und Diners Club. Manche Läden berechnen drei Prozent Gebühr bei Bezahlung per Kreditkarte, was aber immer seltener vorkommt.

Mehrwertsteuer

Im April 2015 führte Malaysia die Mehrwertsteuer in Höhe von sechs Prozent ein, die die frühere Verkaufs- und Servicesteuer ersetzt. Damit besteht für Touristen nun auch die Möglichkeit der Mehrwertsteuer-Rückerstattung beim Einkauf in bestimmten zugelassenen Geschäften. Dafür muss man beim Kauf von Waren in einem zugelassenen Geschäft seinen Pass vorzeigen und erhält eine Rechnung und ein Rückerstattungs-Formular. Eine Kopie dieses Formulars und die Rechnung legt man dann mit den Waren einem Zollbeamten am Flughafen vor.

Frischer Fisch auf dem Markt in Tawau, Sabah

Verhandeln

Das Verhandeln von Preisen gehört in Malaysia zum Geschäft – allerdings nicht überall. Gehobene Kaufhäuser, Shoppingmalls und staatliche Ketten haben feste Preise, wobei Letztere aber gute Sonderangebote machen.

Auf den meisten Märkten hingegen wird nicht nur akzeptiert, sondern geradezu erwartet, dass man handelt. Der endgültige Preis liegt meist weit unter dem erstgenannten. Man sollte aber bei den Verhandlungen immer höflich und freundlich bleiben. Außerdem sollte man sich zunächst in mehreren Läden umsehen, um den angemessenen Preis eines Artikels herauszufinden. Eine gute Faustformel lautet, dass man als Anfangsgebot die Hälfte des aufgerufenen Preises nennt und von dieser Basis aus das Handeln anfängt.

Gut besuchte Einkaufsstraße in Kuala Lumpur bei Nacht

Garantie

Um später auftretende Probleme zu vermeiden, sollte man als Kunde beim Kauf immer genau hinsehen. Die meisten staatlichen Läden nehmen fehlerhafte Waren wieder zurück, deutlich schwieriger wird es jedoch bei Waren, die man auf einem Markt oder in einem Antiquitätenladen, der nicht staatlich anerkannt bzw. empfohlen ist, gekauft hat.

Fototechnik

Wie Singapur ist Malaysia bei Fototechnik ganz vorn mit dabei. Schnäppchen lassen sich hier ebenso gut machen wie im Nachbarstaat, wegen des günstigen Wechselkurses mitunter sogar noch vorteilhaftere. Die Produktpalette hier wie dort ist riesig, wobei Digitaltechnik den Markt erobert hat. Gleichwohl kann man noch Filme bekommen und sie schnell und billig entwickeln lassen.

Imitate und Raubkopien

Der Verkauf von Raubkopien und imitierten Waren ist in Malaysia zwar illegal und wird streng geahndet, dennoch findet man derartige Produkte immer wieder in kleinen Läden und an Marktständen.

Da die meisten Artikel billig und von minderer Qualität sind und der Handel mit ihnen gegen das Markenrecht verstößt, sollte man der Versuchung widerstehen, gefälschte Designerwaren und Raubkopien zu erwerben.

Souvenirs

Protzige Shoppingmalls, lebendige Märkte, *pasar malams* (Nachtmärkte) und kleine Handwerksläden in ganz Malaysia bieten zahlreiche Souvenirs. Traditionelle malaiische, chinesische und indische Produkte bekommt man allenthalben. Doch einige Dinge findet man nur in bestimmten Regionen. Das Land bietet eine erstaunlich breite Produktpalette, darunter antike Möbel, *Ikat*-Stoffe, Batikdrucke, Schnitzereien und Schattenspielpuppen sowie Kunsthandwerksgegenstände der indigenen Volksgruppen.

Kunden in einer schicken Shoppingmall in Kuala Lumpur

Malaiische Produkte

Ein blühender Tourismus und die Unterstützung durch große Banken und Ölgesellschaften des Landes bescheren dem malaiischen Kunsthandwerk einen Boom. Man bekommt es fast überall, vor allem in Kuala Lumpur, Johor Bahru, Kelantan und Terengganu.

Wayang Kulit
Schattentheater *(wayang kulit)* ist eine mündlich überlieferte, malaiische Volkskunst. Bunte Lederfiguren wie diese gibt es in Kelantan und Kuala Lumpur.

Silberwaren
Die schönsten malaiischen Silberwaren mit filigranen Verzierungen werden in Terengganu und Kelantan hergestellt. Dort ist man auf Gürtelschnallen und Tabakdosen spezialisiert.

Batikstoffe
Malaiische Batik entsteht durch den Einsatz von Wachs beim Färben. Hemden und Sarongs mit Batikmuster bekommt man an Malaysias Ostküste.

Songket-Seidenstoffe
Songket ist eine Art Brokatstoff und wird per Hand auf dem Webstuhl gefertigt. Er besitzt aufwendige Muster und ist von Gold- und Silberfäden durchwirkt.

Drachen
Das Design traditioneller malaiischer Drachen ist der Natur entlehnt, ihre Verzierungen sind individuell. Drachenwerkstätten sind in den Dörfern an der Ostküste der Malaiischen Halbinsel zu finden.

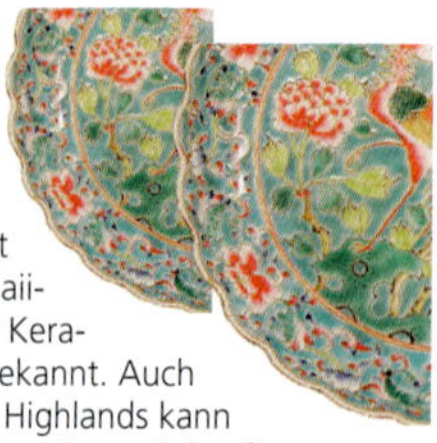

Keramik
Die handgemachten Tongefäße stammen aus Selangor und Perak. Der kleine Ort Ayer Itam auf der Malaiischen Halbinsel ist für Keramik und Porzellan bekannt. Auch in den Cameron Highlands kann man gut Keramik kaufen.

Masken
Malaysische und südostasiatische Masken stellen meist Gottheiten, Dämonen und Menschen dar. Sie sind kulturelle Wahrzeichen, in denen sich Tradition, Religion und Geschichte der Länder manifestieren. Zeremonienmasken bekommt man fast überall in Malakka.

Kunsthandwerk aus Ostmalaysia

Nirgendwo ist die Vielfalt an indigener Handwerkskunst größer als in Sabah und Sarawak auf Borneo. Hier bekommt man Ikat-Stoffe, schamanistische Kultgegenstände und Schnitzereien.

Ikat-Muster
Der als Macht- und Statussymbol benutzte *ikat* (zu Deutsch: »binden«) wird mit gefärbten Kettfäden gewoben. Der beste *ikat* kommt aus Sarawak.

Bambusartikel
Waren aus Bambus, Palmblättern und Rattan wie Körbe und Hüte bekommt man auf den Basaren in ganz Sarawak und Sabah.

Schnitzereien
Menschen, Geister und Tiere aus Holz spielen im Schamanismus eine wichtige Rolle. Man sieht die Schnitzereien in Kuching, Kota Kinabalu und in Selangors Museum JAKOA.

Chinesische Waren

In Malaysia sind Peranakan-Waren wie antike Möbel und Keramik besonders beliebt. Sonstige chinesische Artikel stammen aus Hongkong und China.

Glücksbringer
Chinesische Glücksbringer in bunten Farben sind ebenso hübsche wie preiswerte Mitbringsel. Man kann sie fast überall erstehen.

Chinesische Antiquitäten
Antikmöbel der Baba-Nyonya-Tradition sind aus Hartholz und mit herrlichen Schnitzereien versehen. Man sieht sie in Malakka in der Jalan Hang Jebat *(siehe S. 130)*, einer wahren Fundgrube.

Chinesisches Porzellan
Die einzigartigen Baba-Nyonya-Vasen und aus China importiertes Porzellan findet man in großen Fachgeschäften in Malakka an der Westküste der Malaiischen Halbinsel.

Indische Produkte

In den indischen Enklaven von Penang, Kuala Lumpur und Johor Bahru findet man aromatische Gewürz- und wunderbare Seidenläden, die südindisches Flair verströmen.

Messingwaren
Feine Messingwaren gelangten mit den Tamilen nach Malaysia. Es gibt Haushaltsartikel, Dekoratives und religiöse Objekte aus dieser Legierung.

Indische Seidensaris
Traditionell südindische *kanchipuram* (Seidensaris) bekommt man in den Stoffläden von Little India in George Town sowie in zahlreichen Shoppingmalls.

Indische Gewürze
Pfeffer, Kardamom, Safran, Nelken, Muskat und Zimt erhält man überall in Malaysia.

Shopping

Fast überall in Malaysia gibt es gute Einkaufsmöglichkeiten – ob in den Städten der Malaiischen Halbinsel oder in den Dörfern von Ostmalaysia. Die Metropolen, vor allem Kuala Lumpur, Penang, Johor Bahru und Kuching, haben fantastische Shoppingmalls. Die kleineren Städte an der Ostküste, wie etwa Kota Bharu und Kuala Terengganu, sind Zentren des malaiischen Kunsthandwerks. In Sarawak und Sabah bekommt man Produkte aus ganz Asien.

Kuala Lumpur

Die wichtigsten Einkaufsmöglichkeiten in Kuala Lumpur liegen um die Jalan Bukit Bintang und Sultan Ismail im Herzen des Golden Triangle. Hier findet man große Malls wie **Bukit Bintang Plaza**, **Lot 10**, **Starhill Gallery**, **Pavilion KL**, **Sungei Wang Plaza** und **Low Yat Plaza**. Die auf Elektronikartikel spezialisierte **Sungei Wang Plaza** befindet sich ebenfalls hier. Zu den gehobenen Malls zählen die Suria KLCC *(siehe S. 79)* in den Petronas Towers und die **Mid Valley Megamall**. **Publika** ist ebenfalls einen Besuch wert. Einer der besten Märkte in Malaysia ist der **Central Market**. Dort bekommt man Souvenirs. Batikstoffe und Kunsthandwerk erwirbt man im Kompleks Budaya Kraf *(siehe S. 81)*. Der Markt in der Jalan Tuanku Abdul Rahman *(siehe S. 76)* bietet in Läden wie dem **Globe Silk Store** maßgeschneiderte Kleidung. Nachts gibt es einen *pasar malam*. In der Jalan Petaling *(siehe S. 70)* findet man oft noch Schnäppchen.

Penang

Nach Kuala Lumpur ist Penang der beste Ort zum Shoppen. Kunsthandwerk, Antiquitäten und Elektronikartikel bekommt man hier günstig. Die Jalan Penang ist die beste Einkaufsstraße in George Town. Die in einem 56-stöckigen Bau untergebrachte Shoppingmall **Komtar** und der **Chowrasta Bazaar** für Gewürze befinden sich dort. Die **Queensbay Mall** in Penang ist die größte in Nordmalaysia. Südindische Produkte findet man in Little India *(siehe S. 108f)*. Batu Ferringhi *(siehe S. 114)* hat einen Nachtmarkt.

Die Jalan Petaling, das kommerzielle Herz von Kuala Lumpurs Chinatown

Antiquitätenladen mit Peranakan-Waren, Malakka

Pulau Langkawi

Was Pulau Langkawi besonders attraktiv macht, ist sein Status als zollfreie Shopping-Zone. Die meisten Duty-free-Shops befinden sich in der Inselhauptstadt Kuah. Beliebt sind dort die **Langkawi Fair Shopping Mall** und der **Jetty Point Duty-Free Complex**. Das **Zon Duty Free Shopping Paradise** in Pantai Cenang und die **Sunmall** in Pantai Tengah sind sehenswert. Sie führen allerdings vorwiegend Kosmetika, Zigaretten und Alkohol.

Malakka

Antiquitäten – Originale und Fälschungen – sowie chinesische und Peranakan-Waren findet man im chinesischen Viertel in Malakka (Melaka). In der Jalan Hang Jebat *(siehe S. 130)* werden Porzellan, Münzen, alte Leuchten, *Songket*-Stoffe und Antikmöbel verkauft. Diverse Kunsthandwerks- und Souvenirläden findet man in Taman Merdeka. Einen *pasar malam* gibt es in der Jalan Paramesawara. **Mahkota Parade** in der Jalan Merdeka ist Malakkas größtes Einkaufszentrum.

Johor Bahru

Als eine der vitalsten Städte Malaysias gilt Johor Bahru. Vor allem Besucher aus Singapur kommen hierher, um in Zentren wie **Justco Terbau Shopping Mall**, **Pelangi Leisure Mall**, **Perling Mall** und **Plaza Pelangi** einzukaufen. Alle diese Shoppingmalls sind auf Designerwaren, Kleidung, Luxusartikel und Accessoires spezialisiert. **Johor Premium Outlets** ist ein beliebter Fabrikverkauf in der Region Iskandar Malaysia.

Kota Bharu und Kuala Terengganu

An der Ostküste der Malaiischen Halbinsel gibt es unzählige Läden mit malaiischem Kunsthandwerk wie Batik- und *Songket*-Stoffen, Silberwaren, Schnitzereien und bunten Drachen. Die Werkstätten an der Straße nach Pantai Cahaya Bulan und der **Kompleks Bazaar Buluh Kubu** in Kota Bharu bieten eine gute Auswahl an Batikartikeln.

In Kuala Terengganu findet man in der Jalan Bandar nahe dem Central Market kleine Läden, die einheimisches Kunsthandwerk und Batikstoffe anbieten. Sie sind täglich außer freitags geöffnet. Der **Noor Arfa Craft Complex** hat traditionelles Kunsthandwerk im Angebot.

Kuching, Sarawak

Kuching ist neben Penang und Malakka einer der besten Orte Malaysias zum Einkaufen. Die Stadt ist voller Läden mit Souvenirs, Stoffen, asiatischen Antiquitäten und Artefakten der indigenen Völker. Der Sonntagsmarkt in der Jalan Satok bietet Lebensmittel und Kunsthandwerk. Im **Sarawak Handicraft Centre** kann man Kunsthandwerkern bei der Arbeit zusehen.

Kota Kinabalu, Sabah

Sabahs Hauptstadt Kota Kinabalu hat mehrere Kunsthandwerksläden mit Waren von guter Qualität. Der Filipino Market *(siehe S. 185)* am Ufer ist der beste Markt. Hier bekommt man Korbwaren und bunte Webponchos. An der Produktpalette zeigt sich deutlich, dass Sabah den Philippinen geografisch und kulturell näher ist als der Malaiischen Halbinsel.

Stand mit Batikseide am neuen Central Market in Kota Bharu

Auf einen Blick

Kuala Lumpur

Bukit Bintang Plaza
Jalan Bukit Bintang.
Stadtplan 5 C3.
(03) 4252-1781.
allmalaysia.info

Central Market
Jalan Hang Kasturi.
Stadtplan 4 E2.
(03) 2274-6542.
centralmarket.com.my

Globe Silk Store
185 Jalan Tuanku Abdul Rahman.
Stadtplan 1 B5.
(03) 2692-2888.
allmalaysia.info

Lot 10
Stadtplan 6 D2.
ytlcommunity.com

Low Yat Plaza
Lot 7, Jalan 1/77.
(03) 2148-3651.
plazalowyat.com

Mid Valley Megamall
midvalley.com.my

Pavilion KL
168 Jalan Bukit Bintang.
pavilion-kl.com

Publika
Jalan Dutamas 1, Hartamas Heights.
(03) 6205-2768.
publika.com.my

Starhill Gallery
starhillgallery.com

Sungei Wang Plaza
99 Bukit Bintang.
Stadtplan 6 D3.
(03) 2144-9988.
sungeiwang.com

Penang

Chowrasta Bazaar
Jalan Penang.

Komtar
Jalan Penang.
allmalaysia.info

Queensbay Mall
queensbaymall malaysia.com

Pulau Langkawi

Jetty Point Duty-Free Complex
jettypointlangkawi.com/dutyfree_shops.htm

Langkawi Fair Shopping Mall
Persian Putra, Kuah.
(04) 969-8100.

Sunmall
Jalan Teluk Baru.
(07) 955-8300.
sungrouplangkawi.com

Zon Duty Free Shopping Paradise
Pantai Cenang.
(04) 955-6100.

Malakka

Mahkota Parade
1 Jalan Merdeka.
(06) 282-6151.
allmalaysia.info

Johor Bahru

Johor Premium Outlets
premiumoutlets.com.my

Justco Terbau Shopping Mall
(07) 354-2131.
justco.com.my

Pelangi Leisure Mall
Jalan Serampang Teman Pelangi.
allmalaysia.info

Perling Mall
Jalan Persiaran Perling.
perlingmall.com.my

Plaza Pelangi
Jalan Kuning.
(07) 276-2216.

Kota Bharu und Kuala Terengganu

Kompleks Bazaar Buluh Kubu
Central Market, Kota Bharu.
allmalaysia.info

Noor Arfa Craft Complex
Chendering Terengganu.
virtualmalaysia.com

Kuching

Sarawak Handicraft Centre
sarawakhandicraft.com.my

Unterhaltung

Das Unterhaltungsangebot in Malaysia reicht von Tanzvorführungen der Iban bis zu hippen (Nacht-)Clubs in Kuala Lumpur. Die Hauptstadt Malaysias bietet eine enorme Vielfalt an kulturellen Veranstaltungen, darunter Theater, Konzerte und Kunstausstellungen. Auch die Regionalhauptstädte Johor Bahru, Kuching und Kota Kinabalu sorgen mit Clubs und Karaokebars für Unterhaltung am Abend. Die Feste Malaysias *(siehe S. 56–59)* werden von traditionellen Vorführungen umrahmt. Die Themenparks wie LEGOLAND® Malaysia bei Johor Bahru sind ideale Ausflugsziele für Familien mit Kindern. Kinoliebhaber können sich in den Multiplexkinos die neuesten Hollywood-Produktionen ansehen.

Zeitgenössische Kunst, National Art Gallery *(siehe S. 77)*, Kuala Lumpur

Information

Eine umfassende Auflistung aktueller Veranstaltungen wie Kunstausstellungen, Theateraufführungen und Konzerte in Kuala Lumpur findet man in englischsprachigen Tageszeitungen wie *The Star* und *New Straits Times*. Eine andere nützliche Publikation ist das Monatsmagazin *Juice*, das die angesagtesten Clubs nennt. Die aktuellen Veranstaltungshinweise kann man auch auf den Websites dieser Magazine nachlesen. Auf der Website von **Kakiseni** findet man alles, was mit Kunst zu tun hat, die von **TimeOut KL** bietet umfassende Informationen zu Unterkünften, Restaurants und Aktivitäten im Freien sowie Stadtpläne.

Es gibt in Kuala Lumpur keine zentrale Ticketagentur, man muss daher jeden Veranstaltungsort direkt kontaktieren oder im Hotel um Hilfe bei der Kartenbuchung bitten. Leider sind nur wenige ältere Bühnen behindertengerecht ausgestattet, nur die modernen Veranstaltungsorte sind entsprechend gestaltet. Klären Sie Details vorab telefonisch.

Kunstausstellungen

Kuala Lumpur besitzt mehrere Kunsthallen, in denen Wechselausstellungen gezeigt werden. Die National Art Gallery *(siehe S. 77)* zeigt Werke von über 2500 Künstlern, vor allem malaysische Arbeiten. Das ganze Jahr über finden dort Wechselausstellungen statt. Beeindruckend ist auch die Galeri Petronas im Suria KLCC *(siehe S. 79)* mit drei separaten Hallen von internationalem Rang. Sie präsentiert Malaysias größte private Kunstsammlung. Details zu anderen Kunsträumen bietet die Website von Kakiseni.

Themenparks

Die Malaiische Halbinsel bietet mehrere Erlebnisparks mit Unterhaltung für die ganze Familie. Vor allem Kinder lieben die aufregenden Angebote. Der neueste, der 2019 eröffnen soll, ist die **Twentieth Century Fox World**, der erste Themenpark des Filmunternehmens und Teil von Malaysias Resorts World Genting, eine Stunde außerhalb von Kuala Lumpur. Der große Park wird mit mehr als 25 Fahrgeschäften und Attraktionen aufwarten, die auf den Filmen von Fox basieren, etwa *Ice Age*, *Rio*, *Planet der Affen* und *Nachts im Museum*.

LEGOLAND® Malaysia ist ein überaus populärer Themenpark mit über 40 Fahrgeschäften, riesigen Modellen von den Petronas Towers und anderen Wahrzeichen Asiens, die mit den Plastikklötzchen nachgebaut wurden, einem 4-D-Filmstudio und einem Wasserpark.

Der Wet World Water Park in Shah Alam *(siehe S. 82)* und die **Sunway Lagoon** sind weitere Erlebnisbäder mit vielen Wasserrutschen und Wellenbecken.

LEGOLAND® Malaysia ist bei Kindern jeglichen Alters beliebt

Das traditionsreiche Coliseum Kino

Theater

Kuala Lumpur bietet das ganze Jahr über Theatervorstellungen. Neben Gastspielen von Broadway-Hits werden traditionelle und experimentelle Musicals, Komödien und Tragödien internationaler und einheimischer Autoren aufgeführt.

Die sehr aktive Off-Theaterszene in Kuala Lumpur ist mit Gruppen wie Instant Café und deren provokanten Stücken vertreten. Die Bühnen sind ebenso vielfältig wie die Produktionen. Sie reichen vom hochmodernen **Kuala Lumpur Performing Arts Centre** bis zum simplen **Old China Café**.

Traditionell malaiisch ist *wayang kulit*, das Schattenspiel. Es wird von indonesischen *Gamelan*-Orchestern begleitet. In malaiischen Dörfern war es früher die Hauptunterhaltungsform und wird heute in ländlichen Gegenden der an der Ostküste gelegenen Bundesstaaten Terengganu und Kelantan aufgeführt. Im Gelanggang Seni in Kota Bharu *(siehe S. 152f)* kann man typische, bis zu achtstündige Aufführungen erleben.

Auch die chinesische Oper *(xiqu)* ist mit ihrer Mischung aus Dialogen, Tanz und Musik in Malaysia zu sehen. Die Straßenaufführungen finden an Feiertagen wie dem chinesischen Neujahrsfest statt *(siehe S. 34f)*.

Kino

Kuala Lumpur und andere Großstädte im Land haben zahlreiche Kinosäle und Multiplexkinos, in denen die neuesten Hollywood-Produktionen meist im Original mit malaiischen und chinesischen Untertiteln laufen. Es werden auch Filme aus China, Indien und anderen asiatischen Ländern gezeigt. Die meisten Kinos sind klimatisiert. Zu den größten Kinoketten zählen **Golden Screen Cinemas**, **Tanjong Golden Village** und **Cathay Cineplexes**.

Das älteste Kino in Kuala Lumpur ist das Coliseum Cinema *(siehe S. 76)*. Das aktuelle Kinoprogramm und Uhrzeiten findet man auf der Website von **Cinema Online**.

Traditionelle und klassische Musik

Die malaysische Musik ist eine Mischung aus indischer, chinesischer, muslimischer und indonesischer Tradition. Sie konzentriert sich in Anlehnung an die *Gamelan*-Musik weitgehend auf mehrere Trommeln und andere Schlaginstrumente. Um die klassische Musik der jüngeren Generation näherzubringen, experimentieren mo-

Musiker mit einem traditionellen malaiischen Instrument

derne Komponisten mit der Verbindung von traditionellen und neuen Instrumenten. Im Malaysian Tourist Information Complex *(siehe S. 80)* und im National Theatre *(siehe S. 77)* in Kuala Lumpur finden häufig traditionelle Konzerte statt. Manchmal werden im National Theatre klassische Konzerte mit dem National Symphony Orchestra gegeben.

Die wichtigste Klassikbühne in Kuala Lumpur ist **Dewan Filharmonik Petronas**, Malaysias erster klassischer Konzertsaal und Stammhaus des Malaysian Philharmonic Orchestra. Hier finden Konzerte sowie Kulturveranstaltungen mit einheimischen und internationalen Größen statt. In der Philharmonie herrscht eine strikte Kleiderordnung.

Das große Auditorium der Dewan Filharmonik Petronas

Das Hard Rock Café, eine der besten Musikbühnen in Kuala Lumpur

Moderne Musik

Moderne westliche Popmusik ist bei Malaysias Jugend sehr beliebt und hat auch Einfluss auf einheimische Gruppen. Sie schreiben Songs auf Malaiisch, die mit Pop, Rock, Hip-Hop oder Underground-Beats vertont werden. Bisweilen treten internationale Popstars in Kuala Lumpur auf. Das Stadion »Arena of the Stars« in den Genting Highlands *(siehe S. 96f)* ist eine populäre Bühne für derartige Konzerte. Zu den beliebtesten Musikbühnen in Kuala Lumpur zählen das **Hard Rock Café**, **No Black Tie** und **KL Live**. Viele berühmte DJs aus Europa legen in Kuala Lumpurs hippsten Clubs auf.

Tänzerin beim *datun julud*

Traditioneller Tanz

Wie die Musik sind auch Malaysias Tänze stark von islamischen, indischen und chinesischen Traditionen geprägt, haben aber dennoch ihren eigenen Stil. Viele dieser Tänze werden bis heute im ganzen Land gepflegt und zu besonderen Anlässen und Feiertagen aufgeführt. Am beliebtesten dürfte der *joget* sein. Er hat seine Ursprünge im portugiesischen Volkstanz und wird von Paaren mit schnellen, graziösen Bewegungen und mit viel Humor aufgeführt. *Mak yong* verbindet romantische Theatralik, Tanz und Operngesang. Der ursprünglich nur am Königshof Kelantans bekannte Tanz ist inzwischen bei den Einheimischen beliebt. *Silat* ist ein eleganter Tanz, der sich aus der Kampfkunst entwickelt hat und von Trommeln begleitet wird. Man sieht ihn bei Hochzeiten und an Feiertagen. Einer der populärsten Tänze aus Sarawak ist der *datun julud*, der Hornvogeltanz der Kenyah. Er erinnert an die Geschichte eines Prinzen und seines Enkels und wird von einer einzigen Tänzerin getanzt, die einen Fächer aus Hornvogelfedern zu den Klängen der der traditionellen Gitarre *sape* bewegt. Das Sarawak Cultural Village *(siehe S. 165)* ist eine gute Adresse für Musik und Tanz in Sarawak. In Kuala Lumpur bieten der Malaysian Tourist Information Complex sowie das renommierte National Theatre Bühnen für traditionellen Tanz.

Kneipen, Bars und Karaoke

Kuala Lumpur bietet ein unglaublich reiches Nachtleben für jeden Geschmack. Die größte Dichte an Kneipen und Bars herrscht im Golden Triangle *(siehe S. 80)*. **Pisco Bar** ist eine gut bestückte und besuchte Bar, Live-Musikclub, Boutique und Kunstgalerie in einem. Das **Beach Club Café** spielt alte Songs und ist meist brechend voll. Das zweite große Amüsierviertel ist Bangsar. Bars wie **Finnegan's** servieren die Biersorte Kilkenny. **La Bodega** sorgt mit spanischem Ambiente für internationales Flair. Wer Rhythm and Blues mag, sollte **Modesto's** besuchen.

Karaoke ist in Malaysia wie in den meisten asiatischen Ländern ungemein populär. Kuala Lumpur bietet schicke und gut besuchte Karaokebars wie **Cherry Blossom**, **Deluxe Nite Club** und **Club De Vegas**.

Auch andere Großstädte in Malaysia haben einiges zu bieten, darunter Kuching, Johor Bahru, Kota Kinabalu und mehrere Städte in Penang. Da Drinks in Malaysia vielerorts teuer sind, empfiehlt es sich, nach Kneipen mit Happy-Hour-Preisen Ausschau zu halten. In der Regel gibt es dort zwei Getränke zum Preis von einem. Happy Hours dauern meist von 17 bis 20 Uhr. In vielen Bars wird Live-Musik gespielt, vor allem am Wochenende, dann werden ca. 20 Ringgit Aufpreis verlangt.

Silat, ein traditioneller Kampfkunst-Tanz in Kelantan

Clubs und Discos

Clubs und Discos gibt es in allen großen Städten Malaysias, doch Kuala Lumpur hat die größte Auswahl. In den meisten Clubs geht es erst um 22 Uhr richtig los, dann aber bis in die frühen Morgenstunden. In mehreren Clubs gibt es Ladies' Nights, zu denen Frauen freien Eintritt haben. Die Beliebtheit einzelner Clubs ändert sich ständig, doch die heißesten Spots der Stadt findet man normalerweise um die Kreuzung Jalan P. Ramlee und Jalan Sultan Ismail. In den meisten Clubs wird europäische House-Musik gespielt, die oft von international bekannten DJs aufgelegt wird. Mit am angesagtesten sind **Zouk Club**, **Desire**, **Maison**, **Luna Bar** und die **SkyBar** im Traders Hotel. Von den beiden Letzteren hat man eine tolle Aussicht auf die Petronas Towers. Die meisten Discos liegen in Shoppingmalls oder in großen Hotels. Zu den beliebtesten Clubs zählen **Liquid Bar** und **Sultan Lounge**.

Tanzfläche eines malaysischen Clubs

Auf einen Blick

Information

Juice
W juiceonline.com

Kakiseni
W kakiseni.com

New Straits Times
W nst.com.my

The Star
W thestar.com.my

TimeOut KL
W timeout.com/kl

Themenparks

LEGOLAND® Malaysia
7 Jalan Legoland, Bandar Medini, Nusajaya, Johor.
T (07) 597 8888.
W legoland.com.my

Sunway Lagoon
11/11 Bandar Sunway, Petaling Jaya, Selangor.
T (03) 5635-8000.
W sunwaylagoon.com

Theater

Kuala Lumpur Performing Arts Centre
Jalan Strachan, Kuala Lumpur. T (03) 4047-7000. W klpac.com

Old China Café
11 Jalan Balai Polis, Kuala Lumpur.
T (03) 2072-5915.

Kino

Cathay Cineplexes
2 Selangor Darul Ehsan.
T (03) 7727-8051.

Cinema Online
W cinemaonline.com.my

Golden Screen Cinemas
Mid Valley Megamall, Bangsar.
T (03) 2938-3366.

Tanjong Golden Village
Level 3, Suria KLCC.
Stadtplan 2 F5.
T (03) 7492-2929.

Traditionelle und klassische Musik

Dewan Filharmonik Petronas
Petronas Towers.
Stadtplan 2 E4.
T (03) 2051-7007.
W malaysianfilharmonik.com

Moderne Musik

Hard Rock Café
Jalan Sultan Ismail, Kuala Lumpur.
Stadtplan 2 D5.
T (03) 2715-5555.

KL Live
Life Centre, 20 Jalan Sultan Ismail, Kuala Lumpur.
T (03) 2162-2570.

No Black Tie
17 Lorong Mesui, Kuala Lumpur.
T (03) 2142-3737.

Kneipen, Bars und Karaoke

Beach Club Café
97 Jalan P. Ramlee, Kuala Lumpur.
Stadtplan 2 D5.
T (03) 2166-9919.

La Bodega
31 Tengkat Tong Shin, Kuala Lumpur.
T (03) 2142-6368.

Cherry Blossom
Sun Kompleks, nahe Jalan Bukit Bintang, Kuala Lumpur.
Stadtplan 5 C3.
T (03) 2144-4895.

Club De Vegas
3 Jalan Imbi, Kuala Lumpur. **Stadtplan** 5 C3.
T (03) 2141-3888.

Deluxe Nite Club
Ampang Park Shopping Center, Jalan Ampang, Kuala Lumpur.
T (03) 2162-1399.

Finnegan's
51 Jalan Sultan Ismail, Kuala Lumpur.
T (03) 2145-1930.

Modesto's
Sri Hartamas, Kuala Lumpur. **Stadtplan** 2 E5.
T (03) 6201-7898.

Pisco Bar
329 Jalan Mesui (nahe Jalan Nagasari), Bukit Bintang.
Stadtplan 5 C2.
T (03) 2142-2900.

Clubs und Discos

Desire
Jalan Doraisamy, Kuala Lumpur.
Stadtplan 1 B4.
T (02) 200-1926.

Liquid Bar
Jalan Hang Kasturi.

Luna Bar
Menara Panglobal, Jalan Puncak.
Stadtplan 5 B1.
T (03) 2332-7777.

Maison
8 Jalan Yap Ah Shak, Kuala Lumpur.
Stadtplan 1 B5.
T (03) 2694-3341.

SkyBar
Traders Hotel, KLCC.
Stadtplan 2 F5.
T (03) 2332-9888.

Sultan Lounge
Mandarin Oriental, Jalan Pinang.
T (03) 2380-8888.

Zouk Club
Jalan Ampang, Kuala Lumpur.
Stadtplan 2 E4.
T (03) 2171-1997.

Sport und Aktivurlaub

Malaysia bietet vom Gipfel des Gunung Kinabalu – des höchsten Bergs von Malaysia – bis zu den Tiefen des Südchinesischen Meers ganz unterschiedliche Varianten, die vielfältige Natur des Landes kennenzulernen. Unberührte Inseln wie die Perhentians, Tioman und Sipadan ziehen mit ihren beeindruckenden Korallenriffen und dem reichen Fischvorkommen Taucher an. In den meisten Strandresorts sind Fun-Sportarten wie Parasailing, Windsurfen, Wasserskifahren und Schnorcheln möglich. Die ältesten Regenwälder der Welt mit ihren Baumriesen, Lianen und Kalksteinhöhlen laden ebenfalls zu interessanten Entdeckungstouren ein. Reiseveranstalter organisieren darüber hinaus auch spezielle Touren für Kletter- und Vogelfreunde. Auf Flussfahrten lassen sich die Mangrovensümpfe an der Ostküste von Borneo bequem erkunden. Für passionierte Golfer und andere Sportler ist das angenehme Klima Malaysias ideal.

Speedboot-Tour im Bako National Park *(siehe S. 168f)*, Sarawak

Exkursionen

Der Tourismus in Malaysia ist gut organisiert. Reiseveranstalter wie **CPH Travel Agency** und **Asian Overland Services** bieten eine reiche Auswahl an Touren. Je nach Budget und Aufenthaltsdauer der Besucher gibt es alles vom Halbtagesausflug bis zur zehntägigen Rundreise.

Wer allein reist, kann sich den Gruppen von **S. I. Tours** und **Exotic Adventure** anschließen, um Orte zu besichtigen und an Aktivitäten teilzunehmen, die ansonsten viel teurer wären. Beispielsweise kann man Sarawaks Mulu National Park *(siehe S. 176f)* besuchen, den Gunung Kinabalu *(siehe S. 192f)* in Sabah besteigen oder eine Wildwasserfahrt auf dem Sungai Padas *(siehe S. 187)* machen – am besten in einer geführten Gruppe. Dabei profitiert man vom Wissen und der Erfahrung einheimischer Führer.

Buchung und Lizenzen für Nationalparks

Meist kauft man die Eintrittskarte für Nationalparks und Naturschutzgebiete in Malaysia in den Park Headquarters innerhalb des Geländes oder am Eingang der Parks. Für einige Nationalparks muss man jedoch vorab buchen, etwa im Tanjung Datu National Park *(siehe S. 166)* und im Semenggoh Wildlife Centre *(siehe S. 167)*. Genehmigungen und Tickets bekommt man beim **Sarawak National Parks Booking Office** in Kuching *(siehe S. 160–163)* oder in der Zweigstelle in Miri. Wer den Endau-Rompin National Park *(siehe S. 143)* von Johor aus betritt, kann die Genehmigung auch online bei der Forestry Commission bekommen.

In einigen Parks muss man für professionelle Film- und Fotoarbeiten offizielle Genehmigungen einholen, aber auch für Vorhaben wie Trekking und Angeln. Diese erhält man entweder direkt im Park oder in Sarawak bei den National Parks Booking Offices. Viele Parks bieten Unterkünfte, die man im Voraus buchen sollte, da es in den Naturschutzgebieten und Parks vor allem an Wochenenden und in Ferienzeiten sehr voll werden kann. Reservierungen sowie Camping-Genehmigungen übernehmen die National Parks Booking Offices.

Trekking

Malaysias Nationalparks sind Wanderparadiese mit herrlichen Landschaften und Tieren. Mit 4095 Metern ist Sabahs Gunung Kinabalu einer der höchsten Gipfel der Welt, den man ohne spezielle Kletterausrüstung besteigen kann. Es überrascht daher nicht, dass täglich Hundertschaften loszie-

Gewagte Kletterpartie im Mulu National Park

Dschungelpfad nahe dem Asah-Wasserfall *(siehe S. 136)*

hen, um den Gipfel zu erklimmen. Die Parkbehörde legt Besuchern nahe, nicht allein auf den Kinabalu zu steigen, sondern einen Führer anzuheuern. Eine entsprechende Wandererlaubnis erhält man in den Park Headquarters. Die meisten brauchen zwei Tage für den Aufstieg und übernachten in einer der Berghütten, etwa in Laban Rata auf 3273 Meter Höhe. Vor allem in der Hauptsaison (April) braucht man unbedingt eine Reservierung. Gute Wanderschuhe, warme, wasserfeste Kleidung, Schlafsack, Trinkwasser und Energieriegel sind unerlässlich. Zudem benötigt man für unterwegs eine Taschenlampe, wenn man bei Sonnenaufgang auf dem Gipfel sein möchte.

Nicht ganz so anstrengend sind Wanderungen auf den Gunung Tahan *(siehe S. 144)* in Taman Negara, auf den Gunung Mulu *(siehe S. 177)* in Sarawak oder zu den Pinnacles des Gunung Api *(siehe S. 177)*. Das Terrain in Malaysia ist dennoch anspruchsvoll, weshalb man am besten mit erfahrenen einheimischen Touranbietern wie **Jungle School** aufbricht.

In Parks innerhalb der geschützten **Sarawak Forestry Corporation**, etwa dem Mulu National Park, sind Führer Pflicht. Anfänger sollten sich den Taman Negara *(siehe S. 144f)* vornehmen. Er verfügt über Wanderwege jeden Schwierigkeitsgrades. Der Bako National Park *(siehe S. 168f)* in Sarawak hat mehrere einfache Wege, während Gunung Mulu und Gunung Kinabalu echte Herausforderungen darstellen. Auch das Peradayan Forest Reserve in Brunei bietet gute Wege.

Die meisten Wälder Malaysias stehen unter dem Schutz des **Department of Wildlife and National Parks**. Wer allein unterwegs ist, muss sich an die markierten Wege halten. Gruppenausflüge bieten **Borneo Adventure** oder Jungle School.

Wanderer sollten an Sonnenschutz denken sowie an ausreichend Trinkwasser, um nicht zu dehydrieren. In der feuchten Jahreszeit sind Thermosocken nützlich.

Höhlentouren

Malaysias Landschaft weist einige der größten Kalksteinhöhlen der Welt auf und lockt Höhlenforscher aus aller Welt an. Viele *guas* (Höhlen), etwa Lang's Cave im Mulu National Park *(siehe S. 176f)*, sind mit Stalaktiten und Stalagmiten bedeckt, während andere wie die nahe gelegene Deer Cave selten begangene Routen für Abenteuerlustige bieten.

Die Niah Caves *(siehe S. 174)* und die Höhlen im Mulu National Park in Sarawak locken Millionen Fledermäuse und Vögel an, die in ihrem dunklen Inneren nisten. Sabahs Gomantong Caves *(siehe S. 197)* sind wegen ihrer Salanganen berühmt. Einheimische steigen auf Bambusleitern den Fels hinauf, um ihre Nester zu »ernten«. Sie gelten als kulinarische Leckerbissen. Am schönsten sind die Höhlen bei Sonnenuntergang, wenn die Fledermäuse hinausfliegen und die Salanganen in ihre Nester zurückkehren.

Kleiner, doch sehenswert sind die erleuchteten Höhlen von Tempurong in Selangor und die Hindu-Schreine in den Batu Caves *(siehe S. 96)*. Interessierte können bei der **Malaysian Nature Society Caving Group** Schnellkurse und Höhlenausflüge buchen.

Die Gua Kelam (Höhle der Finsternis) in Kuala Perlis

Tauchen

Die Inseln vor der Küste Malaysias gewähren einfachen Zugang zu den besten Tauchspots. Malaysia bietet nicht nur erfahrenen Tauchern herrliche Areale, es ist auch ein gutes Trainingsgebiet für Anfänger. Viele Ausrüster bieten auch Unterricht an *(siehe S. 317)*, etwa um Inseln wie Pulau Tioman, Pulau Redang und die Perhentian-Inseln. Mit etwas Glück bekommen Taucher Walhaie, Rochen, Seesterne und Meeresschildkröten zu sehen. In der Monsunzeit ist die Sicht eingeschränkt. Die beste Zeit für einen Besuch der Malaiischen Halbinsel ist von November bis Mai, März bis Oktober sind die idealen Monate für eine Reise an die Ostküste sowie nach Sabah und Sarawak. Die Inseln vor der Südwestküste Sabahs bieten das ganze Jahr über gute Bedingungen zum Tauchen.

Verschiedene Taucharten

An Malaysias Küste können erfahrene Taucher wracktauchen, während Schnorchler und weniger geübte Taucher die bunte Unterwasserwelt der Korallenriffe erkunden.

Beim Wracktauchen kann man sich alte Schiffswracks aus der Nähe ansehen. Am einfachsten ist dies im Cement Wreck, das 1980 vor der Küste von Labuan sank.

Tauchen in Malaysia bietet die Möglichkeit, in Korallenriffen mindestens 200 verschiedene Arten von Meeresorganismen aus der Nähe zu betrachten.

Malaysias beste Tauchspots

- Miri *S. 174*
- Perhentian-Inseln *S. 148*
- Pulau Kapas *S. 146*
- Pulau Labuan *S. 186f*
- Pulau Lankayan *S. 197*
- Pulau Redang *S. 148*
- Pulau Sipadan *S. 200f*
- Pulau Sulug *S. 185*
- Pulau Tenggol *S. 146*
- Pulau Tioman *S. 136f*

Zum Schnorcheln braucht man nur einen Schnorchel und eine Taucherbrille für eine gute Sicht.

Meerestiere

In den Gewässern vor Malaysia wimmelt es von Meerestieren. Um Tioman leben Schwarze Marline sowie Gelbflossen-, Barrakuda- und Riffhaie.

Seesterne sind leuchtend farbig. Die knochenlosen Lebewesen gleiten langsam über den Meeresboden.

Walhaie sind sanftmütige, Plankton fressende Riesen. Als größte lebende Fischart werden sie bis zu zwölf Meter lang.

Suppenschildkröten sind vom Aussterben bedroht. Ihre grüne Färbung kommt durch ihre Algenkost.

Wildwasser-Rafting auf einem der Flüsse Malaysias

Tauchen und Schnorcheln

Tauchen ist in Malaysia bei Einheimischen wie Besuchern sehr beliebt. Viele Tauch- und Marineclubs sowie Ferienanlagen in Strandnähe vermieten Ausrüstungen. Die meisten Anbieter veranstalten PADI-Kurse, die man mit international anerkanntem Tauchzertifikat abschließt, und organisieren Ausflüge zu Tauchspots. **Borneo Dream and Sea Sports**, **Pulau Sipadan Resort and Tours** und **Borneo Divers** sind die besten Anbieter in Malaysia.

An mehreren Stellen liegen die Korallenriffe in seichtem Gewässer, was sie gut zugänglich für Schnorchler macht. Allerdings sollte man die Korallen nicht berühren. Manche haben Stacheln und sind zudem fragil. Für Pulau Sipadan *(siehe S. 200f)* gelten strikte Zugangsbeschränkungen. Es empfiehlt sich daher, vorab zu buchen.

Wassersport

Paragliden, Windsurfen, Wakeboarden, Wasserski- und Jetskifahren sind nur einige der Angebote, die Malaysias Ferienresorts ermöglichen. **Sea Quest Tours and Travel** organisiert Küstenrundfahrten im Glasbodenboot sowie Sonnenuntergangs- und Inselhopping-Touren.

Einige Reisekrankenversicherer verweigern den Schutz bei Verletzungen infolge von Wassersport. Am besten informiert man sich vorher über die Konditionen.

Wildwasser-Rafting

Die aus den zerklüfteten Bergen Malaysias herabstürzenden, tosenden Flüsse entwickeln auf dem Weg ins Meer einige Stromschnellen. Früher stellten sie für viele Entdecker unüberwindliche Hindernisse dar. Heute hingegen bilden sie die perfekte Kulisse für abenteuerliches Wildwasser-Rafting. Man klassifiziert die Stromschnellen in fünf Stufen, wobei alles über Stufe III nicht ohne professionellen Führer zu machen ist. Am beliebtesten ist Sabahs spektakuläre Padas-Schlucht *(siehe S. 187)* mit Stromschnellen der Stufe III–IV. Sungai Sungkei und Sungai Kampar in Perak nördlich von Kuala Lumpur sind nicht ganz so schweißtreibend.

Ganz ohne Vorkenntnisse kann man sich Touranbietern wie **Nomad Adventure** und **Exotic Adventure** anvertrauen, da sie ein Sicherheitstraining durchführen, bevor es ernst wird. Gestellt werden auch Helm und Schwimmweste, man sollte aber gut schwimmen können. Je nach Wasserstand bieten die Flüsse sanfte Fahrten oder rasante Abfahrten. Kinder sind ab zwölf Jahren nur in Begleitung Erziehungsberechtigter zugelassen.

Flussfahrten

Ein relativ neues Phänomen in Malaysias Ökotourismus-Szene ist eine Kreuzfahrt durch die üppigen Regenwälder und Mangrovensümpfe. Diese Fahrten beginnen normalerweise frühmorgens oder am späten Nachmittag. Führer zeigen den Fahrgästen Makaken, Silberlanguren und Nasenaffen sowie Nashornvögel in den Bäumen am Flussufer.

Solche Rundfahrten gibt es auf Pulau Langkawi *(siehe S. 118–121)* und in Taman Negara *(siehe S. 144f)* auf der Malaiischen Halbinsel oder in den Klias Wetlands *(siehe S. 186)* und im Kinabatangan Wildlife Sanctuary in Sabah *(siehe S. 197)*. Manchmal sieht man mit etwas Glück sogar Irawadidelfine, wie sie sich im seichten Wasser an der Mündung des Sungai Santubong in Sarawak tummeln. Nach der erlebnisreichen Rundfahrt verwöhnen Veranstalter wie **S.I. Tours** und **Borneo Eco Tours** ihre Gäste mit einem Dinnerbuffet, bevor sie sie zurück in ihre Hotels bringen.

Kajaktour im Mangrovenwald

Golfen in traumhafter Landschaft

Golf

Die Golfplätze mit ihren preiswerten Caddys, den geringen Gebühren und der Vermietung von Ausstattung locken Golfer aus der ganzen Welt hierher. Tagesbesucher können die Anlagen meist gegen Gebühr nutzen.

Derzeit gibt es weit über 200 Golfplätze im Land, die an Orten wie dem kühlen Fraser's Hill *(siehe S. 97)*, aber auch an der sandigen Küste von Borneo liegen. Zu den populärsten Plätzen zählt der **Cameron Highlands Golf Club**. Kuala Lumpur hat den **Kuala Lumpur Golf and Country Club**, etwas außerhalb liegen der **Mines Resort & Golf Club** und der **Templer Park Golf Club**. Auf Langkawi befinden sich der preisgekrönte **Els Club** und das **Gunung Raya Golf Resort**.

Tierbeobachtung

Viele Besucher kommen nach Malaysia, um die tropische Artenvielfalt zu bestaunen. Es gibt etwa 200 Säugetierarten, Tausende Blumenarten und unzählige Schmetterlinge. In Malaysia leben Orang-Utans, Borneo-Gibbons, Nasenaffen und Hornvögel. Um seltenere Tiere zu sichten, muss man durch Dschungel und auf Berge wandern. Fraser's Hill und Taman Negara *(siehe S. 144f)* sind gut zugängliche Gebiete mit vielen Tieren.

Beliebt ist die Teilnahme an geführten Exkursionen in den Lebensraum der Orang-Utans im Semonggoh Wildlife Centre in Sarawak *(siehe S. 167)* oder ins Sepilok Orangutan Rehabilitation Centre *(siehe S. 196)* in Sabah.

Tierfreunde können auf Inseln wie Gulisan, Bakungan Kecil und Pulau Selingam und im Turtle Island National Park *(siehe S. 196f)* Echte Karettschildkröten und Suppenschildkröten beobachten und zusehen, wie die frisch geschlüpften Jungen von Wildhütern ausgesetzt werden. Der **WWF** plant Aktionen zum Schutz ihres Lebensraums.

Vogelbeobachtung

Mit mehr als 600 bekannten Vogelarten ist Malaysia ein Paradies für Ornithologen. Ein Grund für die Vielfalt sind die unterschiedlichen Lebensräume Malaysias, darunter Bergwälder, bewaldete Tiefebenen, Mangrovenwälder und Sumpfgebiete, die allen Arten von Vögeln gute Nistbedingungen bieten. Neben acht Hornvogelarten, die über den Wipfeln der Regenwälder dahingleiten, erfreuen Schlangenweihe, Mangrovenpittas, Eisvögel und Trogone Vogelfreunde.

In Ostmalaysia ist Sarawak der perfekte Ort, um Tiere zu erleben – der Bundesstaat wird auch als Land des Hornvogels bezeichnet. Im Kinabalu National Park *(siehe S. 190–193)* in Sabah leben unzählige Arten von Fliegenschnäppern und Elstern. Zu den besten Beobachtungsorten auf der Malaiischen Halbinsel gehören der Taman Alam Kuala Selangor Nature Park *(siehe S. 97)* und Fraser's Hill. Dort beherrschen Salangan und Kuckuck die Szenerie. Passionierte Ornithologen finden sich zu einem der vielen Ornithologen-Events, z.B. dem Fraser's Hill International Bird Race *(siehe S. 97)*, ein. Es findet immer im Juni statt.

Borneo Mainland Travel and Tours, **Birdtour Asia**, **Malaysian Nature Society Birding Group**, **Rockjumper** und **Birding Pal** organisieren Vogelbeobachtungen. Fernglas, gutes Kartenmaterial und ein Hut sind nützlich.

Begeisterte Vogelfreunde auf einer Dschungeltour

Auf einen Blick

Exkursionen

Asian Overland Services
Ampang Point, Kuala Lumpur.
(03) 4252-9100.
asianoverland.com.my

CPH Travel Agency
Kuching, Sarawak.
(082) 414-921.
cphtravel.com.my

Exotic Adventure
Lot 1, Block D, Segama Complex, Kota Kinabalu, Sabah.
(088) 486-886.
exotic-adventure.com

S.I. Tours
Lot 1002–1003, Wisma Khoo, Siak Chiew, Sandakan, Sabah.
(089) 673-502.
sitoursborneo.com

Buchung und Lizenzen für Nationalparks

Sarawak National Parks Booking Office
sarawakforestry.com

Trekking

Borneo Adventure
Gaya Centre, Jalan Tun Fuad Stephens, Kota Kinabalu, Sabah.
(088) 486-800.
borneoadventure.com

Department of Wildlife and National Parks
Jalan Charas, Kuala Lumpur.
(03) 9075-2872.
wildlife.gov.my

Jungle School
The Heritage Unit, Kuala Lumpur.
(019) 342-2049.
jungleschool.com.my

Sarawak Forestry Corporation
Hock Lee Centre, Jalan Datuk Abang Abdul Rahim, Kuching, Sarawak.
(082) 348-001.
sarawakforestry.com

Höhlentouren

Malaysian Nature Society Caving Group
641 JKR Jalan Kelantan, Bukit Persekutuan, Kuala Lumpur.
Stadtplan 3 A4.
(03) 2287-9422.
mns.org.my

Tauchen und Schnorcheln

Borneo Divers and Sea Sports
(088) 222-226.
borneodivers.info

Borneo Dream
(088) 244-064.
borneodream.com

Pulau Sipadan Resort and Tours
Nr. 484, Block P, Bandar Sabindo, Tawau, Sabah.
(089) 765-200.
sipadan-resort.com

Wassersport

Sea Quest Tours and Travel
1 Sutera Harbour Boulevard, Kota Kinabalu, Sabah.
(088) 248-006.
seaquesttours.net

Wildwasser-Rafting

Exotic Adventure
Lot 1, Block D, Segama Complex, Kota Kinabalu, Sabah.
(088) 486-886.
exotic-adventure.com

Nomad Adventure
4.06B, The Summit Subang USJ, Persiaran Kewajipan, USJ 1, Subang Jaya, Selangor.
(603) 8024-5152.
nomadadventure.com

Flussfahrten

Borneo Eco Tours
Pusat Perindustrian Kolonbong Jaya, Kota Kinabalu.
(088) 438-300.
borneoecotours.com

Golf

Cameron Highlands Golf Club
PO Box 66, 39007 Tanah Rata, Cameron Highlands, Pahang.
(05) 491-1126.

Els Club
Pulau Langkawi.
(04) 959-2700.
elsclubmalaysia.com

Gunung Raya Golf Resort
Jalan Air Hangat, Kisap, Langkawi.
(04) 966-8148.
golfgr.com.my

Kuala Lumpur Golf and Country Club
10 Jalan 1/70D, nahe Jalan Bukit Kiara, Kuala Lumpur.
(03) 2011-9188.
klgcc.com

Mines Resort Golf & Country Club
The Mines Resort City, Selangor Darul Ehsan.
(03) 943-2288.
minesgolfclub.com

Templer Park Golf Club
Rawang, Selangor.
(03) 6091-9111.
tpcc.com.my

Tierbeobachtung

WWF (Worldwide Fund for Nature)
49 Jalan SS23/15 Taman Sea, Petaling Jaya, Selangor.
(03) 7803-3772.
Suite 1–6 W11, CPS Tower, Centre Point Complex No. 1, Jalan Centre Point, Kota Kinabalu, Sabah.
(088) 262-420.
wwf.org.my

Vogelbeobachtung

Birding Pal
birdingpal.org

Birdtour Asia
birdtourasia.com

Borneo Mainland Travel and Tours
1081, Jalan Merpati, Miri, Sarawak.
(085) 433-511.
borneomainland.com

Malaysian Nature Society Birding Group
641 JKR Jalan Kelantan, Bukit Persekutuan, Kuala Lumpur.
Stadtplan 3 A4.
(03) 2287-9422.
mns.org.my

Rockjumper
rockjumperbirding.com

TAMBANG BECA
TRISHAW RENTAL RATE
RM 40.00

GRUND-INFORMATIONEN

Praktische Hinweise **320–329**

Reiseinformationen **330–339**

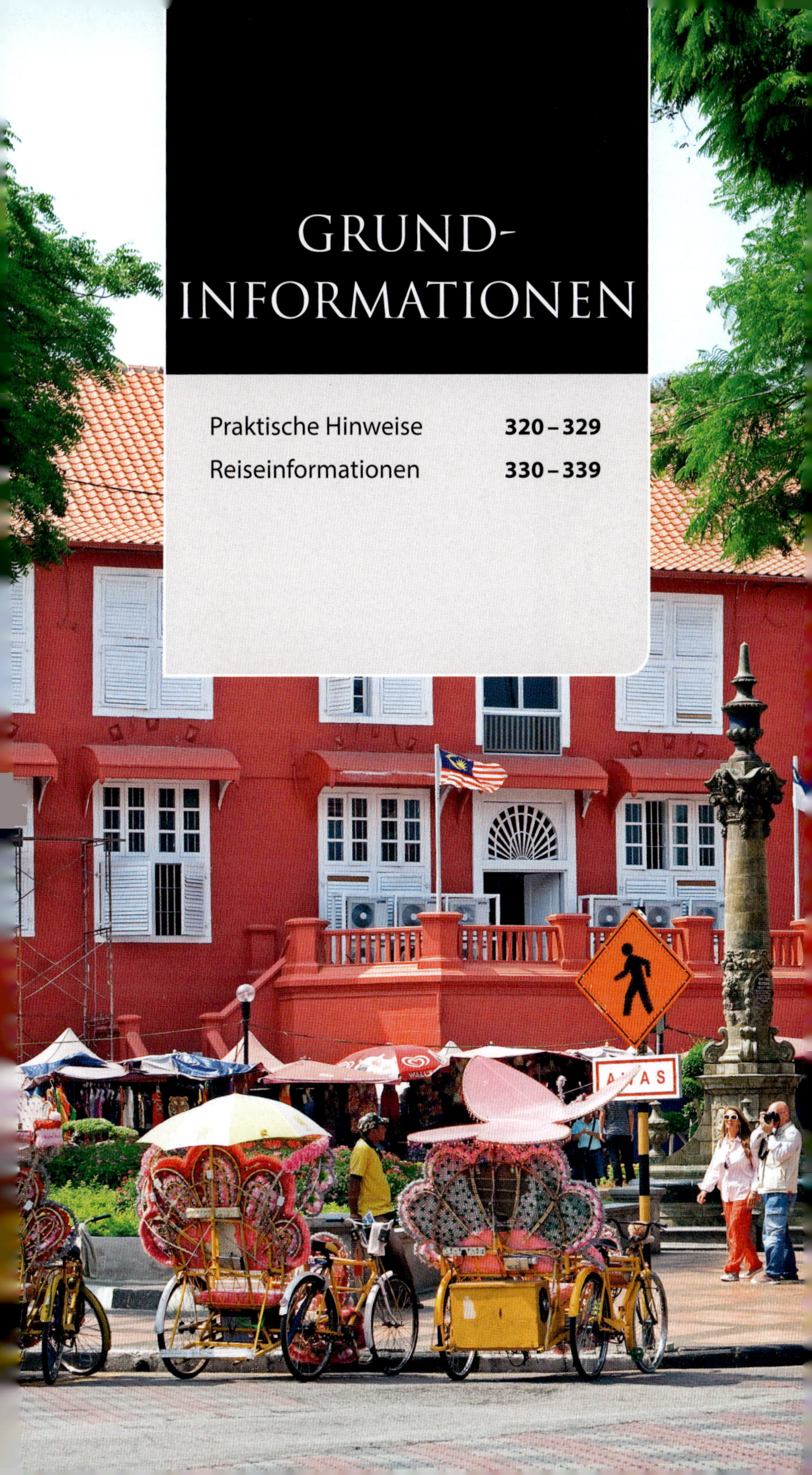

Praktische Hinweise

Malaysia ist eines der wichtigsten Reiseziele Asiens, das sowohl Pauschalreisende wie auch Individualurlauber anzieht. Die Regierung Malaysias ist sich des Potenzials des Landes als Tropenparadies bewusst und treibt den Tourismus seit Jahrzehnten voran. Die Reiseanbieter im Land sind professionell, die Hotels gepflegt, im Land umherzureisen ist problemlos möglich. Die Einheimischen in Singapur, Malaysia und Brunei sind generell freundlich. Besucher sollten sich vor Kleinkriminalität wie Handtaschenraub vor allem in Kuala Lumpur schützen. Mit Kriminalität kann man auch auf Pulau Tioman und in Ost-Sabah konfrontiert werden, treffen Sie also vernünftige Vorsichtsmaßnahmen *(siehe S. 324)*. Singapur ist ein ungewöhnlich sicheres Land, in dem es kaum Gewaltverbrechen, wenig Schmutz und kaum Tropenkrankheiten gibt.

Perkussionist auf dem Rainforest World Music Festival ***(siehe S. 165)***

Beste Reisezeit

Malaysia, Singapur und Brunei liegen in den Tropen. In allen drei Ländern herrscht deshalb das ganze Jahr über ein feuchtheißes Klima mit Temperaturen um 30 °C und selten weniger als 20 °C. Wer am Strand liegen oder Sport treiben möchte, sollte die Monsunzeit vermeiden. Die Westküste der Halbinsel ist zwischen Mai und September von der Regenzeit geprägt. An der Ostküste und in Ostmalaysia fällt der Monsun in die Zeit zwischen November und Februar.

Wem es möglich ist, der sollte seinen Aufenthalt in die Zeit eines Festes wie etwa Merdeka Eve *(siehe S. 58)* zum Nationalfeiertag oder des Rainforest World Music Festival *(siehe S. 165)* legen. Chinesische und hinduistische Feiertage in Singapur finden im Januar und Februar statt.

Einreise

Für EU-Bürger und Schweizer Staatsangehörige besteht für Malaysia keine Visumspflicht bei einem Aufenthalt ohne Berufstätigkeit von bis zu drei Monaten. Wer länger bleiben will, kann die Aufenthaltsberechtigung beim Immigration Department verlängern. Die Website des **Ministry of Foreign Affairs** *(siehe S. 323)* enthält weitere Informationen. Kinder sollten mit eigenem Pass oder Kinderreisepass mit Lichtbild reisen. Seit Mitte 2011 werden bei der Einreise biometrische Daten (u. a. Fingerabdrücke) von Besuchern genommen.

Bei Einreise in den Bundesstaat Sarawak wird ein separates Visum erteilt, das in der Regel 30 Tage gültig ist.

Sondergenehmigungen für die Reise in abgelegene Gebiete von Sabah und Sarawak sind derzeit nicht nötig. Beachten Sie diesbezüglich jedoch die aktuellen Hinweise des Auswärtigen Amts (www.auswaertiges-amt.de).

EU-Bürger und Schweizer erhalten sowohl bei der Einreise in Brunei als auch in Singapur mit dem Reisepass (Mindestgültigkeit sechs Monate) eine Aufenthaltserlaubnis für 90 Tage. Jedes Kind benötigt ein eigenes Ausweisdokument. In Singapur werden von jedem Besucher Fingerabdrücke genommen. Eine Verlängerung für Brunei beantragt man beim Immigration Department in Bandar Seri Begawan. Achtung: Sowohl in Singapur als auch in Brunei wird eine Überschreitung der Aufenthaltsdauer hart bestraft. Aktuelle Einreisebestimmungen der singapurischen Einreisebehörden findet man unter: www.ica.gov.sg.

Zoll

Die zollfreie Einfuhr von Waren in Malaysia ist auf 50 Zigarren/200 Zigaretten/225 Gramm Tabak sowie einen Liter Wein und Spirituosen beschränkt. Reisende, die Beträge über 10 000 US-Dollar ein- oder ausführen wollen, müssen dies anmelden.

Visitors Centre in der Suntec City Mall, Singapur

◀ **Fahrradrikschas warten vor dem Stadthuys in Malakka auf Kunden** ***(siehe S. 128)***

Besucher beobachten Orang-Utans im Sepilok Orangutan Rehabilitation Centre *(siehe S. 196)*

In Singapur werden Tabakwaren sowie Alkoholika mit Zöllen belegt. Barsummen ab 30 000 S$ muss man deklarieren. Die Einfuhr von Kaugummi ist streng verboten! Bild- und Tonträger werden von der Zensurbehörde gesichtet. Auf Drogenbesitz steht in Malaysia, Singapur und Brunei Gefängnis- oder Todesstrafe.

Information

Wer nach Malaysia, Singapur oder Brunei reisen möchte, findet auf den Websites von **Tourism Malaysia**, dem **Singapore Tourism Board** und **Tourism Brunei** nützliche Informationen. Sie liefern auch Details zu Feiertagen, Hotels und Ferienresorts. Die Tourismusorganisationen haben zu fast allen Reisezielen Broschüren. Infos zu Ostmalaysia gibt es auf den Websites von **Sabah Tourism Board** und **Sarawak Tourism Board**. Die meisten Hotels bieten Ausflüge an oder nehmen Buchungen für ihre Gäste vor.

Führer des Singapore Tourism Board

Öffnungszeiten

Ämter in Malaysia sind montags bis freitags zwischen 8.30 und 17.30 Uhr geöffnet. Ähnliche Zeiten gelten in Museen, man sollte sich jedoch immer im Einzelnen erkundigen, da einige Museen montags geschlossen haben. In Malaysias muslimisch geprägten Staaten wie Kedah, Terangganu und Kelantan sind Büros freitags geschlossen. Postämter haben montags bis samstags von 8 bis 18 Uhr geöffnet.

Behörden in Singapur sind montags bis freitags zwischen 8.30 und 17 Uhr geöffnet, in Brunei von 7.45 bis 16.30 Uhr, nicht aber freitags und sonntags.

Details zu den Öffnungszeiten von Banken finden Sie auf S. 326, zu denjenigen von Läden auf S. 302f bzw. auf S. 252 (Singapur).

Eintritt

Die meisten Museen in Malaysia und in Singapur verlangen nur einen symbolischen Eintritt. In den Nationalparks bezahlt man einen bis zehn Ringgit, außer im Kinabalu National Park (15 RM). Einige der aufwendiger gestalteten Attraktionen berechnen höhere Eintrittspreise, darunter das Sepilok Orangutan Rehabilitation Centre (30 RM) und das Sarawak Cultural Village (60 RM). Eher teuer sind Nachtsafaris. Kinder bezahlen überall weniger.

Zeitzone

Malaysia, Singapur und Brunei sind der Mitteleuropäischen Zeit (MEZ) sieben Stunden voraus. Es gibt in Malaysia keine Sommerzeit, wodurch sich die Zeitdifferenz gegenüber Europa nochmals um eine Stunde verschiebt, also zur Sommerzeit nur sechs Stunden beträgt.

Mondkalender

Malaysia und Singapur folgen verwaltungstechnisch dem Gregorianischen (westlichen) Kalender, aber viele Feiertage, insbesondere islamische oder chinesische, richten sich nach dem Mondkalender. Das bedeutet, dass sie jedes Jahr auf einen anderen Termin fallen. Der Hauptunterschied zwischen dem chinesischen und dem islamischen Mondkalender besteht darin, dass Ersterer einen Schaltmonat einschiebt, durch den die meisten Feiertage alljährlich in etwa zur selben Zeit stattfinden, während islamische Feste jedes Jahr zehn bzw. elf Tage früher eintreten. Die meisten Feste werden zu Vollmond gefeiert. Daten der Feierlichkeiten findet man auf den Websites der Tourismusorganisationen.

Elektrizität

Die Stromspannung beträgt sowohl in Malaysia als auch in Singapur 220–240 Volt bei 50 Hertz. Die meisten Wandsteckdosen sind auf Dreifach-Flachstecker (Stecker Typ G) ausgelegt. Adapter sind billig und in allen größeren Orten erhältlich.

Familienausflug auf dem Sungai Santubong

Mit Kindern reisen

Die meisten Asiaten mögen Kinder gern. Eltern werden erfreut darüber sein, wie viel Zuneigung und Aufmerksamkeit man den Kleinen fast überall in Malaysia, Singapur und Brunei schenkt. In Restaurants sind die Angestellten hilfsbereit und beschäftigen die Kinder, sodass die Eltern in Ruhe essen können. Malaysia ist besonders kinderfreundlich, es bietet zahlreiche Attraktionen für alle Altersstufen. Kinderpflegeartikel bekommt man außer in ländlichen und abgelegenen Gegenden in der ganzen Region in Läden und Kaufhäusern. Kinder und minderjährige Reisende bedürfen des besonderen Schutzes vor der Hitze und vor über Wasser und Nahrungsmittel übertragbaren Krankheiten.

Alleinreisende Frauen

Malaysia, Singapur und Brunei sind für alleinreisende Frauen sehr sicher. Dennoch gilt es zu beachten, dass westliche Frauen ohne Begleitung aufgrund der konservativen malaysischen Kultur, vor allem in ländlich-muslimischen Gegenden, Aufmerksamkeit erregen. Frauen sollten nicht trampen, die ortsüblichen Kleidungs- und Verhaltensregeln beachten und nachts nicht allein unterwegs sein.

Behinderte Reisende

Singapur bietet ausgezeichnete Einrichtungen für Menschen mit Behinderungen, nicht so Malaysia. In Singapur besitzen Hotels, Banken, Kinos und Shopping-Center Rampen und andere behindertengerechte Ausstattung. In Malaysia verbessert sich die Lage zwar allmählich, das bezieht sich oftmals jedoch nur auf gehobene Hotels. Öffentliche Verkehrsmittel sind für Rollstuhlfahrer unzugänglich, die Bordsteinkanten sind hoch, die Gehwege uneben.

Reiseportale für Behinderte wie **Global Access News** liefern Informationen über das jeweilige Land.

Schwule und lesbische Reisende

Offiziell sind schwule und lesbische Reisende weder in Malaysia noch in Singapur willkommen. Homosexuelle Handlungen stehen unter Strafe. Dennoch gibt es in Singapur und Kuala Lumpur einige Bars und Clubs, in denen die Schwulenszene zu Hause ist. Weitere Informationen findet man auf der Website von **Utopia**.

Kleidung

Leichte, legere Kleidung aus Baumwolle oder anderen Naturfasern ist ideal für das Tropenklima von Malaysia, Singapur und Brunei, da es das ganze Jahr über heiß und feucht ist. Das Tragen von Kopfbedeckung und Sonnenbrille ist ebenfalls zu empfehlen. Wer die Hill Stations besucht, sollte Pulli und Windjacke dabeihaben. Da es in Malaysia das ganze Jahr über regnen kann, sollte man auch einen Regenumhang mitnehmen. Langärmlige Hemden und lange Kleider gehören ebenfalls ins Gepäck – nicht nur wegen der Sonne, sondern auch für den Besuch konservativer Gegenden, religiöser Stätten und schicker Restaurants und Hotels. In Singapur geht es allgemein etwas feiner zu, wenn man auswärts isst, als in Malaysia.

Da die meisten Hotels und Gästehäuser Wäsche waschen und man zudem überall billige T-Shirts und Batikhemden bekommt, kann man mit leichtem Gepäck anreisen.

Fotografieren

Herrliche Natur, viele Tierarten und eine beeindruckende Architektur machen die meisten Orte in Malaysia, Singapur und Brunei extrem fotogen. Meist haben die Menschen nichts dagegen, wenn man sie fotografiert, dennoch sollte man vorher fragen. Auch Priester oder Imame in Tempeln oder Moscheen sollte man nicht ohne deren Erlaubnis ablichten.

Die Fotoläden in Malaysias großen Städten und in Singapur sind gut sortiert. Sie verkaufen Memorysticks und Rollfilme, und das günstiger als in Europa. Professionelle Diafilme bekommt man nur in großen Städten. Besser, man bringt selbst welche mit, da sie oft unsachgemäß gelagert werden. Die Filme kann man je-

Stände mit Kleidung auf dem Markt in der Jalan Petaling

Kräftemessen zwischen Einheimischen und Besuchern

doch ruhig im Land entwickeln lassen. Ebenfalls einfach und billig ist es, Bilder von einem Memorystick auf DVD brennen zu lassen oder Digital-Ausdrucke zu bekommen.

Etikette

Die Mehrheit der Malaysier ist konservativ, doch Besucher werden sich schnell auf die Gepflogenheiten einstellen. Absolut unhöflich ist es, laut zu werden. Auch deutet man nicht mit dem Zeigefinger auf Menschen oder Gegenstände. Benutzen Sie stattdessen den Daumen oder die ganze Hand. Männer schütteln einander zwar die Hände, Besucher sollten jedoch warten, bis man sie ihnen reicht. Muslimische Männer geben Frauen nicht die Hand. Bei Muslimen gilt es auch als unhöflich, einen anderen mit der linken Hand oder am Kopf zu berühren. Zuneigungsbekundungen wie Umarmungen und Küsse sind in der Öffentlichkeit ungern gesehen. Oben ohne oder gar nackt am Strand zu liegen ist absolut tabu.

Wer ein malaysisches Wohnhaus betritt, zieht vorher die Schuhe aus. Man nimmt sich bei einer Essenseinladung im privaten Kreis niemals selbst nach, sondern wartet, bis man etwas angeboten bekommt. Die linke Hand darf man zum Essen nicht benutzen.

Die meisten größeren Städte sind in Sachen Mode modern orientiert, doch muslimische Frauen kleiden sich nach wie vor konservativ. Daher ist es in ländlichen und muslimisch geprägten Gegenden, in Tempeln, Moscheen und anderen religiösen Stätten wichtig, Arme und Beine zu bedecken. Zu manchen Moscheen haben nichtmuslimische Frauen keinen Zutritt.

Sprache

Bahasa Malaysia bzw. Melayu, die malaiische Sprache, ist die offizielle Landessprache von Malaysia und Brunei. In Singapur sprechen die meisten Einwohner Englisch und Mandarin-Chinesisch, aber man hört auch viel Tamilisch, Kantonesisch, Hindi und einige Sprachen der indigenen Völker, die noch heute von Teilen der multiethnischen Bevölkerung gesprochen werden.

Wie in den meisten Ländern der Erde macht es sich auch in Malaysia gut, wenn ausländische Besucher sich bemühen, zumindest ein paar Brocken Malaiisch zu erlernen. Die Einheimischen werden erfreut sein und es ihnen hoch anrechnen.

Maße und Einheiten

Malaysia, Singapur und Brunei benutzen das metrische System für Gewichte und Maße.

Auf einen Blick

Botschaften

Deutschland
26. Stock, Menara Tan & Tan, 207 Jalan Tun Razak, 50400 Kuala Lumpur.
+60 (0)3 2170-9666.
W kuala-lumpur.diplo.de
50 Raffles Place, 12-00 Singapore Land Tower, Singapore 048623.
+65 6533-6002.
W singapur.diplo.de

Österreich
Suite 10.1–2, Level 10, Wisma Goldhill, 67 Jalan Raja Chulan, 50200 Kuala Lumpur.
+60 (0)3 2030-0400.
W aussenministerium.at/kualalumpur
600 North Bridge Road, 24-04/05 Parkview Square, Singapore 188788.
+65 6396-6350.
W aussenministerium.at/oeb-singapur

Schweiz
16 Pesiaran Madge, 55000 Kuala Lumpur.
+60 (0)3 2148-0622.
W eda.admin.ch/kualalumpur
1 Swiss Club Link, Singapore 288162.
+65 6468-5788.
W eda.admin.ch/singapore

Einreise-Infos

Ministry of Foreign Affairs
W kln.gov.my

Information

Sabah Tourism Board
W sabahtourism.com

Sarawak Tourism Board
W sarawaktourism.com

Singapore Tourism Board
W visitsingapore.com

Tourism Brunei
W bruneitourism.travel

Tourism Malaysia
W tourism.gov.my

Behinderte Reisende

Global Access News
W globalaccessnews.com

Schwule und lesbische Reisende

Utopia
W utopia-asia.com

Sicherheit und Gesundheit

Malaysia, Singapur und Brunei sind sichere Reiseländer mit vergleichsweise niedrigen Kriminalitätsraten, nur in Kuala Lumpur steigt die Kleinkriminalität an. Man sollte auch hier die üblichen Sicherheitsvorkehrungen treffen. Seien Sie aufmerksam, besonders an touristischen Hauptpunkten, wo Taschendiebe und Handtaschenräuber aktiv sein könnten. Nach Entführungen bestehen für Sabahs Ostküste und die Inseln Reisewarnungen. Informieren Sie sich zeitnah auf der Website des Auswärtigen Amts über die aktuelle Lage, bevor Sie in diese Gegenden reisen.

Singapurer Polizist vor seinem Streifenwagen

Polizei

Die meisten Besucher haben nur mit der Polizei zu tun, wenn sie einen Diebstahl anzeigen oder eine Verlustmeldung machen. In Malaysias frequentierten Gegenden patrouillieren Beamte einer speziellen Touristenpolizei zum Schutz der Besucher.

In Singapur gelten strenge Vorschriften, etwa das Verbot, in der Öffentlichkeit zu rauchen oder Kaugummi zu kauen. Verstöße werden mit Geldbußen von 50–1000 S$ belegt. Besucher kommen zuweilen mit einer Verwarnung davon, sollten die einheimischen Gesetze aber respektieren.

Persönliche Sicherheit

Die Region gilt als sehr sicher, gleichwohl schadet es nicht, einige Vorsichtsmaßnahmen zu treffen. Große Bargeldbeträge oder wertvollen Schmuck deponiert man im Hotelsafe. Zum Schutz vor Taschendieben verstaut man Geld und Reisedokumente in einem Geldgürtel unter der Kleidung. Wertsachen wie Fotoausrüstung sollte man versteckt tragen. In Kuala Lumpur kommt es immer öfter vor, dass Diebe auf Motorrädern Fußgängern Handtaschen und Handys entreißen. Gehen Sie nach Sonnenuntergang nicht allein durch unbeleuchtete Gassen. Man sollte alle Reisedokumente wie Versicherungen, Pass und Tickets vorsichtshalber in Kopie mit sich führen.

Touristenpolizist in Malaysia

Verlust und Diebstahl

Wer Opfer eines Diebstahls oder Überfalls wird, sollte das sofort bei einer Polizeidienststelle melden. Denn nur mit Polizeibericht können Sie bei Ihrer Versicherung Ansprüche geltend machen. Verlorene oder gestohlene Kreditkarten muss man beim zuständigen Unternehmen sperren lassen *(siehe S. 326)*. Bei Verlust des Passes kontaktieren Sie Ihre Botschaft oder das Konsulat, um Ersatz zu erhalten *(siehe S. 323)*.

Betäubungsmittel

Malaysia und Singapur haben extrem strenge Drogengesetze. Wer mit verbotenen Substanzen erwischt wird, muss mit langjähriger Haft oder sogar der Todesstrafe rechnen. Auch in Brunei werden Drogenhandel und der Besitz größerer Mengen mit dem Tod bestraft.

Gesundheit

Die Gesundheits- und Hygienestandards in Malaysia und Singapur sind hoch. Man benötigt keine besonderen Impfungen, wenn man nicht gerade ein Land besucht hat, in dem Gelbfieber vorkommt. In diesem Fall muss man einen Impfnachweis erbringen.

Das Malariarisiko ist in vielen Teilen Malaysias gering. Im Hinterland von Sabah und in Sarawak sowie im Temara Negara National Park auf der Malaiischen Halbinsel besteht das Risiko einer Ansteckung mit Malaria. Wer in entsprechende Regionen reist, sollte Malariaprophylaxe betreiben. Kuala Lumpur, andere städtische Bereiche sowie die Küstengebiete sind malariafrei.

Eine weitere Gefahr ist Denguefieber. Es verursacht hohes Fieber, Gelenk- und Kopfschmerzen. Einen Impfschutz gibt es gegenwärtig nicht, daher ist Mückenschutz (tagsüber – die Mücken sind tagaktiv) wichtig. Das gilt auch für eine mögliche Übertragbarkeit von Zika-Viren.

Das verbreitetste Problem unter Reisenden dürften Magenbeschwerden und Durchfall sein. Sie werden durch die ungewohnte Ernährung, das Trinkwasser und das Klima ausgelöst. Man sollte deshalb frische Säfte oder rohe Speisen meiden und nur Mineralwasser aus Flaschen trinken.

Besonders zu schaffen macht Europäern die Hitze. Sie führt schnell zu Dehydrierung und Sonnenbrand. Trinken Sie viel Wasser, tragen Sie Sonnenhut und Sonnenbrille und benutzen Sie Sonnenschutzcreme. Ein Erste-Hilfe-Set sollte Schmerz- und Desinfektionsmittel, Antibiotika, Kohletab-

Eine der vielen ausgezeichneten Privatkliniken in Singapur

letten und Salbe zur Behandlung von Insektenstichen enthalten. Sollten Beschwerden nicht abklingen, ist ein Arztbesuch angeraten.

Medizinische Versorgung

Alle größeren Orte in Malaysia verfügen über ein Bezirkskrankenhaus sowie Privatpraxen. Die meisten Ärzte sprechen ausreichend Englisch. Privatkliniken, die sich vor allem um in Malaysia lebende Ausländer und Touristen kümmern, sind teurer als andere Krankenhäuser. Private Krankenhäuser in Malaysia und Singapur sind aufgrund ihrer günstigen Preisstruktur populäre Anlaufstellen für Medizintourismus.

Großstädte sind medizinisch gut ausgestattet, Kuala Lumpur etwa mit dem **Gleneagles Intan Medical Centre** und dem **Prince Court Medical Centre**.

Schwieriger ist die Situation auf dem Land. Die medizinische Versorgung in Brunei ist ausreichend, wobei man ernste Gesundheitsprobleme besser in Singapur behandeln lässt, das eine ausgezeichnete Gesundheitsinfrastruktur besitzt. Die wichtigsten Krankenhäuser der Stadt sind das **Raffles Hospital** und das **Singapore General**.

Apotheken

Sogar die kleinsten Orte in Malaysia haben gut bestückte Apotheken. Westliche Arzneimittel, auch viele deutsche Präparate, sind in städtischen Gebieten erhältlich. Die **Guardian Pharmacy** betreibt in Malaysia und Singapur viele Filialen. Zu den bekannten Apotheken in Singapur zählt auch die **Changi General Hospital Pharmacy**. In Malaysia bekommt man alle Medikamente ohne Rezept an der Ladentheke, nicht so in Singapur. Am besten ist jedoch, man bringt von zu Hause ausreichend Medikamente entsprechend der medizinischen Indikation mit.

Versicherung

Da Malaysia keine Abkommen auf Gegenseitigkeit im Gesundheitswesen mit anderen Staaten hat, wird der Abschluss einer Auslandsreise-Krankenversicherung dringend empfohlen. Klären Sie vorab, ob diese bei Verletzung, Unfällen, Krankheit, Krankenhausaufenthalt und Transport in die Heimat aufkommt. Wer Risikosport treibt, braucht eine Zusatzpolice.

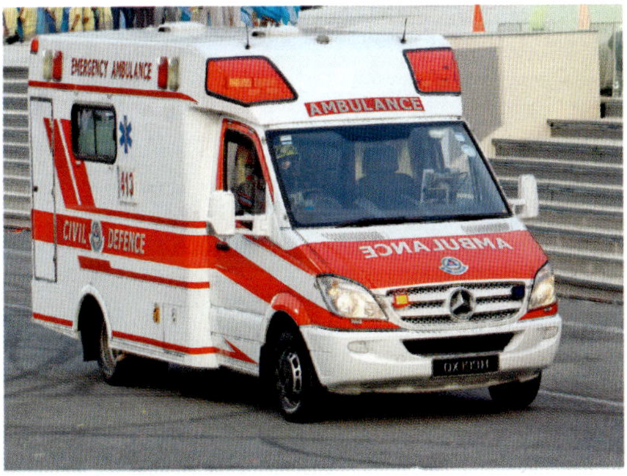

Krankenwagen in Singapur

Auf einen Blick

Notfallnummern

Malaysia
Ambulanz ☎ 999.
Feuerwehr ☎ 994.
Polizei ☎ 999.

Singapur
Ambulanz und Feuerwehr
☎ 995.
Polizei ☎ 999.

Brunei
Ambulanz ☎ 991.
Feuerwehr ☎ 995.
Polizei ☎ 993.

Gesundheit

Malaysia Medical Association
W mma.org.my

World Health Organization
W who.int/ith

Medizinische Versorgung

Gleneagles Intan Medical Centre
282 Jalan Ampang, Kuala Lumpur.
☎ (03) 4141-3000.
W gleneagleskl.com.my

Prince Court Medical Centre
39 Jalan Kia Peng, Kuala Lumpur.
☎ (03) 2160-0000.
W princecourt.com

Raffles Hospital
585 North Bridge Road, Singapur.
Stadtplan 3 E4.
☎ 6311-1111.
W rafflesmedicalgroup.com

Singapore General
4 Outram Road.
Stadtplan 4 A3.
☎ 6222-3322.

Apotheken

Changi General Hospital Pharmacy
2 Simei Street 3, Singapur.
☎ 6850-1888.
W mypharmacy.com.sg

Guardian Pharmacy
Lot 89 & 91, Jalan Bukit Bintang, Kuala Lumpur.
Stadtplan 6 D2.
☎ (03) 2145-7553.
W guardian.com.my
313 Orchard Road, Singapur.
Stadtplan 1 F2.
☎ 6338-0813.
W guardian.com.sg

Banken und Währungen

Banken sind in Malaysia, Singapur und Brunei einfach zu finden, vor allem in größeren Orten. In fast allen Geldinstituten können Besucher relativ problemlos Devisenkonten eröffnen. Fremdwährungen können unbeschränkt transferiert werden. Für Malaysia muss die Ein- oder Ausfuhr im Wert von über 10 000 US-Dollar beim Zoll angemeldet werden, für Singapur gilt ein Betrag von 30 000 Singapur-Dollar. Die malaysische Landeswährung darf nur bis zu einer Höhe von 1000 Ringgit ein- oder ausgeführt werden.

Die Citibank ist eine der vielen internationalen Banken in Singapur

Banken

Die **Maybank** ist Malaysias größte Bank. Internationale Geldinstitute wie **Citibank** und **HSBC** gibt es ebenfalls in allen drei Ländern. Die Geschäftszeiten der Banken in Malaysia sind montags bis freitags von 9.30 bis 16 Uhr und samstags bis 11.30 Uhr. In den muslimischen Staaten Kedah, Terengganu und Kelantan haben die Banken samstags bis mittwochs zwischen 9.30 und 16 Uhr sowie donnerstags von 9.30 bis 11 Uhr geöffnet. Freitags sind sie geschlossen.

Die Banken in Singapur sind montags bis freitags von 9.30 bis 15 Uhr und samstags von 9.30 bis 11.30 Uhr geöffnet.

Geldwechsel

Bargeld und Reiseschecks kann man gegen eine geringe Servicegebühr in allen größeren Bankfilialen um- bzw. eintauschen. Währungen wie Dollar und Euro kann man problemlos überall wechseln. Schwieriger wird es außerhalb der Metropolen mit anderen Währungen wie dem thailändischen Baht oder der indonesischen Rupie. Luxushotels wechseln Dollar und andere gängige Währungen, allerdings zu schlechteren Kursen als Banken. Offizielle Geldwechsler haben bis 18 Uhr geöffnet und bieten den besten Wechselkurs. In Sarawak und Sabah sind Geldwechselstellen dünn gesät.

Geldautomaten

Geldautomaten (auf Englisch ATM) sind in Malaysia außer in isolierten Gegenden allgegenwärtig, das Gleiche gilt für Singapur. ATMs zahlen in Landeswährung aus und haben ein Tageslimit von ca. 550 Euro. Die Gebühr beträgt normalerweise rund vier Euro. Wählen Sie keinesfalls die angebotene Sofortumrechnung, da Ihnen hier durch einen extrem schlechten Wechselkurs erhebliche Kosten entstehen.

Kreditkarten und Reiseschecks

Mit den bekannten Kreditkarten kann man in den meisten urbanen und touristischen Gebieten bezahlen. **Visa**, **MasterCard**, **American Express** und **Diners Club** werden akzeptiert. Man kann mit ihnen (plus PIN) an Geldautomaten Geld abheben. Reiseschecks tauscht man in großen Banken ein oder man bezahlt mit ihnen gegen Vorlage des Passes in Hotels und größeren Läden. Auch mit der **girocard** kann man Geld abheben. Doch Vorsicht: Debitkarten mit VPay-Symbol funktionieren nicht.

Währung

Die malaysische Währung ist der Ringgit (Kürzel »RM«). Die Einheimischen nennen ihn verwirrenderweise Dollar. Er besteht aus 100 Sen, die ein Besucher aber außer auf einem kleinen Markt wohl kaum benötigen wird. Die Singapurer Währung ist der Singapur-Dollar (S$). 1 S$ ist in 100 Cent unterteilt. Der Brunei-Dollar entspricht dem Singapur-Dollar und ist auch in Singapur gültig.

Auf einen Blick

Banken

Citibank
Menara Citibank, 165 Jalan Ampang, Kuala Lumpur.
(03) 2383-8585.
citibank.com.my

40A Orchard Road 01-00, Singapur. **Stadtplan** 1 F2.
6225-5225.
citibank.com.sg

Maybank
3. Stock (Westflügel), 100 Jalan Tun Perak, Kuala Lumpur. **Stadtplan** 4 E1. (03) 2074-7266.
maybank.com.my

3 Battery Road, Singapur. **Stadtplan** 5 E3. 6550-7158.
maybank.com.sg

Kartenverlust

Allg. Notrufnummer
+49 116 116 (aus Malaysia).
+149 116 116 (aus Singapur).
116116.eu

American Express
Malaysia (03) 2050-0213.
Singapur 6732-2244.

Diners Club
Malaysia (03) 216 11055.
Singapur 6292-7055.

MasterCard
Malaysia 1-800-80-4594.
Singapur 800-1100-113.

Visa
Malaysia 1800-80-0159.
Singapur 800-110-0344.

Malaysischer Ringgit

Banknoten in Ringgit (RM oder MYR) gibt es im Wert von 1, 2, 5, 10, 20, 50 und 100 Ringgit. Alle ziert das Porträt von Malaysias erstem Premierminister Tunku Abdul Rahman. Der Ringgit besteht aus 100 Sen. Es sind Münzen zu 1, 5, 10, 20 und 50 Sen im Umlauf.

5 Sen

10 Sen

20 Sen

50 Sen

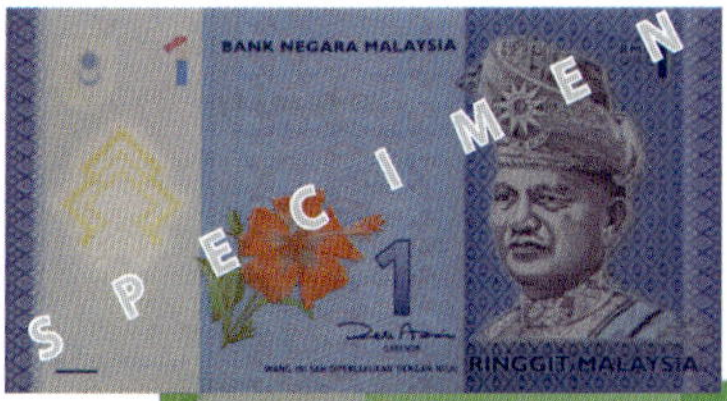

1 Ringgit

5 Ringgit

10 Ringgit

20 Ringgit

Singapur-Dollar

Der Singapur-Dollar (S$ oder SGD) unterteilt sich in 100 Cent. Es gibt Münzen zu 1 (selten), 5, 10, 20 und 50 Cent sowie die 1-Dollar-Münze. Banknoten gibt es im Wert von 2, 5, 10, 20, 50, 100, 1000 und 10 000 S$ (selten). Die Vorderseite zeigt das Porträt von Inche Yusuf bin Ishaq, dem ersten Präsidenten.

2 Singapur-Dollar

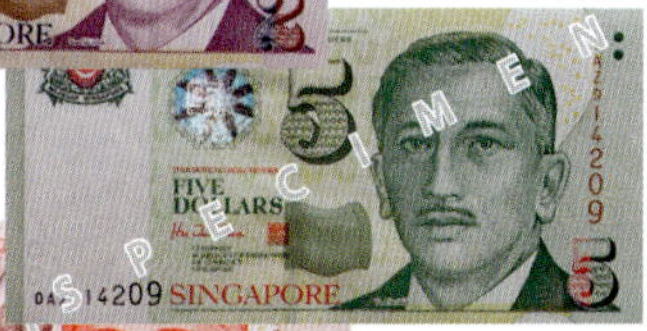

5 Singapur-Dollar

10 Singapur-Dollar

50 Singapur-Dollar

100 Singapur-Dollar

1 Cent

5 Cent

10 Cent

20 Cent

50 Cent

1 Singapur-Dollar

Kommunikation

Das Kommunikationsnetz in Malaysia, Singapur und Brunei ist schnell und effizient. Es bietet eine Reihe lokaler, nationaler und weltweiter Services. Man kann von allen öffentlichen Fernsprechern Orts- und Ferngespräche führen. Mobilfunk und Internet funktionieren in beeindruckender Weise und erfüllen mindestens europäische Standards. Das Postwesen ist zuverlässig und gut organisiert. In den größeren Städten bekommt man internationale Publikationen. In allen drei Ländern gibt es einheimische englischsprachige Zeitungen.

Öffentliche Karten- und Münztelefone von SingTel in Singapur

Orts- und Ferngespräche

Man findet in Singapur, Malaysia und Brunei überall öffentliche Telefone. Sie funktionieren mit Münzen und Telefonkarten, aber auch mit Kreditkarten. **Telekom Malaysia** ist die nationale Telefongesellschaft Malaysias, **SingTel** ist Singapurs Hauptanbieter. Ortsgespräche kosten in Malaysia 10 Sen pro Anruf, in Singapur 10 Cent für drei Minuten.

In allen drei Ländern lassen sich in Telefonzellen internationale Telefonate tätigen. Am besten benutzt man hierfür eine Telefonkarte. Es gibt sie von verschiedenen Anbietern in Tankstellen und Kiosken für 5 RM und 50 RM in Malaysia, 2 S$ und 50 S$ in Singapur sowie 10 B$ und 100 B$ in Brunei. Sie können sich alternativ auch vor Reiseantritt die Telefonkarte Comfort der Deutschen Telekom besorgen. Die Zugangsnummern lauten: 1800 80 0049 (Malaysia) und 80 0049 0049 (Singapur). Oder Sie nutzen einen Voice-over-IP-Service wie Skype.

Von den meisten großen Hotels in der Region kann man ebenfalls ins Ausland telefonieren, was aber oft extrem teuer ist.

Malaysische Telefonnummern sind generell sechs- bis siebenstellig, nur in Kuala Lumpur sind die Nummern achtstellig. Allen Nummern geht eine zwei- bis dreistellige Ortsvorwahl voraus. In Singapur haben Telefonnummern acht Ziffern und keine Vorwahl.

Mobiltelefone

Das Mobilfunknetz in Malaysia ist gut. Nur in abgelegenen Regionen wie Sarawak und Sabah kann es sein, dass manche Anbieter eine bessere Abdeckung bieten als andere. Das Netz in Singapur ist lückenlos. Handys mit internationalem Roaming stellen sich automatisch auf einen einheimischen Netzbetreiber ein. Informieren Sie sich vor der Reise über die Roaming-Tarife Ihrer Gesellschaft. Achtung: Daten-Roaming außerhalb Europas kann schnell sehr teuer werden.

Billiger kommt man meist mit einer einheimischen Prepaid-Karte, wie sie **Maxis**, **DiGi** und **Celcom** in Malaysia oder **SingTel** und **M1** in Singapur anbieten. Die Karten sind recht günstig und einfach aufzuladen. SMS-Dienste sind billig. Viele Anbieter gewähren zu Werbezwecken ein SMS-Gratiskontingent.

Internet-Cafés

Die gesamte Region ist gut vernetzt. Sogar in entlegenen Orten hat man günstig Internet-Zugang. Internet-Cafés in Malaysia verlangen Stundenpreise, man findet sie in allen größeren Städten. Die Preise in Singapur sind vergleichbar. In größeren Hotels hat man oft Internet-Zugang im Zimmer oder in einem Business-Center, allerdings ist dies normalerweise teurer als in Internet-Cafés. Viele Herbergen bieten Rucksackreisenden kostenlosen Internet-Zugang. Wer mit Laptop oder Smartphone reist, wird feststellen, dass kabelloser Internet-Zugang in Singapur und in Malaysia weitverbreitet ist. Wegen der Drei-Pin-Steckdosen benötigen Sie allerdings einen Adapter, den Sie in den Großstädten aber problemlos bekommen.

Post

Es gibt überall in Malaysia (Malaysian Postal Service) und Singapur (Singapore Post) Postämter. Sie sind generell sehr effizient. Jede malaysische Stadt hat ein General Post Office (GPO). Dort, wie auch in den GPOs in Singapur und Brunei, kann man Post lagern

Gut ausgestattetes Internet-Café in Malaysia

lassen. Sie sind montags bis freitags von 8–17 Uhr geöffnet, manche sogar samstags. In Kedah, Terengganu und Kelantan ist freitags statt sonntags geschlossen. Die Öffnungszeiten in Singapur sind montags bis freitags ab 8 bis 18 Uhr und samstags bis 14 Uhr. Bruneis Postämter haben montags bis donnerstags und samstags von 7.45 bis 16.30 Uhr und freitags von 8 bis 11 Uhr und 14 bis 16 Uhr geöffnet.

Von malaysischen Städten aus sind Briefe und Pakete meist eine Woche nach Europa unterwegs. Sendungen, die in entlegenen Orten in Sabah und Sarawak abgeschickt werden, brauchen einige Wochen, um ihr Ziel zu erreichen. Standardbriefe (Luftpost) kosten 2,00 RM aus Malaysia und 1,30 S$ aus Singapur (Postkarten, Aerogramme: 60 Cent). Internationale Kurierdienste wie **DHL**, **Federal Express** und **United Parcel Service (UPS)** sind in Malaysia und Singapur vertreten. Dazu gibt es lokale Dienste wie **Nationwide Express**.

Fernsehen und Radio

Sowohl Malaysia als auch Singapur haben eine große Auswahl an Satellitenkanälen. Über Antenne empfangbare Fernsehsender werden zensiert und auf regierungskritische Äußerungen überprüft.

Malaysias staatliche Sender heißen RTM1 und RTM2. Sie senden regierungskonforme Programme auf Bahasa Malaysia. Kommerzielle Stationen wie NTV7 zeigen Nachrichten auf Englisch sowie internationale Soaps und Filme. Die sechs staatlichen Radioprogramme senden in verschiedenen Sprachen, darunter auch Englisch.

Singapurs TV- und Radiokanäle bieten eine Mischung aus englischen, tamilischen, chinesischen und malaiischen Programmen.

Brunei hat fünf Fernsehkanäle, die viele internationale Programme senden, sowie zwei Radiokanäle.

Das Magazin *Virtual Malaysia* bietet nützliche Infos – auch online

Zeitungen und Zeitschriften

Die meisten größeren Hotels, Buchläden und Zeitungskioske in Singapur und in malaysischen Großstädten bieten eine gute Auswahl internationaler Publikationen. Darunter sind Zeitschriften wie *Newsweek* und *Time* sowie auch einige deutschsprachige Tageszeitungen. In beiden Ländern erscheinen englischsprachige Zeitungen, die allerdings der Zensur unterliegen. In Malaysia sind das *The Star*, *New Straits Times*, *The Sun* und *The Malay Mail*. Sie bieten Infos zu Veranstaltungen. In Sabah und Sarawak sind *New Sabah Times* und *Sarawak Tribune* führend. Malaysia druckt auch einige Zeitschriften auf Englisch, etwa *Virtual Malaysia*. Singapurs *The Straits Times* und *New Paper* erscheinen auf Englisch, ebenfalls Borneos *Borneo Bulletin*.

Auf einen Blick

Mobilfunk

Celcom
celcom.com.my

Digi
digi.com.my

M1
m1.com.sg

Maxis
maxis.com.my

SingTel
singtel.com

Telekom Malaysia
tm.com.my

Post

DHL
Malaysia (03) 7964-2800.
Singapur 6880-6060.
dhl.com

Federal Express
Malaysia (03) 2179-0370.
Singapur 1 800 743 2626.
fedex.com

Malaysian Postal Service
pos.com.my

Nationwide Express
Malaysia (03) 5512-7000.
Singapur 6285-4223.

Singapore Post
singpost.com.sg

United Parcel Service
Malaysia (03) 7784-1233.
Singapur 6883-7000.
ups.com

Nützliche Nummern

- Um aus Europa anzurufen, wählen Sie 00, die Ländervorwahl 60 für Malaysia, 65 für Singapur oder 673 für Brunei, dann die Ortsvorwahl ohne Anfangs-Null (außer Singapur) und die Rufnummer.
- Internationale Gespräche aus Malaysia und Brunei beginnen mit 00, aus Singapur mit 001, gefolgt von der Ländervorwahl, der Ortsvorwahl ohne Anfangs-Null und der Rufnummer des Teilnehmers.
- Ländervorwahlen: Deutschland: 49; Österreich: 43; Schweiz: 41.
- Telefonate zwischen Malaysia und Singapur gelten als Ferngespräche, nicht als internationale Gespräche.
- Für Anrufe in verschiedene Bundesstaaten in Malaysia wählt man die Vorwahl und dann die Teilnehmernummer. Innerhalb eines Bundesstaats fällt die Vorwahl weg.
- Auskunft in Malaysia und Singapur: 103; in Brunei: 0213. Internationale Auskunft in Malaysia: 108, in Singapur: 104.
- Deutschland Direkt: 1800 80 0049 (Malaysia); 80 0049 0049 (Singapur).

Reiseinformationen

Die meisten Besucher aus Europa erreichen Malaysia und Singapur per Direktflug, etwa von Frankfurt am Main zum Kuala Lumpur International Airport (KLIA) bzw. Changi Airport. Etliche Besucher reisen jedoch lieber über Land an und nehmen von Thailand aus entweder Bus oder Bahn oder kommen per Schiff an. Die meisten Orte in Malaysia sind durch ein Inlandsflugnetz oder durch Buslinien gut verbunden. In entlegenen Teilen von Sarawak und Sabah sind die Straßen meist in schlechtem Zustand. Heutzutage bevorzugen mehr und mehr Besucher Billigflieger wie Scoot in Singapur und AirAsia in Malaysia, um innerhalb Südostasiens Abstecher in Orte wie Bangkok und Hongkong zu machen. Zugreisen mit komfortablen Schlafwagen für Langstrecken sind angenehm, leider gibt es nur ein paar wenige Routen. Sowohl Singapur als auch Kuala Lumpur verfügen über ein gutes öffentliches Verkehrssystem mit Transportmitteln wie dem Light Rail Transit (LRT) und dem Mass Rapid Transport System (MRT), die das Sightseeing erheblich erleichtern.

Eine Maschine des Billigfliegers AirAsia auf Kuala Lumpurs Flughafen

Anreise mit dem Flugzeug

Über 70 internationale Airlines verbinden Singapur und Malaysia mit den meisten internationalen Destinationen, darunter sind **Lufthansa**, **Austrian**, **Swiss**, **Emirates**, **Japan Airlines**, **British Airways**, **KLM**, **Thai Airways** und **United Airlines**.

Nonstop-Flüge aus europäischen Städten (z. B. von Frankfurt am Main, München oder Berlin) dauern rund 13 Stunden.

Orientierungsschild am Flughafen

Billigflieger wie **AirAsia**, **Silk Air**, **Scoot**, **Malindo Air** *(siehe S. 332)* und **Firefly** verkehren vor allem in andere südostasiatische Städte. Außerdem gibt es Flüge von Singapur zu allen regionalen Flughäfen in Malaysia.

Die beiden nationalen Fluggesellschaften **Malaysia Airlines (MAS)** und **Singapore Airlines** steuern viele Flughäfen weltweit an. Zwischen Kuala Lumpur und Singapur verkehren regelmäßig Flugzeuge beider Gesellschaften sowie von AirAsia und Scoot.

Internationale Fluglinien nutzen die Flughäfen **KLIA** und **Changi Airport** für eine Zwischenlandung auf dem Weg von Europa nach Südostasien und Australien. Beide sind hochmodern und mit allem ausgestattet, was Reisende benötigen. Der zweite Terminal, KLIA2, ist mit dem Hauptterminal via Zug verbunden (3 Min.). Hier werden v. a. Billigflieger abgefertigt. Vom Flughafen Changi, 16 Kilometer außerhalb von Singapur, kommt man per MRT, Limousine oder mit dem Shuttle in die Stadt. Vom Flughafen KLIA erreicht man Kuala Lumpur per Expresszug in 28 Minuten.

Flugpreise

Die Preise für Flüge nach Singapur und Malaysia sind höchst unterschiedlich und variieren nicht zuletzt je nach Saison. In den Spitzenmonaten Juli/August und Dezember/Januar schnellen die Preise für Flüge aus Europa in die Höhe.

Da mehr als 70 internationale Fluggesellschaften die Hauptflughäfen ansteuern, herrscht harte Konkurrenz. Es lohnt sich daher, vor der Buchung Preise zu vergleichen. Wer sich bereits in Südostasien aufhält, sollte Billigflieger wie Scoot und AirAsia in Betracht ziehen. Im Flugpreis sind die Flughafensteuern normalerweise nicht enthalten.

Anreise auf dem Landweg

Die Anreise per Zug ist vor allem bei Malaysia-Besuchern aus Thailand beliebt. Sie überqueren die Grenze in Padang Besar, steigen in Butterworth um nach Penang oder fahren weiter nach Kuala Lumpur. Die Züge enden in den Bahnhöfen **KL Sentral** oder **Woodlands Train Checkpoint** in Singapur. Der **Eastern & Oriental Express (E&O)** verbindet Luxus mit

Luxuriöse Innenausstattung des Eastern & Oriental Express

klassischem Sightseeing. Er fährt von Bangkok über Kuala Lumpur nach Singapur.

Die Hauptroute für Busse aus Thailand passiert Bukit Kayu Hitam an der malaysischen Grenze. Ein Damm verbindet Johor Bahru mit Singapur. Von Pontianak in Kalimantan (Indonesisch-Borneo) gelangt man nach Sarawak im malaysischen Teil Borneos.

Der Hauptbusbahnhof von Kuala Lumpur ist **Pudu Sentral**, obwohl immer mehr Überlandbusse von Terminal Bersepadu Selatan (TBS) südlich der Stadt abfahren. In Singapur gibt es verschiedene Busstationen: Informieren Sie sich vorab, an welcher Sie einsteigen müssen.

Ankunft per Schiff

Beide Länder kann man auch per Schiff erreichen. In Malaysia gibt es mehrere Einreisehäfen. Manche Kreuzfahrtschiffe wie **Star Cruises** verkehren regelmäßig zwischen Singapur, Port Klang, Penang, Pulau Langkawi und Phuket in Thailand. Eine Fähre verbindet Penang und Malakka auf der Halbinsel mit Medan und Dumai in Sumatra (Indonesien). Langboote fahren von Pulau Langkawi nach Satun im Süden Thailands. Fähren und Boote verbinden Singapur mit Tanjong Belungkor in Johor.

Pauschalreisen

Die günstigste Variante, Malaysia und Singapur zu besuchen, ist, eine Rundreise zu buchen. Die Pauschalangebote kosten inklusive Flüge, Hotels, Transport, Führer und Eintrittsgelder kaum mehr als reguläre Langstreckenflüge. Regionale Reiseveranstalter wie Borneo Adventure *(siehe S. 317)* bieten interessante Pauschal-Rundreisen an.

Kreuzfahrtschiff in Langkawi

Auf einen Blick

Flughäfen

Changi Airport
Singapur.
☎ 6595-6868.
W **changiairport.com**

Kuala Lumpur International Airport (KLIA)
Kuala Lumpur.
☎ (03) 8776-2000.
W **klia.com.my**

Fluglinien

AirAsia
Kuala Lumpur.
W **airasia.com**

Austrian
☎ (05) 1766-1000/-1001 (Österreich).
☎ (03) 2148-8033 (Kuala Lumpur).
☎ 6226-2833 (Singapur).
W **aua.com**

British Airways
☎ (03) 2167-6006 (Kuala Lumpur).
☎ 6545-8481 (Changi).
W **britishairways.com**

Cathay Pacific
☎ (03) 2035-2777 (Kuala Lumpur).
☎ 6533-1333 (Singapur).
W **cathaypacific.com**

China Airlines
☎ (03) 8787-3649 (KLIA).
☎ 6737-2144 (Changi).
W **china-airlines.com**

Emirates
☎ (03) 8787-3831 (KLIA).
☎ 6543-0001 (Changi).
W **emirates.com**

Firefly
☎ (03) 7845-4543 (Kuala Lumpur).
W **fireflyz.com.my**

Garuda Indonesia
☎ (03) 2162-2811 (Kuala Lumpur).
☎ 6250-2888 (Singapur).
W **garuda-indonesia.com**

Japan Airlines
☎ (03) 8787-3378 (KLIA).
☎ 6220-2016 (Changi).
W **jal.com**

Jetstar
☎ 800-6161 977 (Singapur).
W **jetstar.com**

KLM
☎ (03) 8776-6259 (KLIA).
☎ 6542-8822 (Changi).
W **klm.com**

Lufthansa
☎ 01805 805 805 (Deutschland).
☎ (03) 8776-6391 (KLIA).
☎ 6545-9493 (Changi).
W **lufthansa.com**

Malaysia Airlines
☎ 1-300-88-3000 (KLIA).
☎ 6541-6805 (Changi).
W **malaysiaairlines.com**

Scoot
☎ (032) 630-8976 (Malaysia).
☎ 3157-6434 (Singapur).
W **flyscoot.com**

Silk Air
☎ 6223-8888 (Changi).
W **silkair.com**

Singapore Airlines
☎ (03) 2692-3122 (Kuala Lumpur).
☎ 6223-8888 (Changi).
W **singaporeair.com**

Swiss
☎ 0848 700 700 (Schweiz).
☎ (03) 2052-3433 (Kuala Lumpur).
☎ 6823-2010 (Singapur).
W **swiss.com**

Thai Airways
☎ (03) 8787-3577 (KLIA).
☎ 6542 8333 (Changi).
W **thaiair.com**

United Airlines
☎ (03) 2161-1433 (Kuala Lumpur).
☎ 6873-3533 (Changi).
W **united.com**

Eisenbahn und Bus

E & O Express
W **belmond.com**

KL Sentral
Kuala Lumpur.
☎ (03) 2279-8888.

Pudu Sentral Bus Station
Kuala Lumpur.
☎ (03) 2274-6063.

Woodlands Train Checkpoint
Singapur.
☎ 6221-3390.

Mit dem Schiff

Star Cruises
Malaysia.
☎ (03) 3103-1313.
W **starcruises.com**

Inlandsflüge

Malaysia hat ein sehr gutes Netz an Inlandsflügen, sodass Fliegen innerhalb des Landes überaus komfortabel und angenehm ist. Die nationale Fluggesellschaft Malaysia Airlines (MAS) steuert fast alle beliebten Urlaubsziele im Land an. Singapur selbst ist zu klein, um Inlandsflüge anzubieten. Seit sich Billigflieger wie AirAsia, Malindo Air sowie Firefly und MASwings durchsetzen konnten, sind die Preise erheblich gesunken. Fast alle größeren Städte in Malaysia haben inzwischen einen Flughafen. Tickets bucht man bei einheimischen Reisebüros oder online im Internet. Die Flüge sind generell pünktlich und billig, was all jenen entgegenkommt, die in begrenzter Zeit möglichst viele Regionen und Orte des Landes besuchen wollen.

Fluggäste vor dem Check-in-Schalter am Flughafen

Inlandsfluglinien

Bis vor wenigen Jahren hatte die nationale Fluglinie Malaysia Airlines *(siehe S. 330)* das Monopol über alle Inlandsflüge in Malaysia. Seit es die beiden Billigflieger AirAsia *(siehe S. 330)* und **MASwings** (ein Tochterunternehmen von Malaysia Airlines) gibt, die mit begrenztem Service, wenig Beinfreiheit zugunsten größerer Sitzplatzzahl sowie kostenpflichtigem Bordservice ihre Effizienz steigern, ist das anders. AirAsia fliegt internationale Kurzstrecken, während MASwings mit Turbo-Propellerflugzeugen Strecken in Ostmalaysia anbietet.

Malindo Air fliegt vom KLIA ab. Zu den Destinationen gehören mehrere Städte in Malaysia, Indien, Thailand und Nepal.

Inlandsflughäfen

Alle Inlandsflüge der malaysischen Airlines starten vom hochmodernen Kuala Lumpur International Airport (KLIA) *(siehe S. 330)*, dem größten Flughafen Malaysias. KLIA2 ist der Billigflug-Terminal des Flughafens und via Zug mit dem Haupttterminal verbunden. Der 44 Kilometer südlich der Hauptstadt gelegene Flughafen ist mit dem Bahnhof KL Sentral via Express Rail Link verbunden. Einige Flüge von Malindo Air starten vom Skypark Sultan Abdul Aziz Shah Airport, Kuala Lumpurs ehemaligem internationalem Flughafen.

Die Flughäfen auf der Malaiischen Halbinsel liegen in Ipoh, Penang, Kuala Lumpur, Alor Star, Langkawi, Kota Bharu, Kuantan, Kuala Terengganu und Johor Bahru. Sarawak hat Flughäfen u. a. in Kuching, Sibu, Mukah, Miri, Bintulu, Belaga, Lawas, Mulu, Ba Kalalan, Long Akah, Long Banga, Long Lellang, Long Seridan, Bario und Limbang. Sabah betreibt Flughäfen in Kota Kinabalu, Labuan, Kudat, Sandakan, Lahad Datu, Tawau sowie in Semporna.

Sowohl Malaysia Airlines als auch die rasch wachsende AirAsia fliegen die größeren Ziele an. Kleinere Städte werden zumeist nur von MASwings bedient.

MASwings bietet günstige Inlandsflüge

Flugverbindungen

Die meisten größeren Städte Malaysias sind durch Direktflüge verbunden, kleinere Städte erreicht man mit Umsteigen. Johor Bahru hat eine Verbindung nach Penang, Ipoh, Kuala Lumpur, Kota Bahru, Kuching, Sibu, Miri, Kota Kinabalu, Sandakan und Tawau.

Im malaysischen Teil von Borneo starten die meisten Flüge in den Provinzhauptstädten Kota Kinabalu und Kuching. Mit den regionalen Fluglinien sind auch Gabelflüge möglich. Mehrere 19- und 50-sitzige Flugzeuge halten Verbindungen zu den entlegenen Provinzen aufrecht. Besucher in Sarawak können von Kuching via Sibu und Miri nach Mulu oder von Kota Kinabalu via Sandakan in Sabah nach Semporna fliegen. Außerdem gibt es regelmäßig Direktflüge von Miri und Mulu in Sarawak nach Kota Kinabalu in Sabah.

Tickets und Reservierungen

Flugtickets für alle im Kasten »Auf einen Blick« genannten Fluglinien kann man in den regionalen Reisebüros buchen. Manchmal ist es jedoch einfacher, mit Kreditkarte online zu buchen. Alle Fluggesellschaften bieten heute die Möglichkeit zur Onlinebuchung auf ihrer Website. Diese E-Tickets sind mittlerweile Standard. Während bei großen Gesellschaften wie MAS und Singapore Airlines Umbuchungen möglich sind, gibt es diese Option bei den Billiganbietern in der Regel nicht. Sie verlangen für Flugdatenänderungen einen erheblichen Aufpreis oder gleich den Kauf eines neuen Tickets.

Preise und Sonderangebote

Seit der Einführung von Billigfluglinien in Südostasien haben Reisende die Qual der Wahl. Allerdings gibt es von Europa aus keine echten Billigflüge nach Singapur und Malaysia. Rechnet man Flughafen- und Kerosingebühren hinzu, sind die Tickets nicht mehr so preiswert, wie es zunächst scheint. Interessenten sollten Vor- und Nachteile von Anbietern genau abwägen. Erkundigen Sie sich auch über Sonderangebote von MAS und Singapore Airlines, bevor Sie buchen. Wer mit einem internationalen Flug ins Land kommt, kann den »Visit Malaysia«-Pass von MAS kaufen. Er berechtigt zur Buchung von fünf Inlandsflügen für 199 US-Dollar. AirAsia bietet einen ähnlichen Pass, der auch Flüge in benachbarte ASEAN-Länder beinhaltet.

»Singapore Stopover Holiday« von Singapore Airlines beinhaltet Bustickets und Eintritt zu diversen Attraktionen sowie spezielle Hoteltarife und Einkaufsrabatte.

Reisebüros

Beide Länder betreiben Reisebüros, die den Besuchern bei der Planung und Buchung von Hotels, Ausflügen und geführten Touren zur Seite stehen. Die Agenturmitarbeiter kennen sich in der jeweiligen Region gut aus und können Sie beraten, wann sie die Region am besten besuchen und wo Sie übernachten. Pauschalreisen sind vor allem für Sabah und Sarawak eine gute Idee, da eine Rundreise in diesen Bundesstaaten auf eigene Faust sehr zeitaufwendig und recht schwierig sein kann.

AD Travel, **Asian Overland Services**, **Borneo Eco Tours**, **Crest Travel & Tours** in Sabah, **Discovery Tours & Travel** in Singapur, **East West Planners**, **Ezz Travel**, **Honeyworld Holidays**, **Planet Travel**, **Malaysia Tourism**, **STA Travel**, **Skyzone Tours & Travel**, **Transtar Travel**, **Star Holiday Mart**, **TDK Travel & Tours** sowie **TVI Holidays** bieten diverse Pauschalreisen inklusive Transfer und Hotelunterbringung an.

Reisebüros an einer Straße in Little India, George Town

Auf einen Blick

Inlandsfluglinien

Malindo Air
(03) 7841-5388.
malindoair.com

MASwings
(03) 7843-3000.
maswings.com.my

Reisebüros

AD Travel
193 Jalan Sutera, Taman Sentosa, Johor Bahru.
(07) 333-7333.
adtravel.com.my

Asian Overland Services
39–40 Jalan Mamanda 9, Ampang, Kuala Lumpur.
(03) 4252-9100.
asianoverland. com.my

Borneo Eco Tours
Lot 1, Pusat Perindustrian, Kolombong Jaya, Jalan Kolombong, Kota Kinabalu, Sabah.
(88) 438-300.
borneoecotours.com

Crest Travel & Tours
91 Bencoolen St, Singapur.
6337-9189.
cresttravel.sg

Discovery Tours & Travel
62 Ubi Road, Oxley BizHub 2, Singapur.
6733-4333.
discoverytours.com.sg

East West Planners
15 Queen Street, Tan Chong Tower, Singapur.
6238-8488.
eastwest.be-yon.com

Ezz Travel
62E, Erdgeschoss, Jalan Genuang, Segamat, Johor.
(07) 931-6601.
ezztravel.com

Honeyworld Holidays
24 Raffles Place, Singapur.
6533-5688.
honeyworld holidays.com

Malaysia Tourism
17. Stock, Putra World Trade Centre, Jalan Tun Ismail, Kuala Lumpur.
1300 88 5050.
tourism.gov.my

Planet Travel
Block 925 Yishun Central 1, Singapur.
6286-9009.
planettravel.com.sg

Skyzone Tours & Travel
Lot 3.05–08 Shaw Parade, Kuala Lumpur.
(03) 2203-8888.
skyzone.my

STA Travel
400 Orchard Road, Singapur.
6737-7188.
statravel.com.sg

Star Holiday Mart
1 Magazine Road, Central Mall Office Tower, Singapur.
6461-7999.
starmart.com.sg

TDK Travel & Tours
B16, 1. Stock, Lorong Tun Ismail 11, Pahang, Kuantan.
(09) 513-4466.
tdktravel.blogspot.hk

Transtar Travel
01–15 Golden Mile Complex, Singapur.
6299-9009.
transtar.com.sg

TVI Holidays
1 Park Road, People's Park Complex, Singapur.
6533-2533.
tviholidays.com

Mit Bahn und Schiff unterwegs

Für Besucher mit wenig Zeit sind Inlandsflüge eine billige und praktische Option. Mit dem Schiff oder Zug bekommt man tiefere Eindrücke von der Vielfalt Malaysias und Singapurs. Die Eisenbahn verbindet viele größere Städte auf der Malaiischen Halbinsel. In Sabah können Besucher die kurze Bahnstrecke von Kota Kinabalu nach Tenom genießen. Besonders reizvoll ist das Reisen auf den Wasserwegen. Die Transportmittel reichen vom Einbaum bis zum Luxuskreuzer. Einzigartig sind Gefährte wie die *Ekspres*-Boote in Sarawak. Schiff und Bahn sind langsamer als Flugzeuge, das Reiseerlebnis ist dafür einmalig.

Zug der Komuter-Bahn KTM in einem malaysischen Bahnhof

Eisenbahnnetz

Das malaysische Eisenbahnsystem, **Keretapi Tanah Melayu Berhad (KTM)**, stellt ein modernes, komfortables Transportmittel dar. Vor dem Bau des Straßennetzes war die Bahn die einzige Möglichkeit, durchs Land zu reisen. Viele Bahnhöfe im Landesinneren haben sich ihren ursprünglichen Kolonialcharakter bewahrt.

Das Streckennetz besteht aus zwei Hauptlinien sowie einigen Nebenstrecken an der Westküste. Die West-Coast-Linie fährt von Singapur nach Kuala Lumpur, weiter nach Ipoh und Butterworth und trifft schließlich in Padang Besar auf die Thai Railways.

Die zweite Linie ist die »Jungle Railway« *(siehe S. 155)* genannte Ostküsten-Linie. Sie zweigt etwa 60 Kilometer nordöstlich von Malakka bei Gemas von der Westküsten-Linie ab und fährt nordwärts durch Kuala Lipis ins nahe der Grenze zu Thailand gelegene Tumpat an der Nordostküste.

Die einzige Bahnstrecke Borneos liegt in Sabah und verläuft zwischen Kota Kinabalu und Tenom. Sie fährt durch die lange Schlucht des Sungai Padas *(siehe S. 187)*.

KTM betreibt auch Komuter-Züge. Die elektrischen Kurzstreckenzüge verbinden Kuala Lumpurs Vororte.

Züge

Es gibt zwei Arten von Zügen: Expresszüge, die nur an den wichtigsten Bahnhöfen halten, und die langsamen, billigeren Regionalzüge, die auch in kleineren Orten haltmachen. Expresszüge verfügen meist über zwei Klassen, während Lokalzüge nur eine dritte Klasse besitzen. In den Waggons erster und zweiter Klasse gibt es Schlafabteile. Beide Klassen sind klimatisiert, allerdings so stark, dass man eine Jacke oder Decke braucht. In den Waggons der dritten Klasse sorgen Ventilatoren für Kühlung. Fahrpläne erhalten Sie im Internet und an allen KTM-Stationen.

Eine Klasse für sich ist der **Eastern & Oriental Express (E&O)**. Er wird vom selben Unternehmen geführt, das auch den legendären Venice Simplon-Orient-Express betreibt, und bietet einen ähnlichen Fünf-Sterne-Standard. Der Zug fährt mehrmals im Monat zwischen Singapur und Bangkok und braucht für die Strecke drei Tage und zwei Nächte. Von Bangkok nach Singapur sind es vier Tage und drei Nächte. Im (hohen) Preis inbegriffen sind ein eigenes Schlafwagenabteil, ein Besuch der Brücke über den River Kwai und ein Besuch von George Town in Penang. Die Reise wird hoch gelobt für den Glamour alter Tage und das einzigartige Fahrerlebnis – für viele ein unvergessliches Abenteuer.

Fahrkarten, Fahrpreise und Reservierung

Fahrkarten erhält man an allen Stationen an der Hauptstrecke, auf der KTM-Website oder in Reisebüros. Die erste Klasse kostet doppelt so viel wie die zweite, die wiederum das Doppelte der dritten Klasse. Schlafplätze gibt es gegen Aufpreis.

Rail-Pässe ermöglichen eine flexible Nutzung des Eisenbahnnetzes. Ein Fünf-Tage-Pass kostet umgerechnet etwa 25 Euro, ein Zehn-Tage-Pass knapp 40 Euro, 15 Tage freie Fahrt hat man für 50 Euro. Eine Fahrt mit dem E&O Express von Singapur nach Bangkok kostet ab 2030 Euro.

Die Reservierung für Schlafwagen ist empfehlenswert.

Kartenkontrolle in Kuala Lumpur

Passagierfähren am Batang Rajang

Schiffsverbindungen und Fahrpreise

Boote und Fähren zählen zu den beliebtesten Transportmitteln, um in Flussstädte und zu den Kürsteninseln zu gelangen. Die traditionellen Kähne wurden inzwischen von den schnellen *Ekspres*-Booten verdrängt. Sie bieten einfache Sitzplätze unter einem Zeltdach. Da sie nur für Kurzstrecken gedacht sind, besitzen sie meist weder Toiletten noch Kioske.

Die meisten Boote sind zwar recht modern, aber häufig ignorieren die Betreiber Sicherheitsvorschriften und überladen die Boote mit Passagieren und Waren oder geben keine Schwimmwesten aus. Während der Monsunzeit kann es vorkommen, dass der Verkehr zeitweise eingestellt werden muss.

Die Fahrpreise hängen von der Dauer der Reise und dem Standard des Boots ab. Eine einstündige Fahrt kostet durchschnittlich etwa 15 RM. Eine vorzeitige Buchung ist nicht nötig. Man kann die Fahrkarten am Bootssteg oder direkt an Bord lösen.

Schiffsreisen und Kreuzfahrten

Viele Großstädte an den Küsten und Flüssen Malaysias sind durch Fähren oder *Ekspres*-Boote miteinander verbunden. An der Westküste der Halbinsel pendelt eine Autofähre zwischen Butterworth und Pulau Penang. Sie ist trotz der Brücke zwischen Festland und Insel sehr beliebt. Zweimal täglich geht eine Fähre von Penang nach Pulau Langkawi und stündlich von Kuala Kedah und Kuala Perlis. Auch zwischen Lumut und Pulau Pangkor besteht eine Fährverbindung.

An der Ostküste Malaysias gibt es täglich mehrere Fähren von Merang nach Pulau Redang und von Kuala Besut zu den Perhentian-Inseln. Wer nach Pulau Tioman reist, nimmt die Fähre von Mersing. Zwischen der Malaiischen Halbinsel und Ostmalaysia besteht kein Schiffsverkehr.

In Sarawak sind Langboote und *Ekspres*-Boote die bevorzugten Verkehrsmittel. Sie verbinden Kuching mit Sibu, Kapit und Belaga am Batang Rajang, während sie im Norden die Hauptverkehrsmittel auf dem Sungai Baram sind.

Sabah bietet keine Flussfahrten an, aber eine Fähre von Menumbok nach Pulau Labuan.

In Singapur kann man eine Fahrt im traditionellen Kahn auf dem Singapore River oder um die südlichen Inseln herum genießen. Es gibt mehrere Anbieter solcher Fahrten, darunter **Singapore River Cruise**, **Singapore Island Cruises** und **Sindo Ferry**.

Unkompliziert: Fahrkartenkauf am Schalter eines Fährhafens

Auf einen Blick

Bahnhöfe

Alor Star
(04) 731-4045.

Butterworth
(04) 323-7962.

Gemas
(07) 948-2863.

Ipoh
(05) 254-0481.

Johor Bahru
(07) 223-4727.

Klang
(03) 3371-9917.

Kuala Lipis
(09) 312-1341.

Kuala Lumpur Sentral
(03) 2730-2000.

Padang Besar
(04) 949-0231.

Pasir Mas
(09) 790-9025.

Singapur
6222-5165.

Tumpat
(09) 725-7232.

Eisenbahnnetz

Keretapi Tanah Melayu Berhad (KTM)
(03) 2267-1200.
W ktmb.com.my

Züge

Eastern & Oriental Express (E&O)
W belmond.com

Fähren in Singapur

Sindo Ferry
W sindoferry.com.sg

Singapore Island Cruises
W islandcruise.com.sg

Singapore River Cruise
W rivercruise.com.sg

Mit Bus und Auto unterwegs

Die Straßen in Malaysia und Singapur sind generell in sehr gutem Zustand. Das Straßennetz ist dicht und effizient. Es gibt sowohl ein privates Bussystem als auch eine staatliche Busgesellschaft, die viele Städte in Ostmalaysia und die meisten Orte auf der Malaiischen Halbinsel miteinander verbindet, sowie eine gute Anbindung an Singapur. Langstreckentaxis eignen sich für Gruppen, ein Mietwagen ist eine gute Alternative für Individualreisende. Achtung: In den drei Ländern herrscht Linksverkehr!

Luxuriöser Überlandbus des Betreibers Transnasional

Straßennetz

Das Straßennetz der Malaiischen Halbinsel ist exzellent und eignet sich gut, um das Land zu erkunden. Hauptverkehrsader der Halbinsel ist der North-South Expressway, eine sechsspurige mautpflichtige Autobahn zwischen Johor Bahru im Süden und der Grenze zu Thailand im Norden. Die E8 führt von Bentong nahe Kuala Lumpur nach Kuantan an der Ostküste. Daneben gibt es derzeit fünf weitere Expressways, die sich zum Teil im Ausbau befinden. Verschiedene andere Straßen verbinden die Städte des Landesinneren.

Wegen des zerklüfteten Geländes ist das Verkehrsnetz auf Borneo begrenzt. Die einzige Fernstraße in Sarawak verläuft entlang der Küste zwischen Kuching und Miri. Es gibt aber gute Straßen um Kuching. Sabah ist spärlich erschlossen, es gibt kaum Straßen im Landesinneren. Die Straße entlang der Küste von Kota Kinabalu ist gut.

Malaysia hat zwei Verbindungen nach Singapur: einen Damm zwischen Johor Bahru und Singapur sowie eine Brücke, den Second Link, zwischen Tuas in Singapur und Geylang Patah in Malaysia.

Überlandbusse

Mit dem Bus reist man schnell, komfortabel und billig durch Malaysia. Es gibt mehrere Anbieter, darunter **Plusliner** und **Transnasional**, die mit klimatisierten Luxusbussen zwischen größeren Städten pendeln. Die Busse zwischen kleineren Orten halten öfter und sind nicht immer klimatisiert. Oft sind es sogar nur Minibusse oder umgebaute Transporter. Weitere Busunternehmen sind **Sri Maju**, **Transtar**, **Aeroline**, **Hasry Express**, **Biaramas**, **Tung Ma Express** und **Dyana Express**.

Nach Singapur fahren Busse aus mehreren malaysischen Städten wie Kuala Lumpur, Malakka, Ipoh und Penang. Busse aus Malaysia halten am Golden Mile Complex, Kovan Hub, Boon Lay Shopping Centre, Plaza Beach Road und Golden Mile Tower. Meist liegen die Terminals für Langstreckenbusse außerhalb des Zentrums, sodass man mit dem Bus oder Taxi in die Stadt fahren muss. Außerdem fahren Überlandbusse meist sehr früh am Morgen oder spätabends ab.

Tickets und Fahrpreise

Reservierungen für Busse sind in Singapur und Malaysia außer in den Ferienzeiten normalerweise nicht nötig. Die meisten Fahrgäste kaufen ihre Busfahrkarte direkt vor der Abfahrt am Schalter des jeweiligen Betreibers, aber man kann Tickets auch bis zu einem Monat im Voraus online unter www.easybook.com für Busfahrten vieler Betreiber durch ganz Malaysia und zwischen Malaysia und Singapur buchen. Die Abfahrtszeiten sind an einer Tafel vor dem Schalter angezeigt. Die Preise sind erschwinglich und hängen vom Standard des Busses und vom Service während der Fahrt ab.

Langstreckentaxis

Langstrecken- oder Sammeltaxis sind eine lohnenswerte Option für Gruppen von drei bis vier Personen. Alleinreisende warten, bis das Taxi mit drei oder vier Fahrgästen voll belegt ist, da die Kosten aufgeteilt werden. Normalerweise muss man nicht lang warten, vor allem frühmorgens nicht. Man kann das Taxi für sich allein beanspruchen, bezahlt dann aber den vierfachen Preis.

Taxischild

Meist befindet sich der Stand der Langstreckentaxis direkt neben dem der Überlandbusse. Die Taxipreise sind etwa doppelt so hoch wie die entsprechende Busfahrkarte, dafür ist man aber schneller.

Langstreckentaxi

Auto- und Motorradvermietung

Besonders attraktiv ist es, Malaysia mit dem Mietwagen zu erkunden. Autovermietungen verlangen normalerweise, dass der Fahrer über 23 Jahre alt ist. Besucher aus Europa benötigen lediglich eine internationale Fahrerlaubnis.

Die Preise sind in Ostmalaysia höher als auf der Malaiischen Halbinsel. Die Versicherung ist grundsätzlich im Preis enthalten, dennoch sollte man zusätzlich eine Vollkaskoversicherung abschließen, die bei Unfällen greift. Es ist noch besser, wenn man diese Versicherung schon daheim abschließt.

Mietautos in Singapur sind fast doppelt so teuer wie in Malaysia, Treibstoff ebenfalls. Für Fahrten zwischen Malaysia und Singapur wird kein Aufschlag berechnet.

Ein Motorrad zu mieten ist wesentlich unkomplizierter. Die als Vermieter fungierenden Gästehaus- oder Ladeninhaber wollen selten überhaupt einen Führerschein sehen. Besitzt man jedoch keinen, greift auch die Versicherung nicht. Die Preise sind annehmbar. Gerade um Inseln wie Pulau Penang und Pulau Langkawi zu erkunden oder um Attraktionen außerhalb der Städte zu besichtigen, eignet sich ein Motorrad gut.

Fuhrpark einer Motorradvermietung

Alle wichtigen Autovermietungen wie **Budget**, **Hertz** und **Avis** sind vertreten, darüber hinaus billigere einheimische Anbieter wie **Mayflower**, **Orix**, **Hornbill**, **Pronto**, **Extra**, **Kinabalu** und **Popular**. Einheimische Firmen bieten zwar attraktive Preise, allerdings können bei Unfällen oder anderen Schäden am Fahrzeug Probleme auftreten, wenn der Anbieter keinen Vertragspartner direkt vor Ort hat. Achtung bei Bergtouren: Die wenigsten Mietfahrzeuge haben Allradantrieb.

Verkehrsregeln

Sowohl in Singapur als auch in Malaysia herrscht **Linksverkehr**. Es besteht Anschnallpflicht, das Tempolimit in Ortschaften beträgt 50 km/h. Die meisten Straßenschilder sind universal verständlich, eine Ausnahme ist das in Malaysia allgegenwärtige *awas*, zu Deutsch »Achtung«. Die Promillegrenze für Alkohol beträgt in Malaysia 0,8. Trunkenheit am Steuer wird hart bestraft.

Auf einen Blick

Überlandbusse

Aeroline
(03) 6258-8800 (Kuala Lumpur).
6733-7010 (Singapur).
aeroline.com.my

Biaramas
Lot 2922 & 2923, Jalan Datuk Tawi Sli, Kuching, Malaysia.
(082) 456-999.
busasia.my/busasia/

Dyana Express
Nördl. Busbahnhof, Kota Kinabalu.
(088) 389-997.

Hasry Express
Ecke Lavender Street und Kallang Bahru Road, Singapur.
6294-9306.
malaysia-expressbus.com/hasry-express/

Plusliner
(03) 2274-0499 (Kuala Lumpur).
6256-5755 (Singapur).
plusliner.com.my

Sri Maju
2, 4, und 6 Jalan Bendahara, Ipoh, Malaysia.
(05) 253-5367.
srimaju.com

Transnasional
Kuala Lumpur.
(03) 4047-7878.
transnasional.com.my

Transtar
Singapur.
6299-9009.
transtar.com.sg

Tung Ma Express
Jalan Padang, Kota Kinabalu, Malaysia.
(019) 882-7334.

Auto- und Motorradvermietung

Avis
B-16, Main Terminal, KLIA, Malaysia.
(03) 9222-2558.
Terminal 2, Singapur.
6542-8855.
avis.com

Budget
1-800 801-563.
budget.com

Extra
Beverley Hotel, Jalan Kemajuan, Kota Kinabalu, Malaysia.
(088) 218-160.
e-erac-online.com

Hertz
B10, Terminal Building, KLIA, Malaysia.
(03) 8776-4507.
15 Scotts Road, Thong-Teck Building, Singapur.
Stadtplan 1 F2.
6734-4646.
hertz.com

Hornbill
Lot 99, Jalan Datuk Abang Abdul Rahim, Kuching, Malaysia.
(082) 343-489.

Kinabalu
Karamunsing Complex, Kota Kinabalu, Malaysia.
(088) 232-602.
kinabalurac.com.my

Mayflower
Mayflower Building, Kuala Lumpur.
(03) 6252-1888.
mayflowercarrental.com.my

Orix
Counter C2, Arrival Level, Main Terminal Building, KLIA, Malaysia.
(03) 8787-4294.
orixauto.com.my

Popular
501 Guillemard Road, Singapur.
6742-8888.
popularcar.com

Pronto
98 Jalan Padungan, Kuching, Malaysia.
(082) 237-889.

Thrifty
20 Changi North Crescent, Singapur.
6741-6222.
thriftysingapore.com

Pannenhilfe

Persatuan Automobil Malaysia (MAA)
Lot No. 3.22, Ampang Park Shopping Centre, Jalan Ampang, Kuala Lumpur.
(03) 2163-5210.
maa.org.my

In KL und Singapur unterwegs

Kuala Lumpur und Singapur verfügen über gute öffentliche Verkehrsnetze mit einem breiten Angebot an Transportmitteln. Die U-Bahn-Netze Light Rail Transit (LRT) und Mass Rapid Transit (MRT) sind schnell und effizient. In beiden Städten gibt es viele Buslinien, zudem findet man überall ein Taxi. Die dreirädrigen Fahrradtaxis prägen noch heute das Stadtbild, sind aber überraschend teuer. Singapur ist sehr fußgängerfreundlich, in Kuala Lumpur dagegen hat man es mancherorts wegen des hohen Verkehrsaufkommens ziemlich schwer zu Fuß. Für Reisende mit wenig Zeit empfehlen sich organisierte Touren.

Meist als Hochbahn auf Stelzen – ein klimatisierter MRT-Zug

Stadtbummel in Kuala Lumpurs Chinatown

Zu Fuß unterwegs

Alle sehenswerten Viertel in Kuala Lumpur liegen dicht beieinander und sind leicht zu Fuß zu erkunden. Jenseits dieser Quartiere ist das Spazieren wegen der sechsspurigen Straßen und fehlender Gehwege nicht ratsam. Der Verkehr ist unübersichtlich, sodass man immer achtsam sein sollte.

In Singapur sieht die Lage besser aus. Die Stadt ist fußgängerfreundlich und lädt zum Schlendern und Bummeln ein, vor allem rund um Chinatown. Wegen des feuchtheißen Klimas in beiden Städten sollte man immer ausreichend Sonnenschutz auftragen, Trinkwasser bei sich haben und nicht zu lange im Freien umherlaufen. Die iPhone-App GoThere zeigt, wie man sich in Singapur am besten bewegt – sei es zu Fuß, mit Taxi, Zug oder Bus.

Metro

Der LRT in Kuala Lumpur ist ein schnelles, billiges Transportmittel, das zwischen 6 und 23.20 Uhr alle 5 bis 15 Minuten verkehrt. Man kann überall Einzelfahrkarten kaufen, günstiger ist jedoch die MyRapid Card (Kartenpreis 10 RM), wenn man ein paar Tage bleiben will. Dieses aufladbare Ticket gilt auch für Rapid-KL-Busse und die Monorail. Im KL Travel Pass sind auch der KLIA Ekspres vom Flughafen sowie alle Züge und Busse in die Stadt mit eingeschlossen. Man kauft ihn am KL-Ekspres-Ticketschalter am Flughafen.

Fahrgäste vor einem städtischen Bus in Kuala Lumpur

Singapurs MRT wird oft als beste U-Bahn der Welt bezeichnet. Es gibt aufladbare Karten, die sogenannte ez-link card (Kartenpreis 5 S$, Aufladung ab 12 S$). Sie ist in allen MRTs, LRTs und Bussen gültig. Verbleibende Guthaben kann man bei Rückgabe einlösen. Mit dem an MRT-Stationen, Tourismuszentren und online erhältlichen **Singapore Tourist Pass** (1 Tag für 10 S$, 2 Tage für 16 S$, 3 Tage für 20 S$) kann man unbegrenzt den Nahverkehr benutzen. Im MRT ist Rauchen, Essen und Trinken strengstens untersagt.

Busse

Kuala Lumpur besitzt ein engmaschiges Busnetz. Busse fahren alle paar Minuten zwischen 6 und 23 Uhr. Allerdings sind sie schlecht gekennzeichnet. Ein für Besucher sehr sinnvoller Service sind die kostenlosen Go-KL-Shuttlebusse, die kreuz und quer durch die Stadt fahren. Es gibt vier Linien und 65 Haltestellen.

Singapur besitzt zwei Busgesellschaften, **SBS Transit** und **SMRT**, die auch Züge und Taxis betreiben. Wie beim MRT kauft man am besten eine ez-link-Karte, die man beim Ein- und Aussteigen an ein Lesegerät im Bus hält. Bar muss man passend bezahlen, da der Automat kein Wechselgeld gibt.

Taxis

Um Taxis zu benutzen, muss man sich nicht in der Stadt auskennen. In Kuala Lumpur berechnen die roten und weißen Taxis eine Grundgebühr von 3 RM für die ersten 1,5 Kilometer und 90 Cent pro weitere Kilometer. Doch Vorsicht: Oft weigern sich die Fahrer, den Taxameter anzuschalten, und versuchen stattdessen, einen Festpreis auszuhandeln, der immer über der Taxameterrate liegt. Manche Taxameter sind manipuliert. Am besten erkundigt man sich im Hotel nach dem üblichen Preis für eine bestimmte Strecke. Die meisten Stadtfahrten sollten etwa 15 RM kosten, nach Mitternacht kostet es 50 Prozent mehr. Am Bahnhof KL Sentral und am Flughafen gibt es auch ein Couponsystem, um Betrügereien zu verhindern.

Singapurer Taxis kosten 3,00 bis 3,40 S$ Grundgebühr und 0,22 S$ für jede weiteren 400 Meter. Nach Mitternacht wird es 50 Prozent teurer. Die Taxiunternehmen der Städte heißen u. a. **SBS Transit**, **Comfort Cabs**, **Blue Cap**, **City Cab** und **Smart**. Die Apps MyTeksi und GrabTaxi sind lokale Alternativen zu Uber.

Organisierte Touren

Organisierte Touren bieten die Möglichkeit, die wichtigsten Sehenswürdigkeiten einer Stadt auf relativ komfortable Art zu besichtigen. Unzählige Firmen veranstalten derartige Touren in Kuala Lumpur und Singapur veranstalten. In Kuala Lumpur gibt es einerseits Ganztagestouren und dreistündige City-Highlight-Touren, die

Die riesigen Petronas Towers, ein Wahrzeichen von Kuala Lumpur

zu den Petronas Towers, dem königlichen Palast, den Lake Gardens, nach Chinatown und ins National Museum führen. Zudem sind Wandertouren, Architektur-Touren und Museumstouren im Angebot. **Tour East**, **Kuala Lumpur Travel Tour** und **Tours by Locals** bieten eine große Auswahl. **Food Tour Malaysia** bietet kulinarische Tages- und Abendexkursionen.

In Singapur führen Touren meist zur Orchard Road, nach Little India und Chinatown, außerdem gibt es Spezialtouren zu Themen wie Zweiter Weltkrieg, asiatische Küche und Nachtleben. Wer eine individuelle Führung wünscht, kann bei der **Registered Tourist Guides Association of Singapore** anfragen. **Holiday Tours**, **RMG Tours** und **SH Tours** bieten Touren für Singapur und Ausflüge.

Weißes Taxi in Kuala Lumpur

Gelbes Taxi in Singapur

Auf einen Blick

Busunternehmen

Rapid KL
1 Jalan PJU 1A/46, Petaling Jaya, Selangor, Malaysia.
☎ 1-800 388-228.
W **myrapid.com.my**

SBS Transit
205 Braddell Road, Singapur.
☎ 1-800 287-2727.
W **sbstransit.com.sg**

SMRT
Singapur.
☎ 1-800 336-8900.
W **smrt.com.sg**

Touristenpass

Singapore Tourist Pass
W **thesingaporetouristpass.com.sg**

Taxis

Blue Cab
Kuala Lumpur.
☎ (03) 8948-2193.

City Cab
Singapur.
☎ 6552-111.

Comfort Cabs
Kuala Lumpur.
☎ (03) 8024-0507.

SBS Transit
Singapur.
☎ 6555-8888.

Smart
Singapur.
☎ 6485-7777.

Organisierte Touren

Food Tour Malaysia
W **foodtourmalaysia.com**

Holiday Tours
Singapur. ☎ 6738-2622.

Kuala Lumpur Travel Tour
Kuala Lumpur.
☎ (01) 7633-0062.
W **kualalumpurtraveltour.com**

Registered Tourist Guides Association of Singapore
Singapur.
☎ 6339-2114.

RMG Tours
Singapur.
☎ 6220-1661.

SH Tours
Singapur.
☎ 6734-9923.

Tour East
Kuala Lumpur.
☎ (04) 227-4522.
W **toureast.net**

Tours by Locals
W **toursbylocals.com**

Textregister

Seitenangaben in **fetter** Schrift verweisen auf den Haupteintrag.

100 Cintra Street (George Town) 109f, 306
8 Heeren Street (Jalan Tun Tan Chen Lock) 131

A

A Famosa (St. Paul's Hill) 128
Aceh 42
Agnes Keith's House (Sankadan) 196
Ahmed, Sultan 152
Ahnentafeln 229
Aidilfitri *siehe* Hari Raya Puasa
Ailing Bay (Teluk Bahang) 114
Air Batang (Pulau Tioman) 137
Air Tejun Galas Falls (Tawau Hill State Park) 199
Aktivurlaub *siehe* Sport und Aktivurlaub
Al-Attas, Syed Mohammed 108
Albuquerque, Admiral Afonso de 42, 128
Allan's Water (Fraser's Hill) 97
Alliierten-Friedhof (Pulau Labaun) 187
Alor Star **117**, 279, 292
Alsagoff Arab School (Kampong Glam) 232
American Express 326
Andamanisches Meer 118
Anderson Bridge (Singapore River) 210, 216
Ann Siang Hill **226**
Antiques of the Orient (Tanglin Mall) 241
Apotheken 325
Apsara (Tanglin Mall) 241
Aquaria KLCC 78, **79**
Arab Street 207, **232**, **234**, 254
Architektur **32f**
siehe auch Islamische Architektur; Kolonialarchitektur; Langhäuser; Minangkabau-Architektur
Armenian Church **222f**
Arnold, Joseph 186
Aroid Walkway (Penang Botanic Gardens) 113
Arts House, The (Old Parliament House) 217
Asah-Wasserfall (Pulau Tioman) 136
ASEAN (Association of South Asian Nations) 50
ASEAN-Skulpturenpark (Fort Canning Park) 223
Asian Civilisations Museum (Singapur) 214, **216**
Asiatische Kunst (Singapore Art Museum) 218f
Aspinall, George 249
Astana (Kuching) 162f
Autovermietung 337

B

Baba-Nyonya *siehe* Peranakan; Straits-Chinesen
Baba & Nyonya Heritage Museum 131, **132f**
Badan Warisan **81**
Badawi, Datuk Seri Abdullah Ahmed 51, 54
Bahnreisen 330f, **334**, 335
Eastern & Oriental Express 334
Eisenbahnnetz 334
Expresszüge 334
Fahrkarten und Preise 334
Jungle Railway 152, 334
Light Rail Transit in Malaysia 256
Metrosystem in Singapur 338
Reservierung 334
Züge 334
Bajau (Volksgruppe) 27, 59, 158, 188, 198
Bako National Park 157, **168f**
Balai Besar (Alor Star) 117
Balai Nobat (Alor Star) 117
Balai Seni Lukis Negeri (Alor Star) 117
Bambuswaren 305
Bandar Seri Begawan (Brunei) 61, 178
Bank of China (Raffles Place) 227
Banken **326f**
siehe auch Kreditkarten; Währung
Bario (Kelabit Highlands) 175
Barracuda Point (Pulau Sipadan) 201
Batang Rajang 158, **170**
Batik
Shopping 304, 307
Stoffe 29, 36, 234
Battle Box (Fort Canning Park) 223
Batu Caves 35, 56, 70, 94, **96**, 313
Batu Ferringhi **114**
Batu Maung **115**
Bau 167
Bavanggazo 182, **189**
Beaufort (Sabah) 187
Behinderte Reisende 258, 277, 322f
Belacan 172
Belaga 158, **171**
Beschränkungen, für die Ausfuhr von Waren (Singapur) 253
Beurel, Pater Jean-Marie 219
Bidayuh (Volksgruppe) 27, 57, 160, 165, **167**
Bidwell, Alfred John 241
Bintulu **172**, 281, 296
Birch Memorial Clock Tower (Ipoh) 100
Birch, J.W.W. 47, 100
Boat Quay 211, **227**
Bombalai Hill (Tawau Hill State Park) 199
Boon Tat Street 226
Boon, Ngiam Tong 220
Bootsbau auf Pulau Duyung **149**
Borneo 20, 48, 287 *siehe auch* Brunei; Sabah; Sarawak
Borneo Adventures 277, 312, 317, 331
Borneo Cultural Festival 59
Borneo Rainforest Lodge (Danum Valley) 198
Botanic Garden (Putrajaya) 83
Botero, Fernando
Bird 227
Botschaften 323
Brewer, Frank 226
Britisch-Niederländischer Vertrag 43, 46
British East India Company 43f
Brooke, Rajah Charles 46, 48, 162f, 170
Brooke, Rajah James 46, 157, 160, 163
Brunei 20, 22, 43, 46, 49, 60, 158, **178f**
Hotels 281
Restaurants 296
Buaya Sangkut (Endau-Rompin National Park) 143
Buddha Tooth Relic Temple und Museum **225**
Buddhismus **31**, 55, 113, 154, 331
Mahayana 31
Theravada 31, 112, 113, 117, 154
Bukit Bintang (Kuala Lumpur) 278, 290f
Bukit Guling Getang (Taman Negara) 144
Bukit Lagong Forest Reserve 82
Bukit Lambir (Lambir Hills National Park) 175
Bukit Melawati (Kuala Selangor) 97
Bukit Nenek Semukut (Pulau Tioman) 136
Bukit Pagon (Brunei) 179
Bukit Teresek (Taman Negara) **145**
Bukit Timah Nature Reserve **244**
Bumiputra **27**, 51
Bunut Lake (Loagan Bunut National Park) 175
Burkill Hall (Singapore Botanic Gardens) 243, 246
Burkill, Isaac Henry 246
Busreisen 331, 334, **336f**, 338
Tickets und Preise 336
Überlandbusse 336
Butterfly Garden (Cameron Highlands) 99
Butterfly Park (Perdana Botanical Gardens) 73
Butterworth, W.L. 112
Buyong Bay (Teluk Bahang) 114

C

Cameron Highlands 60, 94, **98f**, 279, 292
Cameron, William 98
Camping 277
Forest Recreation Park (Teluk Bahang) 114
Canada Hill (Miri) 174
Candi Bukit Batu Pahat (Lembah Bujang) 116
Candi Telaga Sembilan (Gunung Jerai) 116
Canopy Walkways
Kinabalu National Park 191
Mulu National Park **177**
Taman Negara **145**
Carcosa Seri Negara 72, **73**
Casino de Genting (Genting Highlands) 96
Cathedral of the Good Shepherd **219**
Cavenagh Bridge (Singapur) 210, 215
Central Business District (Singapur) 213
Central Market (Kota Kinabalu) 185
Central Market (Kuala Lumpur) 67, **69**
Centrepoint, The (Singapur) 239, **240**
Chakorn, Phra Krurasapia 154
Chan See Shu Yuen Temple 63, 70, **71**
Changi Airport 330, 331
Changi Museum (Singapur) 243, **249**
Changi Prison (Singapur) 249

Changkat Bukit Bintang (Golden Triangle) 80
Chap Goh Mei 56
Charles Brooke Memorial (Kuching) 161
Chempedak 142
Cheong Fatt Tze Mansion (George Town) 104f, 111
Cherating **143**, 280, 295
Chettiars' Temple 206, **223**
Chew Jetty (George Town) 106
Chihuly, Dale 219
Chijmes **218**
Chinatown (Kuala Lumpur) 63f, **70**, 278, 291
Chinatown (Kuala Terengganu) 147
Chinatown (Singapur) 206, 213, **222–229**, 282f, 299f
Chinatown Complex **225**
Chinatown Heritage Centre **224**
Chinesen *siehe auch* Shophouses; Straits-Chinesen
Chinesische Antikmöbel 305
Chinesische Architektur 31
Chinesische Einwanderer 26f, 44, 48, 50
Chinesische Keramik 305
Chinesische Oper 205, 309
Chinesisches Neujahr 34, 56, 206
Chingay-Parade 34, 206
Chitty-Gemeinde 123
Chow Kit Market 63f, **77**
Christentum 55, 59, 207
Clarke Quay 211, **223**, 254
Clarke, Sir Andrew 223
Clifford Pier (Raffles Place) 227
Clock Tower (Kuala Kangsar) 102
Clock Tower (Kuching) 161
Club Street (Ann Siang Hill) 226
Coleman Bridge (Singapur) 211
Coleman, George D. 211, 222
Coliseum Café (Jalan Tuanku Abdul Rahman) 77
Coliseum Cinema (Jalan Tuanku Abdul Rahman) 76f
Colonial Core und Chinatown (Singapur) **212–229**
  Anreise 213
  Detailkarte: Padang 214f
  Hotels 282f
  Raffles Hotel 220f
  Restaurants 299f
  Stadtteilkarte 213
  Thian Hock Keng Temple 212, 228f
Colors of Malaysia Festival 57
Concert Hall (Malaysian Tourist Information Complex) 80, 308, 311
Conrad, Joseph **227**
  Lord Jim 227
Coral Garden (Pulau Langkawi) 121
Coral Garden (Pulau Sipadan) 201
Council Negeri Monument (Bintulu) 172
Courthouse Complex (Kuching) 161
Courtyard House (George Town) 111
Cowie, William 187
Craft Batik (Teluk Bahang) 114
Crocker Mountain Range 186
Cuppage, William 240
Curtis, Charles 112
Cyberjaya (Kuala Lumpur) 83

D

Dalí, Salvador
  Homage to Newton 227
Damai Beach **164**, 281
Danum Valley 181, 183, **198**
Dataran Lang (Pulau Langkawi) 120
Datun julud (Tanz) 310
Dayak (Volksgruppe) 57, 157, 158, 167, 173
  Revolte gegen Sultan von Brunei 46
Deepavali (Fest) 59, 207
Dent, Alfred 47
Desaru Beach 125, **135**
Dewan Bandaran (Fort Cornwallis) 106
Dewan Bandaran (Ipoh) 100
Dewan Undangan Negri (George Town) 106
Dhammikarama Temple **112**
Dhoby Ghaut **240**
Diners Club 326
District Office (Kuala Kangsar) 102
Dome Café (Singapore Art Museum) 219
Dong-Son-Trommeln 39
Drachen 55
  Kelantan 153
  Shopping 304, 307
Dragon Boat Festival and Boat Race 206
Drogengesetze 324
Dschungeleisenbahn *siehe* Jungle Railway
Durian-Perangin-Wasserfall (Pulau Langkawi) 119
Dyce, Charles 219

E

E&O Hotel (George Town) 111
East Coast Line *siehe* Jungle Railway
East Coast Park **248f**
Einkaufszentren
  Berjaya Times Square (Golden Triangle) 80
  Bussorah Mall (Kampong Glam) 233
  Lot 10 (Golden Triangle) 80
  Ngee Ann City 238, **240**, 253
  Park Mall (Orchard Road) 239
  Singapur 252, 254f
  Sungai Wang Plaza (Golden Triangle) 80
  Suria KLCC Shopping Mall (Petronas Towers) 78, **79**, 306
  Tanglin Mall 238
  VivoCity 252, 255
Einreise 320, 323
Einwohnerzahl 18, 20, 205
EJH Corner House (Singapore Botanic Gardens) 243, 247
Elektrizität 321
Elgin Bridge (Singapur) 211
Elgin, Lord James 211
Emerald Hill **240**
Endau-Rompin National Park 23, **143**, 312
English Tea House (Sankadan) 196
Esplanade – Theatres on the Bay 33, 216
Esplanade (George Town) 106
Esplanade Park 215, **216**
Essen 63, **286–289**
  Malaiisch **286f**
  Malaiisch-chinesisch **288**
  Malaiisch-indisch **289**
  Singapur 205
Ethnische Gruppen 26f
  siehe auch Indigene Völker
Ethnische Spannungen 50f
Etikette 323

F

Farquhar, William 222
Fauna
  Bienen 188, 189
  Elefanten 145, 198
  Fledermäuse *siehe* Fledermäuse
  Flora und Fauna **22f**
  Hornvögel 55, 144, 198
  Irawadidelfine 164
  Koboldmakis 191
  Nasenaffen 22, 168, 186, 197
  Orang-Utans 22, 165, 167, 196, 198
  Salanganen 22, 174, 197, 313
  Schildkröten 25, 55, 172, 196f
  Schmetterlinge *siehe* Butterfly Garden, Butterfly Park
  Sumatra-Nashorn 23, 55, 144
Federal Territory Day 56
Feiertage 34f, 59, 207
Fernsehen und Radio 329
Festival of the Hungry Ghosts 58, 207, 260
Festival of the Nine Emperor Gods (Singapur) 207
Festivals **34f**
  Malaysia **56–59**
  Singapur **206f**, 258
Fiesta San Pedro 57
Five Foot Ways **111**
Fledermäuse 22
  Deer Cave (Mulu National Park) **176**
  Gomantong Caves 197
  Great Cave (Niah Caves National Park) 174
Flora
  Betelnuss **131**
  Flora und Fauna **22f**
  Frauenschuh 191
  Kannenpflanzen 165, 191
  Rafflesia 22, 44, 181, 186
  Rhododendron 192
  Sonnentau 169
  Tropischer Bergregenwald 192
  Vanda Miss Joaquim (Orchidee) 223
Flora de la Mar, Galeone (Malakka) 131
Flüge 330, **332f**
  Billigflieger 330–333
  Flugpreise 330
  Inlandsfluglinien 332f
  Internationale Fluglinien 330f
Flüsse
  Batang Rajang 158, **170**
  Bunut 175
  Gombak 63, 67, 68
  Jaong 164
  Jasin 143
  Jelai 155
  Johor 249
  Kelantan 152, 155
  Kinabatangan 197
  Kinta 100
  Klang 63, 67, 68, 78
  Kuantan 142
  Lipis 155
  Liwagu 190
  Mukah 172
  Niah 174
  Padas **187**, 142
  Pahang 142
  Santubong **164**
  Sarawak 159f, 162
  Segama 54f, 198
  Selangor 97
  Singapur **210f**
  Tahan 144
  Tembeling 144

Föderierte Malaiische Staaten 47, 49, 73
Forest Recreation Park (Teluk Bahang) 114
Forest Research Institute of Malaysia (FRIM) **82**
Fort Altingsburg (Kuala Selangor) 97
Fort Canning Park 213, **223**
Fort Cornwallis (George Town) 106
Fort Emma (Sibu) 171
Fort Margherita 162f
Fort Siloso (Sentosa) **250**
Fort Sylvia (Kapit) 171
Forum (Orchard Road) 238
Fotografieren 322f
  Ausrüstung 303
Fraser, Louis James 97
Fraser's Hill **97**, 279
Führungen 312, 317

G

Gamelan-Musik 153
Gardens by the Bay (Singapur) 208, **217**
Garnault, Bischof Arnaud-Antoine 110
Gästehäuser, staatliche 276
Gawai (Fest) 57, 167, 170
Geburtstag des Königs 57
Gedung Raja Abdullah (Klang) 83
Gelanggang Seni (Kota Bharu) 153
Geldautomaten 326
Gemas (Negeri Sembilan) 155
Genting Highlands **96f**
  Arena of the Stars 310
  Twentieth Century Fox World 96, 308
George Town 93, **106–111**
  Zentrumskarte 106f
Geschichte **38–51**
  Straits Settlements 43, **44f**
Gesellschaft und Politik 54
Gesundheit **324f**
girocard 326
Global Silk Store 76, 306f
Glücksbringer 305
Golden Shoe *siehe* Central Business District
Golden Triangle 63, 64, **80**
  Hotels 278
  Kneipen und Bars 310f
  Restaurants 290f
Goldenes Dreieck *siehe* Golden Triangle
Golf 316f
  Malaysian Open Golf Championship 56
Golf und Golfclubs in Singapur 262f
Gomantong Caves **197**, 313
Gombizau 182, **188**
Gongs 188f
Goodwood Park Hotel **241**
Great Cat of Kuching 163
Great Singapore Sale 206, **253**
Gua Charas **142**
Gua Musang (Kelantan) 155
Gunting Lagadan Hut (Kinabalu National Park) 193
Gunung Api (Mulu National Park) 176f
Gunung Gading (Gunung Gading National Park) 166f
Gunung Gading National Park **166f**
Gunung Jasar (Cameron Highlands) 98
Gunung Jerai **116**
Gunung Kinabalu (Kinabalu National Park) 182, 184, 190, **192f**, 312
Gunung Lundu (Gunung Gading National Park) 166
Gunung Machinchang (Pulau Langkawi) 121
Gunung Magdalena (Tawau Hill State Park) 199
Gunung Mulu (Mulu National Park) **176f**, 312
Gunung Murud (Kelabit Highlands) 175
Gunung Perdah (Cameron Highlands) 98
Gunung Perigi (Gunung Gading National Park) 166
Gunung Raya (Pulau Langkawi) **119**
Gunung Santubong (Santubong) 164
Gunung Sebuloh (Gunung Gading National Park) 166
Gunung Selang (Kubah National Park) 165
Gunung Sendok (Kubah National Park) 165
Gunung Serapi (Kubah National Park) 165
Gunung Tahan (Taman Negara) **144**

H

Hanging Gardens (Pulau Sipadan) 200
Hanuman 237
Hari Raya Haji 56, 207
Hari Raya Puasa 26, 35, 58, 207
Harpley, Sidney
  Girl on a Swing 246
Harrisson, Tom 174
Haw Par Villa **248**
Haxworth, W. R. M. 249
The Heeren (Shoppingmall, Singapur) 252, 255
Heritage Village (Sabah Museum) 184
Hill Street Building (Singapur) 211
Hinduismus **30**, 39, 55
Höhlen 313
  Batu Caves 35, 56, 70, 94, **96**, 313
  Bewah Caves (Tasik Kenyir) 146
  Clearwater Cave (Mulu National Park) **176**
  Deer Cave (Mulu National Park) **176**, 313
  Gomantong Caves **197**, 313
  Great Cave (Niah Caves National Park) 174
  Gua Charas **142**
  Gua Kelam (Kuala Perlis) 313
  Gua Telinga (Taman Negara) 145
  Lang's Cave (Mulu National Park) 177, 313
  Loagan Bunut National Park **175**
  Niah Caves National Park 157, 158, **174**, 313
  Painted Cave (Niah Caves National Park) 174
  Simud Hatam (Gomantong Caves) 197
  Simud Putih (Gomantong Caves) 197
  Tempurong (Selangor) 313
  Traders' Cave (Niah Caves National Park) 174
  Wind Cave und Fairy Cave **167**
Höhlentempel 94
  Kek Lok Tong (Kinta Valley) 101
  Perak Tong (Kinta Valley) 101
  Sam Poh Tong (Kinta Valley) 101
Homosexuelle Reisende 322f
Hornaday, William 96
Hornvogeltänze *siehe Datun julud*
Hotels **276–283**
  Behinderte Reisende 277
  Boutique-Hotels 276
  Hotelanlagen 276
  Hotelketten 276
  Kategorien 277
  Kuala Lumpur **278**
  Mittelklasse-Hotels 276
  Nordwest-Halbinsel **279**
  Ost- und Zentral-Halbinsel **280f**
  Preise und Reservierung 277
  Preiskategorien 276
  Preiswerte Hotels 70, 276
  Reisen mit Kindern 277
  Sabah **282**
  Sarawak **281f**
  Singapur **282f**
  Südhalbinsel **279f**
  siehe auch Unterkünfte
Hubbock, A. B. 68, 71
Hussein, Ibrahim 121

I

Iban (Volksgruppe) 27, 160, 165, 167, 170f, **173**, 308
Idris, Sultan 102
Ikat 36
  Shopping 304f
Imitationen 303
Indigene Völker und Volksgruppen 26, **27**
Indische Gewürze 305
Indische Immigranten 26f, 44, 48
Indische Messingwaren 305
Indische Seidensaris 305
Information 321, 323
Inseln
  Kusu Island/Turtle Island 207, 243, **248**
  Perhentian-Inseln 60, 140, **148**, 280, 295f
  Pulau Aur (Seribuat-Archipel) 135
  Pulau Bakungan Kecil (Turtle Islands National Park) 196
  Pulau Besar (Seribuat-Archipel) 135
  Pulau Bohey Dulang (Semporna) 198
  Pulau Dayan Bunting (Pulau Langkawi) 121
  Pulau Dayang (Seribuat-Archipel) 135
  Pulau Duyung 147, 149
  Pulau Gaya (Tunku Abdul Rahman National Park) 185
  Pulau Gemia 146
  Pulau Gulisan (Turtle Islands National Park) 196
  Pulau Kapas **146**, 281
  Pulau Ketam **83**
  Pulau Kukup 134
  Pulau Labuan **186f**
  Pulau Langkawi **118–121**
  Pulau Langkayan 182, **197**
  Pulau Mabul (Semporna) 198
  Pulau Mamutik (Tunku Abdul Rahman National Park) 185
  Pulau Manukan (Tunku Abdul Rahman National Park) 185
  Pulau Pangkor **100f**
  Pulau Payar Marine Park (Pulau Langkawi) 121
  Pulau Pemanggil (Seribuat-Archipel) 135

Pulau Rawa (Seribuat-Archipel) 135
Pulau Redang **148**, 140, 281, 295
Pulau Sapi (Tunku Abdul Rahman National Park) 185
Pulau Selingan (Turtle Island National Park) 196
Pulau Sibu (Seribuat-Archipel) 135
Pulau Sipadan 23, 60, 182f, 194f, **200f**
Pulau Sulug (Tunku Abdul Rahman National Park) 185
Pulau Susu (Perhentian-Inseln) 148
Pulau Tenggol **146**, 281
Pulau Tinggi (Seribuat-Archipel) 135
Pulau Tioman (Seribuat-Archipel) 23, 122, 135, **136f**, 280
Pulau Tulai (Pulau Tioman) 137
Pulau Ubin **249**, 253
Sentosa 243, **250f**
International Bird Race (Fraser's Hill) 97
Internet 328
ION Orchard 238, **240**, 252, 255
Ipoh 94, **100**, 279, 292
Irranun 189
Islam **28f**, 40, 337
Islamic Arts Museum **74f**
Islamic Heritage Museum (Kuching) 160
Islamische Architektur 28
Islamische Kunst 29
Ismail IV., Sultan 152
Istana Abu Bakar (Pekan) 143
Istana Alam Shah (Klang) 83
Istana Ampang Tinggi (Seremban) 126, 127
Istana Balai Besar (Kota Bharu) 152
Istana Hulu (Kuala Kangsar) 103
Istana Iskandariah (Kuala Kangsar) 103
Istana Kampong Glam **232**, **234**
Istana Kenangan (Kuala Kangsar) 103
Istana Kesultanan Melaka (Malakka) **129**
Istana Lama (Sri Menanti) 124, 126f
Istana Maziah (Kuala Terengganu) 147
Istana Nur-ul-Iman (Brunei) **179**
Istana Tengku Long (Kuala Terengganu) 147
Iznik-Fliesen (Islamic Arts Museum) **75**

J

Jakun 142
Jalan Alor (Kuala Lumpur) **76**
Jalan Hang Jebat (Malakka) 130
Jalan India (Kuching) 161
Jalan Petaling Market **70**
Jalan Tuanku Abdul Rahman (Kuala Lumpur) **76f**
Jalan Tun Tan Chen Lock **131**
Janing Marat Plateau (Endau-Rompin National Park) 143
Japanische Invasion 48, 154
Jawi-Schrift 29
Jerantut 155
Jeriau-Wasserfall (Fraser's Hill) 97
Jewelry Gallery (Islamic Arts Museum) **75**
Jin-Rikschas 225
Joaquim, Agnes 223
Joget-Tanz 310
Johor Bahru 29, 123, **134f**, 279, 294
Shopping 306f
Johor-Sultanat 42, 47
Jonkers Street *siehe* Jalan Hang Jebat
Juara (Pulau Tioman) 136
Jungle Railway **155**
Jurong 243
Jurong Bird Park 243, **245**

K

Kadazan Dusun (Volksgruppe) 27, 57, 198
Grabstätte (Danum Valley) 198
Kajakfahren 146, 185
Kalender 34
Kali, Göttin (Shri Veeramakaliamman Temple) 235
Kalimantan 199
Kamit, Jerry 165
Kampong Glam 231, **232f**
Kampung Air (Pulau Redang) 148
Kampung Ayer (Brunei) **179**
Kampung Baru 63, 64, **78**
Kampung Gumum (Tasik Chini) 142
Kampung Jenang 146
Kampung Jepak (Bintulu) 172
Kampung Jubakar 154
Kampung Kuantan (Kuala Selangor) 97
Kampung Tellian (Mukah) 172
Kannenpflanzen 249
Kanowit (Sibu) 171
Kapit 158, **171**
Kapitan China **71**
Karten
Bako National Park 168f
Brunei 20, 178f
Cameron Highlands 98f
Colonial Core und Chinatown 213
George Town 106f
Jungle Railway 155
Kampong Glam (Stadtplan) 232f
Kinabalu National Park 190f, 192f
Kota Bharu 153
Kuala Lumpur 64f
Kuala Lumpur, Stadtplan 84–91
Kuching 160
Little India und Orchard Road 231
Malakka 129
Merdeka Square (Stadtplan) 66f
Mulu National Park 176f
Nordwest-Halbinsel 94f
Orchard Road (Singapur) 238f
Ost- und Zentral-Halbinsel 140f
Ostmalaysia 20f
Padang (Singapur) 215
Pulau Langkawi 118f
Pulau Sipadan 200f
Pulau Tioman 136f
Sabah 182f
Sarawak 158f
Sentosa 250f
Singapore River 210f
Singapur 243
Singapur, Stadtplan 264–273
Südhalbinsel 124f
Taman Negara 144f
Überblick: Malaysia 60f
Westmalaysia 18f
Kartenvorverkauf 258
Katzenstatuen (Kuching) 163
Kaufhäuser und Shoppingmalls 252, 254f, 302
siehe auch Malls
Kavadi 35, 56, 236
Kayan 170
Kedai kopi 63, 70, 134
Keith, Agnes 196
Kek Lok Si Temple 92, 95, **113**
Kek Lok Tong (Kinta Valley) 101
Kelabit (Volksgruppe) 27, 175
Kelabit Highlands **175**, 281
Kelantan 47, 139, 152, 303
Kellie's Castle **100**
Kenyah 170f
Keramik 304
Keris 37
Khoo-Clan 107
Kinabalu National Park 180, 182, **190–193**, 282, 298
Kinabatangan Wildlife Sanctuary **197**
Kinder
Hotels 277
Reisen 322
Restaurants 285
King's Enclave *siehe* Kota Raja
Kinta Valley **101**
Kirchen und Kathedralen
All Saint's Church (Taiping) 101
All Souls' Church (Cameron Highlands) 98
Armenian Church **222f**
Cathedral of the Assumption (George Town) 110
Cathedral of the Diocese of Penang (George Town) 110
Cathedral of the Good Shepherd **219**
Christ Church (Malakka) 124, **129**
Convent of the Holy Infant Jesus (Singapur) 218
St. Andrew's Cathedral **218**, 222
St. George's Church (George Town) 109
St. Mary's Cathedral (Merdeka Square) 66
St. Paul's Church (St. Paul's Hill) 128
Tamilische Methodistenkirche (Malakka) 130
KL International Arts Festival (Kuala Lumpur) 57
KL Tourist Information Centre, National Museum 72
Klang 63, **82f**
KLCC Park **79**, 278, 290
Klettern *siehe* Sport und Aktivurlaub
Klias Wetlands **186**
Kling 45
Koay Jetty (Weld Quay Clan Piers) 106
Kolonialarchitektur 33
Carcosa Seri Negara 72, **73**
Courthouse Complex (Kuching) 161
Fort Cornwallis 106
Kuala Lumpur Railway Station 71
Malaysian Tourist Information Complex **80**
Raffles Hotel 33, **220f**
Smokehouse Hotel (Cameron Highlands) **98**
Kolonialleben 48
Kolonisation
Briten 43, 44f, 46
Niederländer 42f
Portugiesen 42
Kommunikation und Medien **328f**
Kompleks Budaya Kraf (Kuala Lumpur) **81**, 306
Kompleks Budaya Kraf (Pulau Langkawi) 121
Konfrontasi-Politik 50
Kong, Chor Soo 115

Korallenriffe 23f, 314
Miri 174
Perhentian-Inseln 148
Pulau Lankayan 197
Pulau Payar Marine Park 121
Pulau Redang 148f
Pulau Sipadan 61, 200f
Pulau Tenggol 145, 146
Pulau Tioman 137
Tanjung National Datu Park 166
Tunku Abdul Rahman National Park **185**
Koran 29
Kota Belanda (Pulau Pangkor) 100
Kota Belud 182, **188**
Kota Bharu 140, **152f**, 307
Hotels 280
Restaurants 295
Zentrumskarte 153
Kota Kinabalu 20, 181, **184f**, 307, 282, 298
Kota Kuala Kedah 117
Kota Raja (Istana Kampong Glam) 234
Kota Rajah Club (Kampong Glam) 234
Krankenhäuser *siehe* Medizinische Versorgung
Kreditkarten 252, 284, 303, 326
Kreditkartenverlust 324, 326
Kreisel 55, 80
Kreuzfahrten
Bunat Lake 175
Flussfahrten 315, 317
Singapore River 210f
Sungai Santubong 164
siehe auch Schiffsreisen
Kuah (Pulau Langkawi) 120
Kuala Jasin (Endau-Rompin National Park) 143
Kuala Kangsar 93, **102f**
Kuala Kedah 94, **117**
Kuala Krai (Kelantan) 155
Kuala Lipis (Dschungelbahn-Strecke) 155
Kuala Lumpur (Malaysia) 18, **62–91**
Detailkarte: Merdeka Square 66f
Hauptstadt der Föderierten Malaiischen Staaten 63
Hotels 278
Islamic Arts Museum 74f
Klima 58, 59
Restaurants 290–292
Shopping 306f
Stadtplan 84–91
Unterhaltung 308–312
Zentrumskarte 64f
Kuala Lumpur City Gallery 67, **69**
Kuala Lumpur International Airport (KLIA) 330–332
Abdul Aziz Shah Airport 332f
Kuala Lumpur Railway Station **71**
Kuala Pilah **126**
Kuala Selangor **97**
Kuala Terengganu 140, **147**
Hotels 280
Restaurants 295
Shopping 307
Kuan Yin, Göttin 31, 113, 228
Kuantan 140, **142**, 280, 295
Kuat, Phorthan 112
Kubah National Park and Matang Wildlife Centre **165**
Küche *siehe* Essen
Kuching 36, 157f, **160–163**
Hotels 281
Restaurants 296f
Shopping 307
Zentrumskarte 161
Kuching Waterfront 160, 162
Kuching Waterfront Bazaar 162
Kuching-Festival 58
Kudat **189**
Kukup **134**
Kundur, Long 152
Kunst und Kultur 55, 205
Kunstgalerien
Galeri Petronas (Petronas Towers) 79, 308
Galeri Shah Alam (Perdana Botanical Gardens) 82
Galeri Sultan Azlan Shah (Kuala Kangsar) 103
National Art Gallery **77**, 308
Tham Siew Inn Artist Gallery (Jalan Tun Tan Chen Lock) 131
siehe auch Museen und Sammlungen
Kunsthandwerk **36f**
Central Market (Kuala Lumpur) 67, 69
Komplex Budaya Kraf 81
Küstenebenen 23
Küsteninseln 23
Kusu Island 207, 243, **248**

L

Labi (Brunei) 178
Labuan International Sea Challenge 57
Labuan Marine Park (Pulau Labaun) 187
Lake Berkoh (Taman Negara) 144
Lake Gardens (Seremban) 126
Lake Gardens (Taiping) 101
Laksa 286f
Laksa lemak 287
Laksa-Nudeln 112, 117
Lambir Hills National Park 61, **175**
Lamin Dana Cultural Boutique (Mukah) 172
Land-Dayak *siehe* Bidayuh
Langboote 170
Langhäuser 32, 173, 276f
Batang Rajang 170f
Bidayuh 167
Einrichtung 173
Iban 160, 170f, **173**, 178
Long Dano (Kelabit Highlands) 175
Matunggung (Bavanggazo) 189
Pa Dalih (Kelabit Highlands) 175
Ramudu (Kelabit Highlands) 175
Rumah Bundong (Kapit) 171
Rumah Nikat (Lambir Hills National Park) 175
Rungus 27, 184, 189
Sarawak Cultural Village 165
Langkawi Birds Paradise 119
Langkawi Cable Car 121
Langkawi Canopy Adventures 120
Latak-Wasserfall (Lambir Hills National Park) 175
Lau Pa Sat **226**
Lebuh Chulia 107
Lee Moses, Claude 47
Lee Tan Jetty (Weld Quay Clan Piers) 106
LEGOLAND® Malaysia 308
Lembah Bujang 93f, **116**
Lenggong Valley **101**
Leong San See Temple **235**
Light, Sir Francis 43, 44, **109**, 110, 113, 185
Lim Bo Seng Memorial (Padang, Singapur) 215, 216
Limestone Outcrops
Mulu National Park 22, **176f**
Niah Caves 22, **174**
Lister, Martin 126
Little India (George Town) 109, 306
Little India (Kuala Lumpur) 26, 63, 64, **76**
Little India und Orchard Road (Singapur) 207, **230–241**
Anreise 231
Detailkarte: Kampong Glam 232f
Detailkarte: Orchard Road 238f
Hotels 283
Restaurants 300f
Srinivasa Perumal Temple 231, 236f
Stadtteilkarte 231
siehe auch Orchard Road
Loagan Bunut National Park **175**
Lobby (Raffles Hotel) **220**
Lobster Lairs (Pulau Sipadan) 201
Long Bar (Raffles Hotel) **220**
Long, Lee Hsien 51
Lorong Bunus (Kuala Lumpur) 76
Low, Sir Hugh 102, 193
Low's Peak (Kinabalu National Park) **193**
Löwentänze 34
Loy, Yap Ah 63, 69, **71**

M

Ma Zho Po, Meeresgöttin 228
MacRitchie, James 226
Magellan, Ferdinand 189
Mahsuris Grab (Pulau Langkawi) **119**, **120**
Mak-yong-Tanz 153, 310
Malaien 26, 48
Malaiische Gerichte und Spezialitäten **286f**
Malakka 41, 123f, **128–133**, 331, 334, 336
Hotels 279f
Portugiesische Kolonialisierung 42
Restaurants 294
Shopping 306, 307
Zentrumskarte 129
Malaqa House (Jalan Tun Tan Chen Lock) 131
Malay Arch (Terengganu State Museum Complex) 147
Malay College (Kuala Kangsar) 102
Malay Heritage Centre *siehe* Istana Kampong Glam
Malayan Communist Party (MCP) 48f
Malayan Union 49
Malaysia Mega Sale Carnival 58
Malaysia, Festivals und Feste **56–59**
Malaysia, modernes 51
Malaysian Open Golf Championship 56
Malaysian Tourist Information Complex (Kuala Lumpur) **80**
Malaysische Gummi-Industrie 102
Maliau Basin 199
Mandal Orchid Garden (Singapur) 256f
Manohra-Tanztheater 153
Mar Chor (Schutzheiliger der Seeleute) 110
Mari Mari Cultural Village **188**
Marina Bay Sands **217**

Märkte 302
Central Market (Kota Kinabalu) 185
Central Market (Kuala Lumpur) 67, **69**
Chow Kit 63f, **77**
Filipino Market 184f
Frischmarkt 302
Jalan Petaling **70**
Kota Belud 188
Lau Pa Sat 226
Pasar Besar (Kota Bharu) 150f, 152
Pasar malam 70, 76, 120, 302, 304, 306
Pasar Minggu **78**
Pasar Payang 147
Tamu Besar 59, 188
Tamu Muhibbah 174
siehe auch Wochenmärkte
Martin Lister Memorial Arch (Kuala Pilah) 126
Marudu Bay 189
Masjid *siehe* Moscheen
Masjid India **76**
Masjid Jamek (Kuala Lumpur) 67, **68**, 70f
Masjid Negara **72**
Masjid Sultan 232, **234**
Masken 304
Maße 323
MasterCard 326
Matang Wildlife Centre **165**
Mat-Salleh-Widerstandsbewegung 47
Mausoleum des Hang Kasturi 130
Maxwell, John Argyle 214, 217
McNeice, Lady Yeun-Peng 247
McSwiney, D. L. 219
Medizinische Versorgung 325
Mee (Nudeln) 286
Mee goreng 286
Meer-Dayak *siehe* Iban
Meerestiere und -pflanzen **24f**, 314
Aquaria KLCC 79
siehe auch Korallenriffe; Fauna
Mehrwertsteuer 253, 255, 303
Melaka *siehe* Malakka
Melanau 57, 165, 172
Memorial Obelisk (Padang, Singapur) 215
Menara KL 64, **80f**
Merdeka 49
Merdeka Eve 58
Merdeka Square 64, **66f**
Merlion-Statue 210, 227
Mersing **135**, 294f
Mesilau Nature Resort 190
Metallarbeiten 37
Metro 338
Mid-Autumn Festival 207
Minangkabau (Volksgruppe) 33, 60, 123, 127
Minangkabau-Architektur 33, 123, **127**
Istana Ampang Tinggi 126
Istana Lama **126**
Rumah Negri Sembilan 126
State Secretariat Building (Seremban) 126
Miri **174**, 281, 297
Miri International Jazz Festival (Miri) 57
Mixed Clan Jetty (George Town) 106
Mobiltelefone 328f
Mohammad, Mahathir 51
Mohammed II., Sultan 152
Mohudeen, Caudeer 108
Mondkalender 321
Mooncake Festival 59
Moscheen
Blaue Moschee (Shah Alam) 82
Masjid Al-Abrar (Telok Ayer Street) 226
Masjid Abu Bakar (Pekan)143
Masjid al-Hana (Pulau Langkawi) 119, 120
Masjid Al Taqwa (Miri) 174
Masjid An'nur Jamek (Pulau Labuan) 186
Masjid Assyakirin (Bintulu) 172
Masjid Bandaraya/städtische Moschee (Kuching) 160f
Masjid Di Raja Sultan Suleiman (Klang) 82, 83
Masjid Hajjah Fatimah (Kampong Glam) 233
Masjid India **76**
Masjid Jamek (Brunei) 158
Masjid Jamek (Kuala Lumpur) 67, **68**, 70f
Masjid Kampung Kling 130
Masjid Kapitan Keling (George Town) 108
Masjid Melayu 107
Masjid Muhammadi (Ziegelmoschee (Kota Bharu) 152
Masjid Negara **72**
Masjid Negeri (Kuantan) 142
Masjid Negeri (Kuching) 160f
Masjid Negeri Sabah (Kota Kinabalu) 23f
Masjid Putra (Putrajaya) 83
Masjid Sultan 232, **234**
Masjid Sultan Abdullah (Pekan)143
Masjid Sultan Abu Bakar (Johor Bahru) 135
Masjid Sultan Omar Ali Saifuddien (Brunei) 61, **179**
Masjid Sultan Ibrahim (Muar) 134
Masjid Tengku Tengah Zaharah (Kuala Terengganu) 147
Masjid Ubudiah (Kuala Kangsar) 102
Masjid Zahir (Alor Star) 117
Masjid Zainal Abidin (Kuala Terengganu) 147
Städtische Moschee (Kota Kinabalu) 184
Motorradvermietung 337
Mount Kinabalu Climbathon 59
Mountain Garden (Kinabalu National Park) 190
Muar **134**
Muka Head (Teluk Bahang) 114
Mukah **172**
Multimedia Super Corridor, MSC (Kuala Lumpur) 83
Mulu National Park 61, 156, 157f, **176f**
Murugan, hinduistischer Gott 35, 96, 236
Murut 57, 184
Museen und Sammlungen
Asian Civilisations Museum 214, **216**
Baba & Nyonya Heritage Museum 131, **132f**
Cat Museum (Kuching) 163
Changi Museum 243, **249**
Chinese History Museum 162
Darul Ridzuan Museum (Ipoh) 100
Democratic Government Museum (Stadthuys) 128
Eintrittspreise 321
Forestry Museum (Gunung Jerai) 116
Fuk Tak Chi Museum (Telok Ayer Street) 226
Galeri Sultan Azlan Shah, Istana Hulu (Kuala Kangsar) 103
Ibrahim Hussein Museum (Pulau Langkawi) 118, 121
Images of Singapore (Sentosa) **250**
Islamic Arts Museum **74f**
Islamic Heritage Museum (Kuching) 160
Islamic Museum (Kota Bharu) 152f
Istana Batu/Royal Museum (Kota Bharu) 152
Istana Jahar/Museum of Royal Traditions and Customs 152
Lamin Dana Cultural Boutique (Mukah) 172
Lembah Bujang Archaeological Museum 116
Lenggong Archaeological Museum 101
Maritime Museum (Malakka) 131
Museum JAKOA **96**
Museum of History and Ethnography (Stadthuys) 128
Museum of Literature (Stadthuys) 128
Museum Sultan Azlam Shah 82
Muzium Di Melaka (Malakka) 129
National Music Museum 67, **69**
National Museum **72**
National Museum of Singapore **222**, 256f
Penang Islamic Museum 108
Penang Museum and Art Gallery (George Town) 110
Perak Museum 101
Perak Royal Museum (Istana Kenangan) 103
Peranakan Museum **222**
Petroleum Museum (Miri) 174
Pinang Peranakan Mansion (George Town) 109
Raffles Hotel Museum 221
Royal Malaysian Museum (Malakka) 131
Royal Museum (Alor Star) 117
Royal Sultan Abu Bakar Museum (Johor Bahru) 134f
Rumah Negeri Sembilan State Museum (Seremban) 126
Sabah Museum 184
Sarawak Museum 160
Sibu Civic Centre Heritage Museum 170f
Singapore Art Museum **218f**
State Museum (Alor Star) 117
State Museum (Seremban) 126f
Sultan Abu Bakar Museum 143
Terengganu State Museum Complex 147
Textile Museum (Kuching) 160
Tin Museum (Klang) 83
World War II Memorial Museum (Kota Bharu) 153
Musik 58, **165**
Musik, traditionelle 309
Muslime 28f, 232f

N

Nachtsafari 244
Nagore Durgha (Telok Ayer Street) 226

Nasi (Reis) 286
National Art Gallery **77**, 308
National Monument (Perdana Botanical Gardens) 73
National Museum **72**
National Museum of Singapore **222**, 256f
National Music Museum 67, **69**
National Orchid Garden (Singapore Botanic Gardens) 243, **246**, 256f
National Planetarium (Perdana Botanical Gardens) 73
National Theatre (Kuala Lumpur) 77
  Klassische Musik 309, 311
Nationalfeiertag 68, **58**, 206
Nationalparks und Naturschutzgebiete 55
  Bako National Park 157, **168f**
  Buchung und Genehmigung 312, 317
  Bukit Nanas Forest Reserve 64, **80f**
  Bukit Timah Nature Reserve **244**
  Camping 277
  Eintrittspreise 321
  Endau-Rompin National Park 23, **143**, 312
  Gunung Gading National Park **166f**
  Kinabalu National Park 182, **190–193**
  Kubah National Park und Matang Wildlife Centre **165**
  Kuching Wetlands National Park 164
  Lambir Hills National Park 61, **175**
  Mulu National Park 61, 157f, **176f**
  Niah Caves National Park **174**
  Pantai Aceh Forest Reserve (Teluk Bahang) 114
  Semenggoh Wildlife Centre 157, **167**, 240
  Similajau National Park **172**
  Tabin Wildlife Reserve **198**
  Taman Negara 60, 139f, **144f**
  Tanjung Datu National Park **166**, 312
  Tunku Abdul Rahman National Park **185**
  Turtle Island National Park 61, **196f**
  Ulu Temburong National Park (Brunei) 179
Nature Education Centre (Sepilok Orangutan Rehabilitation Centre) 196
Naturschutzgebiete *siehe* Nationalparks und Naturschutzgebiete
Navaratri 108
Negeri Sembilan 33, 47, 123, 124, 127
Ngee Ann City 238, **240f**, 253
Niah Caves National Park 157f, **174**, 313
Nichtföderierte Malaiische Staaten 47
Niederschläge 58
Nord-Borneo-Eisenbahn **187**
Nordwest-Halbinsel **92–121**
  Cameron Highlands 98f
  George Town 106–111
  Hotels 279
  Pulau Langkawi 118–121
  Regionalkarte 94f
  Restaurants 292f
  Shopping 306
  Unterwegs 95
Norman, A. C. 66, 68
North Borneo Railway *siehe* Nord-Borneo-Eisenbahn
Notfallnummern 325
  Kreditkartenverlust 326

O

Öffnungszeiten 321
Old Parliament House 214, **217**
Omni-Theatre (Singapur) 245
Orang Asli (Volksgruppe) 93, 96, 138, 139
Orang Syam (Volksgruppe) 93, **117**, 139, 154
Orang Ulu (Volksgruppe) 27, 157, 165
Orang-Utan-Aufzucht 316
  Matang Wildlife Centre **165**, 167
  Semenggoh Wildlife Centre **167**
  Sepilok Orangutan Rehabilitation Centre **196**
  Tabin Wildlife Reserve **198**
Orang-Utans 22, 165, 167, 196, 198
Orchard Road (Singapur) 207, **238–241**, 283, 300f
Orchideen
  Frauenschuh 191
  Johor International Orchid Show 57
  Kinabalu National Park 190
  Orchid Garden (Lake Gardens) 73
  Singapore Botanic Gardens 243, 246f, 256f
  Vanda Miss Joaquim 223
  Verkauf (Singapur) 256f
  Zucht 243, 246
Organisierte Touren 331, 339
Orlina, Ramon 219
Osmanisches Zimmer (Islamic Arts Museum, Kuala Lumpur) **75**
Ost- und Zentral-Halbinsel (Malaysia) **138–155**
  Hotels 280f
  Jungle Railway 155
  Kota Bharu 140, 152f
  Regionalkarte 140f
  Restaurants 295f
  Shopping 307
  Taman Negara 139, 140, 144f
  Unterwegs 141
Ostern 56
Ostmalaysia 18, 20f, 43, 60
Overbeck, Baron von 47

P

Padang (Alor Star) 117
Padang (Singapur) 213, **214f**
Padang Kota Lama 106
Pagode Königs Rama VI. (Kek Lok Si Temple) 113
Pahang 47, 139
Palace of Justice (Putrajaya) 83
Palmöl 54,199
Pancur-Wasserfall (Lambir Hills National Park) 175
Pandok Java (Kampong Glam) 233
Pangkor Town (Pulau Pangkor) 100, 279, 293
Pannenhilfe 337
Pantai Dasar Sabak **154**
Pantu-Wasserfall (Lambir Hills National Park) 175
Paragon Shopping Centre (Orchard Road) 238
Parameswara 41
Parliament Complex (Singapur) 210, 217
Parliament House, Padang (Singapur) 214
Pasar Minggu Market **78**
Pauschalreisen 331
Pavilion KL (Kuala Lumpur) 306f
Pavilion Square Tower (Kuala Kangsar) 102
Peace Park (Pulau Labuan) 186f
Pei, I. M. 218
Pekan **143**
Penan (Volksgruppe) 27, 165, 171
Penang 94, 109
  Hotels 279
  Restaurants 293
  Shopping 306f
Penang Botanic Gardens **112f**
Penang Butterfly Farm (Teluk Bahang) 114
Penang Hill **113**
Penang International Dragon Boat Festival 57
Penang World Music Festival 57
Penangs erste Münze 45
Peng Aun Jetty (George Town) 106
Peng, Chin 49
Pensionen 276
Perak (Kuala Kangsar) 39, 47, 93, 100–102
Perak Tong (Kinta Valley) 101
Peranakan (Baba-Nyonya) 26, 32, 37, 44f, 100, 106, 110, 115, 130, 132f, 222, 240, 287, 305f
  siehe auch Straits-Chinesen
Peranakan Museum **222**
Peranakan Place (Orchard Road) 239, **240**
Perdana Botanical Gardens (Kuala Lumpur) 63f, **72f**
Perdana Putra (Putrajaya) 83
Perhentian-Inseln 60, 140, **148**, 280, 295f
Perlis 94
Persönliche Sicherheit 324
Pesta Kaul (Fest) 57, 172
Petra Jaya (Kuching) 163
Petronas Towers 33, 34, 62, 64, **78**, 79
Petrosains (Petronas Towers) 79
Pillai, Narain 224
Pinnacles, The (Mulu National Park) **177**
Pitcher Plant Fountain (Merdeka Square) 66
Plaza Singapura (Orchard Road) 239
Poh, Sam 115
Polizei 324
Pongal (Fest) 56, 206
Poring Hot Springs (Kinabalu National Park) 190, **191**
Port Dickson (Seremban) 126
Port Klang 83, 331
Port of Kuantan 54
Porta de Santiago (Malakka) 128
Post 328f
Praktische Hinweise **320–329**
Priests House (Cathedral of the Good Shepherd) 219
Prophet Mohammed 29, 57
Protestant Cemetery (St. George's Church) 109
Pulau Kapas **146**, 281
Pulau Ketam **83**
Pulau Labuan **186f**

Pulau Langkawi **118–121**
Duty-free-Shopping 303
Hotels 279
Restaurants 292f
Shopping 306f
Pulau Lankayan **197**, 282
Pulau Pangkor **100f**
Pulau Redang 140, **148**, 281, 296
Pulau Sipadan 23, 60, 182f, **200f**
Pulau Tenggol **146**, 281
Pulau Tioman (Seribuat-Archipel) 23, 122, 135, **136f**, 280
Pulau Ubin **249**, 253
Putra Bridge 83
Putra World Trade Centre (Kuala Lumpur) 64
Putrajaya 63, **83**
Putrajaya Wetlands 83

Q

Qing Ming Festival 206
Quaritch Wales, H. G. 116
Quoin Hill Cocoa Estate (Tawau) 199

R

Raffles City **218**
Raffles Hotel 33, 111, **220f**
Souvenirladen 256f
Raffles House (Fort Canning Park) 223
Raffles Place **227**
Raffles, Sir Stamford 43, **44**, 111, 123, 186, 204, 216
Raffles' Landing Site 210, 214, **216**
Rafflesia-Artenschutz
Gunung Gading National Park 166
Tambunan Rafflesia Forest Reserve 186
Rahman, Tunku Abdul 49f, 327
Rainforest World Music Festival 58, **165**
Rajah Abdullah 71, 82f
Rajah Mahadi 82
Ramadan 58
Rebana-Trommeln 153
Regenwälder 22
Reise- und Krankenversicherung 325
Reisebüros 333
Reiseinformationen **330–339**
Reisepass, Verlust 324
Reiseschecks 253, 326
Religion 28–31, 205
Rempah 286
Rendang 286
Republic Plaza (Raffles Place) 227
Resorts World Sentosa (Singapur) 250
Restaurants **284–301**
Abstecher (Singapur) 301
Bezahlung und Trinkgeld 285
Etikette 284
Imbissstände 284f
Kategorien 285
Kinder 285
Kuala Lumpur **290–292**
Nordwest-Halbinsel **292f**
Ost- und Zentral-Halbinsel **295f**
Rauchen 285
Reservierung 284
Restauranttypen 284
Sabah **298f**
Sarawak **296–298**
Seafood 284
Servicesteuer 285, 303
Singapur **299–301**
Speisekarte 284
Südhalbinsel **294f**
Vegetarische Gerichte 285
Wein und Getränke 284f
siehe auch Essen
Ri Gong Tai Zi, Sonnengott 228
Ringgit 303, 327
Riverside Point (Singapur) 211
Robinsons Department Store (Orchard Road) 238, 240, 252, 255
Rochor Canal 235
Rose Garden (Cameron Highlands) 99
Round Tower (Kuching) 160
Royal Customs and Excise Building (Muar) 134
Royal Ipoh Club 100
Royal Mausoleum (Kuala Kangsar) 102
Royal Selangor Club 66, **68**
Rumah Bundong (Kapit) 171
Rumuh Penghulu Abu Seman 81
Rungus (Volksgruppe) 27, 188f

S

Sabah 20, 46f, 60, **180–201**
Fremdenverkehr 277, 316
Hotels 282
Indigene Völker 27
Kinabalu National Park 182, **190–193**
Pulau Sipadan 182f, 200f
Regionalkarte 182f
Restaurants 298f
Shopping 303, 307
Unterwegs 183
Sabah Foundation 184, 198
Sacred Turtle Pond (Kek Lok Si Temple) 113
Sago Street (Singapur) 225
Sakya Muni Buddha Gaya Temple **235**
Sam Poh Tong (Kinta Valley) 101
Sambal 286f
Sandakan 181, 189, **196**, 298f
Sandakan Memorial Park 196
Santry, Denis 232
Santubong **164**
Gipfeltrekking 164
Sarawak 20, 46–48, 60, **156–177**
Bako National Park 157, **168f**
Hotels 281f
Indigene Völker 27
Kuching **160–163**
Mulu National Park 61, 157f, **176f**
Regionalkarte 158f
Restaurants 296–298
Shopping 303, 307
Unterhaltung 310
Unterwegs 159
Sarawak Crafts Council (Kuching) 160
Sarawak Cultural Village **165**
traditioneller Tanz und Musik 310
Sarawak Regatta 58
Sarawak Steamship Building 162
Saunders Road (Orchard Road) 240
Schiffsreisen 331, **335**
Batang Rajang 170
Bunut Lake (Loagan Bunut National Park) 175
Einrichtungen und Kosten 335
Ekspres-Boote 334, 335
Langboote 335
Lata Berkoh (Taman Negara) 144
Rundfahrten 175, 335
Sungai Tembeling 144
Tasik Chini 142
Schiffswracks
Pulau Kapas 146
Pulau Redang 148
Schnitzereien 37, 305
Schnorcheln 314f, 317
Perhentian-Inseln 148
Pulau Gemia 145, 146
Pulau Kapas 146
Pulau Langkawi **118–121**
Pulau Mamutik 185
Pulau Pangkor 100
Pulau Redang **148f**
Pulau Sapi 185
Pulau Sulug 185
Pulau Tioman 136
Pulau Tulai 137
Seribuat-Archipel 123
siehe auch Tauchen
Schwule und lesbische Reisende 322f
Science Centre Singapore **245**
S.E.A. Aquarium (Sentosa) **250**
Segama-Flusstal (Sabah) 198
Sekolah Raja Perempuan Mazwin (Kuala Kangsar) 103
Selambau 175
Selangor 47, 82, 93, 97
Sematan **166**
Semenggoh Wildlife Centre 157, **167**, 240
Semporna 52f, **198f**, 299
Seng, Eu Tong 80
Seng, Lim Bo 215
Seng, Tan Tock 228
Sentosa 243, **250f**
Sentosa Express 251
Sentosa's Songs of the Sea (Singapur) 250
Sentry, Denis 234
Sepilok Orangutan Rehabilitation Centre **196**
Sequeira, Admiral Lopez de 42
Serangoon Road **235**, 254
Seremban 60, 124, **126**, 280, 295
Seri Gemilang Bridge 83
Seri Rambai (George Town) 106
Seribuat-Archipel 123f, **135**, 280
Shah Alam **82**
Shah, Alauddin Riyat 42
Shah, Azlan 103
Shah, Sultan Ali Sikander 232, 234
Shah, Sultan Hussain 232, 234
Shah, Sultan Iskandariah 103
Shah, Sultan Mahmud 42
Shaw Foundation Symphony Stage (Singapore Botanic Gardens) 243, 247
Shivaismus **30**
Shophouses 32
Baba & Nyonya Heritage Museum 131, **132f**
Baustile (Singapur) **225**
Boat Quay 227
Chinatown (Kuala Lumpur) 70
Chinatown Heritage Centre **224**
Five Foot Ways **111**
Jalan Tun Tan Chen Lock (Malakka) 131
Kuala Kangsar 102
Kuantan 142
Pekan 143
Peranakan Place (Orchard Road) 239, 240
Temple Street (Singapur) 224

Shopping in Malaysia **302–307**
Bezahlung 303
Duty-free-Shopping 303, 306f
Einkaufsmöglichkeiten **306f**
Fototechnik 303
Garantie 303
Golden Triangle 80
Imitate 303
Johor Bahru 306, 307
Kaufhäuser und Shoppingmalls 302
Kota Bharu 307
Kota Kinabalu 307
Kuala Lumpur 306f
Kuala Terengganu 307
Kuching 307
Malakka 306, 307
Malaysia Mega Sale Carnival 58
Märkte 302
Mehrwertsteuer 303
Öffnungszeiten 302f
Penang 306, 307
Pulau Langkawi 306, 307
Souvenirs 304f
Tamu *siehe* Märkte
Verhandeln 303
Waren **304f**
Shopping in Singapur **252–257**
Antiquitäten und Kunsthandwerk 254, 255
Arab Street 234, 252, 254
Bezahlung 252f
Bücher 256f
Chinatown 252
Computer 256f
Delikatessen 257
Einkaufsmöglichkeiten **254–257**
Elektronik 256f
Gartenshop (Singapore Botanic Gardens) 256f
Great Singapore Sale 253
Handeln 252
Kameras und Uhren 256f
Kaufhäuser und Shoppingmalls 252, 254f
Kleidung und Stoffe 254f
Little India 252, 254
Malls und Fachgeschäfte 254f
Musik 256f
National Museum of Singapore 256f
Öffnungszeiten 252
Orchard Road 238, 252
Orchideen 256f
Raffles City Shopping Centre 218, 252, 254
Raffles Hotel Gift Shop 256f
Schmuck 254f
Schuhe und Taschen 254f
Sonderangebote 253
Souvenirs 256f
Umtausch 253
siehe auch Shoppingmalls
Sibu 158, **170f**, 282, 297f
Sicherheit und Gesundheit **324f**
Signal Hill Observatorium (Kota Kinabalu) 184
Sikhs 26
Silat-Tanz 153, 310
Silberwaren 37, 304, 306
Similajau National Park **172**
Singapore Botanic Gardens 243, **246f**
Singapore Cricket Club 214, 215
Singapore Discovery Centre 243, **244f**
Singapore Flyer 218
Singapore Grand Prix 207
Singapore International Festival of Arts 206
Singapore River **210f**
Singapore Sling 220
Singapore Symphony Orchestra 216, 260
Singapore Zoo **244**
Singapur 44f, 49–51, **202–273**
Abstecher **242–251**, 283, 301
Buddhismus 31
Colonial Core und Chinatown **212–229**
Hinduismus 30
Hotels 51, 282f
in Singapur unterwegs 338f
Kampong Glam **232f**
Klima 204
Little India und Orchard Road 207, **230–241**, 283
Orchard Road **238f**
Outdoor-Aktivitäten *siehe* Sport und Aktivurlaub (Singapur)
Padang **214f**
Raffles Hotel **220f**
Regierung und Politik 204
Restaurants 299–301
Sentosa **250f**
Shopping *siehe* Shopping in Singapur
Singapore Art Museum **218f**
Singapore Botanic Gardens 246f
Sri Srinivasa Perumal Temple **236f**
Stadtplan 264–273
Thian Hock Keng Temple 212, **228f**
Unterhaltung *siehe* Unterhaltung in Singapur
Singapur-Dollar (Währung) 327
Singlish 205
Skybridge (Petronas Towers) 78
SkyPark (Marina Bay Sands) 217
Smith, Captain Robert 109, 110
Smith, William Kellie 100
Smokehouse Hotel (Cameron Highlands) 98
Snake Temple **115**
Sogo 76, 306
South Point (Pulau Sipadan) 201
Sport und Aktivurlaub (Malaysia) **312–317**
Bergklettern und -wandern 312f
Buchung und Lizenzen für Nationalparks 312, 317
Flussfahrten 315
Führungen 312, 317
Golf 56, 316f
Höhlenwanderungen 313, 317
Wassersport 315
siehe auch Tauchen; Kreuzfahrten; Trekking; Wildwasser-Rafting
Sport und Aktivurlaub (Singapur) **262f**
Abenteuersport 262f
Golf 262f
Natur erleben 263
Radfahren 263
Segeln und Windsurfen 262f
Tauchen 262f
Tennis 263
Wasserski und Wakeboarding 262f
Sprache 41, 50, 205, 323
Sprachführer Malaiisch 354
Square Tower (Kuching) 162
Sri Maha Mariamman Temple (Kuala Lumpur) 56, **70**
Sri Mariamman Temple (Singapur) **224**
Sri Melaka (Stadthuys) 128
Sri Menanti **126**, 280
Sri Srinivasa Perumal Temple **236f**
Sri Veeramakaliamman Temple 230, **235**
Srivijaya-Reich 40
St. Andrew's Cathedral **218**, 222
Stadthuys (Malakka) 42, 128
Staghorn Crest (Pulau Sipadan) 201
State Secretariat Building (Seremban) 126
Steuererstattung in Singapur 253, 255
Straits-Chinesen 110, 123, 128, 132, 240
Architektur 32
Baba & Nyonya Heritage Museum 131, **132f**
Kochkunst 287
Kultur 45
Straits Settlements 43, **44f**
siehe auch Peranakan; Shophouses
Strände
Bak Bak (Kudat) 189
Batu Ferringhi **114**
Cendor (Cherating) 143
Cherating **143**
Coral Bay (Pulau Pangkor) 100f
Damai **164**, 281
Desaru 125, **135**
Kalampunian (Tip of Borneo) 189
Kerachut (Teluk Bahang) 114
Monkey (Pulau Tioman) 137
Palawan (Sentosa) 251
Pantai Cenang (Pulau Langkawi) 93, **118**, **120**
Pantai Dasar Sebak **154**
Pantai Puteri (Pulau Pangkor) 100
Pantai Seri Kanangan (Brunei) 178
Pantai Tengah (Pulau Langkawi) 121
Pasir Antu (Tanjung Datu National Park) 166
Pasir Berunpu (Tanjung Datu National Park) 166
Pasir Bogak (Pulau Pangkor) 100
Pasir Panjang (Perhentian-Inseln) 148
Pasir Panjang (Pulau Redang) 148
Pelangi (Pulau Langkawi) 94
Port Dickson (Seremban) 126
Salang (Pulau Tioman) 137
Teluk Dalam Kecil 148
Teluk Ketapang (Pulau Pangkor) 100
Three Coves Bay (Pulau Perhentian Besar) 148
siehe auch Tauchen
Straße von Malakka 124, 126
Straßennetz 336
Südchinesisches Meer 18, 20, 60, 124
Südhalbinsel **122–137**
Baba & Nyonya Heritage Museum 132f
Hotels 279f
Malakka 128–133
Minangkabau-Architektur 127
Pulau Tioman 136f
Regionalkarte 124f
Restaurants 294f
Unterwegs 124

Sugud Islands Marine Conservation Area 197
Sukau 181
Sultan Abdul Samad Building 66, **68**
Sultan Ibrahim Building (Johor Bahru) 135
Sultan von Brunei **178**, 187
Sultan von Johor 139
Sultan von Kedah 44
Sultanat Malakka 41
Sultanat Perak 42
Sulusee 196
Sumangkap 182, **188f**
Sumatra-Nashorn
  Endau-Rompin National Park 143
  Tabin Wildlife Reserve 198
  siehe auch Fauna
Sunda-Schelf 22
Sungai *siehe* Flüsse
Sungai Padas **187**, 142
Sungai Palas Tea Estate (Cameron Highlands) **99**
Sungai Santubong **164**
Sungai Teroi Forest Recreation Park (Gunung Jerai) 116
Supreme Court (Padang, Singapore) **214**
Suria KLCC und KLCC Park 78, **79**, 306
Swettenham, Sir Frank 82
Syed Al-Attas Mansion (George Town) 108
Symphony Lake (Singapore Botanic Gardens) 243, 247
Sze Ya Temple **69**

T

Tabin Wildlife Reserve **198**
Tadau Kaamatan 57
Taiping **101**
  Hotels 279
  Restaurants 293
Tajor Waterfall (Bako National Park) **169**
Taman Alam Kuala Selangor Nature Park (Kuala Selangor) 97
Taman Legenda 120
Taman Negara 60, 139f, **144f**, 281
Taman Tumbina (Bintulu) 172
Tambunan Rafflesia Forest Reserve **186**
Tamus *siehe* Märkte; Wochenmärkte
Tan Hoon Siang Mist House (Singapore Botanic Gardens) 243, 247
Tan Kim Seng Fountain (Esplanade Park) 216
Tange, Kenzo 227
Tanglin Mall 238, **241**, 254f
Tangs (Orchard Road) 238, **241**
Tanjong Pagar Conservation Area **225**
Tanjung Datu National Park **166**, 312
Tanjung Lumpur (Kuantan) 142
Tasek Merimbun (Brunei) 178
Tasik Chini 140, **142**
Tasik Dayang Bunting (Pulau Langkawi) 118, 121
  Sage von **118**
Tasik Kenyir **146**
Tauchen **314**, 315, 317
  Monkey Beach (Pulau Tioman) 137
  Perhentian-Inseln 148
  Pulau Kapas 146
  Pulau Lankayan 197
  Pulau Payar Marine Park (Pulau Langkawi) 121
  Pulau Redang 148f
  Pulau Sipadan 23, 61, 200f
  Pulau Susu (Perhentian-Inseln) 148
  Pulau Tenggol 146
  Pulau Tioman 23
  Schulen in Singapur 262f
  Seribuat-Archipel 123, 135
  Wracktauchen 187, 314
  siehe auch Schnorcheln; Sport und Aktivurlaub
Tawau **199**
Tawau Hill State Park **199**
Taxis 336, 339
Teeplantagen
  Fraser's Hill 97
Telaga Tujuh Falls (Pulau Langkawi) 118, 121
Telefonieren 328
Telok Ayer Markt *siehe* Lau Pa Sat
Telok Ayer Street **226**
Teluk Bahang **114**
Teluk Chempedak/Jackfruit Bay (Kuantan) 142
Teluk Datai (Pulau Langkawi) 121
Teluk Melano 166
Teluk Nipah (Pulau Pangkor) 100
Temasek, Königreich 223
Tempel und Pilgerstätten
  Batu Caves 35, 56, 70, 94, **96**, 313
  Chan See Shu Yuen Temple 63, 70, **71**
  Cheng Hoon Teng Temple (Malakka) 130
  Chettiars' Temple 206, **223**
  Dhammikarama Temple **112**
  Hainan Temple (George Town) 110
  Kek Lok Si Temple 95, **113**
  Keramat-Kusu-Schrein (Kusu Island) 243, 248
  Khoo Kongsi Temple (George Town) 107
  Kiu Ong Yiah Temple (Singapur) 207
  Kuan Yin Temple (George Town) 109
  Kuan Yin Tong Temple 172
  Leong San See Temple **235**
  Ling Nam Temple 101
  Nang Thiam Keng Temple 83
  Sakya Muni Buddha Gaya Temple **235**
  Sam Poh Footprint Temple (Batu Maung) 99
  Sam Poh Temple (Cameron Highlands) **99**
  Snake Temple **115**
  Sri Kanthaswamy Hindu Temple 37, 126
  Sri Maha Mariamman Temple (Kuala Lumpur) 56, **70**
  Sri Mariamman Temple (George Town) 108
  Sri Mariamman Temple (Singapur) **224**
  Sri Perumal Temple 223, 236f
  Sri Poyyatha Vinayagar Moorthi Temple 130
  Sri Shivan Temple (Malaysia) 30
  Sri Shivan Temple (Singapur) 30
  Sri Srinivasa Perumal Temple **236f**
  Sri Veeramakaliamman Temple **235**
  Sze Ya Temple **69**
  Thean Hou Temple 65, **73**
  Thian Hock Keng Temple 206, 212, 226, **228f**
  Tua Pek Kong Temple (Kuching) 162
  Tua Pek Kong Temple (Kusu Island) 243, 248
  Tua Pek Kong Temple (Miri) 174
  Tua Pek Kong Temple (Mukah) 172
  Tua Pek Kong Temple (Sibu) 170
  Wat Chayamangkalaram **112**
  Wat Machimmaram **154**
  Wat Phothivihan **154**
  Wat Syam Nikrodharam Temple 117
Temperaturen 59
Temple Street (Singapur) **224f**
Tenom 187
Terengganu 47, 139
Terengganu Marine Park (Pulau Tenggol) 146
Terengganu Stone 40
Terengganu Street (Chinatown, Singapur) 225
Textilien **36**
  siehe auch Batik; Ikat
Thaipusam (Fest) 35, 56, 223, 206, **236**
  Batu Caves 96
  Sri Maha Mariamman Temple 70
  Sri Mariamman Temple (George Town) 108
  Sri Srinivasa Perumal Temple (Singapur) 236f
Thean Hou Temple 65, **73**
Themen- und Tagestouren **10–17**
Theravada-Buddhismus 31, 112f, 117, 154
Thian Hock Keng Temple 206, 212, 226, **228f**
Thimithi Festival 207
  Sri Mariamman Temple (Singapur) 224
Thompson, Jim **98**
Tierarten, bedrohte **23**
Tierbeobachtung 316f
  Danum Valley 181, 183, 198
  Gomantang Caves 197
  Kinabatangan Wildlife Sanctuary **197**
  Klias Wetlands **186**
  Sepilok Orangutan Rehabilitation Centre **196**
  Tabin Wildlife Reserve 198
  Turtle Island National Park **196**
  siehe auch Fauna; Fledermäuse; Flora; Nationalparks und Naturschutzgebiete
Tiere *siehe* Fauna und Flora
Tingkayu (Pulau Bohey Dulang) 198
Tip of Borneo **189**, 282
Titiwangsa Lake Gardens **78**
Titiwangsa Mountain Range 96f, 116, 139
Tour de Langkawi 56
Trekking 312f, 317
  Bako National Park **168f**
  Bario Loop (Kelabit Highlands) 175
  Bombalai Hill (Tawau Hill State Park) 199
  Endau-Rompin National Park 143
  Forest Recreation Park (Teluk Bahang) 114
  Fraser's Hill 97
  Gunning Api (Mulu National Park) 176, 313

Trekking *(Fortsetzung)*
Gunung Kinabalu 182, 190, **192f**, 312f
Gunung Mulu (Mulu National Park) 176f, 312f
Gunung Murud (Kelabit Highlands) 175
Gunung Tahan 144, 313
Mount Santubong Summit Trek 164
Mulu National Park 157, 176f, 312f
Penang Hill 113
Santubong Jungle Trek 164
Taman Negara 144, 145, 313
siehe auch Sport und Aktivurlaub; Wanderwege
Tropical Spice Garden (Batu Ferringhi) 114
Tropische Früchte 287
Tuak (Reiswein) 285
Tumpat **154**, 155
Tunku Abdul Rahman National Park **185**, 282
Turtle Cavern (Pulau Sipadan) **200**
Turtle Island National Park 61, **196f**
Turtle Patch (Pulau Sipadan) 201
Tze, Cheong Fatt 111

U

Ugly Sisters' Peak (Kinabalu National Park) 193
Umweltschutz 55
Underwater World Aquarium (Pulau Langkawi) 121
United Malays National Organisation (UMNO) 49
Universal Studios Singapore (Sentosa) 250
Unterhaltung in Malaysia **308–311**
Clubs und Discos 311
Dewan Filharmonik Petronas 309, 311
Information 308, 311
Kino 309, 311
Kneipen, Bars und Karaoke 310f
Kunstausstellungen 308
Musik 309–311
Tanz, traditioneller 310
Theater 309, 311
Themenparks 308, 311
Unterhaltung in Singapur **258–261**
Ballett 260f
Behinderte Besucher 258f
Bühnen 258f
Buskers' Festival 258f
Chinesische Oper 260f
Esplanade – Theatres on the Bay 33, 216, 258
Festivals 258
Gratis- und Open-Air-Veranstaltungen 259
Kino 260f
Kneipen, Clubs und Bars 260f
Mosaic Music Festival 258f
Musik 260f
Nachtleben 260f
Singapore Fringe Festival 258f
Singapore International Festival of Arts 258f
Singapore Piano Festival 258f
Singapore Symphony Orchestra 259f
Theater und Musicals 260f
Tickets 258f
Unterkünfte
Gästehäuser 276
Langhäuser *siehe* Langhäuser
Nationalparks und Camping 277
Pensionen 276
siehe auch Hotels
UOB (Singapur) 227
UOB Plaza (Raffles Place) 227

V

Vanda Miss Joaquim (Orchidee) 223
Verbraucherschutz in Singapur 253, 255
Vereinigte Ostindien-Kompanie (VOC) 42
Verkehrsregeln 337
Vertrag von Pangkor 47
Vesak (Malaysia) 57
Vesak Day (Singapur) 206
Victoria Memorial Clocktower (George Town) 106
Victoria Theatre & Concert Hall **216**
Victorian Chinese Weekly Entertainment Club (Ann Siang Hill) 226
Viewpoint Trail (Similajau National Park) 172
VIP Orchid Garden (Singapore Botanic Gardens) 243, 246
Visa (Kreditkarte) 326
Vishnu 236f
Visum 320
VivoCity 252, 255
Vogelbeobachtung 316f
Bird Park (Perdana Botanical Gardens) 73
Jurong Bird Park 242, 243, 245
Kinabalu National Park 190
Langkawi Birds Paradise (Pulau Langkawi) 119
Loagan Bunut National Park 175
Pulau Dayang Bunting (Pulau Langkawi) 121
Pulau Ubin 249, 253
Taman Alam Kuala Selangor Nature Park 97
Taman Negara 144
Tawau Hill State Park 199
siehe auch Fauna
Volksgruppen Malaysias und Singapurs **26f**, 205
siehe auch Indigene Völker
Vorwahlnummern 329
Vuttisasara 235

W

Währung 253, 326
siehe auch Banken; Singapur-Dollar
Wallace, Alfred 160
Wandern *siehe* Wanderwege; Trekking
Wanderwege
Bukit Tupai Trail (Kinabalu National Park) 190
Gunung Gading Trail (Gunung Gading National Park) 167
Headhunters Trail (Mulu National Park) 177
Lintang Trail (Bako National Park) 168
Mesilau Trail (Kinabalu National Park) 193
Pitcher Trail (Kubah National Park and Matang Wildlife Centre) 165
Rayu Trail (Kubah National Park and Matang Wildlife Centre) 165
Selansur Trail (Similajau National Park) 172
Silau Silau Trail (Kinabalu National Park) **190**
Summit Trail (Gunung Kinabalu) 192
Tajor Trail (Bako National Park) 169
Tekek-Juara Hiking Trail (Pulau Tioman) 137
Teluk Delima Trail (Bako National Park) 168
siehe auch Trekking
Wang-Kang-Fest 162
Wang, Kai Zang Shen 228
Warren, Stanley 249
Wat Chayamangkalaram **112**
Wat Machimmaram **154**
Wat Phothivihan **154**
Wayang kulit (Schattenspiel) 55, 153, 304, 307, 309
Weiße Rajahs 46, 157, **163**
Weld Quay Clan Piers (George Town) 106
Weldon, Felix de 73
Westmalaysia 18f, **52–155**
Wet World Water Park (Shah Alam) 82, 309
Wheelcock Place (Orchard Road) 238
Whitehead, John 193
White-Tip Avenue (Pulau Sipadan) **201**
Wildwasser-Rafting 315, 317
Kampar 315
Padas 181f, **187**, 315
Sungkei 315
siehe auch Sport und Aktivurlaub
Williams, Austin Podmore 227
Wind Cave und Fairy Cave **167**
Windsurfen 146
Wirtschaft
Malaysia 54f
Singapur 204f
Wochenmärkte *(tamus)* 20, 184, **302f**
Woolner, Thomas 216
World Harvest Festival 57
Worldwide Fund for Nature (WWF) 55
Wracktauchen 187, 314

Y

Yeoh Jetty (Weld Quay Clan Piers) 106
Yeun-Peng McNeice Bromeliad House (Singapore Botanic Gardens) 243, **247**
Yew, Lee Kuan 49, 51, 204
Yuan, Qu 57, 206

Z

Zapin 29
Zeitkapsel (Padang, Singapur) 214
Zeitungen und Zeitschriften 329
Zeitzone 321
Zeng He 41
Zinn-Abbau 47, 93, 101
Zoll 320f
Zu Fuß unterwegs 338
siehe auch Trekking; Wanderwege
Züge 330f, 334
Zweiter Weltkrieg 48

Danksagung und Bildnachweis

Dorling Kindersley bedankt sich bei folgenden Personen, deren Beiträge und Mitarbeit dieses Buch möglich gemacht haben.

Hauptautoren

David Bowden ist Australier, der seit über zehn Jahren in Asien arbeitet. Er ist in Malaysia zu Hause und schreibt und fotografiert für einige der namhaftesten nationalen und regionalen Zeitungen und Magazine dort.

Ron Emmons ist ein britischer Autor und Fotograf. Er lebt seit den 1990er Jahren in Thailand und ist Autor des Reiseführers *Top 10 Bangkok* des Dorling Kindersley Verlags.

Andrew Forbes lebt seit 20 Jahren im thailändischen Chiang Mai, wo er als Redakteur von CPA Media arbeitet. Er war in den vergangenen drei Jahrzehnten oft in Malaysia und schrieb Beiträge zu den DK-Reiseführern *Vis-à-Vis Vietnam und Angkor Wat*.

Naiya Sivaraj ist, solange sie denken kann, auf Reisen und schreibt. Inzwischen hat sie beides verbunden und zum Beruf gemacht. Darüber hinaus absolviert sie derzeit ein Journalismus-Studium an der UCLA.

Richard Watkins stammt aus Wales und ist freischaffender Reiseautor. Er hat bisher für zahlreiche Publikationen, darunter auch Zeitungen und Magazine in Großbritannien, den USA und Australien, geschrieben.

Historische Beratung

Nicholas White ist Dozent für die Geschichte des Imperialismus und des Commonwealth an der John Moores University in Liverpool. Er hat zahlreiche Bücher und Artikel über die Geschichte Malaysias veröffentlicht, darunter (mit J. M. Barwise) *A Traveller's History of South East Asia*, 2002 erschienen bei Windrush/Cassell.

Sprachführer

E. Ulrich Kratz.

Factcheck

Erik Fearn, Angelia Teo.

Korrektoren

Shonali Yadav, Stewart J. Wild, Leonie Wilding.

Textregister

Jyoti Dhar.

Für Dorling Kindersley, London

Publisher Douglas Amrine
List Manager Lucinda Smith
Managing Art Editor Jane Ewart
Managing Editor Kathryn Lane
Project Editor Ros Walford
Senior Art Editor Paul Jackson
Project Art Editor Sonal Bhatt
Umschlagdesign Tessa Bindloss
Kartografie Casper Morris
DTP Designer Jenn Hadley, Natasha Lu
Production Controller Inderjit Bhullar

Revisionsteam

Louise Abbott, Shruti Bahl, Kiki Deere, Alexandra Farrell, Rhiannon Furbear, Amy Harrison, Helena Iveson, Jacky Jackson, Sumita Khatwani, Maite Lantaron, Jude Ledger, Richard Lim, Hayley Maher, Chris Orr, Catherine Palmi, Rada Radojicic, Lucy Richards, Stuti Tiwari, Helen Townsend, Zoe Ross.

Zusätzliche Bildrecherchen

Rachel Barber, Ellen Root.

Zusätzliche Kartografie

Grundlegendes Kartenmaterial zu Kuala Lumpur stammt von Netmaps.

Zusätzliche Fotografien

Irv Beckman, Simon Bracken, Gerard Brown, Andy Crawford, Peter Chen, Frank Greenaway, Benu Joshi, Barnabas Kindersley, Dave King, Colin Koh, Lawrence Lim, Ian O'Leary, Lloyd Park, Brian Pitkin, Tony Souter.

Weitere Hilfe gewährten:

Jo Chua, Baba & Nyonya Heritage Museum; Asma Adnan und Mohamad Redza, Islamic Arts Museum; Rohaya Juli, Money Museum; Noredah Othman, Sabah Tourism Board; Letitia Samuel, Sarawak Tourism Board; Serene Lim Si Si, Singapore Tourism Board; S. T. Ramish, Tourism Malaysia.

Genehmigungen für Fotografien

Dorling Kindersley bedankt sich bei den folgenden Institutionen für ihre Unterstützung und die freundlich gewährte Fotoerlaubnis:
Islamic Arts Museum; Kompleks Budaya Kraf; National Art Gallery; National Museum; Penang Museum and Art Gallery; Royal Museum.

Bildnachweis

u = unten, o = oben, m = Mitte, l = links, r = rechts.

Wir haben uns bemüht, alle Urheber ausfindig zu machen. Sollte dies in einigen Fällen nicht gelungen sein, bitten wir, dies zu entschuldigen. In der nächsten Auflage werden wir versäumte Nennungen nachholen.

Die Merlion-Statue wurde mit freundlicher Genehmigung des Singapore Tourism Board abgedruckt (Referenznr. STB/J6/07), 210mlu.

Dorling Kindersley dankt folgenden Personen, Unternehmen und Bildarchiven für die Genehmigung zur Reproduktion ihrer Fotografien:

1-Altitude: 300ol.
123rf.com: Seow Kai Han 143ol; Jordan Tan 325ul; Morozova Tatiana 188ol; Tktktk 241ul.
23 Love Lane: Howard Tan 279or.
Alamy: 1Apix 314ur; Age Fotoshock 240or; AndyLim.com 192ml; Arterra Picture Library 318–319; Banana Pancake 193ol; Robert E. Barber 24ul; Bare Essence Photography 83or; Beaconstox 310ol; Brandon Cole Marine Photography 314ul; Bruce Coleman Inc. 23ul; Dennis Chang – Singapore 256ol; Comstock Images 24–25m, 201ul; David Noton Photography 78or, 286mlo; Reinhard Dirscherl 25or, 314mr; David Fleetham 24mlu; Simon Grosset 220ml; Chris Hellier 15ml; Gavin Hellier 106ul,150–151; Hemis 27mlu; Henry Westheim Photography 118mlu; Jack Hobhouse 60or; David Hosking 22um; Iconotec 147o; Imagestate Media Partners Limited – Impact pHotos 96ur; Images & Stories 159ur; Jon Arnold Images 153mr; Jo Kearney 32ml; JTB Media Creation Inc. 328ml; Paul Kennedy 215om; Matthew Lambley 17m; Look Die Bildagentur der Fotografen Gmbh 242; Jenny Matthews 224ur; Neil McAllister 66or, 333mr; Chris McLennan 289mlo; Michele Molinari 192or; David Moore 119mro; Nic Cleave Photography 119mru; North Wind Picture Archives 40um; Sergio Pitamitz 23mr; Wolfgang Pölzer 314mlo; Igor Prahin 222o; Robert Harding Picture Library Ltd 27or, 67ol, 111um, 184o; Robert Harding World Imagery 17or, 52–53, 98ml, 109or, Scenics & Science 67mro; Neil Setchfield 68o, 131ul, 252ml; Nandana de Silva 145o; Slick Shoots 240or; Nick Simon 34or; Dave Stamboulis 15or; Stephen Frink Collection 24o, 25ol, 25mru; Steve Allen Travel Photography 232mlu; Laurie Strachan 288ml; Terry Fincher Photo Int 179mu; Ozil Thierry 57u; Travelscape Images 15ur; Tribaleye Images, J. Marshall 305or; Carlos Villoch 314um; Rob Walls 26mru, 42um; Maximilian Weinzierl 251ul; Terry Whittaker 23or; David Wootton 27mro; Tengku Mohd Yusof 304mr.
AndyLim Creative: 137ur.
The ASEAN Secretariat: 50mlu.
AsiaExplorers.com: 101ur, 327om, 327mro, 327m, 327mro; Timothy Tye 39ul, 327or, 327mr.
Timothy Auger: 223m.
AWL Images: Jon Arnold 62; Aurora Photos 156; Alan Copson 122, 202–203; Gavin Hellier 97ol.

Baba & Nyonya Heritage Museum: Jo Chua 132mlu, 132ur, 133mo, 133ul.
Bacchanalia: 300ur.
The Bridgeman Art Library: Trommel, Dong-Son-Stil, 2.–1. Jh. v. Chr. (Bronze) (siehe auch 232894), Vietnamese School/Musée Guimet, Paris, Frankreich, Lauros/Giraudon 39ur, Sloane 197ur, ff.381v–382r: Stadtplan von Malakka, um 1511 (Tinte), Barretti de Resende, Pedro (16. Jh.), British Library, London, UK © British Library Board. Alle Rechte vorbehalten 41ur, Hafen und Stadt Malakka, Malaysia, Illustration aus *Le Costume Ancien et Moderne* von Giulio Ferrario, veröffentlicht ca. 1820er–1830er Jahre (kolorierte Radierung), Zancon, Gaetano (1771–1816), Privatsammlung, The Stapleton Collection 43mru, Sir Thomas Stamford Raffles (1781–1826), Lonsdale, James (1777–1839), London Zoological Society, UK 44ul, Borneo: Signing of the Treaty for cession of Labuan, 1846, British Library, London, UK © British Library Board. Alle Rechte vorbehalten 46um.
Brunei Tourism: 61or, 158or, 178mlo, 178ml, 178um, 179ol, 179ur.

Calanthe Art Café: 285ul.
The Centrepoint, Singapore: 239m.
Adrian Cheah: 305mu.
Chez Papa: 294ul.
China House: 292om.
Clifford Pier: 299or.
Coral Flyer Zipline: 185ur.
Corbis: 24mlo; Atlantide Phototravel 111mr; Bettmann 50o; Tom Brakefield 157ub; EPA/Ahmad Yusni 34ul, Pool/Saeed Khan 51ul; Eye Ubiquitous 118mlo; Free Agents Limited 205or; Michael Freeman 37m, 41ul; Farrell Grehan 138; Peter Guttman 27ur; Hamish Park 56mr; John Harper 14u; Chris Hellier 28ur, 168ul, 169ur; Dave G. Houser 306or; Rob Howard 27mlo, 315ol; Hulton-Deutsch Collection 26mro, 48ul, 49um; Image Source 144um; So Hing-Keung 34–35m; Earl & Nazima Kowall 26ur, 119um, 304ul; Bob Krist 65ur; Frans Lanting 186ul; Charles & Josette Lenars 36ml, 287ol; Yang Liu 305m; Viviane Moos 26ml; Christine Osborne 304mlu; Neil Rabinowitz 60mlo, 93u; Robert Harding World Imagery/Louise Murray 176ul; Joel W. Rogers 168ml; Schlegelmilch 56ul; Shamshahrin Shamsudin 79u; Paul Souders 51or; Stapleton Collection 38; Luca I. Tettoni 40ul; Nik Wheeler 23ml, 27m, 306ul; Lawson Wood 183or, 200mlu; Michael S. Yamashita 61ol; Zefa/Herbert Kehrer 175m; Photex/Berverly Factor 24ur.
CPA Media: 40or, 42mru, 44or, 44mlo, 44–45m, 44ur, 45ol, 45mru, 45ul, 45ur, 46o, 46m, 47or, 47ul, 47um, 48ol, 48m, 48ur, 49o, 71ul; David Henley 28or, 117ur.
Courtesy of The Thai Silk Company 98ul.

Dewan Filharmonik Petronas, Kuala Lumpur City Centre, Malaysia: 309ur.
DK Images: FSTOP Pte Ltd, Singapore 209ml, 248ur, 249mlo, 249mu, 326mo, 334ur, 338or, 339um.
Dreamstime.com: Azirull Amin Aripin 308ur; Olena Buyskykh 13ol; Chee Siong Chang 97ur; Design Mitralhouse 230; Donyanedomam 118or; Eddietay 2001 239ul; Andrey Goncharov 164or; Joyfull 81o; Kristofbellens 104–105; Littlewormy 208; Mauhorng 92; Jakub Michankow 141ur; Mikewaddell446 17ur; Roland Nagy 32or; Ppy2010ha 298um; Iryna Rasko 12ul; Ravijohnsmith 70ol; Rodrigolab 12om, 194–195; Ravindran John Smith 13ur.

Eastern & Oriental Hotel: 111mr, 293ur.

FLPA: Minden Pictures/Frans Lanting 191ur;
Forest Research Institute Malaysia: 82mu.

Gardens by the Bay: 209ur.
Getty Images: Anders Blomqvist 332ul; The Image Bank 2–3; Nora Carol Photography 11or, 180; Photodisc/Simon Russell 113ur; Roslan Rahman 250or; Stone/Paul Chesley 26ul; Tristan Savatier 16ur; Universalimagesgroup 14or.
GHM Hotels: 73om.
Goodwood Park Hotel: 241m.
The Granger Collection, New York: 42om, 43ol, 43ul, 43um, 45mro, 46ur, 163mu, 227or.

Eric Hunt: 191ul.

ION Orchard: 238ur.
Islamic Arts Museum Malaysia: 74mlo, 74mlu, 75ol, 75mro, 75mu, 75um.

Kapas Turtle Valley: 281ur.
Kuala Lumpur City Gallery: 67ur.

Lonely Planet Images: Mark Daffey 176ml, 191ol; Richard L'Anson 233um; Phil Weymouth 233ol.
Lyn's Thandoori: 296um.

Marina Bay Sands Pte Ltd: 217ur.
Mary Evans Picture Library: 47mru.
Masterfile: Mark Downey 160ml, 312ml; John Foster 169om; R. Ian Lloyd 35or, 50ur, 55ur, 60ul, 140ul, 178or, 206um.
Money Museum & Art Mulu Marriott Resort and Spa: 277o, 282ur.
Judith Miller: Sloan 305ml.

National Archives of Malaysia: 193or.
National Geographic Image Collection: Tim Laman 55o, 200mlo.
naturepl.com: Doug Perrine 23mru.
Centre of Bank Negara Malaysia: 41um, 45om, 45mo.
Negeri Sembilan Tourism Action Council: Zainal Abidin Abu Samah 127mru, 127ul, 127ur.
Nero-Group: 284ul, 290um, 291or.
New Majestic Hotel: 283om.

Orient-Express Hotels Trains & Cruises: 330ur.

Photographers Direct: 42 Degrees South 41mlu; Bare Essence Photography/Chan Tze Leong 60ur; Graham Simmons 232or; Tengku Mohd Yusof 29ur.
Photolibrary: Corbis Corporation 201mro; Digital Vision 132, 274–275; Earth Scenes/Animals Animals/James J. Stachecki 26ur; Staub Frank 139u; Index Stock Imagery/Clineff Kindra 34mlo, Walter Bibikow 36or; Jon Arnold Images/Walter Bibikow 33mro; Jtb Photo Communications Inc 33ul, 233mr, 250ml, 303ul, 304or; David Kirkland 181u; Pacific Stock/Perrine Doug 201ol; Photononstop/Maurice Smith 177ur, Robert Harding Picture Library Ltd/Richard Ashworth 36mlu.
Photoshot: NHPA/Gerald Cubitt 22mu, John Shaw 23om; World Pictures/Eur 82ol.

Rabani: 188u.
Raffles Hotel: 220ul, 220mlu, 221um, 221mro, 221ol, 276mlo.
Resorts World Sentosa: 250ur, 251ol, 251mr.
Reuters: Zainal Abd Halim 27mu; Jason Lee 34ur; Bazuki Muhammad 29mru, 59mr; Stringer Malaysia 29um.
Ristorante Beccari: 285or, 297or.
Robert Harding Picture Library: Richard Ashworth 16ol; Reinhard D 200or, 201mru; Robert Francis 190ml; Gavin Hellier 31m; John Miller 94ul, 95mr; Louise Murray 200um.

Sabah Tourism Board: 187ur, 190ul.
Radin Mohd Noh Saleh: 32mru, 36ul, 36ur, 149mlo, 149mlu, 149mr, 149mru, 182ul.
Sarawak Forestry: 169mr.
Sarawak Tourism Board: 61ur, 163or, 166m, 173m, 173ul, 196or, 310m, 312ur, 314ml, 315ur, 316ur, 322ol, 323ol.
Sepilok Resort: 277um.
Singapore Art Museum: 219um.
Singapore Tourism Board: 205um, 206ml, 207or, 207ul.
SuperStock: age fotostock 54ul, 258ur; Steve Vidler 212.

Thai Express: 301or.
Tioman Cabana: 295or.
Tourism Malaysia: 23um, 25ul, 25ur, 35m, 35ul, 35ur, 36–37m, 37ol, 37om, 37mr, 37ul, 37ur, 57or, 58m, 59ul, 66ur, 79om, 83ur, 102m, 149ul, 165mro, 177ol, 304ml, 304mro, 305ol, 305mro, 307mr, 309or, 310ur, 313ur, 320ml.

Villa Samadhi: 278um.
Virtual Malaysia: 329om.

Joey CE Wong: 144mlo.

YTL Hotels: 276ur, 280om.

Vordere Umschlaginnenseiten: **AWL Images:** Jon Arnold lmr; **Corbis**: Farrell Grehan lor; **Dreamstime.com:** Mauhorng lm; **AWL Images:** Aurora Photos rm, Alan Copson rol, rml; **Getty Images:** Nora Carol Photography ror.
Hintere Umschlaginnenseiten: **KL Monorail System Sdn Bhd**.

Umschlag

Vorderseite: **Pixabay:** Tristantan.
Buchrücken: **Pixabay:** Tristantan.

Sprachführer Malaiisch

Das Malaiische gehört zur austronesischen Sprachfamilie, die in mehreren Hundert Varianten im Indischen und Pazifischen Ozean verbreitet ist. Es ist die Landessprache von Malaysia, Brunei und Singapur und seit vielen Jahrhunderten die Sprache von Bildung, Wirtschaft und Diplomatie in der Region. Eine der ersten Schriften, eine Variante der *Jawi* genannten, perso-arabischen Schrift, diente der Verbreitung des Islam. Bis heute wird *Jawi* in Brunei benutzt. Überall sonst wurde es durch die lateinische Schriftsprache *Rumi* ersetzt, die erst dank eines Abkommens von Malaysia, Indonesien und Brunei vereinheitlicht wurde. Vor dem 19. Jahrhundert waren internationaler Handel und Länderbeziehungen nur auf Malaiisch denkbar, aber durch die starke Zuwanderung aus China und Indien konnten sich nach 1800 auch Chinesisch und Tamilisch in Malaysia durchsetzen. Heute wird in urbanen Regionen Englisch gesprochen. Gleichwohl kommt es bei den Einheimischen gut an, wenn Besucher sich bemühen, ein paar Brocken in der Landessprache zu sprechen. Der offizielle Name des Malaiischen ist Bahasa Melayu, wobei Bahasa »Sprache« heißt.

Malaiische Ausspracheregeln

Die malaiische Sprache kennt keine starken Betonungen. Die meisten Buchstaben werden ähnlich wie im Englischen ausgesprochen. Die Faustregel für Anfänger heißt: Betonung der vorletzten Silbe. Enthält diese Silbe jedoch ein stummes *e*, verschiebt sich die Betonung auf die letzte Silbe.

a	wie in V***a***ter oder kurz wie in F***a***ss
e	wie »e« in m***ä***hen, wenn unbetont, oder wie in schn***e***ll, wenn betont
i	wie in Tax***i*** oder in Br***i***lle
o	wie in m***o***rgen oder in St***o***pp
u	wie in g***u***t
ai	wie in ***Ei***s oder als zwei separate Vokale auszusprechen
au	wie in H***au***s oder als zwei separate Vokale auszusprechen
c	weit vorn gesprochenes tsch wie in Ma***tsch***
j	weit vorn gesprochenes stimmhaftes dsch oder dj wie in engl. ***Ju***ne
k	wie das deutsche »k« außer am Wortende, wo es zu einem Stoßlaut wird (kurze Pause)
ng	wie in Sä***ng***er
ngg	wie in engl. lo***ng***er
ny	nju wie in engl. ***new***

Im Notfall

Hilfe!	**Tolong!**
Stopp!	**Berhentilah!**
Rufen Sie einen Arzt!	**Panggil doktor!**
Rufen Sie eine Ambulanz!	**Panggil ambulans!**
Polizei!	**Polis!**
Feuer!	**Api!**
Wo ist das nächste Telefon?	**Di mana telefon yang terdekat?**
Wo ist das nächste Krankenhaus?	**Di mana hospital yang terdekat?**
Ich habe mich verirrt!	**Saya sesat!**
Benötigen Sie Hilfe?	**Awak perlukan pertolongan?**
Man hat mich ausgeraubt!	**Saya dirompak!**
Geh weg!	**Pergi!**
Ich hatte einen Unfall.	**Saya terlibat dalam kemalangan.**

Nützliche Ausdrücke

Ja	**Ya**
Nein	**Bukan/Tidak**
Hallo	**Helo**
Auf Wiedersehen!	**Selamat jalan**
Entschuldigung!	**Minta maaf**
Bitte	**Tolong/silahkan**
Danke	**Terima kasih**
Bitte schön	**Kembali**
Guten Morgen	**Selamat pagi**
Guten Tag	**Selamat petang**
Guten Abend	**Selamat malam**
Gute Nacht	**Selamat hari**
Wie geht es?	**Apa khabar?**
Frau (Anrede)	**Puan**
Herr (Anrede)	**Encik (Ci')**
heute	**hari Ini**
morgen	**esok**
gestern	**kelmarin**
später	**esok/nanti**
jetzt	**sekarang/segera**
Was?	**Apa?**
Wann?	**Bila?**
Welche/r/s?	**Yang mana?**
Wer?	**Siapa?**
Warum?	**Mengapa?**

Nützliche Redewendungen

Sprechen Sie Englisch?	**Apakah berbahasa Inggeris?**
Ich spreche kein Malaiisch (Melayu).	**Saya belum berbahasa Melayu.**

Ich verstehe nicht.	**Saya kurang faham.**
Ich/wir möchte/n …	**Saya/kami mahu …**
Wie heißen Sie?	**Siapakah nama?**
Ich heiße …	**Nama saya …**
Wo ist …?	**Di mana …?**
Ist das nah?	**Sudah dekat?**
Ist das weit?	**Masih jauh?**
Könnten Sie langsamer fahren/gehen?	**Minta perlahan sedikit?**
Wie komme ich nach …?	**Untuk ke … sebaiknya saya naik apa?**
Haben Kinder Zutritt?	**Adakah kanak-kanak dibenerkan masuk?**
Ich mag …	**Saya suka …**
Ich mag … nicht.	**Saya tidak suka …**

Nützliche Wörter

Adresse	**alamat**
Vorsicht!	**Awas!**
schlecht	**buruk**
groß	**besar**
sauber	**bersih**
geschlossen	**tutup**
kalt	**sejuk**
schmutzig	**kotor**
Tür	**pintu**
leer	**kosong**
genug	**cukup**
Eingang	**masuk**
Ausgang	**keluar**
voll	**penuh**
gut	**baik**
heiß	**panas**
weniger	**kurang**
mehr	**lebih**
ziehen	**dorong**
drücken	**tolak**
offen	**buka**
schnell	**cepat**
langsam	**perlahan**
klein	**kecil**
Treppe	**tangga**

In der Bank

Ist hier ein Geldautomat?	**Ada ATM?**
Ich möchte Dollar/ Euro in Malaysische Ringgit wechseln.	**Saya mau tukar dollars/euro menjadi ringgit Malaysia.**
Geld	**wang/duit**
wechseln	**wang kecil**
Geld wechseln	**tukar wang**
Wechselkurs	**kadar pertukaran**
Reiseschecks	**cek kembara**

Shopping

Haben Sie …?	**Apakah ada …?**
Könnte ich …?	**Minta …?**
Wie viel kostet das?	**Berapa harganya?**
Nehmen Sie Kreditkarten?	**Credit card boleh?**
Das ist zu teuer.	**Ini terlalu mahal.**
kaufen	**beli**
billig	**murah**
Kleidung	**pakaian**
teuer	**mahal**
Markt	**pasar/tamu**
Preis	**harga**
Verkauf	**jualan (murah)**
verkaufen	**jual**
Schuhe	**kasut**
Geschäft	**kedai**
Supermarkt	**pasar raya**

Natur und Sightseeing

Bucht	**teluk**
Strand	**pantai**
Kap/ Landzunge	**tanjung**
Ort	**kuala**
Hügel	**bukit**
Information	**penerangan**
Insel	**pulau**
See	**tasik**
Moschee	**masjid**
Berg	**gunung**
Reisfeld	**sawah**
Palast	**istana/astana**
Park	**taman**
Fluss	**sungai/batang**
Platz	**padang**
Straße (Meerenge)	**selat**
Tempel/Schrein	**kuil**
Tourist	**pejabat**
Reisebüro	**agensi pelancongan**
Dorf	**kampung**

Farben

schwarz	**hitam**
blau	**biru**
grün	**hijau**
rot	**merah**
weiß	**putih**
gelb	**kuning**

Gesundheit

antiseptisch	**antiseptik**
Blutdruck	**tekanan darah**
Kondom	**kondom**
Verhütungsmittel	**kontraseptif/ pencegah hamil**
Zahnarzt	**dokter gigi**
Durchfall	**diarea/cirit-birit**
Arzt	**dokter**
ohnmächtig werden	**pingsan**
Fieber	**panas (badan)**
hoch	**tinggi**
niedrig	**rendah**
Medizin	**ubat**
Schwester	**perawat**
Schmerz/krank	**sakit**
Schmerzmittel	**ubat penghilang kesakitan**
schwanger	**hamil**
Damenbinden	**tuala wanita**

Transport

Ich möchte einen Platz reservieren.	**Saya mahu tempahkan tempat duduk.**
Können Sie mir sagen, wann ich aussteigen muss?	**Tolong beritahukan, bila sudah sampai?**
Wie lange braucht man nach …?	**Berapa lama untuk ke …?**
Welcher Bus fährt nach …?	**Bas mana yang ke …?**
Wo kann ich bezahlen?	**Di mana tempat membayar?**
Ich brauche einen Mechaniker.	**Kami memerlukan mekanik.**
Ich habe eine Reifenpanne.	**Tayarnya kempis.**
Flugzeug	**kapal terbang**
Boot	**perahu**
Bus	**bas**
Bushaltestelle	**stesen bas**
Auto	**kereta**
Babysitz	**tempat duduk**
Zoll	**cukai**
Radfahren	**naik baisikal**
Benzin	**minyak/petrol**
Rückfahrkarte	**(perjalanan) pergi balik**
Platz	**bayi**
Einzelfahrt	**tiket sehala pergi balik**
Taxi	**teksi**
Fahrplan	**jadual waktu**
Bahn	**kereta api**

Ortsangaben

hier	**di sini**
dort	**di sana**
in	**(di) dalam**
aus (Ort)	**dari (mana)**
links	**kiri**

rechts	**kanan**
geradeaus	**jalan terus**
vor	**di hadapan**
hinter	**di belakang**
an der Ecke	**di simpang**
nah	**dekat**
weit	**juah**
nach	**ke**
Norden	**utara**
Süden	**selatan**
Osten	**timur**
Westen	**barat**
Nordosten	**timur laut**
Nordwesten	**barat laut**
Südosten	**tenggara**
Südwesten	**barat daya**

Im Hotel

Ich habe reserviert.	**Ada tempahan.**
Haben Sie ein Zimmer?	**Ada bilik?**
Was kostet es pro Nacht?	**Berapa semalam?**
Ich möchte ein Doppel-/ Einzelzimmer.	**Saya minta bilik kelamin/ bujang.**
Ich/wir reise/-n heute ab.	**Saya/kami nak mendaftar kelaur hari ini.**
Doppelzimmer	**kelamin**
Einzelzimmer	**bujang**
Bett	**katil/tempat tidur**
Schlüssel	**kunci**
Licht	**lampu**
Bad	**bilik mandi**
Toilette	**tandas**
Seife	**sabun**
Handtuch	**tuala**
geöffnet	**Buka**
geschlossen	**Tutup**
Notausgang	**Pintu kesemasan**

Im Restaurant

Einen Tisch, bitte.	**Minta meja untuk.**
Die Speisekarte, bitte.	**Minta daftar makan.**
Ich möchte bestellen.	**Saya mau pesan sekarang.**
Ich bin Vegetarier.	**Saya vegetarian.**
Ich esse kein …	**Saya tidak makan …**
Die Rechnung, bitte.	**Minta bil.**
Frühstück	**makan pagi**
Kinder-speisekarte	**menu kanak-kanak**
Abendessen	**makan malam**
Gabel	**garpu**
Glas	**kaca mata**
Hochstuhl	**kerusi tinggi**
Messer	**pisau**
Mittagessen	**makan tengah hari**
Fleisch	**daging**
Restaurant	**restoran**
Meeresfrüchte	**makanan laut**
Snack	**makanan kecil**
Löffel	**senduk**
Gemüse	**sayur**

Auf der Speisekarte

asam	sauer
ayam	Hühnchen
ayer panas	heißes Wasser
ayer sejuk	kaltes Wasser
ayer teh	Tee
buah-buahan	Obst
domba	Lamm
garam	Salz
gula	Zucker
ikan	Fisch
jus	Saft
kelapa	Kokosnuss
kopi	Kaffee
manis	süß
mee	Nudeln
merica	Pfeffer
minuman	Drink
nasi	gedämpfter Reis
pedas	scharf
pedih	bitter
sapi	Rindfleisch
susu	Milch
telur	Eier
udang	Garnele

Zeit und Tage

Uhr	**jam**
Minute	**menit**
Viertelstunde	**suku**
Sekunde	**detik**
Armbanduhr	**jam tangan**
Stunde	**pukul**
Tag	**hari**
Woche	**minggu**
Monat	**bulan**
Jahr	**tahun**
Morgen	**pagi hari**
(Vor-)Mittag	**tengah hari**
Mittag	**siang hari**
Nachmittag	**sore hari**
Abend/Nacht	**malam hari**
Wie viel Uhr ist es bitte?	**Sudah pukul berapa?**
11.19 Uhr vormittags	**pukul sebelas lewat sembilan belas menit pagi**
1 Uhr	**pukul satu**
13.15 Uhr	**pukul satu lewat suku siang**
15.45 Uhr	**pukul empat kurang suku sore**
18.30 Uhr	**pukul enam setengah sore**
21.31 Uhr abends/ nachts	**pukul sepuluh kurang dua puluh menit malam**
Montag	**hari Isnin**
Dienstag	**hari Selasa**
Mittwoch	**hari Arba**
Donnerstag	**hari Khamis**
Freitag	**hari Jumaat**
Samstag	**hari Sabtu**
Sonntag	**hari Ahad/ Minggu**

Zahlen

1	**satu**
2	**dua**
3	**tiga**
4	**empat**
5	**lima**
6	**enam**
7	**tujuh**
8	**delapan**
9	**sembilan**
10	**sepuluh**
11	**sebelas**
12	**dua belas**
13	**tiga belas**
20	**dua puluh**
21	**dua puluh satu**
22	**dua puluh dua**
30	**tiga puluh**
40	**empat puluh**
50	**lima puluh**
60	**enam puluh**
70	**tujuh puluh**
80	**delapan puluh**
90	**sembilan puluh**
100	**seratus**
1000	**seribu**
2000	**dua ribu**
10 000	**sepuluh ribu**
20 000	**dua puluh ribu**
100 000	**seratus ribu**
200 000	**dua ratus ribu**

Ordnungszahlen

1.	**pertama**
2.	**kedua**
3.	**ketiga**
4.	**keempat**
5.	**kelima**
6.	**keenam**
7.	**ketujuh**
8.	**kedelapan**
9.	**kesembilan**
10.	**kesepuluh**
11.	**kesebelas**
12.	**kedua belas**
20.	**kedua puluh**
100.	**keseratus**
1000.	**keseribu**

Nahverkehr in Kuala Lumpur

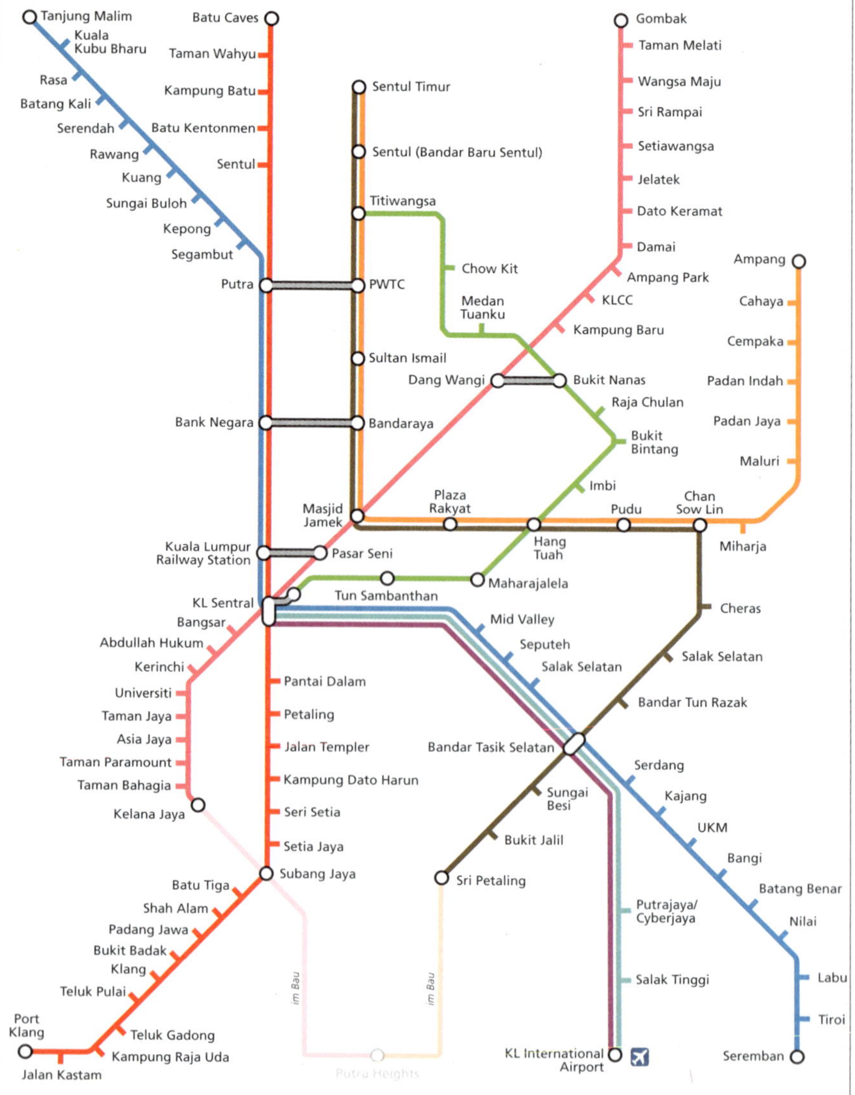

Legende

- KTM Komuter Seremban Line
- KTM Komuter Port Klang Line
- Rapid KL's LRT Ampang Line
- Rapid KL's LRT Sri Petaling Line
- Rapid KL's LRT Kelana Jaya Line
- KLIA Ekspres Line
- KLIA Transit Line
- KL Monorail Line
- Umsteigebahnhof
- Anschlussstation

In Kuala Lumpur unterwegs

Kuala Lumpur besitzt ein effizientes Verkehrsnetz aus Light Rail Transit (LRT) und Monorail. Die wichtigsten LRT-Linien für Besucher sind die Linien Ampang und Sri Petaling. Sie verbinden die Plaza Rakyat mit der Busstation Puduraya sowie Masjid Jamek mit Merdeka Square und Bandaraya mit Little India. Das Einkaufszentrum KLCC liegt an der Linie Kelana Jaya. Der LRT-Betreiber Rapid KL unterhält auch Buslinien. Es gibt ein Kombi-Tagesticket für beide Verkehrsmittel. Die KL Monorail ist für Chinatown und das Golden Triangle das Verkehrsmittel der Wahl. Allerdings kreuzen sich die Linien selten, zudem muss man beim Umsteigen neue Fahrkarten lösen. Alle Züge verkehren von 6 Uhr morgens bis Mitternacht, an Wochenenden allerdings weniger häufig.